中国审判理论研究丛书·7·

人民法院为大局服务为人民司法的理论与实践

——纪念人民法院建院60周年理论研讨会暨中国法学会审判理论研究会论文集

主　编　张文显
副主编　罗东川　马建华

人民法院出版社

图书在版编目（CIP）数据

人民法院为大局服务为人民司法的理论与实践——纪念人民法院建院60周年理论研讨会暨中国法学会审判理论研究会论文集／张文显主编．—北京：人民法院出版社，2010.6

（中国审判理论研究丛书）

ISBN 978－7－5109－0091－4

Ⅰ.①人…　Ⅱ.①张…　Ⅲ.①法院－工作－中国－文集　Ⅳ.①D926.2－53

中国版本图书馆CIP数据核字（2010）第073626号

人民法院为大局服务为人民司法的理论与实践

——纪念人民法院建院60周年理论研讨会暨中国法学会审判理论研究会论文集

主编　张文显

责任编辑　胡玉莹
出版发行　人民法院出版社
地　　址　北京市东城区东交民巷27号（100745）
电　　话　（010）67550565（责任编辑）　67550516（出版部）
　　　　　　67550551　67550558（发行部）
网　　址　http：//courtpress.chinacourt.org
E－mail　courtpress@sohu.com
印　　刷　北京人卫印刷厂
经　　销　新华书店

开　　本　787×1092毫米　1/16
字　　数　790千字
印　　张　42.75
版　　次　2010年6月第1版　2010年6月第1次印刷
书　　号　ISBN 978－7－5109－0091－4
定　　价　85.00元

《人民法院为大局服务为人民司法的理论与实践》编辑部

主　编　张文显

副主编　罗东川　马建华

成　员　曹守晔　蒋惠岭　孙晓明

袁春湘　李玉萍　林卫星

郭明龙

编　务　顾利军

总 序

改革开放以来，特别是实施依法治国基本方略10多年来，我国宪法和法律实施的力度不断加大，司法体制改革和工作机制改革不断深化，人民群众对法治国家建设的新期待越来越高，对司法服务的新需求越来越迫切，大量的社会矛盾和问题越来越多地表现为法律问题和司法案件。当法律成为治理国家和管理社会的基本方略和主要手段，成为调节利益关系和界分权利义务的基本规则时，司法机关就不可避免地逐渐成为化解矛盾、解决纠纷的主战场。我国社会这一新的变化，既为法学理论研究提供了新的机遇和广阔天地，也向法学理论研究提出了严肃追问和严峻挑战。运用马克思主义法学思想和科学方法，坚持中国特色社会主义理论体系，立足中国现阶段的具体国情，努力探索中国特色社会主义法治建设中的各种问题，科学借鉴国外法治建设的有益经验，不断推出高质量的理论研究成果，服务于我国当前的法治实践，引领今后的法治进程，不仅是广大法学理论工作者的历史使命，也是广大法律实务工作者的社会责任。

《中国审判理论研究丛书》是中国法学会审判理论研究会组织编撰的系列学术著作。中国法学会审判理论研究会是经最高人民法院决定和中国法学会批准，以全国法院的法官为主要群体并吸收中央政法部门有关负责同志及专家学者参加的学术团体。其宗旨是高举中国特色社会主义伟大旗帜，坚持以科学发展观为统领，立足中国特色社会主义司法制度建设实际，特别是全国法院的审判与管理工作实际，组织、指导全国法院的广大法官和其他工作人员，认真研究新时期全国法院的审判工作、执行工作、管理工作和队伍建设等方面遇到的各种理论与实务问题，深入开展法学理论研究，为推动人民法院审判工作全面发展，繁荣人民法院的应用法学研究，培养人民法院的理论研究人才，搭建畅通的研究平台，提供有力的理论支撑。

中国法学会审判理论研究会2007年11月成立以来，依托相关高级人民法院成立了审判基本理论、刑事审判理论、民商事审判理论、行政审判理论、涉外审判理论、知识产权审判理论、执行制度与司法改革等8个专业委员会，今后还将根据开展研究工作的需要，增设新的审判理论专业委员会。审判理论研究会及其相关专业委员会，紧密结合当前法治国家建设实际与法院工作实际，集中围绕党和国家对审判工作的新要求与人民群众不断增长的司法需求，开展形式多样的学术研究活动，相继推出了一批颇具理论价值和实践特色的研究成果。这些成果从不同侧面展现了全国法院的审判与执行工作情况，反映了法官和学者对相关问题的关注、探索与思考，凝结了法官和学者的审判经验、司法智慧和理论创新，无论对于理论研究工作，还是对于司法实务工作，都具有较大的参考价值和启发作用。为了把这些研究成果刊之于世，惠之于人，在最高人民法院、相关高级人民法院和人民法院出版社的大力支持下，中国法学会审判理论研究会秘书处暨中国应用法学研究所具体承担了审判理论研究会和各专业委员会研究成果的编选工作，同时将全国有关法院的审判理论研究成果，择优纳入丛书之中，不定期陆续出版，不断扩大规模，形成品牌效应。衷心希望这套新出版的应用法学研究丛书，能够为我国佳作叠出的法学理论研究园地增光溢彩，吐芳留香。

是为序。

《中国审判理论研究丛书》编委会

二〇〇八年八月

和谐司法：社会主义法治理念的实践载体

（代序）

最近几年，全国司法机关在社会主义法治理念的指引下，致力于和谐司法建设，取得了显著成效。实践充分证明，“和谐司法”的命题完全符合科学发展观的要求，符合中国特色社会主义司法事业的发展规律，人民群众越来越感受到和谐司法的优越性。在和谐司法取得重大法律效果和社会效果的情况下，我们应认真总结和谐司法的经验，探索和谐司法的规律，深入开展和谐司法建设。

一、构建和谐司法的思想理论基石

1. 社会主义和谐社会理论是和谐司法的思想理论基石

“和谐”是一个非常古老而又经久不衰的概念。人们通常在以下几个方面理解“和谐”：

第一，作为美学范畴的“和谐”。在美学意义上，西方思想家早就将和谐视为至美、最美。古希腊思想家毕达哥拉斯曾将“数”视为万物的本源，认为自然界的一切现象和规律都是由数决定的，都必须服从数的和谐，即服从数的关系。他认为，事物之间的和谐关系可以表现为某种恰当的数的比例关系，并认为，音乐、几何、雕塑、宇宙天体中都有和谐的范例，它们都可以通过具体的数字、比例来体现，这个数字比例就是黄金分割率0.618:1。新毕达哥拉斯学派的哲学家尼柯马赫提出“美是和谐的比例”。古希腊哲学家柏拉图也认为和谐是最美的东西，他甚至讲过法律体系因其内部高度和谐而赛过荷马史诗的美。

音乐最能显现和谐之美。自古以来，人们把音乐中不同音符之间的合成与流动看作和谐。当音节之间的音程具有同样的关系时就产生和谐之美。音乐之美在于音律的和谐。交响乐就是由不同乐器奏出的不同声音的合成与流动，从而给听众带来感官上的“悦耳”和心理上的愉悦和美。如果只有一种声音、一种调子，那么带给听众的只能是单调、乏味和审美上的疲劳。正如《吕氏春秋》所言："正六律，和五声，杂八音，养耳之道也。"

第二，作为哲学范畴的"和谐"。在西方，古希腊哲学家毕达哥拉斯把"和谐"作为哲学的根本范畴，并且认为，和谐是以差别和对立的存在为前提的，是"对立的东西产生和谐，而不是相同的东西产生和谐"。和谐是矛盾的同一性，是一种平衡协调、对立合一的状态。"和"、"和谐"也是中国哲学的根本范畴。《易经》中就已经提出"太和"的观念，太和意味着最佳的整体和谐状态。西周末年，周幽王的太史伯阳父（史伯）提出了"和实生物，同则不继"的著名论断。继史伯之后，孔子提出"君子和而不同，小人同而不和"，认为和谐不仅是客观规律，而且是做人的原则，把"和"、"同"两个范畴引入社会道德领域。孔子之后，从"和"的范畴演化出的"中庸"、"中和"、"中节"、"中正"、"和合"等概念，均包含和谐精神。我国当代著名哲学家张岱年先生认为："和谐涵括四个方面：一相异，即非绝对同一；二不相毁灭，即不相否定；三相成而相济，即相互维持；四相互之间有一种均衡。"① 也有一些哲学家根据系统论的观点提出，和谐就是系统中各个部分、各种要素的良性运行和协调发展。

第三，作为社会科学范畴的"和谐"。在社会科学领域，和谐通常指：(1) 社会理念：和谐几乎承载和容纳了所有人对人类美好生活所寄托的愿望。华夏先民主张的"小康社会"，洪秀全的"有田同耕，有饭同食，有衣同穿，有钱同使，无处不均匀，无人不饱暖"的"太平天国"，康有为的"人人相亲，人人平等，大同社会"，孙中山的"天下为公"、"三民主义"，柏拉图所设想的"理想国"，空想社会主义者傅立叶、欧文、魏特林等人的"乌托邦"，都是以和谐为表征的社会。马克思、恩格斯提出的共产主义社会理想更是以财富泉水般涌现、社会公平正义和每个人的全面自由发展为表征的和谐社会。(2) 高级的、文明的社会生活方式和生存方式。先秦思想家那里已经有"和美"、"和和美美"的生活理念，和谐的社会生活方式和生存方式应如孔子所言的"礼之用，和为贵"，"合群济众"，和衷共济，和平共处，善解能容，矛盾和解，和睦等；应如墨子所言的"兼相爱"、"爱无差等"；也应如孟子所言的"天时、地利、人和"。一些当代学者更是直接认为，文明的生活方式应当是高度和谐的，和谐的社会应该是人人享有幸福和自由的社会。(3) 结构性社会平衡。如美国法学家富勒所说："社会设

① 李存山：《张岱年论和谐》，http://www.chinahexie.org/ReadNews.asp? NewsID258，2006-03-30。

计中的一个普遍存在的问题便是如何把握支持性结构与适应性流变之间的平衡”，“我们所关心的不仅仅是个人是否自由或安全抑或是否感到自由或安全的问题，而是作为一个整体的社会中的各种（通常默默展开的）过程之间如何达致和谐与平衡的问题。”① 也正如我们经常强调的，要积极探寻改革、发展与稳定的平衡点，正确把握改革的力度、发展的速度、稳定的承受力。

和谐概念的上述意义是互通的，既包括和谐的美学本源、哲学基础、社会理念，也包括和谐的实践意义。它们统合起来，为我们理解“和谐”与“和谐司法”概念提供了丰富的思想资源。

2. 社会主义和谐社会理论

建设和谐司法，最直接的指导思想是我们党提出的社会主义和谐社会理论和构建社会主义和谐社会的伟大纲领。改革开放以来，特别是党的十六大以来，我们党从当代中国改革发展和全面建设小康社会的实际出发，以中国特色社会主义理论体系为指导，向全党和全国人民发出构建社会主义和谐社会的号召，并进行了卓有成效的实践。2005 年春节过后，中央以提高构建社会主义和谐社会能力为主题举办省部级主要领导干部专题研讨班，胡锦涛在研讨班上发表了重要讲话，全面阐述了构建社会主义和谐社会的时代背景、重大意义、科学内涵、基本特征、重要原则和主要任务，明确指出：“我们所要建设的社会主义和谐社会，应该是民主法治、公平正义、诚信友爱、充满活力、安定有序、人与自然和谐相处的社会。”胡锦涛提出的社会主义和谐社会命题超越了前人关于和谐的认识，包容了政治、法律、经济、道德、文化、生态等广泛领域，构成了社会主义社会建设和发展的目标。此后，党中央就构建社会主义和谐社会进行了一系列决策部署。2006 年 10 月 11 日，中共十六届六中全会作出了《中共中央关于构建社会主义和谐社会若干重大问题的决定》，《决定》进一步阐述了构建社会主义和谐社会的重要性和紧迫性，进一步明确了构建社会主义和谐社会的指导思想、目标任务和原则，进一步部署了构建社会主义和谐社会的工作任务。2007 年具有历史意义的党的十七大召开，十七大报告十分鲜明地作出了“社会和谐是中国特色社会主义的本质属性”论断，并指出：“构建社会主义和谐社会是贯穿中国特色社会主义事业全过程的长期历史任务，是在发展的基础上正确处理各种社会矛盾的历史过程和社会结果。”“要按照民主法治、公平正义、诚信友爱、充满活力、安定有序、人与自然和谐相处的总要求和共同建设、

① ［美］富勒：《法律的道德性》，郑戈译，商务印书馆 2005 年版，第 35～36 页。

共同享有的原则，着力解决人民最关心、最直接、最现实的利益问题，努力形成全体人民各尽其能、各得其所而又和谐相处的局面，为发展提供良好社会环境。”

社会主义和谐社会命题的提出，社会主义和谐社会理论的形成和成熟，构建社会主义和谐社会目标任务的确定，表明我们党的指导思想已经从斗争哲学转向和谐哲学，我们党也在理论和实践上完成了从革命党到执政党的根本转变。社会主义和谐社会理论和纲领，是科学社会主义理论的最新发展，是在新的历史起点上全面推进中国特色社会主义伟大事业的指导思想，也为建设和谐司法奠定了科学的理论基石。

二、深刻认识建设和谐司法的重大意义

1. 建设和谐司法是构建社会主义和谐社会的必然要求

民主法治是社会主义和谐社会的首要标志，社会主义和谐社会首先是一个民主的社会、法治的社会。民主法治，就是社会主义民主得到充分发扬，社会主义法制更加完善，依法治国基本方略得到全面落实，人民的权益得到切实尊重和保障。用民主法治表征社会主义和谐社会，超越了历史上任何一个时代的思想家和政治家的和谐理念及其对和谐社会的描述，表明社会主义是人类历史上具有先进政治基础和文明制度环境的和谐社会。

必须指出，并非任何一种类型的法治都是和谐社会的基础，和谐社会所需要的是和谐的民主，和谐的法治，包括和谐的司法。

2. 建设和谐司法是建设中国特色社会主义法治的必然要求

在建设中国特色社会主义的过程中，我们也走出了一条建设中国特色社会主义法治的道路。中国特色社会主义法治的基本特征和标志是：党的领导、人民民主、依法治国的有机统一；依法执政与依法治国的有机统一；依法治国与以德治国的有机统一；法治国家与法治社会的有机统一；继承中华传统法律文化优秀基因与借鉴人类社会法治文明成果的有机统一。这“五个有机统一”彰显了和谐法治精神，同时也为“和谐法治”的提出提供了实践基础。如果说法治是人类文明的标志，那么，和谐法治则是人类文明的更高标志，把人类文明提升到最高阶段。

和谐法治是中国特色社会主义法治的目标模式。“和谐法治”这一目标定位充分体现着构建社会主义和谐社会的战略思想和中国特色社会主义的时代精神，代表着我国依法治国方略和法治国家目标的历史走向。和谐法治是构建和谐社会的必然要求，是社会主义法治的主旋律和表征，和谐法治也是构建社会主义和谐社会的重要保障。“和谐法治”概念不仅将引领我们转换

法治话语体系，从而提升我们的法治观念和法治实践，而且必将丰富和创新建设社会主义法治国家的理想模式、历史任务、实践途径。也就是说，我们要建设的法治，既不是中国历史上的重刑主义，严刑峻法，也不是西方以个人主义为本位的自由主义法治。而是与社会主义和谐社会相适应的和谐法治。和谐司法是和谐法治的关键，又是和谐法治的保障，更是建设和谐法治的重心。随着我国法律体系的形成，法治建设的重心必将从立法转向执法和司法。党的十七大报告已经明确指出要加强宪法和法律实施，维护社会公平正义，维护社会主义法制的统一、尊严、权威。在这个重心转移过程中，建设和谐司法的任务日益凸现。

3. 建设和谐司法是发展中国特色社会主义司法事业的必然要求

中国特色社会主义司法事业是党的事业的重要组成部分，构建社会主义和谐社会是党的伟大事业，法官干警既是社会主义和谐社会的捍卫者，又是社会主义和谐社会的建设者，人民法院应当成为构建和谐的楷模。

中国特色社会主义司法的首要特征是坚持党对司法工作的绝对领导，既包括党对司法工作的政治领导、组织领导，也包括党对司法工作的思想指导和统一协调。建设和谐司法，正是为了保证党对司法工作的领导和指导。

中国特色社会主义司法是人民代表大会根本政治制度范畴内的司法。依据宪法规定，人民代表大会是国家权力机关，统一行使国家权力，国家行政机关、审判机关、检察机关都由人民代表大会产生，向人民代表大会负责，受人民代表大会监督，依靠人民代表大会支持。在这样的前提下，人大行使立法权、监督权、重大事项决定权以及其他重要权力，各级人民政府行使行政管理权和行政执法权，人民法院和人民检察院行使司法权。人大根据党的主张和人民的意愿，通过制定法律，作出决议，决定国家大政方针，并监督和支持“一府两院”依法行政、公正司法，保障各国家机关协调有效地开展工作，把人民赋予的权力真正用来为人民谋利益。虽然各国家机关分工不同、职责不同，但都是在中国共产党领导下、在各自职权范围内贯彻落实党的路线方针政策和宪法法律，为建设和发展中国特色社会主义服务。我们的政体还有利于集中力量办大事，发挥社会主义制度的优越性。在人民代表大会政体之内，国家机关之间的关系与西方三权分立体制下的国家机关之间的关系有着根本区别。在西方资本主义国家，通常实行立法权、行政权、司法权“三权分立”，分别由议会（国会）、政府和法院把持。它们经常以牺牲民众的利益为代价争吵不休、互相扯皮。

4. 建设和谐法治，是深入学习和实践社会主义法治理念的重要载体

学习和实践社会主义法治理念是一个不断与时俱进的过程。最高人民法院提出的“人民法官为人民”实践活动，省委政法委提出的大调研、大排查、大走访、大整治活动，都是通过执法为民、服务大局、促进社会和谐来建设和谐司法的具体活动，是实践社会主义法治理念的生动载体。建设和谐司法，比任何单独一项活动，更能体现出社会主义法治理念的意义。当前，司法工作面临许多难题，人民法院日益成为各种社会矛盾纠纷的集散地，如何化解各种矛盾、实现社会和谐稳定，和谐司法无疑是一大法宝。

在新的历史起点上，提出建设和谐司法，必将对司法理念、司法模式、司法能力、司法效果产生深远影响。

三、和谐司法的基本要素

探讨和谐司法的基本要素，是要搞清楚建设和谐司法的着力点。

1. 和谐的司法体制

和谐司法的体制可以表述为：在党委统一领导、人大的依法监督和政府的有力支持下，在宪法和其他法律的制度框架内，各政法机关既依法制约监督、更有力协同配合，以准确有效地执行法律，共同履行维护党的执政地位、维护国家长治久安、维护人民群众利益、维护社会公平正义、保障和服务经济社会发展的神圣职责。这样的体制，既不是过去曾经实行过“党委一元化领导、公检法合署办公”，也不是各自独立、孤立办案，互相钳制、互相扯皮，更不是争权夺利、分庭抗礼。政法干警同属一个职业共同体，有着共同的专业背景、职业规范、价值取向和工作目标，这是和谐司法体制得以运行的基础。

在和谐司法体制之下，还可以提出“和谐公安”、“和谐检察”、“和谐审判”、“和谐执行”、“和谐司政”等。

2. 和谐的司法文化

和谐司法必须有深厚的文化底蕴。无论是公安文化、检察文化、法院文化、司法行政文化，还是诉讼文化，都应当注入和谐的基因，使之成为和谐司法文化的标志，成为和谐社会文化的组成部分。和谐司法文化建设的目标在于，促进干警对和谐司法的高度认同，让和谐司法成为全体干警牢固的理念，甚至成为一种主义。

3. 和谐的司法模式，即和谐司法的工作模式

在过去相当长的时期内，司法（政法）工作遵循“专政模式”、“斗争模式”，这与那时的大背景有关。从新中国建立到“文革”结束，我们处在以阶级斗争为纲的年代。那时，人们的潜意识里、本能地把法律、法制、司法与阶级、阶级矛盾、阶级斗争相关联，与对敌专政划等号，把司法机关简单地理解为无产阶级专政的工具。从党的十一届三中全会果断宣布阶级矛盾和阶级斗争不再是我国社会的主要矛盾，到党的十六大提出社会和谐、十六届四中全会明确提出构建社会主义和谐社会，再到党的十六届六中全会作出《关于构建社会主义和谐社会若干重大问题的决定》，极其深刻地改变了传统的法律观、法制观和政法观、司法观，使司法战线告别了“专政模式”、“斗争模式”，确立了和谐司法模式。

和谐司法的本质特征是执法为民、司法为民，尊重和保障人权，维护公平正义，促进社会和谐，保障经济和社会发展，而不是单纯的“暴力”、“惩罚”、“镇压”，不是令人望而生畏的“刀光剑影”。

4. 和谐的工作目标

实现定分止争，化解矛盾纠纷、维护社会稳定、促进社会和谐是司法机关司法权和执法权运行的本质属性，也是党和人民对司法寄予的期待。

5. 和谐的司法环境

如果说前四项是和谐司法的内在要素，那么，和谐的司法环境则是和谐司法的外部要素。构建和谐的司法环境，首先要求司法机关树立和谐司法的良好形象，不断提升司法机关的公信力。其次要大力营造和谐的司法工作局面。和谐司法环境主要涉及司法机关与党委、人大、政府、政协的关系，与大众媒体和社会各界的关系。正确处理好这些关系，始终自觉坚持党的领导、接受人大监督、积极争取政府的支持、认真对待政协和社会各界的监督，与主流和非主流媒体建立互信机制，一方面充分尊重媒体对司法工作的知情权和报道权，另一方面积极引导媒体进行客观公正的报道，在全社会弘扬法治精神，最大限度地提高舆论效果。当前，一些地方司法工作的外部环境还不是很好，制约着司法工作的正常开展和司法事业的科学发展，在建设和谐法治的过程中，应高度重视和谐司法环境建设。

四、和谐司法的实践要求

和谐司法是个实践命题，建设和谐司法有许多实践要求。择其要者，有：

第一，以促进社会和谐为价值目标。和谐是当代中国社会主义核心价值，是主流文化中的主导因子；和谐是法治价值体系的中轴，法律价值体系包括自由、公正、秩序、效率、人权等等，和谐是价值体系中的元价值，是统领自由、公正、秩序、效率、人权的最高价值，也是把这些价值统合在一起的价值基础。社会只所以需要法律，我们之所以要加强司法工作，发展社会主义司法事业，归根结底是为了保障和促进社会和谐。建设和谐司法，本身并不是终极目的，终极目的是促进社会和谐，构建社会主义和谐社会。

第二，以和谐善治为司法工作模式，即实行和谐司法，和谐执法。和谐善治直接涉及转变司法工作的理念、树立和谐作风、采取和谐方法和取得和谐效果。

第三，以和谐的法律效果、政治效果和社会效果作为最根本的政绩标准，把是否实现当事人和睦、促进社会和谐作为衡量司法工作的标准。

五、人民法院践行和谐司法的基本经验

第一，坚持为民、惠民、利民、便民的司法理念和工作模式。

第二，坚持宽严相济的刑事司法政策，全力维护社会稳定和人民平安，尽最大可能化消极因素为积极因素，努力减少社会对抗。

第三，坚持“调判结合、调解优先”的民事司法政策，努力做到定分止争，案结事了，全力化解矛盾纠纷。

第四，坚持协调和解的行政司法政策，切实维护行政相对人的合法权益，支持政府依法行政，全力促进公民与政府的相互理解和信任。

第五，坚持刚柔相济的民事和行政执行政策，全力争取打赢官司的当事人及时、完整地实现其合法权益。

第六，坚持以化解矛盾、促进和谐为第一要务，认真做好涉诉信访工作，努力使当事人停访。

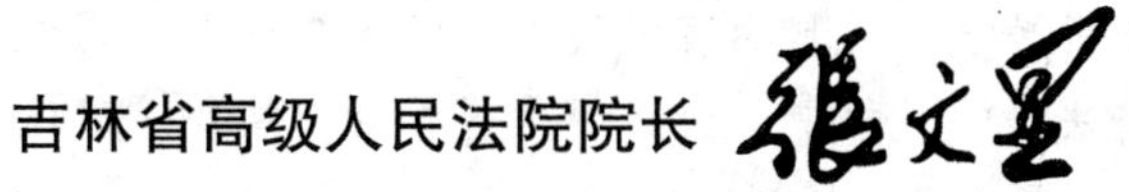

目　录

综　合　篇

审判业务篇

司法管理篇

队伍建设篇

努力完善中国特色社会主义审判理论科学体系

——致纪念人民法院建院60周年理论研讨会暨中国法学会审判理论研究会2009年年会的信

最高人民法院院长　王胜俊

（2009年9月24日）

同志们：

再过几天，就将迎来我们伟大祖国成立60周年的大喜日子，同时迎来了最高人民法院建院60周年。在这伟大的时刻，全国法院和法学界的代表欢聚一堂，回顾新中国60年走过的光辉灿烂历程，展望我国法治国家建设充满希望的未来，探讨中国特色社会主义法治理论和审判理论及实践问题，很有意义。在此，我谨代表最高人民法院，对纪念人民法院建院60周年理论研讨会暨中国法学会审判理论研究会2009年年会的召开，表示热烈的祝贺！对认真履行宪法法律赋予的司法职责、为人民法院各项事业的蓬勃发展无私奉献的全国法院干警以及他们的家属，表示崇高的敬意和诚挚的感谢！

60个寒来暑往，60年奋斗历程。伟大祖国在风风雨雨中发展壮大起来，中华民族在伟大复兴中成长强大起来，人民法院在艰难曲折中建立发展起来。经过60年艰苦卓绝的努力，我国的政治、经济、社会及各个方面都发生了天翻地覆的变化，中国特色社会主义事业取得了举世公认的巨大成就。正如胡锦涛总书记在党的十七大报告中指出的，中国特色社会主义事业成功的根本保证，必须始终坚持在中国共产党的领导下，坚持中国特色社会主义理论体系，坚定不移地走中国特色社会主义发展道路，坚持不懈地贯彻改革开放的基本方针。全国各级人民法院坚决贯彻执行党的路线方针政策，在党中央和各级党组织的正确领导下，坚持以中国特色社会主义理论为指导，着力为大局服务，为人民司法，为经济社会发展提供了有力司法保障、审判工作、执行工作、队伍建设、司法管理等各方面都实现了快速发展，取得了丰硕成果，积累了丰富经验，切实履行了人民法院的各项职能责任，向党和人民交出了一份满意的答卷！

走过60年，我们来到了新的发展起点，新的历史起点。面对法治国家建设的新形势新任务和广大人民群众的新要求新期待，我们的任务更加繁重，肩负的责任更加重大，科学理论的指导更加重要。我们要更加自觉地坚持中国特色社会主义理论体系，坚持马克思主义在审判理论研究领域和法学意识形态领域的指导地位，坚持审判理论研究正确的政治方向，用马克思主义的法学观、法律观武装头脑，统一思想，指导工作，发展理论；要更加自觉地学习把握社会主义法治理念，牢固树立“三个至上”人民法院工作指导思想，切实转变思想观念，不断增强对社会主义法治理念和“三个至上”工作指导思想的理论认同、感情认同和实践认同，并在审判理论和审判实践工作中认真践行应用；要更加深刻认识中国特色社会主义司法制度的优越性，始终牢记追求全社会的公平正义是中国特色社会主义司法制度的生命线，深入研究充分发挥中国特色社会主义司法制度优越性的各种机制和体制；要更加自觉地发扬理论联系实际，理论为实践服务的工作作风，坚持以实践创新推动理论创新，以理论创新指导实践创新，认真研究解决法治国家建设特别是人民法院建设发展中遇到的新情况新问题，认真研究提出人民法院努力为大局服务、为人民司法工作中需要的新方法新举措，充分发挥审判理论研究的价值和作用；要更加认真地总结新中国成立60年来法治国家建设特别是人民法院发展建设的经验，坚持以历史为镜、以经验为师，切实将有益的经验及时升华为科学的理论，不断丰富完善中国特色社会主义法学理论体系，与时俱进地指导法治国家建设实践；要更加自觉地坚持从我国基本国情出发，认真研究大胆借鉴一切对我国法治国家建设有益的成果和经验，做到为我所用，始终保持中国特色社会主义法治理论的开放性和先进性，立足国内国际两个大局，不断探索切实遵循中国特色社会主义法治国家建设的客观规律、人民法院保障社会科学发展和实现自身科学发展的客观规律，加快推进公正高效权威社会主义司法制度建设，逐步丰富和完善中国特色社会主义审判理论的科学体系；要更加重视加强审判理论队伍建设和法学法律人才培养，高度重视审判理论研究工作，大力支持专家学者和广大法官理论联系实际开展研究活动，努力造就一大批既懂法学理论又了解司法实务、既精通中国特色社会主义法学理论又熟悉世界法学发展动态的高素质法学法律人才，为世界法治文明发展作出应有的贡献，努力提高我国法学界法律界参与国际法学理论发展和国际法律事务的能力和水平。

提前祝同志们国庆佳节愉快！预祝会议取得圆满成功！

与时俱进　开拓创新
努力做好新形势下的审判理论研究工作

最高人民法院常务副院长
中国法学会审判理论研究会会长　沈德咏

（2009 年 9 月 24 日）

各位来宾，各位朋友，同志们：

再过几天，我们就将迎来新中国 60 周岁华诞，对于全体中国人民来说，这是一个值得大喜大庆的日子。同时，我们也将迎来最高人民法院建院 60 周年。今天，我们在美丽的北国名城长春，隆重召开纪念人民法院建院 60 周年理论研讨会暨中国法学会审判理论研究会 2009 年年会，这是对新中国成立 60 周年和最高人民法院建院 60 周年最好的纪念。刚才宣读了最高人民法院王胜俊院长热情洋溢的贺信，王胜俊院长对审判理论研究乃至整个法学理论研究非常重视，对广大法学理论工作者非常尊重，对审判理论发展创新寄予厚望。我们要认真贯彻落实王胜俊院长的贺信精神，努力开创中国审判理论研究新局面。

60 年间，我们伟大祖国经历了曲折而又辉煌的发展历程，发生了翻天覆地的巨大变化。在政治建设、经济发展、法治昌明和社会进步等各个方面都取得了举世瞩目的巨大成就，彻底改写了中华民族贫穷落后、多灾多难的历史，初步建成了一个欣欣向荣、繁荣昌盛的社会主义法治国家。60 年间，人民法院在党的坚强领导下，一路风雨兼程，严格依法履职，不断发展进步。1949 年，在新中国成立前一些解放区地方法院陆续建立的基础上，最高人民法院宣告成立。10 月 1 日，中央人民政府任命沈钧儒为最高人民法院院长，11 月 1 日，最高人民法院正式办公，标志着人民法院制度正式诞生。1950 年 6 月，全国已经建立了 1566 个人民法院，1952 年 4 月，最高人民法院分别建立了东北、西北、华东、中南、西南、华北六个分院。1954

年，新中国第一部宪法诞生，人民法院组织法也同时获得通过，为人民法院的发展奠定了基本制度框架。

在新中国成立初期，根据党中央的决策和部署，各级人民法院依照政策和法律，坚决镇压反革命分子和各类敌对分子，公正审理日伪战犯和国民党战犯，为巩固新生的人民政权立下了功勋。1957 年以后，由于极左思潮逐渐泛滥、政治运动频繁进行，我国进入了法制建设停滞不前、司法职能被严重忽视的艰难时期，人民法院制度受到严重破坏。1978 年，党的十一届三中全会拨乱反正，民主法制建设受到党和国家高度重视，人民法院工作从此进入了健康快速发展的新阶段。1981 年，最高人民法院在党中央的直接领导下，组成特别法庭，成功审判了林彪、“四人帮”反革命集团一案，为党、国家和人民伸张了正义。1982 年以后，全国法院根据党中央的决策部署，积极参与严厉打击严重破坏经济秩序犯罪和严重危害社会治安犯罪的斗争，为保障改革开放顺利进行，维护社会大局稳定，保障人民合法权益，做出了重大贡献。与此同时，全国各级法院的机构建设、队伍建设、制度建设及基层基础建设，都在快速发展进步。党的十五大确立了依法治国的基本方略，提出了推进司法改革的任务，人民法院的发展进入了新的战略机遇期。1999 年，最高人民法院适时发布了第一个五年改革纲要，提出了 39 项改革举措。党的十六大明确提出推进司法体制改革、建立保障在全社会实现公平和正义的社会主义司法制度的要求，中央对司法制度的改革进行了统一部署，2004 年，最高人民法院发布了第二个五年改革纲要，提出了 50 项改革举措。党的十七大进一步明确提出了深化司法体制改革、建设公正高效权威的社会主义司法制度的奋斗目标，最高人民法院根据中央的统一部署，于今年 3 月发布了第三个五年改革纲要，纲要确定的 30 项改革举措，正在有条不紊、紧密锣鼓地付诸实施。

过去的 60 年，是人民法院建设取得全面进步并做出重大贡献的 60 年。现在全国共建立了 3561 个法院，10023 个人民法庭，法院机构建设的目标基本实现；全国法院队伍建设取得巨大进展，四级法院共有 30 余万名法官和其他工作人员，队伍素质不断提高，司法能力不断增强；人民法院的司法职能作用不断拓展，年审理、执行案件的数量突破千万大关，指导人民调解、调节经济社会关系的司法手段不断创新，服务和保障经济社会又好又快发展的作用日益凸显；法院体制机制建设取得显著进展，审判组织日趋完善，审判管理不断规范，审判权的运行趋向科学，司法水平不断提高；法院基本建设和基层基础建设获得重大进展，法院的经费保障力度不断加大；法院积极参与国家立法机关的立法活动，大力支持行政机关的法制建设，适时出台司法解释和规范性文件，为建立中国特色社会主义法律体系做出重要贡献。全国法院高度重视司法理念创新、理论创新和制度创新，最高人民法院党组根据新形势新任务新要求，努力践行社会主义法治理念，将胡锦涛总书记提出的“三个至上”确立为人民法院工作指导思想，提出了“为大局服务，为人民司法”的工作主题，出台了一系列服务大局、保障民生的司法解释和规范性文件，明确提出了“公信立院、从严治院、科技强院”和“面向基层、服务基层、建设基层”的工作方针，发布了“五个严禁”等一批反腐倡廉建设的制度措施，深入开展了“人民法官为人民”主题实践活动，使人民法院各项事业进入了一个新的重要发展时期。

回顾过去，我们更加崇敬新民主主义革命时期何叔衡等人民司法事业先驱为创建中央苏区最高临时裁判庭及最高法院付出的巨大艰辛，更加缅怀董必武、谢觉哉等老一辈无产阶级革命家建立根据地和解放区司法制度的历史功勋，更加珍视以“马锡五审判方式”为代表的人民司法优良传统，更加感激自新中国第一任最高人民法院院长沈钧儒先生以来各个时期最高法院领导集体和全国法院广大工作人员为建立、发展人民司法事业做出的重大贡献！

人民法院60年的发展，给了我们许多有益的启迪：

必须始终坚持党的领导，确保人民司法事业的正确政治方向。司法是为经济社会服务的上层建筑，人民司法事业是党的事业的重要组成部分。党的领导是人民司法事业不断发展进步的根本政治保证。人民法院要始终坚持在党的领导下依法独立行使审判权，始终坚持党的领导、人民当家作主、依法治国的有机统一，确保人民法院工作正确的政治方向。

必须始终坚持以马克思主义法律观为指导，努力践行社会主义法治理念。马克思主义法律观是建立和发展人民司法的理论基础，始终坚持以马克思主义法律观和社会主义法治理念为指导，是确保人民司法事业顺利健康发展的重要保证。在新的历史时期，人民法院必须将中国特色社会主义理论体系贯彻落实到司法工作当中，努力践行社会主义法治理念，坚持“三个至上”的工作指导思想，决不能用西方的法学理论和法治观点来评判我们的司法制度和司法工作。

必须始终坚持围绕党和国家中心工作，自觉服从服务于社会主义革命、建设和发展的大局。人民法院要始终紧紧围绕党和国家的工作大局开展审判工作，充分发挥审判职能作用，妥善化解矛盾纠纷，有效发挥维护稳定、保障改革、促进发展的职能作用，为社会主义革命、建设和发展大局提供有力的司法保障。实践表明，人民法院只有牢牢把握全党全国工作大局，严格依照宪法和法律履行审判职责，才能有所作为、有所贡献，才能在国家政治、经济和社会生活中发挥越来越大的作用。

必须始终坚持全心全意为人民服务的根本宗旨，充分体现人民司法事业的人民性。人民性是人民司法事业与生俱来的本质属性，自人民法院诞生之时起，就决定了司法权必然属于人民、必须为了人民、依靠人民。要立足司法的人民性开展司法的专业化、职业化建设，确保司法权始终掌握在人民的手中。要坚持全心全意为人民服务的根本宗旨，不断满足人民群众对司法工作的新要求新期待。要坚持群众路线，善于将人民群众对司法的感受转化为改进人民法院工作的重要依据，将人民群众对司法的意见转化为改进人民法院工作的目标，将人民群众对司法的认同转化为改进人民法院工作的动力，赢得人民群众的信任和支持。

必须始终坚持以司法审判工作为中心，切实履行好人民法院的宪法和法律职责。依法履行审判职责是宪法和法律对人民法院的基本要求，依法独立行使审判权是重要宪法原则。60 年来，人民法院受理的案件不断增多，案件类型涉及生产生活各个领域，法律关系日趋复杂，把这些案件公正高效地处理好，切实做到案结事了，就是非常重要的贡献。在任何时期，人民法院都必须坚持遵循司法规律，依法独立行使审判权，以事实为根据，以法律为准绳，不断研究新情况，解决新问题，依法审理好各类案件，有效化解矛盾纠纷，切实维护社会和谐稳定。

必须始终坚持以队伍建设为工作重点，为公正高效廉洁司法提供组织保障。队伍建设是人民法院永恒的主题，是建设公正高效权威司法制度的关键。60 年来，各级人民法院始终把队伍建设作为主要任务，为人民司法事业的发展提供强有力的组织保证。通过落实法官法，不断完善法官选任、管理制度，优化了队伍结构。通过加强反腐倡廉建设，完善自律、监督和查处机制，纯洁了法院队伍。通过一系列学习、教育、培训、实践活动，提高了法院队伍的政治业务素质和司法能力水平，涌现出一大批先进典型。

必须始终坚持抓好基层基础建设，切实发挥基层化解矛盾、维护稳定的基础作用。基层人民法院和人民法庭处在化解矛盾、调处纠纷、维护稳定的最前沿，是党通过司法途径服务人民、保持同人民群众密切联系的桥梁和纽带。全国法院 80% 以上的案件在基层、80% 以上的干警在基层，人民群众对司法工作的新要求新期待首先反映到基层。抓基层、打基础对于人民法院工作全局来说至关重要，“基础不牢，地动山摇”，基层基础建设直接关系到人民司法事业“大厦”的稳固。要通过不断完善基层工作机制，提高基层的司法能力，调动基层的工作积极性，改善基层的司法条件，解决基层基础建设中的突出问题，使基层真正成为了化解矛盾、维护稳定的重要防线。

必须始终坚持改革创新精神，充分体现人民司法事业的开放性。中国特色社会主义司法制度是我国历史上最优越的司法制度，其优越性在于它继承了中华民族优秀的法律文化传统，坚持以马克思主义科学理论为指导，吸收借鉴了人类社会法治建设一切有益成果。中国特色社会主义司法制度首先是中国的、民族的，中华法系源远流长的法律传统精华在当今时代仍然具有生命力。只要我们善于把前人的经验总结好、推广好、发展好，历史上播下的司法种子就能在现实土壤中开出思想之花、结出实践之果，从而成为我国法律和司法改革与发展的不竭源泉。中国特色社会主义司法制度同时又是世界的，在我国法制现代化的各个历史时期，我们先后学习借鉴了苏联东欧社会主义国家的司法制度，西方大陆法系国家的司法制度，英美法系国家的司法制度，以及当今世界西方主要国家和联合国的司法制度，初步形成了博采众长、不断创新、与时俱进的司法制度。实践证明，只要把中国特色社会主义理论体系作为行动指南，坚持解放思想、实事求是、与时俱进、开拓创新，人民司法事业就能够不断发展进步并逐步成长为世界上最好的司法制度。

同志们，送走了过去的60年，我们又站在了新的历史起点上。党的十七大作出了会面落实依法治国基本方略，加快建设社会主义法治国家，建设公正高效权威的社会主义司法制度的伟大战略部署，展望未来，我们任重而道远。

面向未来，我们一定要始终坚持“三个至上”的指导思想，确保人民法院工作正确的政治方向。王胜俊院长指出，“三个至上”工作指导思想解决了人民法院举什么旗、走什么路、朝什么方向前进的重大政治问题；解决了人民法院“权从何来、为谁司法、靠谁司法”的根本立场问题；解决了人民法院怎样服务科学发展、如何实现自身科学发展的基本思路问题。因此，“三个至上”解决了人民司法事业发展和审判理论研究的全局性、方向性、道路性问题，我们要切实以“三个至上”指导思想武装头脑、指导实践、推动工作，确保人民司法事业的发展有利于维护党的事业，有利于保护人民群众利益，有利于贯彻执行宪法法律。

面向未来，我们一定要始终坚持“为大局服务，为人民司法”的工作主题，全面发挥好人民法院的司法职能作用。“为大局服务，为人民司法”是人民法院的政治、法律和社会责任，是中国特色社会主义司法制度的必然要求，是在新的历史时期坚持能动司法的重要表现。从60年来的经验、当前的形势和今后的任务看，任何时候我们都必须准确把握党和国家工作人局对司法工作的要求，全面了解人民群众对司法工作的需求，不断延伸司法的服务职能，依法履行好司法的惩罚、调节、保障和救济职责，既坚持依法裁判案件，又善于化解社会矛盾，既有力促进经济社会又好又快发展，又切实关注民生维护社会公平，既全力促进社会和谐稳定，又切实维护和促进全体人民共享改革发展成果。

面向未来，我们一定要始终坚持“从严治院，公信立院，科技强院”的工作方针，全面提高人民法院的司法能力。可以预料，在新的历史时期，人民法院在前进的道路上还会遇到许多困难和问题，人民群众期待司法发挥更大职能作用的社会诉求会更加强烈，人民法院承担的政治、法律和社会责任会更加重大和艰巨。人民法院要克服困难、解决问题、再创佳绩，必须始终坚持“三院”工作方针，有效解决自身存在的各种问题，显著提高司法能力。要落实“从严治院”要求，完善教育、管理、监督、查处各个环节，切实加强思想政治建设、工作作风建设和反腐倡廉建设，着力解决好队伍中存在的突出问题，努力实现人才兴院，树立人民法院和人民法官的良好形象。要落实“公信立院”要求，重点在推进司法民主、加强司法公开、强化司法监督、规范司法行为、增强司法能力以及落实司法保障等方面下功夫，着力解决裁判不公、效率不高、执行不力以及司法不公开、不透明、不规范等突出问题，不断提高司法水平。要落实“科技强院”要求，重视运用科学化的理念、现代化的技术、信息化的平台，大力加强司法管理，做到向科技和管理要质量、要效率，实现科学管理、高效管理和长效管理。

面向未来，我们一定要始终坚持改革创新精神，促进人民司法事业科学发展和服务好经济社会科学发展。改革开放和科学发展是当今时代的主旋律。全面推进中国特色社会主义建设事业，要求人民法院要服务好改革开放，服务好科学发展，努力当好中国特色社会主义建设事业的建设者和捍卫者。我们要坚持以科学发展观为统领，着力在改革创新上下功夫，切实推进司法体制和工作机制改革；要克服因循守旧观念和固步自封思想，始终坚持与时俱进，通过改革解决人民司法工作中不能适应经济社会发展要求、不能满足人民群众需求的突出问题，努力克服制约司法公正和效率的体制性、机制性、制度性障碍；要运用统筹兼顾的方法全面推进审判执行、司法改革、队伍建设、基层基础建设等工作，努力实现人民司法事业的全面协调可持续发展。

面向未来，必须大力加强审判理论研究工作，更加重视理论创新，不断丰富中国特色社会主义司法理论体系。新中国60年来，我们基本上是单向地学习、借鉴国外和境外的法律制度和法学理论，实践证明这是必要的，没有对域外司法制度和理论的学习借鉴，我们不会有今天的成就和理念。但是，在新的历史时期，这种客观现实正在悄悄发生改变，越来越多的国家和地区已开始反向地关注和研究我们的司法制度、体制和理论，我们已经注意到很多西方国家的学者和智库相当困惑我国改革开放以来的跨越式发展成就，已经很重视对我国经济、政治和法律问题的研究。在我国已然成为世界关注焦点和追仿对象的新形势下，我们有责任把自己的发展经验总结好，把中国特色的社会主义司法制度和理论发展好，为世界法治发展和理论创新做出我们应有的贡献。现在，中国特色社会主义司法制度建设已经取得重大进展，这既为我们开展法学理论研究提供了有利的客观条件，又向广大法学理论和实务工作者提出了许多需要深入研究的现实问题，加强理论研究不仅是理论工作者的责任，而且是人民法院工作的重要组成部分。要保证人民司法事业始终走在时代前列，不断取得更大成就，不断增强对中国特色社会主义司法制度的理论认同、感情认同和实践认同，就一刻也不能离开科学理论的指导，一点也不能放松理论研究。今后，审判理论研究会要进一步发挥自身优势，着力做好以下几项工作。

一要着力加强审判理论研究的组织、协调和指导。审判理论研究会是中国法学会依托全国法院系统建立的学术研究组织，是联系、组织广大理论工作者和法官共同研究审判理论与实务问题的重要平台。中国法学会审判理论研究会成立两年多来，已经建立了近200名理事组成的理事会，近100名常务理事组成的常务理事会，并依托有关高级法院设立了12个专业委员会，发展了数以万计的会员，这是一支非常可观的理论研究力量。许多著名法学专家大力支持并积极参与审判理论研究会及其专业委员会开展的学术活动，帮助我们提高了法官的理论研究兴趣，解决了不少审判难题，繁荣了法学研究，为人民司法事业的发展提供了重要的智力支持。今后，我们要更加充分地利用好、发挥好这个研究平台的优势，大力支持专家学者和法官开展各种形式的研究和调研活动，充分发挥研究会的桥梁、纽带作用，不断深化审判理论研究工作。

二要着力加强对当前法治建设和人民法院工作中重大理论和实践问题的研究。要通过确定和发布重大课题等方式，组织法学理论工作者和法律实务工作者集中进行攻关研究，尽快推出一批高质量的研究成果。当前，需要研究的问题很多，发布研究课题的单位和部门很多，重复研究的课题也很多，我们一定要有所选择，通过课题这个抓手，推动审判基础理论和司法实践重大问题的研究。今年，最高人民法院尝试委托法学界10多位专家学者就人民法院工作涉及的重大理论与实践问题开展了专题研究，已经初见成效，这一制度将继续坚持下去，希望更多的专家学者参与、支持人民法院委托的专项课题研究。审判理论研究会要着重围绕马克思主义法律观中国化、完善中国特色社会主义司法理论体系、深化“三个至上”工作指导思想、能动司法、司法体制改革、审判理论体系构建等重大问题，组织课题和研究活动，不断把审判理论研究引向深入。

三要着力加强国情研究，积极借鉴世界各国的司法文明成果。我国已经进入科学发展的新时期，科学发展是遵循社会发展规律的理性发展，是经济社会各个领域全面推进的协调发展，更是主要依靠自身努力的自主创新发展，因此，必须立足国情探索规律，立足国情开辟道路，立足国情做好自己的事情，解决好发展中遇到的各种问题。经济社会发展是这样，人民司法事业的发展也是这样。审判理论研究一刻也不能脱离国情，一刻也不能落后时代，要切实改变重书本不重实际、重外国理论不重视本土经验的现象。同时，我们已经进入全球化时代，理论研究必须具有开放的胸怀和全球的视野，需要以开放的眼光、科学的态度和创新的勇气，认真学习借鉴世界各国人民创造的于我有益的司法文明成果。审判理论研究会不仅要组织国内法学法律界开展审判理论研究，还应积极研究和拓展对外学术交流活动。

四要着力加强审判理论研究队伍建设。繁荣审判理论，人才是关键，王胜俊院长的贺信特别讲到了加强理论研究人才培养的重要性。我们要把审判理论研究队伍建设作为法院队伍建设的重要方面，建立健全发现人才、吸引人才、激励人才、培养人才、使用人才和发挥人才作用的机制和制度，形成有利于优秀理论人才脱颖而出并充分发挥聪明才智的良好氛围。审判理论研究会今后可以开展一些优秀理论成果的评选活动，探索建立奖励优秀成果的制度机制，努力造就一支政治立场坚定、理论研究能力强、富有开拓创新精神的专兼职相结合的审判理论研究队伍。

同志们，过去的辉煌成就已经载入史册，新的历史使命正在召唤着我们。在新的历史时期，我们的工作既面临着新的挑战和考验，也迎来了大好的发展机遇。让我们高举中国特色社会主义伟大旗帜，深入贯彻落实科学发展观，继承优良传统，勇挑历史重担，全面加强审判理论研究，努力为建设公正高效权威的社会主义司法制度做出新的更大的贡献！

中国法学会审判理论研究会
2008～2009 年度工作报告

最高人民法院副院长
中国法学会审判理论研究会常务副会长　张　军

（2009 年 9 月 24 日）

各位领导，各位代表，同志们：

中国法学会审判理论研究会自 2008 年 11 月在山东召开第二届年会以来，在最高人民法院党组和中国法学会的领导下，在各位会长、常务理事、理事以及全国法院的支持下，根据最高人民法院工作安排和中国法学会的部署，深入学习党的十七大精神，认真贯彻落实科学发展观，积极开展“大学习、大讨论”活动和“人民法官为人民”主题实践活动，紧密围绕法院中心工作，组织开展审判理论研究活动，各项工作取得新的进展。受研究会常务理事会和沈德咏会长的委托，我向各位代表报告一下本会一年来的工作情况。

一、认真贯彻落实中国法学会第六次全国代表大会精神，认真学习周永康同志的重要讲话

中国法学会第六次全国会员代表大会 2009 年 1 月 20 日至 21 日在北京举行。党和国家领导人胡锦涛、吴邦国、温家宝、习近平出席会议，周永康发表了重要讲话。这次会议全面贯彻党的十七大和十七届三中全会精神，高举中国特色社会主义伟大旗帜，以邓小平理论和“三个代表”重要思想为指导，深入贯彻落实科学发展观，认真总结了法学会过去 5 年的工作，明确了今后 5 年的主要任务。会议修改了中国法学会章程，选举产生了中国法学会新一届理事会和领导机构，中国法学会审判理论研究会沈德咏会长当选为中国法学会副会长。会后，研究会向最高人民法院党组汇报了会议情况，并

向研究会理事传达了会议精神，认真学习了周永康同志的重要讲话，并在2009年的各项工作中加以贯彻。

二、积极深入开展“大学习、大讨论”活动和“人民法官为人民”主题实践活动

2009年以来，学习实践科学发展观、社会主义法治理念教育、“大学习、大讨论”等活动进一步深入开展。按照最高人民法院的部署和《关于开展“人民法官为人民”主题实践活动的意见》要求，研究会认真组织开展“人民法官为人民”主题实践活动。开展“人民法官为人民”主题实践活动是最高人民法院巩固落实科学发展观成果的重要举措，是进一步深化社会主义法治理念教育、积极深入开展“大学习、大讨论”活动的重要载体。在学习活动中，研究会紧密联系法院工作实际，围绕中心工作，注重发挥自身优势，继续组织开展了中国特色社会主义司法制度专题研究，以编写《中国特色社会主义司法制度读本》的成果形式，深入、系统地探索和论述适应中国特色社会主义制度的司法制度特点，推动人民法院工作进一步发展，解决思想认识上存在的偏见和误区，指导法院继续深化司法体制和工作机制改革。目前，《读本》的初稿已经完成。此外，经最高人民法院王胜俊院长批准，由研究会与中国应用法学研究所牵头开展《中国特色社会主义司法制度重大理论问题》课题研究，委托了国内6位著名专家学者参与承担其中六个重大专题研究，本课题将于年底形成最终研究报告。根据王胜俊院长的指示，研究会近期已就能动司法这一新的课题开展研究工作。今后，研究会将继续深入开展符合自身特色又切合审判工作实际的应用型研究，为更好地开展法院工作进一步提供理论支持和保障。

三、积极筹备纪念人民法院建院60周年理论研讨会暨2009年年会

今年是新中国成立60周年，也是最高人民法院建院60周年。最高人民法院决定召开纪念人民法院建院60周年理论研讨会，并决定将这个研讨会与审判理论研究会2009年年会合并召开。秘书处在有关部门的支持下，积极开展了会议的各项筹备工作。经会长办公会研究，2009年年会的主题确定为：（1）新中国成立60周年人民司法事业回顾与总结；（2）人民法院“为大局服务，为人民司法”的理论与实践。秘书处4月份向全国法院和本会的理事、常务理市发出了征文通知，8月底秘书处共收到各地法院筛选报送的论文和部分专家学者提交的论文160余篇，经过筛选，选编成论文集作

为会议材料。会后将根据会议研讨情况进一步编辑加工后正式出版。

四、进一步完善审判理论研究会专业委员会的设置

在最高人民法院的领导下，在各高级人民法院的支持下，研究会根据审判工作实际，进一步完善了相关专业委员会的设置，覆盖了主要的审判领域。到目前为止，本会共设置了12个专业委员会，分别为：依托吉林省高级人民法院设立审判基本理论专业委员会，依托山东省高级人民法院设立刑事审判理论专业委员会，依托天津市高级人民法院设立民商事审判理论专业委员会，依托重庆市高级人民法院设立知识产权审判理论专业委员会，依托广东省高级人民法院设立涉外审判理论专业委员会，依托海南省高级人民法院设立行政审判理论专业委员会，依托浙江省高级人民法院设立执行专业委员会，依托江苏省高级人民法院设立司法改革专业委员会，依托上海市高级人民法院设立金融审判理论专业委员会和海事海商审判理论专业委员会，依托福建省高级人民法院设立海峡两岸审判理论专业委员会，依托河南省高级人民法院设立少年审判专业委员会。

根据研究会专业委员会设置较多、各专业委员会开展活动积极性较高的情况，为加强管理、协调，在会长统管各专业委员会的全面工作，常务副会长协助会长工作的前提下，实行了会长、常务副会长、副会长分别联系、分管各专业委员会的制度。

本着精简、规范、讲求实效的原则，根据《中国法学会审判理论研究会专业委员会规则》，研究会在加强管理、协调的同时，积极指导、参与专业委员会的各项活动，为深入开展审判理论研究，着力解决审判工作中面临的理论与实践问题，为全国法院的审判工作、执行工作、管理工作等提供理论支持。

五、协调并指导参与部分专业委员会的研讨活动

一年来，知识产权、金融、海事海商、司法改革、执行和涉外等六个专业委员会所在的重庆市、上海市、江苏省、广东省和浙江省高级人民法院提出举办专业论坛的申请，经会领导批准同意并指定由秘书处负责具体指导和配合。2008年11月29日，在重庆召开了“中国法学会审判理论研究会知识产权审判理论专业委员会成立大会暨充分发挥司法保护知识产权主导作用研讨会”。2009年2月27日，金融审判理论专业委员会在上海成立，并于6月27日在上海成功举办了“金融危机背景下金融发展与金融法治研讨会”。2009年3月17日，海事海商审判理论专业委员会在上海成立。2009年4月

16日至17日，在江苏省高级人民法院的大力支持下，司法改革专业委员会在徐州举办了“司法改革专业委员会2009年年会暨优化司法职权配置专题研讨会”。2009年7月29日至31日在广东省东莞市举办了“审判理论研究会涉外理论专业委员会成立大会暨金融危机对涉外商事审判工作影响及其对策研讨会”。2009年9月3日在浙江杭州召开了“执行实务与新类型法律问题论坛暨执行制度专业委员会2009年年会”。这些活动在法学界产生了较大的影响，对审判执行工作发挥了积极促进作用。11月份，山东省高级人民法院承办的刑事审判理论专业委员会年会和海南省高级人民法院承办的行政审判理论专业委员会“土地权益与司法保护论坛”也将举办。

针对各专业委员会开展活动内容实、积极性高的特点，今后，研究会将进一步发挥协调指导作用，做好统筹安排，总体规划，要好地规范各专业委员会活动的申报和管理工作，深化各专业委员会理论研讨活动，更好发挥作用，不断扩大影响。

六、积极参与了中国法学会的各项活动

年初，研究会向中国法学会汇报了审判理论研究会2009年的工作计划和2009年年会计划。2009年8月24日，沈德咏会长参加了中国法学会建会60周年纪念座谈会，沈德咏会长在会上发表了重要讲话。2009年8月3日至5日，江必新副会长应邀参加了中国法学会在北戴河举办的理论骨干研讨班。研究会还积极组织参加了2009年度中国法学会部级法学研究课题关于司法解释专题研究项目的申报，并获准立项。此外，根据中国法学会的要求，秘书处组织对中国法学会即将制定的《中国法学会法学研究规划(2009－2013)》提出并报送了相关意见。本会还通过联合举办理论研讨会等形式积极与中国法学会下设的证券法学研究会等其他研究会进行沟通、交流，取得了良好的效果。

七、完成一批审判理论研究成果

一年来，研究会编辑出版的“中国审判理论研究丛书”使研究成果得到了及时转化。丛书中《执行体制和机制的创新与完善》、《新类型案件诉讼与构建和谐社会》、《人民法院改革开放三十年论文集》、《中国特色案例指导制度研究》等学术著作的出版，反映了全国广大法官、学者对审判工作相关重大问题与时俱进的探索和思考，凝结了法官和学者的审判经验、司法智慧和理论创新，丛书规模逐渐扩大，品牌效应、社会效应不断显现，进一步丰富完善了应用法学和审判理论研究的成果，为人民法院的审判和执行

工作提供了有力的理论支撑。

八、加强研究会的自身建设

由于研究会下设的专业委员会的活动较多，为了便于开展工作，审判理论研究会秘书处建立专业委员会秘书制度，由中国应用法学研究所的研究人员担任各个专业委员会的秘书，负责日常联系工作。

秘书处还对会员的情况加强了联系与了解，建立了理事个人资料档案和通讯录。秘书处在最高人民法院局域网和中国法院网上及时反映更新研究会和各专业委员会重要活动、成果等相关信息，促进交流、促进发展。

一年来，审判理论研究会的工作虽然取得了一定的成绩，对服务审判工作和科学决策做出了贡献，但与最高人民法院党组的要求，与全国法院和广大法官对审判理论研究的需求相比还有不小的差距。如何进一步加强对审判工作重大理论和实践问题的研究，如何更好地为审判执行工作服务，如何进一步加强对各专业委员会工作的指导和规范都需要在今后的工作中进行探讨，加以改进和完善。研究会要按照沈德咏会长“有所为，有所不为，尽力而为，量力而行”的要求，积极围绕人民法院中心工作开展审判理论研究活动，努力推出坚持“三个至上”工作指导思想，符合“为大局服务、为人民司法”的工作主题的理论研究成果，为不断完善中国特色社会主义审判理论体系做出新的贡献。

谢谢大家！

综合篇

公正高效权威的社会主义司法制度理论与实践问题研究

马三刚*

党的十七大报告明确提出建设公正高效权威的社会主义司法制度。如何理解建设公正、高效、权威的社会主义司法制度，对实现司法工作的科学发展，建立司法制度科学评价体系，指导审判实践和司法改革具有重要意义。笔者仅就对公正、高效、权威的社会主义司法制度的理解及内在关系、现实差距及原因等进行探究，并提出一些建议与大家讨论。

一、对公正、高效、权威司法制度的多维理解

司法制度是指司法机关及其他的司法性组织的性质、任务、组织体系、组织与活动的原则以及工作制度等方面规范的总称。我国的司法制度是一整套严密的人民司法制度体系，包括侦查制度、检察制度、审判制度、监狱制度、仲裁制度、司法行政管理制度、调解制度、律师制度、公证制度、国家赔偿制度、法律援助制度等。① 笔者认为，公正、高效、权威本身不是司法制度的内容，而是司法制度的状态目标和评价结果。因此，从评价的角度理解公正、高效、权威的社会主义司法制度的内涵、意义、要求具有重要现实性。

对司法工作评价可以分为自我评价、社会评价和政治评价。自我评价是司法机关内部通过采集审判工作运行数据进行的评价。“社会评价即社会评价活动，是以社会群体为主体的评价活动，也就是黑格尔说的社会群体表达意见的过程。”对司法的社会评价是人民群众通过对司法活动间接或直接感知后呈现出的一种心理确信，有时表现为舆论性评价，有时表现为有组织的

* 宁夏回族自治区高级人民法院院长。

① 中央政府门户网站，www. gov. cn，2005 年 5 月 24 日访问。

测评。政治评价是指国家领导层通过各种信息渠道对司法工作运行情况的整体把握，在当前主要是执政党和国家权力机关对法律实施过程中司法活动情况的评价。笔者认为，公正、高效、权威的社会主义司法制度的提出集合了对司法工作的多种评价后提出的目标要求，但主要还是考虑社会评价和政治评价。因为，自我评价是建立在比例测算标准上的评价方法，即用公正与不公正、高效与低效的数量相比取其高，这种测算方法所取得的指数为相对指数。但社会评价和政治评价是一种整体评价，即以司法工作的特性考量司法公正，以人民群众的要求考量司法效率，要求司法裁判只能公正、高效，不得出现不公和低效，可谓是绝对指数。相比之下，政治评价和社会评价对司法工作的要求更高。因为，中国共产党历来重视社会公众对司法工作的满意程度，尤其是近年来，中央特别关注人民群众对司法工作的新期待新要求，关注司法工作中出现的新问题，从这个层面讲政治评价与社会评价的要求是一致的。因此，从总体上说建设公正、高效、权威的社会主义司法制度应在多种评价基础上，更多地关注社会公众对司法工作的评价。正如最高人民法院王胜俊院长强调的“我们不能满足于从统计数字上看审判质量和效率，更要从群众的感受来认识审判质量和效率”。

笔者认为，公正、高效、权威是从不同角度对司法工作提出的具体要求，需要进行多角度的理解，以更加准确地理解中央提出建立公正高效权威司法制度的意图和选择。

（一）“公正”的多重理解与选择

从字面理解，公正即公平正义。根据不同的方法，对公正的理解可以分为不同的种类。

1. 按照公正评价与个人意志的关系区分

公正分为主观评价的公正和客观评价的公正。凭借评价主体的感受对裁判结果公正性进行评价为主观评价，法院依据一定的指标数据和公式对结果公正性进行的评价为客观评价；社会评价如满意度测评是主观性的评价，法院自身的评价是客观性的评价。主观性评价与客观性评价结果有时趋同，有时背离。近年来，各级法院对本院裁判结果都会进行公正性自我评价，而且公正比例一般都比较高，但是，司法活动中往往因个案的不公仍然引发了群众的不满，社会评价并不高。由于社会评价的有因性，虽然评价并不完全科学，但也反映了司法工作中的问题和群众对司法工作的需求。因此，建设公正、高效、权威的社会主义司法制度，要求我们更多地关注社会对“公正”的评价，尤其是对每一个个案的评价。正如最高人民法院王胜俊院长强调的要“坚持个案公正与社会公平相协调”。

2. 按照司法规律区分

公正可以分为客观公正和法律公正。这种分法主要依据事实和法律。从诉讼的角度讲，公正的裁判应当是依据当事人主张的证据所能证明的事实和法律作出的裁判结果，即法律正义。然而，公众更多的是从客观事实的角度评价，即注重客观正义。笔者认为，按照司法工作的规律，“公正”应当是法律公正，因为，司法只能重证据，而不可能恢复事物本来面貌，超出证据所能证明的事实裁判是对司法工作的理想化结果，也是有风险的。从这个层面讲，建设公正、高效、权威的社会主义司法制度，既要依靠诉讼双方举证，由法院尽可能查明事实并作出裁判，实现法律正义，也要引导社会公众对“公正”本身有一个法律意义上的理性认识和评价。

3. 依据保障诉讼当事人权利的不同内容区分

“公正”又可分为实体公正和程序公正。在实体裁判观念占据主导地位的制度中，司法裁判的权威性注定是极其微弱的。① 但从司法工作科学发展的要求和从以人为本、保障人权、保障当事人诉讼权利的角度讲，案件的处理既需要实体公正，也需要程序公正。因此，公正、高效、权威的社会主义司法制度中的“公正”应当包括实体公正和程序公正两个方面，注重司法活动全过程的公正。

4. 按照评价对象是否经过裁判程序区分

按照评价对象是否经过裁判程序，可以分为裁判不公和未经裁判的不公。一般情况下只有进入程序并经裁判的结果才能进行公正性评价。但是实践中，一些法院对本应受理的案件出于种种原因不予立案，也不制作任何文书，造成诉讼无门的结果，引起群众对法院的不满，这种情况是不公正的另一种表现形式，而且比裁判的不公更难救济。笔者认为，这种情况可以认为是一种未经裁判的不公。公正、高效、权威的社会主义司法制度对公正的要求应当既包括裁判的公正，也包括对当事人权利救济方面的公正，坚决杜绝未经裁判的不公现象出现。

（二）高效的双重理解与选择

“高效”一词，本意已经包含了质量和速度，但笔者认为，在公正、高效、权威的社会主义司法制度这一目标和语境中，质量已经独立提出，并以

① 陈瑞华：《论中国司法制度》，载 http://tieba. baidu. com/f? kz = 19695341，2009 年 5 月 4 日访问。

公正目标来衡量，因此，“高效”目标应主要指审判工作的运行速度，在目前的司法环境中，就是要提高法定期限内审结案件的比例，尽量缩短案件办理周期，减少当事人诉累，并尽可能提供更多便民、利民的司法为民举措和服务。

（三）权威的多重理解与选择

“权威”一词，在司法活动中应当包含三层意思，一是制度意义上的权威，即赋予司法机关一定的强制性权力，这种权力本身具有维护司法行为、司法裁判效力的权威性；二是通过运用法律所赋予的权力来产生一定的威信，是一种司法效果，类似于“司法公信力”的概念；三是形象上的权威，即通过执法者的执法作风、仪表、业务素质的展示，使执法对象对其产生威严感。笔者认为，在公正、高效、权威司法制度中，“权威”一词三层意思都应包含，既需要从制度上保证司法机关的权威性，保证司法机关独立办案，保证办案秩序的井然有序，保证司法裁判最终得到执行，也需要通过发挥司法职能，提高司法公信力和当事人服判息诉的比例。同时，在大力提倡司法为民、亲民、爱民的过程中，既要让群众感到司法机关为民司法的作风和情怀，还要让执法对象感到执法是一件严肃、认真的事情，容不得藐视、侮辱、妨害，更不能暴力抗法。

二、建立公正、高效、权威司法制度的理论意义

（一）公正——突出了司法的本质特点和人民群众对司法工作的传统需求

查士丁尼《民法大全》提出的并被认为是古罗马法学家乌尔庇安(Ulpian)首创的一个著名的正义定义，其表述如下，“正义乃是使每个人获得其应得的东西的永恒不变的意志。”因此，正义也是人民群众对司法工作的传统需求。“法律正义的主要成因在于法需要有正义的进入，需要以正义作为一种基本的价值目标，以导引法和法治在其基本路向上达到比较理想的境况，使社会主体从法律秩序中获得正当利益。”[①] 社会主义司法制度强调公正，并将“公正”置于这一制度目标的第一位，突出强调了司法的本质特点和价值追求，强调了公正对于建立良好法律秩序和社会秩序的作用，是社会主义司法制度坚持司法正义，维护人民群众根本利益和维护社会大局稳

---

① 周旺生：《论法律正义的成因和实现》，载《法学评论》2004 年第 1 期。

定的根本体现。

（二）高效——体现了人民群众对司法工作的新期待新要求

高效在司法领域是指司法效率。所谓司法效率，包含三层意思：一是指公正判决能迅捷地作出和执行；二是作出判决和执行判决所需花费的社会成本较低，不至于使当事人支付不起诉讼成本而望诉兴叹，知难而退；三是公正判决的实现率（执行率）较高。此三者共同构成司法的高效率，欠缺任何一项，都会影响司法公正，损害法律权威。因为，司法机关不能及时作出判决，其迟延本身就可能是违法的。“高效”一词是经济学概念在法律领域的借鉴，主要目的是要在司法活动中追求诉讼经济目标。当前，人民群众对司法工作的需求已经不再满足于实体处理的公正，还需要司法程序的高效运转。高效，既可以节约诉讼投入，减少纠纷对时间、精力和物质的消耗，降低纠纷扩大的可能性，在市场经济条件下也具有减少环节、降低成本、加快流通的作用。因此，高效是司法制度发展到一定阶段的必然选择，是人民群众司法需求进一步提高的表现，也是我国社会发展和市场经济发展的必然要求，建设公正、高效、权威的司法制度，就是中央满足人民群众对司法工作新要求的具体表现。

（三）权威——强调巩固党的执政地位对司法制度的新要求

法律的权威是由国家强制力做后盾，是由国家强制力保障实施的，这指的仅是法律权威的静态形式。法律仅凭静态权威尚不足以引起人们对它的敬仰，法律的权威更有赖于司法机关的司法活动来实现，这是动态的法律权威。只有这种活生生的法律权威才能赢得人们对法律的信仰和服从，换言之，只有通过权威的司法才能赋予法律以生命和权威。司法工作是党执政工作的一部分，司法权威也是党的执政权威的一部分。目前，无论是静态的制度上的权威，还是动态的效果上的权威都不能满足巩固党的执政地位的要求，因此，笔者认为，中央提出建设公正、高效、权威的社会主义司法制度目标，一方面是为司法改革指明方向，要通过立法来树立“法制”层面的司法权威；另一方面是对司法工作提出新要求，要求在司法权运行中通过公正、高效的司法活动和用足用活法律赋予的手段来提高“法治”层面的司法权威，树立司法公信力。

三、公正、高效、权威司法制度的内部关系

（一）公正、高效、权威是衡量司法工作的三个指标

笔者认为，公正、高效、权威（效果上的权威）是用质量、效率、效果三个指标对司法活动运行提出的量化标准，公正是质量指标，高效是效率指标，权威是效果指标。然而，三个指标的衡量因评价主体不同可能会导致结果的不同。在社会评价中，三个指标采集比较随意，评价结果由群众感知和作出，往往是群众通过对个案的感受集合后形成对司法的整体评价，但这种评价不是比例性的评价，可能会因某一具体案件影响群众的评价，如一件有重大影响的司法腐败案件，一件久拖不决的案件，一件损害司法权威的暴力抗法案件，都可以让群众对整个司法工作产生不信任，导致评价结果偏差。而在法院内部，则又有一套相对固定的衡量指标，即评估体系。通过对案件的上诉率、发回改判率等指标来衡量裁判的公正程度；通过审限内审结率等指标衡量裁判的效率；通过暴力抗法等指标来衡量司法的权威性。笔者认为，中央提出的建设公正、高效、权威的社会主义司法制度，要求司法机关要将社会评价和自我评价有机结合，不但要实现比例性评价的高分值，还要切实杜绝因个案的不公和低效影响社会公众的整体评价。

（二）公正、高效、权威具有相互依存关系

1. 正面联动作用

在公正、高效、权威的社会主义司法制度中，公正是前提，可以促进效率的提升和权威的树立，起到促使当事人服判息诉、减少信访量、提高自动履行率、节约司法资源的作用。效率是关键，可以减少群众诉累，可以促进公正。效率越高就越可以集中时间解决更多疑难案件，促进更多案件的公正判决，简易程序和普通程序的设计，以及简易程序适用率高的情况即说明这一特点。效率还可以树立权威，如执行率高，就会让更多的人相信裁判的效力和权威。权威是保障，制度上的权威可以保障公正、促进效率，为审判工作创造良好的法律环境，保障人民法院独立行使审判权，克服在审判和执行工作中的地方保护主义和部门保护主义，司法工作的阻力越小，公正和高效的可能性就越高；效果上的权威反映了司法公信力的情况，直接取决于裁判的质量和效率，这种权威是人民群众认可的权威，人民群众相信裁判的公正性，才能服从裁判的约束，降低上诉、申诉比例，使有限的司法资源运用到解决更多的矛盾处理中。

2. 负面制约作用

司法裁判的公正程度越低，司法程序就会反复启动，上诉率高，涉诉信访量居高不下，法院的审判活动就会陷入“判决－上诉－判决－申诉－再审”的恶性循环局面，司法活动就会出现“不公－低效－不服”的尴尬局面，因此，质量、效率、权威（效果上的权威）之间会出现顺序性的负面制约作用。当然，制度上的权威没有树立起来，就会出现不同形式的非法干预和保护主义，影响公正和效率，这样会出现“无权威－不公正－低效率”之间顺序性的负面制约现象。因此，公正高效权威是有机联系的整体，哪一项缺失都可能影响其他两项目标的实现。

3. 运行中的“陀螺效应”

陀螺在一定的初始条件和一定的外力作用下，会在不停自转的同时，还绕着另一个固定的转轴不停地旋转，这就是陀螺的旋进（precession），又称为回转效应（gyroscopic effect）。司法工作的运转尤如陀螺旋转。按照制度的设计职能，其正常运转是初始条件，当保障公正的外力较小时，受到干扰的机会就会增多，其运转的平稳性就会较差；当保障公正的外部力量较强时，其规制力就会提高司法工作本身的向心力和转速，使其平稳、高速运转。因此，建设公正、高效、权威的社会主义司法制度需要更多排除非法干预的制度设计，促进司法公正与效率，而不能仅靠司法机关自身的内力来排除干预。

4. 三角稳定架构下的司法和谐与社会和谐

如前所述，公正、高效、权威三者之间相互制约，互为促进，形成了以司法活动为中心，以公正、高效、权威为三个基点的三角稳定架构。当三个基点作用发挥充分且固定时，司法工作的运作就会十分理想，呈现出和谐司法的局面。任何一个基点出现动摇或弱化，都会破坏司法工作的整体和谐。笔者认为，党中央提出建设公正、高效、权威的社会主义司法制度就是着眼于通过司法活动促进社会和谐，同时，实现司法工作的本身和谐，其要求是三个基点要共同高标准运行，使司法工作始终保持一种良好的工作状态，司法工作不但要通过发挥公正、高效、权威作用促进社会整体和谐和稳定，还要避免因不公、低效、无威信等司法失误引起不必要的矛盾和不稳定因素。

四、司法权运行与公正、高效、权威司法制度的现实距离

（一）非理性干预与保障公正制度的迟缓

目前，对司法公正的干预主要是两个方面：

1. 内部的非法干预

如，在法院行政化特色比较浓厚的情况下法院领导对案件进行干预，左右裁判结果，导致的司法不公问题。近年来这方面的案件比较典型，也造成了强烈的社会反映。再如，法院内部法官及其他人员非法干扰他人主办案件的情况也是时有发生，俗称“拉黑牛”现象，一定程度上影响了司法公正。

2. 法院外部的非法干预

如，一些法院外领导在法院审判案件时以个人身份批条子、打招呼、作指示；一些社会舆论媒体在法院审判案件时进行片面报道；一些专家在案件审判过程中出具专家建议书；还有一些国家机关超出法律授权过问法院审判案件。这些问题始终在影响司法公正，但是却没有及时建立强制性保障制度来进行约束，保证法官在“安静的状态”下对案件独立作出判决。

（二）低成本与高负荷的能量产出比的悬殊

目前，全国法院的审判案件均出现了不同程度的上升。案多人少的矛盾在一些地方相当严重和普遍。司法的低成本投入从以下几个方面可以看出。

1. 司法人员的严重不足

比较人民法院审理案件情况可以看出，1981 年全国人民法院审理的各类案件 85 万件左右，而 2008 年全国法院审理的各类案件达到 1000 万件以上。[①] 但是，目前全国法院的法官只有 18 万人，增长并不明显。面对大幅上升的案件数量，在人力的投入上根本无法适应审判工作发展的需要。如，在宁夏等省区一些法院由于审判人员不足，有的审判庭和派出法庭已经不能组成一个合议庭审理案件；有的法院则把民事案件分流到刑事、行政、审监等审判庭审理；需要组成合议庭审理的案件，有的法院只能邀请人民陪审员参与。严重超负荷的工作，使个人办案精力与审判案件之间的比例相当悬殊，严重制约了审判质量和效率的提升。

2. 审判人员的培训成本低

由于各种原因，法院现有的审判人员多是过去从其他单位调入或军队转业干部，学历层次并不高，大多没有经过系统地法律专业培训，而只是经过短期培训取得了学历条件和任职资格，这部分人员目前在相当一部分法院还是主力。近年来，通过考录进入法院的审判人员，虽然有相对比较系统的法律知识，但是又没有充分的法律职业经验。这与国外发达国家法官的培训和

---

① 《历年最高人民法院工作报告（1980 年至 2009 年）》，中华人民共和国人民政府网，http://www.gov.cn/test/2008-03/21/content_925627.htm，2009 年 5 月 4 日访问。

锻炼经历存在相当大的差距。应当说，我国法院的法官培训成本相当低。然而，面对大量新出台的法律和涌现的新类型案件，法院的审判人员在司法能力方面表现出严重地不适应。

3. 物质装备投入成本低

在信息化高速发展的时代，审判工作应当与社会同步发展。但是，面对大量的案件，尤其在中西部很多法院，法官审理案件和执行案件依然在延用几十年前的手工办案方式，所谓的信息化建设也只能体现在案件的流程管理和开庭审理过程的庭审监控中，有的法院手工和信息流程要同时操作，反而降低了效率，并没有起到提高审判效率的作用。

（三）联系与独立的自我需求与他求关系的倒置

司法工作在审判阶段需要独立，而在执行阶段则需要与有关机关密切配合形成联动工作格局。但是实践中，往往是需要独立审判的阶段，不同的机关都在以各种方式影响着审判工作，让审判“难得独立”；但在执行阶段，需要由各关机关密切配合的时候，一些机关又不愿发挥自身优势支持、配合法院执行工作，造成“联动不能”的局面。以上两种局面的存在都不利于在全社会实现公平正义，也不利于法院司法效率和权威的提升。

（四）司法职能的万能化对司法本能的削弱

虽然在有组织的社会的历史上，法律作为人际关系的调节器一直发挥着巨大的和决定性的作用，但在任何这样的社会中，仅仅依托法律这一社会控制力量显然是不够的。目前，人民法院受理的民事和行政案件范围上的扩大，导致人民法院受理了一些不该受理的案件，如银行不接受军队转业干部引起的诉讼；信鸽所有人不服信鸽协会竞赛规则的诉讼。这些问题的存在将人民法院置于社会矛盾的风口浪尖上，而法院又无力解决好这些矛盾，达不到协调社会利益的目的，其结果只能引发人民群众对法院的不满，对法治的不信任，削弱司法的本能。

（五）司法权威的高位给予与低位侵蚀

我国宪法明确规定：“人民法院依照法律规定独立行使审判权，不受行政机关、社会团体和个人的干涉。”但是实践中，一些地方政府将法院作为政府部门对待，干预法院办案，有的甚至向法院下命令不得受理某类与政府行为有关的案件，而法院又不得不配合，因为法院的基础建设、物质装备和经费保障都要依靠当地政府。还有的地方政府经常性抽调法院审判人员参与一些与法院不相干的活动，如，组织审判人员参与拆迁活动；向法院分配招商引资任务。这些活动本身确实重要，但人民法院的审判活动始终在处理不断产生的矛盾纠纷，以牺牲社会稳定为代价参与这些活动，与法院的职能是相悖的。而且，一般情况下法院都实行排期开庭，提前通知了各方当事人及其他诉讼参与人，但因这些活动临时取消开庭，也会引起群众对法院的不满。此外，有些地方对法院的警车和其他政法单位的警车做区别对待，只对法院的警车要求收过路过桥费用，间接地削弱了法院的司法权威，影响群众对法院的看法。

五、公正、高效、权威司法制度的理性构建

（一）强化确保司法公正的规制力

1. 职业责任追究与职业保障并重

司法不公的原因有多种，但主要是司法腐败导致的不公影响力巨大。但是在一些司法腐败案件的责任追究上，力度并不够，不能起到以儆效尤的作用。同时，对法官的职业保障方面也欠缺，以西部基层法院的法官年办案200件计算，一年收入仅3万元，而同样的案件数量，如果由工作时间不长的律师办理，每件案件平均至少收2000元以上代理费，年收入在40万元以上，有的甚至更高。有名的律师甚至办一个案件就可以收入几十万元，相当于法官十年或更长时间的收入。而且律师对于案件可以按照自己的意愿进行选择，可以远离棘手的矛盾。而在同一个法律职业共同体，由于从事的行业不同，法官和律师收入、压力、风险有着天壤之别，不利于法官心理的平衡和廉洁司法行为的养成，也造成了法官流失严重的现象。因此，笔者建议对法官的职业应当实行终身制，对法官的职业保障应当实行适当的高薪养廉，在司法行业实现高度的权责统一。

2. 建立排除非法干预的统一立法和司法审查制度

目前，影响法院独立行使审判权的问题和原因社会各界都很清楚，而且各地表现形式和强度不一。因此，鉴于地方三级司法机关的地位，笔者建议应当从立法上建立全国统一的排除非法干预司法活动的制度，甚至可以考虑作为一种职务违法行为进行立法。如可以明确规定对法院行使审判权除党委领导、协调，人大、检察机关依法进行监督外，其他机关不得过问案件的审判，同时，明确监督机关的监督方式和范围。对其他机关和个人干扰司法行为除按要求记录在卷备查外，情节严重、造成后果的，检察

机关可以根据情节和后果作为利用职务便利妨害司法的行为侦查和指控。

3. 对受案阶段扩大或排除司法权的矫正

司法权不是万能的，这已经成为理论界的普遍共识。针对一些本应由其他机关或组织处理更加合适的案件，如体育运动协会处理竞赛争议等事项，法律应当进行明确规定，充分发挥化解矛盾纠纷的第一道、第二道防线的作用。因为，司法虽是最后一道防线，也是最有风险的一道防线，如果司法不能妥善处理矛盾，则司法机关就会成为矛盾的集合点，一方面让群众对法制产生不信任，另一方面会影响社会稳定。

针对一些地方行政领导下命令要求法院不得受理某类案件的情况，以及有关机关依法应当移送司法机关处理的案件未经移送而依行政权从轻处理的现象，笔者建议应当规范民事、行政案件立案和刑事案件移送制度，以避免未经裁判产生不公而无法救济或追诉的现象。

4. 对制约公正之体制的改革

在司法改革中，最难处理的问题之一是法院的人、财、物如何保障和分配，而这些问题又与法院的公正审判息息相关。因此，笔者建议应当选择对司法权影响最小的方式进行改革和试点。可以考虑在上下级法院保持审判业务指导关系的基础上，对人、财、物的保障实行垂直管理，而且，一旦审判业务与法院保障工作分离运行，上级法院利用人、财、物的管理权干预下级法院审判工作也并不容易，况且上级法院本身具有维护裁判公正性的义务。

（二）提高司法效率的保障能力

1. 用现代化装备条件促进司法效率的提升

目前，法院的审判和执行任务很重，但是西部许多法院的现代化办公条件还比较差，因此，应当建立全国法院信息化建设标准，促进审判质量和效率的提升。同时，在执行案件中，债务人难找、财产难寻是主要问题，原因是当事人利用现代信息和通讯技术逃避债务，而执行人员运用传统方法执行，因此，鉴于执行权是兼具司法权和行政权的特殊性质，应当通过立法赋予执行人员一定的财产线索侦查权，并根据需要配备一些高技术装备，便于执行人员掌握被执行人财产线索和生活线索，提高执行效率。

2. 用制度保障司法效率的损耗

稳定压倒一切。人民法院依法及时审判案件，化解矛盾纠纷，防止矛盾升级是其主要职能作用。针对各地政府抽调法院审判人员开展一些法院职能之外的工作，影响司法效率的问题，建议国家有关部门制定统一的规范进行约束，使有限的审判力量用到解决众多的棘手案件上，及时维护社会和谐与稳定。

3. 建立与激励机制相挂钩的科学量化标准

目前，一些法院的法官不愿办理案件，主动要求到非审判岗位工作，原因是工作压力太大。而法院的审判人员的工资又按照公务员的工资计发，也就出现了干多干少都一样的问题，而且审判人员面临的工作、生活、人身安全的压力还很大。因此，建议对审判人员办理案件的质量和效率进行量化考核，并建立一套激励机制，提高法官办案的责任心和积极性。

4. 建设高效运转的联动工作长效机制

“执行难”是人民群众反映强烈的执行不公、低效、无权威的重要表现。实践证明，缓解和克服“执行难”只靠人民法院一家是很难明显提高执行效率的。因此，应当按照《人民法院第三个五年改革纲要（2009—2013)》，推动建立党委政法委组织协调、人民法院主办、有关部门联动、社会各界参与的执行工作长效机制，将配合法院执行工作作为社会治安综合治理考核内容，实行一票否决。因为，有些联动部门本身可能是案件的被执行人，在现阶段，强化各级党委对这些单位履行义务的监督更能提高涉案特殊主体案件的执行效率。

（三）建设多层面维护司法权威的制度环境

1. 完善法制层面的权威

主要应当解决妨害司法行为的制裁问题，一是应加强对民事案件中伪证行为的制裁力度，完善证人必须出庭作证的强制性规定；二是应当完善有关单位配合司法权实施的强制性规定，对协助当事人转移财产等行为予以及时惩戒；三是应借鉴香港等地司法制度，规定藐视法庭罪，改变屡见不鲜的哄闹法庭但处罚失严的现象；四是应改革诉讼法中妨害诉讼强制措施的规定，进行单独立法，以加强对未进入诉讼环节或诉讼结束后，有关人员攻击、威胁、谩骂法官，扰乱秩序的行为的惩戒力度；五是鉴于执行权的特殊性质，应通过立法赋予执行机构对有能力而不履行生效裁判，甚至暴力抗法等行为的取证权，以切实解决一部分执行案件，加大对违法者的惩戒力度，树立司法权威。

2. 限制行政权对司法权的影响

司法工作如天平，任何非程序的外力都可能导致天平失衡、不能居中。因此，应从制度层面限制地方行政权对司法权的影响，如，应当规定各地政府一律不得要求法院参与行政执法活动，如，拆迁安置工作；不得出台有可能削弱司法权威的规定，如，对司法机关警车收费进行区别对待；不得对法院受理案件进行干预，要求法院对依法应当立案的案件不予立案；不得要求法院参与招商引资等活动。

结 语

建设公正、高效、权威的社会主义司法制度是一项复杂而系统的工程。在目标评价标准的选择、内部关系的分析上需要多角度地认识和把握；在查找差距及追寻原因方面涉及司法理念、司法体制、司法环境等宏观层面的外因问题，也涉及队伍建设、司法行为等微观层面的内因问题；在理性构建方面既需要司法机关自身的完善与改革，也需要在党中央的领导下进行统一的立法规制和政策规制，从而为建设公正高效权威的社会主义司法制度创造有利的法制环境和制度环境。

坚持和完善中国特色社会主义司法制度

李 林*

中国特色社会主义司法制度是马克思主义国家与法的普遍原理同中国革命和建设实践相结合的产物，是在马克思主义指导下不断完善和发展起来的社会主义类型的司法制度，是中国特色社会主义政治制度的重要组成部分。

“司法”一词，主要有结构主义和功能主义两种解释。一是从结构主义来看，在国家政体结构意义上的司法，是指与立法、行政等相区别的权力、机关及其活动。在西方实行三权分立原则的国家，司法主要是指司法权、法院及其活动；在我国人民代表大会制度下，司法主要是指审判权（人民法院）①、检察权（人民检察院）及其活动。二是从功能主义来看，在国家权力实际运行的功能意义上，司法不仅是司法机关的职能，立法机关、行政机关也都具有一定的司法功能，如英国的上院可以行使某些司法终审权，大陆法系的检察官多作为行政机关的一部分行使提起公诉的职能，而某些国家的法院（法官）却有“司法立法”或者“法官立法”的功能，行政机关有“行政立法”和“司法行政”的功能。从功能主义的意义上讲，“司法”的范围要相对宽泛一些。

英国著名学者詹宁斯勋爵曾经说过：“要准确地界定‘司法权’是什么，从来都不十分容易。”② 在新中国《宪法》中不使用“司法权”这个概念，在我们的正式文件和日常话语中却广泛使用“司法”的概念，如“司

---

* 中国社会科学院法学研究所所长。

① 起草1954年宪法草案时，对于人民法院行使的是“审判权”还是“司法权”，起草者有不同意见。原来草案中使用的是“司法权”，即“中华人民共和国的司法权由……人民法院行使”。讨论中，基于两点理由，被改为“审判权”：一是1936年苏联宪法的俄文原意重点在“审判”而不是“司法”；二是“司法”的范围较宽，有些不属于法院职能范畴，大家倾向于用“审判”。参见韩大元编：《1954年宪法与新中国宪政》，湖南人民出版社2004年版，第168～171页。

② ［英］詹宁斯著《法与宪法》，龚祥瑞译，三联书店1997年版，第165页。

法改革”、“司法体制改革”、“司法行政”、“人民司法”，等等。在当代中国的语境下，“司法”大致是结构主义与功能主义的结合，它包括人民法院、人民检察院[①]、人民公安机关（国家安全机关）、司法行政机关等国家机构行使审判权、检察权、侦查权等职权的活动。在我国宪法规定的人民代表大会制度下，国家行政机关、国家审判机关、国家检察机关直接由人大产生，对人大负责，受人大监督。公安机关（国家安全机关）和司法行政机关隶属于国家行政机关，它们在宪法上与人民法院、人民检察院不是并列法律关系。当代中国的司法制度，主要是指上述国家机关及其公务员依法享有和行使司法职权、实施法律的相关制度和程序。

一、中国特色社会主义司法制度的历史发展

（一）中国特色社会主义司法制度的产生和发展

1840年以后，西方列强对中国的入侵，引发了中国社会的深刻剧变，导致中华法系的解体。清政府效仿西方推行的司法制度改革与法制转型，未能挽救清王朝覆灭的命运。辛亥革命后旧中国学习西方建立的近代司法制度，也随着南京国民党政府在解放战争中的失败而告终。

新民主主义革命时期，中国共产党领导全国各族人民为争得民族解放、国家独立和人民民主，经历了28年浴血奋战。在这个历史发展过程中，我们党领导的人民司法制度建设，从无到有、从小到大，逐步产生、发展和建立起来。

1931年以前，在革命根据地的地方政权中，我们党领导初创了早期的司法机关，如闽西工农民主政府设立了裁判肃反委员会，鄂豫皖苏区工农民主政府及所属各县设立了革命法庭和革命军事法庭。

1931年中华苏维埃共和国成立后，在中央执行委员会下设了人民委员会和最高人民法院，人民委员会下设有司法人民委员会，专管司法行政工

---

① 在1982年修宪过程中，有领导同志提出，为了精简机构，可以不再设立独立于行政部门之外的最高人民检察院，而采取一些西方国家的做法，由司法部行使检察机关的职能，把最高人民检察院同司法部合并。经研究认为，新中国建立以来一直是检察机关独立于行政部门之外，多年的实践表明并没有什么大问题和不可行的地方；同时检察机关要监督行政机关的违法和渎职行为，它独立于行政机关之外，比较超脱，更有利于处理这类案件，还是不要改变为好。王汉斌和张友渔就向彭真同志写了书面意见，彭真同志审阅修改后，报小平同志审核。小平同志说：检察院仍维持现状，不与司法部合并。参见王汉斌：《邓小平同志亲自指导起草一九八二年宪法》，载《法制日报》2004年8月19日。

作。在中央实行审判与司法行政“分立制”，在地方则采用审判与司法行政“合一制”，不专设司法行政机构，而由审判机关即各级裁判部兼理审判工作与司法行政工作。检察机关在民主革命时期并没有建立独立的体系，而是在各级法院内设立检察机构，而且处于时设时撤的状态。当时司法机关的组织状况是：各级设有政治保卫局、检察员、裁判部，分别行使侦查权、检察权、审判权。时任中央执行委员会主席的毛泽东对司法工作十分关心。1933 年 4 月，云集区裁判部长谢成秀在工作中碰到困难，找毛泽东说：“主席，这项工作较难做，我又是小姓人，工作有时很难开展。”毛泽东说：“小姓不要紧，法律大嘛！你们搞司法工作要特别注意，别的工作做错了好改，杀错了人，改都不好改呀！死人不能返生！你们一定要记住两句话：一是要依靠法律办事，二是不要脱离群众。”[①] 中华苏维埃时期初创的司法制度具有鲜明的阶级性、彻底的革命性和广泛的民主性，是中国特色社会主义司法制度的雏型。

抗日战争时期，各革命根据地设立法院或司法处，作为行使审判权的司法机关。陕甘宁边区的司法机关设置分为边区高等法院和县司法处两级。高等法院为边区的最高司法机关，管理全区的审判工作和司法行政事宜。在各分区专员公署所在地设高等法院分庭，作为高等法院的派出机关，代表高等法院指导和管理该地区的审判工作、司法行政工作及属于高等法院管辖的诉讼案件。各县设立司法处，负责管理第一审民刑案件。在军队系统设立军法机关，负责审理违犯军法的案件及其他依法由军法机关审判的案件。毛泽东在 1938 年 8 月 1 日的演讲中说，陕甘宁边区的高等法院，它管什么呢？它不管别的，专门管对付汉奸，打击反动派。我们要求全国人民起来反对汉奸，反对反动派，尊重法律。

这一时期由陕甘宁边区陇东分区专员兼边区高等法院分庭庭长马锡五首创的“马锡五审判方式”，充分体现了人民司法为人民的本质。[②] 1944 年 5 月，时任陕甘宁边区参议会副议长的谢觉哉在总结马锡五审判方式时说，这种方式“是审判，也是调解。这方式的好处，政府和人民共同断案，真正学习了民主；人民懂了道理，又学会了调解，以后争论就会减少”。调解很重要，因为“调解可使大事化小、小事化无；可使小事不闹成大事、无事不闹成有事”。审判与调解是什么关系？谢觉哉解释说：“审判是强人服从，

① 《治国安民法为上》，http://www.baibaofp.com/zgamfws.htm.

② 马锡五审判方式具有以下特点：第一，深入基层，调查研究，彻底查清案件真相，不轻信偏听，草率从事；第二，就地审判，不拘形式，在群众参与下处理案件，一切为了人民方便，审判案件公开；第三，诉讼手续简易方便，便利人民诉讼；第四，坚持原则，将法律精神与群众要求结合起来。

调解是自愿服从。审判得好，赢的输的，都自愿服从。审判与调解是一件事的两面”。①

解放战争时期，各解放区的司法制度进一步发展和完善，为新中国人民司法制度的建设积累了经验、奠定了基础。解放战争初期，除东北解放区外，其他解放区基本沿用了抗日根据地的司法制度。随着人民解放战争的胜利发展，解放区不断扩大，在新解放区废除了国民党政府的司法制度，建立了新的人民司法制度，同时各个解放区逐渐联成一片，大解放区人民政府相继成立，相应建立了大解放区的司法机关。整体来看，这一时期各解放区的司法制度进一步发展和完善，但没有根本性的变化。

新中国的司法制度是在彻底废除南京国民政府的六法全书和伪法统治的基础上建立的。1949 年 2 月，中共中央发出了《关于废除国民党〈六法全书〉和确定解放区司法原则的指示》，明确指出：“在无产阶级领导的以工农联盟为主体的人民民主专政的政权下，国民党的六法全书应该废除，人民的司法工作不能再以国民党的六法全书作依据，而应该以人民的新法律作依据。”同时，要求人民的司法机关“应该经常以蔑视和批判六法全书及国民党其他一切反动的法律法令的精神，以蔑视和批判欧美日本资本主义国家一切反人民法律法令的精神，以学习和掌握马列主义、毛泽东思想的国家观、法律观及新民主主义的政策、纲领、法律、命令、条例、决议的办法，来教育和改造司法干部”。② 随后制定的《共同纲领》则明确规定：“废除国民党反动政府一切压迫人民的法律、法令，建立人民司法制度。”张友渔先生曾经指出：“解放初，我们废除国民党的《六法全书》，这是完全正确的，因为《六法全书》代表国民党的法统，不废除这个法统我们就不能确立自己的革命法制。”③

新中国成立初期，根据《中央人民政府组织法》的规定，在中央设立了最高人民法院、最高人民检察署、公安部和司法部，并建立了地方的各级人民法院、各级人民检察署、各级公安机关和各大行政区司法部，分别行使

① 谢觉哉：《关于调解与审判》，载《谢觉哉文集》，人民出版社 1989 年版，第 593 ~ 596 页。

② 华北人民政府也于 1949 年 3 月 31 日发布了专门训令，明确规定“废除国民党的六法全书及其一切反动法律”，要求“各级人民政府的司法审判，不得再援引其条文”，“各级人民政府，特别是司法工作者，要和对国民党的阶级统治的痛恨一样，而以蔑视和批判态度对待国民党六法全书及欧美、日本等资本主义国家一切反人民的法律，以革命精神来学习马列主义、毛泽东思想的国家观、法律观，学习新民主主义的政策、纲领、法律、命令、条例、决议，来搜集与研究人民自己的统治经验，制定出新的较完备的法律来”。

③ 张友渔：《关于法制史研究的几个问题》，载《法学研究》1981 年第 5 期。

审判、检察、公安和司法行政的职权。

1954年9月，第一届全国人民代表大会第一次会议召开，颁布了新中国第一部宪法，制定了人民法院组织法、人民检察院组织法。1954年宪法确立了我国人民代表大会制度下“一府两院”的政体结构，构建了新中国的司法制度，人民法院、人民检察院不再是同级人民政府的组成部分，检察机关改称人民检察院，我国司法制度建设进入了一个新的发展时期。我国现行司法制度的基本原则和基本制度，总体上还是沿袭了1954年宪法的体制。

1958年以后，党和国家工作在指导思想上出现了“左”倾错误[①]，司法部、监察部、国务院法制局相继被撤销。“文化大革命”期间，人民法院的组织系统、审判制度等均被破坏，检察机关被取消，国家司法制度遭到严重破坏。

“文化大革命”结束后，特别是党的十一届三中全会之后，我国的司法制度得到恢复重建和不断发展完善。经过新中国成立60年、尤其是改革开放30多年来的努力，在党的领导下，以1982年宪法及其四个修正案为基础，在人民法院组织法、人民检察院组织法、法官法、检察官法、人民警察法、刑事诉讼法、民事诉讼法、行政诉讼法、律师法、公证法、监狱法等法律的基础上，不断加强人民法院、人民检察院、公安机关、安全机关和司法行政机关建设，改革完善侦查制度、检察制度、审判制度和行政司法制度，建成了中国特色社会主义司法制度体系，走出了一条符合中国国情、反映人民意愿、顺应时代潮流的中国特色社会主义法治建设道路。

（二）中国特色社会主义司法制度的历史渊源

中国特色社会主义司法制度既不是空穴来风的臆想，也不是凭空设计的楼阁，而是从国情出发，在学习、继承、借鉴古今中外人类司法文明有益成果的基础上，逐渐形成和发展起来的。1958年之前，我们主要是学习移植苏

---

① 1957年下半年，毛泽东同志对法治的态度和看法发生了根本改变。在1958年8月召开的北戴河（中共中央政治局扩大）会议上，毛泽东说：法律这个东西没有也不行，但我们有我们这一套，还是马青天那一套好，调查研究，就地解决，调解为主……大跃进以来都搞生产，大鸣大放大字报，就没有时间犯法了。对付盗窃犯不靠群众不行。不能靠法律治多数人，大多数人靠养成习惯。军队靠军法治不了人，实际上是1400人的大会（指中央军委扩大会议）治了人，民法、刑法那么多条，谁记得了。宪法是我参加制定的，我也记不得……我们的各种规章制度，大多数、百分之九十是司局搞的，我们基本上不靠那些，主要靠决议、开会，一年搞四次，不靠民法、刑法来维持秩序。人民代表大会、国务院开会有它们那一套，我们还是靠我们那一套，刘少奇提出，到底是法治还是人治？看来实际靠人，法律只能作为办事的参考。参见全国人大常委会办公厅编：《人民代表大会制度建设四十年》，中国民主法制出版社1991年版，第102页。

联社会主义法制模式和司法制度的相关内容；改革开放以后、尤其是上世纪90年代以来，我们又比较多地学习借鉴美国、德国、日本等西方国家法治模式和司法制度的有益内容。总体来看，我国司法制度大致有以下四个历史渊源。

一是苏联社会主义法制模式的影响。“十月革命帮助了全世界的也帮助了中国的先进分子，用无产阶级的宇宙观作为观察国家命运的工具，重新考虑自己的问题。走俄国人的路——这就是结论”。① 意识形态和国家制度倒向苏联，意味着对苏联模式的全盘接受，其中当然包括司法制度。1931年建立中华苏维埃的政权体制和司法制度，主要是苏联制度的搬用。当时制定的中华苏维埃共和国的《宪法大纲》、《婚姻条例》、《政府组织法》、《中央组织法》、《地方组织法》、《选举法》、《军事裁判所暂行组织条例》、《处理反革命案件和司法机关暂行程序》、《裁判部暂行组织和裁判条例》等，对中华苏维埃政权的建立及其司法制度的形成，奠定了法制基础。这些法律中的许多内容，就是从通过梁柏台②等人从苏联法制中引进的。

新中国成立初期，我们“请进来”、“走出去”、“一边倒”，全面学习移植苏联的司法制度。如我国1954年宪法基本上是以苏联1936年宪法为蓝本制定的。刘少奇在关于1954年宪法草案的报告中指出，我们的宪法“参考了苏联的先后几个宪法和各人民民主国家的宪法。显然，以苏联为首的社会主义先进国家的经验，对我们有很大的帮助。我们的宪法草案结合了中国的经验和国际的经验。”③ 当时，苏联的社会主义法制理论、法制模式和司法制度，成为建立新中国司法制度非常重要的来源。④ 新中国初期建立司法制度，基本上走了一条“全盘苏化”的道路，苏联法制模式成为我国司法制度最主要的历史渊源。

二是中国共产党领导人民政权建设中的司法实践经验。从国情出发、从实践出发、从党的中心任务出发，学习苏联的法制模式，在构建人民民主政权司法制度的实践中不断积累经验，这是新中国司法制度历史渊源的实践基

---

① 《毛泽东选集》第四卷，人民出版社1991年版，第1472页。

② 梁伯台（1899～1935），1920年加入中国社会主义青年团。1922年入莫斯科东方大学学习，同年转入中国共产党。1924年到海参崴工作，在伯力法院当过审判员，致力于法律研究和司法工作。1931年夏从苏联回国后在闽西苏维埃政府工作，曾任保卫局长。在全国“一苏”、“二苏”大会上当选为中央执行委员。1933年4月被任命为司法人民委员部副部长，7月被任命为内务人民委员部副部长；1934年2月被任命为中央司法人民委员部副部长，兼任最高人民法院主审之一。苏区时期他共同审理了一批重要刑事案件，为苏区的法制建设作出了贡献。1935年3月，梁伯台在率部队通过国民党军队的封锁线时负伤被俘，后被敌人杀害。

③ 刘少奇：《关于中华人民共和国宪法草案的报告》1954年9月15日。

④ 何勤华：《关于新中国移植苏联司法制度的反思》，载《中外法学》2002年第2期。

础和主要来源，中国特色社会主义司法制度的许多原则、制度和做法，都肇始于此。[①] 今天我国法制体系中独具特色的很多制度设计和司法原则，都能够从中华苏维埃共和国的法制中寻找到源头，如梁柏台倡导并确立的公开审判和巡回法庭制度，提倡在审判活动中“重视证据、重视程序”、审判要公开、调解制度，等等；抗日战争时期创造的“马锡五审判方式”、调解与审判相辅相成的做法和原则，对新中国司法建设产生了重要影响，成为中国特色社会主义司法制度的重要渊源。一段时间以来，在我国的司法体制改革中，对于革命根据地时期行之有效的、体现人民司法本质特征的许多经验重视不够，研究和宣传不够，继承和发展也不够。

三是中国古代传统法律文化和司法制度传统的影响。我国是一个具有五千多年文明史的古国，中华法系源远流长。以国家权力为后盾，以解决社会纷争为主要内容的司法活动，早在夏代已出现，其后经历了数千年的发展，形成了较为完备的中华司法制度体系和以儒家“中庸”思想为核心的东方司法文化传统。[②] 中国特色社会主义司法制度的产生和发展，既要大革几千年封建专制制度和封建文化的命，又要古为今用、推陈出新，汲取中华法系源远流长的文化养分。过去我们对中国古代传统法律文化和司法制度的认识不深、重视不够，批判多于继承，否定多于认可，致使它对中国特色社会主义司法制度建设的影响十分有限。

四是西方法律文化和法律制度的影响。清末变法和国民党统治时期，主要是向西方大陆法系的日本、德国、法国等国家学习，但都没有成功。共产党领导的人民司法建设，从革命根据地创建法制到新中国初期全国性人民司法制度的建立，多是全面向苏联老大哥取经学习的。20 世纪 50 年代中苏关系交恶后，由于复杂的历史原因和特定的历史条件，我国逐渐走上了忽视法制、崇尚人治的道路。改革开放以后，尤其是苏联解体、东欧剧变以来，我们在加强社会主义法治建设、落实依法治国基本方略、深化司法（体制）改革的过程中，比较多地注意吸收和借鉴西方发达国家法治建设的有益经

---

① 在 1954 年 11 月召开的认真贯彻执行人民法院组织法和人民检察院组织法的座谈会上，董必武指出，两个组织法的每一条都是我国五年来人民司法和人民检察工作的实践经验和马列主义理论的结合。尤其是人民法院组织法，还总结了我国土地革命以来人民司法工作的经验，同时也吸收了苏联的先进经验，经过几次研究修改，送请毛主席审查，最后经全国人民代表大会讨论通过。

② 中国古代的司法制度，主要有以下特点：引礼入法，礼法结合；法自君出，权尊于法；家族本位，伦理法治；天人合一，情理法统一；民刑不分，重刑轻民；司法行政不分，司法从属行政；刑讯逼供，罪从供定；援法定罪，类推裁判；无讼是求，调处息争（“无讼”是中国古代司法追求的最高价值目标，是国泰民安、民风淳朴的象征）；依法治官，明职课责。参见张晋藩：《中国法律的传统与近代转型》，法律出版社 1997 年出版。

验，在民商法领域，兼采普通法系和大陆法系国家的诸多基本制度；在刑事法领域，刑法和刑事诉讼法借鉴和吸收了国外罪刑法定和公开审判等现代刑事法治的基本原则和精神，参照国外刑事立法经验，在刑事法律中规定了资助恐怖活动罪、洗钱罪、内幕交易罪、操纵证券、期货市场罪、妨害信用卡管理罪等新罪名。①

过去一段时间里，我国司法改革向美国、德国、日本、英国等西方国家学习借鉴较多，而在从国情出发和坚持司法的政治性人民性等方面，则有所不足。我们应当十分清醒地看到，当代西方法律文化和法律制度对我国法治建设的作用是一柄双刃剑：一方面，我们大量吸收和借鉴包括西方法治文明之内的一切人类政治文明的有益成果，可以加快我国社会主义法治建设和推进司法改革的步伐；但另一方面，西方资产阶级法律观和政治意识形态中腐朽反动的东西，也会趁我国法制“改革开放”之机而入，影响我国的法治建设和司法改革的方向和进程。对此，我们应有高度警惕。

（三）建设中国特色社会主义司法制度的基本经验

我国人民司法制度建设尽管走过弯路、有过曲折，但我们最终走上了一条中国特色社会主义法治发展道路，司法工作取得了巨大成绩，司法制度建设积累了重要的历史经验：

一是始终坚持中国共产党的领导、人民当家作主和依法治国的有机统一，保证党在政法工作中充分发挥总揽全局、协调各方的领导核心作用，保证政法工作的正确政治方向，保证司法改革与司法建设的正确发展道路。

二是始终坚持人民司法为人民的原则和本质要求，以人为本，全心全意地执法（司法）为民，切实尊重保障人权和基本自由，保障广大人民群众依照宪法和法律的规定实现当家作主的各项权利。

三是始终坚持一手抓建设、一手抓政法，紧密结合经济社会发展的客观需要，密切联系改革开放和现代化建设的实际，切实尊重司法工作的客观规律和科学性，不断健全、改革和完善司法制度和工作机制，全力服务党和国家工作的大局。

四是始终坚持把人民司法建设植根于中国社会的实际，既注意汲取国外法治建设的有益经验，学习借鉴、洋为中用，又立足于中国国情，绝不照搬照抄别国的司法制度和政治体制；既注意发扬中华法系优秀法律文化传统，推陈出新、古为今用，又从当代中国现代化建设的实际出发，绝不因循守

① 国务院新闻办公室：《中国的法治建设》白皮书，2008 年 2 月 28 日。

旧、复古倒退。

五是始终坚持把人民司法建设的基础放在司法队伍建设和增强社会主义法治理念上，不断提高全体司法人员的政治素质、专业水平和职业道德，努力培育中国特色社会主义的司法文化，加强法学教育和法律职业培训，培养一支又红又专的强大的人民司法队伍。

六是始终坚持解放思想、实事求是的思想路线，坚持深入调查研究的工作方法，重视马克思主义法治原理和社会主义司法理论、司法政策研究，发扬理论联系实际的学风，以科学的法治理念、严谨的法治精神指导和服务中国特色社会主义法治建设和政法工作。

二、中国特色社会主义司法制度的主要特征和优越性

当代中国司法制度，是中国特色社会主义的司法制度，具有以下主要特征和优越性。

（一）我国司法制度具有公开的政治性

马克思主义认为，司法制度作为上层建筑的重要组成部分，必然具有鲜明的阶级性。西方政治学者也认为："颁布法律，进行审判，领导战争是典型的政治活动"。[①] 在阶级斗争已经不是我国社会的主要矛盾的条件下，国家、政党、法律、法治、司法制度的阶级性，主要表现为它们的政治性。列宁说："法律是一种政治措施，是一种政治。"[②] 我国司法制度的政治性，最根本的，就是它与资本主义国家的司法制度有着本质区别，属于社会主义性质的司法制度。当代中国司法制度的政治性，集中体现在以下方面：一是始终坚持中国共产党领导对司法工作的政治领导、组织领导和思想领导；二是始终坚持以中国化的马克思主义为指导，坚持科学发展观，坚持社会主义法治理念；三是始终坚持人民民主专政的国体和人民代表大会制度的政体；四是始终坚持党的事业至上、人民利益至上和宪法法律至上的统一，坚持党的领导、人民当家作主和依法治国的有机统一，坚持政治效果、社会效果和法律效果的统一。

坚持司法制度的政治性是我国社会主义司法制度的本质要求，每一个司法工作者都要具有明确的政治意识、坚定的政治立场。谢觉哉曾经指出：

---

① ［法］让·马克·夸克：《合法性与政治》，佟心平等译，中央编译出版社2002年版，第15页。

② 列宁：《论面目全非的马克思主义和"帝国主义经济主义"》，载《列宁全集》第28卷，人民出版社1990年版，第140页。

“我们的法律是服从于政治的，没有离开政治而独立的法律。政治需要什么，法律就规定什么”，[①] 因而“司法工作者一定要懂政治，不懂得政治决不会懂得法律”，司法人员一定要“从政治上来司法”。我们之所以称为“政法工作”、“政法委员会”、“政法机关”、“政法大学”而不是“法政……”，一个重要原因，就是要强调并坚持政治对于法制工作的统领作用。旗帜鲜明地坚持我国司法制度的政治性、阶级性，才能从本质上划清与资本主义国家司法制度的界线，坚定不移地走中国特色社会主义法治发展道路；才能进一步加强和改善党对政法工作的领导，旗帜鲜明地反对司法改革的“全盘西化”，坚持我国法治建设和司法改革的正确方向。

（二）我国司法制度具有鲜明的人民性

我国司法制度的人民性是其政治性的内在要求和必然反映，是人民当家作主，成为国家、社会和自己主人的本质特征。人民民主专政是我国的国体，人民代表大会制度是我国的政体，我国的法院、检察院是人民法院和人民检察院，这些都决定并体现了我国司法制度的人民性特征。毛泽东在谈到我国法律的性质时曾经说过：“我们的法律，是劳动人民自己制定的。它是维护革命秩序，保护劳动人民利益，保护社会主义经济基础，保护生产力的。”[②] 我国宪法和法律是党的主张和人民意志相统一的体现。宪法规定，中华人民共和国的一切权力属于人民，人民依照宪法和法律管理国家和社会事务，管理经济和文化事业。我国司法机关所“司”之法，是由人民制定的体现人民意志、保护人民利益的社会主义法律，我国司法制度本质上是人民司法，“人民法院”、“人民检察院”、“人民公安”的称谓，就充分体现了我国司法制度的人民性[③]。这种司法是坚持公平正义、以人为本、尊重保障人权的司法，是执法（司法）为民、全心全意为人民服务的司法，是由人民参与、人民监督、一切为了人民的司法。

我国司法制度所具有的人民性，决定了它与资本主义国家司法制度的又一根本区别。坚定不移地坚持我国司法制度的人民性，应当最大限度地保障

---

① 谢觉哉：《在司法训练班的讲话》（1949 年 1 月），载《谢觉哉论民主与法制》，法律出版社 1996 年版，第 156～159 页。

② 《毛泽东选集》第五卷，人民出版社 1978 年版，第 358～359 页。

③ 起草 1954 年宪法草案时，有人主张把人民法院和人民检察院前的“人民”两个字略去，理由是国务院等一些机构称谓上没有“人民”二字，并不会影响这些机构的人民性。这种意见最后未被采纳。参见韩大元编著：《1954 年宪法与新中国宪政》，湖南人民出版社 2004 年版，第 236～237、379 页。

好、维护好人民的根本利益，不断满足人民群众日益增长的司法诉求，全面落实以人为本、执法为民的要求，实现司法的人民性与专业性的统一。

（三）我国司法制度具有内在的合法性

中国特色社会主义的司法制度具有充分的不容置疑的合法性①。这是因为，它是在中国共产党领导新民主主义革命的长期实践中，历史的选择、人民的选择。历史和人民在选择中国共产党领导和社会主义民主政治制度的过程中，就同时选择了社会主义的司法制度；它是在彻底废除国民党政权伪法统、“六法全书”和旧司法制度的基础上，由《中国人民政治协商会议共同纲领》和《中华人民共和国宪法》明确规定的人民司法制度，它的组织机构和主要人员是《中央人民政府组织法》、《人民法院组织法》、《人民检察院组织法》产生的司法制度；它是依照法定程序由人民代表大会产生、对人大负责、受人大监督的司法制度。判断和评价当代中国司法制度合法性最重要、最根本的依据和标准，就是新中国成立60多年、尤其是改革开放30多年的成功实践，充分证明了它是能够反映人民意志并保障人民利益，能够维护社会稳定和国家长治久安，能够服务改革开放和促进世界和平发展，能够代表中华法系文明并实现中华民族伟大复兴的，符合中国社会主义初级阶段基本国情的司法制度。

我们应当理直气壮地坚持我国司法制度的合法性，全面落实依法治国基本方略，自觉树立社会主义法治理念，努力提高依法办事和公正司法的能力和水平，在法治轨道上推进司法改革，在人民的参与下完善司法体制，切实维护社会主义法制的统一和人民司法的权威。

（四）我国司法制度具有充分的科学性

我国司法制度的科学性主要体现在以下方面：一是我国司法制度在设计、规范、程序和运行等方面，遵循了科学规律，体现了科学精神，采用了科学方法。毛泽东说过，“搞宪法是搞科学”；② 搞立法也是搞科学。现阶段

---

① 人们对于什么是合法性的解释见仁见智。例如，法国政治学者让－马克·夸克认为：“最通俗地讲，合法性是对被统治者与统治者关系的评价。它是政治权力和其遵从者证明自身合法性的过程。它是对统治权力的认可。”［法］让·马克·夸克：《合法性与政治》，佟心平等译校，中央编译出版社2002年版，第1页。美国政治社会学家李普塞特认为：“合法性是指政治系统使人们产生和坚持现存制度是社会的最适宜制度之信仰的能力。”［美］李普塞特：《政治人：政治的社会基础》，张绍宗译，上海人民出版社1997年版，第55页。

② 《毛泽东文集》第6卷，人民出版社1999年版，第330页。

我国立法就必须坚持“民主立法、科学立法”的原则。根据科学宪法和法律构建的我国司法制度，当然也是科学的。二是我国司法制度中有关“司法机关分工负责、相互配合、相互制约”的制度、审判制度、法律监督制度、证据制度、司法鉴定制度、三大诉讼程序制度等司法制度，有关法律面前人人平等、罪刑法定、上诉不加刑、以事实为根据以法律为准绳、宽严相济等原则，都体现了科学性。三是我国司法制度从中国国情出发，继承、学习、借鉴或吸收了古今中外人类法治和司法文明的许多有益成果，这些成果反映了人类处理矛盾、解决纠纷、维护秩序、实现公平正义的人类社会发展规律，反映了人类认识世界、改造世界、人与自然和谐相处的基本规律，其科学性不言而喻。

我国司法制度建设必须以科学发展观为指导，坚持科学性与政治性、人民性的有机统一，既反对只讲科学性，不讲政治性和人民性，也反对只讲政治性和人民性，不讲科学性。坚持我国司法制度的科学性，就是要秉持法治的科学精神，尊重司法的科学规律，坚持立法、执法、司法和法律监督的协调发展，科学合理配置司法职权，实现司法机关之间分工负责、互相配合、互相制约的协调性，用科学方法推进公正高效权威社会主义司法制度的建设。

（五）我国司法制度具有积极的建设性

共产党领导的新民主主义革命时期的司法制度，是革命的司法制度，其根本任务在于推翻旧政权、废除伪法统和旧司法制度；社会主义的司法制度是建设的司法制度，其根本任务在于尊重保障人权，维护市场经济秩序，稳定社会治安大局，打击敌人、惩罚犯罪、教育人民，服务于社会主义现代化建设事业。“我们党历经革命、建设和改革，已经从领导人民为夺取全国政权而奋斗的党，成为领导人民掌握全国政权并长期执政的党；已经从受到外部封锁和实行计划经济条件下领导国家建设的党，成为对外开放和发展社会主义市场经济条件下领导国家建设的党。”① 这种转变，决定了中国共产党领导的法制和司法制度由推翻国民党政权旧法制、旧司法制度的“革命法制”、“革命司法”，向巩固全国政权、建设社会主义国家的“建设法制”、“人民司法”转变，由服务于革命斗争和“以阶级斗争为纲”的“革命法制”、“革命司法”，向服务于改革开放和现代化建设的“建设法治”、“建设司法”转变。

---

① 《全面建设小康社会，开创中国特色社会主义事业新局面》，中国共产党第十六次全国代表大会上的报告。

从“革命”转向“建设和改革”，是当代中国司法制度根本任务的历史性转向，它决定了我国司法工作必须转变以“革命”为主导的思维，牢固树立建设和服务的意识，服务于党和国家的大局和中心工作，服务于改革开放和现代化建设的战略部署，服务于国家、人民和社会。司法工作应当始终坚持建设性原则，在任何时候都要“帮忙而不添乱”、“增光而不抹黑”、“促进而不阻碍”。

（六）我国司法制度具有与时俱进的实践性

实践性是马克思主义哲学异于其他哲学的根本特点之一，也是当代中国司法制度得以产生、发展和不断完善的重要属性。中国特色社会主义的司法制度不是空想的产物，而是在新民主主义革命斗争实践中产生，在新中国社会主义革命过程中发展，在改革开放新时期不断完善的司法制度，是历史的选择、人民的选择。10多年来我们所进行的司法改革，就是我国司法制度在实践中不断发展完善的集中体现。同中国的政治体制改革是社会主义政治制度的自我完善和发展一样，我国司法体制改革也是社会主义司法制度的自我完善和发展。我国司法体制自我完善和改革的动力，来自于改革开放和现代化建设的伟大实践，来自于全面落实依法治国基本方略的必然要求，来自于广大人民群众对司法资源和司法服务日益增长的内在需求。

坚持我国司法制度的实践性品格，就要坚定不移地坚持改革开放，在党的领导下积极稳妥地推进司法体制和工作机制的完善发展和与时俱进的改革，始终保持我国司法制度的创新性、生命力和充满活力。

我国司法制度最大的优越性，是这种制度有利于集中力量办大事。在我国人民代表大会制度下，司法机关与其他国家机关之间是分工合作的关系，而不是西方三权分立体制下互相钳制的关系。我国司法机关与立法机关、行政机关有明确的分工，人民法院和人民检察院依法独立行使审判权、检察权，不受行政机关、社会组织和个人的干涉。一方面，司法机关作为人民代表大会制度的重要组成部分，按照民主集中制的原则，在国家政权体系中与其他国家机关一道，分工不分家，同心协力履行国家政权机关的职责。在司法机关之间，我国司法机关分工负责，各司其职，依法行使职权；另一方面，各司法机关在政法委的协调安排下，在党委的领导统筹下，在人大的监督支持下，相互配合，协同工作，集中力量共同解决一些重大问题，统筹安排携手应对重大突发事件。2008年抗击冰雪灾害、汶川抗震救灾、奥运安保中的政法工作，2009年应对世界金融危机、保增长保民生保稳定中的司法实践，都充分体现并一再证明了社会主义司法制度集中力量办大事的优越性。

三、中国特色社会主义司法制度的自我完善和发展

（一）我国司法制度建设中存在的不足

我国现行司法制度是根据宪法和法律设定的，是中国特色社会主义制度的重要组成部分，是中国特色社会主义事业的可靠法治保障，总体上与我国社会主义初级阶段的政治经济制度和基本国情相适应。但随着我国社会主义市场经济的发展和民主法治建设的推进，司法环境发生了许多新变化，司法工作出现了许多新情况，人民群众对司法工作提出了许多新的要求，司法体制和工作机制中存在的不完善、不适应的问题日渐显现。尤其是，我国是一个有着两千多年封建专制历史的国家，“旧中国留给我们的封建专制传统比较多，民主法制传统很少。解放以后，我们也没有自觉地、系统地建立保障人民民主权利的各项制度，法制很不完备，也很不受重视”。① 改革开放以来，党和国家高度重视民主法治建设，取得了举世瞩目的成绩，但在法治建设的若干环节、法治理念和司法体制机制的若干方面，还存在一些不足和亟待解决的问题。目前，我国司法制度建设主要存在以下四个方面的不足或问题：

1. 思想认识和理论观念方面

一是思想认识偏离正确的政治方向或者脱离中国实际。例如，宣扬“三权分立”、“司法完全独立”等司法理念，否定司法权和司法制度的政治性、阶级性，主张全盘西化的司法改革，法官独立和宪法司法化，取消政法委员会和人民检察院，等等。

二是一些司法理论观念缺乏科学全面和从国情出发地深入研究，误导司法体制改革。例如，宣传“没有司法独立就没有司法公正”，“司法是实现社会公平正义的最后一道防线”②，主张法官检察官的精英化、去政治化，

---

① 《邓小平文选》第2卷，人民出版社1994年版，第332页。

② 在西方三权分立体制下，司法拥有极大的权力，可以成为“最后一道防线”，但在中国人民代表大会制度和共产党领导的多党合作政治协商政党制度的政治体制中，司法不是也担当不起“最后一道防线”的职责，司法的功能既不同于也有限于西方。尤其是，在中国的现实生活中，由于受到体制、机制、文化、经济社会条件、法官素质、职业伦理等多种内外部条件和因素的影响制约，我国司法的功能是比较有限的，在某些案件中甚至相当有限。于是，人们对我国司法应然功能的高期待与其实然功能的低现实之间，产生了明显反差，司法功能定位得越高，其反差就越大，人们对司法的失望也越大，司法受到的责难也就越多。因此，我们应当从中国特色社会主义民主政治和初级阶段的基本国情出发，不仅要谨慎使用“司法是实现公平正义最后一道防线”的提法，而且还要承认我国司法功能的有限性和局限性，实事求是地对司法作出功能定位，赋予它实际能够承担和实现的功能——作者。

贬低甚至否定“无讼”和调解的现代法治价值，等等。

2. 司法体制和工作机制方面

司法体制和工作机制不能适应我国政治经济社会文化体制深化改革的需要，不能充分满足人民群众日益增长和不断扩大的司法需求，审判权、检察权的地方化、行政化、商业化问题在有些地方比较突出；刑事司法中刑讯逼供、超期羁押、律师辩护难，行政案件中行政机关对于审判的干扰和影响；某些司法人员办“关系案”、“人情案”；司法不公、司法腐败、打官司难、打官司怕、执行难等问题仍为群众所诟病，司法还没有成为公民信赖的权威有效的权利救济形式。

3. 司法队伍建设方面

法治发展存在地区不均衡现象，司法执法队伍的业务素质参差不齐，在东西部和城乡存在着较为明显的差异，中西部地区法律工作依然存在经费短缺、人才流失、法官断层等现象。

4. 对司法的监督和保障方面

法律监督的体制和机制不够健全，监督机构缺乏必要的独立性，党政干预比较严重，越是涉及公民切身利益和社会全局的执法部门，越是难以受到监督。

（二）发展完善我国司法制度的战略思考

人类法治文明发展的历史和现实情况表明，世界上并不存在唯一的、普适的和抽象的司法制度模式。衡量和评价一种司法制度的好坏优劣，关键要看它是否适应本国需要，符合本国国情，有利于本国的繁荣富强；是否充分反映人民意愿，有利于保障人民权益；是否有利于解决纠纷、化解矛盾，实现公平正义；是否有利于经济发展、社会和谐、民族团结和国家稳定；是否顺应时代潮流，有利于推动世界和平与发展。

1. 我国司法制度的完善与发展，应当努力实现“四个转变”

一是在方略上，从以司法改革为重点转向全面加强司法建设，确立建构主义的司法价值取向；二是在目标上，从以司法独立为目标的司法改革转向全面加强高效公正权威的司法建设，突出司法公正的价值取向；三是在方向上，从以学习借鉴西方司法模式为主导，转向立足国情、顺应时代潮流、更加坚定不移地坚持中国特色社会主义法治发展道路，突出我国司法制度的中国特色和社会主义性质的价值取向；四是在方法上，从以部门为主导设计和推进的司法改革，转向在党委领导下科学设计、协调推进、可持续地加强司法建设；从全面的司法改革，转向“有所为、有所不为”的改革；从重司法改革操作、轻科学理论论证，转向先科学理论论证再司法改革，突出积极稳妥推进改革的价值取向。

尤其是，应当根据科学发展观和构建社会主义和谐社会的理论，来厘清和确立司法科学发展的思路，把深化司法体制改革的设计，纳入司法建设和法治发展的大格局之中，凸显“加强司法建设”的理念，以“建设人民司法”作为政法工作未来发展的主线和关键词，以深化司法体制改革作为实现司法建设的重要手段和途径之一。

2. 我国司法制度的完善与发展，应当努力做到“四个相结合”

一是要与中国特色社会主义现代化建设整体战略任务、战略目标及其实践过程相结合；二是要与深入学习实践科学发展观，坚持以人为本、全面协调可持续科学发展的各项要求相结合；三是要与发展中国特色社会主义民主政治，建设社会主义政治文明，深化政治体制改革的整体部署及其实践过程相结合；四是要与全面落实依法治国基本方略、加快建设社会主义法治国家的战略部署及其实践过程相结合。

3. 我国司法制度的完善与发展，应当努力做到“四个相适应”

一是要与我国经济社会文化发展、尤其是与我国全面改革的要求和进度相适应；二是要与我国深化政治体制改革的整体规划相配套，与政治体制改革的力度强度速度相适应，避免司法体制“孤军深入”的“超前”改革；三是要从基本国情出发，与司法权的内在属性、司法发展规律以及司法机关的自身条件相适应；四是要从坚持以人为本、执法为民出发，与广大人民群众日益增长的合理司法诉求和解决日益增多的社会矛盾纠纷的客观要求相适应。

4. 我国司法制度的完善与发展，应当努力处理好司法改革涉及的“三个方面”关系

第一，司法机关外部的公权力关系。主要涉及司法权与党的权力、人大的权力、行政机关的权力的界定及关系。以往司法改革中提出的许多问题，如司法独立、司法辖区划分、司法保障、司法地方化、司法行政化等，都与这些公权力机关密切相关。而这里所涉及的问题，基本上都是政治问题而非法律问题，只有通过政治体制改革才能解决。这个方面的司法改革实质上是政治体制改革，应当在中央的统一部署下，严格遵循我们党关于政治体制改革的基本原则、方针和部署，统一设计和实施，而不宜“另辟蹊径”，率先突破。

司法改革是落实依法治国基本方略诸多工作中的一项，是加强司法建设诸种方法中的一种，我们应当恰如其分地认识司法改革在落实依法治国基本方略和加强司法建设中的地位和作用，为司法改革适当“减负”，避免司法改革陷入“小马拉大车”的困境。

第二，司法机关内部的公权力关系。主要分为两个层面：一是法院、检

察院、公安、司法行政、安全之间的分工负责、互相配合、互相监督、协同工作；二是各个司法机关内的体制、机制改革。落实十七大的要求，“深化司法体制改革，优化司法职权配置，规范司法行为，建设公正高效权威的社会主义司法制度，保证审判机关、检察机关依法独立公正地行使审判权、检察权”，应当主要在这个范围内积极稳妥地展开，同时配套加强中国特色社会主义的司法理论、司法理念和司法文化建设。

第三，司法机关与社会的关系。主要涉及与社会组织、媒体、公民个人等主体对于司法的知情权、参与权、监督权的关系，核心是司法公开和司法民主的问题。有关这个方面的司法改革，应当积极谨慎，尽可能与党和国家的民主政治建设的改革安排同步推进。

（三）全面加强司法建设、完善和发展司法制度的若干建议

在新的历史起点上，谋划和推进我国司法制度的自我完善和发展，深化司法改革，应当按照十七大报告的要求和中央的统一部署，全力以赴抓好中发［2008］19号文件以及分工方案确定的60项改革措施的贯彻落实。同时，从全面加强司法建设的角度，应当主要抓好以下工作。

1. 进一步加强司法政治和思想建设

一是旗帜鲜明地坚持党对司法工作的政治领导和思想领导，人大对司法工作的监督和支持，政府对司法工作的支持和配合；牢牢把握正确的政治方向和改革方向，制定司法建设正确的方针、政策和相关制度。强化对司法人员进行社会主义的政治意识、法治理念、司法伦理和职业道德的教育。二是进一步加强各级政法委员会在领导和协调政法工作方面的作用，明确职权、完善程序、加强监督，从制度上程序上既保障党对法院、检察院、公安、安全、司法行政等机关工作的领导，又保障和监督它们依法行使职权。充分发挥各司法机关党组织对于本部门司法工作的领导核心作用，不断提高对司法工作的领导能力和依法执政的水平。

2. 进一步加强司法理论和文化建设

一是着力加强中国特色社会主义法治道路的经验总结和理论研究，深化社会主义法治理念和司法理论研究，加强中外法律文化传统比较研究，构建中国特色社会主义法律理论体系；二是开展对我国法治国情、社会稳定情势和司法国情科学量化的调查研究，全面掌握我国法治实践、社会治安、司法实际的客观状况，为法治建设和司法改革的重大决策提供科学数据和依据；三是在制定全面落实依法治国基本方略战略规划的基础上，制定全面加强中国特色社会主义司法建设的战略规划和司法体制和工作机制改革的实施方

案，制定司法建设评价指标体系；四是高度重视人民司法的文化建设，理直气壮地坚持我国司法制度的中国特色及其优越性，坚持我国司法制度的政治性、人民性和科学性，坚持党对司法工作的领导。

3. 进一步加强司法组织和队伍建设

司法队伍是政法工作和司法制度的主体，司法人员的素质、能力和水平状况，直接影响着司法制度的权威和功能。加强司法组织和队伍建设的主要内容是：进一步加强党对司法工作的组织领导，加强人民法院、人民检察院的机构和组织建设，按照“政治坚定、业务精通、作风优良、执法公正”的标准大力加强司法人才队伍建设。进一步完善司法考试，切实解决边远地区司法人才缺乏的问题。完善司法官员的任用制度，上级司法官员原则上应当从下一级司法官员中产生。法官、检察官、律师都是人民司法工作者，他们的岗位应当可以交流互换。重视法学教育为政法机关输送人才的基础作用，把对司法人才队伍建设的要求延伸到法学院，抓好基础建设。司法组织和队伍建设的重点，是抓好政治立场、政治方向和马克思主义法治观与科学发展观教育，抓好法官、检察官、律师等司法人员的考试、录用、任职、培训、奖惩等制度建设，通过多种途径和方法，把广大法官、检察官、律师等培养成“又红又专”的政法骨干。

我们党在加强司法队伍建设方面具有优良传统，新中国成立之初，为肃清司法队伍中“六法全书”旧法观点的影响，划清新旧法律的原则界限，我们党进行了马列主义法律观教育。谢觉哉在题为《马列主义的法律观》等讲话中阐述了一系列在今天看来都有重要指导意义的观点。①

① 谢觉哉指出：（1）国家是阶级的产物，法律是国家表现权力的工具。社会主义社会的国家和法律，就是为了保卫无产阶级的利益服务的。我们在打碎旧的国家机器的同时，要废除旧法律及其司法制度，建立崭新的有利于加强和巩固人民民主专政的法律和司法制度。（2）我们的司法是新司法，我们已经把旧统治者的最复杂、最精巧的作为镇压人民的工具——法庭，变为以社会主义为基础的镇压反动阶级和教育人民的工具；我们的法律是反映人民大众意志的，法庭是人民的工具，法律是人民群众自己创造出来的，掌握在人民手中，人民群众自己也必须执行。（3）我们的法律是服从于政治的，没有离开政治而独立的法律。我们的司法工作者一定要懂政治，不懂政治决不会懂得法律。司法工作者若不懂政治，有法也不会司。（4）司法工作者要一面办案，一面考虑案件的社会原因。我们不但要办理案件，而且要把案件发生的原因以及对社会各方面的影响，加以注意和研究，求出诊治社会的方法。因此，司法一定要走群众路线，倾听群众的意见。（5）法院最重要的工作是审判。“审”是把案件的事实审查清楚，“判”是在搞清事实的基础上，作出裁判。“审”是客观事实，是什么就是什么，不是凭审判员的脑子想怎样就怎样。“判”是根据党的方针、政策，在一定的法律范围内考虑量刑幅度。客观事实是判的对象，搞清事实是第一步工作；在搞清事实的基础上，依靠党的政策和法律来判是第二步。谢老的这些见解，对我们今天的司法队伍建设和政法工作，仍然有着十分重要的启发和教育意义。

4. 进一步加强司法制度和机制建设

一是优化司法职权配置，主要是完善侦查手段和措施，完善职务犯罪侦查监督，完善诉讼法律制度，完善民事执行体制，进一步保障审判判机关、检察机关依法独立行使审判权和检察权，维护社会公平正义，维护人民群众合法权益。二是全面落实宽严相济刑事政策，把此政策上升为法律制度，转化为司法体制和工作机制，落实到执法实践之中。为此，应当适应新时期犯罪行为发生的变化，对严重危害社会秩序和国家安全的犯罪依法从严打击；对轻微犯罪、未成年人犯罪，按照教育为主、惩罚为辅的原则，实行宽缓处理，尽量教育挽救，增加社会和谐。三是建立和完善多元纠纷解决机制。正确处理司法与调解、信访以及其他社会纠纷解决机制的关系，强化国家的正式司法制度建设。调解和信访是中国自古以来解决争端的传统方式，在我国现代化建设中对于平息争端、维护社会稳定方面也起到了重要作用，但并不能因此把调解、信访以及其他纠纷解决机制作为司法的替代方式。应当在国家司法体制下发挥调解、信访等的补充辅助作用，而不是在其他社会纠纷解决机制下发挥司法的补充辅助作用。

5. 进一步加强对司法的物质保障和民主监督

一是改革和完善司法财政保障体制，建立由中央财政和省级财政单独向法院、检察院列支经费的保障体制，制定分类保障政策和公用经费正常增长机制，制定完善各类业务装备配备标准，规范基础设施建设的经费保障，以加大对中西部困难地区政法经费的支持力度，提高政法部门经费保障水平，保证政法部部门依法履行职责的经费需要，促进司法公正。二是进一步加强司法民主建设，不断完善人民陪审员制度、人民监督员制度、审判公开制度、公民旁听制度、新闻发布制度、专家咨询制度、公众参与制度等等。三是进一步加强司法监督：一要加强各个司法机关内部的政治思想、职业道德、工作制度、法律程序、纪检监察等有效的监督机制，筑好司法监督的第一道防线；二要进一步完善公检法三机关之间、上下级司法机关之间、司法活动各有关环节之间的相互制约和监督，加强检察院的法律监督；三要加强司法机关外部的党委和政法委监督、人大监督、纪检监察监督、新闻媒体监督、社会组织和人民群众的监督；四要避免出现司法监督的漏洞和“盲区”，尽量减少不必要的重复监督，努力在各种监督主体之间形成良性互动、相互监督制约的闭环机制，有效解决谁来监督监督者的问题。

审判活动主观性与客观性的关系及其在实践中的运用

——从另一个视角探讨实现公正司法的途径

张泽军*

公平正义是法治社会追求的最高目标，是人类社会进步的价值取向，也是社会主义和谐社会形成的重要前提①和落实科学发展观统筹兼顾根本方法总要求中的重要内容。② 实现公平正义的途径很多，如经济的发展、体制的完善、社会文明程度的提高等，但是，最后一道防线是公正司法。公正司法的载体就是司法机关具体的执法活动。从法院来讲，公平正义是通过人民法院和法官的公正、廉洁、文明的审判活动来实现的。怎样保证审判活动的公正、廉洁、文明，法学理论界和实务界都有不少探讨。本文试图从审判活动的主观性和客观性辩证关系及其在实践中运用的角度进行探讨，以求教各位同仁。

一、审判活动的主观性、客观性及其相互关系

古代思想家孟子曾说："徒法，不能以自行。"③ 由于审判活动是由法官具体来开展的，是法官的主观认识作用于案件客观事实的具体执法活动。法官是有思想、有感情、有是非善恶的具体的人，认识角度不同，思维层次不

* 湖南省怀化市中级人民法院院长。

① 胡锦涛总书记在省部级主要领导干部提高构建社会主义和谐社会能力专题研讨班上的讲话中指出："我们所要建设的社会主义和谐社会，应该是民主法治、公平正义、诚信友爱、充满活力、安定有序、人与自然和谐相处的社会。"

② 胡锦涛总书记在中国共产党第十七次全国代表大会上的报告中指出："要按照民主法治、公平正义、诚信友爱、充满活力、安定有序、人与自然和谐相处的总要求……，为发展提供良好的社会环境。"

③ 《孟子·离娄上》第一章。

同，所处环境不同，所受的影响不同，都可能对同一事物产生不同的认识和判断，得出不同的结论。对于审判活动本质特性的认识，大多数学者是围绕法官行为的特性来论述的。有的侧重从理性角度来理解，认为“法官是理性的化身”；[①] 有的侧重从经验的角度来把握，认为“社会的、司法的各种经验隐藏在法官的知识结构里面，成为实现或影响司法公正的默化因素”；[②] 有的侧重从法官思维的角度来分析，认为“法官的思维方式直接决定了法官在案件中的姿态，在某种程度上可能比法律规范更能左右案件的最后判决”；[③] 有的侧重从审判艺术的角度来阐述，认为“审判是善良而理性的艺术”；[④] 上述观点都有一定的道理。笔者认为，对审判活动应该从以下三个方面来分析：从审判活动的本质来看，它是法官通过对法律精神和执法目的的准确理解，转化为一种正确的执法理念和道德良知，从而理性地判断案件事实真伪，适用法律，作出正确裁决的一种主观见之于客观的实践活动，是法官执法活动的主观性与客观性的有机统一。从审判活动的内在联系来讲，作为一种执法活动，它属于上层建筑的范畴，是为统治阶级的意志和利益服务的。在我国，审判活动既要为大局服务，又要为人民司法；既要反映法官的思想认识，又要体现法官的审判技术；既要遵循法律原则，又要强调伦理道德准则；是法官执法的政治性、思想性、伦理性和技术性的有机统一。从审判结果的产生来看，它经过了立案受理、开庭审理（包括举证、质证、认证）等审判环节和流程，最后形成书面的裁判结果，是审判过程与裁判结果的有机统一。全面分析理解审判活动的本质特性，对于保证公正廉洁文明执法、实现公平正义具有重大的理论和实践指导意义。

下面笔者将从哲学、法理学、社会学等方面侧重分析审判活动的主观性、客观性及其相互关系。

审判活动的主观性是指案件审判过程中，法官头脑中存在的可能影响案件审理与裁判的精神因素的总称。包括法官对法律精神的理解、法律的准确含义（即立法本义）的把握，法官的执法理念和道德良知，法官个人的思想素质、文化底蕴、情感因素，法官对案件证据的判断、认识，法官利用他的法律理念对法律的适用等。它有以下基本特征：（1）它是客观存在的事物在法官头脑中的主观反映，并受到法官个人意识的影响；（2）这种主观

① 卢战军：《简论“行为惯例”在司法审判中的应用》，载《甘肃政法成人教育学院学报》2006 年第 4 期。

② 丁国强：《再次踏入河流——关于法官的人生阅历和生活经验》，载《书屋》2006 年 2 期。

③ 赵岩：《法律思维方式研究》，载中国优秀硕士论文全文数据库。

④ 孙海龙：《法学学术讨论会：司法进步不可或缺的贡献者》，载《重庆审判》2009 第 2 期。

反映贯穿于法官对事实、证据的认定及法律适用的整个审判活动的全过程；(3) 这种主观反映对审判结果起着决定性的作用。

审判活动的客观性是指与案件的发生、发展过程和审判活动相关联的，不以人们的主观意志为转移的客观存在。它包括已经制定的法律条文，已经发生的法律事件、法律行为，证明法律关系产生、发展和消灭的证据，法院的开庭审理活动等。是已经发生和存在的客观现象与状态，是法官开展审判活动认识的对象。它有以下基本特征：(1) 独立于法官的主观意识之外，不以法官的主观意志为转移；(2) 这种现象是一种可知的客观存在，但本身不能表达这种客观性，须经过法官主观上的分析和判断；(3) 它是法官查明案件事实，正确适用法律，作出公正裁判的客观基础。

从哲学的角度分析，主观意识与客观存在是认识论的基本范畴。主观意识是人自身特有的思维活动，包括感觉、感知、映象等，它既是一种精神活动的过程，又是一种精神活动的结果。从过程来看，它是人脑对客观存在的反映机能，从结果来看，它是客观存在的主观映象。客观存在是指在人的主观意识之外，不依赖于人的主观意识而独立存在的一切事物及其实践活动。唯心主义片面强调主观意识的决定性作用，认为主观意识决定客观存在。反映在法学领域，如现实主义法学流派就特别强调法官个性化的主观能动性，美国的法官霍姆斯就明确提出“法律的生命并不在于逻辑而在于经验”。[①] 弗兰克也认为，法律永远是不确定的，因而“关于法律精确性的种种可能情况的流行观念是建立在一种错误的概念上的，法律在很大程度上曾经是，现在是，而且将永远是含混的和有变化的”。[②] 机械唯物主义又否定主观意识对客观存在的能动反映作用，把主观意识看作是对客观存在消极被动的反映。如法学领域的分析法学流派认为，法官在审判中必须排除个人主观价值的判断，忽视了法官主观性和法律推理灵活性的存在。用韦伯的话来说就是：“现代的法官是自动售货机，投进去的是诉状和诉讼费，吐出来的是判决和从法典上抄下来的理由。”[③] 马克思主义辩证唯物主义认识论认为客观存在决定主观意识，主观意识是主体通过实践对客观存在的能动反映。马克思说“观念的东西不外是移入人的头脑并在人的头脑中改造过的物质中的东西而已”。审判活动之所以是一个主观见之于客观的实践活动，是因为它是法官作出正确裁判必须经过的实践活动过程，既依赖于案件事实的客观性

---

① [美] 博登海默：《法理学——法哲学及其方法》，华夏出版社 1987 年版，第 478 页。

② 沈宗灵：《现代西方法理学》，北京大学出版社 1992 年版，第 330 页。

③ [美] 科瑟：《社会学思想名家》，石人译，中国社会科学出版社 1990 年版，第 253 页。

和所需适用法律的确定性，又受制于法官对案件事实和法律适用的主观判断和把握。法官要作出正确裁判，就必须通过开展审判活动，查明案件事实真相，正确选择相对应的法律规定。法官要查明事实真相，就必须从已经发生的法律关系去认识。但已经发生的法律关系不可重复，法官只能凭借客观留下的物证、书证和其他证据，从它们与法律关系的必然联系出发，来推理、复制法律关系的形成、发展和消灭的过程，再现案件的客观事实。法官要正确选择相对应的法律规定，就必须将法律规定与案件事实相对照，进行合乎逻辑的判断。这个推理、复制和判断、选择的过程也就是法官从案件现象到本质的认识、从感性认识到理性认识的过程。这个过程中既有法官对案件事实的主观认识，又有法官对证据及法律规范的客观判断，是二者的辩证统一。可见，审判活动的主观性与客观性的关系是建立在辩证唯物主义的认识论基础之上的，它体现了辩证唯物主义认识论的规律性。

从法理学的角度分析，审判活动是法官根据现有的事实、证据及当事人的陈述材料，按照法律原则和法律规范的要求作出的合乎逻辑的推理判断过程及裁判结果，是法官把法律原则、法律理论运用到具体办案中的实践活动，一般要经历获得案件事实—择取法律规范—解释法律规范—对法律规范与案件事实的价值和逻辑关系进行内心确信—形成判决的思维推理过程。这个过程用美国历史上最伟大的法官之一、社会学法学的代表人物卡多佐的话来说，就是一个法律被创制和酿造的过程，这个过程会受到法官有意识和下意识因素的影响，这些因素将成为法官判决的依据，成为体现在他判决中的法律，但这些主观因素应受到客观标准的限制。中国作为成文法国家，法律体系深受大陆法系影响，司法三段论的逻辑推理是法律适用中最基本、最常用的推理形式。但法官在依据三段论的推理模式通过逻辑推理作出裁判前，首先，必须通过现有的证据和材料推理复制案件事实的全过程。这个过程离不开法官对证据的真实性、合法性、关联性及法律适用的选择在主观上的分析和判断。这种分析和判断，不仅受相关程序性规范和法官掌握的证据多少的约束，更重要的是受法官的感觉、感知、情感、理念、道德等因素的影响。法官在审判活动中的道德水准越高，司法理念越正确，那么他的认识就越深刻、越趋于理性，情感因素就越少，作出的判断就越准确，认定的事实就越接近于客观真实，推理复制的案件事实过程就越全面。其次，法律是由规则和原则组成，具有普遍性、客观性的特征，也有一定的滞后性，一旦遇到客观情形发生变化的案件，法官在适用法律的时候，可能会遇到以下几种情况：一是法律无明文规定或规定不具体；二是法律规范之间存在冲突；三是可供选择适用的法律规范有多种；四是法律的规定已经落后于社会的发展。这时，法官就要从法理上来分析个案与法律原则之间的联系，综合选择法律或法律原则的适用。可见，法官的审判活动虽然要以事实为依据，以法律为准绳，但由于案件事实不会自动地再现，法律也不会主动地与事实联系，所以法官的审判活动决不是简单地将案件事实与法律条文对号入座，而是要通过个人的主观理解和判断去判明案件事实，选择法律适用，作出正确裁判。

从社会学的角度分析，一则司法的目的是实现全社会的公平正义，推动社会的进步。由于社会通行的价值观能够引导大多数人的行为，为他们提供行为选择方向和行为模式，对公平正义的评价自然会受到社会通行的价值观等各种社会因素的影响，最终说了算的，必须是以各方面表现出来的民意。① 而且不同的时期，会有不同的评判标准。一个法官判断其司法目的的标准应当是这一社会相对普遍、客观存在的人们业已普遍接受的标准和道德风气。② 二则司法的一项重要功能就是通过打击犯罪、惩罚违法行为，调处纠纷矛盾，保护合法权益，教育和引导人们确立正确的行为价值导向。这种价值导向的确立是通过审判活动，听取当事人的正确意见，认定当事人的有效证据，作出合乎法律、法理、情理的裁判来完成的；是通过法官运用自己的知识、经验和智慧，引导当事人正确行使自己的诉讼权利，依法保护合法权益来实现的。所以法官的思想认识及主观能动性的发挥程度对当事人正确的行为价值导向的确立起着重要的作用。三则法官是社会生活中的具体角色，不是孤立的个人，不是不食人间烟火的神灵，个人的价值观必然会受到社会通行的价值观的影响。社会生活中的各种关系和矛盾也会通过各种途径和方式反映到法官的审判活动中来，影响法官的主观判断，进而影响最终的裁判结果。

通过对主观执法与客观执法相互关系在哲学、法理学和社会学上的分析，可以发现虽然存在各种不同的观点和认识，但审判活动的主观性与客观性及其相互关系客观存在于审判实践当中。主观性以客观性为基础，对客观性又具有能动的推动作用。漠视审判活动的主观性与客观性的辩证关系是非理性的、也是非常有害的。正确认识和处理审判活动的主观性与客观性的关系，以至最大限度地满足人民群众对司法公正的需求是人民法院和法官在审判中需要认真对待的问题。

---

① 苏力：《道路通向城市：转型中国的法治》，法律出版社2004年版，第298页。

② ［美］本杰明·卡多佐：《司法过程的性质》，商务印书馆2000年版，第67~69页。

二、审判活动的主观性与客观性辩证统一关系的实践分析

正确认识审判活动的主观性与客观性相统一的辩证关系，运用到司法实践中，就要求审判活动既不能单纯强调执法的主观性，也不能一味追求执法的客观性，而应当从三个方面来把握：一是坚持审判活动的联系性观点。每个案件的发生都有其社会背景，作为一名法官，必须既熟悉法律，又了解社会。在审判活动中既要把握案件本身各个环节之间内在的法律上的因果联系，吃透案情，又要分析案件发生的社会背景，避免机械地、片面地、简单地适用法律，就案办案，才能在依法办案的同时，获得最佳的社会效果，才能避免因工作不到位或者其他失误让当事人产生合理的怀疑甚至引发新的不稳定因素。如行政审判中，一方面行政相对人相对于行政机关来说是弱势群体；另一方面，政府的行政执法行为又涉及当地经济的发展、社会秩序的维护和人民群众整体利益的保护。这就决定法官执法中必须用联系的观点来认识，了解每一个案件的发生背景及其相关联系，不能简单处理。必须把充分保护行政相对人的合法权益与监督行政机关的具体行政行为联系起来，把支持行政机关的依法行政、确保政令畅通与促进“官民”关系的和谐联系起来，加大协调处理的力度，依靠多方力量化解行政纠纷。二是坚持审判活动的统一性观点。虽然法官的主观认识在审判活动中起着决定的作用，但并不等于法官可以脱离客观事实，随意理解甚至歪曲法律的立法原意，随意地进行裁判。法律、法规一经制定颁布，就必须得到统一的实施；任何单位和个人都必须严格遵守，不能有超越法律之上的特权；任何案件都必须按照统一的执法尺度和裁判标准来衡量，不能偏轻偏重，偏左偏右或者搞地方保护主义。如在民事审判活动中，法官应当充分尊重当事人的意思表示。只要没有法律规定的无效民事行为和可撤销民事行为的情形，就不能轻易否定当事人双方意思表示所达成的协议。又如在调解活动中，既要加大调解力度，尽量用和谐的方式处理纠纷，又必须坚持当事人自愿的原则，不能违反法律规定强迫调解。三是坚持审判活动的全面性观点。既要求做到全面理解，全面把握，全面落实法律和政策；又要求在严格依法的前提下，根据案件的具体情况，区别对待处理；还要求注重审判效果，坚持审判的法律效果和社会效果的有机统一。如法官在刑事审判活动中，既要全面把握和落实刑法规定的罪刑法定、罪刑相适应和疑罪从无的法律原则，又要根据实际情况，全面把握和落实党中央“宽严相济”的刑事政策，既稳、准、狠地打击严重刑事犯罪，又避免冤假错案的发生；对一些因邻里纠纷、婚姻家庭纠纷引起，主观恶性和社会危害性不大的刑事案件和其他刑事自诉案件，因被告人积极赔偿

而获得被害人谅解的，要区别具体情况进行处理。

司法实践中，审判活动的主观性与客观性相脱离的情形还比较多的存在，主要表现为：一是脱离客观实际，徇私枉法，滥用审判权。如有些法官由于职业道德水准低下，在利己主义动机的支配下，将审判权作为牟取私利的手段。在审判的过程中不依法办案，偏袒一方当事人，在裁判时错误地认定案件事实或适用法律，枉法裁判。近几年来，群众非议、媒体诟病较多的关系案、人情案、金钱案，特别是因涉嫌收受贿赂、枉法裁判而落马的法官，就是典型的例证。这些受到司法惩处的法官，究其原因，不是他们的法律业务不熟悉，也不是审判经验不丰富，而是由于他们的职业道德水准很低、思想意识很差，利用审判权力进行寻租、为个人或者小团体牟取非法利益，人为地割裂了审判活动的主观性与客观性的统一。又如有些法官职业责任感不强，在审判活动中不是以高度负责任的态度、带着深厚的感情为人民司法，而是习惯于先入为主，凭老经验、以个人好恶判断是非，违反中立原则，庭前不当介入，不能一视同仁地保护当事人的诉讼权利，不能恰当地行使法官释明权和调查收集证据的权利等，导致当事人诉讼权利行使的不合理、不平等。有些法官屈从于外部的压力或影响（包括行政的压力，社会公众、新闻媒体等舆论的影响），违背法律的精神，作出有违社会公平正义的裁判。二是主观认识不能真实地反映案件的客观事实和法律精神。由于多方面的原因，法官的职业化程度还不高，个别法官法学理论素养不高，驾驭审判的业务技能不强，了解社情民意，处理社会矛盾的能力不强，难以按照立法的本意去理解法律规范的精神实质，难以对案件事实的法律适用作出正确的推理和判断。如最高人民法院《关于民事诉讼证据的若干规定》实施后，个别法官片面强调当事人举证责任，怠于行使法院调查取证职责，导致审判活动的质量不高或者裁判失当，当事人上诉、申诉、上访不断发生。三是不能发挥法官主观思维的能动性，机械地适用法律。

为了更好地阐明审判活动的主观性与客观性之间的辩证关系以及在实践当中产生的不同后果，笔者对两个案例进行剖析。

案例一：某村民小组多年来存在村民经营、管理的土地谁的被征收就由谁领取征地补偿款的习惯做法。2008 年因修建公路，该组部分土地再次被征收。镇政府与该组土地被征收的村民代表签订了土地征收及补偿协议，被征地农户领取了土地补偿等费用。但该组土地未被征收的农户认为土地补偿费应依法归村民集体所有为由，以村民小组的名义向法院起诉。一审法院以该组土地每次被征收，均采取由征地单位直接将土地补偿款付给管理、使用被征地的农户，而集体不再给被征地农户调配新的土地的做法，已形成惯例，镇政府遵循该组惯例直接将全部土地补偿款支付给被征地农户的行为并无不妥为由，判决驳回了原告的诉讼请求。原告不服提起上诉。该案中一审法官没有正确理解有关土地征收补偿费用的法律规定，而以地方习惯做法为由，判决驳回原告的诉讼请求，属于对法律规范的理解错误，是审判活动中法官的主观认识与客观实际相脱离的一种表现。

案例二：某村刘某与王某发生纠纷，纠纷中刘某被王某打伤，刘某为此花去医药费数千元，此后刘某向法院起诉，要求王某赔偿相关损失。由于刘家经济条件差，请不起代理人，在村里又势单力薄，而王家人多势众，村民都不敢为刘某作证。开庭时王某亦不承认打了刘某。办案法官在了解上述情况后，主动深入到案发现场，找当地村干部和部分有正义感的村民，查清了王某打伤刘某的事实，然后找王某做工作。在铁的事实面前，王某认识了自己的错误，主动赔偿了刘某的经济损失。该案法官在全面分析掌握案件情况的基础上，利用自己的知识、智慧和经验，充分发挥主观能动性，不是坐堂办案，被动地完成举证、质证、认证的程序，而是根据个案的特殊情况，深入调查收集有关证据，使被告主动承认错误并赔偿损失，从而化解了矛盾纠纷，做到了案结事了，实现了审判活动的主观性与客观性在实践中的有机统一。

司法实践中这样的例子不胜枚举，通过对上述两个案例的分析，我们可以看到，审判活动都不可缺少法官认定案件事实、判断是非曲直、选择法律适用、决定当事人权利义务等方面的主观认识。这种主观认识对实现主观性与客观性的统一起着决定性作用。在司法实践中，如果法官能把审判活动的主观性与客观性有机统一起来，主观认识全面反映案件的客观事实，准确理解法律的精神，就能得出正确的裁判结论，收到良好的法律效果和社会效果。相反，如果法官的主观认识脱离案件的客观情况，脱离了法律的本质精神，就会变成法官纯粹的自由心证，导致裁判错误；如果没有法官主观能动性的发挥，审判活动也会变成机械的、简单的执法活动，同样会偏离司法公正的轨道，达不到预期的目的。

三、审判活动的主观性与客观性在实践中的辩证统一

审判活动的主观性与客观性及其相互关系是司法实践中无法回避的问题，而且对裁判结果的公正与否以及办案效果的好坏起着决定性的作用。探讨这个问题的目的，就是要充分认识审判活动的主观性与客观性的本质特性，找到实现二者统一的方法和途径，保障公正、廉洁、文明执法。笔者认为，从人民法院和法官自身来讲，主要是增强审判活动的透明度，规范法官

自由裁量权的行使，提高法官的综合执法素质。

（一）增强审判活动的透明度

审判活动的透明度就是审判活动公开的程度，通常被认为是保障和实现司法公正最重要、最基本的手段。用美国法学家伯尔曼的话说，“没有公开就无所谓正义”。用公开促公正的认识和价值观念是有历史渊源的。西方国家的司法价值观念中，公正是靠心灵去感受的，因此，罗马广场上的正义女神是手持天平和利剑，眼睛被布蒙住的。我国的司法价值观念中，公平正义是用看得见的形式体现出来的。从古代公堂上悬挂的“正大光明”、“明镜高悬”牌匾，到“皋陶治狱”故事中记载的“遇不平，令神兽触之”的独角兽，再到元曲《窦娥冤》中的唱词：“天啊你不分黑白何为天；地啊你不识好歹枉为地。”这些都是中国历史上各种不同的阶层对司法公正要用看得见的形式表现出来的典型例证，也从另一个角度证明公开对于保正司法活动过程及结果的公正，增强人们对国家法制的信赖感和司法公信力具有重大的现实意义。新中国成立之后，虽然新颁布的诉讼法律对如何通过公开审判确保司法公正作了明确规定，但具体实践中全面落实这些规定还不尽如人意，导致了一些案件的裁判不公正。因此，加大公开审判的力度、增强审判工作的透明度，既是审判方式改革的要求，也是新的历史条件下人民群众不断高涨的司法需求的一个重要方面。

审判公开作为司法公正的基础保证，一是可以让当事人把对不确定的裁判结果的期盼转换为对实实在在的审判过程的参与和关注，通过参与和关注审判活动过程，正确的行使诉讼权利，增强对法官公正裁判的信任，有利于处理纠纷、化解矛盾；二是可以通过当事人、诉讼代理人和旁听人员向社会其他成员自觉或不自觉的传递人民法院和法官公开、公正、廉洁、文明执法的信息，为社会全面了解审判的过程提供更加便捷的渠道。三是可以让当事人监督法官审判活动的全过程，促使法官公正裁判；四是可以让人民群众通过法院每一次庭审的举证、质证、认证活动，每一件案件的处理，感受到司法的公平与正义，增强司法的公信力。审判公开要全面得到落实，既要向当事人公开案件立案、开庭、审理、判决的全过程，又要向当事人公开裁判的理由和结果，特别是加强裁判文书说理，公开法官裁判的过程，公开法官认定案件事实、选择法律适用、论证法律规定与案件事实之间的因果联系以及对裁判结果的逻辑推理和判断过程，进一步增强审判活动的透明度，让当事人看得清楚，输赢皆明。

（二）规范法官自由裁量权的行使

法官自由裁量权是立法机关对立法时难以全部预见或者穷尽的客观复杂情况，通过法律规定授予人民法院在一定的幅度内或者依据客观事物的具体情况，酌情进行的认定事实、适用法律和裁量案件的一种权利。自由裁量权普遍存在于法官审判活动的全过程，包括审判活动中程序的适用、事实的认定、法律的选择及其裁判的作出等环节，表现为多种形式[①]。但不管是哪种表现形式，都是法官在审判活动中运用其智慧和认识上的主观能动性，在模糊的认知领域探寻相对确定性的过程的一种不可避免的主观性活动。这种主观活动，与人的思想意识的好坏、情感的亲疏、道德水准的高低以及对法律精神的把握程度有密切联系。法官审判活动中的主观因素越多，裁判不公的概率就越大；主观因素越少，裁判不公的概率就越小。“法官的自由裁量权是一把双刃剑，运用得好有利于实现个案正义和实质正义，运用得不好可能被滥用，变成一种恣意和专横的权力”[②]。如果法官的自由裁量权不受任何约束，必然会产生腐败，偏离公正的轨道。实践中，由于对法官自由裁量权的行使缺乏一套完整的制衡机制，导致“自由”行使裁量权的情形时有出现，个别法官甚至以行使自由裁量权为由徇私枉法。这些情形在不同程度上妨碍了司法公正的实现，削弱了司法权威。因此，必须规范法官自由裁量权的行使，减少审判活动中的主观因素和感性认识，增加客观因素和理性认识，做到审判活动的主观性与客观性的统一，防止滥用自由裁量权，用理性确保司法公正。

第一，法官必须提升自己的司法理念，树立平等、公正的意识。古人说，“心正才能行正”。每一位法官都要理性地认识自由裁量权的行使的目的是“为了实现普遍正义和个别正义的统一，形式公正与实质公正的统一，法律效果和社会效果的统一”[③]。而不是一种任意专横、随心所欲的权力。法官在行使自由裁量权时不能有偏好与私心，应当是公正、无私的。应当平等地对待每一个当事人，平等地保护他们的诉讼权利和合法权益。

第二，法官必须保持中立。法官就象运动场上的裁判，不能随意介入一方，既当运动员又当裁判员；不能偏听偏信，先入为主地作出判断。必须在审判活动的全过程中始终保持中立的立场。庭审程序启动前，法官不得对特

① 江必新主编：《法律适用与裁判方法》，中国法制出版社 2006 年版。

② 同上。

③ 同上。

定的案件事实和法律问题有任何先入为主的思考或判断。庭审过程中，法官不得袒护任何一方当事人。既不能代行诉讼双方当事人的权利、义务，又不能忽视、怠慢或压制另一方，对当事人双方都应当保持同等的司法距离，允许和尊重他们进行的合法诉讼活动，做到不偏不倚。宣判前，法官不得通过语言、表情或者行为流露自己对裁判结果的观点或者态度，不得发表任何结论性意见。

第三，加强对法官自由裁量权行使的制约。最高人民法院王胜俊院长指出："接受监督是维护司法公正、树立司法权威的重要保障。"对法官自由裁量权的行使除了制定针对性比较强的规范性意见，详细规定法官应当遵循的原则和程序，以及违反这些原则和程序的法律责任之外，更重要的是要加强对自由裁量权行使过程的具体监督。通过加强合议制度，保障集体行使审判权，避免因个别法官的主观臆断而导致案件裁判出现偏差；通过加强院、庭领导对合议庭和独任法官的监督，加强审判委员会对院、庭领导和合议庭的监督，加强上级法院对下级法院审理的案件的审判监督，保证自由裁量权的正确行使；通过加强外部监督，特别是邀请人大、政协委员旁听重大案件和在本地有影响的案件的审理，接受面对面的监督；通过加强案例指导，从审判实践中提炼出具有指导意义的做法，使类似案件在处理时有相应的参照标准，做到同等情况同等对待，同样案件同样处理，统一执法尺度和裁判标准。

（三）提高法官综合素质

法官综合素质是法官的理论修养、道德水平、良知、心理素质、情感因素、文化底蕴、认知能力等要素的综合体现。这些综合素质影响着法官对是非的判断、法律的理解和适用、对案件的公正裁判。正如柏拉图说的："如果在一个秩序良好的国家安置一个不称职的官吏去执行那些制定得很好的法律，那么这些法律的价值便被掠夺了，并使得荒谬的事情大大增多，而且最严重的政治破坏和恶行也会从中滋长。"因此，提高法官的综合素质，就必须增强法官熟练驾驭庭审、查清案件真相、准确认定证据、判断是非曲，全面准确理解法律精神、正确适用法律、客观公正办案，善于协调、做群众工作、化干戈为玉帛、处理问题不留后患，说理准确、逻辑严谨、层次清楚、语言文字精练，公道正派、光明磊落、廉洁司法等能力。具体地说，在提高法律理论素养的基础上，要着重加强职业道德建设，培养法官良知，保持司法理性，提升心理素质。

第一，加强职业道德建设。道德是人们在社会生活中形成的关于善与恶、荣与辱、美与丑、公正与偏私、诚实与虚伪等的观念、情感和行为习惯,[①] 是调整和评价人们思想和行为的社会规范。社会对司法公正的评价在一定程度上取决于法官审判活动中的行为，与法官的职业道德有密切的联系。某些引起社会公众强烈不满的案件，法官中发生的不公正、不廉洁、甚至违法犯罪的问题，思想根源就是他们的法律精神和职业道德缺失，不注意检点自己的行为，逐步发展、演变的结果。可见法官的职业道德是公正司法的重要保证。加强法官职业道德建设，根本的办法就是按照《法官职业道德基本准则》的要求，坚持内在道德品质的提升与外在规则制约相结合。法官是个性化的有经验的社会人，具有各自的情感，信念和生活、经验的差异，这种自然的个性特征容易导致审判活动的任意性，这就决定了有道德教化和约束的必要。同时，法官的产生条件和社会要求又决定他必须是有理性的社会人，就存在道德教化和约束的可能性。内在道德品质的提升是通过道德教化的方式来提高法官的道德水准，外在规则的约束主要是通过制定一些具体的道德准则和职业规范制度来进行的。二者相结合就是内因与外因的统一。道德品质的提升是内因，是决定审判活动公正廉洁与否的内在动力，道德准则及法纪规定是外因，是决定公正廉洁执法与否的外在条件，外因通过内因起作用。法官在遵守职业道德规范的同时，必须不断进行职业道德意识、道德关系、道德行为、道德规范的自我更新，并转化为一种自觉的行为要求，成为稳定的良好的职业习惯，培养忠于职守、秉公办案、刚直不阿、不徇私情的理念，正直善良、谦虚谨慎、勤勉敬业、廉洁自律的品质。

第二，培养法官良知。法官良知是指法官在审判活动中逐渐形成的善良意志、义务意识和内心法则，是法官对社会普遍道德法则及自己所应承担的职业道德责任的自觉意识和自我认同。它对于法官的行为有着全面、深刻的影响，可以净化法官的心灵，帮助法官在审判活动中抛弃个人的私欲，选择符合职责要求、符合社会生活情理、为公众普遍认可的行为动机和行为方式，正确裁判案件，实现司法公正。在具体的审判活动中，法律原则或规定对案件的裁判虽然有重大的指向作用，但其本身不能使纠纷得到解决，最终还依赖于法官尤其是法官良知作用的发挥。法官如果拥有良知，他就会自觉地遵守裁判的程序和规则，履行作为裁判者的法律责任，依法平等保护当事人的合法权益；如果缺乏良知，他就可能有无数种理由和办法绕开法律的原则和规定，作出不公正的裁判。这种情况下法律业务水平更高的人，审判活动中出问题的可能性更大，为祸更烈。正如弗兰西斯·培根所说：“一次不

---

① 摘自《法律辞典》的道德条目，法律出版社 2003 年版。

公正的判决，其恶果甚至超过十次犯罪，因为犯罪虽然是无视法律——好比污染了水流，而不公正的审判则毁坏法律——好比污染了水源。”[①] 可见，就司法公正而言，法官的专业能力固然重要，但“他的良知则永远是最重要的”。[②] 培养法官良知要与法官开展审判活动的价值标准相结合，法官审判活动的价值标准是行为功利和准则功利标准的有机统一。从行为功利上讲，法官公正的审判活动，可能获得组织和领导的肯定，而被授予某种荣誉或奖励，甚至被提升职级或职务。也能因此获得同事的尊重和社会的认同，在群众中留下公正廉洁的美誉，从而使法官心理上得到某种平衡和满足。这种行为功利是驱使法官公正、廉洁、文明执法的主观内在动力。从准则功利上讲，法官公正的审判活动，有利于保护公民法人和其他组织的合法权益，维护法律的尊严，树立人民法院和法官的良好形象，促进经济社会的稳定与和谐发展。这是促使法官公正、廉洁、文明执法的客观外在动力。法官心中的这两种功利动机就像天平的两个砝码，哪一头偏重，都可能打破正常的平衡，最终失去公正司法的标准。因此必须兼顾，把个人的、局部的利益与整体的、全局的利益有机统一起来，从而树立法官正确的自我评价意识，以高度的政治责任感和职业责任感，开展审判活动，实现司法公正。

第三，保持司法理性。理性是人们认识事物本质和规律的抽象思维形式和思维能力，是人的理智的、合理的、自觉的和合乎逻辑的能力和存在属性。审判活动中法官既有对案件事实、相关法律规定的感性认识，又有对裁判过程、裁判结论合乎逻辑的理性判断。在此过程中，如果法官采信的是建立在自身感性认识基础之上的非逻辑的判断，则很容易产生主观臆断和偶然随意的弊端，导致裁判的不公。只有理性的判断，才能全面客观地反映事物的本质，才能使判决得到当事人的信服和社会公众的认可。因此，法官在审判活动中必须始终保持高度的理性，既要保持中立，客观、平等地对待案件当事人；又要冷静和审慎，摒弃冲动和成见，尽量排除自身情感、情绪、心理因素、主观感受等各种非理性因素，妥善处理法与权力、人情、感情的关系，不受当事人、法官自身社会角色定位和社会关系、外部权利主体等的影响；更要按照法律逻辑，对案件的裁判进行理性的分析推理，在不违反法律普遍性原则的前提下适度地行使自由裁量权，作出公正的裁判，保障法律效果与社会效果的统一。

---

① ［英］弗兰西斯·培根：《培根随笔选》，上海人民出版社 1985 年版，第 103 页。

② 董茂云、徐吉平：《法官良知对于司法过程的意义——兼论法官良知与现代宪政体制及理念的关系》，载《复旦学报》2003 年第 6 期。

第四，提升心理素质。法官的心理素质是法官内心具有的意识状态和心理要求的体现，是法官个人进行的自我教育、自我调整的心理活动状态，是法官正确评判是非、作出公正裁判的心理基础，对法官的行为方式和结果具有重大的影响。审判活动是一种主观见之于客观的实践活动，不能脱离法官内心意识和思维的参与和发挥。法官每天都在办案，都要和当事人及其代理人打交道，都可能面对形形色色的诱惑和风险。特别是在处理具体案件时，法官的理念有时会与当事人及其代理人的观念发生碰撞，有的是认识上的差异，有的则是价值观的冲突。良好的心理素质有利于让法官保持积极乐观的思想情绪和理智的态度，以平和的心态和方式，对当事人晓之以理，动之以情，化解各种矛盾纠纷；有利于法官理性的分析判断，不被周围的人和情境所左右。相反，没有良好的心理素质，法官的情绪控制程度和思维的理性度就会受到影响，就会影响办案的质量和效率。因此，提升法官的心理素质就是要通过审判活动，让法官在实践中自我修炼和完善，养成对法律的坚定信仰和沉着冷静、处变不惊的处事态度，以保证审判活动主观性与客观性的统一，最终实现司法公正。

探寻司法权威认同之路

陈显江[*] 傅庆涛[**]

引 言

数据1：近些年来，在全国人民代表大会上最高人民法院工作报告通过率一直没有超过80%，是所有报告当中最低的。其中，2001年报告只得到70%的赞成票；2004年报告只获得71.9%的赞成票。各地法院工作报告通过率也不容乐观，其中2001年沈阳中级人民法院、2007年衡阳中级人民法院的工作报告未获当地人大通过。①

数据2：2003年至2007年，最高人民法院共审结各类案件20451件，监督指导地方各级人民法院和专门法院审结各类案件3178.4万件。五年来，全国法院涉诉信访总量呈下降趋势，其中最高人民法院办理涉诉信访件71.9万件，地方各级人民法院办理涉诉信访件1876万件。②

数据3：据对某市中级人民法院民事一审判决、调解案件和受理执行案件的统计：2002年，834件案件中只有164件是当事人主动履行，主动履行率不到32%；2003年，1018件案件中只有6件主动履行，主动履行率不到1.2%；2004年，1051件案件中只有67件当事人主动履行，主动履行率不足12%。

笔者援引以上三组数据意在说明，目前中国司法在一定意义上正面临一些尴尬。虽然相关引例尚不能对法院工作作出客观评价，但法院裁判缺乏信服力与执行力，涉诉信访数量高居不下，司法权威在社会公众中的认同度较低已是不容回避的事实，这已影响司法在整个权力架构中的作用和功能发

---

* 山东省青岛市中级人民法院研究室主任。

** 山东省青岛市中级人民法院法官。

① 左卫民、冯军：《以监督权为视角：最高人民法院与全国人大关系的若干思考（二）》，载中国司法改革网，2007年1月10日发表；以及《南方周末》2007年2月1日的有关报道。

② 2008年《最高人民法院工作报告》，载中国网，新华社2008年3月22日电。

挥，影响中国法治现代化的进程和依法治国理念的实现。司法在一定程度上不被社会公众认同的原因是什么？司法被认同之路在哪里？司法如何构建“被认同的权威”，这已成为当前迫切需要解决的问题。由此可见，党的十七大报告提出的“建设公正、高效、权威的社会主义司法制度”的决断是何等的必要和及时。

一、司法权威的认同标准

认同是一个认识论上的概念。司法认同的主体是当事人和社会公众，对象是作为司法主体的法官、司法过程和司法裁判结果等司法活动各个方面。司法权威是一种存在于权威享有者和权威信服者之间的支配与服从的关系。司法权威是否被社会公众所认同，主要强调社会公众“出自于对基本过程的尊重”,[①] 从而对司法主体是否具有自愿服从的性质，与司法的外在强制性无涉。由于认识具有主体性和客观性，其中“客观性是认识的真理性的内在根据和保证”[②]，因此，司法被认同的关键在于司法活动的全过程，即司法活动本身在客观上是否体现了社会正义，是否合乎广大社会公众的一般价值追求。“被认同的权威”这一提法直接指向人的内心，即价值合理性基础问题。

被认同的司法权威在伦理上必定是合理的，其价值基础在于司法的正当性和裁判的正义性。司法在设置之初就承认了司法追求的是法律事实而不是客观事实，它只能在一定程度上还原事实真相，而不能像自然科学那样无所保留地复制出案件发生的所有细节，因此司法的存在只能基于人们对法律形式合理性的追求而来，程序正义是司法权威存在的内核，司法权威的最终目的是实现社会正义。对于法院而言，就是要通过严格的司法程序、规范的司法行为向当事人和全社会展示威望，展示公信力。一方面，从总体上来说，司法能够取得社会信任的理由在于司法具有文化和伦理上的合理性和合法性，司法所推崇的法律实质理性和形式理性能够为公众的法律观所认可，这种司法的高度社会价值认同是司法权威形成的价值合理基础；另一方面，具体来说，司法裁决应当在总体上公正，公正是司法的生命，公正也是司法权威的最深刻的价值基础。[③] 我们既然在被认同的层面探讨司法权威，司法自身的合理性和合法性存在自然毋庸置疑，探讨的重点应在司法的具体裁判方

---

① ［美］劳伦斯·M·弗里德曼：《法律制度》，中国政法大学出版社 1994 年版，第 133 页。

② 肖前：《马克思主义哲学原理》（下册），中国人民大学出版社 1994 年版，第 528 页。

③ 刘旺洪：《司法权威论》序言，季金华著，山东人民出版社 2004 年版“序”第 5 页。

面，即在国家保障的司法尊严和荣誉之下，裁判主体根据自身的专业素养和公正品格，遵循一定的司法程序对具体案件作出裁判。据此，司法权威的认同标准当从以下几个方面分析：

1. 社会公众对司法的一般评价

包括司法在社会各种纠纷解决方式中的地位，司法从业者应受到的职业尊重，司法职业在社会各种职业中的地位和社会认同度，社会公众对法院工作所持态度、对法院法官及其他工作人员整体形象的认可等。正如昂格尔所说："人们遵守法律的主要原因在于，集体的成员在信念上接受了这些法律，并且能够在行为中体现这些法律所表达的价值观念。一个人对规则的忠诚来自于这些规则有能力表达他参与其中的共同目标，而不是来自于担心规则的实施所伴随的伤害威胁。"① 人们认为司法表达的基本价值观念符合自己的价值观，社会公众充分信任和高度认可司法，法官也得到人们普遍的信任和认可，这样作出的裁判才会有信服力和执行力。

2. 司法裁判的信服力

这包括两个方面，即司法裁判对内具有终局性，对外具有社会公信力。一是司法裁判具有终局性。对一切经司法解决的纠纷，司法裁判具有终极的效力，非经法定程序不可撤销，并且只有司法裁判是终局的。"法院的判决只有在当事人不服和向上级法院依法提出上诉的情况下，才能由上级法院依司法程序对其正确性、合法性作出评价；任何法院以外的其他国家机关不能对法院如何审理案件和作出判决施加影响，更不要说下达指示或命令；法官除了对受贿等犯罪行为承担刑事法律责任外，对其审理和判决行为不承担任何法律责任。"② 二是司法裁判具有广泛社会公信力。因为人们既然寻求纠纷的解决，就必须接受该纠纷解决的结果，而不能无休止地怀疑一切，这正像体育比赛中，尽管人们可以对裁判的某一次裁决提出异议，但裁决的结果却不可更改一样。③ 裁判结果得到当事人的习惯认同，相应带来的是低上诉率、低上访率、低申诉率和低申请再审率。

3. 司法裁判的执行力

司法裁判的执行力是基于司法裁判信服力而来，当事人出于对司法裁判结果的信服而自愿履行裁判确定的内容。执行权不同于裁判权，严格执行裁判文书既定内容是执行权的内在要求，裁判文书一经生效就应得到高度自觉

① ［美］昂格尔：《现代社会中的法律》，译林出版社2001年版，第29页。

② 姜明安：《司法权威不立，法治焉存》，载《法制日报》2000年11月5日。

③ 汪建成、孙远：《论司法的权威与权威的司法》，载《法学评论》2001年第4期。

地履行，强制执行应成为例外，提出裁判异议不能影响既定裁判的履行。因此，“司法裁判被认为是公正的，为人们所信服，司法裁判普遍得到当事人的自愿履行，很少需要动用国家强制力来执行司法裁判，几乎不存在司法裁判执行不了的现象”。①

二、当前司法认同不足的原因

我国传统文化中一直缺乏对法治的信仰，长期以来人们并没有真正从内心里将法律接纳为应当自觉遵守的规则，法治信仰缺失的直接结果就是：“在这一文化中，决定人们之间是非的基本机制不是法律，从而也不是法院和法官……这就使企图以法律来规范人际关系的上层政治动机和习惯与以人际关系左右法律的下层社会习俗间必然形成抵悟……使司法自身不但没有摆脱世俗的社会关系，而且成为世俗社会关系的枢纽之一。”② 总的来说，社会公众对司法权威的认同不足，这是历史、文化、社会、制度等多种因素共同造成的。司法权威与司法能否体现公正、社会正义价值追求能否实现息息相关，“司法判决是人民法院代表国家按照法定程序对是非善恶的最终评判，这种判断所依赖的价值基础应当与社会公众的主流价值观相统一”。③当前，转型期的中国社会价值趋于多元化，司法权威在一定程度上不被社会公众所认同，主要表现为：司法的发展在一定程度上滞后于经济社会的发展，司法现状不能满足人们日益增长的司法需求。

（一）作为司法主体的法官素质与公众的要求相比有一定差距

第一，法官的业务能力有待提高。经济社会的快速发展对法官的审判能力提出了更高的要求，但目前我国法官队伍整体职业素养和能力还达不到足以应对经济社会快速发展的水平，因而也就使一些新类型、疑难复杂案件未能得到公正审判，引起了当事人和社会公众对法院的不满乃至不信任。据某省高级法院调查：大多数公众（七成以上）认为法官应当“既有专业知识又有经验”，即同时具有深厚法律功底和丰富审判经验是公众对法官的普遍期望。从法官的来源上看，对一定范围内法官的来源调查显示，院校毕业的不足1/4（这还包括许多非法律专业的院校），绝大多数来自招干和军转。这一现状在基层法院更为普遍和严重，尤其是一些少数民族地区法院，一度

① 贺日开：《司法权威关系论纲》，载《江苏社会科学》2002年第6期。
② 陇夫：《尊重司法的理由》，载《法制日报》1999年12月5日理论版。
③ 贺小荣：《司法判决与社会认同》，载《人民司法》2008年第7期。

出现了法官断层现象，年轻的、有专业知识的法官不断离开法院，能通过司法考试的人不愿进入法院工作，一批具有丰富审判经验的法官又已退休，形成了青黄不接的尴尬局面。法官专业素质整体不高的现状与公众的期待形成了强烈反差，这不难使公众得出法官很难对涉讼的法律关系进行专业判断并准确适用法律的结论。第二，法官职业操守有待加强。司法实践中，有些法官和其他工作人员在工作作风上不够严谨细致，引起了当事人对案件公正裁判的怀疑；少数人以权谋私、徇私枉法，损害了当事人和社会公众对整个司法职业形象的信赖；法官过于积极地参与各种社会活动，使得权威形成所需的一定程度的“距离感”消失，“诉讼所涉及的人们与法官通常有不同的社会距离，与法官关系越近就会得到越多的同情回应，而与实际的过错无关”,[①] 尤其是在不可避免的日常生活中，很难独善其身、避开纷争，带来社会公众对司法和法官中立地位的怀疑。第三，法官职业尊容感有待强化。构建法律职业共同体已成为广大法律人的共识，法官职业被认为是具有专业知识和素质的社会精英，但是要成为法官首先必须取得公务员身份，律师等其他法律从业者没有有效途径进入法院，相反在市场经济大潮下众多法官转而辞职从事律师职业，法官职业在公众的心目中，与其他职业相比没有体现出明显的优越和崇高之处。某省高级法院的调查显示，87.63%的国家机关工作人员并不认为法官比自己更受公众的尊重与信仰，基本上把法官的地位等同于公务员；进一步的调查显示，较多的公众将法院视为同级政府的下级部门看待，法院被社会公众作为普通的行政官员对待的现象客观存在。

（二）司法运行过程不够公开透明

审判权威是建立在公众对裁判的公信力基础上的，公信力主要来自于审判过程的透明、公开。信息公开透明会让人们对事实产生深刻的感受并充分理解，使谣言不胫而走。像汶川发生8.0级巨大地震后，正是由于政府前所未有的充分的信息公开和快速反应，中国各族人民乃至全球华人空前团结、共同抗震救灾，国际社会对中国政府和人民给予了高度评价。但在司法实践中，由于种种原因仍存在诸多不公开、不透明的现象，如法院内部的程序决定事项和内部文件不公开，裁判文书的公开程度低，法官先定后审使庭审公开流于形式、刑事案件二审开庭率低等。其结果只能是，在社会心理上造成广大公众对司法公正的不信任，只要存在“暗箱操作”，人们就有理由怀疑司法“暗箱”中藏有不公正的东西，这种合理的怀疑如得不到消除，就可

① 理查德·A·波斯纳：《法理学问题》，中国政法大学出版社1994年版，第159页。

能直接动摇法院威信，导致司法公信力受到伤害。

（三）司法正义与社会正义要求存有冲突

司法的现实功能定位与司法的能力相称，才能为司法的良性发展注入不竭的动力。从司法被赋予的职责来说，司法不但要定分止争、化解矛盾纠纷，还要为地方党政工作大局做好司法服务和保障；从追求的目标来说，不但要依法裁判纷争，而且要努力争取实现案件裁判的法律效果、社会效果和政治效果的统一；从行为方式来说，日渐强调裁判的判后效果，重案件调解率、息诉罢访率，强调审判执行一体化。因此，无论在整个社会观念里，还是在司法主体的意识里，普遍重视实体权利义务归属的纠纷解决。“所以，当职业化的法官根据法律程序个别案件的审判结果与社会公众的认识不一致的时候，就容易引起社会公众普遍的注意，从而形成法院与社会的‘冲突’。”① 司法要为大局服务，解决当前的中心问题，就要切实注重实现司法的实体公正。与此同时，对司法程序正义的内在要求难免稍显关注不够，使得为实现实体公正可以在一定程度上牺牲既定的司法程序，引起了程序意识较浓的部分当事人和社会公众不满或不信任。

（四）司法裁判终局性不足

由于长期以来进入司法再审程序的条件并不严格，对申诉和再审缺乏有效、科学的限制，致使本应成为例外的再审程序被频繁启动，本已终结确定的权利义务面临可能被随时重新分配的尴尬，导致法院裁决的终局性不足。同时，本着“有错必纠”方针，法院须接受来自党委和政法委、纪委、人大和人大代表、检察院、政协、媒体等的广泛监督，法院也一度以“错案追究”为理念，一些终审结案的案件被反复地申诉、上访后，得到了数次再审、改判，生效法律文书实际上被置于随时可撤销的地位，当事人的权利长期处于不确定的状态。

（五）司法裁判执行力不足

如果裁判确定的内容无法实现而成为“空头裁判”，如果法院判了白判，人们就难免会转而寻求司法以外的方式解决纠纷，从而使司法作为社会纠纷解决方式的地位下降。法院职责除审判外，还要执行自己作出的判决和行政机关申请的强制执行，由于判断权与执行权性质迥异要求不同，法院往

---

① 范明志：《法院与社会冲突的法理解析》，载《法学》2004年第11期。

往出力不讨好，司法强制执行遂成为一部分当事人抵制履行法定义务的借口。近些年以来，司法渐被无可避免地推到了各类矛盾冲突的关口，各种通过裁判无法实现利益满足的利益主体，不断采取上访、抗诉、媒体炒作、领导批示等方式，来试图改变不利于自己的判决，为此消极对待生效裁判文书确定的义务，乃至暴力抗法。据某市法院的一项调查数据显示，2004 年以来，该院遭遇抗拒执行 20 余次，有 10 余名执行人员在执行中遭到殴打。而就在不久前，某区法院的执行法官前往淄博市执行，在银行内查询账户时被被执行人强行劫持达五个小时之久，人身安全受到严重威胁，严重影响了司法权威。

三、司法权威被认同的进路

当前司法权威认同不足的现状，对司法的合法与合理存在构成了极大的挑战，但司法权威缺失的影响早已超越了司法的范围，乃至影响了法律权威、党和国家权威的实现。尽管司法权威在一定程度上不被认同有多方面的原因，尤其是司法认同直接涉及饱受传统文化熏陶的人们的内心世界，涉及广大社会公众内心自觉的信服、信仰，决非司法机关一己之力所能逮，“但拯救司法权威，不能仅仅依靠外部环境的改变，司法机关自身必须切实负起责任”[①]。除了积极争取有利的外部环境外，司法要勇于将实现“被认同的权威”作为己任。如前所述，司法与社会通行的价值一致才能获得认同，公正是司法的生命，公正是司法权威的最深刻的价值基础。对此，司法的进路是：加强自身建设，与人们日益增长的司法需求接近，努力建设公正的司法形象和公开的司法程序，通过依法公正裁判获得社会认同。具体说来，司法要取得高度的社会认同，司法主体、司法过程、司法裁判结果被认同是不可缺少的三个环节。

（一）司法主体被认同

司法主体被认同的关键是司法主体要体现出公正的形象。公正要为当事人和社会公众可感知、可触摸，要通过法官良好形象和细节让当事人实现“看得见的公正”，当事人和社会公众才有可能信赖法官裁决自己的利益纷争。“公正是通过司法人员对法律的适用得到彰显。因此，必然展示个人学

---

① 黄志雄：《我国司法权威趋向没落的原因探究——附论司法权威的拯救》，载 http://www.xyfy.gov.cn/ReadNews.asp？NewsID=627，2007 年 5 月 24 日发表。

养、素养和品格。”① 在司法与社会接触的整个过程中，法官言谈举止要表现出平实中立，所制作的裁判文书要严谨缜密，法官（包括法院其他工作人员）在生活中要慎独自律，以自身良好的形象获取当事人的信任，赢得广大社会公众对司法主体的高度评价和认同。

1. 推进法官职业化

“法治社会成功的经验表明，法律家集团的力量来自于它内在的统一和内部的团结，而统一与团结并不是因为组成这个共同体的成员出身的一致，只是由于知识背景、训练方法以及职业利益的一致。”② 对此，一方面要建立多元化法官来源制度，在提高拟任法官学历学位、职业经验、任职年龄等要求的基础上，扩大法官选任范围，建立起法官与法学专家、律师、检察官等法律职业人的有效交流机制，努力把社会中最优秀的法律人才吸收到法官队伍中来，提升法官的知识和能力威望。另一方面要在案件繁简分流基础上，通过法官分类管理改革，推进法官员额制度，消减法官的整体数量，法官仅对复杂案件涉及的法律问题进行审查，简单案件分流至助理法官审理（或交由社区调解员调解），事实证据问题可考虑由法官助理和在司法民主制度下的陪审人员共同审查。

2. 规范司法行为

当前审判作风问题比较突出，据山东省高级法院向社会问卷调查显示，在有意见的回答中，反映法官作风不佳的占到了60%，司法行为有待进一步规范。对此，一是平等待人，尊重、体谅所有当事人。司法绝非只是冷冰冰的面孔，它还要展现温情的一面，要尽力从当事人的角度出发考虑问题，并体现出对弱者的同情。“法应当符合人们心中的情理观念，合乎人们对情义的要求和期望，现代法律也应当是建立于情义和人性基础之上的法律。”③ 二是恪守司法礼仪、注重细节，法官一旦高坐在法庭上就成为了各方关注的焦点，在细节处的不注意很容易被放大，从而强化当事人对法官的不满，因此要严格遵循法官行为规范的要求，规范言行举止和着装仪表，做到耐心听讼、不偏不倚。三是在遵循法定诉讼期限基础上提高诉讼效率意识，在案件审判所需的必要时间内尽快结案，尤其是对于简单案件要大大缩短诉讼周期。

3. 塑造法官职业认同感

一是要开展多种形式的法院文化活动，如法官宣誓、典型示范、院史陈

① 周伟：《司法公正：司法权威的生成基础》，载《政治与法律》2004年第5期。

② 贺卫方：《司法的理念与制度》，中国政法大学出版社1998年版，第7页。

③ 傅庆涛：《容隐制度的现代法律价值分析》，载《政法论丛》2003年第2期。

列、主题演讲等，引导法官确立现代司法理念，坚定法官的法律信仰和职业信仰，在法院内营造崇尚法律、公正廉洁、文明严谨的文化氛围。二是要探讨法官教育培训新形式，努力塑造法官职业文化品格，包括与法相融、不断反思、注重程序等职业素养和理性、宽容、慎独、简朴等性格特点，要“从基本人性、法官职业荣耀、人类理性等方面入手对法官进行道德教育，强调法官的人文关怀，从净化法官的灵魂入手，使职业道德的外在要求转化为法官的内心确认，变成法官的自觉行动”。三是要坚持以人为本，加强对法官的人性关怀，法院日常管理由管理型向服务型转变，为法官做好事务性和程序性工作的服务保障；组织开展法律职业人论坛、法官论坛等学术交流活动，引导和支持法官参加健康有益的文体活动，满足法官社会交往的需要，弥补法官社会交往活动的不足，培养法官集体荣誉感、归属感，推动法官及其他工作人员对于法官职业的自我尊崇。

（二）司法过程被认同

西方有句古老的格言：“正义不仅应当得到实现，而且应当以人们能够看得见的方式得到实现”，一些程序性问题的公正程度能够轻易被触及也最易招致不满，因此程序上的公正被喻为“看得见的公正”、“活生生的公正”。司法的特点就是能够通过审判活动给人以确定的心理预期，司法过程透明、公开、严格依法，当事人才会信任个案得到了公正对待，从而对司法裁判产生信服力与执行力，也正是个案裁判信服力与执行力的积累，司法才会逐步获得广大社会公众高度的一般评价。

1. 裁判规则公开

除了业已公开的法律、法规外，凡是与法院裁判相关的规则、依据均应当公开，如法院总结的典型案例、审判委员会针对某一类案件的审理所作出的具有审判指导性质的法律适用意见、某一地区法院针对相关案件提出的座谈会纪要等，要通过一定的方式、途径公之于众。

2. 审判人员信息公开

法院应对审判人员及其他工作人员的本人状况、近亲属状况、受教育经历、工作经历等信息进行登记，并通过一定方式有条件地向社会公开。[①] 考虑到法官稳私权及人身安全保护的需要，审判人员信息可有条件地公开，如在法院局域网上公开法官的姓名、照片、职务和简历，或者在法院内部设置专门场所公布所有法官及其他工作人员的主要情况，并提供便利条件供当事

① 成都铁路运输中级法院定期在新闻媒体上公布审判人员的信息，一度受到广泛关注。

人或其诉讼代理人、辩护人查询。

3. 完善回避公开制度

在现有回避情形基础上，将回避情形明确扩大为：审判人员与当事人、辩护人、代理人有“亲朋、同学、师生、同事、战友、邻居等可能影响案件处理的关系”；增加无因回避和职权回避的情形，赋予当事人不须说明任何理由而要求审判人员及相关人员回避的权利，当遇到法律规定回避的情形而当事人和承办法官都没提出回避要求时，法院院长有权命令承办法官回避。

4. 案件办理情况公开

建立案件办理情况查询机制，特别是法院通过加强对程序性事项的公开，及时告知、定期通报当事人有关合议庭成员的回避与变更、开庭日期变更、审理程序的变更、延长审限等与审判流程相关的事项以及其他与诉讼程序进行有关的事项及作出决定的根据，做到开庭笔录有记载、裁判文书有表述，方便当事人及其委托代理人及时了解与当事人诉讼权利、义务相关的审判和执行信息。

5. 探索合议庭异议和审委会意见公开

合议庭异议公开在审判实践中争议较大，国内已有个别法院对此进行了尝试，取得了不错的效果，[①] 这一做法值得进一步探索；及时告知当事人提交审委会讨论研究案件的相关情况，并在裁判文书上公开审委会参与作出裁判案件的委员、裁判结论和裁判理由。

6. 加大裁判文书公开力度

在继续促进更多乃至全部裁判文书上网的基础上，建立裁判文书自由查阅制度，改变当前裁判文书只针对当事人公开的现状，社会公众只要持有效证件即可到法院自由查阅相关已经发生法律效力的裁判文书。

（三）司法裁判结果被认同

“司法的生命在于公正，只有公正的裁判才能使司法权威恒久。只有通过权威的裁判才能赋予法律以生命和权威。”[②] 作为司法程序运作最终结果的裁判结果，往往是司法在审理程序终结时对案件实体权利义务归属作出的强制判定，在法治社会下，程序化运作下的司法裁判结果才能最大限度地保证实体公正实现，真正让当事人和社会公众从内心信服司法裁判，并自愿执

---

① 广州海事法院从2000年起开始将合议庭评议意见包括少数意见在裁判文书中公布，上海一中院在部分案件中也采取了该项措施。

② 季金华：《司法权威论》，山东人民出版社2004年版，第71页。

行裁判结果。裁判结果能否被认同，除司法主体、过程被认同外，还有赖于法官谨慎运用职权、裁判结果表达程序化和对生效裁判的坚定维护。

1. 法官适当的阐明和解释

一方面，根据公众法律知识普遍缺乏的现状，对于弱势一方当事人，法官在诉讼过程中有义务就某些事项依法进行一定的阐明，以平衡诉讼双方的诉讼地位，补充当事人主义的不足，并在诉讼终结后进行一定程度的解释；另一方面，法官应谨慎行使阐明权，阐明权的行使要严格依法进行，并且阐明权行使的情形应事先公开，避免当事另一方对法官中立地位产生合理的怀疑。

2. 裁判文书充分说理

法律的生命蕴于解释和适用之中，文书判理是判决文书的核心与灵魂，也是判决结果正当化、合理化、合法化的重要指标，是当事人评判自己是否得到公正审判的唯一书面凭证。如果判决理由不够充分，推理过程不够缜密，当事人难以确信自己败诉的理由和根据，就无法不对裁判的公正性产生怀疑。裁判文书说理的基本要求是充分、透彻，要说明事理、分析法理、兼顾情理，说理要有针对性、讲求逻辑关系，说理内容要充分、语言要规范。

3. 注重维护裁判的既判力

一方面要维护裁判的稳定性，严格审判监督程序的适用条件，“防止审判监督程序由例外程序蜕变成为一种惯常程序的倾向，防止终审不终、申请再审泛滥和再审程序扩大化的倾向”，[①] 并禁止当事人和法院就同一案件重复诉讼；另一方面要维护裁判的统一性。以最高人民法院为核心建立中国特色的案例指导制度，探索指导性案例的案件来源、确认主体、发布程序、法律效力等相关问题，并就法律适用中存在的普遍性问题及时制定规范性的意见，统一裁判标准。

4. 建立执行公开制度

除涉及国家秘密、商业秘密等法律禁止公开的信息外，实行执行全过程对当事人公开，同时健全执行案件查询、执行告知、执行情况通报会、执行听证、执行来信来访等配套制度；建立市场主体信用和涉案财产信息查询系统，与公安、检察院、政府有关部门、金融机构等加强协调配合，进一步完善执行联动机制，促使被执行人自动履行义务，形成强大的法律威慑机制。

① 王福华：《司法权威与法院判决的公信力》，载《政治与法律》2004 年第 5 期。

能动司法的理念与实践

——关于国际金融危机司法应对的若干思考

公丕祥*

一、问题的提出

伴随着人类法治建设的历史进程，司法能动主义作为一种颇具特质的司法理念正在产生愈益广泛的影响。2008 年以来发生的国际金融危机，为我们提供了一个重新审视人民法院司法使命和深入研究司法能动主义的时代契机。由美国次贷危机引发的金融风暴，最终演变成全球性金融危机，这给我国经济发展带来了前所未有的困难和考验，由此引发的大量矛盾纠纷通过诉讼渠道涌入人民法院。新形势新任务赋予了人民法院新的历史使命。为应对金融危机，人民法院一方面切实履行司法审判职责，有效解决进入司法领域的各类矛盾纠纷，维护社会公平正义，确保社会和谐稳定；另一方面，充分发挥审判职能作用，积极运用法律手段调节经济社会关系，促进经济社会又好又快发展。正是在这一过程中，人民法院能动司法的地位和作用更加凸显。在国际金融危机尚未见底，世界实体经济复苏尚需时日的背景下，探讨能动司法的理论与实践问题，对于人民法院更好地做好司法应对工作，切实担负起保增长、保民生、保稳定的重大司法使命，具有十分重要的意义。

目前，关于能动司法的内涵、方式、边界等问题，法学理论界和司法实务界尚未形成统一的认识。在经济社会发展进程中，司法应当担当什么样的角色，承载什么样的责任，这一命题不仅关系到人民法院工作科学发展的全局，也关系到法治中国的未来前景。本文从司法功能的定位入手，结合当前金融危机司法应对工作实际，探讨能动司法的若干理论和实践问题，以期引

* 江苏省高级人民法院院长。

起法学理论界和司法实务界对能动司法问题的更多关注，推动人民法院更好地依法服务改革发展稳定大局，切实担负起中国特色社会主义事业建设者和捍卫者的政治责任。

二、司法功能的定位：司法能动抑或司法克制

司法功能如何定位，究竟是坚持司法能动主义抑或司法克制主义，这一直是一个备受争议的问题。

（一）司法克制主义的基本立场

一般认为，被动性、中立性、程序法定性与正当性、权威性与终局性是司法权最基本的特征。司法克制主义严格遵循司法权上述基本特征，其基本观点是：法治就是规则之治，司法权与立法权有本质的分工，司法权从其性质、目标、行使方式来看都是一种有限的国家权力。“司法权存在的目的主要是为了根据法律解决政府与个人之间或者个人之间的纠纷”。① 司法克制主义要求法官不能像立法者那样为社会制定规则，不能主动提起诉讼，当事人之间的实质性权利冲突不能进入司法的诉讼程序。作为社会正义的最后一道防线，为防止司法权的恣意与专横，司法权必须以一种绝对被动的、中立的、严守法律规则的、终局性的面目出现在社会生活之中，法院在国家政治架构中应扮演相对消极的角色并关注形式正义的实现。

（二）司法能动主义的基本立场

司法能动主义发端于美国联邦最高人民法院，并在美国等西方国家的司法实践中日趋成熟。② 司法能动主义的基本观点是：“法官应当审判案件，而不是回避案件，并且要广泛地利用他们的权力，尤其是通过扩大平等和个人自由的手段去促进公平——即保护人的尊严。能动主义的法官有义务为各种社会不公提供司法救济，运用手中的权力，尤其是运用将抽象概括的宪法保障加以具体化的权力去这么做。”③ 对此，我国有学者将其进一步解读为：法院应超越固有定位，将越来越多的纠纷纳入管辖范围，通过法官的自由裁

---

① ［美］克里斯托弗·沃尔夫：《司法能动主义——自由的保障还是安全的威胁?》，中国政法大学出版社 2004 年版，第 205 页。

② 此外，即使在强调司法克制的大陆法系国家，法官在一定条件下也在进行政策性判断、创制权利甚至参与立法规范。参见季卫东：《宪政新论——全球化时代的法与社会变迁》，北京大学出版社 2002 年版，第 41 ~ 42 页。

③ 同注①，第 3 页。

量权和规则发现、参与决策、资源分配，成为积极介入和干预社会生活的力量；直至通过违宪或司法审查成为事实上的最高权威。[①] 司法能动主义的立场要求司法权应当相对主动和适度超前地介入社会生活，为各种社会不公提供司法救济，通过法官手中的权力，尤其是将概括的法律保障加以具体化的权力，去实现社会公平正义。

（三）司法克制主义与司法能动主义的主要分歧

司法克制主义和司法能动主义，是基于对司法功能定位的不同认识和理解而产生的。两者之间的分歧主要表现在以下四个方面：

1. 司法绝对被动论与司法适度主动论

作为司法权的本质属性之一，司法权的被动性，是指司法权自启动开始的整个运动过程中只能根据当事人的申请行为和申请内容进行裁判，而不能主动启动司法程序或擅自变更当事人的诉讼请求。[②] 在坚持司法权被动性的基础上，司法克制主义与司法能动主义对法院和法官的职权范围作出了不同的解读。司法克制主义倡导司法绝对被动论，主张应严谨、被动地执行法律的意志，在法律字面含义许可的范围内裁决纠纷，尽可能地不受个人的信仰、倾向和其他因素的影响；强调在民主国家中应对司法权进行限制，并试图通过各种方式对法官的自由裁量权进行限制。[③] 司法能动主义则倡导法院和法官在司法权行使过程中应具有相对主动性，法官不能就案办案、机械办案，要善于从司法活动中发现社会问题，提出切实可行的司法建议；要结合司法活动，加强法律宣传，弘扬法治精神，提升公民法律意识，普及现代法律知识；在案件审理中，要创造性地适用法律，通过法律解释、漏洞补充和法律拟制等方式弥补成文法的不足，使法律制度更具有弹性和可操作性。也就是说，“法官有责任通过司法能动在维护法律秩序与实现社会正义之间维持一种有益的平衡”。[④]

2. 司法绝对中立论与司法适度干预论

司法，是指国家专门机关依照法定职权及法定程序，根据案件事实，把

---

① 范愉：《诉前调解与法院的社会责任：从司法社会化到司法能动主义》，载《法律适用》2007 年第 11 期。

② 刘瑞华：《司法权的基本特征》，载《现代法学》2003 年第 3 期。

③ ［美］克里斯托弗·沃尔夫：《司法能动主义——自由的保障还是安全的威胁?》，中国政法大学出版社 2004 年版，第 2 页。

④ 张榕：《司法克制下的司法能动》，载《现代法学》2008 年第 3 期。

法律规范应用于案件并对案件作出权威裁判的活动。[①] 为确保司法公正，法官在司法过程中必须保持中立，不偏不倚，不带有个人偏见，居间定分止争，裁判案件。这一点，在法学理论界和司法实务界已形成共识。但是，对于司法的中立程度，司法克制主义和司法能动主义则有着不同的理解：司法克制主义往往尊崇当事人主义诉讼模式，主张法官是超然于诉讼各方之上的消极、中立的仲裁者，只能在诉讼各方提出的证据范围之内确定案件的是非曲直，没有义务也没有权利超越当事人提出的证据范围去调查案件，收集证据，法官的主要任务是对各方当事人的主张及证据进行评判和取舍，追求的是程序上的公正。[②] 司法能动主义则主张，法官应当积极行使管理、释明、调解等各项权力，[③] 对诉讼过程中的取证、质证等行为可以进行有限干预，可以行使释明权对一方当事人在证据和法律方面施以援手，[④] 要尽量发现"客观真实"，实现司法裁判的实质正义。

3. 司法绝对刚性论与司法适度柔性论

"法是指由国家专门机关创制的、以权利义务为调整机制并通过国家强制力保证的调整行为关系的规范，它是意志和规律的结合，是阶级统治和社会管理的手段，它是通过利益调整从而实现某种社会目标的工具。"[⑤] 基于对法律的规范性、确定性和强制性的认识，司法克制主义往往坚持严格规则主义，倡导司法绝对刚性论，主张法官在司法过程中，只应探求法律意思，寻求法律理由，只需依"概念而计算"，或者纯粹的逻辑推演，无需也不应当进行目的考量、利益衡量和价值判断，法官完全可以从一个"法律体系"推出所有法律规范，从而解决纠纷。[⑥] 也就是说，只要法官严格适用法律，即完成了使命，而且法官也应当对案件尽可能作出"非此即彼"的认定。司法能动主义则认为，由法律条文构建的逻辑世界永远不可能取代活生生的现实世界，法官机械地依照成文法的规定所作出的裁判，很可能出现判非所愿的结果。法官在解决纠纷的过程中，不能简单抄袭法律条文，要重视当事人利益的衡平，发挥非诉讼纠纷解决方式的作用，强调法律与情理的互动，

---

① 公丕祥：《法理学》，复旦大学出版社 2006 年版，第 393 页。

② 左卫民：《实体真实、价值观和诉讼——职权主义与当事人主义诉讼模式的法理分析》，载《学习与探索》1992 年第 1 期。

③ 范愉：《诉前调解与法院的社会责任：从司法社会化到司法能动主义》，载《法律适用》2007 年第 11 期。

④ 李浩：《司法改革中的实体公正与程序公正——以民事诉讼制度为视角的思考》，载《纪念改革开放 30 周年——"回顾与展望：人民法院司法改革论坛"研讨论文集》。

⑤ 张文显：《法理学》，法律出版社 2007 年版，第 102 页。

⑥ 王洪：《司法判决与法律推理》，时事出版社 2002 年版，第 71 页。

坚持原则性与灵活性的结合，追求法律效果与社会效果的统一。[①]

4. 司法绝对事后论与司法适度参与论

在传统法治观念中，司法手段仅仅是解决社会矛盾纠纷的一种事后补救方式，也就是说，只有纠纷已经发生且业已进入诉讼渠道后，司法权才有施展的空间。司法克制主义强调司法的事后性，即只有在纠纷产生后才有裁判的介入，主张在社会事务的参与方面，司法应担当起"社会正义最后一道防线"的重大职责。司法能动主义则主张，法治应当为政治服务，为经济社会发展服务，司法权应主动参与社会生活的管理。"法院应在坚持司法被动特征的前提下，强化司法保障意识，增强服务意识，拓展介入社会生活的广度和深度，合理行使司法干预权"。[②] 要把审判工作置于国家发展的大局之中，一方面，发挥法院定分止争的职能作用，使法院的审判工作成为防范社会风险、消弭社会纷争、促进社会和谐的助推器；另一方面，要延伸审判职能，并以审判外方式参与社会治理，介入社会生活的运行过程，促进社会组织强化内部治理，规范决策机制，并净化社会环境和秩序。

三、能动司法：当代中国司法功能的定位

近年来，我国法学理论界和司法实务界对司法能动主义的讨论方兴未艾。当代中国司法究竟应当走司法能动主义的路径，还是应当坚守司法克制主义的底线，这成为法学理论界和司法实务界无法回避的现实课题。我们认为，我国司法的本质属性以及当前我国基本司法国情条件，决定了当代中国司法必须坚持司法能动主义。其理论和实践根据主要在于：

1. 人民司法的政治性

在我国，人民法院是党领导下的国家审判机关。司法作为党治国理政的一种方式，归根到底是受党的根本任务所决定并为之服务的。司法权是一种至关重要的执政权，必须从党依法执政的高度来加以认识和把握。综观人民司法实践的历史与现实，司法的目的和任务都是为我们党不同历史时期所确立的根本任务和发展目标服务的。胡锦涛总书记指出："政法战线的全体同志，既是中国特色社会主义事业的建设者，又是中国特色社会主义事业的捍

---

① 黄祥彪：《科学发展观语境下的司法技术——柔性司法及其正当性》，载《泉州法学》，http://www.qzfxh.com，2007年8月15日发布，2009年5月15日访问。

② 崔鹏、王晓琼：《金融危机背景下商事审判新问题》，载《人民司法（应用）》2009年第7期。

卫者，责任重大，使命光荣。”[①] 人民法院必须克服纯粹业务观的错误倾向，防止将审判案件简单化地理解为单纯的法律技术的运用，而忽视从政治和社会的角度研究和处理问题。要具有宏观思维和战略眼光，把司法审判放在党和国家大局中加以考虑，把执行党的路线方针政策体现和实现于司法审判过程之中，把维护全局利益体现和实现于个案的公正审判之中，不断优化司法审判的政治效果和社会效果。

2. 人民司法的人民性

胡锦涛总书记强调：“维护人民权益，是党的根本宗旨的要求，也是做好政法工作的目的。政法工作搞得好不好，最终要看人民满意不满意。要坚持以人为本，坚持执法为民，坚持司法公正，把维护好人民权益作为政法工作的根本出发点和落脚点。”[②] 这一重要论述，深刻阐明了党的根本宗旨、科学发展观对政法工作的核心要求，回答了政法工作“相信谁、依靠谁、为了谁”的根本问题。我国司法被称之为“人民司法”，具有人民性的本质属性，这就决定了人民法院必须积极主动地维护好人民群众的合法权益，加强与人民群众的密切联系。人民法院要始终把维护人民群众的合法权益放在首位，审理每一件案件，都要最大限度地保障当事人的合法权益，最大限度地满足当事人的合法诉求。要深入推进司法民主建设，让人民群众了解司法的性质和特点，司法运作的机理和过程，真切地感知人民群众的生活经验、法律意识和道德观念，不断提升法院工作水平。要加强司法领域内的群众工作，善于用群众“听得懂、信得过”的方式处理问题，在与群众的感情沟通中，实现司法的功能和目标。要积极落实便民诉讼各项措施，切实改进审判工作作风，把依法办事与热情服务有机结合起来，让人民群众对人民法院工作满意。

3. 我国基本司法国情条件

新中国成立以来60年特别是改革开放以来30年的发展，当代中国司法领域发生了历史性的深刻变化。但是，我们也应当看到，司法领域仍然带有社会主义初级阶段的明显特征：一是实行司法法治化的社会历史基础还比较薄弱；二是城乡之间、区域之间的司法发展还很不平衡；三是法律规范的原则性与现实生活的多样性之间的矛盾还比较突出；四是司法公信力偏低的状

---

① 《胡锦涛在同全国政法工作会议代表和全国大法官大检察官座谈时强调立足中国特色社会主义事业发展全局扎扎实实开创我国政法工作新局面》，载《人民日报》2007年12月26日，第1版。

② 同上。

况还没有根本改变；等等。我国司法领域的基本矛盾依然表现为人民群众日益增长的司法需求与人民法院司法能力相对不足之间的矛盾。这一基本的司法国情和司法领域的基本矛盾，在相当长的历史时期内都不会发生根本性的改变。“在中国的特殊的法治语境下，片面强调案件在法律上的处理结果，机械套用法律条文，使法律完全脱离了社会和民众的期待，这必然导致裁判结果虽然在法律上说得过去，但老百姓却不理解、不认同、不接受。”① 我国法律不允许法院和法官创造法律规则，法官只能在法律适用的过程中解释和适用规则。但在特定的情况下，严格的形式合理性很容易导致实质合理性的丧失。能动司法强调法官要重视利益关系衡平，追求法律与情理互动，以及法官释法、漏洞补充、法律拟制等手段，解决了这一司法悖论。此外，司法机关应当平等对待各方当事人，保持客观中立。但在我国司法实践中，由于文化层次、认知能力和获得法律服务情况等方面的差异，普遍地存在着当事人诉讼能力不相称的情形，法官一味严守中立，可能会使处于优势地位的一方利用熟悉程序规则来击败从实体法上看原本是应当胜诉的当事人。② 能动司法所主张的法官对诉讼过程的能动干预，恰恰正确处理了司法活动中实体公正与程序公正的关系。

4. 我国司法发展的阶段性特征

进入新世纪新阶段，我国发展的阶段性特征在政治、经济、文化、社会等各个领域日益鲜明地表现出来。与我国发展的阶段性特征相适应，人民司法事业发展也呈现出一系列阶段性特征。一方面，人民司法事业得到了前所未有的大发展，审判工作、队伍建设、法院改革、基层基础建设等各项工作成效显著；另一方面，困扰人民法院的司法难题尚未从根本上得到解决，一些司法难题还呈现不断加剧的趋势。一是案多人少的矛盾日益突出并正在成为常态，人民法院审判工作压力空前加大；二是少数案件裁判不公、效率不高的现象仍然存在，人民群众对司法公正与效率的期盼更加热切；三是涉诉信访矛盾仍较突出，有效解决纠纷、维护社会和谐稳定的任务十分艰巨；四是执行难问题尚未从根本上缓解，人民群众的反映依然比较强烈；五是队伍的整体素质有待提高，与严格公正文明司法的要求相比还存在一定的差距；六是司法保障机制还不健全，司法保障乏力的状况还没有根本改变；七是司法环境还不尽理想，真正树立司法权威还要走一个比较漫长的道路，等等。

---

① 田成有：《乡土社会的民间法》，法律出版社 2005 年版，第 4 页。

② 李浩：《司法改革中的实体公正与程序公正——以民事诉讼制度为视角的思考》，载《纪念改革开放 30 周年——“回顾与展望：人民法院司法改革论坛”研讨论文集》。

有效解决这些司法难题，人民法院必须坚持能动司法，充分发挥审判职能作用，以自身实实在在的工作业绩，凸显人民法院工作在党和国家工作大局的重要地位和作用，使党委、人大、政府、政协和社会各界对人民法院工作更加重视、关心和支持，从而积极帮助解决司法难题。与此同时，人民法院通过主动介入社会治理，实现审判工作与社会治理的良性互动，也有利于从源头上化解或缓解诸如案多人少、涉诉信访、执行难等司法难题。

当然，我们也必须看到，司法不是万能的，而是有限的。能动司法，必须遵循司法工作客观规律，必须保持司法权最基本的特征，否则司法将不再成为司法。在美国，自司法能动主义诞生之时起，对它的批评之声就从来没有停止过。随着司法权限的不断扩大，其正当性和限度问题遭到质疑，向传统的消极司法回归的呼声和行动也已经出现。① 究其根本原因，在于能动司法对传统观念的颠覆引起人们对司法权扩张的种种担忧。就我国司法国情而言，基于司法人员现实的司法能力和司法机关的司法环境，能动司法必须把握一定的限度。第一，必须严格依法司法。人民法院的一切司法活动都必须严格遵守法律规定，不仅要严格遵守实体法，也要严格遵守程序法。即便是行使自由裁量权，也应当在依法司法的前提下进行。裁量的内容必须符合立法宗旨和法律精神，严格限定在法律规定的幅度内；裁量的方式必须遵循法律规定的法律方法，符合法律解释和法律推理的形式要求；裁量的过程必须贯穿正确的价值判断，体现社会的主流价值取向。第二，必须坚持司法公正。为经济社会发展服务，这是人民法院坚持能动司法的目的所在。但是，人民法院决不能以牺牲个案的公正来满足少数人的不法利益。不遵守法律，不讲原则，没有标准，没有司法公正，稳定不会长久，和谐不会长久，发展也不会长久。第三，必须维护司法权威。人民法院作为国家司法审判机关，必须切实履行宪法和法律赋予的审判职责。宪法和法律是党领导人民制定的，体现了党的意志、国家的意志、人民的意志。党的权威、国家的权威、人民的权威与司法权威是内在统一的；损害司法权威，就是损害党的权威，损害国家的权威，损害人民的权威。在能动司法的过程中，对于审判具体案件等依法应当由人民法院负责的事项，要敢于担起责任，敢于坚持原则，同时要加强沟通协调，积极争取支持，切实维护司法权威。

---

① 范愉：《诉前调解与法院的社会责任：从司法社会化到司法能动主义》，载《法律适用》2007 年第 11 期。

四、能动司法的时代要求

2008 年下半年爆发的国际金融危机，对我国经济发展产生了巨大影响。因金融危机引发的矛盾纠纷在司法审判领域明显地反映出来。以江苏法院为例，去年，全省法院共受理各类案件 882352 件，同比增长 25. 90%。其中，民事案件增幅尤为明显，共受理各类民事案件 567379 件，同比增长 31. 50%。2009 年第一季度，全省法院共受理各类案件 311872 件，同比增长 15. 31%。其中，受理各类民事案件 199003 件，同比增长 15. 26%。宏观经济环境变化在司法审判工作中的反映，主要表现在以下几个方面：一是借款合同纠纷案件大量增加，涉及金额巨大。由于企业效益下滑、银行管理漏洞所掩盖的不良贷款开始暴露、不良金融债权受让人追索债权力度加大、中小企业融资渠道不畅等因素的影响，借款合同纠纷案件明显增多，标的额增幅激剧上升。2008 年，全省法院新收一审借款合同纠纷案件 87868 件，已结案件标的额 224. 49 亿元，同比分别增长 46. 61% 和 76. 83%。2009 年第一季度，新收一审借款合同纠纷案件 24861 件，已结案件标的额 54. 02 亿元，同比分别增长 23. 29% 和 103. 24%。在借款合同纠纷案件中，民间借贷纠纷迅速增多。2008 年，全省法院新收一审民间借贷纠纷案件 51314 件，同比增长 43. 54%，占新收一审借款合同纠纷案件总数的 58. 40%。2009 年第一季度，新收一审民间借贷纠纷案件同比增长 40. 49%，占新收一审借款合同纠纷案件总数的 72. 79%。二是买卖合同纠纷案件快速增长，主动违约情况比例增大。2008 年，全省法院新收一审买卖合同纠纷案件 72237 件，已结案件标的额 114. 52 亿元，同比分别增长 32. 80% 和 43. 49%。2009 年第一季度，新收一审买卖合同纠纷案件 20975 件，已结案件标的额 23. 94 亿元，同比分别增长 18. 10% 和 57. 40%。受信贷政策调整、原材料价格波动和市场供求关系变化等因素的影响，一些签订合同时有利可图的交易到履行时已无利可图甚至必然亏损，部分企业往往选择主动违约，引发买卖合同纠纷频发。三是破产案件涉及的债权数额和企业职工人数大幅增加，民营企业破产比例明显加大。2008 年，全省法院新收破产案件所申报的金融债权共计 134. 27 亿元，是 2007 年的 5. 3 倍；审结的破产案件共涉及企业职工 23. 5 万人，是 2007 年的 2. 51 倍。2009 年第一季度，新收破产案件所申报的金融债权共计 5. 53 亿元，是 2007 年同期的 2. 37 倍。民营企业占破产企业的比例迅速增加，超过国有、集体企业破产的比例。四是房地产纠纷案件增长迅速，引发关联行业的连锁纠纷明显增多。受房地产市场持续低迷的影响，2008 年，全省法院新收一审房地产纠纷案件 7116 件，同比增长 54. 03%。

由于无法及时回笼开发资金，房地产商不能按期清偿银行债务和支付工程款，造成建筑商亦无法向建筑材料供应商及时支付货款、无法向建筑工人支付工资报酬。随之带来的借款合同纠纷、建筑工程施工合同纠纷、买卖合同纠纷、追索劳动报酬纠纷接连发生，因房地产纠纷引发的“多米诺骨牌效应”日益显现。五是企业主弃企逃债现象时有发生，给法院处理相关纠纷造成困难。自2008年上半年以来，全省各地均出现了企业因经营不善，企业主弃企逃债的事件。这在外向依存度较高、中小企业相对集中的苏南地区更为突出。仅苏州一地，2008年全市两级法院共受理因企业投资者逃逸所引发的民事纠纷案件达1590件，同比上升123%。这些投资企业的业务配套企业众多，企业主逃逸直接导致配套企业特别是小型企业资金困难，引发连锁反应。六是以劳动争议为代表的涉及民生案件快速增长，利益关系难以协调衡平。受《劳动合同法》、《劳动争议仲裁调解法》、《诉讼费用交纳办法》的颁布实施等因素的影响，从2008年上半年起，全省法院劳动争议案件开始大幅增长。进入下半年之后，随着宏观经济环境的变化，企业生产经营困难，劳动争议案件更是呈现大幅增长的势头。2008年，全省法院新收一审劳动争议案件29862件，同比增长139.28%。劳资双方利益严重对立，劳动者维权方式激烈，协调难度加大。由于劳动关系在生产关系中处于基础地位，相关就业、养老、医疗、保险等民生利益纠纷案件也随之大量增加。七是引发群体性纠纷的因素不断增加，给社会稳定带来新的威胁。从案件受理情况来看，受金融危机冲击影响最深的，大多集中在化工、纺织、建筑、建材、食品、服装、电子、商贸等领域的劳动密集型企业、出口型企业，一旦引发诉讼，极易产生群体性纠纷。特别是一些企业主采取弃企逃债等方式逃避企业债务，造成社会恐慌；债权人集中提起诉讼，造成企业停产歇业甚至破产，直接影响职工生活。另外，在当前企业资金链趋紧的情况下，民间借贷缺乏规范，非法集资现象有所抬头。由于民间借贷特别是非法集资涉及人员众多，一旦所借款项不能收回，往往会引起群体性事件。八是违法犯罪现象增多，社会治安形势面临新的考验。随着经济纠纷的日益增多，各种利益冲突日渐加剧，对社会治安形势产生了深刻影响。一方面，在经济困难增多的形势下，由经济纠纷所引发的暴力讨债、绑架、哄抢等民转刑案件更加突出，流动人口犯罪、多发性侵财犯罪和非法集资、传销、地下六合彩等涉众型经济犯罪更加突出。另一方面，受金融危机的影响，一些企业生产经营困难，甚至关闭破产，下岗失业人员明显增多，许多农民工仍然滞留在城市，给城市的社会治安管理带来很大压力。此外，农村富余劳动力失去了务工机会，也给农民增收甚至农村稳定带来复杂问题。

在国际金融危机的背景下，人民法院必须更加自觉主动地坚持能动司法，切实担负起保增长、保民生、保稳定的重大司法使命。在这一过程中，应当着力把握好以下几点要求：

1. 坚持服务大局

越是在困难的时候越是要讲大局。人民法院决不能面对国家经济发展的严峻形势无动于衷、熟视无睹，更不能把人民法院工作置身于经济社会发展大局之外。相反，必须以积极有为的审判执行工作最大程度地降低金融危机对经济社会发展的影响。要加强对金融危机司法应对的前瞻性研究，密切关注金融危机的发展走向，及时制定相关司法对策。同时，对司法审判工作中发现的苗头性、倾向性问题，要认真归纳总结并及时向党委、政府及有关职能部门提出针对性的司法建议，促进各项防范措施的完善和落实。要建立人民法院联系企业制度，深入相关企业走访、调研，帮助排查经营风险，有针对性地开展法制宣传和法律培训，促进企业规范经营，减少纠纷。依法妥善审理涉及“三保”的案件，是人民法院切实履行“三保”的重大司法使命的关键所在。当前，应当着力抓好以下几类案件的审判工作：一是依法审理好金融纠纷案件，对于部分企业以“假破产、真逃债”等方式逃废银行债务的，应当严格审查确定借贷双方的责任，防范各类逃废银行债务的行为；二是依法审理好企业主弃企逃债案件，及时有效地做好人员控制、财产保全、证据调查、稳定职工和债权人等工作，依法追究投资者的责任；三是依法审理好企业破产案件，充分运用破产重整、和解等法律制度，积极做好职工安置工作，努力挽救有发展前景的负债企业，减轻企业破产清算造成的社会震荡；四是依法审理好房地产纠纷案件，强化当事人的诚信守约意识，防止当事人利用房地产市场波动恶意违约谋取不正当利益；五是依法审理好合同纠纷案件，从严把握合同解除、撤销、变更的条件，不轻易认定合同无效，积极促进合同履行；正确处理因市场价格剧烈波动引发的合同纠纷，依法合理确定违约责任，平衡各方利益；六是依法审理好投资纠纷案件，在依法保护中小投资者合法权益的同时，注重维护企业的整体利益和长远发展；七是依法审理好知识产权纠纷和不正当竞争纠纷案件，加强对生物、医药、信息等领域核心专利以及注册商标、驰名商标的司法保护，依法规制不正当竞争行为，引导建立公平有序的市场竞争秩序；八是依法审理好涉外经济纠纷案件，平等保护各方当事人的合法权益，加大对守约方合法权益的保护力度，促进开放型经济发展。

2. 坚持为民司法

受宏观经济环境变化的影响，涉及人民群众切身利益的纠纷日渐增多。

人民法院保民生的任务十分艰巨。要正确处理好发挥司法功能与保障和改善民生的关系，处理好延伸司法功能与保障和改善民生的关系，将保障和改善民生贯穿于司法审判工作的全过程和各个方面。要妥善审理好劳动争议案件，努力寻求保护劳动者合法权益与维护企业发展稳定的最佳平衡点和结合点，尽可能地维持企业的造血功能，“蓄水养鱼”，避免“竭泽而渔”；妥善审理好涉农案件，加强对土地承包经营权的司法保护，加大对农民工返乡创业、就地就业的司法保障和支持力度；妥善审理好民间借贷纠纷案件，注意全面、准确、及时地了解和掌握国家相关金融政策，尽最大可能维护受害群众的合法权益，充分发挥司法审判对民间借贷行为的规范和引导作用；依法加大对黑恶势力犯罪、严重暴力犯罪、多发性侵财犯罪、涉众型经济犯罪的惩治力度，坚决遏制刑事犯罪高发势头，切实增强人民群众的安全感。要建立健全涉及民生案件的审判工作机制，进一步完善司法便民措施，对涉及民生案件开辟“绿色通道”，及时保全、优先立案、优先调解、优先审理、优先执行；进一步加强诉讼指导，注重灵活运用证据规则，加大依职权调查收集证据的力度，使群众不因缺乏法律知识而败诉，让诉讼请求合法合理的群众打得赢官司；进一步加强司法救助工作，特别是要做好涉诉老人、妇女、儿童、残疾人等特殊群体以及下岗职工群体的司法救助工作，确保经济确有困难的群众打得起官司；进一步加强司法民主建设，建立健全民意沟通表达和吸纳机制，充分保障群众的知情权、参与权、表达权和监督权。

3. 坚持和谐司法

没有发展就没有和谐稳定，没有和谐稳定也难以实现发展。在经济发展遇到困难的时候，要更加注重案结事了，力求从源头上化解矛盾纠纷，坚决杜绝就案办案、一判了之的简单做法。要妥善处理因金融危机引发的案件，既要依法办案，也要充分考虑案件的特殊性，尽可能找到有利于当事人共赢的处理办法。要始终坚持“两个效果”相统一，在适用法律解决具体案件时，应充分考虑裁判结果的社会影响，尽可能地兼顾情理，使裁判结果符合社会的公正预期，增强裁判结果的正当性和公信力。要坚持调解优先的原则，对劳资、债务、合同等纠纷案件，要更加注重考虑各方当事人的利益，考虑企业的发展稳定，积极引导当事人在自愿互让的基础上，达成调解协议，减少当事人之间的对抗。同时，要按照“调判结合”的要求和依法自愿的原则，对不宜调解、调解不成的及时作出裁判。要健全完善多元纠纷解决机制，通过人民调解、行政调解、行业调解等多种途径，尽可能地把各类矛盾纠纷解决在初始阶段，处理在诉讼之前，引导当事人以和谐的方式解决纠纷，修复并创建当事人之间长远的和谐关系。要坚持解决问题与疏导教育相结合，综合运用法律释明、判后答疑、息诉教育、司法救助等方式，依法妥善处理各类涉诉信访案件，努力促进息诉罢访。要积极参与社会治安综合治理，对一些苗头性、倾向性问题，及时排查原因，制定处理预案，防止矛盾激化成诉甚至转化为刑事案件。

4. 坚持弹性司法

当前，金融危机引发的利益冲突日趋激烈，相关利益主体复杂多元。有些案件还不只是单纯的法律适用问题，更牵涉到危机处置、资产管理以及破产重组等一系列社会问题。在这种情况下，以能动司法理念为指导，结合案件具体情况，充分运用弹性司法手段最大限度地化解矛盾纠纷，避免刚性裁判带来的负面影响，显得尤为重要。在案件审理过程中，要考虑金融危机对经济活动的深刻影响以及纠纷形成的特殊背景，正确解读政策精神和法律原则，慎重把握审判尺度。要坚持利益衡平原则，综合考量各方利益关系，针对不同情况、不同对象采取不同的针对性的措施，在依法拯救陷入困境企业的同时必须维护相关债权人的合法利益，在维护企业发展稳定的同时必须保障劳动者合法权益，在维护企业经营秩序的同时必须兼顾中小投资者利益。要审慎适用情势变更原则，严格区分变更的情势与正常的商业风险之间的区别，维护诚信的市场交易秩序。要正确适用财产保全和强制执行措施，对无挽救可能的债务企业，要加大财产保全和强制执行力度，避免因不合理限制财产保全和强制执行措施的使用而损害债权人的合法权益；对有发展前景的负债企业，要慎用财产保全和强制执行措施，确需适用的，要采取灵活措施，尽量避免影响企业的正常经营活动。要坚持依法办事与执行政策相结合，既要在法律规定的框架内，充分发挥司法审判工作调整和衡平市场经济主体利益的职能作用，又要在坚持正确适用法律的前提下，根据国家宏观政策的调整，将国家宏观政策的精神和要求切实贯彻到司法审判工作之中。需要强调的是，坚持弹性司法必须把牢法律的底线，严把弹性的尺度，杜绝违法违规操作，不能以个案特殊需要为由破坏法律的严肃性、统一性。

五、江苏法院的能动司法实践

面对困难的经济形势，江苏各级法院认真贯彻落实中央和省委、省政府关于保增长、促发展的重要决策部署，不断强化能动司法意识，积极采取司法应对措施，为全省经济平稳较快发展提供有力司法保障。

1. 深入调查研究，加强司法建议

针对宏观经济环境变化在司法审判工作中的反映，早在 2008 年 8 月，省法院就专门组织力量，对宏观经济环境变化引发的各类纠纷开展了专项调研，向省委、省政府报送了《关于当前宏观经济形势变化引发的民商事案件的调查报告》。省委、省政府主要领导和分管领导分别作出重要批示，高度评价省法院审判工作服务经济发展和社会稳定发挥的作用。全省各中级法院和基层法院也结合本地实际，深入开展调查研究，积极提出司法建议，得到当地党委、政府的高度重视和充分肯定。扎实开展人民法院联系企业活动，组织广大法官深入企业调查研究，倾听企业呼声，了解企业需求，加强和改进法院工作。有针对性地开展企业亟需的、与企业生产经营活动密切相关的合同法、物权法、劳动合同法、公司法、产品质量法等法律的培训工作，进一步增强企业投资者、经营管理人员和职工的法律意识。积极帮助企业开展经营风险排查工作，掌握可能影响企业发展稳定的各种问题和隐患，及时提出对策建议，促进企业完善规章制度，堵塞管理漏洞。目前，全省各级法院共联系企业1277家。

2. 加强组织领导，建立工作机制

全省各级法院普遍设立宏观经济形势变化司法应对工作领导小组，“一把手”任组长，相关职能部门为成员单位，研究制定司法应对措施，加强对司法应对措施落实情况的督促检查。在司法应对过程中，全省各级法院建立了五项工作机制，确保司法应对工作实效。一是建立统计分析机制，及时梳理汇总辖区相关案件情况，分析研究司法应对措施；二是建立大要案报告机制，对涉及重点企业、可能影响社会稳定、可能引起连锁诉讼的案件，及时向当地党委、政府和上级法院报告，确保得到妥善解决；三是建立预警防范机制，针对弃企逃债、群体性纠纷、赴省进京涉诉上访等案件，制定应急处置预案，确保一旦发生情况，能够及时果断地予以处置；四是建立审判监督指导机制，加强对新类型案件、疑难复杂案件、敏感性案件、系列诉讼案件的审判监督指导，必要时在上级法院的统一指导下集中协调、集中判决；五是建立案件审理统筹协调机制，对于债务企业及其关联企业因资金链断裂、投资者出走等引发的集中诉讼案件，由省法院依据现行法律关于集中管辖和指定管辖的规定，指定被诉企业所在地中级法院或基层法院统一管辖。

3. 把握司法需求，健全规范体系

自2008年9月份起，省法院相继出台了《关于积极应对当前宏观经济环境变化为促进我省经济社会又好又快发展提供司法保障的意见》、《关于切实加强涉及民生案件审判工作的意见》等规范性文件，指导全省法院依法审理因经济环境变化引发的各类案件。2009年1月，省法院在充分调研的基础上，出台了《关于保增长、保民生、保稳定的司法应对措施》，系统提出了应对经济环境变化的二十条司法措施；随后又出台了一系列配套性文件，诸如，《关于妥善审理破产案件维护经济社会稳定若干问题的讨论纪要》，《关于在当前宏观经济形势下充分发挥立案审判职能作用的指导意见》，《关于在当前宏观经济形势下依法妥善处理涉及企业的财产保全问题的指导意见》，《关于在当前宏观经济形势下妥善审理劳动争议案件的指导意见》，《关于在当前宏观经济形势下进一步规范信用证纠纷案件审理的指导意见》，《关于在当前宏观经济形势下进一步做好知识产权审判工作促进自主创新的指导意见》，《关于在当前宏观经济形势下开展人民法院联系企业活动的实施方案》，《关于建立宏观经济形势变化引发案件情况定期分析、通报和报送制度的通知》，《关于进一步做好因资金链断裂、投资者出走等经营异常行为引发批量诉讼的立案受理、管辖及诉讼保全的通知》，《关于在当前宏观经济形势下切实做好涉及企业、民生案件执行工作的指导意见》，《关于审理城镇房屋租赁合同纠纷案件若干问题的意见》，《关于建立江苏法院知识产权审判信息通报制度的意见》，《关于建立江苏法院知识产权审判工作蓝皮书发布制度的意见》，等等，从而形成了比较完备的司法应对工作规范体系。制定出台这些文件，我们遵循的基本思路有四个方面：一是强化司法应对措施的整体性。这些文件围绕服务企业发展稳定这一工作重心，从立案审查、案件审理、审判管理、执行工作、审判职能延伸等多个角度，全方位形成协调配合的应对方案，充分发挥应对措施的整体功能。二是强化司法应对措施的针对性。各项司法应对措施直接针对当前形势下企业最迫切的司法需求，在破产重整、财产保全、临时禁令、信用证审查、企业用工等具体司法领域中统一和调整裁判尺度。三是强化司法应对措施的可操作性。各项司法应对措施都着眼于将实体法的原则性规定转化为具体操作方式，将程序法的整体性要求细分为各具体审判业务部门的明确职责。四是强化司法应对措施的灵活性。在坚持依法审判的原则下，强调根据现实情况灵活采取最为有效的司法措施。全省各中级法院和基层法院也结合自身实际，制定出台了一系列服务经济发展、保障民生利益的具体司法应对措施，取得了较好的效果。

4. 依法审理案件，确保良好效果

在金融危机司法应对过程中，全省法院始终把依法妥善审理好相关案件，作为司法应对工作的重中之重切实抓好。坚持公正司法，依法平等保护各类市场主体的合法权益，避免出现对一方利益不当或过度保护而对另一方制裁过于严厉的裁判结果。坚持“两个效果”统一，在依法办事的前提下，综合考量各种因素，妥善把握裁判尺度，合理衡平利益关系。坚持调解优先原则，加大调解、协调、和解的力度，促进当事人互谅互让，最大限度地以和谐的司法方式解决纠纷。适当放宽重点行业、重点企业、中小企业特别是困难企业的还款期限，对约定企业承担过高违约金和银行利息的，根据情况予以调整，尽可能满足企业正常生产流动资金的需要。积极运用破产重整等法律机制，通过帮助制订还债计划、设置担保等灵活多样的方法，促成债权人给予债务企业合理的宽限期，帮助其渡过暂时的财务危机。坚持既保护债权人合法权益，又保证债务企业正常经营的原则，采取灵活多样的财产保全和强制执行措施，尽可能地帮助有挽救希望的涉诉企业渡过难关。

结 语

在国际金融危机面前，人民法院一定要强化能动司法意识，胸怀大局，立足审判，齐心协力，力克时艰，充分发挥审判职能作用，认真履行依法服务“三保”的重大司法使命。但是，危机应对，总是应时之需；服务发展，才是长久之计。我们要认真总结金融危机司法应对工作经验，进一步深化对能动司法理论和实践的认识和探索，确保人民法院始终为大局服务、为人民司法，在建设中国特色社会主义的伟大时代征程中，切实担负起建设者和捍卫者的政治责任，不断谱写人民司法事业发展的新篇章。

直面危机挑战　倾力服务保障

——上海法院应对金融危机的思考和实践

应　勇*

2008年以来，国际金融市场急剧动荡，金融危机蔓延全球，世界经济整体下滑。席卷世界全球的金融危机，中国不可能独善其身；应对金融危机是全党全社会共同的责任，人民法院不可能置身事外。面对金融危机对我国特别是上海经济的巨大冲击，人民法院如何应对金融危机，通过司法手段保障我国经济平稳较快增长，在危机中如何见机、寻机和转机是现实而重大的问题。为此，上海市高级人民法院认真学习落实最高人民法院陆续出台的《关于为维护国家金融安全和经济全面协调可持续发展提供司法保障和法律服务的若干意见》等有关应对金融危机的各项指导性意见，要求全市法院增强大局意识、忧患意识、责任意识，把“保”字确定为今年工作的主题词，保经济增长、保民生改善、保社会稳定、保世博筹办，直面危机挑战，聚焦大局稳定，倾力服务保障。

一、保持坚定清醒，认识危中有机

金融危机对上海的经济发展带来异常困难，对上海法院的工作带来严峻挑战。但历史的经验告诉我们：每一次经济危机之后，一般都会或催生新的科技革命、产业革命，或诞生新的生产、生活方式，或产生新的金融、贸易秩序。因此，清醒认识金融危机产生的巨大困难和挑战，以及蕴涵的巨大发展机遇，是上海法院倾力为大局提供司法保障的思想基础和工作基础。

1. 把握危机特点，直面“三个异常”

经济发展遭遇异常困难。金融危机虽然发端于美国金融产品这一经济领

---

* 上海市高级人民法院院长。

域，但对我国特别是对上海而言，其影响面更大的是工业、服务业以及外贸进出口等实体经济领域，上海经济社会发展遭遇到了前所未有的严重困难和严峻挑战。2008 年上海国内生产总值比上年增长 9.7%，这是继连续 16 年两位数增长后首次跌破 10%，劳动密集型企业、中小企业、出口型企业的生产经营遭遇严重困难，去年的 10 月到今年 2 月，GDP 工业总产值、进出口贸易和财政总收入同时出现降低。

诉讼案件出现异常波动。诉讼案件是反映经济社会发展变化的重要“晴雨表”之一。金融危机以来，上海法院受理的案件中，劳动争议案件大幅上扬。2008 年全市法院受理的一审案件中，劳动争议案件同比上升 51.5%；劳务合同案件上升 36.2%，反映出在金融危机的背景下，由于经济发展速度放缓或停滞，劳资矛盾进一步凸显；因进出口企业无法及时向银行支付信用证项下款项，2008 年信用证纠纷大幅攀升 3.5 倍，一定程度上反映出金融危机下，由于资金流动性不足所导致的企业资金链断裂现象日趋明显。

法院审执承受异常压力。受金融危机的影响，涉及经济发展、百姓民生、社会稳定的矛盾和纠纷以诉讼的形式大量进入法院。2008 年上海法院共受理各类案件 38.2 万余件，审判庭法官人均办案 167 件，平均每 1.5 天要办结 1 件案件。2009 年上海法院收案总数再创新高，首次突破 40 万件。在案件数量大幅增加的同时，案件类型也日益多样化与复杂化，新情况与新问题不断涌现，上海法院既承受着案多人少的矛盾，又面对着保增长与保稳定的双重要求；既要严格依法办事保障权利，又要考虑大背景平衡利益；既要高效率保证收结案良性循环，又要高质量保证良好的社会效果。因而审执工作面临的挑战和压力异常巨大。

2. 正确认清形势，着力提振信心

金融危机某种意义上也是一种信心危机，只有在困难中看到希望，在危机中看到机遇，才能更好地提振法院和法官自身的信心，积极主动服务大局，也才能更好地帮助企业提振信心，认识危中有机。法院虽不是经济活动的直接参与者，却是中国特色社会主义事业的建设者、捍卫者，在这个特殊的时期，更要以非比寻常的信心、决心，以强烈的忧患意识和高度的政治责任感、使命感，把思想和行动统一到中央对经济形势的分析判断上来、统一到中央的决策部署上来，立足司法职能和功能，善于提振社会信心，帮助认识危中有机。

为此，上海法院深入组织学习中央有关应对经济危机的重大举措和最高人民法院有关应对金融危机的各项指导性文件，深入研究国务院有关长江三角洲地区一体化发展战略，以及《关于推进上海加快发展现代服务业和先进制造业建设国际金融中心和国际航运中心的意见》，广泛走访企业特别是中小企业、金融企业、涉外企业调研听取需求，专门邀请上海市政府韩正市长作经济形势专题报告，专程赴世博协调事务局、上海证券交易所、期货交易所、产权交易所等地调研。经过深入学习和调研，上海市高级人民法院党组认为，金融危机在带来经济发展困难的同时，也为经济结构调整、发展方式转型带来机遇，并为当事人之间法律关系的转型重塑以及金融政策的稳健调整带来三种向好趋势：即虽然金融危机造成许多企业经营困难，劳动者减薪下岗，但如果劳资双方能够互相理解、共渡时艰，就可能催生出新的合作型的劳资关系；虽然危机造成房地产企业资金链紧张，市场竞争淘汰加剧，但可能通过优胜劣汰的整合与房地产争议的有效处理，营造出更加诚信规范的市场环境；虽然危机对公众就金融衍生产品的交易信心带来冲击，但同时也是一次重新调整金融政策，重新定位金融创新与金融规制的重要契机。如2009年3月份以来在中央采取有力措施以后，上海上半年多项经济指标总体呈企稳向好势头，经济总量、工业和财政收入、进出口贸易都实现了正增长，今年有望达到和去年大致的水平。尤其可喜的是，今年以来上海以现代服务业为主体的第三产业占GDP的比重从多年的50%左右提升到了58%，经济发展转型收到了良好的效益，这是金融危机给上海发展带来的契机。上海法院应当利用好、引导好、保护好这三种向好趋势。根据中央和上海市委确定的保增长、保民生、保稳定、保世博的大局工作要求，结合法院司法职能和功能的定位，上海市高级人民法院党组确定从四个方面着力，帮助广大企业和人民群众提振信心：一是要通过切实抓好最高人民法院和上海市高级人民法院制定的应对金融危机相关意见的落实，依法规范经济秩序，促进经济全面协调可持续发展，提振社会对经济平稳较快发展的信心；二是要通过切实满足人民群众的司法需求，维护人民群众的根本利益，认真审理执行好劳动争议等涉民生案件，提升社会对民生持续得到改善的信心；三是要通过切实增强高度的政治敏锐性和责任感，保障国家安全和人民群众的生命财产安全，提升社会对国家安全和社会和谐稳定的信心；四是要通过切实服务保障“平安世博”的司法实践，提升社会对世博筹办有序推进的信心。

二、坚持能动司法，帮助危中寻机

应对金融危机，实现经济企稳向好回升，高度重视经济运行中涉及司法领域的突出矛盾和问题，增强对新情况和新问题的敏锐性，牢牢把握应对危机和服务大局的工作主动权，着力发挥司法的能动作用，通过制度完

善，机制创新，举措落地，积极帮助当事人危中寻机，人民法院义不容辞。

1. 积极探索司法政策保障机制，为危中寻机提供制度支持

受国际金融危机影响，上海部分企业因减产、停产、破产，而引发借款、加工、进出口代理、劳资纠纷，以及财产保全案件快速增长。针对这一变化，上海市高级人民法院党组高度关注，在充分调研、广泛论证的基础上，于2008年11月及时制定公布了《关于上海法院积极应对金融危机服务经济发展的若干意见》，要求全市各级法院要积极、慎重处理好因金融危机影响而产生的各类纠纷，通过立案、审理、执行全方位的保障措施，支持企业健康发展，确保经济增长。这一举措得到了中央政治局委员、上海市委书记俞正声，市委副书记、市长韩正等有关领导的充分肯定。最高人民法院党组副书记、常务副院长沈德咏也批示：上海高院立足党和国家工作大局和上海经济社会发展全局，及时就应对金融危机服务经济发展，提出司法工作意见，很及时、也很有必要。针对受金融危机影响，劳动争议案件数量大幅上升，上海市高级人民法院制定了《关于适用〈劳动合同法〉若干问题的意见》，对劳动争议案件审理中的22个问题提出了参照意见。中央政治局委员、上海市委书记俞正声对法院不等不靠、积极主动提出对策的精神专门批示予以充分肯定。在立足应对当前危机的同时，为更好地服务上海“四个率先”和保障“四个中心”建设，从根本上预防和应对危机，保障发展，上海市高级人民法院党组在充分研究的基础上，于2009年2月推出了《上海法院为加快推进“四个率先”、建设“四个中心”提供司法保障的若干意见》，为全市各级法院立足审判、服务“四个中心”建设，妥善处理相关案件，优化管理、有序推进各项工作机制改革提出了30条指导性意见；为更好地规范上海创意产业发展，2009年6月，上海市高级人民法院与中共上海市社会工作委员会、上海市经济和信息化委员会等七家单位联合下发了《关于进一步规范上海创意产业集聚区内商铺建设、经营活动，妥善解决相关民事纠纷的会议纪要》，有效解决了创意产业集聚区内因商铺建设、经营而引发的相关民事纠纷的法律适用问题，维护了正常的市场交易秩序，促进了创意产业集聚区内信息服务、研发设计等现代服务业的发展。上述司法政策的出台，为上海各级法院及时统一认识，发挥能动司法作用应对金融危机、服务发展大局提供了规范依据和制度支持。

2. 积极构建风险预警防范机制，为危中寻机提供决策支持

金融危机引发的案件具有连锁性、持续性特点，波及面广、社会影响大，上海法院在纠纷解决的同时，充分关注各类可能危及经济和社会安全的

法律风险，2009 年初探索建立全方位、动态化司法建议预警机制，并制订了加强和规范司法建议工作的指导意见，开通了集司法建议信息输入查询统计、发送和反馈一体的网上司法建议信息库，为全市法院协同开展司法建议工作，提供了重要平台，更为各级法院积极运用司法建议，对有关部门、企事业单位提早发现危机、提早预防危机提供了富有针对性的重要决策支持。同时，率先探索创设了劳动审判“白皮书”和金融审判“白皮书”制度，定期发布劳动、金融审判情况通报，向劳动、金融监管部门和相关企业提出有针对性的风险提示，拓展和延伸了劳动、金融审判的规范引导功能。最高人民法院王胜俊院长和沈德咏、奚晓明副院长分别在《上海法院 2008 年度金融审判情况通报》上批示予以充分肯定，并要求印发各高级法院、上报中央有关部门。

3. 积极推进纠纷多元解决机制，为危中寻机提供解困支持

在强化司法审判职能，加强立案、审理、执行全程、全员、全面调解工作的同时，上海法院积极探索建立健全诉讼和非诉讼相衔接的多元纠纷解决机制，通过多元途径为当事人危中寻机提供多样化的选择。重点以诉为背景、诉为保障和在诉的管理指导下，加强以诉调对接中心为载体的诉调对接工作机制建设，让更多的纠纷分流到诉调中心，让更多的优秀退休法官进入调解员队伍，让更多调解协议得到司法确认，目前已实现全市法院一审民事案件的 30% 左右分流到诉调中心，一审民事结案数的 30% 左右通过诉调中心调解解决，调解成功率 85% 以上。注重通过巡回审判、“社区法官”下基层重调解等工作载体，以及人民调解、行政调解、行业调解等多途径联动调处纠纷机制建设，致力化解矛盾，缓解企业生存压力，支持企业健康发展，维护社会稳定。同时通过开展调解案件进入执行程序的专项检查，并纳入评估指标的方式，有效防止当事人通过恶意调解，逃废债务。积极开展法院与建设银行等商业银行，公安、工商、税务等行政部门协助执行网络机制的构建，建立了金融资产查询、查封、冻结等保全与执行的合作与支持长效机制，确保让胜诉当事人最大程度及时实现权益。

4. 积极依托区域司法协作机制，为危中寻机提供联动支持

伴随上海所在的“长三角”经济社会活动一体化增强的客观态势，很多案件当事人关联、法律关系关联、裁判结果关联等区域关联特征愈发明显，为加强地区法院之间的司法交流与协作，扩大纠纷解决的辐射效应，增强危机化解的联动效果，上海与江苏、浙江三地高级法院共同签署了《长三角地区人民法院司法工作协作交流协议》，以及强化能动司法，共同应对金融危机的 13 项合作文件，正式建立了“长三角”法院之间不同层面的定

期交流机制，加强“长三角”区域法院之间财产保全等方面的沟通合作，建立跨区域重大金融案件的处理协调机制、审判数据共享机制、审判理论研究和课题联合调研机制、统一审判法律适用标准等，进一步强化区域协作应对危机的机制完善。

5. 积极完善专项审判工作机制，为危中寻机提供专业支持

应对金融危机的能动司法不仅立足于当前危机的解决，更要着眼于今后长远的发展，为当事人危中寻机提供更专业更有针对性的司法服务。围绕服务上海国际金融中心和航运中心建设，上海法院注重加强复合型人才培养，委派人员到金融、航运单位轮岗锻炼，与中欧陆家嘴国际金融研究院合作开办首期金融法律高级培训项目法官培训班，着力培养一支既懂政治经济，又懂法律，既精通国内法，又熟悉国际金融贸易规则，既掌握法学前沿理论，又能继承和发扬优秀司法传统的复合型司法人才队伍。成立了上海法院金融审判专家咨询库，首批聘请了37位政府主管部门、金融监管机构、交易所和高等院校金融领域的专家学者作为特约咨询员，提供咨询意见或直接陪审案件。在最高人民法院和中国法学会审判理论研究会的支持下，成立了中国法学会审判理论研究会金融审判理论专业委员会和海商海事审判理论专业委员会，并以“金融危机背景下的金融发展和金融法治”为主题，召开了第一届金融审判学术研讨会，拓展了司法服务经济发展、助力应对金融危机的思路。为实现上海国际航运中心建设的“江海直达”、“水水中转”，更好提供司法服务平台，增设了洋口港海事派出法庭，与上海洋山港海事派出法庭南北呼应、两翼齐飞；针对上海金融机构多、金融要素市场活跃、金融纠纷多样复杂的特点，在高中院和处于金融功能核心区的浦东新区法院，以及外滩金融集聚带的黄浦法院设立了金融审判庭，在其他法院设立金融审判合议庭，实现了金融案件的集中管辖、集约审理，统一了涉内涉外金融案件的法律适用，为营造良好的金融法治环境，帮助金融管理部门和企业危中寻机提供了有力的专业支持。为进一步贯彻实施国家知识产权战略，上海法院实现了一审知识产权案件的跨区划片集中指定管辖，全面推行知识产权民事、刑事、行政案件“三审合一”的综合审判模式，不断完善知识产权案件专业化、集约化的审理机制。

三、秉持利益衡平，推动危中转机

金融危机下不少企业损失巨大，由此引发连锁反应，相关纠纷往往具有关联性、群体性特点，法院处置得当则能促进双方共生共荣，处置不当则可能引起争议双方两败俱伤，甚至影响社会的稳定与和谐。上海法院秉持衡平

司法理念，努力正确把握公正裁判与利益平衡的辩证关系，衡平国家利益、公共利益和个人利益的关系，以及各方当事人的权益关系，做到尽可能让企业活、职工留、市场稳，推动涉案企业和困难人群危中转机、化危为机。

1. 妥善衡平企业生存发展权与职工劳动保障权，促进劳动关系和谐

受金融危机影响，生存困难的企业特别是中小企业减产、裁员、减薪引发的劳动争议案件数量大幅上升。对此，上海法院在继续坚持依法保障职工合法劳动权益的同时，进一步强化推动企业与职工构建相互扶持合作关系的理念。对因企业欠薪、停产、裁员等引发的劳动争议类案件，在审理时，注重引导、规范企业正常用工秩序的同时，依法支持企业合法经营与发展，促进职工就业获得根本保障，努力保持劳动关系的有效平衡。通过设立劳动争议调解工作室，与劳动部门及工会组织建立劳动争议案件联动调处机制，加强诉讼指导和风险告知，积极运用司法救助机制等有效途径，在依法维护劳动者合法权益的同时，正确把握“经济性裁员”的法律适用，依法慎用对企业财产诉讼保全措施，防止因司法措施不当，影响企业的正常生产秩序，最终损害职工权益。通过案件的利益衡平，推动企业和职工由对抗走向合作，相互谅解，共渡难关。

2. 妥善衡平当事人合同权益与房地产诚信交易秩序利益，维护房地产市场稳定

金融危机的发生和国内金融政策的调整，使房地产市场跌宕起伏，房屋买卖、租赁、中介纠纷大量增加。对此，上海法院坚持既要依法保障当事人享有的合同权益，更要关注市场诚信原则得以尊重，市场秩序得以稳定的审判思路，全面把握房地产纠纷发生的基础原因，依法保护合法的房地产合同行为，不轻易解除合法的合同，适度确定违约责任，以规范和维护房地产市场交易秩序的稳定，有效防止引发群体性纠纷。如针对部分房地产企业确实存在资金紧张、筹资困难等实际情况，法院对履行付款义务的期限予以适当延长，既依法保护了权利人利益，又促使双方协力应对金融危机、维护房地产市场稳定。

3. 妥善衡平企业发展与民生权益、民事债权利益，创新审判执行方式

对因金融危机影响产生的涉及民生以及申请执行人自身权益保障的案件，上海法院建立了“绿色通道”，坚持快立、快审、快执的审判执行制度，以确保人民群众的合法权益得到最大程度维护，中小企业得到健康发展。完善了司法救助与法律援助的审查互免“直通车”机制，强化对困难当事人的司法救助制度的落实。2008 年至 2009 年上半年已缓减免诉讼费约 1800 万元，同比增加 23.4%，运用司法救助专项资金对 1400 多名确有经济

困难的当事人进行了救助。与此同时，严格区分恶意逃避债务与信用良好但确因金融危机发生困难的情况，对申请破产、请求企业解散的案件，慎重把握破产、解散标准，注重破产重整与破产和解制度的运用，确保企业退出机制良性运转。在执行阶段，对于申请执行的债权关系涉及到申请执行人正常生产经营而被执行人又属有发展前景或涉及职工稳定的，积极探索创新执行方式，通过执行和解、债权转股权、企业资产强制管理等一系列"蓄水养鱼"的执行方法，维持其一定的经营资产，帮助其逐渐恢复，从而走出困境，获得转机。在金融房贷、保证等案件执行中，依法积极探索"以拍促租"、"抵债还租"、限制出境等执行手段，确保胜诉当事人及时兑现胜诉权益。如上海浦东新区法院在9起案件中采取"抵贷返租"措施，将企业所有的固定资产等财产在作价后折抵债权以清偿债务，然后再由金融机构将上述资产租赁给被执行人，既解债务死结，又保企业经营。

胡锦涛总书记在党的十七届四中全会上指出，世界经济复苏将是一个缓慢曲折的过程，我国经济发展仍处在保增长的关键阶段。上海法院将继续坚定信心、迎难而上、开拓创新、能动司法，为应对金融危机、服务经济平稳较快发展提供更加有力的司法保障。

国际金融危机背景下法治环境的改善

马建华*

一、法治是应对危机的重要社会治理工具

在全球化的时代背景下，任何国家的经济和社会发展都离不开国际大环境，由美国次贷危机引发的国际金融危机已深深地影响了各国的经济运行和社会稳定，也深深地影响了我国的经济和社会发展。国际金融危机不断扩散蔓延，我国社会转型期及经济改革中的一些深层次矛盾和问题，因经济困难而集中凸显。金融危机对我省经济发展的影响也在不断加深，我省作为老工业基地，作为经济欠发达省份，经济领域和社会领域的各种矛盾纠纷可能集中爆发。相对发达国家而言，我国的市场经济还不够成熟、制度建设还不够完善，公共危机处理经验更为不足，如何面对和化解这场百年未遇的金融危机是一个严峻的考验。

这次危机不仅是一个经济问题，伴随着危机而来的金融稳定、企业经营、裁员减薪更是一个政治与社会问题，也是国家的经济社会制度不完善，甚至是默许或纵容投机高度相关。从某种意义上讲，制度性的问题必须要以制度性的措施来解决。因而反思我们的经济和社会治理方式，建设完善经济制度尤其是金融制度便是当务之急。对法院而言，坚持和完善社会主义法治是应对危机的最佳社会治理手段。

实践中，有人把应对国际金融危机与坚持法治对立起来，认为依法办事会束缚政府手脚，影响应对的速度和效率，主张可以不必遵行现行法律的一些规定；有人则认为法治和应对国际金融危机关系不大，思想上消极被动，举措上保守滞后。其实，从美国等西方发达国家处理危机的经验来看，金融危机对于法治建设，是挑战也是契机，越是困难时期越要坚守法治原则。法

---

* 吉林省高级人民法院副院长。

治本身所具有的特性使其成为应对危机的最佳社会治理工具。

第一，法是普遍的、抽象的、成文的规则。法律一经制定，不经正当法律程序不能轻易改变。因此，在法治社会中，人们能够对他人的行为形成可靠的预期并能够对自己的未来形成稳定的预期。所以，法律作为一种成熟、理性的制度，是具有高度可预期性的社会治理工具，能够显示政策的连续性，能够给危机中的民众注入稳定的期望和信心。而在经济危机中，信心比黄金还重要，因而遵行法治是应对危机的最佳选择。

第二，法治对稳定的作用。法律对违法犯罪行为起制裁与遏制作用，对维持和塑造良好的社会秩序是坚定的保障。遵循法治能够营造稳定的社会氛围，避免社会在危机中出现大的动荡，能够保证社会在经济大幅下滑之际保持稳定，从而为经济复苏提供良好的社会环境。

第三，法治对社会公平正义观念的维持，也是战胜危机的法宝之一。古罗马法学家说，法律是善良公正的艺术，法律是公正的象征。正是这种对社会公平的保证维护了社会的稳定，避免国家陷入混乱。正如诺贝尔经济学奖获得者、美国经济学家保罗·克鲁格曼所说，罗斯福政府诸如收入均等化等一系列社会政策立法，是美国乃至整个资本主义世界在第二次世界大战之后30余年经济繁荣的根基。

第四，遵循法治能够从制度上堵塞以往的漏洞。一个运行良好的市场经济的基础在于科学有效的规制和监管，市场主体一旦脱离规制和监管，就会像脱缰的野马一样难以控制，会造成各种市场失灵或无效的危机。在经济危机中脱离规制和监管则会使危机雪上加霜。正是由于美国政府缺乏有效监管和防范，过于相信金融家、银行家的良心，对金融衍生品放松管制，忽视其潜藏的巨大风险，才导致了一系列市场泡沫的破裂，随着次贷危机转化为金融危机，金融危机又扩大为经济危机，并波及全球。反观我国这个刚建立市场经济体制不久的国家，很多领域缺乏监管或有效监管，更迫切需要加强法制建设。在金融危机背景下，处理企业与政府的关系上时，一方面应给予企业充分的经营自主权；另一方面，政府要充分发挥监督管理权，坚决抵制新自由主义泛滥。

二、金融危机背景下人民法院应积极发挥功能

有人认为，司法具有被动性特征，也就是通常所说的不告不理的民事诉讼原则，对于没有起诉到法院的纠纷，法院不能主动将其纳入司法程序中。对于已起诉到法院的案件，法官也只能居中裁判，案件的判决结果是双方当事人互相争讼的结果。但司法的被动性并不意味着法院面对经济发展的严峻

形势无动于衷，消极懈怠，更不能把法院工作置于经济社会发展大局之外。相反，在遵循司法被动性原则的前提下，必须克服对审判工作“独立性、被动性、间接性、中立性”的片面理解，认清经济社会发展对司法工作提出的新的要求，能动地发挥司法的作用。

随着经济体制深刻变革、社会结构深刻变动、利益关系深刻调整和思想观念的深刻变化，社会矛盾愈加凸显，特别是当前国际金融危机和宏观经济环境变化引发的矛盾和纠纷在司法领域已经有了明显反映，金融借款合同案件矛盾突出，民间借贷大量增加，非法集资现象有所抬头，企业破产、公司清算案件增多，合同违约率增高，房地产纠纷引发连锁反应，劳动案件争议群体化，外商撤资外逃现象频现，企业改制遗留问题逐步暴露，相关案件大量涌入法院。企业面临的法律风险在加大，各种市场主体对司法服务的需求越来越强烈。形势对人民法院依法妥善协调各方面的利益关系，最大限度地化解社会矛盾纠纷，提出了更迫切、更现实的要求。法院作为一个超越当事人的中立的通过公力救济解决矛盾纠纷专门司法机关，面临的压力与承担的责任也越来越大。

因此，在当前的金融危机尚未见底的情势下，人民法院必须坚持司法行为服务大局的立场、观点和态度，找准法院工作服务党和国家中心工作的着力点，发挥司法间接调整经济社会管理的职能，充分发挥定分止争的职能作用，以积极有为的审判和执行工作把危机对经济社会发展的影响降至最低，使法院的审判工作成为防范社会风险、消弭社会纷争、促进社会和谐的助推器。人民法院必须把促进社会和谐稳定作为重要目标，充分发挥在保障社会公平正义、促进社会和谐稳定方面的职能作用。德国法学家耶林在《法作为实现目的的一种手段》中认为：法本身不是目的，而是达到目的所用的一种手段；法所要达到的目的，是社会利益，是为了社会的安宁和发展。法院应该通过积极有为的审判工作，最大限度做到定分止争、案结事了，使社会矛盾纠纷通过司法渠道得到有效化解，实现法律效果和社会效果的统一。

三、金融危机背景下人民法院如何积极发挥功能

在金融危机背景下，人民法院保障经济平稳较快增长、维护社会和谐稳定、营造良好法治环境的任务更加艰巨。为达到这一目标，需要做到以下几点：

（一）严厉打击金融犯罪，维护金融秩序

要依法严惩盗窃、抢劫金融机构的严重的财产犯罪活动；依法严惩金融

领域内的贪污、贿赂、挪用等职务犯罪，保障金融机构资金财产安全，充分运用赃款追缴、财产刑等手段，最大限度地挽回国家经济损失。严厉打击伪造、变造货币，伪造、变造金融票证，擅自设立金融机构，非法吸收公众存款等破坏金融秩序的犯罪行为；严厉打击集资诈骗、贷款诈骗、票据诈骗、信用卡诈骗等金融诈骗犯罪，维护金融运行秩序和环境，促进金融协调发展。依法制裁内幕交易、操纵股价、擅自发行股票、公司、企业债券等犯罪活动，维护证券市场的稳定运行和健康发展。

（二）发挥司法的保障与服务功能，强化诉讼指导

保稳定、保民生、保增长的一个核心是保企业，企业的生存和发展需要一个良好的法治环境。因此，应强化对企业的司法保障。第一，在企业正常发展的阶段，帮助企业详细分析金融危机带来的影响，建议企业通过及时追讨欠款、慎重赊欠、规范签约、建立信用管理体系等方法应对危机，促进企业依法健康发展，防患于未然；第二，在企业遇到一定程度的发展困难时，针对企业经营管理中出现的漏洞提出建议，扶持、引导、帮助困难企业应对危机、走出困境。第三，在企业遇到严峻危机的时候，利用企业破产法规定的公司重整制度，帮助企业积极实施公司拯救计划，使企业获得重生。第四，在审判中，对经济困难的企业，法院应当加强对当事人的诉讼权利义务指导和诉讼风险告知，依法保障其合法权益，尽最大努力消除不安定因素，实现案结事了。

在提供司法服务时，注意区分企业的不同类型，为其提供具有针对性的司法需求。以发展的不同阶段为标准，可将企业分为创业型、成长型、稳健型与扩张型。创业型企业的司法需求突出体现在企业与员工劳动争议纠纷方面，亟需司法机关帮助企业建立健全劳动、人事制度，并在企业工伤事故处理办法、企业保密制度、企业劳动合同等的制定和修改方面提供相应法律服务。成长型企业的司法需求主要表现在企业与客户之间的合同事务方面：一是合同管理的规范化，比如制定合同文本、设置合同审批流程、制定合同管理制度等；二是为企业起草、审核、修改合同提供专业服务；三是帮助企业做好清理欠款工作。稳健型企业的司法需求主要体现在知识产权保护方面：一是有关知识产权的战略规划，包括知识产权管理体制、开发战略、运营战略、保护战略等；二是知识产权权利登记与管理，主要是商业秘密的保护、自主研发的专利申请和保护、商标价值的进一步体现等；三是知识产权专项培训。扩张型企业的司法需求主要体现在企业融资投资方面，重点是在投资、融资、并购、上市过程中法律事务的办理。

（三）积极构筑社会主义市场经济司法体系，创造良好的司法环境和诚信环境

在审判实践中，积极构筑社会主义市场经济的司法体系，进一步创造良好的司法环境和诚信环境，注意处理好企业与企业、企业与劳方的关系：

第一，处理企业与企业的关系需要贯彻以下原则：一是贯彻平等原则。坚持公正司法、严格司法，切实做到法律面前人人平等，建立公平竞争的环境，进一步强化各种所有制主体的平等保护意识。在审判工作中，广大法官要进一步明确平等保护意识，对各种所有制主体的财产权予以平等保护，特别是注意对民营企业私有财产权益的保护。二要正确把握和处理效率和安全之间的矛盾。鼓励交易是市场经济的根本要求，也是提高效率、增进社会财富积累的手段。在现代商事活动中，随着交易标的额的增大、交易手段的复杂、交易周期的缩短和交易范围的扩大，交易风险也日益突出。因而，既要促进交易行为的便捷，又要确保交易安全。在民商事审判领域，落实诚实信用、公序良俗和公平原则，实现合同自由与合同正义之间的平衡，促进社会和谐稳定和社会公平正义的实现。

第二，处理企业与劳方的关系。与用人单位相比，劳动者处于弱势地位。我国《劳动合同法》的具体制度设计体现出对劳动者倾斜保护的立法宗旨，其目的是尽可能地使劳动者具有与用人单位平等的对话能力。倾斜保护的合理性在于劳动者的弱者地位，在于保障社会经济稳定健康地发展。但是，对劳动者的倾斜保护是通过限制用人单位的生产经营自由实现的，对劳动者的倾斜保护、对用人单位的限制并非没有限度。如果过分强调对劳动者的保护，将会使通过倾斜保护劳动者所建立起来的平等再度被打破，损害用人单位的利益，最终也将损害劳动者的利益。因而，在金融危机背景下，需要特别注意企业与劳动者双方利益的平衡，给企业渡过难关创造条件。

（四）采取适当的审判与执行措施，营造公平有序的法治环境和社会经济秩序

第一，充分发挥简易程序的作用，科学界定简易程序的适用范围，赋予当事人选择适用权，以提高办案效率，减轻当事人诉累，降低企业诉讼成本。

第二，注重多元纠纷解决方式的运用，充分运用调解手段化解矛盾，妥善处理好婚姻家庭、劳动争议、建设工程、征地拆迁等各类民事纠纷，尤其是对在经济宏观调控措施下发生的劳资、债务、合同等纠纷，要更加注重考

虑双方当事人利益，考虑企业的生存与发展，引导当事人在自愿互让的基础上，达成协议，减少当事人之间的对抗。

第三，灵活采取财产保全措施，慎用查封、扣押、冻结等诉讼保全措施，把诉讼活动对企业经营活动的影响降到最低。

第四，加强司法调研和宣传工作。要提高对各类敏感问题发展趋势的预测能力和疑难复杂问题的处置能力，密切关注经济社会环境的新情况新变化，深入分析研究经济形势变化所引发的新类型案件、疑难复杂案件的法律适用问题，加强依法指导，统一司法尺度。要加强司法宣传工作，对近期内审结的涉及扰乱经济和社会秩序的有影响的案件，要及时通过召开新闻发布会，发布典型案例，组织专题或系列报道等多种形式进行广泛宣传，教育和引导各类市场主体增强依法经营和风险防范意识，努力营造公平有序的经济秩序。

总之，人民法院不仅要依法办案，保护公平交易、正当经营和合理合法盈利，抑制欺诈、投机与贪婪，还可以通过对个案的审判，充分发挥其对市场经济活动以及人们观念的导向作用，引导市场主体规范交易行为，推动社会管理机制的完善，从而维护市场主体的稳定，弘扬诚信交易原则。通过充分发挥司法的能动性，为经济社会发展和人民群众生活创造诚实守信、公平竞争、和谐稳定的法治环境。

提升金融审判水平　服务金融中心建设

——关于上海法院金融审判工作的几点思考

张海棠*

金融是国民经济的命脉，现代市场经济的核心。国家高度重视金融业的健康、稳定发展以及国际金融中心在促进国民经济发展和实现国家经济战略中的地位和作用。胡锦涛同志2006年明确提出上海要加快推进包括国际金融中心在内的“四个中心”建设。建设上海国际金融中心是事关全局的国家发展战略。国务院《关于推进上海加快发展现代服务业和先进制造业、建设国际金融中心和国际航运中心的意见》提出，到2020年，上海要基本建成与我国经济实力和人民币国际地位相适应的国际金融中心。自国务院关于上海“两个中心”的意见出台以来，上海迅速出台了一系列配套的改革措施，并在多个领域开展先行先试。上海市人大常委会出台《上海市促进国际金融中心建设条例》，以地方立法的形式为上海国际金融中心建设营造最优环境，它的制定和实施标志着上海国际金融中心建设由政策层面走上了法制轨道。

主要发达国家的历史经验和我国参与全球经济竞争的现实需求无不表明，良好的法治环境是促进国际金融中心形成并健康发展所必须具备的一项十分重要的因素，而其中金融审判又在创造公平公正、有序竞争、规范开放、追求效益的金融软环境中，发挥了活跃的、举足轻重的作用。无论是防范金融风险，维护国家金融安全，还是规范金融市场秩序，促进金融交易效率；无论是确认金融市场主体平等地位，平衡金融市场参与各方合法权益，还是引导诚信金融交易行为，培育公平竞争氛围；无论是总结类型案件审判经验，提供金融发展规则指引，还是宽容对待金融创新，创造金融改革宽松

* 上海市高级人民法院副院长。

环境；无论是注重国家宏观金融大政方针，严格依法审理，还是突出行业自律特点，尊重金融市场规则和国际惯例；无论是审慎介入新类型纠纷，合理把握司法限度，还是积极拓展金融审判功能，延伸审判服务效果；金融审判始终扮演着强有力的保障和服务角色，在纠纷解决的过程中，促进国际金融中心各项要素、条件的形成和发展，并在与其他环境因素互助互动、相互支撑的过程中，逐步地发展和完善自身，从而实现以司法手段来推动国际金融中心按预定的模式与步骤向前发展的目标。

上海国际金融中心建设对上海的金融发展提出了明确的司法需求，因此，上海法院的金融审判工作应当以科学发展观为指导，认真贯彻落实国务院文件精神，在总结已往金融审判工作经验的基础上，努力更新金融审判理念，建立和完善与上海国际金融中心地位相适应的金融审判制度，进一步优化金融审判机制，提升金融审判水平，充分发挥金融审判在促进上海国际金融中心建设与发展中的重要作用。这既是上海金融审判理所应当发挥的职能，也是当仁不让所应当肩负起的历史责任。

一、努力更新服务上海国际金融中心建设的审判理念

上海法院必须进一步认真贯彻落实好国务院《关于推进上海加快发展现代服务业和先进制造业、建设国际金融中心和国际航运中心的意见》精神，全力以赴为加快建设上海国际金融中心提供优质高效的司法保障和司法服务，为实施国家战略作出积极贡献。

1. 处理好被动司法与司法能动服务的关系

对于各种金融活动所产生的纠纷，以前是作为一般的民商事纠纷，更多地是固守司法的消极立场，对于相关案件都是事后的被动应付态度，所以，金融审判总是被动地跟随于金融市场的周期性波动之后，明显地滞后于金融风险的发生，例如当房地产市场价格剧烈波动后，就会有大量的银行房贷案件诉至法院，当我国股市由牛市步入熊市后就会有大量的委托理财纠纷涌入法院。这样的结果就是司法资源主要被用于裁处应付上述各类已经发生的纠纷。当然，从法理层面而言，法院是被动、消极、中立的审判机关，但是，在上海国际金融中心建设的新形势下，上海法院应以科学发展观为指导思想，增强服务金融意识，充分利用审判效果资源，从被动应付到主动应对，积极发挥审判对金融市场的规则指引功能，积极发掘司法的预警作用，从而提升金融风险防范与化解能力。

2. 处理好法律适用与宏观经济政策的关系

金融活动对国民经济的总量控制和经济结构优化具有灵敏、有效的调节

作用。通过运用金融手段，实现国家宏观经济政策的总体目标。因此，法院在依法审理金融个案时，不能只是机械地就案审案，应将视野更多地投放到宏观的市场经济领域，加强对宏观政策学习，认真领会国家宏观金融政策法规精神，借鉴国外先进的金融司法理念和成熟经验，提高正确适用金融法规的水平和妥处金融案件的能力。同时，要注重典型案件判例的规则指引作用。金融市场是法制市场，只有明确的法律规则才能为各类市场主体提供行为预期。所以，市场需要通过判例来凸现国家当期金融方针政策，从而准确规范市场行为，预防和避免金融风险的发生。

3. 处理好金融安全与金融交易效率的关系

金融是现代市场经济的核心，金融市场安全、高效、稳健地运行，对经济全局的稳定和发展至关重要。这次美国华尔街次贷危机引发的全球性金融风暴就是很好的实证。因此，法院一方面应当通过公正的审判工作，促进金融风险的防范机制，另一方面通过提供高效的纠纷解决机制来及时矫正市场秩序。

4. 处理好传统做法与尊重市场规则和国际惯例的关系

金融创新的本性就是为了突破已有的制度和规则，而金融司法目标是为了维护整个金融市场的良性运转。但是，如果金融司法因此而守成僵化会束缚金融创新的深化，压抑金融资源的开发和利用。因此，司法对金融创新产生的新型纠纷，在准确把握理解法律本意和精神的前提下，要注意从现行法律的框架下寻找与此最相适应的具体法律关系，并逐步构建从“个案试验性判决 - 积累裁判经验 - 司法解释跟进 - 完善成熟立法”的辩证式、试错性司法裁决观念。

二、积极发挥促进上海国际金融中心建设的金融审判作用

审判是法院工作的第一要务。上海法院金融审判工作秉承公正高效、促进金融发展的司法理念，依法审理各类金融案件。2008 年，上海法院共受理一审金融纠纷案 14700 余件，比 2007 年增长 19.3%；标的金额为 229.53 亿元；2009 年上半年，受理一审金融纠纷已超 8000 件，标的金额为 168.9 亿元。与此同时，上海法院积极开展符合上海国际金融中心建设需求的各项金融司法工作，优化专业化金融审判机制、提升金融审判水平、探索与金融部门的交流合作渠道，积极发挥金融审判对上海国际金融中心建设的司法保障和促进作用。

1. 优化专业金融审判机制

随着上海国际金融中心建设的不断推进以及金融改革创新步伐的不断加

大，尤其是当前国际金融市场急剧动荡，全球性金融危机对金融机构、金融市场甚至实体经济产生了巨大影响，司法领域的金融案件呈多发、多样化态势。为应对不断增多的新情况新问题，满足金融业发展的独特要求，上海法院积极探索优化审判资源的配置，建立统一集中的金融审判机构。2008 年，上海在陆家嘴金融核心功能区域的浦东新区法院和外滩金融集聚带的黄浦区法院率先成立了专业的金融审判机构，集中审理辖区内的金融纠纷。经统计，浦东法院和黄浦法院金融庭成立以来，已受理了超过 5000 件的金融纠纷案件，专业审判的必要性和作用逐步显现出来。在此基础上，上海高、中两级法院也于 2009 年 6 月份相继建立了金融审判庭。至此，上海三级法院的金融专业审判架构已建立完成。

2. 健全金融审判专家辅助制度

金融案件具有专业性强的特点，为了适应金融审判形势和要求，上海法院积极借助外脑，努力提高金融案件审理水平。第一，建立了上海法院金融审判专家智库。2009 年 4 月，上海高院正式成立了上海法院金融审判专家咨询库，首批聘请了 37 位金融领域的专家学者。通过发挥金融专家的智囊作用，提升上海金融审判水平。第二，逐步提高金融专业人士的陪审率。邀请具有金融专长知识的专业人士陪审案件，充分发挥其专业特长，弥补法官对金融专业知识的不足，达到依法公正审理金融案件的目的。

3. 开展审判理念和法律适用的金融审判调研

及时总结审判经验和审判规则，及时总结案件新情况和新问题，是提高金融审判质量的重要组成部分。为此，上海法院深化金融审判专项调研工作，以调研促审判。2008 年以来，上海高院重点开展金融审判领域的专项调研，围绕金融机构对司法的需求以及金融创新和发展，明确审判理念、总结问题，提出对策建议，转化调研成果，服务金融审判。上海高院还针对融资、信用卡、保险、投资等四大领域在审判中反映出的问题进行专项调研，提出法规建议和疑难问题法律适用意见。

为更好地开展金融审判调研工作，汇聚金融审判领域的才智，开阔思路，上海高院在中国法学会和最高人民法院的支持下，2009 年上半年成立了中国法学会审判理论研究会金融审判专业委员会，召开了第一届金融审判学术研讨会，围绕“金融危机背景下的金融发展和金融法治”主题进行了广泛的研讨。

4. 加强与金融部门的沟通交流

第一，建立金融案件审判情况白皮书通报制度。金融案件中反映出来的问题，是对金融机构最好的警示。2008 年上海高院开始谋划建立定期向金融机构和监管部门发布金融案件审判情况白皮书制度。通过对全年金融纠纷案件详实的数据统计和案例分析，专题通报金融机构在市场行为中存在的问题，同时提出有针对性的风险提示和司法建议，以达到规范金融市场主体行为，促进金融服务水平提升，预防和减少金融风险的目的。也使金融监管部门及时了解金融纠纷的最新动向，增强监管的针对性。2009 年 4 月发布了 2008 年度上海金融案件审判情况白皮书，反响积极，收到了很好的法律效果与社会效果。第二，上海法院与金融监管部门建立了良好的日常合作交流机制，相互协作、相互交流。上海高、中院，浦东，黄浦，金山，静安等区法院以通报会、专题研讨会等形式积极开展了与金融监管部门和金融机构之间的交流沟通，研究探讨疑难问题的解决思路，引导和促进金融市场的健康发展。第三，上海法院注重审判效果，注意将个案审理中发现的具体问题及时发送司法建议书，便于金融机构整改和监管部门的有效监管。

三、进一步完善适应上海国际金融中心建设的司法措施

国务院《关于推进上海加快发展现代服务业和先进制造业、建设国际金融中心和国际航运中心的意见》提出，上海到 2020 年基本建成与我国经济实力和人民币国际地位相适应的国际金融中心。《意见》为上海金融审判服务和促进上海国际金融中心建设提供了新的推动力。上海建设国际金融中心的战略目标以及人民法院司法职能的定位，决定了上海法院金融审判要进一步发挥司法能动性，在提高审判能力的同时，积极创新审判机制，提升司法功能，为上海国际金融中心建设营造良好司法环境。形势对上海的金融审判工作提出了新的挑战和要求，上海金融审判工作必须在现有基础上，进一步增强使命感，牢牢把握应对新情况新问题的主动权，继续研究并采取有力措施完善金融审判，为上海国际金融中心的建设提供有力的司法保障。

1. 进一步加强金融审判规则的提炼总结和指引

金融规则的完善，是一个国际金融中心获得认可与长盛不衰的必备条件。上海作为金融市场主体的聚集地，各类新颖、疑难的金融纠纷案件往往在上海率先出现，上海法院在解决纠纷的同时，更有责任从个案和类案的审理中，及时总结提炼审判经验和规则，为立法和司法解释提供区域实践素材，为金融市场的规范有序发展发挥引导作用。上海法院将进一步加强新情况新问题的研究，及时制定相关执法意见，积极发挥典型案例的指导作用，努力统一裁判标准，进一步提高司法的公信度，营造良好的金融法治环境。

2. 进一步强化金融审判专项培训制度

金融发展的根本之一在于人才的培养，金融审判法官不仅要懂法律，还

应懂经济政策、懂市场规则、懂金融专业知识。在金融危机的大背景下，金融审判法官还需进一步更新审判理念，妥善处理好促进金融创新和维护金融安全的关系、处理好法律适用与宏观经济政策的关系、处理好被动司法与能动服务的关系。上海法院要进一步强化职业培训，加强金融审判法官金融专业知识和金融形势政策等方面的专项系统性培训，研究设置符合金融审判需要的金融专业培训课程，提高法官正确适用金融法律的水平，促进裁判标准的统一。

3. 进一步研究金融纠纷案件的多元化解决机制

多元化纠纷解决机制是在诉讼程序之外，借助来自民间和社会的纠纷解决力量，发挥行业组织等纠纷解决机制，更加经济、高效地解决纠纷。金融纠纷专业性强、市场规则要求高，研究探索行业组织和行业监管部门的纠纷解决机制，不仅可发挥其独特的专业优势，还可与诉讼程序相配合，达到最佳的处理社会效果。上海金融审判将进一步探索多方位、多渠道的金融纠纷多元化解决机制，更好地整合解决纠纷的社会资源。

四、不断拓展服务上海国际金融中心建设的金融司法功能

上海市委书记俞正声同志在2009年度“陆家嘴金融论坛”上明确提出“上海要全力营造有利于金融发展的法治环境，认真开展金融领域先试先行，努力使上海成为我国金融改革开放和创新发展的先行区和实验区”。上海国际金融中心的这一定位和目标，也是上海法院金融审判服务的重要方向。上海在建设国际金融中心的进程中，必然会不断出现新问题，上海金融审判的发展必须具备更开阔的视野、更开阔的胸怀，全方位多角度地拓展更广的发展空间。上海法院要进一步拓展金融审判功能，充分发挥司法能动性，更好地引导和促进金融市场的健康发展。

1. 进一步加大金融审判理论研究

金融审判水平的提升，需要通过深化金融审判理论研究来支撑和保障。为此，应进一步加强实务部门与理论研究部门之间的合作，对影响金融审判发展的机制和体制问题开展对策性研究；对金融创新中可能存在的法律风险、诉讼风险进行预测性研究，在保护金融创新积极性的同时，注意发挥预防、控制和化解金融风险的作用；对审判中法律适用的疑难问题开展合作研究。通过理论研究促进金融审判工作的发展。

2. 不断完善法院与金融监管部门横向联动机制

金融市场的健康发展，需要司法机关和金融监管部门之间的良好沟通与协作。建议共同研究健全法院与金融监管部门之间的日常信息交流制度。金

融监管部门定期向法院提供金融市场发展和金融监管信息，便于法院及时了解金融机构的司法需求；法院定期向金融监管部门提供金融审判信息，使金融监管部门及时了解金融纠纷的最新动向，以增强监管的针对性。

3. 继续加强金融发达地区法院之间的金融司法协作

发达地区的金融市场具有类同的司法需求和相互借鉴意义。因此，有必要加强地区法院之间的司法交流与协作，尤其是地域相连、人文相近、经济相融的长三角区域法院。随着长三角地区经济一体化的发展形势，长三角地区法院的金融审判有必要、也有条件进一步加强区域协作，发挥金融审判在促进上海国际金融中心建设与推动长三角地区经济率先发展中的重要促进作用。建议建立长三角区域法院之间不同层面的定期交流机制，互相借鉴、共享经验、共同提高；加强长三角区域法院之间财产保全等方面的沟通合作；建立跨区域重大金融案件的处理协调机制；建立金融审判数据共享机制；建立金融审判理论研究和课题联合调研机制，统一金融审判法律适用标准；等等。

4. 积极开展金融司法国际交流

近20年来，金融全球化趋势越来越明显。金融全球化使得金融资本跨越国家管制的障碍在全球范围内自由流动、不断渗透。这既给我们国家的金融发展带来了机遇，也带来了挑战。我国金融市场起步晚，需要遵循国际上已成熟的交易规则和市场惯例。这也对我们的金融司法提出了新要求，必须加强学习，开阔视野，提高金融审判专业水准，为上海国际金融中心提供具有良好公信度的司法环境。因此，在条件成熟的前提下，上海金融司法可以加强与国际间的交流活动，借鉴域外金融司法经验，为上海国际金融中心建设提供有效的司法服务和保障。

国际金融危机对广东省涉外商事审判工作的影响及其对策

广东省高级人民法院民四庭

2008年下半年以来，因美国次贷危机引发的国际金融危机愈演愈烈，对我国经济也产生了较大影响。广东作为改革开放前沿，外向型经济成分较大，受到的冲击尤为严重。据有关部门调研，这种影响突出表现在：全省外贸进出口增幅大幅回落；吸引外资增幅和后劲下降；出口型企业效益明显下降；关闭、停产、歇业、转移的企业不断增多；国际贸易摩擦持续增多。据有关部门统计，2009年1～3月份，全省外贸进出口总额同比下降了23.1%，其中出口总额下降了18.4%，进口总额下降了29.5%。2009年5月8日闭幕的第105届广交会也反映了这一趋势，本届广交会累计出口成交262.3亿美元，较上一届成交额减少了16.9%。当前，这些影响仍在进一步加深。

全球性金融危机对我国对外经贸活动的影响，已经反映到了人民法院涉外商事审判工作中，导致各地法院受理的涉及外商和外资的货物购销、房产租赁、股东权属、融资租赁、海事海商等纠纷案件大幅增多，新情况、新问题不断涌现，各级法院肩负的涉外商事审判任务更加艰巨和繁重。

为准确把握金融危机对我省涉外商事审判工作的影响，积极研究对策，2009年3～5月份在全省范围内开展了深入调研，深入各地法院了解情况，收集存在的问题，征求各地外经贸部门的意见和建议。同时，我们先后召开了由省对外经济贸易合作厅、省工商局、中国人民银行广州分行、国家外汇管理局广东省分局、省外事办、广州海关等有关部门参加的专题座谈会，以及珠三角九市中院涉外商事审判庭庭长座谈会，全面了解金融危机背景下涉外商事审判工作出现的新情况新问题，研究提出相应的对策和建议。

一、金融危机对全省涉外商事审判工作的主要影响

金融危机对我省经济的影响，已经传导到法院审判工作中来，具体表现如下：

第一，涉外商事案件数量大幅增长。随着国际金融危机的发生和深化，涉外商事纠纷案件的数量大幅增长。据统计，广东省三级法院2008年受理的涉外商事纠纷案件比上一年度增长了23%。以深圳市和东莞市为例，深圳市所辖各区法院受理的涉外商事案件数量较上一年度普遍大幅增长；其中，罗湖区法院增长了97%，宝安区法院增长了119%，盐田区法院更是增长了5.4倍；东莞市基层法院2009年以来受理的涉外商事案件较去年同期增长了2.5倍。

第二，新类型案件、重大复杂疑难案件不断出现。近一年来，广东法院系统受理了相当数量的国际保理合同纠纷案件、信用证纠纷案件、票据纠纷案件、三资企业解散及清算纠纷案件、三资企业破产纠纷案件，以及认可和执行香港和台湾地区民商事裁判等新类型案件。这些案件通常法律关系复杂，案件事实不易查明，适用法律难度大，审理周期长，不少案件具有国际影响。

第三，案件审理和执行的难度增加。在金融危机发生后，不少三资企业非正常撤离，在境内没有住所、下落不明，或没有可供执行的财产，使案件的正常审理和执行遇到很大困难。其一，送达难问题突出。许多案件的裁判文书通过直接送达或邮寄送达无法进行，而通过委托送达、外交方式送达及公告送达往往需耗费一年至数年的时间，严重影响了审判效率。例如，深圳市龙岗区法院受理的迪高乐公司拖欠80余家供货商货款系列债务纠纷案，由于该企业投资人及高级管理人员全部下落不明，导致许多司法文书无法直接送达。其二，调查取证难问题突出。由于被告的缺席，法院在审理案件过程中无法对被告进行调查，而企业财务会计资料及其他档案流失或被有意销毁，导致了许多相关证据无法调取，法院无法对有关纠纷的事实予以查明。其三，保全难问题突出。在金融危机背景下，法院必须考虑采取既能够有效保全财产而又不至于影响企业生产经营活动或导致其他额外负担的灵活方式进行。这显著增加了保全的难度。其四，调解难问题突出。由于被告的缺席，调解工作无法进行。其五，执行难问题突出。由于债务人在内地没有财产可供执行，或其财产已经被转移到境外，或者债务人企业资不抵债，判决作出后的执行工作无法正常进行。

第四，纠纷的发生对当地经济社会发展的影响增大。许多因金融危机引

发的涉外商事纠纷案件涉及面广、影响大，关系到社会稳定、企业生存和成千上万企业员工合法权益的保障。这些纠纷能否得到妥善处理，将对当地的经济社会发展产生重大影响。2008 年，东莞市合俊玩具厂倒闭事件，在海内外产生了较大影响。在深圳市宝安区，半年之内就发生了 31 宗外商投资企业投资人逃离案件，其中涉及 2000 多个供货商及 13000 余名企业员工的合法权益保护问题。这些规模较大外资企业的倒闭，导致大量的货款纠纷、劳资纠纷等案件的发生，极易引发群体性事件，进而严重影响到当地的社会秩序，已经给当地政府带来极大的压力。

二、金融危机下涉外商事审判工作中凸显的主要法律问题

从我们调研看，受金融危机影响，在当前涉外商事审判工作中，存在许多重大、疑难法律问题。最为突出的有以下八个方面：

（一）不法商人利用公司法律人格逃避债务的问题

由于我国尚未建立起完善的有限责任公司法人财务、会计监管制度，许多不法商人利用公司法人人格独立地位逃避债务。他们通过虚假出资、抽逃出资、转移公司收益或财产以及以公司名义对外举债等方式获取非法利益，使公司沦为名义上对外承担债务清偿责任的空壳。有的公司相互利用关联关系，在对外交易中故意模糊交易主体，以达到逃避债务的非法目的。如清远中院受理的三宗境外母公司告境内子公司的购销合同货款纠纷，原告是在英属处女岛设立的投资公司，诉讼证据材料均由母子公司提供，表面上没有任何瑕疵，原告胜诉后将境内子公司的财产和设备合法地转移。待境内其他债权人来起诉该境内子公司时，发现该子公司已成为空壳。

利用公司独立法人资格从事上述违法行为在一般情况下不易辨别，对公司内部情况不了解的债权人往往无法取得相关证据。这些公司的投资者在能够取得收益的情况下一般也会维持公司表面运作。但是，一旦遇到社会经济状况恶化或大的债务纠纷，它们就有了借倒闭逃避债务的借口。在司法实践中，即使以人格混同或人格否认为理由判令公司股东承担责任，由于这些人的财产已经被转移到境外，债权人的债权实际上也很难实现。

（二）融资租赁合同约定与合同法规定不一致时的衡平问题

在珠三角地区，许多外商投资企业的机器设备都是通过向境外企业融资租赁的方式获得。在相关融资租赁合同中一般约定，租赁期满后（一般是出租人收回的租金等同于购买租赁物的价款时）租赁物的所有权归属于出

租人，但承租人享有另行支付名义价格（如 1 美元）取得租赁物的选择权；如果承租人拖欠租赁费用，出租人有权解除合同，要求承租人支付拖欠租金并收回租赁物。有的企业因经营困难，其仅欠最后几期租金没有支付，若依照合同约定，出租人既可追索全部到期和未到期的租金（租赁物价款加上比较高的贷款利息），又要收回租赁物。在企业拖欠大量的债务，尤其是员工的工资尚未得到清偿而投资人又下落不明时，这种结果对于承租人及其他债权人极不公平。虽然《合同法》第 249 条对此作了相对公平的规定，由于合同约定优先于法律规定，法院一般会优先适用合同约定。这样就出现了依约处理与客观公平之间的矛盾。因此，建议最高人民法院根据形势发展的变化尽快修改有关的司法解释，基于公平原则解决此类问题。

（三）所有权保留问题

在珠三角地区，许多外商投资企业的机器设备所有权在购买方付清货款前均约定为卖方所有。这种约定虽然合法，但会产生两个方面的不利后果，这种不利后果在金融危机背景下更为突出。首先，这种制度极易被企业利用以逃避其他债务；其次，由于所有权保留行为无需公示，第三人并不知道这些企业对其机器设备不享有所有权，从而对该企业的资信状况和经济实力产生不符合客观实际的期待和信赖。第三人在这种情况下与债务人签订合同产生的债权将缺乏相应的资产保障。因此，在审理涉及此类争议的案件时，人民法院要严格审查所有权保留合同的真实性。在确定合同真实的前提下，应严格审查该所有权保留条款的法律效力和适用条件，而不能无条件认定该财产完全属于该所有权保留人。

（四）因企业解散缺乏有效监管引发的法律问题

在金融危机背景下，许多外商投资企业选择以提前解散的方式退出市场。以深圳市为例，2008 年度获批准解散的企业较上一年度增长了 61.23%。由于现有相关法律规定的不完善及监管不到位，许多解散企业并没有严格依照法定程序清理企业债权债务，从而使现有的企业解散制度变成了许多企业投资者逃避债务的工具。我国法律对解散企业规定了自行清算的制度，即清算义务人自行对企业债权债务进行清理。有关行政主管部门除要求清算义务人提交清算报告外，并不对其清算行为进行实质审查。这种制度的缺位导致许多企业在实际上未经清算即被注销、财产也流失殆尽。事实上，在企业解散后，许多债权人并不知道这一情况，而清算义务人此时往往已经人去楼空或没有任何债务清偿能力。因此，这一问题亟待引起立法机关、司法机关和有关行政主管部门的重视。

（五）三来一补企业组织形式不规范而引发的法律问题

三来一补企业是由港澳台地区投资者在内地开办的不具有法人资格的企业，在内地申办有工商登记。由于三来一补企业的投资人在境外，其用于生产经营的厂房及机器设备一般均为租赁而来，其自身清偿债务能力非常低。近年来，随着全球范围内的产业转移、珠三角地区的产业升级，尤其是此次金融危机，许多三来一补企业难以维持正常经营。其中相当一部分已经沦为其投资人逃避债务的工具。虽然法院可认定相关债务由投资人直接承担，这种判决也往往因债务人在境内没有财产而难以执行。因此，建议有关部门限制新设立三来一补企业的审批、引导现有三来一补企业进行公司制改造，对于目前尚不具备改造条件的企业要加强对其内部财务会计监管，保证其财产与其投资人的相对独立，并严格规范投资人擅自将该企业财产转移出境的行为。事实上，珠三角地区的一些城市已经开始了这方面的工作，如深圳市出台了一系列政策措施，引导和督促三来一补企业进行转型升级，转为三资企业。

（六）企业为当地政府和村民委员会出具有关放弃厂内财产所有权抵偿债务声明书的法律效力问题

由于企业倒闭会引发欠薪纠纷和大量工人失业，事关社会稳定，当地政府和村委会往往会从大局出发，代垫资金解决部分问题。此时，企业的投资人为了摆脱困境，往往会因此向垫付资金的地方政府和村委会出具“自愿放弃厂内财产以抵偿代垫款项”的声明。企业的这种行为在实质上是其在资不抵债情况下以财产清偿债务的行为。在其他债权人提出异议的情况下，人民法院应当参照我国《企业破产法》第31条或第32条的规定，将该行为撤销。但是，垫付款项的政府或村委会可以参照破产法，根据其垫付债务的性质主张权利，例如，若垫付款为工人工资，可主张优先于一般债权受偿。

（七）在国际海上货物运输活动中FOB贸易合同项下出口方利益的保护问题

因金融危机，海外订单减少，出口商为了争取订单，往往不得不接受风险较大的交易方式，如FOB贸易方式。FOB贸易方式的最大风险在于，货物运输由买方负责安排，出口商不掌握货物运输的控制权，在货款还没有收到的情况下，风险极大。法院在审理相关案件时，应当详细审查出口方是否为运输合同承运人，建议其尽量回避使用 FOB 贸易条款，并自己安排货物运输。

（八）国际贸易支付方式的选择问题

在国际贸易中，卖方主要通过电汇、托收和信用证三种方式来收取货款。在这三种方式中，只有信用证是第三方（银行）事先承诺符合特定条件即担保付款，而其他两种方式由于没有第三方担保而使出口方的债权实现存在风险。由于境内中小企业在出口贸易中的话语权较弱，其为了获得订单往往被动选择电汇或托收的方式。这种选择的结果是，出口商很可能面临海外买方不支付货款、不收货或以不收货为由要挟降低价款等风险。在国际金融危机背景下，这种状况有愈演愈烈之势。因此，为了防范货款无法收回或海外买方单方面毁约的风险，建议出口商在国际贸易活动中尽量采用信用证方式结算或寻求出口结汇担保。

三、进一步推进金融危机背景下涉外商事审判工作的对策和措施

在金融危机之下，涉外商事审判工作既面临着审判任务重、审理难度大等困难和挑战，同时也面临着审判职能作用凸显、发展空间扩大等大好机遇。各级法院涉外商事审判部门及审判人员对此要有清醒认识，要进一步增强积极性和主动性，增强责任感和使命感，按照“高度重视、积极应对、依法裁判、促进和谐、确保成效”的要求，进一步抓好对各类涉外商事案件的审判，进一步提升审判的质量、效率和效果，进一步强化涉外审判对涉外经贸活动的指导、规范、保护等职能作用，以此推动涉外商事审判工作开创新局面。

一是要依法受理、稳妥处理各类涉外案件。对于依法应当受理的各类涉外商事纠纷，要依法及时受理，积极运用司法手段解决纠纷。去年年底，商务部、外交部、公安部、司法部等四部委联合下发了《外资非正常撤离中国相关利益方跨国追究与诉讼工作指引》（商资字［2008］323 号），对外资未经清算就非正常撤资、给我国债权人造成损失等情况的处理，提出了具体指导意见。各级法院对涉及有关情形的纠纷，可以依法立案处理。对于各类涉外商事案件，在处理时要确保质量与效率，公正划分责任，妥善解决纷争。同时要准确把握好依法办案与服务大局的关系，努力实现法律效果和社会效果的统一。

二是要加强调解工作，依法化解矛盾。调解是解决各类纠纷案件的基本手段。在当前复杂的经济形势下，在处理各类涉外商事纠纷案件中，更要特别重视诉讼调解工作，全面强化调解力度，努力以调解方式化解纷争，实现案结事了。对于涉及面广、影响大的纠纷，更要动员各方面的力量开展调解工作，力促当事人间互让互谅，达成调解协议。对于外资撤离而引起职工、供货商群体性追债的纠纷，要加强教育疏导，把握好办案节奏，多做协调化解工作，争取有关部门的支持，坚决避免矛盾激化而引发影响社会稳定事件发生。

三是要切实加强与有关部门的沟通协调，努力形成合力。对于重大、复杂的案件，要积极向党委、人大报告，请求重视与支持。要加强与有关政府部门的沟通协调，共同研究解决实践中发生的问题。对于在审理案件中涉及到各职能部门的，要及时请求他们的配合与支持。同时，要结合办案中发现的问题，及时向有关部门提出司法建议，向党委、政府部门提交专门报告，以促使各相关管理部门不断加强和改进工作。

四是要加强金融海啸影响专题调研，及时研究制定相应审判对策。各中级法院，尤其是受金融海啸冲击最为直接的珠江三角洲地区法院，要把开展“金融海啸对涉外审判工作影响”作为重点调研课题，深入开展专题调研，分析新情况、新问题，研究对策意见。特别是要针对审判中遇到的重大、疑难法律适用问题，积极提出有针对性的解决意见。在开展调研工作中，要紧密结合2009年年初国务院转批的《珠江三角洲地区改革发展规划纲要(2008—2020)》，按照“科学发展，先行先试”的要求，积极研究创新涉外审判工作的新思路、新措施，不断推动涉外审判工作的改革创新。

五是要畅通信息报送机制，强化重大情况报告工作。对于当前涉外审判工作中出现的重大情况及问题，各级法院要及时总结，及时上报上级法院。对于重大、敏感的案件在处理时把握不准的，要及时向上级法院报告请示。同时，对于通过办理案件较好地发挥了为化解金融海啸影响、促进对外经贸活动健康发展的好做法、好成效，各地法院也要积极宣传，以扩大影响，更好地树立人民法院公正司法的形象。

国际金融危机背景下涉诉企业解困司法对策研究

——以浙江法院实践为样本

浙江省高级人民法院课题组

2008年以来，受国际金融危机影响，加之经济结构性、素质性、体制性矛盾日益显现，浙江一些企业经营陷入困境，特别是一些行业龙头企业因资金链断裂引发清偿性危机，直接影响当地经济社会稳定。当前，国际金融危机对实体经济影响尚未见底，部分企业经营困境仍未根本改观。[①] 企业解困是一项涉及政府调控、金融支持、企业治理、司法保障等方面互动有序的系统性工作。课题组以司法保障作用为重点，联系浙江法院工作实际，通过实地调研、座谈走访、查阅资料等方式，系统总结司法参与涉诉企业解困的实践和理论问题，提出相关对策，并力图使研究成果用于指导司法实践。

一、涉诉企业困境在司法层面的投射

（一）涉企诉讼的主要特点

1. 案件增幅大

2008年全年，浙江法院新收民商事案件同比增长31.09%，诉讼标的上升90%以上。其中审结金融类及涉企业债务类案件92892件，同比上升44.4%，占当年全部民事案件24.56%，创历史新高；买卖合同纠纷案件56381件，上升近26.79%；金融纠纷案件27070件，上升40.7%；民间借

① 据浙江省统计局公布的资料，2008年全省生产总值增幅回落超过4.5个百分点，2009年一季度增幅仅为3.4%，同比回落8.4个百分点。

贷纠纷 72332 件，上升 60.56%；劳动纠纷案件 24621 件，增幅为 127.21%。2009 年第一季度，全省法院受理民商事案件 122049 件，同比上升 14.64%。金融纠纷和民间借贷纠纷案件高达 32944 件，同比分别上升 26.61%和 32.79%；劳动纠纷案件 7639 件，增长幅度达 38.7%（见图 1）。个别地区还出现超常规高速增长趋势。

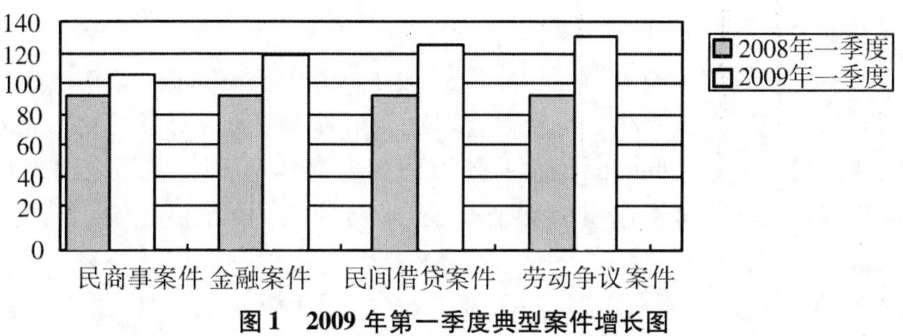

图 1　2009 年第一季度典型案件增长图

2. 系列诉讼多

2008 年以来，浙江法院受理的涉企系列案件显著增多，特别是一些行业龙头企业因资金链断裂系列案件多发，如杭州南望集团、台州飞跃集团、绍兴江龙集团等系列案，不仅影响重大，且案件绝对数大，如江龙集团涉及债务案件就达 800 余件。仅 2008 年，全省就有 10 多家有影响力的大型企业陷入债务危机并涉诉。

3. 辐射影响广

全省涉企案件很多都涉及区域产业链安全、众多债权人利益保护、职工工资及劳动保障、当地经济社会稳定等问题，并交织了很多案外因素影响，如部分涉诉企业主出逃或转移、隐匿资产，企业涉嫌非法集资或吸收公众存款等经济犯罪，个案涉众广等；也引发了利益相关方如供货商、民间债权人、职工等上访或群体性事件，[①] 如杭州建德法院在 2008 年 1 月～10 月受理此类案件 117 件。2008 年 7 月在丽水银泰集团系列债务案件审理过程中还发生了债权人恐慌并冲击高速公路、市县政府办公大楼事件。

（二）涉诉企业的困境

一是资金周转困境。浙江企业特别是民营、中小企业一致存在资金不足

① 童兆洪：《关于发挥司法能动作用努力化解企业债务风险的调研报告》，载《人民司法》（应用版）2009 年第 7 期。

等问题，仅2008年浙江企业资金缺口达到1200亿左右。[①] 因正式金融供给不足，许多企业借助民间借贷、社会集资等途径筹措资金，而不规范融资又使企业资金链形成不良循环并加剧债务困境，引发大量诉讼。浙江法院受理的民间借贷案件2008年第一季度增长幅度就达82.2%，全年为60.56%，2009年第一季度在2008年基础上又增长32.79%，其中诉讼标的金额平均上升2倍左右。一些不规范融资行为还与非法吸收公众存款、非法集资、信用卡诈骗等经济犯罪问题交织。

二是生产经营困境。浙江中小企业比重高达99%左右，其中一些企业经营时间短，资本技术积累、经营管理经验相对不足，应对市场变化能力弱但又趋向盲目扩张。同时浙江企业外贸依存度高达70%，远超全国平均值并高于广东、江苏等沿海省份，企业很容易因需求不足而陷入生产经营困境。数据显示，浙江2008年规模以上工业企业实现利润同比下降11.7%，2009年第一季度工业增加值同比下降5.6%，亏损企业数增加到1.73万家，亏损面达到30%，同比上升6.6%。2008年全年共有2.2万家民企注销，创下6年来最高。全省法院受理金融及涉企业债务案件自2008年起到2009年第一季度，增幅平均达到30%以上。仅2008年就有10余家大型龙头企业因债务危机而涉诉，2009年又有所增加，如第一季度浙江高院就指定集中管辖了杭州华伦集团等3起重大涉企系列案件。

三是转型升级困境。困境企业实现经济转型、方式转变、结构调整、产业升级及优化商品结构，是应对国际金融危机的有效途径。但对诸多中小企业而言，因资金、技术、策略上问题，使之在成功实现转型升级摆脱当前困境方面难以为继。而客观形势变化，继续适用政府救企方式也相对困难。[②] 大量中小企业因条件限制，在转型升级宏观环境下难有作为。如2009年第一季度浙江以民营资本为主的非国有投资增长幅度仅为2.6%，比国有投资增幅低29.7个百分点，法院受理的中小企业为诉讼主体案件明显增多。

① 陈小莹：《浙江全省企业资金缺口约1200亿左右》，载《21世纪经济报道》2008年7月22日，第7版。

② 2008年以来，浙江各级政府在应对国际金融危机冲击，动用公共资源救助企业做了大量工作。但有人认为，政府2008年以来采取的垫资等救助企业的行为属无因管理，同时还牵涉追偿等一系列存在争议的法律问题。参见鞠海亭：《政府垫资后的追偿问题》，载《浙江审判》2009年第3期。

（三）涉诉企业解困需求与司法应对的现实矛盾

1. 涉诉企业困境复杂性与司法能力不足的矛盾

涉诉企业困境的时段性，要求法院按形势发展及时调整工作思路，因时制宜研究相应应对措施；涉诉企业困境的多样性，要求司法拓展审判职能，突出区别对待原则，因案制宜采取相应解困形式。目前，这种解困机制尚未形成：面对涉诉企业困境复杂性，仅靠司法手段无法全部化解；对已造成资金链断裂及债务危机现状，司法因其滞后性很难改变并遏制经济下滑、诉讼剧增且各类矛盾频发趋势；尚未建立涉企案件效果综合协调机制以及对个别涉诉企业借破产、虚假诉讼等逃废债务、恶意处置财产损害债权人利益等甄别破解机制，使司法社会效果难以充分体现。

2. 涉诉企业困境类别性与司法手段有限的矛盾

涉诉企业解困视企业类别注重两个方面：首先按企业维持要求，尽力救助企业，使其及时摆脱当前困境，恢复正常生产经营及运转能力；其次对无发展前景，困境解决耗费资源过多的企业，应引导其退出市场，解决其债务困境和社会负担。就司法对策而言，对如何运用重整或重组、和解等解困方式救助企业的标准和范围上相对有限；而对一些无发展前景、挽救成本过高的涉诉企业，无法妥善运用如破产清算等促其退市。司法手段的有限性不仅困扰企业解困机制有效实施，对自身工作机制也造成影响。如 2008 年全省法院执行案件同比上升 23.66%，其中民商类案件占到 79.45%，而有近 35% 的执行案件以终结执行方式结案，就存在一些涉企案件难以执行的因素。

3. 涉诉企业困境多样性与司法适用困难的矛盾

涉诉企业面临资金周转、生产经营、转型升级等多种困境，困境演化又可能导致企业关停倒闭等。修改后的《企业破产法》确立了适应市场经济发展需求的破产清算、重整与和解等三种制度，是手段多元化的新破产制度。特别是今后政府扶助企业将相对缩减的前提下，司法主导下破产程序运用应成为解决涉诉企业多样化困境的主要司法对策。但目前破产程序在司法实践中并未得以充分重视，成功个案相对较少。2008 年全省适用破产程序仅有 50 余件。除社会及涉诉企业等对破产程序存在片面理解外，法官能力还不能完全适应破产程序之需，与破产案件强调的会议式审理、动态管理等能力还有一定距离，对办理破产案件也存在畏难情绪。在非破产程序运用条件越发困难情况下,[①] 破产程序司法适用的困难，将直接影响企业解困司法对策构建长效机制效应的发挥。

二、浙江法院参与涉诉企业解困的实践

（一）明确工作思路

1. 科学判断形势

2008 年 3 月底，浙江高院党组通过审阅首季度司法统计数据，注意到经济社会发展特别是涉企案件的新动向和问题，及时部署全省 103 个法院院长深入当地企业开展蹲点调研，并走访金融监管机构和行业协会，结合宏观形势变化，分析形势，研究司法对策。

2. 及时建言献策

2008 年 4 月 18 日，浙江高院党组向省委作出《关于运用审判职能，切实贯彻省委“防止我省经济下滑”指示精神的专题报告》。2009 年 1 月又发布《关于充分发挥司法职能，保障经济平稳较快发展的指导意见》，提出 27 条指导性意见，将涉企债务案件审理作为首要部分。全省近 90% 的法院均出台服务大局及企业解困司法应对具体意见。2008 年至今，浙江高院还以《要情专报》等形式向最高人民法院、省委及时报送重大涉企案件情况累计 118 次。

3. 提出工作要求

一是涉企案件中“三个尽可能”原则，即尽可能维持有市场、有发展前景的困难企业、劳动密集型中小企业的生存，尽可能减少有挽救希望企业的关门倒闭，尽可能支持优势企业以兼并、重组、控股等方式延伸产业链、增加核心竞争力。二是涉企案件中“三保方针”,[②] 即“保企业、保民生、保稳定”，主要内容是在涉企纠纷中切实保护社会生产力，保障企业生存发展；在涉企案件中优先保障员工工资落实；在可能引发群体性事件和有重大社会影响案件中加强沟通协调，全力保障社会稳定。

---

① 实践中，涉诉企业解困中非破产程序适用多需要政府提供的公共资源支持（如提供税收优惠、提供土地使用权变性的支持、协调当地龙头骨干企业参与涉诉企业的重组等），但政府对企业特别是民营企业的公共资源支持在合法性方面一直存在争议，另外，如当地资金链断裂企业事件多发，政府在提供公共资源支持方面也会陷入捉襟见肘的境地。

② 2009 年 3 月 27 日，中央政治局常委、中央政法委书记周永康在新华社《国内动态清样》第 1264 期《宁波推出司法‘三保’保稳定促发展》一文上作出重要批示，对这一做法给予充分肯定。

（二）出台解困举措

1. 调整管辖机制

一是调整级别管辖。自 2008 年起，浙江高院分两次对民商事案件级别管辖进行调整，将原由中、高级法院一审的 90% 以上的大标的民商事案件下放到基层法院，为企业就地解决纠纷提供便利。二是调整类别管辖。针对浙江民间借贷案件交织生产经营因素且企业深度介入等特征，浙江高院于 2008 年 4 月开始对民商事案件分工作出调整，首次将民间借贷案件划入商事审判范围，有效把握国际金融危机影响下企业生产经营新情况、新问题。三是实行集中管辖。按统一裁判尺度、平等保护当事人的要求，浙江高院于 2008 年 10 月下发《关于资金链断裂引发企业债务重大案件的集中管辖问题的通知》，并先后对飞跃集团等重大涉企案件指定集中管辖，至今已累计 10 件。

2. 制定具体政策

一是民商事领域，针对融资借贷、财产保险类纠纷高发等实际，结合浙江特点确定全省法院涉及民间借贷、企业间借款合同、金融机构借款合同、典当和财产保险等纠纷案件突出问题处理原则。针对本省金融市场实际，在商事审判中倡导“银企合作”理念①，对涉诉企业因生产融资等需要参与的如“抱团担保、增信”、民间新型合法放贷等金融创新行为，通过审判实践予以肯定支持。二是刑事领域，针对企业陷入资金困境后向民间集资的融资手段增多等问题，2008 年底，浙江高院会同省检察院、公安厅联合下发《关于当前办理集资类刑事案件适用法律若干问题的会议纪要》，提出区分企业集资类案件中罪与非罪的界限，确定不轻易动用刑罚的原则，保护有利于企业发展的民间融资行为。

3. 构建协调机制

浙江法院在处置重大涉企案件中普遍建立党委领导、政府主导、多方合作的协调机制，最大限度、最快速度调动各种资源，形成多元化解的合力，有效处置一大批重大涉企案件。2008 年在全年民商事案件同比上升 26.8%

---

① 根据浙江银监局提供的资料，2008 年浙江全省银行业实现税前利润 901 亿元，同比增长 141 亿元；不良贷款率保持低位运行，不良率仅为 1.58%，低于全国的平均值，贷款损失准备充足率在 100% 以上，信贷资产质量继续保持全国第一。为应对国际金融危机的影响，省委、省政府要求金融机构要强化金融要素保障，认真执行“不抽资、不抽贷、不附加利率费用、不简单处置担保链企业”的“四不要求”，主动帮助企业渡过难关。这是省高级人民法院倡导“银企合作”理念的背景。

的前提下，一审调撤率达到56.4%，2009年第一季度又提升至61%，其中2008年涉企业债务类案件调撤率达到47.3%。一些法院在审理涉企案件时还将企业经营风险防范等作为重点关注环节，积极拓展审判职能采取有效措施，如慈溪法院受理涉企案件后推行走访企业、工商部门及所在地镇街的“三走访”制度等。

（三）评析实证案例

2008年以来，浙江各级法院审慎受理、审理执行涉企业案件，并结合涉诉企业本身不同状况及当地区域产业特征，探索出适应不同类型企业的相应审理模式，形成富有浙江特色做法，以相对积极措施拓展了司法权领域。

1. 杭州南望集团“司法重整式”

南望集团全称为南望信息产业集团有限公司，连续5年位列全国软件百强，市场占有率一度列国内同行业榜首。南望集团因资金链断裂爆发严重债务危机，累计负债高达23亿元。浙江高院及时提出可适用司法重整挽救的建议。杭州中院于2008年5月份受理破产重整申请，并及时成立重整清算小组及管理人。在法院引导下，确定“主业保留＋原股权清零＋债转股”的破产重整思路，形成了重整计划草案。2008年12月杭州中院裁定批准重整计划，目前正按计划积极实施。南望集团系列案是修订后企业破产法实施以来法院首次对规模民营企业适用重整制度的一次探索与尝试，为通过司法主导下破产重整手段化解企业资金链断裂风险提供范本。

2. 绍兴江龙集团“清偿重组式”

江龙集团全称为浙江江龙控股集团有限公司，是国内最大特宽幅印花生产基地，系绍兴印染行业龙头企业。江龙集团盲目融资导致资金链断裂，各关联企业相继停产，总负债达25亿多元。绍兴中院集中管辖此批案件后，确定“确认债权＋拍卖资产＋平等清偿＋资产重组”的思路，按债权抵押与否分类确认清偿债务，仅用40余天完成全部1300余件审执案件的确权清偿，对江龙集团四块实体进行打包拍卖并实现资产重组和生产恢复。江龙集团系列案是浙江以清偿重组方式解救困境企业的第一例，在短期内通过资产重组恢复生产，保护生产力，促成产业调整升级，保护产业优势和市场占有，并同步确保债权人权益和职工权利。

3. 台州飞跃集团“协助重组式”

飞跃集团全称为飞跃集团有限公司，是国内缝制设备行业龙头企业和国际知名品牌企业。受企业规模过度扩张等影响发生资金链断裂，债务总额达20多亿元，多家法院均受理相关案件并采取财保措施。台州中院集中管辖飞跃集团系列案后，确定“集中管辖 + 动态保全 + 协助政府重组等思路。多次参加政府主持的协调会，为企业重组提供法律支持，积极促成67%的案件以调解、撤诉方式结案，并促成债权人主动申请解除财保。2009 年 1 月，飞跃集团核心业务重组成功，负债率降到55%左右。飞跃集团系列案件，是对严重资不抵债、自身重组困难、需外力介入企业重组的典型范例，在平等保护各地债权人基础上，促进了产业整合提升，其重组过程对民企应对金融危机具有“样本”意义。①

4. 绍兴艾尔派克公司“协调解困式”

艾尔派克公司全称为浙江艾尔派克包装材料有限公司，专为三星等著名企业生产产品包装，市场前景广阔。该公司因集中还贷等原因导致资金链断裂，涉及案件 11 件，20 多名债权人，标的额达 5663. 75 万元。绍兴中院指定越城法院对涉该公司案件实行集中管辖，该院确立了“分类甄别 + 保障经营 + 示范协调”的处理方式。即将债权人分为不同类别确定调解方案及对策，以典型个案为示范样本，在政府协助下多次派员做好企业正常生产及职工稳定等工作。艾尔派克公司系列案是对生产经营形势较好，无需重组，仅因资金困境且能短期解决的中小企业快速解决问题的一种思路，即运用诉讼中协调手段给企业缓冲期，使之渡过当前难关，保障正常发展。

5. 综合评析

南望集团等系列案的处理均属浙江法院涉诉企业解困举措的缩影，即顺应当前企业发展形势，依据企业类型及困境特点，通盘考虑案件处置全局，形成不同特点的企业解困方式，主要特点可总结为：一是区别对待。充分考虑企业作为利益相对独立体，其自身环境、内部结构、债权结构、偿债能力及重整或重组生产要素、发展前景等区别，对此进行必要司法甄别，如对债权人分歧小、债权债务清晰的南望集团选择破产重整程序；对债权复杂、优势资产突出且政府支持力度大的江龙集团、飞跃集团等选择非破产重组程序；对企业规模不大、债权复杂的艾尔派克公司选择诉讼协调程序等。二是企业维持。南望集团等为代表的浙江法院参与企业解困方式，均体现了保障企业存续的宗旨，即优选重组、重整或和解方式，避免机械套用审判或破产程序。在保护生产要素前提下，对债权人权益做适度调整。三是利益平衡。将企业解困视为利益综合共同体，充分考虑涉企案件中企业本身、债权人、职工、供货分销加工商及社会公众的不同利益需求，进行综合平衡。如江龙

---

① 胡作华：《从“危”到“机”飞跃集团成功重组的“样本”意义》，载《浙江日报》2009 年 3 月 4 日，第 3 版。

案件中与政府协调由其筹措资金发放数千职工工资，并在最短时间内将优质资产打包拍卖实现重组并恢复生产等。

三、司法参与涉诉企业解困的若干对策

涉诉企业解困司法对策提出首先与坚持能动司法紧密相关，又体现在司法政策、司法机制等方面。具体措施上，又应以司法重整为重点，按企业解困需求，对不同类型企业采取相应司法对策，即理念、政策、机制、方式四位一体，形成发挥司法职能实现涉诉企解困的立体式图景。

（一）坚持能动司法

1. 能动司法的理论解读

在国际金融危机背景下，能动司法是司法参与企业解困的基本理论依据，体现了司法权介入企业治理、调节社会利益平衡的新思维。一是司法权对传统被动性的超越。能动司法强调现代社会中司法的主动调适性，关注当前形势反映到司法层面的变化态势，使司法运作契合社会经济形势，体现了司法的工作态度和思路，与程序上严守被动性并不相悖。[①] 司法参与企业解困即司法应深入关注涉企个案背后经济发展或社会稳定等因素，能动地采取司法措施，达到解决纠纷、维护公平及秩序、促成秩序重构、多方利益平衡等目的。二是司法对传统裁判功能的拓展。能动司法的提出使司法不仅关注个案裁判，更体现司法对社会利益之调控，使司法成为积极介入和干预社会生活的力量。司法参与企业解困体现了法院独特司法引导功能，即拓展介入社会生活广度和深度，能动参与涉企案件诸多利益调节，对涉诉困境企业利害关系人利益进行综合保障，彰显了司法价值取向从“当事人利益本位”向“社会利益本位”转变。三是司法对传统救济功能的延伸。从能动司法角度，司法不仅应救济权利，还应实现带有社会发展前沿性质的实质社会效果。就涉诉企业解困而言，司法功能体现在通过诉讼载体，将涉企案件放到区域社会经济发展、产业要素转型升级、企业抵御风险机制等范围上认识，实现涉企案件关联方利益平衡和社会效益最大化之统一。

2. 能动司法的实践内涵

一是把握能动范围。对涉企诉讼还应关注困境企业现状、发展态势和解困长效机制，将司法职能延伸到个案司法过程外，探索企业解困长效机制；

---

① 陈东升：《应对金融危机，浙江探路“能动司法”》，载《法制日报》2009年6月9日第4版。

同时如司法政策创新、司法机制调整、法官队伍建设都应放到能动视野中审视，对法院内部职能环节也应进行必要整合。二是把握能动时间。在企业涉诉前，加强企业风险防范预警，通过司法事前介入，帮助企业把握解困时机；涉企诉讼中，应慎用强制措施并加强利益衡平与协调，并坚持案件中调解优先处置原则；涉企诉讼外，以司法实践加强信息研判，及时向党委政府及涉诉企业提出司法建议，建立防范长效机制。三是把握能动界限。一方面能动司法应讲究协同，既提倡司法在企业解困中的能动，又发挥司法外因素在资源调配、维稳等方面作用，形成党委领导、政府主导、多方协作的企业解困合力机制；另一方面能动司法必须依法，即在合法合规原则下适度延伸职能空间。

3. 能动司法的效果展现

能动司法效果应体现在救企业、保民生、维稳定等方面，在个案纠纷之外通盘考虑多方利益，能动参与企业解困工作。具体而言，将企业维持作为首要考虑因素，优先选择重组重整等企业重生方式；跳出个案思维而转向注重企业经营者、债权人、职工、政府及公共机构及其他利益相关者利益平衡，重视并保障、改善民生等；整合相关力量建立综合维稳机制，妥善处置企业因资金断链陷入债务危机诱发的集体哄抢、群体上访、围堵政府、堵截交通等涉企涉众型群体性事件，并稳妥处理涉及困难企业、农民工和职工、股市楼市投资受损及非法集资受害者等群体性案件。

（二）创新司法政策

在当前宏观经济形势下，法院应根据形势变化及企业困境特点及时调整司法政策，综合多方因素，在妥善化解企业困境基础上合理兼顾各方利益。

1. 提倡诚实信用与情势变更之平衡

国际金融危机背景下，企业间合同纠纷案件大幅度上升，而以情势变更为由单方主动违约，规避交易风险现象时有发生，对企业经营带来影响。法院应充分考虑当前形势下涉企案件背景和实际情况，一是应慎用情势变更原则，严格区分情势变更和正常的商业风险，尽可能维护合同稳定性，均衡合同双方风险利益；二是充分考虑国际金融危机影响突发性和对企业实际影响，对确实发生当事人在订约时无法预见、非不可抗力造成，继续履行可能明显不公或不能实现合同目的的，应在综合全案情况，按公平原则结合案件实际情况确定是否变更或解除。

2. 维护金融安全与企业生存之统一

当前形势下，司法应将对金融安全保护与企业生存统一起来，在强调保护金融安全同时，又着眼于企业融资困境的解决，提倡银企合作及共渡难关意识，以此确定相应司法对策。一是结合本地金融市场实际，在银企合作理念指引下加大对有市场、有效益但资金暂时困难企业的信贷支持，针对涉企金融债务案件确定相对灵活的裁判思路。重视对金融机构无正当理由不依约发放贷款、金融机构违约停止放贷、提前收贷以及金融机构自愿就借款本金的归还期限、利息减免等问题与债务人达成协议行为的处理。二是在审理金融不良债权转让案件中，应按最高人民法院《关于为维护国家金融安全和经济全面协调可持续发展提供司法保障和法律服务的若干意见》和相关司法解释、司法政策规定和精神，突出最大限度保护国有金融债权的同时，又加强对转让标的等方面审查，保障涉诉企业合法权益。

3. 保障金融创新与打击非法借贷之兼顾

国际金融危机背景下，企业间借款等民间借贷纠纷案件明显增多，特别是民营企业因融资困境而深度介入民间借贷，创新性融资或非正常渠道借贷手段运用增多，相关纠纷随之上升。法院在审理涉企案件中，对企业间为生产融资目的且具有区域特色的金融创新行为，如审查未违反法律、行政法规等强制性规定，应当予以支持，并通过审判实践引导规范。严厉打击集资诈骗、非法吸收公众存款等金融犯罪行为，努力挽回国家和被害人经济损失，对涉及众多被害人案件，应配合政府等做好善后工作。

（三）完善解困模式

因企业规模、治理结构、债权结构、陷入经营困境内外部原因、外部影响差异性等原因，决定了针对不同时期不同类型企业适用不同解困模式，具体方式上又有破产重整、重组、清算等方式。从企业解困司法对策重点及企业发展机制等角度，司法主导下破产重整机制应成为当前重点推进模式，其他模式作为必要补充，形成针对不同企业的司法解困模式。

1. 司法重整解困模式

重整是针对处于困境但有希望复兴企业实施的旨在挽救其营业的再建型特殊法律制度。破产重整是修订后企业破产法重要的制度创新，系在法院主持下进行，属司法主导型的企业解困方式，又可称为司法重整。对法院而言，司法重整对破产程序中企业解困具有相当意义，它为利益相关方提供博弈平台，对企业治理介入更为直接，强制性相对突出，更能显示法院主导作用。在目前金融危机背景下，企业面临转型升级压力，公共资源在扶助企业方面将更趋谨慎，而司法作用会日渐凸显，故破产重整机制应成为拯救涉诉企业和化解涉诉企业困境的经常性机制。从规范完善角度，当前应从以下方面推进司法重整：加强对困境企业指导和引导，使涉诉企业根据经营实际优选重整手段，对同时提出破产清算和重整等申请的，优先考虑重整，并通过涉企案件审理引导当事人走重整程序；重整计划应突出对“企业重整”内容审查，重点放到通过持续经营恢复盈利能力以此完成债务清偿和可执行性上，通过法院对重整程序控制权进行适度干预；对符合规定且有利于企业重生的重整计划可强制批准。并在计划通过后加强计划执行的监督，对久拖不决或效果较差的重整，应及时裁定终结。

2. 和解协调等解困模式

重整制度虽能使企业重生，但存在程序复杂、费用高昂、耗时较长等缺陷，目前适用仍不广泛，故对一些政府扶持、优质资产明显、重组耗时不长、规模不大等涉诉企业，可考虑采取和解、清算①以及重组等其他解困模式。

（1）和解协调模式。和解协调方式即破产和解和一般诉讼中的协调，总的特点在于通过债权人谅解让步等形式，帮助企业摆脱困境。破产和解可适用于已进入破产程序，但债权人、债务人分歧较小、企业有一定挽救可能、通过破产清算程序社会效果不佳的中小企业；对一些资金困难，但有一定软实力如品牌、技术的企业也可考虑。在破产和解程序中，法院可通过减免债务数额、延长债务履行时间、合理限制担保物权的行使方式等方法，尽力促成和解，为债务人再建提供机会。协调主要适用于债权债务清晰、生产经营正常、未进入破产程序的中小企业，主要通过债权人让步，给予债务人偿债缓冲期，使其渡过当前资金困境等目的，在协调方式上可采取分类协调、优先协调、多头协调等方式。

（2）非破产重组模式。非破产重组涉企业解困模式主要指企业自主或政府主导型重组方式，法院作用主要在于通过相关涉企案件审理和执行、参与协调相关问题、提出司法建议，以及协助党政部门做好维稳工作。非破产重组模式中应将司法保障作为关键点，积极创造并保障重组实现条件。可利用集中审理执行涉企案件契机，可通过积极协调案件利益关系、妥善处置困境企业职工追讨工资及供货商集中起诉等群体性纠纷案件、保证重组方案合法合规角度提出司法建议等手段扫清重组障碍。同时应将司法助推作用作为

① 破产清算是企业退出的典型形式，从法律逻辑上讲，破产清算的最终结果是企业法人主体的消亡，似乎与“企业解困”无关。但是，通过破产清算，消灭了既存的债务关系，通过存量资产的拍卖，重新安排破产职工就业，实现生产力要素重新组合，也可作为一种广义的“企业解困之道”。

切入点，体现法院对企业重组部分参与性。法院应通过重组时机把握、优化组合重组主体以及协助选择重组方式等三方面的司法介入，积极推动企业重组实现。

（3）破产清算模式。涉诉企业解困应立足于企业重生，但对产能落后、企业发展前景不佳的企业，应尊重市场经济必然规律，及时通过破产清算等程序让其退出市场。破产清算即以债务人全部财产对债权人进行公平清偿司法偿债程序。法院应将该模式对象限定在对重整、重组和和解协调无望，且无发展前景的企业，主要任务应定位于资产有效变现、债权公平清偿、职工妥善安置、资源优化配置等方面。

3. 解困模式实现之保障

随着司法作用日益凸显，以重整为重点的破产程序解困模式应成为企业解困司法对策的重点，从进一步完善的角度，应加强以下两方面保障：一是机制保障。合理配置涉企案件审判、执行和破产案件审判中的人力资源，改革破产案件考核方式，使司法重整得到法院和法官的充分重视；法官应加强对破产审判业务学习，增加对企业管理、经济学及社会学等内容了解，具备一定经济社会管理能力和商业判断能力；同时还应通过案例公布、媒体报道等渠道展示司法重整程序优势。二是体制保障。建立怠于履行清算义务民事责任诉讼、清算程序和破产程序的“制度接口”。通过加强对怠于履行清算责任的董事、股东和实际控制人责任追究，积极引导债务危机企业通过清算途径清偿债务；重视公司强制清算案件、公司解散案件的审判，引导债务危机企业通过清算途径清偿债务，清算中发现资不抵债的，则及时转入破产程序，[①] 并同步推进司法重整实现涉诉企业解困；重视破产与执行程序的对接，对已确定资不抵债，处于名存实亡状态企业，应依法启动破产程序，并将相关执行案件终结执行。

（四）构建工作机制

涉诉企业解困具体路径之选择与实施，需要通过相应机制予以保障。总的方面，应按司法协同理念建立统筹协同机制；分的方面，将化解涉诉企业风险作为切入点，建立包含涉诉企业风险防范、预警、应急和处置等方面的

---

① 最高人民法院《关于适用〈中华人民共和国公司法〉若干问题的规定（二）》（法释〔2008〕6号）、《公司法》第188条第1款、最高人民法院《关于债权人对人员下落不明或者财产状况不清的债务人申请破产清算案件如何处理的批复》（法释〔2008〕10号）都是股东民事责任和清算程序、清算程序和破产程序的“制度接口”的原则规定，但目前仍存在商事审判工作机制协同功能发挥不足的问题。

工作机制。

1. 统筹协同机制

首先是对外联动机制。重视党委领导下政府主导的协作机构作用，法院主要发挥司法保障和法律服务等工作以及涉诉企业的司法重整、重组过程中的促进工作；及时排查、消解各种不稳定因素，维护涉企案件的审理秩序，对政府主导债务处置和企业重组工作依法提供司法保障。其次是对内协作机制。在法院内部注重司法应对措施整体性，加强上下级法院和同一法院不同部门之间沟通协调，加强审判信息传递、法律观点沟通和法律适用协调，统一司法尺度，平等保护当事人；进一步强调同一法院内不同审判部门之间在受理、审理和执行同一企业同类案件协调统一。

2. 风险防范机制

一是，司法强制适度。坚持债权债务人利益兼顾、原则性灵活性相结合等原则，在合法合规前提下慎用司法强制措施。可多采取“动态查封”① 等方式，尽量不影响企业正常生产经营；对保障正常经营和职工工资基本账号等不应查封冻结；对涉诉企业法定代表人、高管等，非经必要尽量避免采取强制措施。二是，司法程序简化。一方面坚持调解优先，对矛盾对立不大、企业生产正常的企业，力求通过调解、和解、协商等多种形式，并借助人民调解等其他社会力量化解。另一方面可建立特定涉企案件快审快执的绿色通道制度，并通过巡回审判、简易程序、预约开庭、司法救助等方式提供司法服务。三是，司法职能延伸。加强诉讼指导和风险释明力度，定期深入涉诉企业走访调研，举办法律讲座、案例研讨、现场答疑、诉讼指导等，帮助涉诉企业增强抵御金融风险能力和维权意识，并提出相关司法建议。

3. 风险预警机制

一是，建立信息网络。法院系统内部建立涉诉企业债务案件受理台账制度，及时掌握涉诉企业债务情况，并在上下级法院之间、院领导与业务庭之间、各部门之间进行互通共享，同时加强与劳动、工商、经贸、税务等部门就涉诉企业信息通报协调以及向金融监管部门通报涉诉企业金融案件数据等工作，有效防范和化解潜在企业风险。二是，实行信息报告。在立案和审判过程中，对如债权人众多、高管出逃等典型涉企纠纷及时逐级上报并定期监控，确保信息渠道畅通。同时考虑将执行信息由立案、审判部门共享，以及时掌握涉诉企业风险情况。三是，加强信息研判。密切关注因宏观经济环境

① “动态查封”措施主要措施如对查封扣押的财产可根据需要让被查封人在确保不转移的前提下继续使用，对租赁房屋可继续承租，或促成双方以抵押、入股等方式实行担保和回报。

变化在司法领域出现的各种新情况和新问题，分析是否存在可能影响社会稳定因素，提升对各类敏感问题发展趋势预测能力。

4. 风险应急机制

一是资产保全。对资金链断裂、拖欠债务较多、明显丧失偿债能力企业，果断采取财产保全措施，保护现有资产，防止企业抽逃或转移；对出现暂时资金困难但发展前景较好且一定时期内能恢复生产的企业，尽量使用“软性”保全措施，保护核心资产，为重组、重整或和解创造有利条件。二是人员控制。对可能或已经逃匿的涉诉企业法定代表人、股东和高管人员，应根据当事人的申请或依职权，在公安机关支持下及时采取“边控”、“注销护照”等措施，对相关人员进行有效控制。三是职工稳定。除加强教育引导、稳定涉诉企业职工情绪外，将解决职工工资偿付放到重要位置。可视具体情况从保全财产中提取资金用于支付职工工资，必要时可通过由涉诉企业主管部门或其他政府部门先行垫付或欠薪应急周转金等形式解决。

国际金融危机司法应对研究

北京市第二中级人民法院课题组

为摸清金融危机背景下本院及辖区法院涉及金融危机案件的情况，准确把握新形势下审判工作面临的新情况、新问题，找准法院工作服务大局、服务发展的切入点，贯彻落实好“保增长、保民生、保稳定”的战略决策。市第二中级法院先后召开本院及辖区法院应对金融危机、辖区金融机构、辖区企业代表等座谈会及辖区法院审判工作片会，深入社区、企业、农村并建立定向沟通机制等多种方式进行调研，了解经济发展新情况以及涉金融案件发展新动向，了解金融危机对法院民商事审判、刑事审判及执行工作的影响。二中院对审判实践中的新情况、新问题进行摸底、总结和预测，对本院民商事和涉金融刑事等案件的受理和审理情况进行逐一访查，对临空产业区受金融危机影响的案件类型进行汇总和分析，初步摸清了金融危机对本院及辖区法院民商事审判工作带来的新问题和新挑战，收集了金融危机背景下本院及辖区法院审判工作的相关数据，采集了相关典型案件的样本资料。在此基础上，该院进行了专项调研。

一、该院及辖区法院涉金融的民商事、刑事案件呈加速上升趋势

1. 房地产纠纷呈井喷态势

表现为：一是收案数量猛增，该院2009年第一季度收案同比增加407件，较前一年的整体增加量还高出将近一倍；二是房地产买卖合同案件增势不减，增幅达到52.42%；三是商品房预售案件波动较大，在2008年持续平稳滞后进入2009年迅速攀升。房地产案件出现井喷态势的原因主要同国家的经济形势和房价的波动存在关联，同金融危机也存在一定的关联。比如，房地产企业的资金链断裂所造成的纠纷。

2. 劳动争议案件猛增

劳动合同纠纷类案件上升幅度最大，索要加班费、未签合同的双倍工资、解除合同的经济补偿金类案件上升最为明显。该院 2007 年收案 1670 件，2008 年收案 1801 件，增长率 7.8%。2009 年更呈加速上升的态势。造成劳动争议案件整体收案量大幅攀升的原因主要在于：一是诉讼成本降低，劳动者维权意识提高。二是企业长期以来用工不规范，尤其是中小型企业缺乏有效的监督管理。三是《劳动合同法》对劳动者更严格的保护，以前没有过的双倍工资、经济补偿金、加班费类案件新增。此外，当前经济趋势的影响也是一个重要的因素，如经济下行局面下企业经营困难，导致裁员或者不愿意续签劳动合同，从而引发劳动合同解除纠纷，还有是企业效益不好，对工资、奖金、加班费的及时发放带来影响。

3. 金融债权案件形成诉讼高峰

金融危机形势下，国家的宏观金融政策出现变动，2008 年以来，政府为防范金融风险，采取“双紧”的金融政策，银行紧缩信贷、紧缩货币政策，加大清收金融债权力度，加快处置金融不良资产速度，加速贷款到期，提前解除合同收贷；很多企业经营资金周转困难，不能正常还贷；各市场主体消费水平下降；国内资本市场持续低弥；社会公众对保险产品需求下降，等等。这些都直接导致法院受理的各类金融案件进入诉讼高峰。

4. 公司破产类案件数量日益攀升，审理难度增加

2007 年该院审结公司类案件 138 件，2008 年审结 141 件，2009 年第一季度审结 188 件，案件数量上升趋势明显。2008 年该院审查破产案件 33 件，与 2007 年同比上升 57%；立案受理 20 件，同比上升 43%；审结 19 件，同比上升 73%。2009 年 1 月和 2 月，该院已立案受理 15 件。随着金融危机的影响向深度延伸以及新《企业破产法》的进一步实施，破产案件量还将继续攀升，审理压力必将继续增大。

5. 借贷类案件急剧上升，违法、犯罪苗头频现

2008 年该院新收借贷纠纷案件 1094 件，较 2007 年同期的 921 件上升 18.8%。2009 年，上升趋势更加突出。而伴随着借贷类案件尤其是民间借贷类案件的上升，是一些和借贷相关的违法、犯罪行为出现，比如民间借贷高于银行利息以及非法集资的案件频现。又如该院在过去两年审理的“碧溪广场非法吸收公众存款”案和“亿霖木业非法经营”案等等。案件的潜因主要是，2008 年国家紧缩银根造成很多企业不得不以高额回报为诱饵通过民间借贷的方式举债，甚至有些企业采取高额回报的非法集资方式来获取资金。

6. 金融类刑事案件高发，社会关注度高，审判要求提高

2008 年该院共受理金融类犯罪案件 22 件，其中一审 9 件，二审 13 件。2009 年第一季度，该院已受理金融类犯罪案件 17 件，其中一审 9 件，二审 8 件。在审理这类案件过程中，往往涉及的主体众多，社会关注度高，审理难度加大，审判要求提高。

二、受金融危机影响出现许多新类型案件，给审判带来了一系列新问题

1. 房地产虚假按揭贷款案件开始暴露，给金融安全带来隐患

开发商以虚假合同大量套取银行资金用于工程建设或筹措资金，金额往往达数千万元甚至上亿元，并涉及多家银行。表现形式往往为以公司员工或亲朋好友按揭购房为名与相关银行签署借款、抵押合同，所借款项全部由公司实际使用。这些案件暴露出部分商业银行在个人住房贷款发放方面存在严重漏洞，潜在影响：一方面，此类问题一旦形成规模，将可能形成连锁反应，危及金融安全和社会稳定；另一方面，如果此类问题出现纠纷，或者房地产商经营管理出现问题，则会出现银行要求还款的一系列纠纷，则必然会带来审理难度，产生很大的社会影响。

2. 出现了许多受金融危机冲击的新类型金融纠纷案件

由于金融市场主体对经济形势变化和金融业各种应对举措都相当敏感，往往反应迅速，致使新情况、新问题应运而生。与此同时，受国际、国内股市低位运行影响，金融创新所产生的委托理财、投资咨询纠纷等新型案件增多，今后可能还会出现一些“应势而生”的新型案件。如金融危机引起多种外币大幅贬值，导致相关金融理财产品经营亏损，很快出现了国内投资者要求外资银行赔偿损失的诉讼。比如，东城法院审理的刘南诉荷兰银行北京东方广场支行委托合同纠纷案件。此外，花旗银行、汇丰银行等多家外资银行，都有类似或者其他类型的金融理财产品，相关新类型诉讼必然会逐步进入审判领域。

3. 信用卡纠纷案件急剧上升

在金融危机背景下，各金融机构均对信用卡进行了严格的管理，银行对债券资产的维护力度进一步加强，从而使前期办理信用卡业务之初对客户还款能力不作审查或只作形式审查工作进行补正，而之前信用卡发放的随意性导致信用卡欠款无法收回的纠纷也增多，持卡人恶意套现也造成银行不良资产增多，纠纷增加。同时，受金融危机影响，一部分白领持卡人未改变消费习惯，但还款能力降低，导致纠纷形成。这些均使信用卡扩张中隐含的矛盾

凸显出来，使法院收案量上升，相关审判庭的审理压力加大。

4. 外贸进出口合同和信用证垫款纠纷诉讼大量涌入法院

受金融危机影响，很多外向型企业和中小企业纷纷面临亏损倒闭，经营承受能力到达底线，对市场交易风险产生恐慌心理，于是便以情势变更、不可抗力、履行抗辩等理由单方主动违约、毁约，规避交易风险，降低亏损。这种现象又引起贸易保护主义抬头，信用证经常被无故或者非正常性止付，造成国内金融信用和企业信誉在境外的恶劣影响。同时也导致外贸进出口合同纠纷案件、信用证纠纷案件不断增加。比如该院于2008年底集中受理的9件由原告公司垫付信用证项下货款损失共计2.7亿元人民币的案件。未来这类案件以及类似案件还有继续增加的趋势。

5. 外资撤离外逃所引发的案件不断出现，并可能大量出现

调研发现，在金融危机影响下存在一些外资撤离外逃的情况，尤其是顺义的临空产业区的情况更为突出。在金融危机冲击下很多韩资企业由于抵抗风险能力不强，无法继续经营，韩方投资人在没有清算债务以及申报破产的情况下，采取非正常手段悄然撤离，一夜之间蒸发，只留下一些价值不高的设备、机器和拖欠的巨额工资、货款等债务，给当地经济、社会生活带来了不稳定因素。如朝阳法院审理的供货商诉喜买得商业有限公司（韩资）系列案件（共24件）。这些企业在国内的业务配套企业众多，企业撤资又直接导致了配套企业，特别是中小型企业逃废债务现象大量出现，出现连锁效应。因此，如何规范引导外商投资行为，有效防范外商投资者非正常撤资和恶意逃债风险，妥善处理相关群体性事件，从而避免这些案件上升为外交事件，都是亟待研究解决的问题。

6. 破产案件出现一些新问题，强制清算案件呈山雨欲来之态势，提出很多新的审理要求

据银监会、证监会和保监会三大金融监管机构通报，2009年，部分银行和保险公司的基层分支机构、信托投资公司、集团财务公司等金融机构、上市公司申请司法破产，与之相应的破产案件大幅增加。目前相关法律规定缺失，新情况、新问题必然连锁出现。尽管该院已经开始这类案件的审理和探索工作，但是在金融危机背景下，面对更多的案件，如何妥善处理，争取多赢，亟待关注和研究。如对于破产申请人的问题。破产程序的启动一般始于债权人或债务人的申请。在现实中，由弃厂逃匿的债务人申请破产不太可能。而债权人选择启动破产程序就可能意味着为数甚少的破产财产还要按比例清偿债权，因而许多债权人不愿提出申请，宁愿早起诉早执行，以期得到更多的利益。法院也只能以普通债权债务纠纷的方式处理，并尽可能兼顾各

方利益，参照破产程序有关财产清偿顺序和分配方式进行处理，这可能会导致对知情晚、起诉晚、申请执行晚的债权人保护不力。

7. 受国际金融危机影响，物流类纠纷案件数量骤升

调研发现，北京作为全球性和全国性商品中转中心，受金融危机的影响商品物流方面的纠纷呈现高发态势。比如，顺义的临空产业区是受金融危机影响比较典型的地区，在顺义法院2009年第一季度收案中，物流类纠纷数量同比上升55.5%；其中，物流公司作为原告追索运费的案件数量上升明显，占新收物流类纠纷数量的50%，同比上升75%；拖欠运费的被告由2008年的以物流公司为主，转变为2009年的以物流公司服务的客户为主。

8. 群体性案件和系列案件频发，并有可能进一步呈现大量增加的趋势，法院维稳任务加重

2007年，该院民一庭共受理群体性案件28起共计928件，2008年则增加到49起1176件，增加21起248件，涨幅达到27%，远高于同期总体收案数量的增幅6.07%，2009年同比上升近10%。同时，涉企业系列债务案件显著增多，特别是一些破产案件、企业资金链断裂引起的系列案件以及企业主撤资外逃案件，这牵动多方的利益，而这些利益主体一旦起诉到法院，则必然形成系列案件。群体性案件和系列案件决定了此类案件诉讼主体由个体向群体化转变，亦会引起广泛的社会影响和关注，无形中加大了审理难度：其一，发生纠纷，由于当事人众多，矛盾容易激化，很难调和，容易形成不稳定因素；其二，由于金融危机的影响，当事人对对方的履约能力往往没有信心，不愿意与对方达成调解协议，加大了法院的调处难度；其三，外资撤资外逃案件由于被告找不到，给审理带来一系列新问题，增加审理难度，并对未来执行也带来新的挑战。

三、多措并举积累应对金融危机司法审判经验

面对金融危机下多种矛盾交织的复杂局面，该院坚持以科学发展观为指导，强化服务大局、为人民司法的意识，以保增长、保民生、保稳定为工作重点，积极应对。通过预测和分析该院及辖区法院面临的形势和任务，在总体上对金融危机背景下审判、执行工作所面临的形势有所把握，合理安排审判力量，积极做好相关案件的审理工作，并为此积累了一些应对金融危机的经验。

1. 坚持“两重视”，重视请示汇报，重视思想教育

金融危机特殊背景下必须格外重视请示汇报，坚持重点案件请示汇报制度。面对新型金融经济案件审判中的新情况、新问题，必须坚持党的领导，

将金融危机背景下的审判工作放在国家大局事业中来谋划；在面临重大疑难案件时，必须及时向市委汇报，在市委的统一领导部署和协调下开展司法工作。

金融危机特殊背景下必须格外重视思想教育。在金融危机冲击首都经济的背景下，将社会主义法治理念的教育与学习“东营经验”、争创“人民满意的政法干警（单位）”和积极应对金融危机挑战的工作结合起来，并围绕“人民法官为人民”主题，通过加强同人民群众的感情联系、加强审判作风和党风廉政建设、着力提升司法公信力等方面，为打好金融危机背景下审判工作的“漂亮仗”，夯实了坚实的思想基础。

2. 发挥“能动司法”，实施多点联动模式，强化司法服务功能

法院在金融危机背景下必须强化能动司法，重在落实服务司法、积极司法、创新司法与衡平司法的理念。践行这些理念，开展能动司法活动，提倡立足司法职能，体现司法规律，坚持多措并举，注重实际效果。发挥司法服务职能，实施多点联动模式。在争取党委、政府支持的同时，同金融、劳动、社会保障等部门协调，并将法院内部立案、审判、执行部门的积极性调动起来，为审理案件创造良好的环境。建立由法院及相关部门联合组成的联动协调机制，妥善处理涉金融危机案件，主动为各相关部门做好司法服务，认真实施能动司法。及时提出司法建议，缓解金融危机后果。法院要调动司法资源，及时维护金融机构及当事人的合法权益，最大限度地帮助辖区内企业避免金融危机冲击。要经常召开辖区金融机构座谈会，听取各方意见，了解企业困难，解答有关司法疑惑。在此基础上，法院要及时通过司法建议方式帮助企业转换经营思路，促进企业完善法人治理结构，从而为企业缓解危机、摆脱困境发挥重要的司法服务作用。实施为民司法模式，降低司法审判重心。在金融危机背景下，法院必须降低司法审判重心，必须坚持为企业和为人民服务的方向，变被动为主动，主动与政府有关部门、社区、重点企业联系沟通，深入企业调查摸底、座谈，积极实施“三下乡”的为民司法模式。

3. 维护企业利益，力行“蓄水养鱼”模式

司法工作者要深刻领会最高人民法院从“保稳定、保增长、保民生”的大局出发而提出的“蓄水养鱼”观念，理解“只有企业搞活，市场才能搞活；只有企业发展，经济才能发展；只有企业稳定，社会才能稳定”的指导思想。处理金融危机背景下的金融经济案件和纠纷，必须实现审判“无震荡”的目标；做到原则性和灵活性相结合，强化诉讼救济措施，对需要及时处理的涉金融经济案件，要适用快立、快审、快执的“绿色通道”；

要建立涉及企业债权人和职工因债务纠纷而产生的突发事件应急处理机制，降低不良影响；要根据金融经济案件的不同特点，采取灵活措施，妥善保护债权、债务双方的合法权益，尽最大力量扶持、引导、帮助困难企业渡过难关，最大限度地减少和缓冲企业生存发展受到的冲击，努力促进经济平稳发展。

4. 创新司法模式，圆满审结破产案件，实施分段执行方法

法院要敢于应对新形势下的新挑战，积极开拓创新司法模式。该院圆满审结多起国有企业破产案件，为促进国企改革，优化资源配置，发挥了重要的作用。比如，该院成功指导召开中国科技证券有限责任公司破产案债权人会议，通过第一次财产分配方案。又如，该院及时受理了华夏证券股份有限公司破产清算申请，顺利召开200余人参加的第一次债权人会议，这标志着我国行政清理完毕的证券公司可以进入破产程序，由法院来实施其市场退出机制。这些案件的审理，均为我国相关司法案件审理工作提供了有效的模式和鲜活的经验，受到学界、司法界的高度评价。在执行工作中，该院敢于创新，实施分段执行模式，对于清理积案，完成执行工作发挥了重要的作用。

5. 加强案件稳控，化解金融经济风险，力保稳定和谐司法

法院必须严格落实对金融经济案件纠纷进行风险因素的认真梳理工作，对于众多债权人向同一债务企业集中发动的系列诉讼、企业破产清算、群体性诉讼等可能影响社会安定、稳定的案件，要及时向本院领导、上级法院和当地党委汇报，争取支持，把握主动，防患未然。法院要依法稳妥处理因金融危机引发的企业兼并、破产重组、产权转让、裁员欠薪等各类案件，及时化解影响社会稳定的风险因素，力保稳定和谐司法。

四、下一步应对金融危机的审判工作重点

1. 更新裁判理念，充分发挥司法保障作用

面对金融危机的冲击，审判人员要积极调整司法策略，正确认识处理债权保护与维护企业生存发展的关系，充分考虑企业的承受能力，依法稳妥处理好每一起案件，最大限度化解利益冲突和社会矛盾。具体包括：增强案件调解意识，要加大调解力度，有效化解矛盾，积极引导涉诉方共渡难关；维护企业正常运行，对于因资金链暂时断裂但技术先进、产品有销路或者职工人数众多的劳动密集型企业，要耐心细致做债权人的工作，努力维护企业的正常运行；慎重采取保全措施，对企业采取保全措施时，务必要谨慎，尽量采取活封等方式进行保全，对企业正常生产经营以及发放职工工资所需资金不轻易划扣等；促成企业重整再生，企业因资不抵债进入破产程序的，要在

破产程序中积极引入破产重整盘活企业，努力促成有发展前景的企业实现“再生”；力促劳动争议双赢，对于劳动争议案件的审理，要认识到企业存在才是劳动者最终的福祉，维持企业生存和正常运营最终也是有利于劳动者的利益。

2. 统筹协同司法，建立内外联动协调机制

妥善处理涉金融危机案件，单靠法院或者法院内部某一个部门的力量是远远不够的，要加强多方的沟通协调。一是法院外部联动。努力建立由法院及相关部门联合组成的联动协调机制，积极争取得到当地党委、政府的支持，积极建议党委、政府尽早出台涉诉企业的一揽子解决方案，法院配合党委、政府有效实施相关对策措施，同金融、劳动、社会保障等有关部门进行协调沟通，确保涉案企业、员工生存发展的困难和问题得以妥善协调处理。二是法院内部要联动。要加强立案、审判、执行部门的协调配合，确保同一案件在立案、审判、执行部门的业务处理一致。三是法院内外联动。在涉群体性案件上，积极争取党委、政府相关部门的支持的同时，还要同金融、劳动、社会保障等部门沟通协调，并将本院内部立案、审判、执行部门的积极性调动起来，为审理案件创造良好的沟通协调环境，争取尽快实现群体性案件案结事了。

3. 推广分段执行模式，强化执行工作联动机制

以维护人民群众利益为根本，以科学分解和优化配置执行实施权为内容，以强化监督制约、提高执行效率、促进执行公正为目标，建立符合规律、遵循法律、契合民意的执行流程管理机制，为建设公正高效权威的社会主义民事执行制度奠定基础。继续推广分段执行的做法，将执行工作分为财产查找查封、财产变现等不同环节。一方面通过分权制约，维护司法公正；另一方面通过集约执行，提高工作效率。

4. 树立能动司法理念，倡导为人民、为大局的司法理念

增强司法审判的政治意识，强化为大局服务的司法理念，要把法院工作放到时代发展大背景下来思考，放在党和国家工作大局中来谋划，强调司法审判为人民、为大局服务的政治意识，避免就案办案的机械司法模式；积极强调保民生、为民生谋福利的意识，在金融危机背景下，要更多地强调保民生。要做好涉农案件、破产案件、公司强制清算案件、房地产案件、劳动争议等案件的审理工作，更好地将执行工作放到民生的角度考虑，满足人民的司法需求；要更多地实施积极的司法模式，按照“三个至上”的要求，克服对法院工作“被动性”、“消极性”的片面理解，紧紧围绕中央确定的“保增长、保民生、保稳定”的战略决策，切实加强金融和经济危机冲击下

的司法应对，下好先手棋，打好主动仗。

5. 高度重视矛盾的疏通化解，构建积极有效的涉诉信访工作机制

金融危机背景下，涉诉信访工作形势复杂多变，容易滋生不稳定因素。法院要强化涉诉信访工作责任意识，端正和增强对涉诉信访工作的认识，要从妥善化解矛盾纠纷、构建和谐社会的高度去认识和构建涉诉信访工作机制。特别是针对金融危机衍生的信访苗头，要注重加强源头治理，严把案件质量关，注重调解和疏导，做好各个阶段的服判息诉工作。

6. 加强司法业务培训，完善审判工作机制

实践证明，应对金融危机，不仅涉及工作机制和工作模式的调整，更是一场深刻的思想革命和观念变革。只有始终以改革创新的精神抓好能动司法，从理论和实践的结合上认真研究能动司法的领域、节奏、力度和重点，不断探索符合法律规定和司法规律的司法政策和应对措施，不断增强分析判断宏观形势和化解矛盾纠纷、处理经济社会问题的能力和水平，才能为推动科学发展、维护社会稳定、促进社会和谐提供有力司法保障。为此，必须加强业务学习，以完善的知识储备应对新挑战。

最大限度地满足人民群众对司法的新期待新需求

——关于人民法院诉讼服务机制的理性思考

李少平*

在新的历史时期，人民法院肩负着化解矛盾、维护稳定、促进和谐、保障经济社会又好又快发展的历史使命。要有效地履行职能，审判执行工作必须认真贯彻落实科学发展观，探索人民司法工作内在规律，牢固树立司法为民宗旨，建立和完善诉讼服务机制，最大限度地满足人民群众对司法的新期待、新需求。

一、诉讼服务理念的提出

改革开放30年，人民司法事业取得长足进展，人民法院在解决利益纷争、整合社会秩序、实现公平正义方面发挥了重要作用。随着依法治国基本方略的实施和社会主义民主法治进程的加快，人民群众对司法工作有了更多的要求和期待：不仅要求法院的裁判结果公正，还要求诉讼过程的公开、便捷；不仅要求对司法活动的知情权，还期待对司法活动的主动参与和监督；不仅要求提供实体上的司法保障，还要求提供良好的司法服务和环境。但由于司法理念和诉讼机制自身的局限，人民法院在某些方面的工作尚不如人意，司法不公、效率不高等问题依然存在，涉诉上访、申请再审以及申诉案件数量一直在高位徘徊，人民法院的自我评价与社会评价存在较大的反差，特别是仍有相当数量的群众认为打官司很难或比较难，认为法院“门难进、脸难看、人难找、事难办”现象依然存在，认为法院的亲民、便民服务不够理想，对诉讼环节的复杂烦琐不满意。深入分析存在上述问题的原因，有

* 天津市高级人民法院院长。

以下问题需要我们反思：

1. 司法理念与人民群众的需求不相适应

前些年，受西方司法理念影响，我们过度强调司法的中立性，片面追求一步到庭、当庭宣判以及举证期限，忽视了诉讼指导、风险告知和判后答疑，导致法庭出现某种程度的单纯诉讼技巧竞技的现象，使一些本应通过法官释明或判后答疑即能息诉服判的当事人，因不明就理而不断上访、申诉。

2. 工作机制设置与人民群众的需求不相适应

法院内部分工日趋细化，职责分散且相互交叉，常常因推诿扯皮增加了诉讼环节和成本，影响了法院的工作效率，也在一定程度上增加了当事人负担，给当事人带来不便。如立审分离后由立案庭排期送达传票，当事人如果需要申请延期开庭、调取证据等，往往因与承办法官联系不便需要往返法院多次。

3. 便民服务功能与人民群众的需求不相适应

虽然法院在贯彻司法为民宗旨方面做了许多工作，实行了许多便民措施，但由于顾虑过度的便民服务会影响司法中立和司法权威，便民服务功能尚不健全，一些便民服务措施也没有真正落实到位。如诉讼指导服务，有的法院仅停留于表格填写、位置引导、张贴诉讼须知等，而不触及实质性的引导，致使有些本可以在诉前调解解决的纠纷进入诉讼审理阶段，最终使双方当事人在法庭上唇枪舌剑。还有的案件当事人对起诉条件理解有误，对诉讼知识掌握不准，因缺乏事先的实质性引导而盲目起诉，最后被裁定驳回起诉，或判决驳回诉讼请求，使其迁怒于法院，怀疑司法不公。

4. 审判作风和服务意识与人民群众需求不相适应

近年来，大量高学历法律人才加入法官队伍使司法水平大幅提高，但是个别干警司法为民宗旨意识不牢，把当事人当作审判对象、诉讼客体，放在法院的对立面。无论是接待信访，还是审判案件，方法简单，态度粗暴，办事拖拉，缺乏应有的耐心和诚恳，致使当事人产生对立情绪，四处上访反映。加深了法院与群众的距离，影响了群众对法院工作的满意度。

通过对上述这些问题及原因的分析反思，可以看出，尽管产生上述问题的原因十分复杂，但最根本的原因还是司法为民宗旨意识不强，诉讼服务理念淡漠。面对新时期人民群众的司法需求，必须根据科学发展观的要求，在现有法律框架内建立和完善诉讼服务机制，合理配置司法资源，寻找公正与便民的最佳结合点，把诉讼服务贯穿在立案、审理、判决、执行以及延伸工作的全过程中，体现在与当事人和社会公众的每一次接触中。要通过便捷、规范的诉讼服务机制、良好的诉讼环境、文明的审判作风，树立起人民法院公正、高效、文明司法的良好形象。

二、诉讼服务机制的基本内涵和功能定位

严格来讲，诉讼服务并不是近年出现的新提法，早在解放初的司法改革运动中，我们党就十分强调司法服务。但是，到了上世纪90年代末，随着审判方式改革，传统司法服务因过度强调主动上门，甚至提前介入，诉讼中大包大揽，过度干预等背离司法中立的基本原则而受到理论界和实务界的抨击。之后，随着司法为民理念特别是科学发展观提出，人民法院开始重新审视诉讼服务的功能和作用。从一定意义上讲，法院作为一种公共服务机构，应当为广大公众提供优质、方便、快捷的诉讼服务。现在我们强调诉讼服务并非传统意义上的司法服务模式的简单回归，而是在构建和谐社会的重大历史任务和人民法院司法改革的大背景下，以方便群众诉讼，保障诉讼权利实现、促进公正与效率为目的，构建与现代诉讼机制协调一致的具有中国特色的法院工作新机制。

1. 诉讼服务机制的基本内涵

诉讼服务是指人民法院在现行法律框架内，以方便群众、促进当事人诉讼权利实现为目的，在诉讼及其前后延伸过程中，运用审判管理手段，为当事人和社会公众所提供的各种便捷、规范服务的工作机制。其基本内涵可以下几方面进行界定：

（1）从诉讼服务的目的来讲，一是方便群众诉讼，减化诉讼程序，减少诉讼成本；二是引导当事人正确参与诉讼，保障人民群众诉讼权利的实现；三是增进人民群众对司法制度和诉讼程序的信赖，树立司法权威。

（2）从诉讼服务的对象来讲，主要以案件当事人为对象，同时也包括具有提起诉讼意愿的不确定的社会公众。

（3）从诉讼服务的范围来讲，诉讼服务贯穿于在立案、审理、判决和执行乃至诉前、诉后延伸工作的全部过程中，体现在法院与当事人和社会公众的每一次接触中。

（4）从诉讼服务的内容来讲，主要包括诉讼指导、风险告知、诉前调解、案件查询、材料收转、司法救助、判后答疑、信访接待等多个方面内容。

2. 诉讼服务机制的功能定位

诉讼服务机制作用的发挥，取决于对其功能的准确定位。其功能定位应当体现在：最大限度地满足人民群众多元化的诉讼服务需求，提高审判工作

效率与司法资源利用效益，促进司法公正、高效和文明，构筑全方位、多层次、规范、有效的诉讼服务运行平台。

建立和完善诉讼服务机制，一是从诉讼机制上解决诉讼当事人诉求渠道不通畅的问题，把司法的严肃性与便民性结合起来，切切实实地帮助当事人解决诉讼中面临的各种困难，确保群众来访有人接待，约见法官有人联系，反映问题有人跟进，递交材料有人接收，案件进度有人查询，起诉流程有人引导，判后答疑有人负责，将诉前的导诉、调解和立案审查与判后的答疑、信访工作有机结合起来，将法院审判与人民调解工作结合起来，提供全方位的诉讼服务，在当事人和法官之间、当事人和法院之间建立起沟通理解的桥梁；二是从司法理念上扭转审判人员只讲法律、讲程序，而不愿意也不善于作群众工作的局面，使我们的审判队伍更能适应新形势下审判工作的需要和“案结事了”的工作要求；三是从审判作风上彻底消除“门难进、脸难看、事难办”的衙门作风，树立人民法院亲民、爱民的全新形象；四是从审判效果上做到促使上访群众息诉服判，把问题消灭在萌芽状态，最大限度地减少矛盾激化，维护社会稳定。

三、对建立和完善诉讼服务机制的理性思考

强调诉讼服务理念的根本目的在于实实在在地为人民群众解决诉讼中的困难和问题，绝不是摆样子、搞形式。因此，必须从学习实践科学发展观的高度，充分认识建立和完善诉讼服务机制的重要意义。

1. 建立和完善诉讼服务机制是人民法院贯彻科学发展观的必然要求

科学发展观是发展中国特色社会主义必须坚持和贯彻的重大战略思想，也是人民法院工作必须始终遵循的重要指导方针。科学发展观的核心是以人为本，“要以实现人的全面发展为目标，从人民群众的根本利益出发谋发展、促发展，不断满足人民群众日益增长的物质文化需要，切实保障人民群众的经济、政治和文化权益，让发展的成果惠及全体人民”。这一深刻内涵要求人民法院必须始终坚持“三个至上”的司法指导思想，最大限度地彰显司法的人文关怀。把搞好诉讼服务、保障公正裁判、赢得群众满意作为推进法院工作、塑造良好形象的着力点，充分关心人、理解人、尊重人，体恤民情，关注民生，辨法析理，定分止争，有效地解决当事人进行诉讼活动过程中遇到的各种困难，依法维护当事人的合法权益。

2. 建立和完善诉讼服务机制是人民法院贯彻司法为民宗旨的具体体现

人民法院的本质是人民性，司法为民是人民法院司法审判工作的本质特征和根本要求，也是人民法院全部工作的灵魂和生命，其与科学发展观所倡

导的以人为本、统筹兼顾、全面协调可持续发展是一脉相承的。建立和完善诉讼服务机制是法院工作对“司法为民”这一要求的积极回应，立足人民群众的需求，坚持从人民群众最直接、最关心、最现实的问题入手、将便民、安民、利民、亲民和取信于民等措施落实到审判工作的各个环节中，充分保障人民群众的诉讼权利，构建方便群众参与诉讼的平台，降低群众的诉讼成本，缓解群众“打官司难”的问题，让群众在获取司法公正的同时，切身感受社会主义司法制度的温暖，增强社会公众对司法的信任度，提高司法的公信力。

3. 建立和完善诉讼服务机制是人民法院促进社会和谐的现实需要

充分发挥审判作用，推动社会和谐是法院责无旁贷的重要任务。我国正处于社会转型期，各类社会主体之间的利益格局急剧变动，矛盾冲突十分尖锐。这些矛盾纠纷如果不能得到有效化解，将会严重影响社会的和谐与稳定。建立和完善诉讼服务机制可以通过建立和谐的诉讼秩序，引导当事人诚信诉讼与文明诉讼；通过法律咨询、诉前调解、诉讼指导、判后答疑、信访接待等多种诉讼服务，不断增加司法透明度，切实保障人民群众的知情权、参与权、选择权和监督权，增进人民法院与人民群众之间的理解和沟通，及时发现化解矛盾，降低当事人诉讼心理预期、为当事人提供便利、亲切、和谐的纠纷解决渠道，促使让当事人心服口服地接受审判结果，并积极配合法院执行判决文书，减少涉诉上访，实现社会的和谐安定。

4. 建立和完善诉讼服务机制是人民法院改进司法工作机制的重要尝试

《关于深化司法体制和工作机制改革若干问题的意见》对司法体制改革作出了战略部署，这是人民法院深化改革、改进工作的又一重大历史机遇。司法改革的重点之一是要解决法院工作中不适应经济社会发展和人民群众日益增长的司法需求的突出问题，这就要求人民法院立足人民群众不断增长的司法需求，将简化程序、提高效率、减少拖延、降低成本、促使法院公正合理地解决纠纷以及促进公众对司法的信赖作为目标，从改造现有架构、确立全新体系入手，将原来分散的诉讼服务资源集中起来，建立专门的高效率、低成本、多通道的诉讼服务机构，充分体现司法的亲民性和便捷性，从而实现司法制度和诉讼程序从传统向现代、从单向服从到双向参与、从形式对抗到实质和谐的根本性转变。另一方面，建立和完善诉讼服务机制还有助于优化司法资源配置，将诉前的导诉、调解和立案审查与判后的答疑、信访工作结合起来，可以进一步整合法院内部、上下级法院之间，乃至法院和其他纠纷调解机构的力量，协同配合，优势互补，使法院工作不断展示出新的生机和活力。

海南法院服务“三农”实践与思考

董治良*

“三农”即农业、农村、农民。“三农”问题是当代中国社会主义农村中存在的一种历史现象。一直以来，党中央高度重视“三农”问题，1982年至1986年连续五年发布以“三农”为主题的中央一号文件，对农村改革和农业发展作出具体部署。2004年至2009年又连续六年发布以农业、农村、农民为主题的中央一号文件，强调了“三农”问题在我国社会主义现代化建设时期“重中之重”的地位。

目前正是推进农村改革发展的关键时期，也是克服金融危机，促进农民增收，保障农村社会和谐稳定的重要时刻。在这一历史关头，党的十七届三中全会通过了《关于推进农村改革发展若干重大问题的决定》，全面部署推进农村改革发展的主要任务，为审判机关服务“三农”指明了方向。人民法院作为国家审判机关，是推动农村改革发展，建设社会主义新农村的重要力量，消除阻碍农业发展的瓶颈，解决影响农村稳定的矛盾纠纷，满足农民群众日益增长的司法需求，是新的历史时期赋予人民法院的使命。

基于对《决定》重大意义的深刻认识，结合中国国情，立足法院的审判职能，个人认为新时期人民法院的审判工作面临着七大挑战和任务，及早研究应对新形势下出现的新问题，对审判工作服务国家改革、发展、稳定大局，实现审判事业的科学发展具有重大的意义。

一、新时期人民法院的审判工作面临的挑战

（一）完善农村基本经营制度

土地是农民“安身立命”的根本，土地承包经营的各项权益是农民群

* 海南省高级人民法院院长。

众重要的民事权利，关系着社会主义新农村的建设。农村土地承包纠纷的复杂性、群体性、政策性，事关农村的稳定和发展，这考验了我们法官的司法能力。

（二）严格规范土地管理制度

随着我国现代化建设进程的加快，土地权属的二元制法律规定使得农民权益冲突加剧，现行土地管理制度产生的土地一级市场、二级市场，其巨大的地租落差损害了农民的权益，导致土地矛盾进一步激化，全国各地有关征地拆迁、土地确权、土地补偿纠纷频繁发生。同时，开发热的升温，城市化、工业化进程的加快，耕地保护与土地开发的矛盾日益凸显。中央要求必须坚守18亿亩耕地红线，而据我国目前的耕地保护现状，不能不说压力较大。这对人民法院全方位发挥审判职能又是新的考验。

（三）缩小国际金融危机对农村的影响

此次全球性金融危机使我国经济受到了相当程度的冲击，当人们普遍关注和讨论工商业以及城市经济所承受的影响时，孰不知金融危机在波及中国伊始就对农业产生了潜在影响，随着危机持续扩散蔓延，影响将越来越大。首当其冲的就是农民工失去就业机会，形成返乡潮，如何解决农民工与用人单位的劳动争议纠纷，维护农民工的合法权益是人民法院亟需解决的问题。同时，外出务工人员返乡，基于生存的压力和利益的冲突，使得土地纠纷案件增多，给人民法院的审判工作带来新的压力。

（四）落实农业支持保护制度

为促进农业稳步、健康发展，近些年，中央和地方不断加大支农惠农力度，大笔的资金注入农村，而在农业投资使用的过程中，这些资源并未得到有效利用，不少农村基层干部侵占、挪用、贪污各种专项资金，截留、挤占各类补贴的犯罪行为呈上升的发展趋势，近年来引发了诸多群体上访事件，严重挫伤了农民生产的积极性，不利于农业的持续健康发展。这对法院刑事审判工作是新的考验。

（五）推进城乡经济社会发展一体化

城乡一体化需要整个社会树立城乡平等的观念，在事实上达到一种平等保护的状态。然而，市民和农民之间在劳动条件、安全生产、劳动报酬以及医疗保险等各个方面并非处在一条直线上。体现在审判工作上，如人身损害赔偿中的同命不同价，城乡可分配的司法资源显著不对等，这对法院的司法服务水平提出了新的要求。

（六）促进农村的精神文明建设

受传统文化的影响，人们在长期的共同生活中，形成了一种具有一定社会公认性和约束力、有别于法律法规的社会规范，我们谓之民俗习惯。民俗习惯在农村社会里具有强大的影响力，尤其是在少数民族地区。中国自古以来就是统一的多民族国家，56 个民族创造了独特而多样的民俗文化，是中华传统文化丰厚底蕴的一部分。人民法院审理的涉农案件，特别是婚姻家庭、继承、赡养、抚养以及相邻关系等普通民事纠纷，能否区分良俗和恶习，能否发挥公序良俗的积极作用，关系到法院司法目的的实现，关系到农村精神文明建设。

（七）满足农民群众日益增长的司法需求

农村司法服务偏弱、农民经济滞后、农民法律知识缺乏等实际问题导致了农民工在诉讼中处于弱势地位，如何切实维护农民群众的合法权益，满足农民群众的司法需求，审理好在农村改革发展过程中的人口迁徙，身份变更，转移人口的劳动就业、医疗及社会保障、销售假农药假种子等纠纷问题，考验我们法官的综合素质和服务水平。

二、海南“三农”问题的基本情况及原因分析

海南作为农业省，“三农”问题既具有其他省份的共性，又有其特殊性。

（一）基本情况

海南省位于我国最南端，总面积约 3.4 万平方公里，总人口已超过 800 万人。作为我国工业和第三产业后发地区，海南省的农业经济长期主导着全省的经济，农村人口众多，约占总人口的 73%。海南基本上是农业省，其中热带高效农业、海洋产业较为发达。与我国绝大部分省份不同的是，海南岛的广大农村分布着上百个国营农场（包括林业和华侨系统直管农场），农垦规划土地面积 1280 万亩，人口 106 万，分别占全省的 1/8 和 1/4，农垦经济在海南经济中占有重要地位。

据统计，近几年，我省法院的涉农案件数急剧上升，不少法院的涉农案件已接近并超过全年案件数的 50%，如万宁法院，2006 年 1 月至 2009 年 6

月案件受理数为3851件（不包括非诉案件），涉农案件数为3075件，占总数的79.8%；临高法院，2006年1月至2009年6月案件受理数为2688件（不包括非诉案件），涉农案件数为1766件，占总数的66%；海南一中院，2006年1月至2009年6月案件受理数为6499件（不包括非诉案件），涉农案件数为2959件，占总数的45.53%。而当前影响和制约我省农村发展稳定的突出问题主要是土地纠纷引发的群体性事件，包括土地确权纠纷、土地征用补偿纠纷、土地承包经营纠纷、土地行政管理案件、因土地纠纷引发的群体斗殴事件等。调研中，法官们（特别是基层法院的法官）纷纷表示涉农纠纷是所有案件中审理难度最大，执行难度最大的，由于相当一部分纠纷历时较远、成因复杂、涉案人数多、范围广、影响大，一旦处理不好，则可能影响社会和谐和稳定。除各类土地纠纷引发的群体性事件外，涉农垦案件也是我省法院审判工作的重点，如农垦系统群体性劳动争议，截止到目前，起诉到法院的案件已达1000多宗，人数从几十人到几百人不等，给我们的审判工作增加了不小的压力。

纵观我国各省市，鲜少有如海南这般“特色”的涉农案件了。究竟是什么原因导致诸如此类案件的群发，我们该采取什么样的方法措施？是海南法院服务“三农”工作亟需解决的首要问题。海南省高级人民法院对“三农”问题高度重视，通过组织一系列深入的调查研究，力图对产生的原因进行分析，从而提出解决问题的应对措施。

（二）原因分析

1. 历史因素

海南岛虽然解放较晚，但土地改革基本上在1952年初完成，当时政府所颁发的土地房产所有证主要登记的是宅基地，绝大部分水田、坡地、林地登记较少，人少地多的情况为农垦的创立提供了条件。1962年，当全国各地如火如荼地开展土改“四固定”时，海南省又错过了。再加上相关的政策法规不健全，有关政府部门管理不到位，造成我省新中国成立以来的历史上农村与农场、村与村、户与户之间土地界线不明、权属不清。同时，早期规划建立国营农场时，对农村的长远发展等问题研究不够，部分地区留给农村的土地较少，随着农村人口的增多和农业的发展，地少人多的矛盾进一步激化，诸多的历史遗留问题都为纠纷的产生埋下了隐患。

2. 现实因素

（1）农民群众法律意识淡薄。首先，传统思想根深蒂固。如场村土地权属纠纷，在以宗族为主要结构的农村，“祖宗地”对农民群众而言就是用地界线，传统观念总认为先有农村后有农场，是农场占了农村土地，因而侵占农场土地的行为频频发生；其次，法律知识匮乏。很大一部分的农民群众只略懂一些法律常识，权利意识不强，如土地承包纠纷案件，有的承包双方只有口头协议，有的合同内容约定不明，表述不清等，导致纠纷的发生；再次，发生矛盾纠纷时认死理。不少农民群众起诉到法院后，不能接受法院不利于自己的依法判决，败诉后一根筋走到底，反复地上访、越访，想法设法地为自己讨说法，造成不好的社会影响，进一步激化了矛盾。

（2）土地确权引发大量纠纷。2004 年我省大规模开展土地确权工作，部分农民误解或偏信此次土地确权是对土地使用的调整和确认，引发了新一轮占地纠纷；同时，随着国际旅游岛建设的推进，土地价值急剧上升，土地矛盾日益凸显，加上政府有关部门管理的缺位，是目前土地确权、土地颁证等行政纠纷呈井喷状增长的直接原因。

（3）农村基层组织问题多。表现如下：①党政两套班子争权夺利现象突出，通常各为涉农纠纷的一方代表，导致法院的执行工作难以开展；②违反民主议定原则的情况时有发生，《村民委员会组织法》、《土地管理法》、《农村土地承包法》等都规定了民主议定原则，而实践中真正知道和理解此原则的群众不多，当然更谈不上运用于村务管理中了；③村民会议或代表会议表面上遵守了民主议定原则，实际上侵犯了部分人的合法权益，如分配土地征用款，决议对出嫁女、继子女、入赘女婿等特殊人群不分或少分引发的群体性纠纷；④村务管理没有制度化，存在着“新官不理旧账”的现象，比如随意否认或变更承包合同，引起了不少纠纷；⑤农村基层干部侵害农民权益现象屡有发生。有些基层干部违背农民意愿，在征地的过程中与承包商勾结在一起，改变承包合同，改变基本农田用途，致使农民失去土地，严重损害了农民利益。这都是近年来引发我省农民群众大量的信仿、重访和越访的原因之一，直接影响了农村的社会稳定和经济发展。

三、海南法院服务“三农”工作的途径和措施

（一）全力发挥审判职能，为“三农”发展提供有力的司法保障

1. 分清形势、厘清思路、突出目前和今后一段时间内的审判重点

土地是农民生存的资本，是农业发展的根源，是农村稳定的基础。目前，我省最突出的“三农”问题是土地纠纷，据统计，从 2003 年 3 月至 2009 年 3 月，仅农村土地承包纠纷，全省法院就受理了 3155 件，其他比较典型的还有土地确权纠纷、土地征收补偿纠纷等，这些纠纷都具有群体性、

复杂性、政策性的特点，事关农村的稳定和发展。因此，各级法院应当把妥善解决土地纠纷作为当前及未来一段时期服务“三农”工作的重中之重。具体措施如下：

（1）稳妥处理土地承包纠纷。一是严把立案关。《土地管理法》第16条规定：“土地所有权和使用权争议，由当事人协商解决；协商不成的，由人民政府处理。单位之间的争议，由县级以上人民政府处理；个人之间、个人与单位之间的争议，由乡级人民政府或者县级以上人民政府处理。当事人对有关人民政府的处理决定不服的，可以自接到处理决定通知之日起30日内，向人民法院起诉。”据此，对于大量的土地权属争议，法院一般不做实体审查，直接驳回，并建议当事人到政府相关部门先行处理，同时对其他符合受理条件的土地纠纷依法积极受理。二是组成专门合议庭。对于涉及范围广、人数多、影响大的案件，法院采取慎之又慎的态度。通过设立土地承包经营纠纷、土地征收补偿纠纷等专门合议庭，以积累同类型案件的经验、统一裁判尺度、提高审判质量。三是在民事审判阶段，做实做细工作，加大对案件的调解力度，力争定分止争，案结事了，减少“民转刑”案件的发生。四是准确理解和适用相关的法律法规、方针政策，将法律标准与社会标准有效结合。在案件审理中，既坚持法律原则，又要把握灵活性；既注重保护农民的合法权益，又注意合理平衡各方利益。五是充分考虑产生矛盾纠纷的各种因素。结合历史成因和现状，公平维护当事人权益，同时，尽力满足农村未来发展的需要，解除各方的后顾之忧。

（2）稳妥处理涉及农村集体经济组织成员资格认定的纠纷。如外嫁女请求同等分配土地征收补偿款的纠纷，此类案件数量多、范围广，据了解，仅万宁法院就有80宗左右的同类案件。由于目前法律法规和司法解释没有明确规定如何认定外嫁女的资格问题，人民法院处理不当极易造成不良影响。省高院及时出台《关于处理“外嫁女”请求分配农村集体经济组织征地补偿款纠纷若干问题的意见》，规定了“外嫁女”具备集体经济组织成员资格的三个方面：一是“外嫁女”的户籍在征地补偿方案确定时是否仍在原集体经济组织；二是征地补偿方案确定时，“外嫁女”是否仍在原集体经济组织实际生产或生活；三是“外嫁女”是否仍以原集体经济组织的土地为基本生活保障。《意见》有效指导了全省法院对此类案件的审理，统一了裁判尺度。

（3）稳妥处理土地行政管理纠纷。近几年，我省行政诉讼案件比例一直偏高，以土地行政管理纠纷为主。2006年土地纠纷有347件，占一审行政案件的43.3%，二审土地纠纷有227件，占52.7%；2007年土地纠纷有

307 件，占一审行政案件的 38.9%，二审土地纠纷有 291 件，占 59.6%；2008 年土地纠纷有 318 件，占一审行政案件的 42.2%，二审土地纠纷有 226 件，占 45.7%，为审理好土地行政纠纷，行政庭严格按法律法规办事，配合和支持政府依法行政，充分考虑历史因素的影响，在法律法规允许的范围内，适度向农民群众倾斜，并不断探索行政案件简易程序，以节约诉讼成本，提高行政审判效率，推广实行行政和解制度，促进政府与群众关系的和谐，以妥善处理土地行政案件，切实保障农民群众的利益。

2. 继续加强普通涉农案件的审理，维护农村市场秩序

（1）在基层法院，传统的涉农案件，如婚姻家庭、邻里关系等纠纷仍占很大比例，处理好婚姻家庭、赡养、抚养、邻里关系等基本涉农民事案件，对促进农村健康文明新风尚有积极的作用。法官们通过积极倡导善良风俗作用，有效结合法律标准和社会标准，以确保达到服判息诉、案结事了的司法目的，维护农村家庭、邻里的和睦稳定。

（2）农业生产具有极强的季节性，快速审理涉及农产品的案件，有利于保护当事人的利益。对季节性农产品的产、供、销案件以及海产品的养、供、销案件，法院尽可能简化受理程序，速立速审速执，保障农业生产的正常进行。

（3）社会主义新农村的建设离不开农村金融的发展支持，及时协助农村信用社清收不良贷款，有力于推动农村金融的发展，有力于促进信用环境的建设。为应对国际金融危机，促进海南农村金融信用建设，在省委、省政府的大力支持下，省高院党组把协助农村信用社依法清贷作为今年民商审判的一项重要任务来抓，由高院副院长亲自带队，成立了由精干审判人员组成的清收小组，计划用 8 个月的时间在全省范围内开展依法清贷专项工作。经过一个多月的艰苦努力，第一步清贷工作取得了显著的成绩。通过吸取前期工作的经验和教训，目前，清贷工作已在全省范围内全面铺开，我省法院将力争在预定的时间内取得满意的成果。

3. 依法严厉打击各类涉农刑事犯罪，维护农村社会的稳定

据统计，海南 2006 年、2007 年、2008 年发生在农村的刑事案件分别占当年案件总数的 36.2%、36.2%、35.6%。各种涉农刑事案件包括不法分子盗窃、抢劫、抢夺农用物质；“乡痞”“村霸”敲诈勒索、欺压百姓；农村基层干部贪污受贿、挪用公款等职务犯罪以及吸毒贩毒、聚众赌博等。为维护农村正常的经济和社会秩序，我们法院在坚持有案则立、有罪必究的原则下，依法严厉打击侵占、挪用、贪污农业投资的犯罪行为；依法严厉打击截留、挤占农业补贴的犯罪行为；依法严厉打击各种影响农

村生产、生活，危害农民群众生命、财产安全的犯罪行为；同时要依法严厉打击假冒伪劣产品，保证食品生产安全，营造良好的农村社会治安环境。

4. 妥善处理涉农垦纠纷，确保海南农垦体制改革的顺利推进

海南农垦历来被称为海南经济的“半壁江山”，正值农垦体制改革的关键时期，各种利益冲突凸显。通过汇总涉农垦纠纷情况，典型的有两类案件：其一是场社土地权属纠纷，其二是群体性劳动争议纠纷，尤其是后者，自2006年至今，起诉到我省法院的案件已达1000多宗，少则几十人，多则几百人，影响不可谓不大。

涉农垦纠纷一般历时久远、成因复杂，关系到农垦体制改革大局，关系到社会和谐和稳定。法院在审理此类案件时，需要始终站在全局的高度，慎重对待纠纷的立案和审理，主动加强与各级党委、政府、农垦等单位的沟通和协调，以发挥各职能部门的合力，妥善化解矛盾纠纷。

（二）完善审判方式，充分发挥调解在审判中的作用

在农村社会，人际关系比较紧密，人情关系、乡土观念根深蒂固。大量的涉农案件尤其是婚姻家庭纠纷，采取调解的方式更为农民群众所接受。因此，各级法院在审理涉农案件时，注重优先适用调解结案方式。按照“能调则调、当判则判、调判结合、案结事了”的原则，深入了解和掌握当地的社情民意、乡土人情和善良风俗，并联合村委会、委托当事人的亲朋好友、邀请村中德高望重的人参与调解，形成调解合力，及时有效化解各类矛盾纠纷，促进农村和谐。

（三）加强与各级相关职能部门的沟通与协调

当前我省法院审理的涉农案件，很大一部分是群体性纠纷，矛盾集中且十分尖锐，法院在审理此类案件时，注重立足全局，善于从个案中发现其中所反映出的社会问题，及时、主动加强与各级相关职能部门的沟通与协调，提出合理化建议，防止矛盾的进一步激化，以最大限度地化解纠纷，实现法律效果和社会效果的统一。

（四）推行审判方式的繁简分流，提速涉农案件的审理

在审理程序上实行繁简分流，始终坚持“快立、快审、快结、快执”的原则，提高涉农案件的审理效率。在立案环节就根据案件的复杂程度，确定适用简易程序或是普通程序，以大大缩短案件的审限，体现了诉讼“两

便”原则。同时，不断推广各法庭的“瓜菜法庭”、“渔排法庭”、“田间法庭”、“假日法庭”工作经验，就地办案、就地结案、就地执行，充分保障群众的合法权益。

（五）加大普法的范围和力度，营造和谐农村司法环境

审判实践中，我们不难发现大量的矛盾纠纷是农民群众法制观念淡薄造成的。因此，提高农民的法制观念，增加农民的法律知识，营造农村的司法氛围是减少涉农案件的有效途径之一。首先，强化诉讼指导和风险提示工作。通过统一编印通俗易懂的《诉讼指南》、《诉讼风险提示》等法律手册，发至全省各基层法院和人民法庭，供当事人无偿领取，为人民群众提供具体的诉讼指导。其次，积极开展送法进乡村活动，选派资深法官担任乡村学校“法制副校长”或“法制辅导员”，定时定点给学校师生上法制课，经常性地开展法律咨询、讲座，举办法制宣传图片巡回展览活动等。再次，通过选择影响大、有教育意义的案件，到案发地的田间村头公开审判，以案讲法，让群众在庭审中学到法律、受到教育。

四、进一步服务“三农”工作建议

我省有73%的农村人口，虽然占绝大多数的农民起诉到法院的案件并未达到总量的一半，但我们认为审理涉农案件难度大、困难多。究其原因，有体制、制度层面的原因，也有操作层面的原因；有法院没能做到的方面，也有法院做不到的方面。以涉农群体性纠纷为例，实践中，对于法院的判决，打赢官司的一方未必真赢，输的一方未必真输，因为败诉的一方必定四处上访、重访、越访，扩大案件的社会影响，造成法院的执行工作难以开展。而人民法院要实现社会效果和法律效果的统一，审判就不仅要以事实为根据，以法律为准绳，还要考虑多方面的因素，包括政治的、社会的、历史的等因素。但以法院本身而言，要努力统筹兼顾各方利益，实现“多赢”的司法目的，仍显得“心有余而力不足”。鉴于我国特殊的国情，为消除某些客观因素的阻碍和制约，进一步服务好“三农”，经深入调研，个人提出以下工作建议：

（一）体制上，需要加快农村基层组织改革，从源头上减少涉农案件的发生

强化以村党支部为核心的村级班子建设，避免党政两套班子争权夺利，以利于法院正常工作的开展；提高农村基层干部的素质，特别是法律素养，

能依法管理好村中事务，防止矛盾的进一步激化；健全农村基层财务体制，加强监督管理，杜绝农村基层干部贪污受贿、侵占公款等职务犯罪行为；进一步建立和完善民主管理体系，确保人民群众能够正确行使民主权利。

2009年8月25日，中共海南省委召开了五届五次全委（扩大）会议，审议通过了《中共海南省委关于实施新时期农村党的建设“强核心工程”的意见》。《意见》提出了我省力争通过三至五年的努力，普遍实现“村党支部领导核心强、党员‘双带’能力强、乡镇党委‘龙头’作用强”的目标，同时，提出了诸如创新农村基层党组织设置和活动方式、完善和创新村党支部工作机制、推行乡镇和村干部联系“驻村、坐班”工作制度等举措。通过在农村基层党组织中实施“强核心工程”，强化其在建设社会主义新农村中的领导核心地位和作用，增强创造力、凝聚力和战斗力，从而有效地解决目前海南基层组织中存在的突出问题。作为法院，我们将不遗余力地为《意见》的贯彻落实提供有力的司法保障和法律服务，为进一步推动我省社会主义新农村建设贡献力量。

（二）立法上，需要完善有关的法律法规，统一裁判尺度

审判实践中，争议多的问题往往是由于现行法律法规和司法解释没明确规定引发的，如对农村集体经济组织成员资格的认定问题、违反民主议定原则的问题等，建议全国人大常委会及时对农村改革发展过程中出现的新问题予以明确规定，或省级人大尽快出台地方性法规，以便审判实践中具体操作执行。

（三）操作上，法院要争取党委和政府的支持，与相关职能部门形成合力

涉农纠纷，尤其是土地纠纷的产生，有着深层次的历史和现实的因素，影响大、涉及面广，极易引起群体上访事件，仅靠法院的一己之力，很难妥善处理。因此要加强与党委、人大、政府等部门的沟通交流，必要时，可邀请人大代表、政协委员旁听庭审，以利于形成处理矛盾纠纷的合力。如土地纠纷，我们首先要解决土地权属纠纷，其次才是土地承包纠纷、土地征用补偿纠纷等，这就要求政府相关职能部门能把好土地政策关，加快并规范好土地权属证书的发放和管理，减轻法院处理土地纠纷的难度。另外，法院的执行工作也需要相关职能部门的密切配合和大力支持，防止判决书成为“一纸空文”。

（四）加强法院自身建设，不断提升法官司法能力

法官司法能力的强弱、个人素质的高低，是确保涉农案件公正高效的决定因素。涉农案件处理难度大，更要求我们法官需具备扎实的业务知识以及高超的调解技巧。一些案件的审理，服判息诉率低、申诉率高，证明我们的工作还没做到位。因此，要进一步加大案件的调解力度，提升法官的司法能力和司法服务水平，通过各种途径各种方式强化业务能力，在调解的方式上寻求突破口，把调解贯穿于案件审理的每一个环节中，尽最大努力将矛盾化解在基层，并且应尽快健全和完善多元化的纠纷解决机制，整合有利因素，消除不利因素，形成“大调解”的工作格局，力争以和谐的方式定分止争。

农村经济是国民经济的基础，农村改革发展事关经济社会发展的全局。作为法院，我们要认清形势、找准定位、厘清思路、注重研究新时期农村改革发展过程中出现的新矛盾、新问题，积极探索服务“三农”的新途径，为加快推进农村改革发展，推进社会主义新农村建设保驾护航，为构建社会主义和谐社会提供有力的司法保障。

关于接访艺术与实践的研究

王振清*

“服务大局、为民司法”是人民法院的工作主题。司法为民的外在体现就在于，每一位法官是不是带着深厚的感情接待当事人，是不是抱着人民群众利益无小事的心态，处理每一个案件与纠纷，归根结底就是在审判工作中如何对待老百姓的问题。对待当事人的态度和方法，直接涉及我们在为谁执法、为谁谋利益的根本性问题。司法为民不是挂在嘴边说说，更不能把它仅仅作为一种口号，而是要落实到每一位法官的一言一行、一举一动之中。有些法官认为，我审判案件是完全按照法律规定，开庭、谈话，每个法定程序都是不折不扣地完成，该说的都让当事人说了，判决结果没有错误，为什么还有当事人就裁判的问题向法院投诉。根据我接待来访人的经验和体会，当事人投诉法官或者提请再审，并不都是法官判错了案件，绝大多数情况下是不讲究工作方式方法引起的。如果开庭、谈话时，法官坐姿不端、面无表情、似听非听、不尊重当事人的直观感受，可能就会给他们一个不敬业、不认真、没有责任心的印象，也就不可能赢得他们的信任，这样法官与当事人就不存在就案件情况沟通的基础，即使法官依法裁判，也不会得到当事人的完全认同，他们只能选择其他方式去讨说法。法院处理的一些涉诉信访案件，有的是多年闹访的案件，通过法官耐心细致的解释工作，能够做到息诉罢访，很大程度上是因为注重了工作方法，找准了问题的症结。反过来说，如果我们每一个案件都能像处理涉诉信访案件那样，多做一些判后解释和说服工作，像宋鱼水同志那样注重辨法析理，很多案件就不会走到涉诉信访的阶段，我们就能节约很大精力投入到复杂疑难案件的审理和研究工作，减少涉诉信访案件数量，实现审判工作的良性循环。

当前，人民法院面临前所未有的工作困难，这是一个客观情况。我国的

---

* 北京市高级人民法院副院长。

改革开放不断深入，经济发展迅速，不仅社会关系中一些固有的矛盾凸显，同时与新的改革制度相伴而生的新情况、新问题，以及社会公众遇到矛盾纠纷诉诸司法的冲动和意识，将人民法院推向社会关系调整的最前沿，法院受理案件的数量成倍增长。现在的工作量是十几年前的几倍甚至十几倍，每一位法官都承受着不小的压力，一方面要统筹安排手中的几十件、上百件的现案，还有审限规定这个基本要求；另一方面又要参与调研宣传等各项任务，还要妥善处理涉诉信访案件，心理压力大，加班加点干工作。我们要清醒地认识到，在当今的历史阶段，任务还会加重，新问题还会层出不穷。困难是客观存在的，我们要有信心，要百折不挠，没有困难，要干部做什么？要共产党员干什么？

当然，从另一方面，我们也应乐观地看到，我们所处的这样一个历史时期，虽然有困难，但也有前所未有的好机遇，它为法官们展示审判水平与才华提供了机遇。现在，法官的法学理论和业务水平、裁判案件及处置问题的能力已不是先前的水平，我们完全有能力解决好纷繁复杂的社会纠纷和社会矛盾，有能力为党和国家分忧。

人民法院审判工作所调整的对象是各类社会关系，作为一名法官，仅有法学院的学习与培养经历是远远不够的。法官与作家的工作有相通之处，作家研究文学、创造文学作品，实际上研究的是“人学”。法官的裁判是处理社会关系中各类群体的利益，调整和规范的是社会关系。在处理具体社会矛盾与问题时，必须对社会、对人有深刻的了解，也就是说必须具备相当丰富的知识和社会阅历。比如，婚姻家庭案件，这类传统案件可能是常见的，并不是特别复杂的，但稍加研究，可以看到离婚案件可以说是一家一个样，每一个离婚者可能有十种理由，每一个不同意离婚者也会有十分充足的说辞，如何妥善判决，就看法官的水准了。

接访艺术实际上也是工作方法，它在法官的工作中具有很重要的地位，这里，我想结合多年来积累的一些体会与大家交流。以下所谈接访中的八大艺术，是搞好当事人接待与接访的基础工作方法。

一、讲究准备的艺术

无论做任何工作，都要精心准备，不打无准备之仗。由审判工作的特殊性所决定，法官所接待的大多数当事人、来访人都是抱着解决纠纷、讨个公道的想法，至少是希望通过接待能够妥善解决问题。即使在接待前，法官不能拿出解决方案，但对于当事人、来访人的想法和要求，要做到了然于胸。对于尚处于审判阶段的案件当事人，接访人应当了解案件情况，准备庭审提纲或谈话提纲，准确掌握案件争论的焦点，这样才能在询问当事人时做到有的放矢。否则，如果因为案件多、工作忙，不做认真准备，仓促上阵，给当事人一个法官脑子不清楚的印象，就为判决结果不为当事人接受埋下伏笔。

对于预约接待的来访人，可能经历了一、二审甚至再审等程序，来访人一般对法院有抵触情绪，更要认真细致地做好准备工作。认真审阅来访登记材料，掌握来访人的基本情况及要反映的问题。对于已经预约接待的重点来访人，要制定工作预案，调阅卷宗，在条件允许的情况下，向审理过此案的有关合议庭详细了解案件情况，或者针对来访人提出的问题与相关审判庭召开座谈会，做到在接待前对案件情况及裁判依据等有较为全面的了解，切忌心中无数，否则，面对情绪化的来访人，就很难有缓解气氛、解决问题的切入点。

二、讲究倾听的艺术

要使自己尽快进入角色，必须注重倾听当事人、来访人反映的情况，掌握话中之话、话外之音。不管是年轻法官还是资深法官，均要掌握倾听的艺术，以表示对讲话者的尊重，并在倾听的同时考虑回答的内容与处理方式，善于用手势、语言对来访人予以回应，以平等的心态对待来访人，消除来访人的对立情绪，拉近双方的距离，为进一步交谈和法官向来访人解释法律打下基础。法官应以认真诚挚的态度，让当事人感受到法官在设身处地地为其权益着想，并表示出极大的耐心，认真听取当事人的意见和看法。实际上，法官在倾听当事人意见的同时，是将判决的论证理由、判决结果的推理过程向当事人、来访人逐步渗透从而使他们接受法官意见和建议的过程。做到倾听，不是一件容易的事情，也是考验法官耐心的过程。每一位法官接待的当事人、来访人每年几百人次，每个人的性格、素养、文化层次各不相同，有的人好沟通，三言两语就能把案件的要点、焦点说清楚，有的人不能抓住案件的中心问题，还要对同一事实情况三番五次向法官诉说，甚至表现出情绪冲动，遇到这种情况，法官的修养就显得特别重要。

三、讲究语言的艺术

语言，我们每个人每天都要涉及，可能有些同志认为，语言不就是一个表达方式，把意思表达明白，把话说清楚就行了，用不着字斟句酌，咬文嚼字。我个人认为，在日常生活中，语言表达简洁明了，不讲究说话的方式，可能影响不大。但在审判工作中，语言的作用是生硬枯涩的法律条文、白纸黑字的判决书无法代替的，为什么在判决后还要做服判息诉的说服劝导工作，其意义就在于此。从多年的审判经验看，语言也能产生权威，也是一种无形的力量。同样的法律道理与语言，由不同法官说出的效果则不尽相同，关键在于是否讲究语言的艺术。因此，在工作中要讲究说话的艺术，善于说话、会说话，并能够为对方所接受。法官很重要的能力就是语言表达能力，它是传递双方意思表示的工具与载体。在审判接待过程中，要善于把党和国家的路线、方针、政策、法律规定解释清楚，落到实处，用正确的立场、观点、方法把判案的道理浅显易懂地表达出来，把抽象的法律概念讲得实实在在。

四、讲究心理艺术

当事人、来访人所涉及的案件情况不同，追求的利益不同，决定他们在审判中心理变化的复杂性。在接待时，要分析、揣摩来访人的心理。随着案件审理的不断深入，当事人对案件裁判的心理预期目标也处于不断变化中，法官要及时掌握当事人的心理变化，根据案情对症下药。只有摸透对方的心理，才能将方针政策、法律规定、法律概念讲到来访人的心里去，才能打动他们的心。一般情况下，来访人大多有孤独、无助、抑郁、暴躁等情绪，在接待时应十分注意他们的内心体验，善于察言观色，以确保能够及时区别不同类型的问题及来访人的个性特点。尤其是多次来法院要求解决问题的来访人，案件经历多次审判，即使纠纷解决得很好，由于与来访人的要求有差距，来访人再次来到法院时的心理是很复杂的，可能是失望中掺杂着无助、抵触，甚至对法官有不理智的行为，这时平静来访人的心理是接访的头等大事，否则，接访无法顺利进行。近日，我预约了多次来法院上访的郭某母子，此案已在一审调解解决，郭某主要针对的是儿子的后续治疗费用问题。上访过程中，相关部门先后多次接待了郭某，但她仍四处告状，并坚持要见院长。我决定邀请郭某母子来院谈话。刚开始接待时，郭某情绪激动，一再说儿子残疾了，对方应当给予后续治疗费用等赔偿。针对郭某提出的具体问题，我用讲故事的形式形象地解说了国内外法律适用的异同，并对郭某儿子的伤情、学习情况等一一了解和问候，并结合郭某儿子伤情与法院所判决的同类案件赔偿情况相对比，指出调解时的一次性赔偿数额在赔偿幅度的偏上水平，足以支付今后的治疗，并一再提醒郭某，不要到处说儿子残疾了，给人造成孩子真的残疾的印象，孩子以后走上社会将会有沉重的心理负担，对孩子今后的发展极为不利。郭某的心理在接待中发生了本质性的变化，开始情绪很激动，接访结束时，她一再表示多年的心结解开了，也想通了，今后永远不会再给法院添麻烦了。

五、讲究疏导的艺术

劝导、疏导、说理均要讲究方式方法。疏导的方法主要有：一是肯定法，即直接表明态度，不能给来访人以幻想或误导；二是互动法，征求当事人、来访人的意见，提供可接受的处理方案；三是引领法，对来访人的不合理要求及时予以正确的引导；四是建议法，为当事人直接提出问题处理的合理建议；五是迂回法，与情绪偏激的来访人不正面交锋，转移话题，旁征博引，缓解接待气氛；六是暂停法，中止话题、中止讨论以至中止接访，缓解来访人的情绪性反应。讲究疏导艺术，不仅仅表现在法院所受理的案件审判中，而且对于不属于法院受理，人民群众针对矛盾问题求助的情况，也要尽力疏导，为来访人提出解决纠纷的途径和方案，便于来访人选择更为便捷高效的解决方式。不久前，云南省昆明市一位70多岁的老太太全征林，就如何处理自己丈夫在治病期间与当地医院发生的纠纷问题，给我写了一封求助信，并表示要来京上访。我当即让工作人员与老人取得联系，对来信内容做了认真、耐心的解答，指出处理问题的几种途径，并对老人的生活给予了关心和问候。老人先后两次来信表示由衷的感谢。群众来信承载着他们对法律、法院的信任，无论案件是否属于法院管辖，都应用一种真诚的态度对待群众，在更广、更高的角度和层面上，加强对社会矛盾的疏导工作，不能将司法为民狭义化，因为人民不仅仅限于来法院打官司的当事人，而是更广义的人民群众。

六、讲究动情的艺术

在实际工作中，要善于讲究动情的艺术，理解、体谅、感动当事人、来访人，对于他们没有想到的问题也要替他们充分考虑，以平息他们激愤的心情，抚慰受害人及其家属受伤的心灵。接待来访人或与当事人谈话，要将心比心，善待来访人，体谅他们的疾苦、困难，应时刻牢记群众利益无小事的道理。凡是涉及来访人切身利益的事，再小也是大事；凡是涉及来访人实际困难的事，再难也要努力去办。对于上访人确有实际困难的，在我们能力范围内，要积极协调、配合国家机关及社会力量，或者寻求来访人所在单位的支持，协助解决上访人的实际困难。通过办案人员大量耐心细致的工作，让上诉人感受到法院在设身处地为其着想，是在审判工作之外带着浓厚的感情为其做外围工作，使其感受到党和社会的温暖，以此有效地抵消、缓解上访人因对法院判决的成见所产生的偏激情绪，对自己的缠诉上访行为有清醒的认识，最后达到息诉罢访的效果。

例如，冯文祥离婚案。通过接待冯文祥，办案人员了解到其屡次上访的主要顾虑的是住房问题。考虑到冯文祥在居住、生活上确实存在困难，法院与冯文祥所在单位东城区劳动保障局取得联系，反映了冯文祥上访的具体情况。劳保局对此非常重视，表示将协助法院做好该项工作。在法院的努力下，劳保局还对冯文祥就近医疗及养老问题进行了协调。在法院和劳保局做了大量细致耐心的工作后，冯文祥充分感受到了法院、单位对他的关心，充分感受社会的温暖，表示不再上访，并在谈话笔录中签字认同。

七、讲究决断的艺术

要对问题做到三个“不放过”，即不查清问题不放过，不解决问题不放过，不息诉罢访不放过。对来访人的实际问题，要尽心竭力地去解决，不能以“请示”来回避问题，不可用“报告”来敷衍，不能拿“研究”来推诿，以及不得用各种理由拖延问题的解决。要敢于承认存在的不足，不能推诿问题、回避矛盾。对于确有错误的案件，一定要坚决依法纠正。对于无理取闹扰乱法院工作秩序的极个别当事人、来访人，要坚持原则，果断采取措施，依法处理，依法维护法律权威及法院信访工作秩序。比如，来访人赵某，与同村村民发生争执，引发人身损害赔偿案。此案经两级法院审理后，赵某均对判决表示不满，拒收法律文件，多次到法院无理取闹、滞留过夜达三日之久。主管院长、有关庭领导及承办法官多次与其谈话、劝导，工作可以说做到“仁至义尽”。赵某闹访发展到辱骂法官和领导，鉴于其行为已严重扰乱法院正常工作秩序，法院依照民诉法有关规定，对其实施司法拘留措施。这是在当前涉诉信访案件形势严峻的情况下慎重作出的决定，这不仅需要得到社会的理解和支持，更需要我们审时度势，作出正确的判断与选择。法院对赵某实施司法拘留强制措施的决定，《人民法院报》等多家媒体以“法不容闹”为题作了报道，形成了很好的导向作用。该当事人亦吸取了教训，再也没有发生闹事情况。

八、讲究魅力的艺术

要对自己充满信心，以乐观的心态、情绪感染人，用自身的魅力打动人。良好的个人修养与品格，高水平的法律知识与职业道德素养，能够增强法官的个人魅力，对于案件处理有重要意义。语言、行为、素质底蕴等人格魅力，在案件处理过程中能够起到意想不到的效果。在审判实践中，法官的个人修养高低，不仅仅决定运用法律的能力高低，而且是决定当事人能否信服判决的重要因素之一。办理同样或类似的案件，采用基本相同的调解或判决方式审结案件，所产生的后续影响却大不相同。有的法官处理的案件，当事人心服口服，采用调解方式结案的，当事人很少有反悔的；采用判决方式结案的，当事人很少上诉或申诉。有的法官对所审理的案件费尽周折，调来调去当事人仍然坚持判决结案，即使在判决后，仍然上诉或不停地申诉、上访，对法官乃至法院表示出一种极度的不信任。虽然出现这种情况的原因有多种，但是，法官个人的魅力在审理案件中的影响，对当事人接受判决与否起着直接作用。如果法官人格不完善、不健全，在审理案件的举手投足中，对当事人盛气凌人，对案件的判决不是靠运用法律、详细的说理论证，而且靠对当事人的压服，甚至伤害当事人的自尊与人格，不仅不能树立法官个人的威信和公信力，可能会因为法官个人素质低下，引起当事人对法官能力的怀疑，对法院判决上诉、申诉，甚至因与法院形成对立情绪而不停地申诉、缠诉。而且，不良的人格，在审理案件中可能会掺入个人的偏见和看法，以个人的好恶评判案件、处理问题，无疑会偏离法官维护社会公平正义之宗旨。

每一位法官在审判、接待中都要时刻牢记“公正司法，一心为民”的指导思想。如果在工作中无公正之心，不自觉践行司法为民，即使掌握再娴熟的接访艺术，也无助于实现审判工作的宗旨与目标。司法为民是社会主义法治理念中最根本、最核心的部分，只要法官齐心协力，不断探索更成熟、有效的接访工作方法，在案件裁判中做到法律效果与社会效果的双赢，就会将以审判为中心的法院各项工作推向更高水平。

从“群众观念和群众感情”谈对人民法官人民性的认识

王继青*

胡锦涛同志指出：“构建社会主义和谐社会的大量工作同党的群众工作有密切联系，要求我们把联系群众、宣传群众、组织群众、服务群众、团结群众的工作做得更好。”人民群众是构建社会主义和谐社会的主体，做好党的群众工作是构建和谐社会的重要途径和必然要求。最高人民法院院长王胜俊日前多次强调，群众观念和群众感情是人民法院加强和改进工作的原动力。当前，人民内部矛盾呈现出许多新情况、新特点，带着感情做好群众工作，是处理新时期人民内部矛盾过程中的一个根本性问题。新形势下的人民法院和法官工作对象日趋多样化和复杂化，要真正把工作的着力点放在维护群众根本利益上，就必须解决好“群众观念和群众感情”的问题，这也是理解人民司法之人民性的根本。

一、法官“群众观念和群众感情”的现实意义

“群众观念和群众感情”是法官队伍的基本政治品质。审判权的人民性决定了法官的群众观念和群众感情是政治立场的问题。我国宪法确立了人民主权原则，人民是权力的所有者，权力来源于并服务于权利，审判权也来源于人民的授予。我国审判机关由人民选举产生，对人民负责，受人民监督。人民群众是我们党和社会主义司法制度的基础，而人民法官则是党通过司法途径联系群众的纽带和桥梁。将人民群众的根本利益作为人民法院工作的出发点和落脚点，是党的群众路线在审判工作中的具体体现。只有扎根群众，贴近群众，依靠群众，学习群众，怀着对群众深厚的感情去开展审判工作，

* 山东省威海市中级人民法院院长。

让人民群众满意，才能得到人民群众的自觉拥戴，才能赢得群众同样深厚的感情，才能构建一个和谐良性的司法环境，社会主义法治建设才能获得最终的成功。这也是胡锦涛总书记提出的“三个至上”执法思想中，人民利益至上的题中应有之义。

法官的群众观念和群众感情是和谐司法的精神动力。改革开放30年来，我国经济社会发展取得了巨大成就，同时，经济社会发展中长期存在的一些深层次矛盾和潜在风险仍然在不断加深，所有制结构、社会阶层结构、利益关系结构发生了转变，转型时期的社会急剧变化，对审判工作提出了前所未有的挑战。在这种大背景下的和谐司法理念，正是强调平衡协调的价值关系与运行过程的统一，而法官在这一法治进程中的决定性作用尤其凸显出来。司法不仅仅是定分止争，它承载了诸多社会治理功能，司法不仅是政治统治的一个有机组成部分，也同属于社会的整合系统。而法官的群众观念和群众感情是和谐司法的观念性动力和精神环境。有了对人民群众的深厚感情，就会懂得自己手中的权力是人民群众赋予的，就会如履薄冰、如临深渊地做好司法工作。有了对人民群众的深厚感情，就会在办案中自觉尊重人民群众的知情权、参与权、表达权和监督权。有了对人民群众的深厚情感，就会不断提高司法能力，落实便民利民措施，朝着群众满意的目标去改进司法工作。总之，带着对人民群众的深厚情感去工作，法院工作才能被人民群众所理解、所认可、所支持，在促进和谐和促进发展中不辱使命。

法官的群众观念和群众感情是一个法官的人格要素。是否对群众有深厚的感情，是否能够设身处地为群众着想，在一个法官的思想道德体系中具有基础性、决定性的作用。一个法官的情感底蕴，往往决定了他的司法价值观和看待问题的立场和方法。在某种意义上，也可以说法律实际上就是一种感性的存在，法律的存在反映了人们的感情需求和希望所在。法律是最有情的，法律所涵盖的是一种深沉的感情。每一个案子，法官在审判过程中是站在什么样的立场上，以一种什么样的感情，进行什么样的价值判断来适用法律往往是决定一个具体案件裁判的根本因素。可以说，职业理性和职业能力对一个法官肯定是十分重要的专业素质，但品格、良知和情感底蕴却是一个优秀法官的人格基础。从法官与群众互动的视角来看，感人心者，莫先乎情。司法是具有情感性的，群众对于司法活动的评价也是具有情感性的。司法活动对群众是否具有亲和性，群众对于司法活动是否具有亲近感而非惧怕感或排斥感，是评价一个司法制度、一个法官的重要尺度。而亲近感往往是个人内心的感受和评价，是一种将心比心获得的同情感或者平衡感，具有一种模糊性。只有法官对群众怀有深厚的感情，才能在每一次审判工作中有所体现，也才能够赢得群众的亲近感。

法官的群众观念和群众感情是赢得司法公信力的基础。现代社会中，公共权力（含审判权）的权威及其公信力的建构与维护更多地取决于公众的积极认肯、主动信赖和自愿服从。公信力与公正互为表里，不可或缺。公信力关系公众对司法公正的信任程度，司法公信力是法治社会的基石，是构建和谐社会的平衡阀。就司法个体而言，司法信任往往从法官一次心证公开的利益衡平、一次人性化的调解、一次正义的裁判中得到客观全面地印证，使当事人从中了解一个法官在司法审判中的思维过程和理由，并且准确反映出公众对公正、程序、自由、效益的整体价值追求，从而体现司法裁判的自身价值，即使裁判结果与公众的利益无关，也会获得公众的认可，成为法官向社会公众宣传法制，树立司法权威的重要窗口。社会公众经过长时期的对司法机关所作出的个别决定、裁决的信任和尊重，就会由对个案或个别行为的信任和尊重上升为对司法机关（司法权力）本身的信任和信赖。这种信任和信赖经过长期积淀，就会形成心理惯性，形成社会公众对司法机关（司法权力）作出倾向性、整体性评价的赞誉，形成司法公信力的强大基础。在新形势下，人民法院必须切实健全和完善促进发展、保障民生、维护国家安全和社会稳定以及促进和谐的司法职能。唯有如此，人民法院才能满足转型时期广大民众对司法所应保障的社会公平正义价值与和谐稳定秩序的合理期待，才能赢得公信力。

二、法官群众观念和群众感情的基本评判和反思

虽然观念和感情是内在的，难以评价的，但外在的行为取决于内在的观念和感情，因此，对内在观念和感情的评价来自于对外在行为的评价。

1. 在审判行为层面，评价法官群众观念和群众感情的维度是对待群众的言行态度

在审判行为中，一个法官表现出的对群众的真实感情和真诚态度，是其审判作风的体现。而工作作风的实质是对待群众的感情问题，感情问题解决了，对群众的态度就端正了。是倾注真心，倾注真情，还是衙门作风敷衍塞责，是让群众觉得温情温暖，还是感情淡漠，都体现于一言一行中。在工作中，如何让冰冷的法律变得具有温暖平和的力量，这就需要法官用心、用感情去工作。对处于社会矛盾中的诉讼群众，冰冷的话语，淡漠的态度，机械的方法，往往会使得矛盾更加尖锐，或者更无助于矛盾的解决，但温情的话语，真诚的态度，耐心的说和，往往能化干戈为玉帛，或者赢得当事人的理解和信任。从这个意义上可以说，掌握了法律知识，可能仅会断案，只有怀

着让当事人满意、为人民负责、对法律忠诚的强烈感情处理案件，才能从根本上解决矛盾，化解纠纷。

反思：在法官态度方面，群众观念和群众感情不够表现为：有的法官对群众有“冷横硬烦推躲”的衙门作风；有的法官群众观念不强，对待当事人不是满腔热情，而是态度冷漠，不是和蔼可亲，而是生硬蛮横；有的法官开庭时不着制服，或者着装不规范，制服与便服混穿，不准时出庭，无故不按时开庭；有的法官在开庭谈话中常常生硬地打断当事人，不让当事人把话讲完，等等。这样，不仅损害了法律的尊严，更疏远了人民群众的心。

2. 在裁判过程层面，评价法官群众观念和群众感情的维度是对群众合法权益的保障程度

追求公平正义，保护当事人合法权益的实现，是人民法院的职责。公平正义是人民法院工作的灵魂和生命，是社会主义法治建设的价值追求。它体现在每一位法官审理的每一个案件之中，体现在每一次裁判之中，体现在每一项诉讼活动之中。保障群众合法权益包括三个方面：一是切实保障当事人实体诉讼权益。法官要做到及时、高效、公正地审判每一起案件，为求每一期案件都能经得起历史的检验。当然，保障群众合法权益不是单纯为哪一方当事人的利益服务，而是要为最广大人民群众的根本利益服务，也不是要听从、听命于民众的愿望和当事人的简单想法，更不是摒弃原则无谓地迁就和牺牲公正求得短暂的和谐。二是切实尊重当事人程序权利。当事人感知法官评判是否公正是从法官是否严格遵守法定程序来判断的，从这点上说，实体公正是相对的，而程序公正是绝对的。如果程序违法，则即使最终的实体裁判是公正的，也容易引起非议，从而影响司法公正。三是切实保障弱势群体的特殊权益。在我们社会中现实地存在着弱势群体，对他们的权利需要予以制度性关注和保障，才能帮助他们得到及时的司法救济和获得公正审判。

反思：在裁判过程方面，群众观念和群众感情不够的表现包括：有的法官不尊重当事人的诉讼实体权利和程序权利；有的法官在执行工作时不及时执行或不主动执行；有的案件久拖不决、久执不结或者不符合执行中止条件的按照中止处理，损害了群众合法权益的实现；有的案件处理不公正、不妥当；还有的对群众的心情和要求不理解，不愿做深入细致的思想工作，等等。这些现象，归根到底是漠视群众诉求和感受的表现。

3. 在审判效果方面，评价法官群众观念和群众感情的维度是对群众合理需求的满足程度

我国改革开放带来的巨大变迁和现代社会日益复杂的社会关系，使得社会的各种矛盾、冲突不断加剧，反映到审判工作中就是案件的大量增多和日

趋复杂、新类型案件增多，法院裁判活动受到了更大范围的关注和评价，审判的效果越来越受到广泛的社会评判。在我国建设社会主义民主法治社会的进程中，司法活动如果脱离了人民群众的公平正义观念和感情，社会的公平正义就必然地成为无源之水，司法公正也将无从谈起；司法活动只有建立在人民群众对公平正义标准的认知和人民群众对社会正当利益需求的基础之上，社会的公平正义才能够得以实现，才能够为社会长期的稳定发展奠定坚实的基础。一般地说，只有当绝大多数的司法裁决与人民群众普遍的公平正义标准相一致、只有当绝大多数的司法裁决能够与人民群众对正当利益的需求相适应时，司法机关在实现社会公平正义中的作用才能够实现，与法治社会相适应的司法权威才能够树立。从这个角度而言，只有将群众观念和群众感受作为司法工作的重点，才能达到良好的审判效果，提高群众对判决的认同度。人民法院必须深刻地领会和把握现阶段群众观念和群众感受，深刻地领会和把握人民群众对社会公平正义标准的认知和对社会正当利益的需求，从而在理解、适用法律时，最大限度地实现现有法律规定与群众观念和群众感受之间的统一，进而为社会公平正义的实现、为社会长期的稳定发展发挥出司法机关应有的作用，树立与社会主义法治社会相适应的司法权威。

反思：在审判效果方面，群众观念和群众感情不够的表现主要是违背两个效果相统一执法理念的现象，有的案件在审判中，由于未能充分考虑裁判所产生的社会后果，以至激化了矛盾，违背了法律维护社会稳定的价值原则，有的相同或类似的案件，由于采用不同的法律依据或法理，造成了不同法院或同庭的同案不同判，违背了法律维护社会公平正义的价值原则，或者不从全局来衡量和看待办案的社会效果，而是从本地区、本部门的利益出发，置国家全局利益于不顾，变通裁判，违背了法律的统一和公正原则，损害了整个法治建设大局，影响了国家法律的正确实施等等，有的案件为了追求服判息诉，作出了违背法律原则的“缩水判决”，虽取得一定范围内的“社会效果”，却从根本上违背了群众利益等，都值得我们反思。

4. 在法院整体工作方面，评价法官群众观念和群众感情的维度是群众的信赖和认同程度

党中央提出建立“公正、高效、权威的社会主义司法制度”，这一目标的基本价值取向就是提高司法公信力。审判活动是一种负载司法机关社会职能的、具有公众指引效应的评价活动，判断过程与结论必须获得包括当事人在内的大多数社会成员的认同才能使纠纷得到圆满的解决。在司法领域中，公众认同体现了一种深藏于集体意识中的正义情感，意味着人们确信判决是

被广泛而普遍信奉和遵循，能够体现法官裁判行为的社会价值，并为判决提供正当性和合法性资源。如果缺少社会公众对判决的普遍认同，司法的运行效果就会受到质疑。而当事人和社会公众对判决的普遍信任和认同，是司法公信力的重要表征，其实质是对以司法权力为中心的一系列司法活动及其实施人员的信任和尊重，表现为对司法权力（司法机关）及其实施过程和结果的信任——信赖——乃至赞誉的层进关系及其社会心理。

反思：在司法公信度方面，群众观念和群众感情不够表现为社会公众对司法现状的整体满意程度不高，公众对司法结构的某些环节产生了质疑，从而使司法信任链条产生中断或缺失。主要的现象是“案件一进门，两边都托人”；息诉服判率总体不算高，一些当事人“信访不信法”；生效裁判自动履行率低，法官职业道德水平受到质疑，等等。其原因有司法公信的体制基础薄弱，一些法官司法能力不强无法适应公正、高效司法的需要，少数案件裁判不公的问题仍然存在等等。同时也不容否认，近10余年来，法院系统自身进行了很多改革，取得了诸多进展和成就，但很多法院本位主义和法官本位主义的措施仍然存在，忽视了方便群众、方便诉讼的“两便原则”，忽视了法院追求的法律公正与人民群众渴望期盼的客观公正、社会公正的一致性，超越了中国还处于社会主义初级阶段的基本国情，导致一些法院逐渐形成自我封闭、“关门办院”、“关门办案”的氛围，丢掉了很多行之有效的群众工作方法，致使法院与群众的关系有所疏远。

三、立足审判提升法官的群众观念和群众感情

1. 切实提高法官队伍的群众工作能力

法官的群众观念和群众感情在审判工作中主要表现为做好群众工作。从基本工作要求上看，法院群众工作主要包含了服务群众、受理信访、化解矛盾和接受群众监督等方面的内容。而从广义上看，法院在履行审判职能的过程中，群众工作的内容贯穿到法院工作的方方面面，案件的审理过程，就是一个做群众工作的过程。近年来，随着社会结构的不断调整，社会转型期凸显出各种复杂的社会矛盾，群体性纠纷不断增多，法院工作包括其中的群众工作的内容已突破了传统意义上的概念，难度越来越大，矛盾越来越不易调适，群众工作环境、工作对象及工作主体也发生了深刻变化，利益群体、利益需求和价值取向日趋多样化，人民群众的民主意识、自主意识、平等意识、竞争意识、权利意识不断增强，对人民法院及法官的期望与要求更高，表现出的这种复杂性，使法院群众工作显得愈加重要而又富有更大的挑战性。而法院群众工作的主体呈现出年轻化的趋势，文化素质有了很大幅度提

升，但也表现出年轻干部缺乏社会阅历和不善于做群众工作的问题，机械办案，工作方法简单，不善于通过多种多样的群众工作调解、协调案件，运用法、理、情的综合手段化解矛盾纠纷，达到案结事了的目的。需要我们在队伍建设中加强法官把握社情民意的能力和做群众工作的能力，切实增强法官服务群众的自觉性，完善各种思想教育方式和业务培训，完善评价考核机制，让法官乐于、敢于和善于做群众工作。

2. 拓展视野开展行之有效的群众工作

立足审判职能，延伸审判效果，让群众看到实实在在的效益，看到人民法院付出的巨大努力，是做好群众工作的另一个重要方面。具体包括：一要立足服务大局。牢固树立大局意识、发展意识，围绕党政工作大局，调节各种社会关系，集合各种生产要素，尽力多做促进经济社会发展的事，让人民群众从看得见、摸得着的事例中信服法院、信服法官，扩大司法服务的效果；二要加强司法宣传。充分利用电视、电台、互联网等新闻媒体和公布案例、庭审观摩、旁听案件审理等形式，加大对法院工作、法官的宣传力度，增加人民群众的认同感；三要拓宽沟通渠道。通过开展巡回法制宣传、街头法律咨询、召开座谈会、走访交谈、当事人现身说法等活动，让群众逐步深入了解法律、了解法院、了解法官，增加心灵上的沟通；四要增强群众监督。采取请进来、走出去的方式，聘请执法执纪监督员，定期或不定期地走访人大代表、政协委员及各界群众代表，广泛征求他们的意见、建议，切实改进工作，提高司法服务水平，增加人民群众满意度；五要深入到群众中去。坚持巡回审判这一深受群众欢迎的审判方式。采取多种形式，扎实开展巡回办案、就地审理，把矛盾纠纷解决在老百姓的家门口，达到审理一案、教育一片的效果。

3. 把关注群众司法需求贯穿于司法活动始终

司法本身不是目的，其目的在于对社会关系进行有效的调整。法院所面临的任务是适用法律，而终极目的则在于针对社会的需求提供其所需的服务，最大限度地满足社会需求。要在司法工作中维护好人民群众利益，就必须科学地把握人民利益在新时期的表现形式、特征以及发展趋势，善于在纷呈多变的利益中分辨出人民群众最关心、最直接、最现实的利益，科学把握人民群众日益增长的、多元化的司法需求，深刻理解和谐社会建设背景下的新需求和新期待，即社会主义法制的新需求和新期待，保障人权的新需求和新期待，执法价值的新需求和新期待，维护稳定和促进发展的新需求和新期待，改善民生与促进和谐的新需求和新期待。需要强调的是，关注群众司法需求，仍然必须牢牢把握住“公正”这一司法的生命线，努力实现实体公正和程序公正。公正是司法的基本价值所在，群众对司法权公正性的期望值远高于对其他权力，群众对司法公正的需求也处于其基础地位。可以说，司法如果缺乏公正也就失去了价值基础。人民法院的群众观念和群众感情也首先表现于公正审理案件的司法活动之中。

4. 以便民利民思路减轻当事人诉累

增进当事人的诉讼效益，努力减轻当事人的诉累。诉讼效益是当事人进行诉讼活动的根本动力，是决定当事人行为选择的根本因素，追求诉讼利益通常是当事人从事诉讼活动的基本动因。如果当事人诉讼成本过高，就无法满足其司法需求，就直接影响到其诉讼权利的保障。因此，要在确保诉讼活动正常运转的前提下，尽可能地降低诉讼成本，包括直接成本和间接成本、表面成本和隐性成本，以当事人为本考量司法活动，努力实现司法效益与诉讼效益的均衡。降低司法成本，提高司法效益是拉近民众距离的最现实手段。要以快审、快结、快执为着眼点，积极探索提高效率的新路子，以减轻当事人的诉累。要优化立案、审判和执行的机制，以现代科技成果为支撑，采取各种审限监督形式，尽可能缩短从立案到执行完毕的周期。同时，在诉讼前，采取诉讼风险告知、举证责任通知和诉讼指导等各种方式，避免不必要的拖延；要通过完善便捷的诉讼通道，为需要司法救济的人提供方便的司法服务，要充分发挥基层法院和人民法庭的职能作用，形成便民服务网络；要进一步加强网上立案和电子签章，完善便民诉讼网络。进一步探索速裁法庭，对案情简单、当事人权利义务明确的案件，立审立判，最大限度地方便当事人。

5. 在诉讼空间内外展示人民法院的亲和力

在诉讼活动中，法官要以平等的姿态和尊重的态度对待群众。法官的角色和行为形态不仅要恪守中立性、消极性，言行谨慎，赢得当事人的信赖，更要有亲和性，尊重当事人的基本情感和作为人的尊严，才会使当事人感受到在一个公正透明的法的空间受到了应有尊重，让很多在社会复杂矛盾冲突中受到伤害的当事人感受到司法运作过程中的温暖；要尊重当事人的诉讼主体地位，给予当事人充分的公正听审的机会，认真、耐心地听取当事人和其他诉讼参与人发表意见；要完善司法救助制度，保护弱势群体的司法救济权，确保让经济困难的当事人打得起官司，感受社会主义司法制度的温暖；要坚持开展法官“进机关、进企业、进学校、进社区、进村庄”为主要内容的“五进”活动，组织干警深入乡村、社区、学校、企业、农户，宣传法律法规，倾听群众的意见，积极参与排查调处民间矛盾纠纷，努力把不稳定因素化解在基层、化解在萌芽状态，尽力维护群众的合法权益。

6. 用和谐思维去减少和化解矛盾

法官要带着感情处理人民内部矛盾，找准司法活动与构建和谐社会的结合点。在改革开放和发展社会主义市场经济条件下，社会经济成分、组织形式、利益关系和就业方式日益多元化，改革和建设中的各种矛盾相互交织，与人民群众利益息息相关的社会热点、难点问题增多。如果带着感情去做工作，站在群众的立场去思考问题，再复杂的矛盾也会得到有效解决。反之，就会漠视群众，对群众的合理诉求置若罔闻，再简单的矛盾也会变得很复杂。法官要以和谐思维妥处纠纷，以和谐方式化解矛盾，以和谐价值去处理案件，不仅仅把司法工作看作专政工具，而是通过每一次审判，每一次执行，每一项工作，最大限度地增加和谐因素，最大限度地减少不和谐因素，更加注重矛盾的化解，更加注重诉讼程序安定感和温暖感的追求，更加注重司法信任和认同，更加注重执法效果。争取达到诉讼目的和诉讼效果的最大一致化，达到“与时俱进，与理相通，与法相合，与社会相融”的境界。

7. 以个案的公正审判倡导良性社会规则

法治的本质是规则之治，纠纷解决应统一于规则之治。在法律覆盖社会生活的主要过程的情况下，由社会转型所引起的各主体间的矛盾和冲突都直接或间接地表现为应受或可受法律评价的法律事实，司法直接面对着社会转型所引起的各种矛盾和冲突。通过个案审判，完善并维护社会的法律秩序，增强人民群众的政治经济和社会生活的规则可预见性，是司法职能的一部分。司法实践应当充分发挥法律的引导、评价、教育和预测功能，通过审判工作使不稳定的社会秩序得以恢复。群众观念和群众感情不是一句空话，它体现在我们对待前来求助的当事人的态度上，体现在我们对群众工作的重视程度上，更体现在我们通过每一次审判和执行工作所倡导的社会公平、正义、和谐的良性社会准则中。没有司法实践，复杂的法律规则无法变成活生生的生活规则，社会价值取向无法得到有效的倡导，人们的行为规则得不到有效的确立。法官的审判过程和结果表面上看是针对某一个具体案件的当事人，而实际上回应的、影响的范围都是不特定的社会公众。裁判通过个案将具有普适性的抽象规则具体化生动化，使之成为符合规则精神和原意的社会公共话语，使公众潜移默化地接受法治的观念、精神和思维逻辑，为法治建设本身提供稳定而强大的社会情感基础，增强与社会的共容性，避免或减少纠纷的重复出现。也正是通过司法实践，法官对群众的感情通过可以普适的规则体现出来，融入和谐社会的建设之中。

民本视阈下司法改革进路之分析

谢新竹*

一、问题之提出：从一则简单的《通知》说起

［材料一］2008年12月11日，最高人民法院向全国各级人民法院下发《关于适用〈最高人民法院关于民事诉讼证据的若干规定〉中有关举证时限规定的通知》（以下简称《通知》）。《通知》中对《证据规定》第33条第3款规定的举证期限、当事人申请延长举证期限、增加当事人时的举证期限、新证据的认定等问题作出了规定。

在司法改革的宏观背景下，这则《通知》只是审判方式改革中的微小一环。但是，任何一项司法改革举措的出台，总隐含着一定的逻辑背景，蕴藏于其中的思维模式也总体现着一系列价值。最高人民法院2002年4月施行的《关于民事诉讼证据的若干规定》，对促进民事审判活动公正有序地开展起到了积极的作用。但诚如最高人民法院民一庭负责人就《通知》答记者问时所说，"《证据规定》中有关举证时限的一些规定过于原则，加之在适用过程中新情况、新问题的出现，实践中的矛盾和争论比较突出"。① 其因何在，有人认为，我国推行的一些审判方式改革举措，"脱离了中国的法律土壤，因而造成司法不为人民所用的困局"。② 对此，在最高人民法院的一份调研报告中也提到，"人民法院推行任何一项改革举措，都要考虑社会的实际需求、人们的心理承受能力和经济、政治成本。比如，在严格实行以'谁主张、谁举证'为核心的证据制度改革中，应当考虑当事人具体举证能

---

* 江苏省高级人民法院法官。

① 最高人民法院民一庭负责人就最高人民法院《关于适用〈关于民事诉讼证据的若干规定〉中有关举证时限规定的通知》答记者问，载《人民法院报》2008年12月17日，第4版。

② 王新清、赵旭光：《精英话语与民众诉求——对中国司法改革理论和实践的反思》，载《法学家》2006年第5期，第134页。

力的差异，采取一系列法律救助措施平衡当事人的诉讼地位”。[①]

发端于20世纪70年代末期的中国司法改革迄今为止已经进行了近30年，[②] 司法改革在许多方面取得了明显进展和重要成就。但是，成就背后也隐含着许多深层次的矛盾和问题，凸显出司法改革的某些困境：司法改革在很多情况下得不到外部力量的有力支持，有时反而遭到反对，甚至有些改革措施在司法体系内部都存在着不同声音和反对意见；被人们寄予了很大厚望的司法改革并没能改变旧有的沉疴，人民群众对司法及司法改革的满意度并未相应提高……问题的存在，需要我们反思已经实施以及正在进行的司法改革，如何寻找一种更为契合中国当下实际甚或未来的司法改革进路，究竟应当以怎样的方式和形式来设计司法体系构架及其运行模式，才能符合具体情境中人们对司法的期待，从而获得较为普遍的认同和接受，并在此意义上具有“合法性”。本文对此问题进行了初步的探讨。

二、困惑与反思：司法改革的合法性焦虑

在政治学话语中，合法性通常是指政治统治获得公众基于内心自愿的认同、支持与服从的特性，体现和反映着一定的社会成员和政治体系的政治关系状况。[③] 合法性构成了政治统治持续与稳定存在的基础，当统治系统拥有的合法性程度高的时候，统治者的命令得到服从的程度就高；反之，合法性的长期缺失，则会危及统治系统的稳定性和统治秩序。为此，马克斯·韦伯曾说过，“任何统治都企图唤起并维持对他的合法性的信仰。”[④] 合法性的获得不仅来自正式的法律或命令，更主要的是来自根据有关价值体系所判定的、由社会成员给予积极的社会支持与认可的政治统治的可能性或正当性。我国当前正经历着政治、经济和社会文化的深刻变革，社会公众对权利、正

---

① 山东省高级人民法院课题组：《司法发展的科学路径——关于加强司法能力建设的调研报告》，载最高人民法院研究室编：《审判前沿问题研究：最高人民法院重点调研课题报告集》，人民法院出版社2007年版，第30页。

② 沈德咏：《新时期中国司法改革进程（纲要）》，载《人民司法》2004年第6期，第4～6页。该文认为，司法改革第一个历史定位点是1978年11月召开的党的十一届三中全会，这次会议确定了发扬社会主义民主、加强社会主义法制的方针，这一重大决策启动了新时期中国法制及司法改革的进程。

③ 本文所指的“合法性”非法律概念，是政治学概念。作为政治学中的基本命题，合法性是人们据以评价政治统治和政治权力的重要理论工具。随着理论研究的发展，合法性问题已成为哲学、法学、社会学等多学科研究对象，成为用来解释诸多社会现象的重要分析工具和理论框架。参见［法］让－马克·夸克：《合法性与政治》，佟心平等译，中央编译出版社2002年版，第12页。

④ ［德］马克斯·韦伯：《经济与社会》（上卷），林荣远译，商务印书馆1997年版，第239页。

义、秩序等价值需求求助于新规则的确立和司法结构的合理运行。但是，由于司法改革过程中司法的制度建构和运作与社会公众认知上的疏离，一些司法改革举措往往缺乏社会公众的认同与支持，使司法改革时常陷入一种合法性焦虑之中。

（一）认同飘忽：司法改革之精英意识与大众诉求的疏离

［材料二］根据最高人民法院研究室对全国法院近5年来申诉信访案件情况的统计分析，2003年至2007年，全国法院申诉复查案件总量达到82.5万件，年均16.5万件；来信来访总量达到1876.4万件（人），其中来信年均79.7万件，来访年均295.5万人。[①] 另据一项问卷调查表明，群众对法院公正性表示满意或基本满意的为69.5%；对办案效率表示满意或基本满意的为66.7%。[②]

审判是司法与社会建立关联的重要纽带，也是司法改革成效在实践中的具体体现。单从经验的层面来看，日益突出的申诉、信访问题暴露出司法判决无法得到足够的认同，人民群众对司法公正与效率的满意度总体上还不是很高，这一方面凸显了司法现状与社会发展及民众需求不相适应的事实，也从一个侧面反映了司法改革的实践困境。一直以来，我国的司法改革基本上都是以司法机关为主体而进行的，司法改革的进程实际上主要为精英意识所左右，法律精英对权力的运用在现实的司法改革中扮演着重要角色，主导着司法改革目标的设定和标准的把握。[③] 在各种纷繁的改革举措中冷静思索，就会发现与这场改革有着更广泛联系和切身利害关系，同时也更应该有资格参与其中的一个群体——广大民众却似乎被遗忘了。在公民决定司法以及司法改革方面缺乏相应的制度规范，民众诉求也难以得到合理的表达，广大民众基本上无发言权，民众对我国司法制度的总体看法如何，他们在司法改革中最关心的问题是什么，他们对司法改革有什么样的考虑和期望等诸如此类的问题，似乎无人关心，或想当然地被精英话语所替代。这种情形导致的直

---

① 佟季：《如何实现服判息诉——全国法院申诉信访案件情况调查》，载《人民法院报》2008年6月3日，第8版。

② 江西省高级人民法院课题组：《关于人民法院“司法不公”问题的调查报告》，载最高人民法院研究室编：《法院调研与司法统计》2005年第7期。

③ 有学者认为，当前主导司法改革进程的主要是法律精英，所谓法律精英，即享有一定法律权力的或者是具备了一定职业特性和专业要求的人，它又可以进一步分为权力精英和知识精英。权力精英包括了立法者、司法者（法官、检察官）、立法政策指导者等；这里的知识精英特指那些仅仅具备了一定职业特性和专业要求的，但不享有法律权力的人，如学术精英、律师精英等。

接弊端是民众对我国司法改革的参与度低、认同感差，对司法改革持有普遍的疏离感和陌生感。

（二）目标失位：司法改革之目标取向与价值依归的相悖

［材料三］2001年9月3日，原告李兆兴持借款借据向广东省四会市人民法院提起诉讼，要求被告张坤石、陆群芳等人归还借款及利息。庭审中，被告否认借款事实，称借条是被原告威胁所写，但未能在规定时限内提交证据。法院遂判令被告张坤石、陆群芳等归还原告借款1万元及利息。判决宣判后被告夫妇在法院门口服农药自杀。后四会市公安机关侦查查明，“借条”确系李兆兴等人持凶器胁迫张坤石、陆群芳所写。该案主审法官莫兆军遂被四会市检察院以涉嫌玩忽职守刑事拘留。后经肇庆市中级人民法院、广东省高级人民法院审理，认定莫兆军无罪。

我国原有的诉讼程序以常识化、简易化、非职业化为特征。自改革开放尤其是上世纪90年代以来，在司法改革和诉讼程序的设计中，越来越多地引入了源于西方的形式正义理念，比如突出程序公正的独立价值，强调以证据架构的法律事实为裁判依据；突出司法的被动性、中立性，原先体现职权主义的纠问式庭审和法官主动调查探明事实的审判方式，逐步让位于对抗辩论式的庭审和以当事人举证为主的诉讼模式等。这些理念的引进和付诸实施，总体上与我国市场经济和现代化发展方向是相符的，在矛盾激增、诉讼“爆炸”的社会转型期，形式正义的理念丰富了纠纷解决的手段，提高了司法效率，也在一定范围内和一定程度上更新了社会理念。但是，不容回避的是，这些诉讼制度改革也不可避免地带来其固有的局限和弊端，如导致当事人的诉讼风险和诉讼成本增加，而由于我国当事人诉讼能力低、律师法律服务不能满足需要等因素，实际上很难承担起形式正义司法所要求的当事人责任。同时，程序公正标准与我国民众和社会实质公正的判断标准相距甚远。“材料三”中莫兆军法官审理的案件就是一个典型的例子。莫兆军法官依照法定程序办理案件，在追求实体公正的公众看来，不仅成了司法不公，而且涉嫌了犯罪。这种制度理性与公众体验的疏离，导致司法公正缺乏应有的理念支撑，而现实生活中某些法官司法水平不高和司法不公正现象，则使得社会和当事人对司法本身失去信心，对司法不公的抗议与对现代司法程序本身的不满相互交融，加剧了社会对司法的信任危机。正如有学者所言：“法律在保证程序正义和制度安定性的同时，也在逐渐地走向异化，它被一套复杂的行业语言所垄断，被法官们高高在上的面相所幻化。以至于，普通的民众每天在各种各样的法律中生活，却似乎又感到法律离他们的生活愈来愈遥远，法律愈来愈变得令人难以理喻，愈来愈失去可触及性和亲近感。”①

（三）制度权变：司法改革之设计图式与功能运行的偏离

［材料四］2006年12月15日，湖南省衡阳县人民法院开庭审理一个民事纠纷案。就连该院一些法官都无法相信，这场官司，居然是在11年前立的案。起诉时12岁的被告小姑娘，出庭时已为人妻；当年代理她案件的律师，已经变成头发花白、走路都很吃力的老人了；而衡阳法院的承办法官，也已经换过几拨了，有些已经退休，有些已经当了院领导，还有一个法官已经过世了。②

在既往的有关于司法改革的理论探讨和制度设计上，大都局限在司法体系内部，关注的是司法机关应当具有什么样的权、责，如何推进司法体制、制度、审判方式等的改革。而在一些具体的工作制度、机制上进展较小，在司法便利公民方面还存有严重的制度建构和设计缺陷。如民事诉讼和行政诉讼的可诉范围有限，起诉条件较为严格；当事人即便得以进入司法程序，也仍然要面临许多制度和实际障碍，诸如司法程序和规则在简易、透明方面还存有缺陷，不便于公民理解；诉讼迟延严重，审判经常久拖不决，使当事人对司法的期望度和信任度大打折扣；多元纠纷解决机制如调解、仲裁等建构还不甚完善，这些都使司法在满足公民和当事人需求方面差强人意。法官的亲和性和服务性未得到遵从和贯彻，甚至不能得到认同，人们描述的法院“门难进、话难听、事难办”之情形仍然存在；在司法程序中，公民地位低下，权利无充分保障，诉讼活动的自由亦有限，当事人的撤诉权、反诉权、和解权常被侵犯，更不要说主导和影响诉讼结局。据一份调研报告表明，“打官司难”仍然是公众的主流看法，认为“难”的为30.67%，认为“比较难”的为31.57%，合计大约有2/3参与调查的社会公众认为目前在法院打官司仍然“比较难”；认为诉讼程序“过于烦琐”和“有点烦琐”的人合计36.61%，加上“基本能接受”的比例，则超过70%。③ 这些都透视出当前司法功能的发挥现状与公众司法需求之间的矛盾和距离。正如日本学者小岛武司在评述日本法院制度时指出的那样：“法院所面临的任务是适用法律，而此举的终极目的则在于针对其顾客——诉讼当事人的需求而提供其所

① 舒国滢：《在法律的边缘》，中国法制出版社2000年版，第96页。

② 黄志杰：《衡阳：迟到的正义》，载《瞭望东方周刊》2008年10月23日总第258期。

③ 四川省高级人民法院课题组：《关于司法公信力建设的调研报告》，载最高人民法院研究室编：《审判前沿问题研究：最高人民法院重点调研课题报告集》，人民法院出版社2007年版，第485页。

需的服务。法院若忽视其向当事人提供合乎需求的服务而自我从形式上去限定案件处理，则不免有本末倒置之嫌。”①

三、逻辑与价值：司法改革的有效性维度

有效性通常是指政治统治的实际效果，是政治系统满足社会成员的程度。政治系统的有效性是使人们对政治系统产生合法性认同的重要基础，而“有效性一再丧失，或长期丧失，则会危及一个合法系统的稳定性”。② 有效性建构是传统政治文化中“实用理性”的延续，有学者将政治文化分为“意识形态型”和“务实型”两类，“前者企图以某些基本信念对人生、历史或宇宙作全盘性解释，多甚僵化且具强烈排他性，自不易与别人的意见进行讨价还价式的沟通妥协。务实型的政治文化着重解决当前具体问题，至于解决的方式和方案，并不一定有执着的先入为主的见解，所以多能采取缓进的、个别的和协商的方式来处理问题”。③ 在当前社会结构转型的特殊时期，这种“务实型”的有效性建构，对于形成公众对司法改革的合法性认同具有特殊的价值和意义。

（一）司法改革有效性之应然逻辑

司法改革的有效性，从最简单的意义上讲，就是指司法改革能产生预期的结果，发挥应有的绩效，对司法自身及社会经济、政治和文化的发展带来符合其内在规律的实际效果。司法改革的有效性，既是衡量司法改革绩效的根本标志，为评判司法改革价值提供了直接尺度；又是有效地实现司法价值目标的根本条件，为实现人民群众的利益和需要提供了逻辑前提。

首先，有效性建构是司法改革根本目的和基本任务的应然需求。司法改革不是出于法院系统自身的需要，其根本目的是为了更好地保护人民群众的合法权益和促进我国民主与法治建设。从某种意义上讲，有效性是司法改革的直接目的和最终目的，也是司法改革的出发点和归宿。作为司法改革及司法制度运行的具体承受者，社会公众并非如“社会精英”一般，较常会抽离以“我”为中心的自身，而改以诸如国家、社会为考量之“整体”的意

---

① ［日］小岛武司：《诉讼制度的改革与法理实证》，陈刚译，法律出版社 2001 年版，第 156 页。

② ［美］西摩·马丁·李普塞特：《政治人——政治的社会基础》，张绍宗译，上海人民出版社 1997 年版，第 58 页。

③ 江炳伦：《民主与发展——江炳伦时论（一）》，转引自高旺：《晚清中国的政治转型——以清末宪政改革为中心》，中国社会科学出版社 2003 年版，第 227 页。

识来对待和认知司法改革。对于社会公众而言，更为重要的不是司法改革的宏观建构和象征意义，而是司法改革的实际效果。正如有学者所言："与法官汲汲于规范的整合性、审判的统一性的态度不同，市民更关心的是能否得到公正的问题以及司法能不能保障或实现自己切身利益的功利问题。这种现实的关系是如此的具体、尖锐而迫切，很难容许法官像解读小说那样超然。一旦法律推理以及相应的判决与市民的公正感觉或者利益要求之间相距悬殊，就可能出现法律秩序的正统性危机。"① 如果一项司法改革举措缺乏实践有效性的支撑，就只能徒具象征意义，很难得到社会公众的认同。

其次，有效性建构是现实司法国情的应然需求。所谓国情，是指一个国家具有自己特色的总体实际情况，是一个国家的文化历史传统、经济基础、上层建筑以及自然地理等多方面情况的总和。② 制度问题的解决从来都必须以本国国情为依托，立足国情是司法改革获得合法性认同的根基所在。我国的国情从经济发展水平来看，存在着严重的东部与西部、沿海和内陆的地区差异；从历史文化传统来看，我国有五千年的文明史，积淀了丰富的法律文化；从社会秩序构成来看，存在着"法治秩序"与礼治秩序、德治秩序等"秩序多元化"现象；司法理念也正经历着由传统的礼治社会向现代法治社会的转变和形成的过程。在此过程中，社会一方面对司法需求观念不断增强，另一方面需求内容呈现多层次、多样化的特征。正如"材料一"所显示的，如果司法制度不考虑服务对象的需求和本身可供服务的司法资源，过于僵化或采取"拿来主义"的方式，结果只能是无功而返。因此，在司法改革过程中，应当强化有效性理念，既要仔细分析司法改革所处的特定历史背景，分析社会环境中影响和制约改革进程的重要因素；又要重视评估司法改革对外部环境所产生的具体影响，进而不断修正和完善司法改革举措。

再次，有效性建构是顺应当代司法改革发展潮流的应然需求。自20世纪下半叶以来，为了应对经济社会发展需要和民众需求，解决诉讼迟延、诉讼成本高昂而导致司法资源利用上的不平等和不公正等问题，一场以提高司法效率和效益、便利公民诉讼、使其更好地"接近正义"为目标的司法改革在西方国家广泛兴起，英国、日本、德国、美国、俄罗斯等国纷纷对本国诉讼制度进行了相应修改。如向来以保守著称的英国在20世纪90年代对民

① 季卫东：《法治秩序的建构》，中国政法大学出版社1999年版，第104页。

② 沈德咏：《中国特色社会主义司法制度论纲》，人民法院出版社2009年版，第481～482页。

事诉讼制度进行了大刀阔斧的改革，重在保障公民接近正义、利用司法。[1] 2001 年日本司法制度改革审议会在其制定通过的“日本司法制度改革审议会意见书——支撑 21 世纪日本的司法制度”中也明确提出：司法改革的宗旨就是要建构能满足公民需求的司法制度，司法必须通过改革做到更方便公民的利用、更容易理解、更能赢得人们的信赖。[2] 这些改革大致上呈现出共同的趋势：充分尊重当事人的主体地位与诉讼权利，加强法官对诉讼的引导与控制，防止诉讼拖延，提高诉讼效率，建立快捷方便、贴近民众、成本低廉的司法机制，便利公民有效地接近司法。这种改革理念给予我国司法改革以有益的启示和借鉴价值。

（二）司法改革有效性之于合法性的价值

首先，司法改革的有效性，支撑和限定着司法改革的合法性。司法改革在规范层面上可能因国家强制力作为支撑而具有权威。但是，司法改革的合法性并不能唯国家强力为赖，单纯依靠国家强制性推进的司法改革，所产生的只能是一种被动的、缺乏认同基础的服从。如果缺乏有效性的支撑，合法性与社会公众的内在意志之间就会处于一种紧张的对峙状态。而人类历史的实践证明，没有任何统治者能够在失去民心——认同基础——的情况下依靠强制力来维系统治。“诉诸武力会引起消极旁观者的反感，并通过显示武力与说服及诉诸合法性相结合的不和谐，从而破坏当局的剩余合法性。”[3] 因此，司法改革的推进，尽管国家强制性推进是一种重要的保障，但是，司法改革应当获得最低限度的公众认同。

其次，司法改革的有效性，有利于整合公众对于司法改革合法性的认知。作为一种自愿的认同与服从，司法改革的合法性源于人们在对司法改革认知过程中产生的心理体验。而由于存在人们利益需求、价值观念的多元化，以及观察视角的差异，人们对司法改革合法性的认识必然存在质或量上的差异，从而呈现一种分数状态。为此，就需要在司法改革过程中，通过司法制度体系和工作机制的完善，使司法尽可能地符合社会及司法本身的发展规律，同时积极回应和满足公众的正义价值需求，在司法权的有效运行中，赢得公众的充分信任和依赖，实现合法性认识的自动整合。美国学者弗里德

---

① 徐昕：《英国民事司法改革之借鉴：以英国民事诉讼基本目标及其贯彻作为考察主线》，载《法学》2001 年第 5 期，第 41 页。

② 季卫东：《世纪之交日本司法改革的述评》，载《环球法律评论》2002 年春季号，第 23 ~ 37 页。

③ ［美］丹尼斯·朗：《权力论》，中国社会科学出版社 2001 年版，第 102 页。

曼就指出："很明显，合法性不是生来就有的，对政府和法律的感情也不是凭空产生的。要在人民对某种政权具有相当时期的经验之后，受了它的训练，从它得到象征性奖赏之后，该政权才取得合法性。"①

再次，司法改革的有效性，可以为司法改革合法性建构提供一种路径依赖。从价值理性的角度来看，人的理性是有限度的，受制于特定的社会生活进程，只有在积累性进化的框架内，人的理性才能得到发展并成功地发挥作用。与人的理性随着社会实践的进程而渐进式的进化发展相对应，在司法改革的道路选择上，也应该是一个经由不断试错、日益积累而又艰难前进的进程。特别是我国目前还处于法治发展的初级阶段，支撑现代法治的某些基本条件尚不具备，如果司法改革的步子迈的太大、太快，超出社会公众心理承受能力的合理限度，社会公众的话语表达就不可能继续为司法改革提供合法性向度上的支持。回顾和反思已有的司法改革和实践，在很多问题上可以说已经体会到了上述简单化做法所造成的后果。"在一个不尽如人意的法治环境中，在多方面条件的制约下，我们无论是制度改革还是程序操作，都只能追求相对合理，不能企求尽善尽美。即'只求较好，不求最好'。如果不注意实际条件和多种复杂因素的制约去追求理性化，不仅难以奏效，而且还可能因为完全破坏了即成的有序化状态而使情况更糟。"② 正是由于特定环境和实际条件的限制，我国司法改革只能采取一种循序渐进的、逐步改良的方略，在有效性的累积中，随着法治的推进最终实现"质"的飞跃。

四、可能的进路：在有效性中累积合法性

对于有效性的分析表明，实践中存在着司法改革的另一种进路。这一进路是多向原因论的，即自觉或不自觉地承认司法改革问题产生于多样的、复杂互动的法律和社会原因，而不是试图建立一种关于线性因果关系的想像；它不是单纯仰仗理性和自生秩序去解决司法改革合法化问题，而是回应一定的社会现实和公众需求，考虑我国的政治体制架构，考虑社会所能提供的物质基础，考虑民众对新制度的认同感，考虑审判人员的素质和能力，重视外部环境与司法改革之间的互动关系。我国司法改革的逻辑和所处的独特场域，决定了我国现阶段的司法改革，必须以有效性为基点，扩展司法改革的民意基础，在民众认同的基础上累积和建构合法性。

---

① ［美］劳伦斯·M·弗里德曼：《法律制度——从社会科学角度观察》，中国政法大学出版社2004年修订版，第144页。

② 龙宗智：《相对合理主义》，中国政法大学出版社1999版，第18页。

（一）改革理念的有效性建构：确立司法改革的民本理念

无论是从司法权的归属主体看，还是从司法权的直接作用效果看，民众与司法改革的关系极为密切。确立司法改革的民本理念，就是将民众作为司法改革最重要的参与主体，司法改革的制度设计与改革举措应从普通民众的立场出发，尊重其意愿选择，维护其诉讼利益，合理设计其在司法程序中的权利义务，实现司法为民众服务的宗旨。这一理念也被有的学者称之为“司法之主体性理念”。①

1. 价值基点的人民性

司法制度关系到每个公民的权利，司法改革维系着人民群众的切身利益，司法改革改什么，怎么改，人民对司法有什么需求，有哪些具体的期待，怎样才能满足人民的司法需求，是司法改革须首要解决的关键问题。人民性的价值理念深刻揭示了司法改革的本质和核心，推进司法改革也就是要用这一核心理念审视、反思、规划各项改革举措，在价值立场上，确立司法为公民而存在、诉讼制度为公民而改革这一基本立场，始终把实现好、维护好、发展好人民群众的根本利益作为司法改革的出发点和落脚点，把体现人民意志、保障人民权利、促进人的自由平等发展作为社会主义法治的灵魂，作为一条主线贯穿于司法改革工作的全部过程及其各个环节，充分尊重人民的意愿，而不能与人民群众的根本利益相违背。

2. 决策机制的人民性

就司法改革而言，社会精英的引导价值是毋庸置疑的。但是，社会精英对司法改革的引导，一般来说，总会在一定程度上超越社会公众的现实需求，从而使得司法改革在精英话语与大众话语之间产生“断裂”。在司法改革过程中精英话语对大众话语的漠视甚至排斥，无疑使精英话语失去了民众的认同与支持。而在现代民主语境下，“制约权力精英的基本途径就是通过建立一定的意见交流、表达机制而在精英与大众之间创立一种有效的利益关联，使精英意识与大众诉求之间实现良性沟通，以此保证精英成为民众利益的代表。”② 为了使司法改革获得社会公众的普遍支持，应当通过建立司法改革的大众话语表达机制，实现在司法改革问题上精英话语与大众话语的沟

① 左卫民：《在权利话语与权力技术之间——中国司法的新思考》，法律出版社2002年版，第1页。

② 万毅：《变革社会的程序正义——语境中的中国刑事司法改革》，中国方正出版社2004年版，第335页。

通和协调，使改革能够根据大众话语的诉求来及时调整自己的话语导向。

3. 评价标准的人民性

确立以公民意愿实施和评价司法制度和司法改革的标准，以人民群众是否满意、人民群众是否能够充分享受改革的成果来检验司法改革的成败。对于涉及人民群众切身利益的司法改革举措应深入调研，充分听取群众的意见，及时了解、积极回应人民群众对司法的新要求新期待，使司法政策和改革举措的出台充分体现群众的意愿，并自觉接受群众的监督和检验，使改革的成效能得到社会和人民群众的认同。

（二）改革动力的有效性建构：以有效满足人民群众司法需求为司法改革的动力源

人民群众的理解与支持是有效推进司法改革的不竭动力。要让人民群众充分理解司法改革的价值与意义，就应当避免提出徒具象征意义、不能解决当下问题的理想口号，而要立足于满足人民群众现实的司法需求，通过完善各项服务人民群众需求的司法制度和工作机制，进一步解决人民群众最关心、最期待改进的司法问题，更好地便利公民接近和利用司法。

1. 建构便利公民接近司法的制度

畅通诉讼通道，降低诉讼门槛，对司法的可诉范围制度、法院受理和立案制度等进行改革，如设立小额诉讼程序、适用简易程序、放宽起诉条件等，赋予和保障公民诉讼权，使其能够快速、有效地进入司法轨道。健全诉讼服务机构，加强诉讼引导，推行巡回审判、速裁法庭、远程审理等便民利民措施，切实方便人民群众诉讼。加强法律援助制度、律师制度的改革，满足和保障公民基本的诉讼需求。

2. 建构便利公民参与司法的制度

司法程序改革应突出以当事人为主体，进行经济、透明和简易化的改革，使诉讼程序的运行更加便利当事人参与、便利当事人行使各项诉讼权利；对当事人的诉讼参与权和法官的诉讼主导权进行合理的分配，保障当事人的处分权、辩论权、举证权、撤诉权、上诉权，使其支配和主导诉讼活动，成为诉讼的实质参与者。强化诉讼释明制度，避免司法的专业化知识与方式成为公民享受司法服务的障碍。推动司法民主化进程，完善人民陪审员制度，密切司法工作与人民群众的联系，增进人民群众对司法工作的理解和支持。

3. 建构便利公民认知司法的制度

推进司法公开制度改革，将司法活动从幕后司法和暗箱操作中转变过来，向当事人和社会公众公开一切在法律容许范围内能够公开的司法过程和活动，既要做到案件审理过程中举证、质证、认证公开，也要做到心证过程公开、裁判理由公开和裁判结果公开，使司法以可看得见的方式展现在诉讼当事人和社会公众面前，从而使公众更加充分地了解司法，增进司法的可接受度。建立健全民意沟通表达机制，建立科学、畅通、有效的民意收集机制，及时掌握涉诉民生需求，及时反馈人民群众意见和建议的办理情况，充分保障人民群众的知情权、参与权、表达权和监督权。

（三）功能向度的有效性建构：以完善有效解决纠纷司法功能为司法改革的目标取向

在一定意义上，司法的根本职能是以有效解决诉讼纠纷为立足点的实践活动，人民群众对于司法改革的体验，更直接源于对诉讼纠纷有效解决的体验与认知。因此，在司法改革目标取向上，应通过司法有效解决纠纷机制的理性建构和运作，彰显司法的正义性，以此来表征司法改革具有使社会公众认同和服从的内在价值或根据。

1. 重构和整合社会纠纷解决体制

我国权力架构下所期望的司法功能是有效解决纠纷，最大限度地促进社会和谐。这就意味着司法体制应当以有效解决纠纷为中心来构建。这一体制可由三个层次构成：第一个层次，司法权与立法权、行政权在权力形态上的分置，形成一种由分工明确、职能集中的机构组成的体制结构；第二个层次，人民法院与公安机关、检察机关、司法行政机关等不同权力行使机关之间围绕纠纷的解决形成一种分工负责前提下合力解决纠纷的格局；第三个层次，以解决纠纷为目的，与司法机关及其他国家机关有广泛联系的社会各类行业、社区等民间机构、组织，依托各自特有的社会权威资源，构成解决纠纷的第一道屏障，同时接受来自司法的指导与监督，从而形成较为完善的立体化纠纷解决体制。

2. 完善调判结合工作机制建设

调解与判决共同作为解决纠纷的方式，虽然两者运用的手段不同，但两者在功能上具有内在的统一性。与判决相比，调解在化解纠纷、维护稳定、促进和谐方面具有独特的优势。在司法改革过程中，应积极探索和完善调解工作机制，有效化解矛盾纠纷：一是强化民事诉讼调解，拓宽民事诉讼调解的适用范围和适用环节，改进调解工作方式，提高调解质量。二是坚持改革创新，把民事调解成功经验延伸到立案阶段和其他审判活动中。如加强立案调解，把起诉到法院的案件化解在审理之前，从而有效缓解案多人少的矛盾，节省诉讼资源；强化刑事附带民事案件调解，通过经济赔偿抚慰被害人，钝化矛盾，修复被破坏的社会关系；探索行政案件协调解决新机制，在不违反法律、国家利益、社会公共利益、他人合法权益和自愿的条件下，通过协调化解行政争议；加强执行和解，维护执行案件双方当事人的利益需求。

3. 推进多元诉讼纠纷解决机制建设

在成熟的法治社会，纠纷解决机制通常由诉讼、仲裁、行政处理、民间调解等多元化形式构成，并且纠纷解决趋于社会化。多元纠纷解决机制能够更好地沟通法与社会之间的联系，对于疏解司法压力和诉讼程序的局限，减少社会纠纷解决成本和对抗，追求合乎情理和实质公正的解决结果具有重要价值。在我国，以调解、仲裁、行政裁决和诉讼为主要表现形态的多元纠纷解决机制已初步形成，但是这种多元纠纷解决机制之间远未形成一个功能互补和程序衔接的有机体系，必须在制度上重视诉讼外纠纷解决机制与诉讼机制之间的有机衔接，强化诉讼外纠纷解决机制在实践中的有效性，进而达到诉讼外纠纷解决机制与诉讼机制之间良性互动、彼此支持的理想境界。

（四）制度图式的有效性建构

以完善有效破解司法难题工作机制为司法改革的着力点。是否能够有效解决司法难题，是衡量司法改革成效的重要标准之一。[①] 当前，权威不够、裁判不公、效率不高、案多人少、保障不足、司法不廉等仍是困扰司法发展的难题。要围绕有效破解这些制约司法发展的现实困难和问题，推进司法改革，从而建设公正、高效、权威的社会主义司法制度。

1. 着力强化有效促进司法公正的制度建构

司法公正问题的形成，不单是司法本身的问题，也是一个综合性、复杂性的社会问题，与法律制度不健全、队伍素质不高、不当干扰等诸多因素相关。当前，加强促进司法公正的制度建设：一是要确立法院对权利义务纠纷的解决应享有终局性的权威地位；同时，立法机关、行政机关应对法院的这种权威性地位提供制度性的尊重和维护。如理顺司法机关的财政供养关系，从经济上减少和规范司法机关与地方政府的联系；对司法机关的机构设置和人事制度等也可以进行深入研究，探索创新管理体制，保证司法公正的实现。二是要理顺法院内部以及上下级法院关系，确保法院系统的理性制约。

① 胡道才：《以有效破解司法难题为司法改革的动力与评价标准》，载《人民司法·应用》2009年第3期。

如规范案件请示制度，保障上下级法院的法官依照法律自主进行判断并对案件作出裁决；健全和完善法官独立裁判案件的机制，合理配置审判委员会、合议庭、法官的权力和责任，弱化行政管理在司法裁判过程中的影响力，在最大程度上减少法官独立裁判案件的不当干扰。三是要加强法官队伍建设，规范司法人员的选任和职业能力培养，完善并落实法官职业保障机制，保证法官队伍专业性，提高法官队伍的整体素质和司法能力。

2. 着力强化有效提高司法效率的制度建构

当前，人民群众日益增长的司法需求与审判力量严重不足的矛盾日益突出。据不完全统计，改革开放初期的1978年，全国法院受理案件总数约为60余万件，2008年已突破1000万件。[①] 为此，必须着力加强提高司法效率的制度建设：一是有效调配资源，建立更加科学、合理的司法组织体系。根据诉讼实际需要，在不同地区合理设置司法机构，配置司法人员和经费设施，加大对基层司法资源的投入力度；在司法机关内部，合理配置人员结构，加大办案力量投入，有效缓解办案压力。二是完善诉讼效率机制。如推行速裁审理制度，实施案件繁简分流，公正、便捷、快速地解决涉及人民群众切身利益的小额或简单案件，促使案件快审快结；强化巡回审判制度，对边远农村、山区等开展巡回审判工作，促使案件即时审结。三是加强司法管理。建立科学的案件流程管理和案件质量监督体系，通过有效的司法审判管理，促进案件的公正高效审结。

3. 着力强化有效提高司法权威的制度建构

司法权威是司法公正高效的重要保障。司法只有具有权威性，才能增加司法制度对社会的感召力，增加社会对司法解决纠纷的信任程度。加强促进司法权威的制度建设：一是完善规范司法行为机制，增进司法信任。深入推进司法规范化建设，严密各个审判领域、各个审判环节的实体性和程序性制度。切实规范法官自由裁量权的行使，统一类案法律适用标准；加强司法责任体系建设，对违法违规行为及时进行查究，确保司法队伍清正廉洁。二是完善涉诉信访工作机制，维护司法裁判的既判力。一方面要推进涉诉信访法治化、规范化，建立涉诉信访终结机制，规范涉诉信访秩序；另一方面也要完善涉诉信访工作信息反馈机制，注重保障当事人的合法权益。三是完善传媒等社会监督机制。既要建立起尊重和接受传媒等社会监督的广泛共识；同时也要制定相应的制度性措施，将传媒等社会监督纳入法治化轨道，推动社会监督的规范有序运作，防止对法官独立裁判案件的不当干预。

---

① 沈德咏：《中国特色社会主义司法制度论纲》，人民法院出版社2009年版，第557页。

结 语

“在怎样的故事里，我能发现自己的那一部分?”① 伴随着中国社会发展进程中利益调整的深度和广度的拓展，制度共识成为中国社会发展进程中最稀缺的资源。没有制度共识，任何一项社会改革注定将充满冲突和动荡。公众对司法改革的疏离，常常会使司法改革的主导者以及作为司法权运行的操作者的法官迷失在“被叙述的故事”中。但是，正如本文所试图说明的那样，司法改革背后反映着许多深刻的社会因素，也承载着许多社会功能和价值取向。无视社会现实和公众诉求，一相情愿地坚持制度理性，司法就会被自我放逐和边缘化。要避免司法改革的认同危机，关键在于要从社会和民众的视角认识司法在整体社会治理体制中的位置，从满足社会公众对司法的迫切需求出发来整合司法理念、司法制度和行为模式，在有效性中累积和建构合法性，探寻出符合中国国情和条件的司法发展道路。

① ［美］阿拉斯代尔·麦金太尔：《德性之后》，龚群、戴扬毅等译，中国社会科学出版社1997年版，第272页。

深圳市法院司法改革的调研

广东省深圳市中级人民法院

党的十七大深刻指出，解放思想是发展中国特色社会主义的一大法宝，改革开放是决定当代中国命运的关键抉择，是发展中国特色社会主义的强大动力。作为中国改革开放的窗口、试验田和示范区，30 年来，深圳靠改革开放开埠立市、发展壮大，改革创新已经成为深圳的根、深圳的魂。同样，得改革开放风气之先，深圳市法院牢牢把握历史机遇，顺应时代潮流，遵循司法活动的客观规律，在确立现代司法理念、建构科学的审判制度、推进法官职业化建设等方面进行大胆探索和实践，成为人民法院在改革开放的历史条件下不断发展的一个真实缩影。不久前出台的《珠江三角洲地区改革发展规划纲要》从国家层面明确了深圳“一区四市”的战略定位，要求在多个领域先行先试。在回顾深圳市法院司法改革历程、总结实践经验的基础上，继续解放思想，探求加快推进特区法院改革的路径，对于进一步完善中国特色社会主义司法制度具有特别重要的意义。

一、深圳市法院司法改革的主要内容和成效

深圳市法院的司法改革最初起步于 20 世纪 80 年代中后期，从探索民事审判方式改革开始，至今已经历了近 20 多年的历程。主要进行了五个方面的改革，并在三个方面取得了显著成效。

（一）积极推进诉讼程序制度改革，努力实现实体公正与程序公正的和谐统一

一是全面落实公开审判制度，改革和完善庭审方式。自 20 世纪 80 年代末开始，深圳市法院开始全面推行以公开举证、质证、辩论、认证为主要内容的庭审方式，突出法官的中立裁判地位，强调当事人的平等对抗和当事人对诉讼程序的充分有效参与，扩展审判公开范围，并出台了推进阳光审判工

程的专门规定，实现审判公开制度化、规范化，审判工作的透明度大大增强。二是推行诉讼证据制度改革，完善庭前准备程序。2001 年制定了《深圳市法院民商事纠纷案件庭前交换证据暂行规则》，对举证期限与范围、证据接收与交换、诉讼请求的固定、证据的调查与保全等问题做出明确规定，为最高人民法院制定《关于民事诉讼证据的若干规定》积累了经验。2004 年以来，市中院又进一步明确适用庭前准备程序的案件范围，建立起了既符合现代审判规律，又适合深圳市实际情况的庭前准备程序制度。三是依法扩大简易程序适用范围，推行案件繁简分流。坚持“繁出精品、简出效率”，进一步扩大民事案件简易程序的适用范围，积极推行刑事案件普通程序简化审改革，大大提高了庭审效率。部分基层法院推出“速裁法庭”、“简易法庭”，努力寻求更加简便、快捷的审判方式。四是强化诉讼调解工作，积极完善多元化纠纷解决机制。高度重视调解在案件诉讼中的作用，2003 年市中院出台关于进一步加强民事诉讼调解工作的意见，后又通过评选调解工作先进单位、先进个人以及在法官工作绩效考核中增加调解结案考核分值等措施，鼓励法官积极运用调解方式化解矛盾纠纷。与此同时，全市法院主动延伸审判职能，与其他相关职能部门协调配合，开展劳动争议联调试点，全力参与大调解格局建设，并探索法院附设 ADR 等纠纷解决新模式，全面推进司法调解、行政调解、人民调解相结合的衔接与互动，努力构建具有深圳特色的多元化纠纷解决机制。

（二）积极推进审判组织形式改革，逐步完善以审判权为中心的法院组织模式

一是推行立审、审执、审监“三个分立”，强化内部职能部门的分工制约。1991 年 12 月，市中院成立全国法院系统第一个立案处，首开立审分立之先河。之后，又全面推行审判与执行分开、原审与再审分开（即审监分立）。2002 年，市中院专门成立了独立建制的书记官处，负责处理法庭记录等事务性辅助工作。同时，把案件审理中的程序性权力和实体裁决权力相分离，将诉讼保全、司法鉴定以及委托评估、拍卖、审计等权力从审判权和执行权中剥离出来，交由立案庭、督导室（后为司法鉴定室）分别行使，确保法官集中精力审判案件，也尽量减少法官与当事人的庭外接触。二是不断完善现代审判体系，着力突出专业审判特色。1988 年 7 月，市中院成立专门审理涉外、涉港澳和涉台案件的审判庭；1989 年 1 月，在全国率先成立房地产专业审判庭；1993 年 12 月，成立破产清算庭，在全国率先走上了破产案件审判专业化道路（后撤销，于 2006 年恢复建制）；1994 年 2 月，成

立了知识产权专业审判庭；2005 年，成立专门审理劳动争议案件的专业审判庭。目前，市中院形成了有 7 个民商事审判业务庭、专业审判特色明显的民事审判格局，刑事、民事、行政审判体系得到进一步完善，职能交叉、机构重叠的问题得到较好解决，审判工作的中心地位更为突出。三是推行审判长和独任审判员选任制，强化和落实合议庭的职权。从 2001 年起，深圳市两级法院全面推行审判长选任制，赋予其签发部分诉讼文书等权力，建立了一种既能充分发挥审判长主导作用，又能集中合议庭集体智慧的审判组织运行机制。

（三）积极推进执行工作运行机制改革，努力营造有利于破解执行难的制度环境

一是改革执行体制，健全执行机构。全市两级法院都成立了执行局，并明确上下级法院执行局统一管理、统一指挥、统一协调关系。以分权制衡为原则，把执行机构行使的"执行实施权"和"执行裁判权"分开，分别由执行局内部不同的部门行使。二是完善执行措施，创新执行方式。在 20 世纪 90 年代，深圳市法院相继推出了财产申报、新闻曝光、举报奖励、限制债务人高消费等许多行之有效的执行措施。近些年，结合执行工作实践，又实施了限制出境、限制融资置产、限制承揽政府投资项目等措施，并通过集中发布执行敦促令的方式，强化执行的威慑力。三是规范执行行为，维护执行公正。全市法院把公开审理和当事人举证原则引入执行程序，对执行案件实行排期公开听证，把执行案件亦纳入案件流程管理体系，推行怠于和拖延执行更换法官、执行工作季度考评等制度，同时加强执行信息录入和公开披露工作，并通过公开摇珠等方式选定执行评估、拍卖机构，执行程序中当事人的知情权得到有效保护。市中院制定《执行款管理细则》，开发执行款划拨及管理软件系统，实现执行款物管理的规范化，最高人民法院在深圳召开全国法院执行款管理工作现场会并推广了这一经验。四是强化执行联动机制建设，构筑大执行工作格局。积极争取市委、人大的重视与支持，促使市人大常委会于 2007 年 3 月通过了《关于加强人民法院民事执行工作若干问题的决定》。结合该《决定》的贯彻落实，与工商、公安、国土、银行同业公会等十多个部门和单位建立了协助执行联动机制，与多个部门建立了网络端口连通、信息实时共享机制，执行工作环境进一步得到改善。

（四）积极推进监督制约机制改革，进一步强化审判工作和队伍建设工作的管理力度

一是全面落实审判流程管理制度，加强对审判工作的程序性监控。在建立“大立案”格局的基础上，深圳市法院注重运用网络等现代科技手段，对所有案件进行集中排期，明确了办案法官和其他人员的工作职责，使法官集中精力专司审判。同时，研究开发了专门的信息管理系统，建立起审限警示、催办和通报制度，对案件审理的不同阶段进行跟踪监控，严格控制审限，提高司法效率。二是完善监督职能机构，强化内部监督力度。市中院设立督导室，负责决策督查、审判督查、案件检查、案件督办等工作。同时，审判监督、信访、督导和纪检监察部门互相配合，努力实现全方位监督。三是积极推进规范化办案改革，规范自由裁量权的正确行使。针对深圳市新型、疑难案件多，缺乏法律依据和成功先例，以及某些案件同案不同判影响司法权威的问题，大力推进“标准化办案”工程，围绕常见案件类型和疑难案件，先后制定了四批37个规范化办案指导意见，统一裁判标准，对保证案件质量，提高裁判公信力发挥了积极作用。

（五）积极推进法官职业化改革，建立符合司法工作规律的干部人事管理制度

2004年初，市中院被最高人民法院确定为全国法院唯一的法官职业化建设综合改革试点单位；同年9月，确定市中院和罗湖区法院为法官助理制度试点单位。几年来，深圳市法院坚持“实事求是、分步试行、积极稳妥、注重实效”的原则，边探索，边实践，边完善，改革试点工作取得了积极进展。一是形成了比较系统的法官职业化改革综合方案。在广泛深入调研和反复征询相关部门意见的基础上，先后十几次修改完善，完成了《全市法院法官职业化改革总体方案》和相关配套方案，并得到最高人民法院和省法院的原则批准。二是建立了严格的职业准入制度。通过公开招考形式，引进了一批素质较高、审判经验丰富的优秀法官和一大批优秀后备人才。目前深圳市法官队伍中具有硕士以上学历的达到了24%。三是积极探索法官逐级遴选制度。近年来，市中院分三批，通过考试、考核等形式，从基层法院择优选拔20名法官到中院任职。四是逐步完善人员分类管理。根据法院内部不同专业岗位的特点，对工作人员进行分类。全面试行法官助理制度，目前基本实现了法官与法官助理1:1的配置。市中院成立书记员处，对书记员（速录员）进行集中管理和集中考核。对法官、法官助理、书记员、司法警

察和司法行政人员分别制定不同的考核标准，强化各自的工作责任，逐步形成以法官为中心的审判组织架构和各类人员分工负责的工作模式。

通过实施上述改革举措，深圳市法院的司法改革取得了可喜的成效。归纳起来，主要体现在以下三个方面：第一，司法理念得到更新。法官、其他法律工作者和社会公众的司法观念都有了深刻变化，司法权威、主体平等、司法中立、程序公正等现代司法理念深入人心，公正与效率成为全社会对司法审判的共同期待。第二，司法组织得到加强。审判组织的设置和职能分工更趋于合理化，法官的管理更加科学化，审判人员的学历结构、专业结构和业务能力有了较大改善。第三，司法公信力得到提升。坚持司法为民，不断提高公正与效率水平，先后涌现出“全国法院集体一等功”南山区法院、“全国人民满意的好法院”宝安区法院和陈麟基、黄国新、刘来平等一批先进集体和先进个人，人民群众对法院工作的认同感不断提高。

二、司法改革面临的主要困难和问题

尽管深圳市法院的司法改革取得了较大成绩，但由于受观念、外部体制等多种因素的制约，认真反思，仍存在诸多的困难和问题：

（一）司法改革的深度和广度受既有体制的较大限制

司法改革包括外部的司法体制改革和内部的司法工作机制改革两个方面。外部司法体制既是司法改革的对象，又是内部司法工作机制改革的前提，更是内部工作机制全面发挥作用的保证。司法体制改革也关涉诸多因素，对国家政治体制的影响甚巨。

（二）司法改革与现行法律规定存在一定的矛盾和冲突

当前，推进司法改革的一个突出问题是，改革到底是应该在现行法律的框架之内进行，还是应该突破法律的既有规定，根据需要大刀阔斧地进行？改革的一些相关措施更多地停留在政策或内部司法文件上，缺乏权威性和稳定性。一些已经试点多年的改革措施，目前仍处于试点阶段，导致法院在争取相关部门对改革的支持配合时缺乏法律保障。

（三）司法改革的社会认同度需要进一步提高

司法改革是一项复杂的系统工程，它的顺利推进归根结底取决于我国社会和法制现代化的整体进程；从现实的角度讲，则必须依靠社会各方面尤其是党委、政府和组织、人事、编制、财政等部门的充分理解和大力支持。近年来，虽然中央不少文件中提到司法改革的问题，但具体的实施意见和推进措施并没有跟上。对于司法改革的探讨和实践，目前仍主要集中在法律界内部，明显存在“内热外冷”、“下热上冷”的现象。因此，在司法改革触动一些部门和地方的利益时，来自法院内部的司法改革尤其是体制改革的呼吁有时并不能得到决策部门和社会的完全信任。

（四）司法管理的行政化倾向依然突出

我国是一个行政权十分强大的国家，加之多年来法院的管理和审判业务工作的很多方面一直沿袭行政管理的一套做法，并且已经根深蒂固，因而，全面剖析法院的各项审判活动以及司法管理活动，仍会发现行政工作方式处于主导地位，这与建立现代司法制度的期望尚相去甚远。

法院自身推进司法改革的步子还不够大。外部体制的改革不能代替法院内部工作机制的改革与完善。观察近些年的司法改革，一些改革举措之所以效果不甚明显，除了受制于外部因素外，法院自身努力不够也是重要原因，导致突破性、开创性的改革举措不多，改革的步子不够大，与特区法院改革试验田的地位还有差距。

三、当前司法改革面临的形势和任务

当今社会对司法解纷机制的依赖程度显著增加，司法所具有的定纷止争的职能作用受到高度重视。但是，现代司法也正面临新情况、新问题的严峻挑战。就司法改革而言，其面临的形势可以概括为三对矛盾：

其一，“司法资源稀缺”与“司法需求剧增”之间的矛盾。伴随着社会的发展进步，以及公众权利保障意识的增强和对司法越来越高的期望，各类纠纷数量将会在相当长一段时期内处于增长趋势。这就形成了司法资源稀缺与诉讼暴涨之间的强烈冲突。

其二，“司法专业化”与“司法亲民化”之间的矛盾。法官被要求具备专业化的法律知识、技能、方法、行为、思维方式，正当、繁复、细致入微的程序更是将司法的专业化表现得淋漓尽致。然而，“和谐司法”、“以人为本”的理念又要求司法成为便于民众利用的制度。如何解决“司法专业化”与“司法亲民化”的矛盾，已经成为司法改革中不可回避的一项重要课题。

其三，“司法正当程序”与“诉讼成本高昂”之间的矛盾。伴随着诉讼程序的严密化和对当事人诉讼权利保障的强化，使得诉讼的经济成本和时间成本迅速增加，给当事人造成了沉重压力，也在某种程度上造成了司法效率的降低，使得诉讼迟延成为似乎难以遏制的司法现象。如何在贯彻正当程序和公平原则的同时，使诉讼更加迅速、高效；如何制定接近普通民众的程序，满足普通民众的需要，使司法制度成为与“以人为本”、“和谐社会”理念相符的程序制度，是司法改革肩负的重要使命。

基于上述形势，今后司法改革的主要任务应当是：第一，司法改革必须寻求和谐，重视化解矛盾。要以解决人民群众最关心、最直接、最现实的利益问题为重点，制定司法改革措施，努力建设和谐社会。改革的核心就是适当调整司法的价值取向，并通过发挥自己特有的优势，带动多元化纠纷解决机制的建立。第二，司法改革必须保障当事人的合法利益，实现司法正义。无论在诉讼程序的简易化设计、使用司法渠道的方便性、接近司法的容易度、当事人权利实现水平等各方面，司法改革措施都必须考虑民众的合法权益，也就是通过司法正义来保障和促进社会正义。第三，司法改革必须坚持司法活动的职业化与司法方式的平易化。法律是一个专业性极强的领域。当前，司法的特殊作用日益体现出来。但是，由于这种职业活动最终要作用于普通社会成员，因此必须增强它的可接受性、可理解性。这就有了司法方式平易化的要求。第四，司法改革必须确保法院与其他部门在职能方面的关联更加密切。随着行政诉讼范围的进一步扩大、司法解释制度的完善，特别是司法职能对政治生活、社会生活、经济生活介入程度的加深，审判的监督功能、引导功能应当得到更大程度的发挥。第五，司法改革必须强化法院在统一法律适用方面的作用。法院与法院之间、法官与法官之间，虽然不存在业务上的领导与被领导关系，但法律适用统一的问题却必须引起重视，要通过案例指导、案件质量评查、出台标准化办案意见等方式维护裁判的一致性，提高司法的社会公信度。

四、进一步推进深圳市法院司法改革的建议

继续深入推进深圳市法院的司法改革，必须既解放思想，勇于开拓，大胆创新，又实事求是，讲求实效，以开阔的视野和战略的眼光，切实把握司法改革的本质规律和阶段性特征，克服主观性和盲目性，努力探索出推动特区法院科学发展的新思路、新途径、新举措。特区法院要以中央和上级法院的统一部署为基础，积极主动地推进改革。凡是中央要求统一推行的改革措施，不折不扣地抓好落实；凡是中央授权地方组织实施的，率先组织推进；凡是中央尚未明确的，结合深圳法院实际大胆探索，推出一批在全国全省有影响的改革措施。当前和今后一个时期，主要是着力推进以下三个方面的改革：

（一）加快推进法官职业化改革，努力突破长期影响和制约法院工作的体制性障碍、机制性束缚和保障性困扰

法官职业化是法治现代化的重要标志。深圳中院是全国法院唯一的法官职业化建设综合改革试点单位，肩负着为全国法院职业化改革攻坚克难的重任。而法官职业化改革是一项复杂的系统工程，深入推进这一改革，探索建立一套符合现代司法规律、符合法官职业特点、具有中国特色的法官管理机制，不仅对优化司法职权和资源配置，提高法官的职业公信力，增强法院司法能力具有重要意义，同时由于这一改革的全局性和带动性作用，其对司法改革由工作机制改革向司法体制改革突破也具有重要意义，更会对法院其他领域的司法改革产生积极的促进作用，从而推动深圳市法院工作全面、协调、健康发展。

一是进一步厘清职业化改革的目标，强化改革的关键环节。改革的重点就是解决法官的职业化问题，通过严格职业准入、强化职业意识、提高职业技能、树立职业形象、加强职业保障、完善职业监督，培养和造就一支思想作风过硬、职业操守良好和专业技能精深的高素质法官队伍，为维护社会公平正义提供强有力的组织和制度保障。

二是完善法官职业管理制度，凸显法官的职业地位。考虑审判工作量、辖区实际管理人口等因素，科学核定法官员额和所需司法辅助人员的数量及占编比例；法官员额由市中院统一管理调配，做到不超员额任命法官；市中院法官缺额时，从基层法院法官中遴选；成立法官推荐委员会和法官遴选委员会，提高法官选任程序的公开性、广泛性和公正性。

三是完善法官职业保障制度，增强法官的职业尊荣。要改革法官职级制度，以法官等级为基准，建立法官等级与行政职级相对应的法官职级序列，通过晋升法官等级提高法官政治待遇和工资待遇，确保法官享有良好的社会地位；要建立特区审判津贴制度，适当提高法官的收入水平，增强法官的职业吸引力；建立健全法官职业培训制度，坚持选派优秀法官出国、赴港进修，确保法官培训时间和经费，不断提高法官职业技能；完善法官职业退出制度，在本人自愿的基础上，适当延长优秀法官的退休年龄。

四是完善法官职业监督制度，确保司法权的正确行使。进一步细化法官综合考核办法，在管理方式、工作程序、职责范围、行为规范、奖励惩戒等方面尽可能予以细化规定。建立法官考评委员会，结合职业化建设对法官素质能力的要求，对法官工作绩效和廉洁自律情况严格进行考评，并将考评结果作为法官调整职级、享受审判津贴的重要依据。提请市委考虑建立法官廉

政公积金制度，作为法官职业监督和职业激励的一项长效机制。

五是完善人员分类管理制度，为职业化改革奠定坚实基础。将法院工作人员分为法官、司法辅助人员、司法行政人员三大职类，明确法官助理、书记员、司法警察为司法辅助人员，突出法官在司法活动中的中心地位。

（二）深入推进审判执行工作机制改革，确保司法的公正、高效与权威

一是按照上级法院的部署，继续改革和完善诉讼程序制度。要改革和完善刑事证据制度，结合深圳市法院刑事审判工作实际，适时制定刑事证据规则，并强化证人、鉴定人出庭工作，确保刑事案件质量；积极探索将量刑纳入法庭审理程序，规范自由裁量权的行使；进一步探索发挥检察机关和律师在诉讼中作用的措施，切实提高审判质量和效率；要探索和完善少年审判工作机制，有条件的基层法院可以试行建立综合性少年审判庭；探索建立对老年人犯罪适当从宽处理的法律机制，明确其条件、范围和程序；对刑事自诉案件和其他轻微刑事犯罪案件，探索建立刑事和解制度，并明确其范围和效力；进一步明确适用非监禁刑的程序和范围，适当减少监禁刑。要进一步完善民事证据制度，结合民事诉讼证据规则适用中存在的困难和问题，研究有关举证期限、质证程序、认证规则等方面的具体规范，适时出台深圳市法院民事诉讼证据的细化意见；要继续探索各种诉讼程序的简化形式，进一步总结完善快速办理轻微刑事案件制度；逐步推广民事速裁程序，规范审理小额债务案件的组织机构、运行程序、审理方式、裁判文书样式等，总结形成审理小额债务案件的规范性意见；要继续改革和完善庭前程序，明确庭前程序与庭审程序的不同功能，规范程序事项裁决、庭前调解、审前会议、证据交换、证据的技术审核等活动，明确办理庭前程序事务的职能机构和人员分工；要加强和完善诉讼调解制度，鼓励法官适用调解方式结案，引导当事人运用调解方式化解纠纷。建立健全多元纠纷解决机制，加强诉前调解工作，健全诉讼与非诉讼相衔接的矛盾纠纷调处机制，促进不同领域纠纷解决机制的协调发展。

二是深化审判指导与审判监督制度改革，完善法律统一适用机制。要继续深入推进“标准化办案”工程，2009 年内全面完成覆盖主要案件类型的办案指导规范的制定工作；要完善法院内部审判机构之间和审判组织之间法律观点和认识的协调机制，通过业务庭长联席会、审判长联席会、业务研讨会等形式，统一司法尺度；要结合再审案件级别管辖制度改革，调整审监庭特别是基层法院审监庭的职能定位，完善差错案件的发现、认定、查究

机制。

三是继续改革和完善执行体制与工作机制。要进一步强化市中院执行机构统一监督和指导全市执行工作的职能，规范上下级法院执行工作协调联动的机制，切实发挥全市法院执行力量的合力；要改革和完善立案、审判、执行工作协调配合的各项制度，优化法院内部的执行工作环境；要进一步规范执行合议、执行异议公开听证以及指定执行、提级执行、交叉执行等工作制度，完善执行案件录入、执行信息披露等各项措施，提高执行过程的公开性和透明度；继续大力推进执行联动威慑机制的建设，完善执行督促机制，促使当事人自觉履行义务；要继续探索执行工作新方法，与有关部门配合，细化限制拒执者置业、高消费、投融资、出境、承揽政府工程等方面的具体举措；要改革和完善审理拒不执行法院判决、裁定刑事案件的程序制度，加大对不履行生效裁判、妨碍执行行为的司法制裁力度。

（三）深入推进司法管理机制改革，切实提高司法管理的科学化水平

全市法院应当牢牢树立以管理服务审判、以管理促进审判、以管理保障审判的观念，积极探索适合司法权运行规律、能保障司法权力正常发挥作用的司法管理机制。

一是改革和完善以审判业务为中心的审判管理。要进一步建立健全审判管理组织制度，明确审判管理职责，建立并细化与案件审理、审判权行使直接相关事项的管理办法；要进一步健全和完善科学的审判流程管理制度，扩大流程管理覆盖面，强化对关键节点的控制；要继续完善案件评查和庭审巡查制度，同时规范案件延期审批程序，对超期未结案件进行重点督办，努力解决案件隐性超期问题；积极开展审判质量和效率评估体系试点工作，完善审判工作科学、统一的评价机制。

二是改革和完善以法院队伍建设为中心的组织人事管理。进一步完善全市法院和市中院的综合考核办法，科学设计考评项目，完善考评方法，并对考评结果进行合理利用；要进一步完善自觉接受权力机关监督的方式、程序，健全接受人大代表、政协委员的批评、建议制度，制定邀请旁听庭审指南，方便人大代表、政协委员自主选择旁听案件；要在保证法官独立审判的同时，拓宽接受当事人监督的渠道，全面落实审判公开原则，充分保障当事人对案件进展情况的知悉权利，尝试建立审判与执行案件信息网上查询制度，探索建立民商事裁判文书的网上发布制度，增加司法工作的透明度，规范司法与传媒的关系，建立科学、畅通、有效、透明、简便、及时的民意沟通与表达机制，构建和谐司法关系，提高司法的社会公信力；要改进和强化

司法廉政建设，创新形式，丰富内容，在制度建设、预防环节推出新的举措。

三是改革和完善以日常物质保障为中心的司法行政事务管理。要结合审判工作特点和法院具体实际，科学编制法院预算，积极争取市委、人大和政府支持，完善法院经费保障机制，逐步提高法院经费保障水平；要加强审判法庭、人民法庭等基础设施和技术装备建设，为群众提供方便、亲和的诉讼环境；要大力推进信息技术在审判业务、政务管理等方面的应用，试行通过录音、录像或者其他技术手段记录法庭活动；要以网络为平台，深入推进阳光审判工程，完善司法公开制度，尽快启动法院（法庭）开庭日活动，为社会全面了解法院的职能、活动提供新的渠道；要建立案件审判、审判管理、司法人事管理与司法政务管理之间的协调机制，确立以审判为中心的司法管理模式，提高司法保障能力，并切实避免各种管理手段对独立审判的影响。

结 语

“改革正未有穷期”。面对新的机遇，新的考验，深圳市法院必须继续解放思想，深入研究和把握司法客观规律，深刻理解和牢固树立现代司法理念，以博大的胸襟和宽广的气度，善于学习，努力借鉴，必须以改革的思维推进司法改革，不断进行观念创新、理论创新和制度创新，才能全方位推进特区法院的各项改革，为争创全国全省法院工作排头兵提供强大动力。

深化司法体制改革若干关系研究

曹全来*

司法体制改革，是我国当前人民群众和社会各界密切关注的一件大事，也是党和国家高度重视的发展议题。党的十七大报告明确提出：深化司法体制改革，建设公正高效权威的社会主义司法制度。这是当前我国政法工作面临的一项艰巨任务，是我国依法治国，建设社会主义法治国家的必由之路，也是我国民主政治建设的一项宏伟工程。按照党的十七大精神，深入贯彻科学发展观，实事求是，以人为本，积极稳妥地深化司法体制改革，逐步确立和不断完善公正高效权威和富有中国特色的社会主义司法制度，对于推动我国社会主义现代化建设，构建社会主义和谐社会，具有重大的现实意义和深远的历史意义。

司法体制改革是一项艰巨复杂的系统工程。笔者以为，根据国际国内经验，积极稳妥地推进我国当代司法体制改革，必须处理好以下几个方面的关系问题：

一、正确处理司法体制改革与依法治国、建设社会主义法治国家的关系

依法治国是中国自1978年实行改革开放政策至今30年来，国家治理方式的重大变化之一。[①] 1997年中共十五大提出了“建立社会主义法治国家”的战略目标，次年，依法治国又以宪法修正案的方式正式载入宪法。党的十六大进而提出了建设法治政府的要求；十七大政治报告不仅提出“全面落实依法治国基本方略，加快建设社会主义法治国家”，而且明确提出：“深化司法体制改革，优化司法职权配置，规范司法行为，建设公正高效权威的

---

* 国家法官学院科研部副主任、副教授。

① 俞可平：《中国治理变迁30年》，载《新华文摘》2008年第18期，第3页。

社会主义司法制度，保证审判机关、检察机关依法独立公正地行使审判权、检察权”。由此可见，司法体制改革是我国依法治国，建设社会主义法治国家的基本内容和重要途径，是建设法治国家的必由之路。

司法体制改革与依法治国是密不可分的，二者在理论基础和指导方针方面存在内在一致性。建设中国特色社会主义司法制度和深化司法体制改革，必须有充分的合法性依据、牢固的理论基础和科学的指导方针。在我国，宪法是国家的根本大法，是治国安邦的总章程，是检验一切活动合法性的基本标准，是依法治国的首要依据，也是深化司法体制改革的最终依据；中国特色社会主义理论体系，是对我国社会主义现代化，特别是改革开放以来各项事业取得成功的经验总结，是我国实施依法治国伟大战略和社会主义司法制度逐步确立和不断完善的理论基础；社会主义法治理念则体现了党的事业至上、人民利益至上、宪法和法律至上的高度统一，反映了我国社会主义国家国体与政体的本质与要求，是我国法治建设的灵魂和统帅，更是司法体制改革的指导方针，应当贯穿于司法体制改革的始终。为此，必须以宪法为依据，以中国特色社会主义理论体系为理论基础，以社会主义法治理念为指导方针，客观全面地评估和检验我国现行司法体制，并以此为根据，科学设计和充分论证司法体制改革各项新举措的功能定位、价值目标和操作规范。进一步确立充分的合法性依据、稳固的理论基础和科学的指导方针，是司法体制改革面临的首要问题，也是决定这一事业成败的关键。

依法治国是我国一项中长期战略，是国家治理方式的根本转变，也是党的执政方式的重大转变。而司法体制改革则是我国依法治国战略实施过程中一个重要阶段和重大措施。目前，从整体上看，我国建设有中国特色社会主义法治国家的伟大事业正处于奠基和初创的关键阶段。通过司法体制改革，逐步完善我国社会主义司法制度，并推动中国特色社会主义法律体系的建立和完善，增强司法对社会矛盾和各种利益纠纷的控制能力，大幅度提高司法权威性和公信力，树立通过司法和法律途径实现社会正义的社会信念和社会风气，对于推进依法治国，建设社会主义法治国家的战略目标的最终实现，具有深远的意义。

二、正确处理司法体制改革与政治体制改革的关系

随着我国改革开放的深入进行，我国社会必将发生深刻变化。与之相适应，国家的政治体制也必须予以相应调整，以适应新形势、新环境的需要。因此，政治体制改革是我国今后无法回避的一项长期的政治任务。中共十七大报告提出：“人民民主是社会主义的生命。发展社会主义民主政治是我们

党始终不渝的奋斗目标。改革开放以来，我们积极稳妥推进政治体制改革，我国社会主义民主政治展现出更加旺盛的生命力。政治体制改革作为我国全面改革的重要组成部分，必须随着经济社会发展而不断深化，与人民政治参与积极性不断提高相适应。"①

当前，我国处于一个复杂多变的国际和国内环境之中。从国际上看，冷战结束，世界战略格局发生深刻改变，政治、经济、社会、意识形态和思想文化等均随之产生巨大变化。整个世界都经历着前所未有的"大变局"。其突出特征，就是全球化的浪潮将席卷整个世界，中国也不可避免。特别是我国加入 WTO 以来，我国的国民经济对世界经济的依存度逐步提高，随着时间的推移，最终将形成一个有机整体。上述因素必然对我国政治体制改革和社会主义司法制度的建设与完善，产生深刻影响。从国内情况来看，改革开放和中国特色社会主义各项事业的推进，不仅产生了新的利益群体，形成了新的利益格局，而且也产生了新型的矛盾。这种复杂的状况，既使得我国现行政治体制和司法制度面临严峻挑战，同时，又充满了难得的发展机遇。能否抓住这一千载难逢的历史机遇，在中国共产党的领导下，积极稳妥地推进政治体制和司法体制改革，完善社会主义政治制度和司法制度，不仅关系到人民群众的切身利益，关系到我国社会主义事业的兴衰成败，甚至在一定程度上决定着党和国家的前途命运。因此，当前我国的司法体制改革，是摆在中国人民面前的一个重大历史任务和现实政治任务，是检验党的执政能力的一块"试金石"。

在现代法治国家，司法制度是一个国家政治制度的重要组成部分。司法制度的性质取决于政治制度的性质，其特点也必然深受政治制度自身特点的影响。另一方面，司法制度通常被视为国家各政治部门中"最小危险"部门②。据此可以推断，司法机构和司法制度的变革，对一个国家整体政治制度和体制的冲击，较之其他方面（比如立法和行政）的变革，影响要小得多。从世界历史，特别是第二次世界大战结束以来世界各地政治体制的变动经验来看，有限建立相对权威和成熟的司法制度和司法体制，不仅本身可以充实政治制度的内容，更重要的是，已经建立起来的相对完善的司法制度可以成为抵御政治体制改革风险的重要"减震器"。由于我国整体上是沿着

---

① 胡锦涛：《高举中国特色社会主义伟大旗帜，为夺取全面建设小康社会新胜利而奋斗——在中国共产党第十七次全国代表大会上的报告》第六部分"坚定不移发展社会主义民主政治"。

② "最小危险部门"是美国宪法学者比克尔在一书中对美国联邦最高人民法院的定性和描述。参见［美］比克尔：《最小危险部门——政治法庭上的最高人民法院》，北京大学出版社 2007 年版。

"先经济改革，后政治变革"的思路发展的[①]，因此，这一点，对于当前中国政治体制改革而言，更是意义重大。笔者以为，通过深化司法体制改革，逐步建成具有中国特色的、公正高效权威的社会主义司法制度，已成为当前我国依法治国和民主政治建设的重要途径和基本内容。

三、正确处理坚持基本司法制度与完善司法体制的关系

进行司法体制改革，首先必须对现行司法制度和司法体制进行科学的评估。只有客观全面地认识了当前我国司法制度的优越性及其积极作用，认识其存在的弊端与问题，才能对症下药，有效地解决司法体制运行过程中存在的问题。简单地否定现行司法制度行之有效的部分，或者盲目地引进新的制度，以"标新立异"的方式显示"改革"，不仅无益，反而有害。同时，对于现行司法制度和体制中不适应当前社会发展需要和人民群众司法需求的部门，必须予以变革。司法体制改革的进行，应当遵循"在坚持中发展，在发展中积累"的思路，以渐进改良的方式，推陈出新，循序渐进，不断优化司法体制，强化司法的功能，树立司法的权威。

中国社会主义司法制度具有深厚的历史基础和文化基础。新中国成立以后，在继承解放区司法制度和借鉴前苏联司法制度的基础上，结合中国国情，新中国的司法制度得以起步和发展。其间，也经历了严重的挫折。改革开放以来，以中国特色社会主义理论体系为指导，我国法治建设取得长足进展，逐步形成了具有本国特色的现行社会主义司法制度。中国现行司法制度以马克思列宁主义、毛泽东思想和邓小平理论为指导，总结了我国社会主义司法实践的成功经验，积极吸收了人类法制文明的优秀成果，包括我国传统法制文明的成就和世界各国法制文明的有益成份，是我国法制现代化的重要成果，具有无可比拟的优越性。中国现行司法制度代表了中国最广大人民群众的根本利益，体现了各民族人民的共同意志，是人类法制文明史上的伟大创造，具有旺盛的生命力。

中国现行司法制度基本适应了我国社会主义现代化建设的需要和世界法律文化的发展趋势。但是，由于我国尚处于社会主义初级阶段，司法制度的建设仍处于探索阶段，一些方面尚不成熟，有些问题还比较突出。总体上

---

① 这是一个复杂的问题，相关论述可参见季卫东：《再论宪政的复兴——亚洲新格局与中国政治变革》，载《宪政新论——全球化时代的法与社会变迁》，2005年版，第16页；江平：《政治体制改革不能缓行》，载《政治中国——面向新体制选择的时代》，今日中国出版社1998年版，"序"，等。

看，目前我国司法制度的主要问题在于司法体制不够完善，由此所产生的司法能力，尚不能完全适应我国建设社会主义和谐社会的客观需要，不能完全满足人民群众日益增长的司法需求。当前，我国司法体制中存在的主要问题是：司法理念不完全适应我国现阶段基本国情，建设和完善社会主义司法制度的合法性依据、理论基础与指导方针需要进一步明确；司法资源配置不够合理，司法职权运行不够通畅，在一定程度上影响了司法公正；司法模式相对陈旧，工作机制不够灵活，司法效率较低，司法效能不足；司法环境较差，权威性不高，公信力低下；司法队伍不够稳定，职业化程度较低，司法行为规范性有待于进一步提高。我国现行司法体制存在的上述问题，严重妨碍了我国社会主义司法制度职能的发挥，因而，在一定程度上也妨碍了社会主义制度优越性的发挥。为此，必须牢固树立和深入贯彻科学发展观，以宪法为依据，以中国特色社会主义理论体系和社会主义法治理念为思想基础与指导方针，实事求是，以人为本，积极稳妥地推进司法体制改革。

由此可见，我国现行司法制度和司法体制，其科学性和进步性是不容置疑的。其对于我国社会主义现代化建设，也基本上是适应的。但是，其中也的确存在一些问题，逐步成为我国社会发展和改革开放深入进行的障碍，不能有效满足人民群众日益增长的司法需求。因此，既要坚持我国现行基本司法制度不动摇，又要对其中陈旧、保守、简单、机械等的部分，进行大刀阔斧地变革，进行制度创新，以适应新形势和新环境的需要。

四、正确处理尊重本国国情与接近国际司法标准的关系

“中国国情”是我们这个时代的一个重要符号。的确，任何事情离开国情去谈，都是不切实际的。国情是衡量一切事物的不可逾越的基本尺度。司法制度的建设与司法改革也是如此。

从法学原理来看，法律与特定社会之间关系密切，一定的社会产生一定的法律，法律的社会适应性是法的一个基本特征，也是法律的生命力所在。因此，任何法律制度的产生及其变革都必须尊重本国基本国情、社情与民情。“先进未必适应”，说的就是这个道理。中国社会、经济、文化的发展呈现出三个基本特点：一是城乡差别比较明显，城市的发展程度要远高于乡村；二是东部与中西部差异比较突出，形成发达地区与欠发达地区对立的态势；三是中国历史包袱比较重，传统法律文化根深蒂固，其中一些腐朽思想和文化糟粕严重影响中国现代化建设的快速进行。上述三个基本特点也是制约我国社会主义法治建设的严重障碍。中国的法治建设不得不统筹兼顾，全盘考虑。这些都是考验当代中国人民政治和法律智慧的重要领域。

在当今时代，世界法律文化加速融合，不仅西方资本主义国家传统的大陆法系与海洋法系逐步走向融合，世界范围内各大法律体系也互相影响，取长补短，呈现出多元一体的法律文化格局。中国不可能像历史上曾经发生过的那样，搞闭关锁国，关起门来搞建设。司法制度的建设与司法改革，必须以世界法律文化发展的一般趋势展开。我们可以设想，在中国法律文化发展到一定阶段，中国特殊的法律文化也许可以引领世界法律文化发展的潮流。但是，目前，我们必须承认，中国还不是一个完全意义上的法治国家，司法制度、司法体制都有亟需完善的地方，通过引进先进的司法制度，探索适应中国的司法制度和司法体制，可以大大缩短摸索的时间，降低“试错”的成本。

司法体制改革的国际化与本土化问题，说到底，不仅仅是一个目标选择问题，更重要的是一个路径依赖问题。如果仅仅是一个目标，或许可以逐步实现，短期内可以降低或者调整。然而，如果是个路径问题，则直接决定这一事业的成败，没有可以选择的余地。

近代以来，我国的司法制度建设和司法体制改革，始终沿着国际化与本土化相结合的道路，并建成了近代化的法律体系——以“六法全书”为基础的司法体系。[①] 新中国成立以来，借鉴了前苏联的司法制度，同时也继承了原解放区的司法原则和司法政策。这说明，引进国外先进的司法模式和尊重本国国情同样是当时司法制度建设的基本模式。自“文革”结束，改革开放政策实行以来，中国的司法制度建设更加明显地体现出国际化与本土化相结合的模式。一方面，我国台湾地区和其他地区的司法制度移植到中国大陆地区，甚至英美法系的司法制度也被移植进来；另一方面，本土的司法经验不断积累和总结，具有中国特色的社会主义司法制度体系逐步凸显出来。对于当前的司法体制改革而言，国际化与本土化的基本发展模式应是不可偏离的基本模式。只有把本国国情与国际标准有机结合起来，才能最终建成符合世界司法潮流，同时适应中国社会实际需要的制度模式。

笔者以为，我国的司法体制改革应当实事求是，立足于我国社会主义初级阶段的基本国情和现实需要，走有中国特色的社会主义法治建设的道路。改革应当坚持坚定正确的政治方向，坚持党的事业至上、人民利益至上、宪法和法律至上；应当有助于维护国家主权的独立性与完整性、人民民主专政政权的统一性与稳定性、中央与地方各级人民政府政权行使的权威性和有效性。同时，应当大胆借鉴世界各国先进的司法制度和司法改革的成功经验，

---

① 曹全来：《国际化与本土化——中国近代法律体系的形成》，北京大学出版社 2005 年版。

服务于本国的建设与改革。

五、正确处理司法体制改革的长远目标与短期目标的关系

中国是一个巨型国家，其人口居世界第一，历史久远，源远流长，而且民族众多，地区差异十分显著。在这样一个国家建立完善的司法制度和行之有效的司法体制，必将经历一个漫长的过程。这也就决定了我国的司法体制改革，必将是一个系统复杂的宏大工程，而不是一蹴而就的。对此，国人必须有充分的思想准备。同时，我们必须认真对待司法体制改革的长远目标和短期目标的关系。

司法体制改革必须有长远目标。长远目标就是长期发展规划和最终目标，说到底，就是我国最终要建成的司法制度和司法体制的模式是什么。回顾我国过去30年来改革开放的历程，也许有人会认为，司法体制改革也应该是“摸着石头过河”，走一步算一步，不可能确定最终的目标。对这种观点，笔者不敢苟同。笔者以为，即使我们不清楚最终的目标，但是，我们大致可以确定什么是我们不能达到的，什么道路是我们不能选择的。与改革开放实施的最初境况相比，现在我们所处的环境要好得多，尽管我们也面临诸如思想解放之类的问题。长远目标应当包含未来司法制度和司法体制的价值趋向，其根本立足点和归宿，以及各种目标之间的结构特点和相互关系等。司法改革的长期目标对于司法改革本身十分重要。没有目标的改革就没有变革的方向，没有改革的动力，也没有检验改革成败的标准，改革的成败得失都无从谈起。

确立了长远目标，还必须进一步确定短期目标，也就是根据长期目标分解而成的阶段性目标。长远目标可以比较宏观，比较抽象，比较原则。但是，短期目标必须根据现阶段具体情况来确定，不能超越历史阶段和客观条件。“千里之行，始于足下”。只有完成每一阶段的历史任务，才能实现最终的目标。

从根本上看，我国当前的司法体制改革应当坚持以人为本的原则，深入贯彻科学发展观，立足于“司法为民”的政治立场，稳步推进公正、高效、权威的社会主义司法制度建设的伟大事业。改革应当把保障和实现最广大人民群众的根本利益作为最终目的，把充分尊重和保护人权作为基本尺度。充分调动司法人员的工作积极性，充分尊重公众的知情权、表达权和参与权，走专业化与民主化相结合的道路，把司法人员的专业优势和普通民众的智慧与参与热情融合起来。同时，我国的司法体制改革应当积极稳妥地推进，统筹兼顾、协调发展，遵循自上而下、有序参与、渐进改良的路径。改革的进

程，应当由中央统一部署，适时启动，大胆设计，勇于创新；改革措施的出台，应当统领全局、科学设计、充分论证，把总结中国自身社会主义法治建设的成功经验、继承中国固有法律传统优秀成果和借鉴世界各国法律文化合理成分统一起来；改革措施的推开，应当有条不紊、搞好试点、循序渐进，把保持制度化建设的连续性和改革推陈出新、锐意进取的创造精神结合起来。

从我国现阶段司法状况来看，关键的问题在于司法公信力不足，司法的权威性无法从根本上树立起来。我国宪法关于“依法治国，建设社会主义法治国家”的原则规定，和世界各国建设法治国家的基本规律表明，司法功能的发挥，倚赖于社会各界对于司法机构的充分尊重及司法行为的积极认同，亦即司法权威性和公信力的树立。司法权威性的弱化与司法公信力的不足，不仅大大降低司法效率，而且直接制约司法公正的实现程度。但是，由于我国传统法律文化中不良因素的影响，加之目前社会主义初级阶段法治建设的不完善性，决定了我国司法权威性和公信力急需大幅提升。目前，这一现实状况是阻碍我国社会主义司法制度发挥应有作用的主要因素，其影响已十分明显，由此所产生的问题也相当严重。为此，必须把尊重司法机构及其行为，优化司法环境，改善法律监督方式，提高司法权威性和公信力，作为司法体制改革的突破口和着力点。

六、正确处理司法经验总结与司法体制创新的关系

当前，我国社会主义司法制度的建设与司法体制改革，必须沿着“改良主义”的道路前进，这是学界和实务界的共识。“推倒重来”往往意味着“从零开始”。实践证明，这种方式对于法律的变革而言，不仅易于造成资源的严重浪费，而且还往往是产生社会混乱的根源。许多国家法律建设的成功经验表明，渐进改良和建设成就的积累，是一个行之有效的变革模式。而遵循改良主义的变革道路，就必须注重司法经验的总结和提升。总结经验意味着对过去成功做法的肯定。一个成熟的经验往往要经过长时期的实践检验，经验本身是社会从不断的“试错”结果中固定下来的正确方法和有效信息，凝聚了大量的甚至是难以估计的制度成本。另一方面，“改革”本身体现出一个“变”字。改革不是一成不变，不是墨守成规，不是因循守旧，更不能是复古，开历史的倒车。这种变革意味着对过去或者传统做法的部分否定，而不是全盘继承。同时，改革还意味着创新，意味着与时俱进。社会生活是鲜活的，时代潮流日新月异，民众的思想观念不断变化。与之相适应，社会制度和法律制度也必须紧跟时代步伐，不断变革。制度变革的关键

则是制度创新。

经验的总结是前进的前提，是新的制度形成的基础。而制度创新是对以往经验的继承和超越，是推陈出新，是继往开来；离开经验积累，创新往往是无源之水，无本之木，而没有制度创新，就意味着画地为牢，作茧自缚，就是死路一条。我国当前的司法制度建设和司法体制改革，必须坚持司法经验总结和制度创新两个基本点；必须坚持两条腿走路，一条腿是不断总结我国行之有效的司法经验，凝聚千百万劳动人民的法律智慧，一条腿是不断进行司法制度和司法体制的创新。

我国的司法制度建设和完善以及司法体制改革，关键在于诉讼方式的变革。诉讼方式是公民诉讼权利的实现方式，是司法制度的核心，是司法效能的施放载体，是法治精神和司法原则在司法过程中的集中体现。客观地看，我国当前的诉讼方式，继承了中国传统司法的优秀成果，借鉴了近代以来世界各国司法模式的优点，反映了新中国成立以来社会发展的客观需要，初步形成了具有自身特点和巨大潜力的新型司法模式。从宏观上看，这一模式适合中国国情，基本能够满足人民群众的诉讼需求。但是，我国现行诉讼方式也存在着效率不高、运转不灵、诉讼权利和人权保护不够充分、诉讼效能未能充分实现等弊端。通过诉讼方式的改革与完善，逐步形成民主、科学、灵活、高效的诉讼机制，降低诉讼成本，节约诉讼资源，提高诉讼效率，充分保障诉讼当事人的合法权利，充分尊重和保护人权，充分满足人民群众日益增长的诉讼需求，更加适应我国建设社会主义和谐社会的客观需要，更加适应人类司法文明发展的总体趋势，是我国依法治国，建设社会主义法治国家的基本要求和重要内容，是人类司法文明发展的大势所趋，是不可违背的世界潮流。为此，必须把不断总结和提升我国司法实践的成功经验，深入挖掘我国本土法制文明的优秀成果，积极吸收国外司法制度的合理成分，努力创造具有本国特色和世界水准的先进诉讼方式和司法模式，作为我国司法体制改革的根本任务和核心内容。

七、正确处理深化司法体制改革与加快司法人才培养的关系

“徒法不足以自行”。公正、良好的司法制度，最终要通过公正、廉洁、训练有素的司法人员来实现其应有价值。实践证明，立场坚定、刚直不阿、公正廉明的司法人员，对于弘扬司法正义、彰显法律人道主义、实现法律之善，将发挥决定性作用。相反，政治立场不稳、司法风气败落、司法品格低劣、法律素养贫乏等，必然使得司法队伍的能力低下，司法行为的公正性受到质疑，司法制度的基础受到动摇，最终，司法机构乃至整个政府的权威性

和合法性将受到败坏和否定。

由此可以看出，司法制度的建设和司法体制改革，最终依赖的是一个稳定成熟的司法职业队伍。其中应当包括法官、检察官、律师、法学家和其他司法从业人员。“为政在人”是中国古代儒家的创始人孔子的名言。从某种“政治”层面上来看，“得其人”是至关重要的。特别是在一项新政奠基和创立的关键时期，鼎立潮头的时代“弄潮儿”是断然不能缺少的。就中国现阶段人民群众对司法队伍整体状况的评价，特别是司法腐败相对严重的情形来看，司法人才培养和司法队伍建设，无疑是我国法治建设，特别是司法制度建设和司法体制改革必须同时加强的一项基本工作。

深化我国当前司法体制改革，必须认真对待司法人才的培养问题，把司法体制改革与司法人才培养有机结合起来。为此，必须狠抓司法队伍建设，大力培养司法人才，加强人员培训，改进工作作风，大幅提高司法职业化程度；同时，要尊重专业人员，着力创造发挥人力资源优势的长效机制；要规范司法行为，着力创造保持司法人员公正廉洁的保障机制，把司法人才机制建设和司法作风建设作为国家法治建设的头等大事和司法体制改革的关键环节来抓。

八、正确处理完善司法制度与坚持党的领导的关系

司法事业是党“依法治国”和中国特色社会主义事业的重要组成部分。依法治国是新的历史时期我党执政方式的根本转变，是党的领导、人民当家作主和严格依法办事的有机统一，是贯彻落实科学发展观，构建社会主义和谐社会的重要保障。中国特色社会主义司法事业是我国依法治国，建设社会主义法治国家的基本支柱，是党“依法执政”的具体体现和核心内容之一。司法制度是国家重要的政治制度，是公正协调各种利益关系最重要的制度安排之一；司法体制则是国家政治体制的一部分，是司法职权的配置体制和运行机制，是决定司法资源配置的基本模式，是维护和实现社会正义、建设社会主义和谐社会的基本条件。当前，我国司法制度建设和司法体制改革，最终目的，就是要通过科学配置司法资源，加强和改善党对司法工作的领导，确保司法机关依法独立行使职权，更加充分地发挥司法机关的职能作用，有效化解各种社会矛盾，协调各种利益关系，确保社会的和谐稳定。为此，作为增强党的执政能力和转变党的执政方式的新思路，必须把“通过公正司法维护和实现社会正义”这一基本理念，作为司法体制改革的宗旨和目标。

司法资源配置若干问题的法经济学思考

陈 浩*

引 言

最高人民法院提出了“进一步优化法院职权配置，建设公正高效权威的社会主义司法制度”的新一轮改革目标，对司法资源的配置问题给予了高度关注。“当前中国司法面临的挑战，根本上是司法资源稀缺造成的。”①司法资源一般是指“国家运用法律形式确认、调整、控制的，能够满足个体需要的物质条件和社会环境”②，是以司法程序解决社会矛盾的物力、财力、人力等物质要素的总称。司法资源作为一种有限的公共资源，是司法活动的基础。最合理的司法资源配置，能最大限度地实现司法公正与效率。司法资源存在稀缺性，“到目前为止，没有任何证据能说明，人类的可利用资源能充分满足社会成员的绝对需求”。③ 随着依法治国方略的推进和人民群众法制意识的普遍增强，人民不断增长的司法救济需求与稀缺的司法资源之间的矛盾，是司法领域存在的主要矛盾。因此，如何在司法资源稀缺和紧张的状况下，合理利用司法资源和优化资源的配置，是我国司法改革乃至社会经济发展中必须考虑的重大问题。

一、司法资源配置实质是一个经济学问题

在经济学中，资源有狭义和广义之分。狭义资源是指自然资源；广义资源是指经济资源或生产要素，包括自然资源、劳动力和资本等。可以说，资源是指社会经济活动中人力、物力和财力的总和，是社会经济发展的基本物

---

* 安徽省马鞍山市金家庄区人民法院法官。

① 杭涛、石必胜：《经济学视角下司法能力建设》，载《法治论丛》第21卷第4期。

② 林吉：《权利、资源与分配》，载《法学研究》1996年第2期。

③ ［美］阿瑟·奥肯：《平等与效率》，四川人民出版社1988年版，第156页。

质条件。在任何社会，人的需求作为一种欲望都是无止境的，而用来满足人们需求的资源却是有限的，资源的稀缺性决定了任何一个社会都必须通过一定的方式把有限的资源合理分配到社会的各个领域中去，以实现资源的最佳利用，即用最少的资源耗费，生产出最适用的产品，获取最佳的效益，这就是资源配置。资源配置合理与否，对一个国家经济发展的成败有着极其重要的影响，一般来说，资源如果能够得到相对合理的配置，经济效益就显著提高。否则，经济效益就明显低下，经济发展就会受到阻碍。可见，资源配置原本就是一个经济学概念。对于人类来说，正因为资源的稀缺性，节约才成为必要，才产生了如何有效配置和利用资源这个问题。从经济学角度分析，司法是一种消耗一定社会资源并向社会提供“正义”产品的活动。我们可以把经济学中的市场分析方法，扩展到对法律活动及其规律的研究之中。就经济和法律的关系而言，法律不过是社会经济生活的反映，“法律准则只是以法律的形式表现了社会经济生活条件”，“将经济生活直接翻译成法律原则”。[①]“只有毫无历史知识的人才不知道，君主们在任何时候都不得不服从经济条件，并且从来不能向经济条件发号施令。无论是政治的立法或市民的立法，都只是表明和记载经济关系的要求而已”。[②] 可见，每一个时代的法律制度都“应该是社会共同的，由一定物质生产方式所产生的利益和需要的表现”。[③] 我们可以将法律也看成是一个特殊的市场。市场是一种资源配置机制，法律也是一种资源配置机制，二者完全可以互换。只不过商品市场中交换的是商品，而在法律市场上交换的是权利、义务、法律责任以及相关信息资源。法律生产者是通过立法、司法、执法活动从而供给各种法律产品的国家机构，法律消费者是对一定数量、质量和体系化的法律产品及其相应秩序产生有效需求的个人和组织（有时也包括国家自身）。法律供求之间以及它们内部各组成部分之间都形成复杂的交易关系——法律关系，以此为纽带，法律市场上形成了以政治国家为一方、市民社会为另一方的权利（权力）义务主体。[④] 法律交易必然消耗一定社会资源，有投入就有产出，有成本就有收益，就有资源的合理利用与配置关系。司法资源的配置可以看作是社会经济资源通过法律市场的平台进行交易的过程，是将经济资源“翻译”成法律资源的过程。在非诉讼场合，司法资源配置表现为法律市场主体之间

① 《马克思恩格斯选集》第4卷，人民出版社1972年版，第248～249页，第484页。

② 同①，第121～122页。

③ 《马克思恩格斯全集》第23卷，人民出版社1958年版，第399页。

④ 冯玉军：《略论法律市场》，载《烟台大学学报》2002年第4期。

交易谈判活动，其特点是遵循私法自治与合意原则，自由交易，正如美国法学家伯尔曼指出："在法律一词通常的意义上，它的目的不仅仅在于管理（统治），它是一种促进自愿协议的事业——通过交易谈判、发放有效证件和履行其他性质的法律行为。"① 在诉讼场合，则表现为政治国家（以法院为代表）与市民阶层的交易关系，诉讼当事人为寻求国家公权保护与救济，必须支付一定代价或成本（金钱成本、时间成本、精神耗费成本）以获取他想要的司法产品。因此，在法经济学视野中，司法资源配置是讲求成本核算和收益最大化的经济行为，司法资源配置实质是一个经济学问题。

二、司法资源配置的研究视角：法经济学的引入

无论大陆法系还是普通法系，传统的司法是一个遵循法律逻辑，在价值层面思考、论证、解释、运用法律的过程。法官运用法律推理、法律解释、漏洞补充以及价值衡量等传统法律思维方式在探寻裁判依据的路径中不断演绎着逻辑推演和价值判断。概言之，传统司法思维方式多侧重于价值层面的定性分析，而欠缺相对精确的定量分析。而且，传统法学认为司法以追求抽象的正义价值为目的，有其独特的概念和逻辑体系，可以自主圆满地解决一切社会纠纷，无需求助于包括经济在内的法律以外的因素。美国法学家博登海默对此提出尖锐批评："至少在法制生活中的某些重要时代，盛行着这样一种趋向，即把法律建成一门自给自足的科学，完全以它自己的基本原理为基础，不受政治学、伦理学和经济学等学科的外部影响。"② 面对纷繁复杂的法律利益之争，是否有一种相对客观的衡量标准和方法能够对法律问题作出定量分析和判断？直到罗纳德·科斯教授于1961年发表了《社会成本问题》一文，才标志着法律经济学的问世。③ 自20世纪60年代以来，在现代经济学和法学的互动过程中，特别是在汲取了经济思想史中的诸多理论（如制度经济学、福利经济学、公共选择理论等）以后，法律的经济分析已经广泛渗透到法律的各个部门。它主要运用现代经济学的理论和方法来研究法律制度的形成、结构、过程、效果、效率及未来发展，其讨论问题的出发

---

① ［美］伯尔曼：《法律与革命》，中国大百科全书出版社1996年版，"导论"部分，第5页。

② ［美］博登海默：《法理学——法哲学及其方法》（中译本），华夏出版社1988年版，第233页。

③ 尽管一般认为，作为学科的"法律经济学"发端于20世纪60年代，但众所周知，亚当·斯密、马克思十分重视法律和经济的关系，贝卡利亚、边沁早已运用经济学的理论、方法来研究法学理论和法律制度，美国制度经济学派代表人物约翰·R. 康芒斯也曾著有《资本主义的法律基础》。

点和落脚点都是法律和法学，以一种类似于系统论、信息论等科学的广阔视角给法学理论和部门法研究带来深刻启示，同时还展现出对法治实践模式及其创新的独特分析思路。

作为一种重要的定量分析和实证分析的手段，法律经济学不是单纯纸面上的概念到概念、逻辑到逻辑，而是兼顾法律运作中的经济成本效益，兼顾法治过程的供求均衡，兼顾法律制度优化创新的对策式研究。[①] 法经济学认为，司法者评估法律对社会产生有益影响的核心思想是“效益”，即要求司法过程要有利于社会资源的优化配置和社会财富的最大化，尽量减少社会成本，最有效地利用资源，最大限度地增加社会财富。就总体而言，法律经济学是为法律分析寻求一种经济学的基础，以试图发现法律背后的经济逻辑。[②] 从法律经济学的研究方法来看，法律经济学是以“个人理性”及相应的方法论的个人主义作为其研究方法基础，以经济学的“效率”作为核心衡量标准，以“成本—收益”及效益最大化作为基本分析工具，来进行法律问题研究。W·赫希曾指出：“尽管并非所有的研究者对法和经济学的研究视角和方法都持有一致的看法，但是，绝大多数的人都认为，新古典主义经济学的分析方法——包括经济理论与计量分析工具——构成了法律和法律制度经济分析的基本特征。”

三、司法资源配置的经济学法则：降低司法（诉讼）成本和提高司法（诉讼）效率

（一）关注诉讼成本是法律经济分析的核心

纯粹的法律规范是对社会控制的一种理想设计，没有考虑到其运行成本，而在法经济学看来，任何实体规范的实施都是需要投入与之配套的社会成本与经济成本的，不考虑法的运行成本就无法真正理解社会中的法如何发挥作用。

“在讨论审判应有的作用时不能无视成本问题。因为，无论审判能够怎么完美地实现正义，如果付出的代价过于昂贵，则人们往往只能放弃通过审判来实现正义的希望。”[③] 当下，越来越多的人们开始意识到，权利的实现需要成本，法律的实施会耗费资源。可以说，“诉讼成本”是运用法律经济

---

① 时西方：《经济分析法学在中国》，载《现代法学》2002 年第 1 期，第 24 页。

② 张建伟：《新法律经济学：理论流派与反思性评论》，载《财经研究》2000 年第 9 期，第 31 页。

③ 棚濑孝雄：《纠纷的解决与审判制度》，中国政法大学出版社 2004 年版，第 267 页。

分析方法进行法律资源配置研究所必须解决的前置性、基础性概念。美国学者波斯纳在《法律的经济分析》一书中使用了“诉讼成本”等一系列的法律经济学概念,[①] 其目的旨在说明“诉讼制度的目的就是使两类成本之和最小化，第一类成本是错误司法判决的成本（costs of erroneous judicial decision)，第二类成本是诉讼制度的运行成本（可以理解为直接成本)”。[②] 在他看来，最大限度地减少法律实施过程中的经济耗费是评价和设计法律程序时所应考虑的重要价值，也是司法活动所应达到的价值目标。日本学者棚赖孝雄认为：“任何一个国家生产正义的成本都由两个部分构成，一部分是国家负担的“审理成本”即公共成本，一部分是当事人负担的“诉讼成本”即私人成本。”[③] 我国有学者认为：“诉讼是一种需要支付成本，能够产生收益的活动。诉讼成本主要表现在国家投入大量的人力、物力、财力，这些诉讼耗费是可以用经济指数来估量的。”[④] 研究诉讼成本，目的旨在将经济分析的方法引进法律的研究，树立诉讼经济的理念，并通过优化司法资源的配置、节约诉讼成本等途径提高诉讼效率。

成本分析的基本方法，是将行为过程中所发生的费用，在各个成本项目（或环节）之间进行归集和分配，每一个诉讼法律关系的形成都是由于人民法院与有关当事人两种诉讼主体的诉讼行为相结合的结果。因此，诉讼成本也因这两种主体的诉讼行为而发生，包括财政预算等国家的公共成本和当事人诉讼费等私人成本。从法律市场的角度来说，法院只是根据自己掌握的司法资源向社会提供司法产品的销售机构。作为一个销售者，应当做的是使社会上更多的人能够寻求法院的救济，正像企业需要销售更多的商品一样。法院只有降低司法成本，利用现有资源受理和审判更多的案件，司法成本才会通过平摊的方式得以降低，司法的效益才会提高。由此可见，合理配置现有的司法资源，降低诉讼运行的成本，是诉讼效率的要求，也是市场经济对法院行使司法权的必然要求。司法资源的合理化配置，在诉讼中就表现为诉讼成本的降低，这种诉讼成本不仅包括诉讼当事人的诉讼成本，还包括法院的投入成本。从法律经济学的角度入手，符合成本—效益原则的司法资源配置包括两个方面的内容：一方面，对于当事人来说，其提起诉讼活动的成本要低；另一方面，从法院的角度来说，法院应当降低司法运作的成本，避免司

① 波斯纳：《法律的经济分析》，中国大百科全书出版社 1997 年版。

② 同注①，第 717 页。

③ 棚赖孝雄：《纠纷的解决与审判制度》，王亚新译，中国政法大学出版社 1994 年版，第 266 页。

④ 钱弘道：《经济分析法学》，法律出版社 2003 年版，第 82 ~ 83 页。

法资源的浪费。

(二) 追求诉讼效率是法律经济分析的价值目标

经济学中的“效率”概念主要是针对资源配置的效果而言的，效率就是以较少的成本较多的生产人们所需要的产品。效率作为法的基本价值取向有着丰富的含义。法经济学认为，效率是以效益最大化的方式利用资源和获得满足，主体的法律活动和全部法律制度，都是以有效地利用和配置资源，最大限度地增加社会财富为目的的。波斯纳曾说，利益最大化不仅是一种真正的社会价值，也是法官裁判能很好促进的重要价值。① 可以说，效率是经济分析法学所崇尚的最根本的法律价值取向。效率在法律安排中有两个最根本的作用：首先，国家决定是否运用法律手段干预经济生活的依据应当是效率。依据科斯定理，当交易成本很小或不存在时，只需要“微政府”，而且政府只需通过强制个人执行谈定的资源分配办法来保障谈判程序的诚信，因为这时的谈判是有效率的。而当交易成本较大时，谈判或许不可能存在；其次，权利的保护方法也应当依据效率原理来确定。

国内法学界对“法律效率”一词存在着不同的理解：一是法律效率“表示法律调整的现实结果与人们期望通过法律而实现的社会目标之间的对比关系。”其公式是：“法律效率 = 法律的社会目标 + 法律作用的结果。”②二是指经济法律效率，是指采用某种法律的新增效益与该法律所花费成本之间的比率，它反映经济法律制定实施的量与其带来的收益量之间的对比关系，公式表达为：经济法律效率 = 经济法律效益 + 经济法律成本。③ 三是按照经济分析法学派的观点，法律的效率是一种制度文化，“所谓制度效率即指整个制度的安排是否促进生产效率”。④ 笔者认为，我们在司法改革意义上讲效率，其理论基础是法律经济学。科斯的交易成本理论表明，交易资源是稀缺的，稀缺就需要配置，配置就需要效率，效率是资源配置达到最优状态的结果，因而司法效率就是解决司法资源如何配置的问题，即司法效率的核心应当被理解为司法资源的节约或对司法资源有效利用的程度。其基本要义是运用较小的司法成本获取最大的司法收益。司法实践中，应尽量减少当事人的诉讼投入，减轻当事人的负担，增大当事人的诉讼收益，满足当事人

---

① [美] 理查德·A·波斯纳：《法理学问题》，中国政法大学出版社 2002 年版，第 450 页。

② 胡卫星：《论法律的效率》，载《中国法学》1992 年第 3 期。

③ 周林彬：《法律经济学论纲》，载《中国经济法律构成和运行的经济分析》，北京大学出版社 1998 年版，第 374 页。

④ 强世功：《法理学视野中的公平与效率》，载《中国法学》1994 年第 4 期。

诉讼经济的需求。从宏观上讲，通过司法资源配置促进经济的发展，维护社会的稳定，提高社会生活的质量，从而推动社会文明的进步。

值得注意的是，司法实践中，人们更多的是在审理案件的速度上理解并使用效率的。这种速度意义上的价值就转化为对案件审理周期的缩短，表现为对案件审理时间越少越好的追求。当司法效率仅仅被理解为审判的迅速或者审限的缩短时，法院关注的是结案的效率而不是纠纷的彻底解决，因而导致案结事不了、涉诉信访等问题的产生，同时造成大量资源浪费，这在根本上违背了司法解纷的功能与目的。所以，司法效率应当理解为资源配置中的效率，包括司法资源的优化配置和司法资源的有效利用。此外，追求效率应当处理好其与公正的关系。司法公正与效率是司法的两大主题和永恒追求，也是诉讼裁判的指导原则。法经济学家将“公正与效率”的关系比喻为“蛋糕分割现象”，即效率是“蛋糕的大小”，公正则意味着“如何分割这块蛋糕”，司法既要追求效率的目标——做大蛋糕，又要追求公正的目标——使蛋糕合理地分配。[①] 司法效率要求的正是以最经济的方式实现公正的目标，公正的目标必须在有效率的前提下实现，于此，司法公正与司法效率取得了统一性。

四、成本—效率视野下我国司法资源配置存在的主要问题

司法资源配置的合理与否，关系到司法公正能否实现。由于历史和现实的原因，我国在司法资源的配置上存在很多不合理之处，不符合低成本、高效率的经济学原则，主要表现在以下几方面：

（一）司法职权资源的配置问题

在以往的司法改革中对司法职权的配置至少存在三方面的问题：一是缺乏国情性认识。盲目提出和引进西方的司法制度和司法理念，结果不符合中国国情，不具有现实可行性，投入的资源不能产生效益，浪费了宝贵资源；二是局部改革，缺乏整体性。司法改革中的职权配置仅仅局限于司法机关内部，没有和其他制度改革协调一致，没有取得预期效果。“从近年来各司法机构所提出的改革方案可以看出，司法机构所拟定的改革措施基本都遵循了两个规则：一是不涉及本机构与执政党、人大以及政府之间的权力调整；二是不涉及本机构与其他机构之间的权力调整。这表面上可以视为对改革的阶段性尊重，但深层上还在于司法机构自身不具有提出这种调整要求的权力和

① 钱弘道：《跨越法律和经济》，法律出版社2003年版，第15页。

地位（甚而勇气）。"[①] 三是司法职权配置行政化依然严重。我国司法体制带有浓厚的行政化色彩，作为司法机关的法院不仅在机构设置和人、财、物供应上依附于政府机关，而且在内部管理体制方面也仿照行政建立起一套行政化权力架构，多年来的司法改革仍然没有走出司法行政化的泥沼。

（二）司法人力资源的配置问题

法院的基本职能是审判案件，处理纠纷，这就决定了法院的工作应以审判工作为中心，体现在人力资源配置上，应该是处于审判岗位的人力资源配置占整个法院人力资源的多数或绝大多数。但实际情况却不容乐观，全国许多法院中充斥着大量的非审判人员，导致：一方面“闲人”过剩；另一方面，案多人少的矛盾非常突出。法院内部人力资源还有向审判业务部门配置的较大空间。以笔者所在的基层法院为例，全院共有在编人员 45 人，而审判岗位人员仅有 13 人，法官人力资源只占全部人力资源的 28%，非审判人员占据并消耗了大量资源，这种现象在笔者所在地区的其他法院中也普遍存在。此外，我国还没有完全建立以法官为中心的司法人才管理体制，法官和其他司法辅助人员和司法行政人员业务上的混同化，导致司法资源浪费和司法效率低下，法院高端人才匮乏，难以向社会输出高品质的司法产品。

（三）司法物质资源配置问题

以笔者所在法院 2008 年三大类案件所耗费资源为分析对象，本院刑事、民事、行政三类案件消耗物质资源分别占到法院物质资源总成本的 40.8%、45.5%、36.5%，三类案件所配置的物质资源占法院物质资源总量均不过半。这种经济学的成本分析计算得出的结果，精确反应了刑事、民事、行政各类案件年度消耗的物质资源与整个法院年度消耗的物质资源之间的对比关系。这有助于对法院物质资源配置情况进行一种直观而实证的了解，也有助于对投入每种案件或者整个审判的资源水平作出更加科学合理的界定。实证研究表明，法院审理案件的物质消耗只占总资源的少量，大量的资源被非审判事务所消耗，这种现象同样具有普遍性。

（四）司法制度（程序）资源配置问题

主要表现为简易诉讼制度、诉讼调解制度在节省司法资源、降低成本、提高效率方面的作用发挥的不够充分，多元化纠纷解决机制尚未完全建立。

① 顾培东：《中国司法改革的宏观思考》，载《法学研究》2000 年第 3 期，第 12 页。

有些制度如审判监督制度的设置不够科学合理。法律制度效益主要体现为法律程序效益，一般认为，诉讼程序愈是简单，所耗费的司法资源越少，司法效率也越高。诉讼程序的繁简在一定程度上与司法效率的高低以及司法资源的消费存在着内在联系。司法程序的设置安排体现了司法资源配置是否科学合理，其背后的机理仍然是成本与效率的经济学规律。

五、优化司法资源配置的对策和建议

如何使司法资源得到合理配置，符合效益最大化的要求，真正满足人民群众对司法的需求，是我国当前司法改革中迫切需要求解的问题，笔者有以下几方面的建议：

（一）优化司法职权资源配置，推进和完善司法制度改革

司法职权也是一种资源，司法职权配置是司法改革中的重要命题，必须在我国社会主义初级阶段特有的时空背景下，结合我国特定的政治制度和历史文化传统来分析考量。

1. 强调司法职权配置的国家性

在人事任免上，职业法官应由全国人大任免，具体是最高人民法院的法官和高级人民法院的法官由全国人民代表大会任免，中级或基层人民法院的法官由全国人大常委会任免，使各级法院的人事权脱离地方；在财政预算上，把全国各审级法院的经费由地方供给为主改为由中央财政全额供给，使地方法院摆脱对地方政府经济上的依赖。

2. 体现司法权与相关权力的相互配合与制约

在资源分配上，应当突出审判权是司法权的核心，侦查权、检察权、执行权、司法行政权均应当围绕审判权而设置、运作，形成在党中央统一领导之下的责权明确、相互配合、相互制约、高效运行的司法机关协调运转机制。

3. 实现司法权与司法行政权的功能分离

统一管理全国法院工作的司法行政部门，建立上下审级法院司法行政权的垂直领导体制，建立以法官为中心的内部管理体制和机制，突出司法行政管理的服务功能。

4. 改革审判组织模式

建议取消行政业务庭的设置，代之以专业合议庭的配置，实行首席法官或审判长负责制。这样可以优化审判资源的配置，法官与法官之间只有业务上的合作关系，符合法官职业化建设的要求，为实现司法公正创造条件。

若以经济分析的眼光来看待上述司法职权资源的重新配置，应当凸显资源配置的权力来源和重心，其经济学原理仍然是资源配置的成本和效率问题：在司法职权的人事安排和预算安排上，应强调资源的国家配置模式，力戒资源配置地方化；在司法权与相关权力的相互配合与制约方面，应突出资源配置的重心是审判权；在司法机关内部的职权配置上，应强调以职业法官为中心来配置资源；在审判组织模式上，资源应重点流向专业合议庭或职业法官。经过重新配置后的司法职权卸掉了沉重的包袱，其运作的成本最低，效率最高，符合经济学效益最大化原则。

（二）优化司法人力资源配置，使法院成为高端法律人才的配置高地

阿克洛夫“逆向选择理论”[①] 表明，人们在将案件诉诸于法院之前，会对诉讼的成本和收益进行预先评估，只有那些他们认为胜算很高的案件才会进入司法程序。这是一种司法消费偏好，只要发动一场诉讼不必付出太大代价，就会选择诉讼途径解决。这种偏好导致众多案情简单几乎没有裁判意义的案件涌人法院。[②] 法官审理大量无裁判意义的案件（无法律含量的案件），造成我国法官的大部分工作是从事大量没有多少法律意义的简单劳动而非智力劳动，既浪费了宝贵的法律资源，同时也在一定程度上导致高端法律人才止步于法院门前。国外的法学理论工作者已经在研究筛选机制（和解规则）的优化问题，其目的是促进人力资源配置的优化。我们也应借鉴案件筛选机制，随着有裁判意义案件被筛选出来，法官专司审判，司法必将成为“智力型工作”而从“劳动型工作”中脱离出来，从这一角度来看，法院必将成为优秀法律人才配置的高端市场。

（三）优化物质资源配置，保证司法功能的实现

现阶段，在财政并不宽裕的条件下，一味主张加大对司法的物质经济投入来缓解司法资源的紧张状况，可行性并不大。可能的办法只有通过司法内部的资源重新调整和分配，在资源总量不变的情况下，挖掘潜力，压缩非审

---

① 阿克洛夫（Akerlof）在1970年旧车市场模型开了逆向选择理论的先河。在司法和诉讼中，一个明显的表现就是，当人们对司法缺乏信心或者认为诉讼成本过高时，那些有争议的案件的当事人往往并不采取诉诸法律的解决方式。反而是更多的有胜诉把握的当事人把案件诉诸法院。这就是司法和诉讼中的逆向选择效应。转引自张维迎：《信息、信任与法律》，三联书店2003年版，第310页。

② 陈力：《不仅仅是均衡：法院对司法资源分配排挤的规制》，载《法律适用》2007年第2期。

判领域的资源配置，优先满足审判工作的物质需要，以保证司法功能的实现。在案件审理上应力求对资源的节约，并不是强调所有案件一刀切地减少诉讼资源，而是应当减少简单案件不必要的资源耗费，对疑难、复杂案件的审理投入更多的司法资源，资源的配置要考虑成本和效益，应当以能否满足人民群众的司法需求为判断依据，尽量符合社会公众所期待的有效率的司法公正。

（四）优化制度资源配置，提高司法制度效益

1. 建立案件速裁机制，实现简易案件“规模化”和“批量化”审判

“如何合理配置现有的司法资源、实现公正与效率的最大化已成为现代司法改革的一个重要课题。于是，速裁机制以其独特的司法诉讼价值引起了理论界与实务界的共同关注，在司法实践中探索建立速裁机制成为简化诉讼程序、提高诉讼效率、降低诉讼成本、实现司法公正的最佳途径。”① 速裁机制通过配备专审“事实清楚、权利义务关系明确，争议不大”的简易案件的速裁庭，在机构人员配置、案件分类选择、当事人传唤和庭审及文书制作等多方面简化程序，与普通审判庭形成案件繁简分流的格局，“通过简易化的努力使一般国民普遍能够得到具体的有程序保障的司法服务”，② 实现简易案件审理的“规模化”和“批量化”，而这正符合了成本最低、效益最高的经济学法则。速裁机制的创新和发展，在基层法院的审判工作中凸显出越来越重要的作用，为中国的司法改革提供了鲜活的、创造性的实践，也成为法律经济分析最生动的实践范本。

2. 关注本土资源，重视并加强调解的运用，节省社会资源

我国司法改革的通常视角便是学习英美，但常常因为缺乏深入的实证调查，缺乏对本土资源的深刻剖析而致改革受挫。对于我们自己的一些好做法、好传统却没有给予必要的关注，调解制度就是我国司法的一个优良传统，既能提高司法效率，又缓和了社会矛盾。我们在轻微的刑事案件中引入调解制度也许比借鉴国外的辩诉交易制度更加适合我国的国情。③ 调解制度有效克服了诉讼对抗所造成的资源浪费，有利于程序的经济效益。美国著名法学家迈克尔 .D. 贝勒斯认为，程序法的首要原则是经济成本原则，即

① 周馨：《民商事案件速裁机制的构建与实践》，载 www. wxfy. gov. cn，于 2009 年 6 月 1 日访问。

② 范愉：《小额诉讼程序研究》，载 www. civillaw. com. cn，于 2009 年 6 月 1 日访问。

③ 胡铭：《论诉讼效率的提高和资源配置的优化》，载《甘肃社会科学》2005 年第 1 期。

“我们应当使法律程序的经济成本最小化”。① 程序的经济效益不容低估。而在这一方面，诉讼显然不如调解。诉讼加剧了双方当事人的对抗，大量的时间、精力、财力被消耗；而诉讼周期的延长及上诉、申诉比例的上升，又增加了国家司法资源的消耗，导致双重的高成本。调解制度的存在，则打破了诉辩式的这一尴尬，使当事人有可能以最小的诉讼代价获得最大的诉讼效益，加快了诉讼进程，降低了诉讼成本，有效节约司法资源。

3. 适当限制审判监督程序，避免资源浪费

我国的审判监督程序发动较为容易，而且没有时间、次数的限制，审查的范围也很广。再审过多、过易使得生效判决的终局性、司法的权威性受到威胁，也极易导致当事人缠诉不休、信访不断，甚至引发恶劣事件。实践中，这种做法造成了司法人力资源、物质资源、时间资源的极大损耗。因此，应对审判监督程序的启动作出严格限制。事实上，取消审监程序而代之以三审终审制，也不失为一种更加规范和经济的程序安排。②

4. 构建多元化纠纷解决机制，实现社会自治

多元化纠纷解决机制是指在社会中，诉讼纠纷解决方式和各种非诉讼纠纷解决方式各以其特定的功能、特点所结成的一种互补的、满足社会主体多样需求的程序体系和动态的运作调整系统。这种解纷机制充分利用特定的人际关系、人文环境、公共道德、地方习俗和乡规民约等本土资源，考虑到当事人的利益、司法成本、社会公共资源等多方面的因素，利用诉与非诉以及家事纠纷、劳动争议解决程序、法院调解、小额诉讼简易程序等多元化程序设置，方便、灵活且低成本的化解当事人纠纷，缓和社会矛盾。它在整合社会资源、降低社会经济成本、缓解司法压力、实现社会自治方面具有不可替代的作用。

---

① 迈克尔·贝勒斯：《程序正义：向个人的分配》，邓海平译，高等教育出版社2005年版，第155页。

② 与两审终审制相比，三审终审制因多了一个审级，可能会影响审判效率以及增加司法资源的投人，但事实并非如此。我国以再审程序为必要补充形式的两审终审制从表面上看似乎简便快捷，然而正是由于缺少一道审判上的审级保障，案件终审后一部分案件又流人再审程序，进行实际上的“三审”甚至多级审理，实质上并没有减少审级和法院的工作负担，反而以牺牲法院裁判的既判力和终审权为代价，实际上大大降低了审判效率。与其过多、过滥且可以无休止地发动再审程序，不如设置严格的三审终审程序。现行的二审终审加申诉与再审程序的不确定性，往往使得一个案件经过反复多次的再审，消耗大量的司法资源。三审制虽然增加了一个审级，但是限制了一个范围宽泛、毫无节制的申诉再审程序的启动，实际上等于没有增加审级，而且，真正进入三审的案件是极少的。毫无疑问，三审制比二审终审加申诉再审程序更加符合低成本、高效益的经济学原则。

结 语

长久以来，我们似乎已经习惯于用传统法律思维进行思考、判断和价值衡量，但由于方法论的单一和研究角度的狭窄，常常使我们在非确定性和不可预测性间迷失方向，陷入困境。法律的经济分析则带给我们一个全新的研究视角，让我们在司法改革中对研究目标能够“数量化”和“模型化”，使得目标分析和结果分析更加精确。法律经济学采用经济学的理论与分析方法，研究特定社会的法律制度、法律关系以及不同法律规则的效率，其研究的主要目的仅在于“使法律制度原则更清楚地显现出来，而不是改变法律制度”[①]。事实上，法律方法和经济方法虽有差异，但常得出相同结论，在绝大多数情况下，两者可以说是殊途同归。[②] 由于资源配置问题具有天然的经济学属性，因此，运用经济学的方法进行研究，也就具有方法论上的天然优势。本文中，笔者仅仅对司法资源的配置问题从法律经济学的角度做了一些粗浅的思考，旨在说明我国的司法改革研究需要经济分析方法的引入，以开阔思路，扩大视野，同时也希望能对我国的司法改革研究有所裨益。

---

① 理查德·A·波斯纳：《法律的经济分析》，中国大百科全书出版社1997年版，第25页。

② 托马斯·尤伦：《法和经济学》，张军等译，上海人民出版社1994年版，第5页。

法院文化功能探析

宋凯楚*　伍玉联**

把文化与法律进行关联研究在20世纪80年代就流行起来，不少著作对中国法律文化的研究作出了独特的贡献。① 但是笔者发现，前几年对法院文化的讨论大多限于泛泛而谈，至于法院文化功能的讨论则更少，些许讨论也没能深入。本文试图从文化纵向角度的三个层面对法院文化的功能进行深入讨论，以期为深入推进人民法院文化建设提供参考。

一、文化与法院文化

对文化和法院文化的概念进行论述确实不是一件容易的事情。梁治平先生就说过："文化，作为一个专门术语，是个多少有些含混的概念，富于弹性。学术界有关文化的概念，大概不下百种，但没有一种具有无可争议的权威性，可以为所有人接受。"② 同时，梁治平先生又指出，尽管这样，大家还是拿它来讨论问题。因此，对"文化"和"法院文化"进行一个大概的介绍还是可能的和必要的。

"文化"一词在中国古籍中也有所见，《易经》："文明以止，人文也。观乎天文，以察时变；观乎人文，以化成天下"；汉人刘向《说苑·指武》："圣人之治天下也，先文德而后武力。凡武之兴，谓不服也，文化不该，然后加诛。"不过，这些典籍中的"文化"一词与如今我们经常讨论的"文

* 湖南省高级人民法院副院长。

** 湖南省高级人民法院法官。

① 最有代表性的是梁治平先生和刘作翔先生。参见梁治平：《法律的文化解释》，三联书店1994年版；刘作翔：《法律文化理论》，商务印书馆1999年版。二者谈法律文化侧重点不一样，梁侧重的视角，是一种方法论的进路；刘是从本体论的角度，认为法律就是文化的一部分。二者的著作基本上是法律文化研究的奠基性著作，都没有来得及对更细致的问题进行研究。

② 梁治平：《法辩：中国法的过去、现在和未来》，贵州人民出版社1992年版，第2页。

化”之意相去甚远。现在经常讨论的文化概念主要是源自于西方的概念。

1871年，享有“人类学之父”美誉的英国学者泰勒对“文化”作出如此定义：“文化或文明，就其广泛的民族学意义来讲，是一复合整体，包括知识、信仰、艺术、道德、法律、习俗以及作为一个社会成员的人所习得的其他一切能力和习惯”①。英国文化人类学家马林洛夫斯基从“满足人类的需求”的角度阐述文化概念。他说：“文化，文化，言之固易，要正确地加以定义及完备地加以叙述，则不是容易的事情。”“文化是包括一套工具及一套风俗——人体的或心灵的特性，他是直接地或间接地满足人类的需求。”② 当代美国文化人类学家克鲁克洪曾对161种文化的概念进行了归纳和总结，他认为：“文化存在于思想、情感等各种业已模式化了的方式当中，通过各种符号可以获得并传播它，另外，文化构成了人类群体各有特色的成就，这些成就包括他们制造物的各种形式；文化的基本核心由二部分组成，一是传统的思想，一是与他们有关的价值。”③

我国《辞海》对“文化”的定义是：“从广义上说，指人类社会历史实践过程中所创造的物质财富和精神财富的总和。从狭义上说，指社会意识形态，以及与之相适应的制度和组织机构。”

如上所述，关于“文化”的概念，至今仍未有一个令各家所接受的“通说”。但考量众多“文化”概念的定义，至少可以得出一个基本的结论，即“文化”是具有一定社会学意义的群体在一定时期、一定区域所形成的，为这个群体所特有，并被共同接受或认可的道德观念、价值理念、思维模式、行为规范以及承载这些精神产物的物质器物的总和。简而言之，“文化”就是特定人群的道德观念、价值理念、思维模式、行为规范及其外在的物质表现的总和。

法院文化是对文化的一个限定概念。刘作翔教授曾对文化可否加以限定词语进行过详细的论述。④ 法院文化作为文化的一个限定概念，是子文化的一种，是与法院相关的特定人群（主要指法官）的道德观念、价值理念、思维模式、行为规范及其外在的物质表现的总和。用江必新先生的话说：“法院文化是法院群体在长期的审判实践和管理活动中形成的一种共有的精神，是其特有的、共同遵循的一种价值观念、思维模式、行为准则以及其与

① 泰勒：《原始文化》，连树声译，上海文艺出版社1992年版，第1页。这个概念被认为是迄今最为经典的“文化”概念。

② 马林洛夫斯基：《文化论》，中国民间文艺出版社1987年版，第2、14页。

③ 克鲁克洪：《文化与个人》，浙江人民出版社1986年版，第5页。

④ 刘作翔：《法律文化理论》，商务印书馆1999年版，第28～32页。

之相关的物质表现的总和。”① 法院文化构成文化的一个部分或一个单元。它有着不同于一般文化的特质和构成，也有着不同于一般文化的功能。

二、我国法院文化一般层面的功能

文化在人类社会处于核心地位，在人类社会起着发动机和指挥棒的作用。文化之所以具有这样的重要性，就在于文化具有多方面的功能。就如同文化的概念一样，不同的人有不同的认识，文化的功能同样具有多种说法。笔者将我国法院文化的功能分为三个层面，就一般层面有六项具体功能。

1. 信息记录与传递功能

社会的发展离不开知识的传承，法治和法院也离不开知识的传承。知识体系大体有两大类，一类是把事实、经验记录下来的经验材料体系，一类是对事实、经验进行解释、整合而形成的理论体系。人们会通过语言文字或其他手段借助纸张、竹木片、骨块、兽皮、石块及现在的电脑硬盘、软盘、光盘等媒体把这些信息记录下来，为后人继承前人知识遗产，进一步研究、认识事物提供多方面的依据和基础。这两类知识体系，是文化的主体。法治和法院也同样存在这样两类知识体系。法院相关的信息记录与传递就在于法院文化，法院文化传递法院相关的经验材料体系和理论体系，维持这些知识之传承并进而维持法治进程的连续性。法院年鉴、法院刊物、法院学术会议等等，都是实现这项功能的具体方法。

2. 认知功能

文化首先是一种知识体系和认知方式，它把历史上积累下来的各种知识作为进一步认识事物的阶梯，并以特有的方式渗透在认识主体、中介系统和认识客体中，制约和规范着人类认识。法院文化同样是一种法院相关的知识体系和认知方式，对法院群体的认知进行制约和规范。文化还是一种解决问题的方法论，给人们提供了解决问题的思路。自然科学知识、社会科学知识、心理及思维知识，都是文化，都能起到这种作用。法院相关的知识也是文化，同样为人们提供法院相关的解决问题的方法。

3. 凝聚功能

一个国家、民族、社区、单位的文化对其内部都有一种或大或小的向心力、凝聚力，优秀文化会将其内部各成员凝集到一块，团结协作，形成坚不可摧的力量。法院文化可以在法院内部产生向心力、凝聚力，将法院群体凝

① 江必新：《法院文化是法院群体的灵魂》，载《中国审判》2006 年第 3 期。

聚到一起。法院文化建设做得好的法院往往非常团结，协作精神很强，表现出很强的凝聚力。在全国法院系统涌现出来的很多先进集体，就是因为有一种独特的良好法院文化，在单位内形成了一个团结协作的好氛围。

4. 规范教化功能

文化中包含着人生理想、社会理想及某个特定阶段、领域的奋斗目标，包含着道德规范和法律制度，会对社会成员的态度、行为产生引导作用，对人们有明显的教化功能。法院文化也同样具有这样的规范教化功能，法院文化包含法官道德规范和法律制度，可以对法院群体的态度、行为产生引导作用，比如法官的职业纪律、法官的思维方式、法官的职业行为等，都会受到规范教化。

5. 价值导向功能

文化体系一旦形成，就建立起群体自身系统的价值标准，对群体中的成员产生一种强大的精神意志，形成一种潜移默化的影响，促使成员接受共同的价值认知。法院文化也具有这样的价值导向功能。法院文化可以建立起法院群体自身系统的价值标准，对法院群体中的成员产生一种潜移默化的影响，促使成员自觉接受共同的法院文化的价值标准，依照法院文化的价值标准调整自己的行为，以求与法院文化树立的标准保持一致。

6. 灵性修养功能

除上述功能外，文化还具有明显的灵性修养功能。这一功能在音乐、舞蹈、戏剧、电影、电视、美术、文学等艺术领域最为明显。人们在参与这些艺术活动、欣赏这些艺术作品时会得到美的享受，感到身心的愉悦。如果把人类的精神机构分为知性、心性、灵性的话，人类的灵性修养主要就是靠一种潜移默化的文化。或者使用智商和情商的概念的话，人的情商也主要的是靠一种潜移默化的文化。文化底蕴深厚的民族往往会有很好的艺术创造力，也会有信念的养成。法院文化照样可以增强法院群体的灵性修养，为法官具备良好的心态提供软环境。

三、凸显“法院”概念的我国法院文化的法治功能

上面论述的是法院文化的一般功能，这些功能是其他子文化也具备的。法院文化的功能自然离不开“法院”来进行论述。山东大学陈金钊教授曾说：“法院文化建设的核心在于倡导一种法院精神，实际像办大学一样，办大学有大学精神。”法院精神自然不同于其他精神现象，法院文化应该体现法的精神和本质，法院文化具有和其他子文化不一样的独特功能。通过法院文化建设，可以在法官群体中树立共同精神，从而最大限度地发挥司法在法

治建设中的重要作用，具体来说，体现在以下三个方面：

1. 法治信仰和法治情怀的养成

法治信仰和法治情怀的养成对一个国家和社会的法治建设具有巨大的意义。伯尔曼曾经说过："法律必须被信仰，否则将形同虚设①。"这就是对法治信仰和情怀的强调。只有当法治信仰和法治情怀成为一种文化现象渗透到社会意识的每一个角落，法治的信仰在民众心中根深蒂固，法官和法院才能获得崇高的权威和普遍的信任。普遍的社会法治信仰和法治情怀是实现法治的最终保障，而普遍的社会法治信仰和法治情怀的形成又首先依赖于法院群体法治信仰和法治情怀的养成。就像上面论述的灵性修养一样，法治信仰和情怀就属于灵性修养的范围，任何一种信仰和情怀都需要在一种文化中潜移默化地养成。作为法治信仰和情怀的核心的法院群体之法治信仰和情怀，依赖于法院文化在时间中潜移默化地养成。

2. 良好法律素质的培养

法官是法院群体的主体，作为法律职业者的法官，应当具备渊博的法学知识。最高人民法院前院长肖扬曾经说过：医术不好的医生会医死人，法学知识不足的法官会害死人。从事法官职业，同从事其他职业一样，需要付出劳动，而且是非常复杂的脑力劳动。没有渊博的法学知识，就不能正确履行法官职责。法官渊博的法学知识要经过长期的学习、积累才能获得，而且要随着社会的发展不断更新。法官学识素养的提高具有很多的途径，但是一个很好的文化环境是至关重要的。特别是对于已经离开学校的法官们来说，学习只能利用工作的时间和有限的空余时间，这种情况下，良好的法院文化氛围显得尤为重要。在一种良好的法院文化环境里，法官们可以形成一种好学习、好思索、时刻把学习融入工作和生活的好风气。

3. 崇高法律职业道德的形成

道德水平与文化是结合在一起的，人类道德修养的最高境界是既博学多才又道德高尚，渊博的学识与高尚的道德统一于内心，使心理欲望服从于道德要求，内心在道德规范内活动而又感到有充分的自由。法院群体道德修养的最高境界是既具有渊博的法学知识，又具有良好的法律职业道德，法院文化就担负着法官职业道德培养的重任。法官最大的职业道德就是公平公正。公平公正是法律的生命，也是法官的生命。法官必须公平公正地对待每一件案件，公平公正地对待每一个当事人，牢固树立法官公平公正的理念。实现公正不仅是社会公众对法院的美好期望，更应该成为法院文化的应有功能。

---

① ［美］伯尔曼：《法律与宗教》，中国政法大学出版社2003年版。

浓厚的法院文化氛围可以熏陶法官，把公平公正的理念灌入到法官的工作和生活中去，实现法官个人人格的飞跃，提升法官的职业道德。

四、凸显“中国”概念的我国法院文化的特殊功能

前面两个层面的论述还不能包括我国法院文化的全部功能，要想全面深入地讨论我国法院文化的功能，就必须进入“中国”的语境下。与“中国”特色联系的我国法院文化具有两项独特的功能。那就是我国法院文化建设可以帮助“中国意识”和“社会主义法治理念”的养成。“中国意识”和“社会主义法治理念”属于当下中国法院群体必须具备的意识和理念，是指导中国当下法院群体从事法治实践活动的有效的精神工具。

1.“中国”意识的养成

中国意识看起来是一个简单的问题，但我国目前的法学理论和法治实践中，很多人是缺少中国意识的，在法院里面也是如此。诸多法官对生活于其中的“中国”缺少应有的关注。在中国的法学家里，以朱苏力教授为代表的一批学者具有比较强的中国意识，他们对中国法学的问题和中国司法实践的问题进行了关注,① 并对此进行了有效的理论论证和实践号召。

朱苏力教授在批评中国法学没有中国意识的时候，曾经对“中国意识”的重要性进行了强调。他说，中国的历史传统、中国众多的人民和中国的变革时代为中国学者提供了一个学术的“富矿”或“处女地”，提供了做出学术贡献的独特的时空条件，“关注中国当代的现实生活，发挥我们的比较优势，是中国学者有可能做出独特学术理论贡献的必由之路。”② 学术尚且如此，活生生的中国法治的实践怎么能离开中国的现实呢？从这样的一种“中国意识”出发，朱苏力教授不久前曾论述了中国的司法规律，并对中国当代司法工作中必须注意的几个问题进行了阐述。③ 第一，就总体来看，中国法治的成功与否不在于司法本身，而在于中国的现代化。第二，中国的法治实践应当稳步向前走，不应有太多激烈的改革。第三，空间问题是中国司法必须要考虑的一个问题。中国是个大国，各地政治经济文化发展不平衡，大国的司法体制和小国是不太一样的。

邓正来教授的《中国法学向何处去——构建“中国法律理想图景”时

① 朱苏力的《法治及其本土资源》和邓正来的《中国法学向何处去》等著作是比较关注中国国情的经典著作。

② 朱苏力：《什么是你的贡献?》，载《法治及其本土资源》，中国政法大学出版社 1996 年版，第 3 页。

③ 朱苏力：《中国司法的规律》，在 2009 年第九届中国检察年会上的发言。

代的论纲》一书也对中国法学界目前“中国”意识的缺乏进行了批判，并对“中国”意识进行了强调和提倡。① 他在书中指出，我们要在思想的说话中显示中国自己的理想图景，要把一个被遮蔽的、被无视的、被忽略的关于中国人究竟应当生活在何种性质的社会秩序中这个重大的问题开放出来。中国不仅仅应当是一个“主权的国家”，更应当是一个“主体性的国家”，努力探寻中国的主体性，是中国当下思想最为重要的使命之一，也是中国当下思想全新的使命之一。

对于朱苏力教授的论述和邓正来教授的论述，法官们都需要高度重视，法官们需要形成一种自觉的中国意识。中国法治回答的不是某个抽象国家的问题，也不是回答某西方国家的问题，它必须回答的是中国问题。其根本出发点必定也必须是中国国情。这种“中国意识”必须牢牢地刻在我们法官的心中，把中国意识深深地植入法官们的工作和生活中，法官们行事的时候，不要“言必称西方”，处理中国问题的时候，要把自己放置在中国的语境下进行。这种中国意识的养成，可以通过很多的途径进行，大学里的教育，法官们自觉的思索，但是对于中国目前的绝大多数法官来说，通过法院文化对之进行全方面的熏陶和影响是很有效的方法。

2. “社会主义法治理念”的养成

我国法院文化建设还具有的一个重要功能就是帮助法院群体“社会主义法治理念”的养成。

社会主义法治理念是马克思主义关于国家与法的理论同中国国情和现代化建设实际相结合的产物，是社会主义民主与法治实践经验的总结。朱苏力教授曾经对社会主义法治理念和资本主义法治理念的区别进行了详细的论述。② 他说，西方资本主义法治理念的核心内容与价值反映了资产阶级法律思想家对资本主义经济以及本国问题的理论思考，从根本上来说，资本主义法治思想最初回应的是资本主义发展带来的新的社会秩序的重建问题，是为建立本国的统一市场、维护资本主义自由竞争秩序服务的。其最终关心的是本国的、特别是本国资产阶级的利益，努力以国家政治法律力量来推动本国在国际经济争夺和竞争中的优势。“法治”、“民主”与“人权”等资本主义核心价值一起，成为了资本主义全球战略，维系近现代以来西方主导世界

---

① 邓正来：《中国法学向何处去——构建“中国法律理想图景”时代的论纲》，商务印书馆 2006 年版。

② 朱苏力：《社会主义法治理念和资本主义法治理念的比较》，载北大法律信息网，2009 年 7 月 2 日访问。

格局、防止其他大国崛起的政治措施和意识形态的核心部分之一。我国必须坚持的是社会主义法治理念，必须同中国的社会主义经济、政治和社会制度相兼容，支撑并受制于这一制度。如果脱离了这个根本的经济政治社会制度，即使理论上头头是道，或在西方曾行之有效，也未必有助于中国的当代和长远社会发展的要求，因此不符合最广大中国人民的根本利益，不符合中国社会主义建设的大局。

社会主义法治理念需要我们特别注意的就是我国当前的政治制度。在我国当前的政治制度下，诸多的政治和司法现象都具有很独特的特点。比如权力制约制度，我国的权力制约制度是不同于西方三权分立制度的，民主监督也是不同于西方国家的，法官和法院的独立有其独特的含义，司法运行机制也有其独有规律。还有，在我国当前的政治制度下，法官的身份也是和西方国家不一样的，我国绝大多数法官还具有共产党员的身份，党的事业也是诸多法官追求的理念，我国的法官必须把党的事业和法治事业结合起来进行思考，等等。如果我们不意识到社会主义法治理念的这些特点，我们就会在司法中犯盲目的错误。只有理解了社会主义法治理念的基本精髓，我们才会深入地理解当前提出的“司法为民”的工作主题，才会明白“司法服务大局”的工作主题，才会真正进入“人民法官为人民”的主题实践活动。

这种社会主义法治理念的养成，同样是我国法院文化的独特功能之一。最高人民法院原副院长刘家琛指出：“法院文化建设要配合当前开展的‘八荣八耻’社会主义荣辱观教育和社会主义法治理念教育活动，推介和研讨各地法院开展文化建设的好经验，倡导积极、健康向上的法院文化，进一步提升法院队伍建设水平，更好地落实‘公正司法、一心为民’的指导方针。”① 这就是对我国法院文化建设这一独特功能的强调。

在中国，如果“中国意识”和“社会主义法治理念”不能树立，司法工作就会陷入难以克服的困难之中。按照西方的现成模式来处理中国的司法问题，我们会处处碰壁，利用其他国家的司法经验来推动中国的法治进程，我们也会发现处处艰难。我国法院文化的独特功能之一就是培养中国法院和中国法官的“中国意识”和“社会主义法治理念”，培养中国的法官和法院怎么把司法的普遍规律与中国特色结合起来，与社会主义结合起来，最终娴熟地掌握中国特色社会主义司法的理论，推进中国特色社会主义法治的前进。

---

① 《刘家琛在全国法院文化建设研讨会上指出法院文化建设要与社会主义法治理念教育结合》，载《人民法院报》2006 年6 月2 日。

结 语

"法院是法律帝国的首都，法官是帝国的王侯。"① 而法院的文化则是这个法律帝国的文化。没有文化的国度是空洞的，没有文化的法院更是空洞的。从一定的角度上讲，法律离开文化就没有办法成为"法律帝国"，法院离开文化就没有办法成为"首都"，法官离开文化，就只能成为没有灵魂的躯体。离开文化，一切都只是一个空壳。我国法院文化负担着诸多重要的功能，需要我们对此有足够的重视。这是事关我国法治建设的重大事项。

---

① 德沃金：《法律帝国》，中国大百科全书出版社 1996 年版，361 页。

人民法院文化建设研究

魏 红*

随着我国法治建设步伐的加快和法官职业化的趋势，法院迫切需要寻找和搭建新的平台，于是“法院文化建设”自然登上了历史的舞台。这是一个极富学术价值和时代气息的课题，尚无成熟的经验。

法院文化建设是一个系统工程，本文就法院文化建设中的精神文化建设的问题做一探讨。

一、精神文化建设在法院文化建设中的地位

法院文化建设包括精神文化建设、行为文化建设和物质文化建设。所谓精神文化是指在长期的审判和管理实践中，为实现法院发展目标，由法院群体共同参与创造，为社会进步所要求和期待的，为群体成员所认同和遵守的共同意识。它是以心理、观念、理论形态存在的法院文化，较之于行为文化和物质文化而言，处于核心地位，是法院文化建设中的主要矛盾和矛盾的主要方面，离开或弱化精神文化建设，谈法院文化建设就是舍本逐末，法院文化建设就成为无源之水。

（一）精神文化决定法院文化的本质

法院文化是价值观念、思维模式、行为准则及与之相关联的物质表现的总和。而法院文化的精神要素是法院在审判、管理和教育活动中形成的独具法律特征的意识和价值观念，包括理想信念、道德规范、价值观念、管理理念、群体精神等意识形态。这种意识形态的价值观念反映了法院群体的共同认识和追求。它指引着行为文化、物质文化建设的方向，因而决定了法院文化的本质。

---

* 青海省海西州冷湖矿区人民法院立案庭庭长。

（二）精神文化建设是法院文化建设的核心基础

法院物质文化是以有形的实物形态存在的文化，是法院在长期的审判与建设实践中逐步积累的、凝聚为法院精神文化实质而创造的物质环境的总和，是法院精神文化在物质上的体现。法院行为文化以法院精神文化为根本指导思想和最高原则，它是精神文化通过规章制度、行为规范在法官整体或个体行为上的体现。物质文化、行为文化都是以精神文化为基础而发散在物质上、行为上的外在表现。因而精神文化处于核心和灵魂的地位。

（三）法院文化功能主要体现在精神文化的功能上

法院文化作为一种理性和自觉的文化，具有其独特的功能。法院文化的功能主要体现在精神文化的功能上，具体表现在：

其一，精神文化中的价值观体现了法院文化的“导向功能”。法院群体中的每一个个体都是跟随着精神文化中倡导的价值观来摆正自己的位置、作出自己的行为决策的，精神文化引导法院群体为实现法院共同发展目标而自觉地努力工作，最终实现整体的价值认同。

其二，精神文化中的理想、信念、目标和追求体现了法院文化的“凝聚功能”。理想、信念、目标和追求是一种整合法院群体的粘合剂。将个体凝聚起来的力量主要是一种心理力量。正是精神文化中的群体共同意识才会促使每一个个体心往一处想、劲往一处使，朝着法院的共同目标、奋力拼搏。

其三，精神文化的内容体现法院文化的“激励功能”。精神文化建设中共同价值观念、发展目标、管理哲学、群体精神、现代司法理念等内容，都是激励法院群体士气的标准，它对于每一个个体是“无形的精神驱动力”，使他们懂得他所在的组织及本人的社会价值和意义，进而产生了职业尊荣感和崇高的使命感，并在实践中以优秀榜样为参照系，不断缩小自己的差距，自觉地为国家、为社会同时为实现自己的人生价值而开拓进取。

二、法院精神文化的现状分析

法院作为正式的社会组织，是由一组相互依存、相互联系的角色构成的，并在我国特有的经济制度、政治制度、文化制度的基础上形成的具有中国特色的群体职业结构。综观我国的审判队伍的发展，这一特殊群体的精神文化现状，远未达到人们所期待的“社会精英”的层面。目前，“法官职业的非专门化、权力运行的行政化、司法行为的大众化、职业道德的失范化”，由此形成精神文化层面上的缺失，主要表现为：

（一）群体共同价值观念淡薄

法院内部成员之间价值观念不一，大多数法官有了一定的价值观念，但分散、零碎，尚未形成一种共同的群体意识，少数法官在纷繁复杂、光怪陆离的社会现象面前心浮气躁、追名逐利，由心灵的异动导致行为的异动，有的甚至走上犯罪的道路，极大地毁损了法官在社会上的形象，降低了社会公众对法官特殊职业的整体评价。尽管不少法院提炼了一些本法院的所谓"法院精神"，但仅仅停留在文字层面上，并未达到将其作为一种群体意识并对法院审判与管理实践发展提供富有时代性和世界性的精神动力这样的高度。

（二）发展目标不明

一方面，一些法院特别是基层法院根本就没有发展目标，满足于完成审判任务、案件不出问题、队伍不出问题的基本要求；另一方面，法院普通成员认为发展目标是领导考虑的事情，是领导的"政绩"需要，与普通干警没有关系，因而缺乏群体为共同目标努力的意识和行为。

（三）法院管理缺方法

法院管理方法缺乏科学性和系统性，以经验型管理为主，很少涉及法院中人与人、人与物、人与审判规律的摸索及规律的总结。

（四）司法理念模糊

少数干警没有司法理念概念，认为司法理念和审判工作没有关系或关系不大，以致在错综复杂的法律关系和社会关系面前，茫然不知，束手无策。

通过以上分析，我们不难看出，目前法院的精神文化作为一种心理状态不能说是健全的。最高人民法院原副院长刘家琛指出："当前，法官违法违纪现象不时发生，使法官和法院的形象大打折扣，司法权威和公信力受到了极大的挑战，问题究其原因，与法院文化的缺失不无关系。"法院群体属于自觉性角色，即法院群体成员在承担其角色时，应当明确意识到自己正担负着一定的权利义务，意识到个体与集体的关系，意识到个体行为与集体荣誉之间的联系。这就要求法院群体成员去承担其各自的社会角色时，明确意识到自己的社会地位，确定内在的法律自律意识规范，树立起职业的荣誉感，这就是前院长肖扬提出的法官职业道德教育的首要目标——"德化于自身"。也唯有如此，才能使法院群体成员在职业行为和日常行为中表现出为正义献身的精神，敢于负责的品格，乐善好施的人文情感，两袖清风的节操和甘于寂寞的境界。而法院精神文化建设正是朝着这个目标努力的有效载体。

三、法院精神文化建设中应着重把握的几个问题

法院精神文化是一个由诸多观念要素组成的系统综合体。它以法院共同价值观念为基础，以法院发展目标为导向，从哲学的角度以科学的方法论对法院审判与管理实践加以指导，大力弘扬群体精神和法官现代司法理念。因此，法院精神文化的构建必须紧紧抓住五大要素，以系统科学理论和系统辩证观作指导，在理论和实践的结合上系统地优化和升华法院文化，实践中应当着重把握好以下几个问题。

（一）“原则”是统领

法院精神文化建设的基本原则是法院群体的思想行为发展规律，法院群体司法活动发展规律所要求、所决定的，是法院群体精神文化建设实践经验的理论概括和科学总结，是调整法院群体共同意识最基本的出发点和指导原则，是贯穿于诸要素的总纲和精髓。它包括以下几个方面的内容：

1. 党的领导原则

法院精神文化具有政治性、作为统御法院群体的主导意识，必须坚持党的领导，以党的路线、方针、政策为依据，体现党的政治路线、思想路线并为之服务，它不仅是正确建设法院精神文化的重要保证，同时，也是社会主义法治理念中对政法工作的必然要求。对此，法院的全体成员不能有丝毫动摇。

2. 公正与效率主题原则

公正与效率是21世纪人民法院工作的主题，公正是司法的生命与灵魂，是法院最珍贵的形象，是法院精神文化永恒的主题。效率，就是效益。当人们的合法权益得不到及时保护，违法行为得不到及时制止时，就谈不上社会公正了。人民法官要把锲而不舍地追求司法公正，提高司法效率作为最崇高的、最光荣的职责和毕生的追求。同时，公正与效率也是现代司法理念的主要内容之一。只有树立起公正与效率的现代司法理念，才能在纷繁复杂的社会关系和法律关系面前，洞若观火，明察秋毫。

3. 集体主义原则

这是法院群体共建集体主义文化意识体系和价值参照体系，通过文化理念，使群体成员共享集体主义文化规范，价值观念和目标取向，以便进行共同的价值认识、判断和选择，从而增强法院群体对本职工作的自豪感、使命

感、认同感和归属感，使其产生强烈的集体意识和强大的凝聚力和向心力。

4. 以人为本原则

人是法院文化理论和实践的中心和主旋律，在精神文化建设中，要高度关注人的多层次需要，特别是精神上的需求，重视人的价值和自我实现，使法院的每个个体找到在群体中的位置，在本职工作岗位上实现自己的人生价值。

5. 司法为民原则

要求法院群体要以“三个代表”为指导，以最广大人民群众的根本利益作为行为的出发点和归宿点，因此，法院精神文化范畴要浸渍着为人民服务的精神，法院精神文化建设要培养法官群体为人民服务的共同意识，使其自觉地坚持站在人民利益的角度去思考处理问题。

（二）内化是关键

法院精神文化的内化是法院群体成员认识、接受法院精神文化诸观念要素，并以其为内容，在思想观念上确立一种内在的自我控制的行为标准，从而在价值判断、选择、取向等方面与群体采取一致行为的社会化过程。

法院精神文化的五大要素内容是法院整体对其成员的期待和要求，即希望成员具有什么样的价值意识，履行什么样的社会角色，成为什么样的人，体现着一种社会文化。“内化”就是迫使法院群体成员自觉或不自觉地接受法院精神文化的诸观念要素，在社会化的过程中对这些观念要素采取认同的态度，作为自己内在的、自我控制的行为标准，并在价值判断、选择、取向等方面和群体采取一致的行动。法院精神文化建设内容设计得再完美，如果得不到群体成员的认同并达到“内化”的结果，亦只是纸上谈兵，空中楼阁。只有得到“内化”，群体成员对法院工作才会产生自豪感和使命感，对法院产生认同感和归属感，从而激发法院群体成员的内在潜能。它是一个个人自我价值被群体价值同化、整合的过程，也是法院新的群体共同意识建构形成的过程。“徒法不足以自行。”文化是制度的精神意蕴，它决定着制度的价值取向和实际效果。精神文化建设诸观念要素的确立及内化，有助于法院制度的贯彻。它不仅使人们在理智的层面上认同并接受它，而且有助于在情感的层面上尊重并信任它，更在于实践中执行它、维护它。法院精神文化内化的途径是多种多样的，并在实践中不断得以丰富。主要有：教育培训、舆论灌输、典型示范、实践锤炼、主题活动、制度规范、物质文化建设等。

（三）“创新”是灵魂

江泽民同志说过：“创新是一个民族的灵魂，是国家兴旺发达的不竭动力……”。与一般的文化生产一样，法院精神文化建设者首先是对人类社会司法实践活动的总结、提炼，同时，要力求有所发明、有所发现、有所创造，并不断赋予法院精神文化新的时代特征，从而把法院精神文化推向更高阶段，法院精神文化建设不是简单地重复已有的文化特质，而是必须不断总结人类社会文化活动，不断从审判与管理实践中总结的经验和智力成果上进行再创造、再提升。因此，它是一种创造性的建设，是一种创新。

一是要在敢于扬弃、大胆探索的过程中实现创新。创新是对传统在继承基础上的扬弃，要敢于对“权威”、“书本”、“经验”持怀疑态度，做到诚信而不迷信，继承而不固守，运用而不拘泥，借鉴而不照搬，让敢于扬弃、勇于创新的观念深入人心，成为法院干警的自觉行动。同时创新过程也是一个探索的过程，只要有利于法院精神文化建设，明确了目标，找准了方向，就要探索不止、创新不息。

二是要在把握重点、破解难点的实践中谋求创新。法院的精神文化建设是一个长期的系统工程，诸观念的“内化”是难点，也是最好的切入点，在解决的过程中可以起到“牵一发而动全身”的效果。难点之所以难，是因为一般的方法难以攻克它，必须采用一些非常规的措施才能有效，这就为我们谋求工作的创新带来了机遇，我们可以在思路、方法、机制等等方面寻求新的突破口，使工作的创新成为一种常态。

三是要在彰显个性、联系实际的结合中寻求创新。首先，要把握好社会主义先进文化的共性与法院精神文化的个性。法院精神文化是社会主义先进文化的组成部分，又具有相对的独立性。要结合审判的特点，不断总结和吸纳社会先进文化的精华，构建符合社会发展和时代主流的法院精神文化。其次，要把握好法院系统的共性文化与地方法院的个性文化，精神文化建设有宏观上的要求和目标。但并不是每一个法院的建设模式都是一样的，基层法院文化的地域性、民俗性、差异性，决定了创新的可能。要结合地域文化和民俗风情，培养出标新立异富有地域特色的精神文化。

总之，法院精神文化建设是法院文化建设系统工程中的一个处于核心地位的子系统，我们要有持之以恒的耐力和不断扬弃的魄力，既要从中国国情出发，又要借鉴西方文明的优秀成果，通过不断的努力，真正使“社会精英”层面的法官成为“法律理念的塑造者，法律传统的守信者，法律秩序的缔造者，社会运行的领航者”，使法官真正做到“德化于自身，德化于本职，德化于社会”。

论司法解释与法制统一性的冲突与调适

马旭东* 屠世轩**

一、司法解释的基本解析

我国立法秉持“宜粗不宜细”的方针，兼之立法经验和技术的不成熟，使立法过于概括、简略或有遗漏，因而司法解释就在弥补立法缺陷方面发挥出了重要作用，并且随着立法发展而日趋活跃。然而对于司法解释的内涵及形式问题，或是熟视无睹的缘故，通常都会作出随意性的认定，以至于出现学者在一些案件中所揭示出的问题：一些法官将“座谈会纪要”也作为可供依据的司法解释，并毫不迟疑地坦言：“我们一直这样做”，而当事人也在稍加迟疑后予以认同。① 这说明无论是法官还是当事人，对于司法解释的内涵及其表现形式都存在模糊的认识。同时，仅仅通过一次“座谈会纪要”便能增设在法律中尚未存在的内容，也多少说明对待司法解释不甚严肃的问题。而这些情形，无疑将会对法制的统一性造成消极的影响。因此，解析司法解释的内涵及表现形式，是贯彻落实法制统一性时不容小视的问题。

对于司法解释内涵的模糊认识，一方面是想当然的认识阻却了人们对其科学内涵的把握，另一方面也是因为规范性文件中并无对其概括性的界定。同时，实践中的一些非规范性做法也在一定程度上模糊了人们的认识。周道鸾同志在《中华人民共和国司法解释全集》的序言中指出：“所谓司法解释，是指我国最高司法机关根据法律赋予的职权，在实施法律的过程中，对如何具体运用法律问题作出的具有普遍司法效力的解释。”准以此言，则司法解释首先是由法律授权的最高司法机关即最高人民法院和最高人民检察院

* 青海民族大学法学院副教授。

** 青海省高级人民法院法官。

① 蔡虹：《对司法解释的解释》，载中国民商法网 http://www.civillaw.com.cn/article/default.asp? id =9274。

作出的解释。但是，这并不是说在这一概念方面并无争议。事实上，在学理上，对司法解释的定义至今歧见纷呈。周道鸾在另一些文章中，将司法解释仅限于最高人民法院所为，这也在一定程度上反映了审判机关认为司法解释即是审判解释的意见。[①] 而最高人民检察院无论依据1981年全国人大常委会《关于加强法律解释工作的决议》（以下简称《81决议》）中的规定，[②] 还是出于作为法律监督机关为了监督就应拥有解释权的想法，也都认为自己有司法解释权。对此种认识持否定意见的学者认为，从法制统一的角度出发，将司法解释权统一于最高审判机关乃世界通行做法，而最高人民检察院作为我国的法律监督机关，自己解释法律又自己进行监督，会致监督流于形式；“两高”同时行使司法解释权以及检察权对审判权的介入都会导致政出多门。肯定说则认为以法律监督权来否定司法解释权不合逻辑，因为二者具有正确实施法律之共同目的，不具有根本对抗性，而审判解释和检察解释相互冲突以及检察权对审判权的介入问题可通过“两高”联合进行司法解释来解决。最高人民检察院的司法解释主体地位不仅合法，还应进一步强化。另有学者虽肯定最高人民检察院的正当解释主体地位，但主张其解释权应被限定在刑事司法解释或部分刑事程序法解释的范围，即对现行法定权限内容加以限制，以顺乎检察权自身职能的内在要求。[③] 无论上述争论有无意义，从有效规定及现实运行来看，司法解释应当包括最高人民法院和最高人民检察院作出的解释。在理论界，不仅是对司法解释的主体存有争议，对于司法解释之对象也是不无歧义。学者多认为既然是解释，必须有解释对象，而此对象应当是法律。即认为司法解释乃是针对已经颁行并具法律效力的立法所做出的解释，而不能是空穴来风。但从一些实践来看，一些司法解释本身即是对新问题的界定，即在尚不存在法律的情形下，已然对新问题作出解释。则此时解释对象已经超过法律的范畴，而是针对事实的解释。此外，在司法解释的效力问题上，有些规范性文件宣称司法解释具有法律效力，如2007年最高人民法院《关于司法解释工作的规定》（以下简称《07规定》）；而学者多认为司法解释不应具有法律效力，而是普遍的解释效力，即为司法效力。

---

① 可参见周道鸾：《纪念改革开放30年：司法解释工作规范化的回顾》，载人民网。

② 1981年全国人大常委会《关于加强法律解释工作的决议》第2条规定：“凡属于法院审判工作中具体应用法律、法令的问题，由最高人民法院进行解释。凡属于检察院检察工作中具体应用法律、法令的问题，由最高人民检察院进行解释。”

③ 刘铮：《论司法体制改革与司法解释体制重构》，载 http://www.law-lib.com/lw/lw_view.asp? no=65&page=2。

司法解释的表现形式问题，当是我们在解析司法解释时必须面对的问题。从国家司法机关表达司法政策的角度来看，司法政策的承载形式主要有：一是针对国家立法机关制定的法律进行规范性解释。如最高人民法院《关于贯彻执行〈中华人民共和国民法通则〉若干问题的意见（试行）》、最高人民法院《关于适用〈中华人民共和国民事诉讼法〉若干问题的意见》等。这些司法解释弥补了我国现行立法的重大缺陷，为民众生活和法院审判工作提供了指引，对我国的法律生活产生了重大的影响。二是针对某一具体案件所发布的指导性意见或者批复。这些指导性意见或者批复表面虽是最高司法机关针对下级司法机关在办案中对法律把握不准而进行的答复，但实质上往往会从中制定或者阐述一定的司法政策。三是最高司法机关在公报上发布的典型案例。典型案例在我国的各级法院中并不能直接作为引用的判决依据，但典型案件选取等也往往体现了最高司法机关对公共政策的选择或者制定。并且实践中一些典型案例本身就对法律中尚未确立的规则予以了补充。[①] 而且我们从一些典型案件对于涉外民商事案件的指引作用来看，其价值远非诸如一般教学案例汇编书籍可比。此外，上述所提及的“座谈会纪要”，实际上对于法院审判工作也已产生明显的影响。对于这些反映或体现司法政策的文件，是否都能视为司法解释？依据《07 规定》对司法解释形式之确定，[②] 只有“解释”、“规定”、“批复”、“决定”这四种司法解释形式。但从前述分析我们看到，《最高人民法院公报》上所编发的典型案例事实上也能起到一定的指引作用。并且从最高人民法院 2005 年发布的《人民法院第二个五年改革纲要（2004—2008）》和 2008 年 9 月最高人民法院《关于加强与完善案例指导工作若干意见（征求意见稿）》（以下简称《征求意见稿》）来看，审判机关将进一步加强案例指导制度。且该征求意见稿规定，各级法院在审理案件的过程中，可以对指导性案例提取一般裁判规则在裁判理由当中予以援用；下级法院如果不援引指导性案例，应该在裁判文书当中的说理部分说明理由。这使裁判指导案例事实上成为了准法律渊源。尤其在我国上下级法院行政化色彩较浓，同时又有错案追究制度的情况下，

---

① 比如《倪培璐、王颖诉中国国际贸易中心侵害名誉权纠纷案》，在该案发生时，我国尚未颁布《消费者权益保护法》，也没有保护消费者人身人格权利方面的规定，在该案中，朝阳区法院以法律解释的方式，确立了消费者的人身人格权，并对它进行保护。可参见 http://www.chinacourt.org/public/detail.php? id = 16877&k_title（中国法院网）。

② 最高人民法院于 1997 年制定了《关于司法解释工作的若干规定》，规定司法解释的形式为“解释”、“规定”、“批复”三种，2007 年又制定了《关于司法解释工作的规定》，并同时废止了 1997 年之规定。其中增加了“决定”为司法解释之形式。

指导性案例的效力几乎等同于司法解释。因而在新形势下，对于司法解释的内涵以及其表现形式，有待于进一步研究。

二、司法解释与法制统一性要求的冲突可能性

第一，部分学者从法治国家的立法权与司法权应当分立的立场出发，对于司法解释“立法化”、“造法化”情形批评强烈，认为这一行为实质上是对立法权的侵蚀，因而将会破坏法制统一性。有学者即对《07 规定》第 3 条所规定的司法解释之基本原则颇具质疑。认为该规定确认司法解释在根据法律之外，可得依有关立法精神，结合审判工作实际需要而制定。而立法精神为何可能往往系由“揣摩”而来，只要“审判工作实际需要”，最高人民法院即可仅仅根据其自己理解的“有关立法精神”制定司法解释。由此可见，在此背景下出台的司法解释仍然有可能与有关立法的真实精神相去甚远，甚至南辕北辙。① 果如其言，则司法解释仍难免侵蚀立法权进而有威胁法制统一之虞。

第二，依照规定，最高人民法院和最高人民检察院分别对审判工作和检察工作中具体应用法律、法令的问题进行解释。但是在实践中，最高人民法院和最高人民检察院的司法解释在刑事诉讼领域以及民事、行政检察监督的具体范围和方式等方面存有不同认识。如最高人民法院 1995 年 8 月 10 日《关于对执行程序中的裁定的抗诉不予受理的批复》规定人民法院在执行程序中作出的裁定，不属于抗诉的范围。这显然是对《民事诉讼法》第 185 条规定的应当抗诉的范围进行限制，与检察机关抗诉权形成竞合。同时，我们能看到，审判解释与检察解释的效力只及于本系统之内。当两机关对同一法律问题存在分歧时，便会各自颁发解释，从而引发司法无序。如最高人民检察院于 1990 年、1992 年分别制定《关于执行行政诉讼法第 64 条的暂行规定》和《关于民事审判监督程序抗诉工作暂行规定》，对行政、民事抗诉审级问题进行解释，明确“应当按照审判监督程序向同级人民法院提起抗诉。”最高人民法院对这一问题未作相应解释，而实践中大多数法院拒不接受同级检察院提出的民事、行政诉讼抗诉案件或以各种形式交由原审法院再审，限制了最高人民检察院该项解释效力的发挥。除上述“两高”间司法解释的冲突外，在各自的审判解释和检察解释内部，各司法解释包括前后司法解释与针对不同范畴的司法解释之间也存在相互直接抵触或有

① 赵钢：《我国司法解释规则的新发展及其再完善》，载 http://www.studa.net/sifazhidu/081114/15241223-2.html.

悖法律精神的情形。并且基于多种因素，这种冲突现象还将在一定时期内继续存在。上述司法解释内部不相统一，其不仅造成了司法解释的混乱和实务操作的不统一，更是威胁到了法制统一性的实现。

第三，司法解释之主体虽然在部分规范性文件中予以规定，即只有最高人民法院和最高人民检察院才有资格作出司法解释。因而对于地方审判机关、检察机关以及其他国家机关、社会团体和公民个人都不能为司法解释。但在实践中，一些非适格主体如地方法院、地方检察院、非司法机关等直接或间接地介入司法解释，行使司法解释权已呈正当化趋势。尤其鲜明地表现在一些司法解释是由最高人民法院和司法解释的非适格主体联合发布，这无疑导致非适格主体介入司法解释的制定，使司法解释内容上带有严重部门利益倾向，解释形式也缺乏严肃性，进而对正确适用法律构成威胁。另一著例是一些行政机关事实上在颁行效力等同司法解释的“解释”，甚至在解释中约束司法机关的权力，如1998年11月15日国务院某部就《价格管理条例》有关行政诉讼溯及力的问题规定:“人民法院对《价格管理条例》颁布前有关案件当事人的起诉，依法不予受理。”此内容直接触及法院的受案范围，并对司法程序进行限制解释。这些啼笑皆非而又严重违法的“解释”，却因为较少也较难对其形成约束而大行其道，进而对于法制统一性构成较大威胁。

第四，案例指导制度的目的，是为了统一适用法律标准与指导下级法院审判工作，因而能在一定程度上保证统一司法，对于维护法制统一具有一定积极意义。但同时也应看到这一制度的不当运用也存在强化司法机关对立法权的分享，进而具有威胁法制统一性之虞。较为突出的问题是，对发布的指导性案例较难通过审查、备案等制度进行约束，因而在其先天较难约束的情况下，又要让其成为准司法渊源，则对于法制统一性而言，若不完善其适用规则，其威胁性必然存在。如前所述，地方高级人民法院有时也会发布与司法解释相类似的指导性文件，但因明确禁止性规范的存在，其毕竟是属于半地下工作。而在实行案例指导制度的背景下，地方高级人民高院即有可能借助此制度而在事实上拥有规则制定权，这对统一司法以及其上的法制统一性仍具有一定的威胁。

第五，由于不重视对司法解释表现形式的规范，虽然在一些规范性文件中明定司法解释的形式，如最高人民法院早在1997年《关于司法解释工作的若干规定》中即规定司法解释的三种形式为“解释”、“规定”和“批复”，《07规定》又增加“决定”形式。但在实践中并未杜绝一些非规范形式的文件发挥与司法解释相同的功效。如“座谈会纪要”虽然看不到被解释的对象，其亦不可能经过立项、审核、起草、审判委员会讨论通过、发布等程序，从形式上也不属于司法解释的形式，却能在实践中发挥一定的作用。虽然这种情形可以被归结为认识方面的问题，但在这之外或许也还存在未能给予较好规范的缘故。

第六，虽然在规范性文件中也有对于司法解释系统内部进行协调的规范，如针对最高人民法院和最高人民检察院的司法解释之冲突的协调规则，审判机关或检察机关内部前后司法解释之矛盾的协调规则等。这些规则均说明司法解释的主体也看到了司法解释中所存在的问题，并且也想借助规范予以协调。但在实践中，司法解释内容重叠乃至冲突的现象仍然存在。同时由于对司法解释的编纂工作滞后，也在一定程度上导致了适用方面的混乱，从而使法制统一性的贯彻落实打了折扣。

三、司法解释与法制统一性要求之可协调性

从成文法本身存有法律漏洞、难免模糊以及需应对变化之关系等角度出发，肯定司法解释价值的学者居多。从有关对司法解释的规范来看，司法解释与法律具有协调的可能性。

首先，从司法解释权由立法机关授予来看，司法解释与法律之间具有统一性的基础。《81 决议》明确授予最高人民法院和最高人民检察院以司法解释权，并规定处于下级序列的司法机关非司法解释正当主体。可以说，立法机关的这一授权为保障法制统一性提供了基础，至少其表明司法解释乃是立法机关的授权行为。同时，最高司法机关对于经过授权取得的司法解释权也在认识方面具有一定的严肃性。如最高人民法院于 1987 年《关于地方各级人民法院不应制定司法解释性文件的批复》，再次强调“具有司法解释性的文件，地方各级人民法院均不应制定。”虽然这些规范发布之后的实践仍是可圈可点，但至少对我们现今发现问题、分析问题而言，本身是个依据。就此而言，这些规则对于法律人意识方面的积极作用仍是不可否认的，兼之客观上也对司法解释权统一行使做出了积极贡献，并在一定程度上对保障司法解释与法律之间的统一性发挥了一定积极的作用。因此，司法解释与法制统一性要求之间的协调性是存在的，并且其协调性的能量发挥也是可得期待的。此外，我们从下级法院染指司法解释来看司法解释与法制统一性要求这一命题时，也会发现破坏法制统一性的缘由或许并不能更多地归结为下级司法机关运用解释权方面。实质上，我们做了问题的假定，即：一般情况下，司法解释不统一，将会使得适用法律出现不统一的情况，而这恰是法制统一性的破坏。因此我们认为应当要求司法解释的统一性。之后我们又假定：如

果介入主体越多，授权链条越长，则对统一司法解释威胁越大。最后，我们的结论当然是下级司法机关参与制定司法解释，必然会威胁到法制统一性。然而，我们从一些下级机关没有办法不介入司法解释的事例来看，问题怕是并不像我们想象得那么严重。如 1998 年最高人民法院、最高人民检察院及公安部联合制定《关于盗窃罪数额认定标准问题的规定》，其中要求“各省、自治区、直辖市高级人民法院、人民检察院、公安厅（局），可以根据本地区经济发展状况，并考虑社会治安状况，在上述数额幅度内，共同研究确定本地区执行的盗窃罪的具体数额标准，并分别报最高人民法院、最高人民检察院、公安部备案。”此种情形中，下级司法机关的参与是被指令的，并且只有这种根据本地区经济发展状况和综合考虑社会治安状况等因素下的数额确定，才是最合法律精神的，也正是对于实质性的法制统一的较好体现。因此，对于下级司法机关的参与即会破坏法制统一性的认识，我们还应当反思。并且从一些支持基层法院甚至法官都能成为司法解释之有权主体的主张来看，认为法律解释的意义在于适用法律，将法律解释从法律适用中剥离出来是不可能的，因此应给予各级司法机关甚或面对案件的司法人员解释的空间，如禁止其解释法律即会造成报请上级或有权机关解释频繁发生，导致一、二审合一，上诉审流于形式，既不合司法程序公正精神，也会造成诉讼资源的极大浪费。法律解释权的垄断本身是违反法律适用客观规律的内在要求。这些主张至少让我们认识到从司法解释的主体多元必然导致法制统一性破坏的逻辑是有待商榷的。

其次，从司法解释产生程序来看，对司法解释与法律的协调性也反映在一定的规则要求中。依据有关法律以及司法机关关于司法解释的规范性文件来看，多规定司法解释的审查、备案等制度，从而在一定程度上为协调法律和司法解释、维护法制统一奠定了基础。如 2006 年《中华人民共和国各级人民代表大会常务委员会监督法》（以下简称《监督法》）第 31 条规定：“最高人民法院、最高人民检察院作出的属于审判、检察工作中具体应用法律的解释，应当自公布之日起 30 日内报全国人民代表大会常务委员会备案。”第 33 条规定：“全国人民代表大会法律委员会和有关专门委员会经审查认为最高人民法院或者最高人民检察院作出的具体应用法律的解释同法律规定相抵触，而最高人民法院或者最高人民检察院不予修改或者废止的，可以提出要求最高人民法院或者最高人民检察院予以修改、废止的议案，或者提出由全国人民代表大会常务委员会作出法律解释的议案，由委员长会议决定提请常务委员会审议。”最高人民法院《07 规定》重申了司法解释应自发布之日起 30 日内报全国人大常委会备案的要求，而且分别确定了“备案报送工作”和“其他相关工作”的负责部门。此外，《07 规定》对立项来源的扩大，对立项建议的提出与立项计划应包括内容的确定，起草司法解释须深入调研、认真总结、广泛征求意见的基本要求，人民群众参与司法解释制定之规定，司法解释送审稿应当送全国人民代表大会相关专门委员会或者全国人民代表大会常务委员会相关工作部门征求意见的程序安排，最高人民法院审判委员会对司法解释草案的限期讨论制度，以及司法解释的发布、施行与备案等程序的进一步完善，都使司法解释与法律之间的可协调性进一步加强。

最后，有关法律和规定也关注到最高人民法院与最高人民检察院司法解释间的冲突问题，并且也予以了相应规范。如《81 决议》第 2 条的规定：“最高人民法院和最高人民检察院的解释如果有原则性的分歧，报请全国人民代表大会常务委员会解释或决定。”《监督法》从利于发现司法解释间冲突并利于监督的角度，在其第 32 条中规定：“国务院、中央军事委员会和省、自治区、直辖市的人民代表大会常务委员会认为最高人民法院、最高人民检察院作出的具体应用法律的解释同法律规定相抵触的，最高人民法院、最高人民检察院之间认为对方作出的具体应用法律的解释同法律规定相抵触的，可以向全国人民代表大会常务委员会书面提出进行审查的要求，由常务委员会工作机构送有关专门委员会进行审查、提出意见。前款规定以外的其他国家机关和社会团体、企业事业组织以及公民认为最高人民法院、最高人民检察院作出的具体应用法律的解释同法律规定相抵触的，可以向全国人民代表大会常务委员会书面提出进行审查的建议，由常务委员会工作机构进行研究，必要时，送有关专门委员会进行审查、提出意见。”为较好协调司法解释之间的冲突，建立有效的协调机制，《07 规定》第 7 条更是明确规定：“最高人民法院与最高人民检察院共同制定司法解释的工作，应当按照法律规定和双方协商一致的意见办理。”这一源自最高人民法院的规范性文件显然是想从自身做起，积极协调冲突。由此态度，我们也应当有理由相信司法解释间的冲突将进一步被协调，司法解释与法制统一性要求之间的张力也将被逐步解决。此外，对于司法解释适用中的统一性等问题，部分规范性文件也予以关注和规范，从而在一定程度上保障了司法统一以及其上的法制统一。如《07 规定》第 28 条对于司法解释适用监督之规定等。[①]

① 该规定第 28 条规定：“最高人民法院对地方各级人民法院和专门人民法院在审判工作中适用司法解释的情况进行监督。上级人民法院对下级人民法院在审判工作中适用司法解释的情况进行监督。”

四、规范司法解释，保障西部法制统一性

从维护法制的统一性角度，我们认为，对于当前司法解释工作中存在的问题，应采取相应的措施，使其走上规范化、科学化的轨道。为此，当前应着力解决以下几个问题：

第一，制定具有较高位阶的法律规范，使法律解释工作既有法律依据，又能对其进行较好的规范。于此，我们认为，学者以前制定专门的《法律解释法》的主张，不失为一项仍具现实性和可行性的建议。① 虽然最高人民法院及最高人民检察院具有有关司法解释制定工作的规范性文件，但是这些都表现为自我约束性规范，《81 决议》虽为立法机关颁行，但其较为原则，并且较难适应现实的要求。因而有必要借助更高效力的立法，对于司法解释的主体、权限、解释机构的组成，司法解释的立项、提出、备案、审查、撤销或宣布无效的监督机制、公布等程序，司法解释的形式、效力，司法解释之间冲突的协调包括最高人民法院与最高人民检察院之间协商的具体运作机制等，用法律的形式加以规范。

第二，谨慎启用案例指导制度，并进一步完善对此制度的规范。如前所述，这一制度的目的是为了统一适用法律标准与指导下级法院审判工作，但也存在威胁法制统一性可能，因而从法制统一性要求来看，其确实是把双刃剑。而我们从西部区域特征来看，这一制度对于西部地区处理好法律的普遍性与西部的特殊性，习惯法与国家法之间的冲突乃至区域政策与法制统一性之间的关系，具有非常重要的现实意义。可以说，这一制度的运用，将解决西部法治中的诸多难题，使西部地区能在坚持法的精神和实质下，灵活应对现实需要。因而我们认为，即使这一制度在全国范围内的推行还有待斟酌，其在西部的运行也应当具有紧迫性。但关键问题乃是要做好这一制度的规范，否则好制度的变味将会更加挫伤民众对于法制的期待。我们认为，首先应当对案例指导制度的适用范围作一确定。《征求意见稿》将发布指导性案例的范围确定为三种情形：一是所涉法律规定的比较原则或者不够明确的案例；二是比较典型或者是比较具有代表性，但争议较大的案例；三是属于新类型案件。鉴于指导性案例可能演变为地方司法机关的造法性行为，我们认为应当有更为严格的限定。其应当在穷尽立法解释、立法性司法解释、附带裁判文书的批复等所有方法之后，遵循严格的程序，由立法机关予以批准后发布。同时我们认为，鉴于指导性案例在实践中实质发挥着与司法解释相同

① 张廉：《论法制统一的实现途径与措施》，载《法律科学》1997 年第 1 期。

的效力，因而不妨将其归结为司法解释的新类型，并对司法解释各类型之适用条件及顺位作出明确规定。同时我们也应看到，指导性案例虽然是为解决面临的新问题而采取的方法，但其本身也会存在僵化乃至不适应更新形势需要的情况，因此，我们认为，在实行案例指导制度同时，也应该确立指导性案例的排除规则。

第三，针对西部区域法制统一性之落实，我们认为，在西部地区还应当处理好地方立法与司法解释之间的关系。即在地方立法与司法解释之间存有冲突时，何者优先适用的问题。依照上述分析，司法解释有“解释”、“规定”、“批复”、“决定”四种形式，可见既有立法性解释，也有针对个案的附带裁判文书的批复，如果我们还将案例指导制度纳入这一问题时，可能存有最高司法机关的指导性案例与地方立法间的关系，也存在地方司法机关指导性案例与地方立法之间的关系。将地方立法又分为地方一般性立法和地方先行立法等，然后排列组合问题，会发现此问题也具有一定的复杂性。而不论怎样，只有安排好位次，才能解决好这一问题。我们认为，无论是国家立法还是地方立法，其均属于法律范畴，经过一定程序颁行的立法，具有相应的法律效力，而就司法解释而言，其只有解释效力而并无法律效力。承认其具有法律效力无疑是承认其能分享立法权。因而应当依据立法优于解释来确定适用的原则。即在最高司法机关与地方先行立法之间存有冲突时，应当选择地方立法。而只有在地方立法的适用将无法实现社会正义或者违背重大法律原则和道德准则，则可借助能动司法予以衡平。而在地方立法存有可得适用指导性案例的情形时，可通过案例指导制度予以调和。《07 规定》就曾规定，“人民法院同时引用法律和司法解释作为裁判依据的，应当先援引法律，后援引司法解释。”这也正说明在面临法律和司法解释做裁判依据选择时，一般应当首先选择法律。另外，在西部地区实现法制统一性时，还需关注一个问题，即关于地方法规的解释权，《81 决议》规定，“凡属于地方性法规如何具体应用的问题，由省、自治区、直辖市人民政府主管部门进行解释。”即司法机关无权对地方法规进行解释的解释权问题。而从法院审判实际来看，地方性法规仍是法院可得依据的法律渊源之一。1986 年最高人民法院《关于人民法院制作法律文书如何引用法律规范性文件的批复》即规定，同宪法、法律、行政法规不相抵触的地方法规在人民法院依法审理本行政区域内案件时可在法律文书中予以引用。这一剥离法律适用与法律解释的规定既不合法理，又会因部门利益不同而造成地方行政法律的割据状态，也将使依据地方法规之司法难免助长地方或部门利益，从而事实上有破坏法制统一性之嫌。我们认为，一方面应当给予司法机关对地方性法规的解释权；

另一方面应当做好此种解释的规范，从而使公正司法真正成为实现法制统一性的有效方式。为做好司法解释的统一性，对于司法解释权应当秉持适度放权的理念。从西部实现法制统一性而言，我们认为将司法解释权下放到省、自治区和直辖市的高级人民法院是比较合适的。其既能有效保障解释的统一性以及负载于其上的法制统一性要求，又能适应西部地区的实际需要。另外，在西部地区更易遭遇无法在现有法律、行政法规以及地方性法规中找到依据的案件，而法官又不能为此而拒绝审判，此时，创制性的司法解释为现实所需要，而为了防止对立法权的侵蚀，我们认为，对于这种情形，应当由地方高级人民法院向最高人民法院汇报，并经由最高人民法院向全国人大常委会请示，防止高级人民法院或最高人民法院直接发布创制性司法解释，而是通过与立法机关一起发布解释的方式来解决此类问题。同时，在符合条件的情形下，能动司法及指导性案例的方式也可得利用。但不论是何种方式，都应当防止其对独立立法权的侵蚀。

第四，适时做好司法解释的清理和编纂工作。立法的膨胀如果说已经让民众目不暇接，那么针对立法以及为解决面临的新问题而颁布的司法解释更是难以计数，这在一定程度上影响到了民众的法律生活。虽然近年来最高司法机关也重视对于司法解释的清理工作，并且通过“决定”的形式予以了公布，但我们认为，不仅清理的工作应当经常关注、适时进行，并且清理的范畴也应当予以规范。尤其是一些实质上发挥着解释效力的非规范司法解释形式，也应当被列入清理范畴。如指导性案例，可能仅是针对特殊的情况以及面对的新问题所作出的回应，其在特定时空能反映和实现社会正义，但世易时移，一些指导性案例的指导价值不仅会减损、降低，甚至可能会出现负面效应。因而对其也应当存在适时清理的问题。再者，我们还认为应当同样重视司法解释的编纂工作，以方便法律适用主体以及守法主体对于司法解释的把握，同时消除司法解释之间相互重叠、冲突的内容，使现有司法解释在内容上相互协调统一。

审判业务篇

立案审判工作的发展历程与经验研究

刘学文*

实现立案与审判、审判与监督、审判与执行三个分立，建立审判机关内部职能部门分工明确、制约有效的工作运行机制，是人民法院“一五改革”重要目标之一。立案工作就是在这一目标要求下不断发展完善起来的，立案机构就是在顺应人民法院审判工作的要求下产生的新兴综合性审判业务部门。在新中国成立六十周年、最高人民法院建院六十周年及最高人民法院立案庭即将一分为二的重要时刻，抚今追昔，回顾立案审判工作的发展历程，总结取得的经验成就，对于进一步做好新时期的工作，更好地满足人民群众的立案审判新期待，有着重要意义。

一、立案审判工作的发展阶段

纵观立案工作的发展历程，可以大致地分为告诉申诉工作阶段、改革和创建阶段、规范和专业化阶段三个时期。

（一）1979～1992年——告诉申诉工作阶段

人民法院立案工作是在告诉申诉工作基础上不断发展演变而来的。最高人民法院很早就设立了人民接待室，隶属办公厅。1979年，将该室改为信访处。在1986年11月召开的全国法院信访工作座谈会上，大家就认识到了法院信访的特殊性。时任院长郑天翔指出，法院的来信来访不同于党政机关的信访，它具有诉讼性，是审判工作的重要组成部分。1987年6月召开的第十三次全国法院工作会议上，最高人民法院要求各级法院大力改进申诉信访工作，充分保护公民、法人对法院发生法律效力的判决、裁定提出申诉的民主权利，首次提出要调整现有信访机构的职能，设置告诉申诉审判庭，使

* 最高人民法院立案一庭庭长。

申诉信访工作逐步法制化。同年9月25日，最高人民法院告诉申诉审判庭正式成立，为进一步做好案件受理和申诉审查工作奠定了组织基础。1988年7月召开的第十四次全国法院工作会议提出要改进告诉、申诉工作，进一步加强审判监督，要认真抓好起诉的审查工作，对符合法定立案条件的，要克服审判力量和办案经费不足的困难，及时立案受理。并提出要认真贯彻分级负责的原则，提高处理申诉的质量，并注意进行法制宣传，做好思想疏导工作。为贯彻这次会议有关告诉申诉工作的精神，最高人民法院告诉申诉庭召开了部分高、中级法院告诉申诉工作座谈会，围绕如何改进和加强告诉申诉工作、如何理顺告诉申诉庭成立后的职责、分工及业务关系等问题交流了经验，进一步明确了告诉申诉工作的性质及其在审判工作中的作用，从理论上阐述了告诉申诉工作实质上是保护公民、法人和其他组织的诉权问题。这次会议对告诉申诉工作改革的开展起了重要推动作用。此后，最高人民法院制定了一系列处理各类申诉案件的规范性文件，特别是20世纪90年代初期针对社会反映较多的“告状难”问题，召开专门的告诉工作会议，采取措施，改进工作，保障公民、法人和其他组织的诉讼权利。

（二）1993～2000年——改革和创建阶段

1993年7月，最高人民法院召开全国高级法院院长会议，要求强化审判监督，提出对立案和审判分立问题进行试验，以健全法院内部监督制约机制，解决群众告状难的问题。同年11月，最高人民法院在四川省成都市召开了全国法院告诉申诉工作经验交流会，推广介绍了立审分立、审监分立的经验。1996年11月，最高人民法院在河北省廊坊市召开了全国法院立案工作座谈会，集中讨论了实行立案和审理分开的必要性问题，交流了开展立案工作的经验和做法，进一步推动了“立审分立”改革步伐。

1997年4月，最高人民法院制定了《关于人民法院立案工作的暂行规定》，从立案专业化的角度提出立审分立的基本原则，明确人民法院的立案工作由专门机构负责，可以设在告诉申诉审判庭内，也可以单独设立。同年9月，最高人民法院在上海市召开了全国法院立案和审判监督工作座谈会，祝铭山副院长指出，立审分立、审监分立的制度是审判工作的一项重要改革，要求各级法院把立审分开、审监分开的制度普遍建立起来。1998年7月，肖扬院长在全国高级法院院长座谈会上明确要求，各级人民法院在1998年底，全部实行“三个分立”。同年8月，最高人民法院在吉林省延吉市召开了全国法院立案工作座谈会，对进一步完善“立审分立”，推广和实施审判工作流程管理作了部署，会议明确了立案庭的职责。1999年10月20

日，最高人民法院颁布了《人民法院五年改革纲要》，将“三个分立”和审判流程管理作为人民法院改革的重要措施确定下来。2000年8月7日，最高人民法院决定撤销告诉申诉庭，成立立案庭和审判监督庭。12月4日，最高人民法院印发《最高人民法院机关内设机构及新设事业单位职能》，明确立案庭承担一审、二审、执行、再审案件的立案和处理非诉来信、来访以及审限流程管理等职能。

（三）2001~2009年——规范和专业化阶段

最高人民法院立案庭成立后，围绕立案工作、信访工作和审判流程管理三项基本职能，召开了一系列工作会议、座谈会和调研会议，制定了多个规范性文件，推动立案审判各项工作沿着规范化、专业化的方向深入发展。

一是召开立案审判工作会议、座谈会，进一步明确工作职能和思路。在这一时期，最高人民法院分别在南宁、杭州、济南、长沙、西安、北京、郑州、成都、海口等地召开了两次全国立案审判工作会议、两次全国涉诉信访工作会议、六次全国立案审判工作座谈会、四次全国立案审判工作调研片会、四次全国涉诉信访工作电视电话会议、八次重点省份涉诉信访工作座谈会、两次全国涉诉信访工作双百表彰会议。在2003年2月召开的第一次全国立案工作会议上，沈德咏副院长将立案庭和立案工作科学定位于审判庭和审判工作，明确了立案工作的基本职能。2004年4月召开的全国涉诉信访工作会议首次提出了涉诉信访这一概念。在2005年召开的全国法院立案审判工作座谈会上，苏泽林副院长明确提出要突出审判工作重点，强化“四项业务”，规范“两个程序”，科学界定立案机构职能，加快涉诉信访工作机制创新，进一步推动全国法院立案工作健康稳步向前发展。[①] 这次会议首次提出了立案审判工作的概念，明确了立案审判工作的内容，指明了工作发展方向。2009年1月，最高人民法院在海口召开了第二次全国立案审判工作会议，全面总结了2003年以来的工作，要求各地法院立案审判机构通过“六个强化”，实现“六个统一”，大力推动立案审判工作的科学发展，更好地满足人民群众的立案审判新期待。[②] 这一系列会议对统一指导思想、明确

① “四项业务”是指案件受理审查业务、诉讼管辖审判业务、再审立案审查业务、立案先行调解业务；“两个程序”是指一、二审案件审查办理程序、申诉和申请再审案件的审查处理程序。

② “六个强化、六个统一”是指强化立案审判职能，实现立案机构职能统一；强化涉诉信访机制，实现诉访分离标准统一；强化再审审查工作，实现审查程序标准统一；强化立案调解工作，实现调解规则统一；强化受理管辖工作，实现立案标准统一；强化立案队伍建设，实现执法办案指导思想统一。

工作思路、规范工作职能、部署工作任务，加强队伍建设起到了重要推动作用。

二是深入研讨审判业务，提高立案审判专业化水平。在这一时期，最高人民法院立案庭组织了审前准备研讨会、民商事诉讼管辖研讨会、新民事诉讼法实施研讨会等研讨会议，参加了联合国开发计划署审前准备程序试点、中加司法合作案件管理等合作项目，开展了申诉与申请再审审查程序、立案调解、民事诉讼级别管辖、起诉与受理制度、审前准备程序、破产程序中的司法保护、审判流程管理、案件审理周期等多个调研项目，举办了《信访条例》、诉讼管辖和再审审查业务等培训班，编辑出版了《民商事审判管辖研究》22辑，《立案工作指导》56期，《立案信访通报》等，提高了立案审判专业化水平，各项工作获得了长足发展。

三是研究制定司法解释和文件，规范各项立案工作程序。在这一时期，最高人民法院颁布实施了《关于规范人民法院再审立案工作的若干意见（试行）》、《关于对与证券交易所监管职能相关的诉讼案件管辖与受理问题的规定》、《关于人民法院受理涉及特权与豁免的民事案件有关问题的通知》、《关于中国证券登记结算有限责任公司履行职能相关的诉讼案件受理与管辖问题的通知》、《关于调整高级人民法院和中级人民法院管辖第一审民商事案件标准的通知》、《关于统一再审立案阶段和再审审理阶段民事案件编号的通知》、《关于受理审查民事申请再审案件的若干意见》、《关于审理民事级别管辖异议案件的若干规定》等司法解释和规范性文件，制定了《最高人民法院人民来访接待室接访规则》、《关于加强人民群众来信办理工作的通知》、《审查申诉、申请再审案件回复办法》、《死刑复核案件收案管理工作流程》等工作制度，大大提高了立案审判工作的规范化水平。

二、立案审判工作的发展道路

立案审判工作从无到有，面临许多问题和困难，发展也不是一帆风顺的。多年来，各级法院立案审判机构始终坚持以邓小平理论，三个代表重要思想和科学发展观为指针，坚持社会主义法治理念，坚持“公正司法，一心为民”，按照改革、创新、完善、提高的渐进思路，推动立案审判工作逐步走上了规范化、专业化道路，立案审判已经成为审判工作的重要方面，发挥着日益重要的功能作用。从工作思路的角度去回顾总结，可以概括为以下四个方面：

（一）以促进社会和谐稳定为目标，不断完善涉诉信访工作机制，走了一条创新之路

2005年之前，涉诉信访工作存在着三个严重积压的问题，一是群众来访得不到及时接待，信访案件积压；二是当事人的来信没有登记录入，缺乏分析，办理不及时，积压问题严重；三是申请再审审查案件数量增多，结案率相对较低，案件积压问题较为突出。这些问题的存在使得涉诉信访工作较为被动。苏泽林副院长经过调查研究提出了“解决三个积压，实现三个良性循环”的工作目标。此后，立案庭不断改进和完善工作机制，加大人力投入，量化责任目标，于2005年实现了办信的良性循环，2006年实现了积案的大幅减少，同时涉诉信访数量开始回落。

在接访、办信和审查案件三项工作中，最高人民法院立案庭按照中央的要求，根据形势的需要，始终将解决群众涉诉上访问题作为重中之重来抓，全力维护社会稳定。一是强化源头治理，普遍增强了民商事案件调解工作力度，将调解贯穿于立案、审理、执行、申诉复查、再审以及信访案件处理等各个环节，从源头上减少涉诉信访的发生。二是全面实施了领导包案、责任倒查等信访责任制，进一步加强了对涉诉信访工作的领导，通过领导包案解决了大批疑难信访案件。实行严格的责任倒查和追究，提高了法官的预防意识、责任意识，一批错案得到了纠正，维护了人民群众的切身利益。三是全面推行法官判后释疑解惑的工作方法，进一步增强司法公信力和透明度，法官预防涉诉信访案件意识明显增强，初访接待息诉率明显上升，群众对于裁判的认同度明显提高。四是认真开展上下级法院、法院与相关部门的共同听证，化解信访矛盾，按照“变上访为下访”的精神，深入基层，深入案发地，采取多种方式，认真进行信访案件公开听证，减轻了当事人诉累，提高了办案效率和服判息诉率。五是全面实施了“定时间、定人员、定领导、定责任，包案处理”的“四定一包”工作责任制，引导人民群众依照法定程序表达诉求，进一步落实“分级负责，属地管理”的工作原则，规范涉诉信访工作秩序。六是抓重点、抓大户、抓老户，将产生涉诉信访较多的民商事审判和执行工作作为重点领域，加强预防措施；将占全国涉诉信访总量40%的重点省份作为“大户”，专门调度，专门部署，提出明确的工作目标，督促这些重点省份抓好落实；将长期重复越级进京上访的人员和非正常上访人员作为重点老户，包案到人，重点突破。

（二）保障当事人诉权，加强窗口建设，走了一条为民之路

“告状难”曾是上世纪长期困扰法院工作的难题。1997 年以来，最高人民法院统一部署，全国法院在案件受理环节实施“阳光工程”，投入 10 亿元资金用于立案大厅建设。截至 2008 年，全国已有 328 个中级法院、2308 个市县区人民法院建立了立案大厅，分别达到 81.2% 和 74.2%。立案大厅设立若干窗口，实行“柜台式”作业，一站式工作流程。所有诉讼案件的立案从诉状递交、证据审查、案件登记，到诉讼费预交、案件开庭排期等各个环节，均在立案大厅内依次公开完成，防止了暗箱操作。80% 的普通诉讼案件能够在一小时甚至更短的时间内完成立案。2003 年，最高人民法院出台了 13 项便民措施，各地人民法院在立案大厅设立了导诉台、导诉员和电子导诉系统，赠送立案手册、诉讼须知等宣传材料。立案法官耐心向当事人解答疑问，告知当事人举证不能的败诉后果。部分法院的立案大厅对身在异地的当事人实行网上立案。基层人民法院立案大厅与人民法庭实行网上签章、远程快速立案。对偏远地区的群众和行动不便的残疾人、孤寡老人，还派出流动立案车，预约登门立案。对追索抚养费、赡养费、赔偿金、劳动报酬等案件经济上确有困难的当事人，以及农民工、下岗职工、孤寡老人、残疾人等弱势诉讼群体，采取诉讼费缓减免司法救助措施，每年缓减免诉讼费达数 10 亿元。

（三）按照“立审分立”的原则确立职能，走了一条规范之路

在立案机构建立初期，最高人民法院并没有统一规定其审判职能，各地法院进行的立案改革目标一致，但内容和职能有较大差异。最高人民法院在广泛调研和论证的基础上，于 2003 年召开了第一次全国立案工作会议，沈德咏副院长明确指出，立案工作职能主要包括各类案件的审查受理和立案、各类申诉和申请再审案件的审查立案和组织协调涉诉信访工作、组织实施审判工作流程管理三项职能，为规范立案职能奠定了基础。多年来，最高人民法院紧紧抓住规范职能这条主线，在历次会议上强调要求各级法院正确界定立案审判机构的职能范围，理顺立案庭、其他审判业务庭和法院内设行政部门的工作关系，正确处理立案机构职能中审判业务、审判辅助工作、审判事务性工作之间的关系，做到总揽全局、重点突出，既要防止顾此失彼，又要防止职能无限扩大。特别是在 2006 年和 2008 年初召开的立案审判工作座谈会上，苏泽林副院长进一步强调各级法院立案庭职能相对统一但应有所侧重，提出了明确的规范方向和要求。在各级法院共同努力下，同级法院立案

庭职能相对统一的目标已基本实现。

（四）突出审判重点强化审判业务，走了一条专业化之路

在立案审判工作初期，法官的专业化观念不强，审判专业化水平不高。2005年最高人民法院在西安专门召开会议，苏泽林副院长提出了突出审判重点的各项具体要求。一是强化案件受理审查业务。贯彻依法受理原则、适度审查原则、适时受理原则和新类型案件请示制度，严格按照法律规定的范围和程序受理公民、法人和其他组织的起诉，正确把握审判权行使范围，统一法律适用，切实保障当事人依法行使诉权，实现案件受理工作法律效果和社会效果的统一。二是强化诉讼管辖审判业务。加强案件管辖监督指导，要求各级法院立案机构培养和树立正确的民商事案件管辖司法理念，加强和改进立案阶段管辖审查工作，及早发现和制止“争管辖”的现象；规范管辖权案件的审理，维护当事人的合法诉讼权利；严肃审判纪律，做好管辖争议案件的审判工作。三是强化再审立案审查业务。要求各级法院立案机构正确处理畅通申诉渠道与防止无限申诉的关系，坚持依法纠错和维护生效裁判权威并重的原则，把好申诉审查立案关和提起再审关。并逐步推动实现申诉、申请再审审查程序的法定化、审查过程的公开化、审查方式的阶段化、听证审查的规范化、和解协议的实效化和裁判文书的说理化。四是强化立案调解业务。按照最高人民法院大力强化诉讼调解的要求，全面推行立案调解工作，提出立案调解工作应当坚持有限原则，及时原则，简易原则，充分发挥立案调解职能作用，及早化解诉讼矛盾，整体提高审判效率，促进社会和谐稳定。

三、立案审判工作的基本经验

与传统审判工作相比，立案审判工作作为一项新兴综合性审判业务，人民法院对这项工作的认识和对工作规律的把握是逐步深化的。总结立案工作的经验，可以概括为以下几方面。

（一）必须回应人民群众的司法需求，在立案工作中树立和强化大局意识、为民意识、国情意识、实践意识、和谐意识

“立审分立”改革的源动力，是人民群众对提高立案工作的效率和透明度，加强内部监督制约的司法需求。可以说，立案工作的每一步发展，都离不开人民群众司法需求的推动。在经济社会结构深刻变动的历史阶段，人民群众对社会稳定、安全、和谐的期待越来越高，对司法公正和效率的期待

越来越高，对司法能力和形象的期待越来越高，对做好新时期的立案工作的要求越来越高。

面对人民群众的要求和期待，对照工作中的困难和不足，在立案审判工作中，必须牢固树立“三个至上”的指导思想，强化五种意识：一是强化服务大局意识。党和国家任何全局性工作，都与司法有着密切关系。立案工作必须自觉、主动、积极地贴紧和服务大局。二是强化司法为民意识。必须树立群众观念，走群众路线，多出便民利民惠民措施，最大限度地帮助群众接近司法、实现正义，不断满足人民群众的新要求、新期待。三是强化立足国情意识。必须立足基本国情，把握时代脉搏，实现与时俱进，充分考虑人民群众对法律的认知程度，努力实现立案审判的法律、政治、社会效果有机统一。四是强化实践标准意识。必须坚持一切从实际出发，打破认识障碍，用实践的眼光、实践的思维、实践的方法解决前进中的问题，不断总结新经验，探索新规律，概括新理论。五是强化促进和谐意识。必须坚持调解优先，推动建立多元纠纷解决机制，从源头上预防、减少和化解社会矛盾，努力实现案结事了，促进社会和谐。

（二）必须充分认识和发挥立案审判的职能作用，增强做好工作的使命感

立案工作是人民法院审判工作的重要组成部分。立案是审判第一关，没有立案就没有审判，相对于开庭审理和案件执行，立案具有先期性；受理审查通过确定诉讼当事人、审查固定证据、确定案由和管辖权等，形成某个具体诉讼案件，因此，立案具有基础性；立审分立使得案件的受理审查与开庭审理相对分开，形成诉讼的不同阶段，因此，立案具有一定的独立性；新类型案件的受理，代表着司法介入社会生活的广度与深度，因此，立案具有明显的导向性；案件的受理往往涉及对法律和政策应用界限的判断，关系到社会稳定，因此，立案具有较强的敏感性。

立案审判的上述特征决定了它更多地涉及人民群众的切身利益，与构建社会主义和谐社会关系紧密。立案是否公正高效，司法救济渠道是否畅通，关系到群众利益诉求能否顺利实现；司法救助是否充分，人文关怀能否到位，关系到弱势群体诉讼权利的保护和社会公平正义；立案调解制度是否完善，方法是否科学，关系到多元化纠纷解决机制的建立和化解社会不和谐因素的成效；管辖制度能否得到严格执行，案件管辖是否井然有序，关系到社会公平、诉讼秩序和司法统一；申诉和申请再审案件能否做到及时审查处理，涉诉信访能否得到有效化解，关系到当事人诉讼权利实现的最大化和社

会稳定；审判流程管理是否规范，成效是否明显，关系到人民法院为构建和谐社会提供司法保障职能作用的发挥。

因此，做好立案审判工作，必须充分认识其在构建社会主义和谐社会中的地位作用，努力发挥以下五方面的功能：一是发挥保障功能，畅通诉讼渠道，最大限度地保障人民群众合理诉求的实现。如果司法拒绝合理诉求，该受理的案件不予受理，矛盾纠纷不能通过合法、理性和权威的方式及时解决，当事人就可能选择对抗、冲突、甚至暴力的方式实现其利益诉求，导致社会的不和谐。因此，立案审判机构应严格按照法律规定的范围和程序受理公民、法人和其他组织的起诉，切实保障当事人诉权的实现。二是发挥过滤功能，严格依法立案，防止因滥诉导致社会不和谐。审查起诉在社会矛盾向诉讼纠纷转化过程中具有过滤功能，审查受理把关不严，不当之诉、无利益之诉就会被错误地纳入司法程序，不仅会导致司法资源浪费，社会矛盾沉积于法院，而且容易导致司法权被不当利用，引起新的不和谐。三是发挥疏导功能，妥善处理群体性纠纷案件，维护社会安定有序。人民法院是解决矛盾纠纷的专门机关，但不是唯一的、万能的机关。随着依法治国方略的实施，审判范围不断延伸、扩展，但囿于司法的有限性、中立性和被动性，现阶段对于涉及重大改革政策、公共突发事件等难以单纯依靠诉讼途径解决的纠纷，还必须发挥好立案审判的疏导功能，紧紧依靠党委、政府和有关部门，做好群众思想疏导工作，引导当事人选择有效途径和恰当方式解决争议。四是发挥化解功能，做好立案调解、申诉和解工作，促进当事人以协商和解的方式解决纠纷。在立案阶段，有些诉讼矛盾尚未激化，调解、和解余地较大，案件如能调解、和解解决，可以最大限度地降低当事人的诉讼成本，节约司法资源。在申诉审查中，促使当事人达成和解，有利于缓解当事人反映的“执行难”、“申诉难”等问题。因此立案调解、申诉和解工作对于提高诉讼效率、促进社会和谐具有重要作用。五是发挥司法救济功能，加强司法救助，坚持依法纠错，最大限度地实现社会公平正义。

（三）必须重视对立案审判业务的调研指导，提高工作的专业化水平

自郑天翔院长指出法院信访工作具有诉讼性开始，人民法院对于立案审判工作的诉讼性、专业性的认识就渐趋清晰和深化。立案工作涵盖了刑事、民事、行政司法，跨越了一审、二审、再审等程序，是法院审判工作中涉及领域最为广泛的审判业务。要做好这项工作，除必须对大局、国情和民意有着深刻体察外，还必须对相关部门法和司法实践情况有着深入了解，重视对

于各项立案审判业务的调研指导。

1. 关于案件受理审查

案件受理审查是立案审判的首要职能，也是最基础的审判业务。在受理工作中，应把握好案件的受理时机，受理条件，实行诉讼引导，指导当事人正确行使诉权，加强风险告知，增进当事人对审判工作的理解。既要充分保障当事人正当行使诉权，又要切实防止因受理不慎、受理不当而引发的矛盾扩大化、纠纷复杂化。应充分认识司法的有限性，正确处理人民法院与行政机关在化解矛盾上的职能分工，搞好行政协调与司法审判的衔接配合。对于由政府和其他国家机关处理更利于矛盾纠纷化解的，要正确引导当事人通过行政渠道解决。应正确理解和把握法定受理条件，防止不当抬高或降低受理标准；对于法律或司法解释规定了前置程序的，要严格审查是否已经前置程序处理。应做好受理标准的类型化研究，为判断各类案件受理条件提供明确标准。逐步统一新类型案件的受理界限，对于已有明确的法律依据或者受理条件已经成熟的，要全面依法受理。上级法院要加强案件受理的调研指导，适时制订新类型案件受理指导意见，公布典型案例，统一各地受理标准。应加强对新型疑难案件受理问题的调查研究，提高对各类敏感社会问题发展趋势的预测能力，密切关注经济社会发展中的新情况新问题，审慎、稳妥、公正、高效地做好新类型案件受理工作。

2. 关于立案调解

立案调解是人民法院在民事案件依法起诉后至开庭审理前，应一方当事人请求或征得双方当事人同意，组织当事人在平等自愿的基础上解决纠纷的诉讼活动。推行立案调解工作，对于解决人民法院案多人少的矛盾、实现民商事审判案结事了、预防和减少涉诉信访、有效化解社会矛盾、增进社会和谐，具有积极的作用。近年来，特别是2005年“西安会议”后，随着多元纠纷解决机制的深入探索和大胆实践，立案调解工作在许多法院开展起来，取得了明显成效，实践中产生了许多好的经验和做法。立案调解作为诉讼调解的一种重要形式，兼具诉前调解与庭审调解的功能优势，同时避免了诉前调解缺乏强制执行力和庭审调解当事人意愿低、法官主动性不足等弊端，具有鲜明的优势。2008~2012年《人民法院五年工作规划纲要》进一步提出要积极探索立案调解的规律，制定《关于人民法院立案调解工作若干问题的规定》，统筹当事人诉权保护与和谐社会建设，司法裁判与多元纠纷解决机制的关系，夯实人民法院的第一道防线。最高人民法院已经在调研的基础上起草了有关立案调解工作的规范性文件，为积极、全面、灵活、扎实地开展立案调解工作，指明了方向，提供了依据。

3. 关于民事申请再审案件的审查

《民事诉讼法》的修改，使法院民事审判工作格局发生了重大变化，最高人民法院和各高级人民法院成立了专司民事申请再审案件审查工作的立案二庭。机构的分立并不意味着职能的分化。民事申请再审案件的审查即为再审立案工作，属于立案审判工作的有机组成部分。

在民事申请再审案件审查工作中，一要坚持科学的审查理念。必须从实际出发，树立正确的审查理念。应充分保障诉权，保障当事人申请再审的权利，满足人民群众的合理诉求。只要符合法定受理条件，就要启动审查程序。鉴于申请再审的多样性、复杂性，必须强化审查过滤功能，严格依据法定程序和标准进行审查。对于符合法律标准的案件，要及时裁定进入再审；对于不符合法定条件但群众存在合理要求的，应当在再审审查程序中通过变通的方式协调处理。二要科学划分再审程序阶段。修改后的《民事诉讼法》将审判监督程序划分为再审审查和再审审理两个不同的程序阶段，既有联系，又有区别：再审审查程序是基于当事人的申请再审，再审审理程序是基于人民法院的再审裁定，两阶段的启动标志不同；再审审查阶段的任务在于确定再审事由是否存在，再审审理阶段的任务在于确定改判事由是否存在，两阶段的任务不同；再审审查适用统一的审查程序，再审审理需要分别适用第一审或第二审程序，两阶段的程序不同。因此，再审审查与再审审理是两个既有联系又相对独立的程序阶段。三要统一裁定再审的标准。在审判实践中，应当区分情形，统一根据当事人申请裁定再审的标准与法院依职权裁定再审的标准。按照《民事诉讼法》第 177 条的规定，上级法院和本院启动再审的标准是生效裁判“确有错误”，一般理解为生效裁判在认定事实、适用法律方面存在必须纠正的重大错误，提起再审的标准相对严格。而依据当事人申请裁定再审的标准是“符合法定再审事由”，这些法定再审事由，不一定能得出生效裁判“确有错误”的必然结论。《民事诉讼法》第 179 条对再审事由已明确列举，标准是较为清楚的，只要当事人申请再审符合法定条件，就应当裁定再审。四要着力提高审查质效。要着重解决调卷难的问题，大力提高审查工作效率，对于经审查申请书、答辩意见足以确定再审事由是否成立的，可以径行裁定。简化调卷形式，缩小调卷范围，在保证真实的前提下，可以采用传真、复印、电子文本等方式报送卷宗或者相关卷宗材料。推行事务性工作标准化，强化合议庭评议功能，提高相关诉讼文件、裁判文书的制作水平。提倡和推广运用法官及合议庭到原审法院集中阅卷、听证、审查处理案件的工作模式，提高办案效率。

（四）必须从政治和全局的高度，全力做好涉诉信访工作

涉诉信访工作是立案工作的重中之重，对于稳定大局至关重要。长期以来的工作经验证明，要做好涉诉信访工作，必须从以下四方面着手。

1. 建立源头治理的长效工作机制

实践证明，诉讼活动一旦变成涉诉信访便难以解决。头痛医头、就标治标不是长久之计。必须牢固树立预防为主、源头治理的工作思路，关口前移，重心下沉，落实责任，加大涉诉信访预防力度。一要引导矛盾纠纷通过多元纠纷解决机制解决，尤其是对农村征地、城镇拆迁、劳动争议、职工安置、突发公共事件等引发的矛盾纠纷，更要引导当事人走人民调解、行政协调、仲裁程序等途径。二要大力提高审判质量，强化诉讼调解。对进入诉讼程序的矛盾纠纷，要强化程序保障，充分保障当事人的参与权、表达权、监督权，吸收不满、理顺情绪。三要落实判后答疑制度。当事人对判决不服的，要当面向来访人释明判决理由，耐心细致地做服判息诉工作。四要进一步明确责任归属、强化责任落实。对由于司法行为不规范、不公正造成的重复信访，要责任倒查，严格追究。

2. 建立诉访分离工作机制

长期以来，涉诉信访工作“诉”“访”不分，对诉与访同等对待，既制约了当事人诉权的行使，又浪费了有限的司法资源。2006 年最高人民法院提出了诉访分离的工作思路，并在一些地方法院进行试点。建立健全诉访分离工作机制，最根本的，是要科学划分哪些属于诉、哪些属于访，建立全国诉访分离的统一标准。简单地说，属于本级法院管辖的，具有起诉、上诉、申诉与申请再审内容的来访，属于诉的范畴，除此之外的来访，就属于访的范畴。针对诉与访，应采取不同的工作思路、工作模式和工作方法，提高涉诉信访工作成效。最基础的，是要对诉和访编立不同的案号字号，调整司法统计口径，将程序内的诉从信访中分离出来，弄清涉诉信访的底数。最终目标，是要通过建立健全诉访分离工作机制，使涉诉信访统计数据更加精确，工作对象更加明确，工作着力点更加集中，减少访类事项的产生，引导当事人依法行使诉权，建立和维护规范的涉诉信访秩序。

3. 加强分类处理，完善接待分流机制

对初信做到件件有登记、件件要审查；对初访有访必接、有诉即立。合理分流初信初访与重信重访，对初信初访，优先受理、优先接谈、优先办理，防止演变成重信重访。对于重信重访，要登记建档，查找原因，研究对策。对越级进京上访，继续按照“四定一包”模式，引导上访人回

到当地解决问题。对“人案分离”案件，加强协同配合，及时通报情况，两地法院各司其职，各负其责，共同做好稳定工作。对以暴力、告状等手段违法上访的，加强防范，固定证据，及时通报、移送公安机关依法处理。对于法度之外、情理之中的信访，群众确有生活困难的，向党委及时汇报，协调解决。对于申诉无理、缠访不止的，要耐心教育，疏导情绪。应使信访督查督办常态化，加强交办案件的追踪督导。针对典型信访案件采取公开案情、公开诉求、公开程序、公开结果的方法，扩大涉诉信访工作的社会效果。

4. 建立在党委领导下的信访终结机制

党的十七大提出，要健全党委领导、政府负责、社会协同、公众参与的社会管理格局。妥善处理人民内部矛盾，完善信访制度，健全党和政府主导的维护群众权益机制，为人民法院做好涉诉信访工作指明了方向。多年来的实践证明，涉诉信访仅靠法院单打独斗、孤军奋战，只能是表层的矛盾解决了，深层的矛盾又凸显了，旧的问题尚未解决，新的问题又不断发生。信访干警虽千辛万苦，百倍努力，但群众仍有意见，党委政府仍不满意，社会各界仍不认同。从长远来看、从根本上看、从全局上看，只有紧紧依靠党委的领导和政府的支持，涉诉信访工作才更有力量、更有保障、更有效果。为此，应大力推动“党委领导、法院理诉、政府解难、多元化解”的信访工作机制的建立，探索建立起在党委领导下的信访案件终结机制。一方面，要充分发挥职能作用，认真审查处理各类信访案件；及时纠正错误裁判，满足人民群众的司法需求，通过自身努力，化解一大部分涉诉信访案件；另一方面，对于司法救济途径已经穷尽的信访问题，涉诉信访群众生产生活困难的问题，无理上访人员干扰司法秩序、损毁法院形象的问题等，要及时向党委报告，争取将其纳入社会治安综合治理的范围，在党委的统一领导下，各部门共同参与，齐抓共管，合力解决，实现涉诉信访案件的终结。

2009 年是建国 60 周年和最高人民法院建院 60 周年，对于立案审判工作而言，也是具有里程碑意义的一年。最高人民法院继 1987 年成立告诉申诉审判庭、2000 年成立立案庭之后，2009 年又组建了立案一庭和立案二庭，可以说又是一次历史的飞越，这项改革必将为强化民事申请再审案件的审查职能，为全面做好今后的立案审判工作奠定坚实的基础。

新中国成立60周年刑事审判事业发展历程与经验研究

高憬宏* 刘静坤**

2009年是中华人民共和国建国60周年。这60年，是党领导人民法院披荆斩棘锐意进取的60年，也是人民法院事业不断改革创新实现全面发展的60年。刑事审判是人民法院的重要司法工作，关系到国家的长治久安。在新时期，认真梳理新中国成立60年以来刑事审判事业的发展历程，总结历史经验，具有重要的现实意义。

一、新中国成立60年刑事审判事业的发展历程

回顾新中国成立60年刑事审判事业的发展历程，以改革开放为分水岭，可以分为两个阶段、六个时期：新中国成立后至改革开放前是第一阶段，包括创建与初步发展时期、曲折前进时期和严重破坏时期；改革开放至今是第二阶段，包括恢复重建时期、充实提高时期和全面发展时期。

（一）新中国成立后至改革开放前

1. 创建与初步发展时期（新中国成立至1956年）

最高人民法院与新中国同时诞生，沈钧儒被任命为第一任院长。至1952年4月，各大行政区相继成立最高人民法院分院。至1953年，全国各地（西藏地区除外）都已建立省县两级人民法院。当时的最高人民法院以原华北人民法院的机构和人员为基础，于1949年12月设立刑事审判庭。

新中国成立初期，人民法院建设主要延续解放区时期的做法，组织和工作制度亟待完善，积案现象严重，刑事审判面临巨大压力。1950年7月第

* 最高人民法院国家法官学院院长。

** 最高人民法院法官助理。

一次全国司法会议划清了新旧法律和新旧司法制度的界限，奠定了刑事审判制度的基础。

1952 年“三反”运动反映出一些法院存在组织和思想问题，中央于同年 6 月开展首次司法改革运动，改造和整顿各级法院。1953 年 4 月第二次全国司法会议指出，司法工作的思想性和政治性很强，必须坚持党的领导、群众路线和实事求是的作风。在刑事审判领域，主要开展查处错案、清理积案和建立普选人民法庭处理选举案件等工作。

1954 年宪法和人民法院组织法确立了人民法院的体制、组织体系，规定了审判原则和工作制度。时任最高人民法院院长董必武指出，人民法院组织法的基本精神是“便利人民，……防止错判”。“法院是国家唯一的审判机关，别的机关不能审判。法院主要是搞好审判。公开审判是审判活动的重心。”[①] 为规范诉讼程序，董必武院长提出总结各地经验。马锡五副院长组织调查后撰写了审判程序“三个总结”，逐步统一了刑事、民事审判程序，为起草刑事诉讼法提供了翔实可靠的资料。

为总结 1955 年肃反斗争中的审判经验，1956 年 2 月召开第三次全国司法会议，会上提出“少杀长判政策”，并要求切实依照法律制度和程序办事，做到“正确、合法、及时”。时任全国人大常委会副委员长彭真同志在会上指出，审判工作要“以事实为根据，以法律为准绳”。[②]

在创建与初步发展时期，各级法院系统逐步建立，刑事审判制度初步形成。该时期共审判 600 余万件刑事案件。1956 年，最高人民法院特别军事法庭遵循国际法准则和人道主义原则，圆满完成了对 45 名日本战犯的审判任务。

2. 曲折前进时期（1957 年至 1966 年）

1957 年后，“反右”斗争扩大化。1958 年、1960 年相继召开的第四次、第五次全国司法会议要求公检法联合办案，刑事诉讼程序遭到严重破坏。为纠正“左”的错误，中央提出“捕人、杀人要少，管制也要比过去少”的“三少政策”。

1961 年，为响应中央“大兴调查研究之风”的号召，时任最高人民法院院长谢觉哉带头深入基层调查研究，指出“审案要调查，判案要讲理”。[③] 最高人民法院在督促各地法院复查冤错案件的同时，坚持中央的“少杀政策”，改变 1958 年以来向最高人民法院用电报报核死刑案件的做法，规定从

① 何兰阶、鲁明健主编：《当代中国的审判工作》，当代中国出版社 1993 年版，第 64 页。

② 同上，第 69 页。

③ 同上，第 94 ~ 95 页。

1962年起一律报送全部案卷，确保死刑案件质量。

1962年中央扩大会议总结了“大跃进”的经验教训。同年10月第六次全国司法会议重申“实事求是、依法办案”的原则，通过了《关于人民法院工作若干问题的规定》，提出“重证据不轻信口供”等审判原则。1963年12月第一次全国刑事审判工作会议要求贯彻执行刑事政策，在刑事审判中执行法定制度程序。

中央于1964年1月发出依靠群众力量加强人民民主专政的指示，1965年12月第七次全国司法会议全面贯彻依靠群众实行专政、少捕、矛盾不上交的方针，促进法院工作革命化。时任最高人民法院院长杨秀峰“积极倡导依靠群众办案，大力开展人民调解工作”。①

在曲折前进时期，刑事审判制度深受政治运动的影响。该时期共审判530多万件刑事案件，并开展战争罪犯和反革命罪犯、普通刑事罪犯的特赦工作。同期，西藏自治区各级法院也逐步建立，统一行使国家审判权。

3. 严重破坏时期（1966年5月至1976年）

10年“文革”导致人民法院事业遭到严重破坏，司法职能被“阶级专政”所取代，造成大量冤假错案。十年间，“共判处刑事案件126万件，其中反革命案件28万件，普通刑事案件98万件。经‘文革’后复查，反革命案件绝大部分属于错判，普通刑事案件约有10%属于错判。大多数冤假错案是1968～1972年间由公安机关军管会判处的。”②

1975年10月，时任最高人民法院院长江华率先批判“砸烂公检法”的口号。③ 各级法院努力恢复刑事审判程序制度，防止冤错案件发生。尽管当时的刑事审判工作受到严重干扰破坏，但广大审判人员不计个人安危，坚持实事求是，避免错判无辜。

（二）改革开放至今

1. 恢复重建时期（1977年至1989年）

“文革”结束后，人民法院全面拨乱反正，整顿和恢复审判工作。1978年4月第八次全国司法工作会议提出按照“全错全平、部分错部分平、不错不平”的原则纠正冤假错案。同年11月第二次全国刑事审判工作会议召开，研究和部署全面复查“文革”期间判处的刑事案件。

---

① 何兰阶、鲁明健主编：《当代中国的审判工作》，当代中国出版社1993年版，第116页。

② 同上，第138页。

③ 同上，第136页。

中共十一届三中全会指出，解决历史遗留问题，必须遵循“实事求是、有错必纠”的原则。1978～1980年，中央先后批转最高人民法院党组提交的3个复查工作请示报告，有力地保证了冤假错案的复查和纠正工作。“至1981年底，共复查‘文革’期间判处的刑事案件120余万件，改判纠正冤假错案30.1万余件。至1983年，复查纠正工作基本完成。”①

1979年刑法、刑事诉讼法、人民法院组织法和1982年新宪法，重新肯定了人民法院的地位、体制、工作原则和制度。中央指出，刑法和刑事诉讼法能否严格执行，是衡量中国是否实行社会主义法治的重要标志。

1979年7月起，严重刑事犯罪突出，最高人民法院先后召开五次会议研究对策。1981年11月第三次全国刑事审判工作会议指出，依法从重从快严惩严重危害社会治安的刑事犯罪。1983年8月，中央决定在全国范围内开展“严打”。“至1986年底，各级法院在‘严打’中审判刑事案件140余万件”。② 80年代以后，为应对社会治安状况恶化的局势，部分死刑案件核准权由最高人民法院逐步下放给高级人民法院行使。1983年后，人民法院积极参加社会治安综合治理。1984年10月，上海市长宁区人民法院建立全国第一个专门审理未成年人刑事案件的合议庭。少年审判制度改革随后逐步展开。

1982年，中央连续发文要求严厉打击严重经济犯罪，从抓大案要案入手端正党风。人民法院依法处理了一批经济犯罪大案要案。1986年7月，时任最高人民法院院长郑天翔在全国法院审理大案要案会议上指出，“大案要案的审理要坚持原则，既要坚决又要慎重，务必搞准”。③ “1982～1989年，各级法院共审判经济犯罪案件45.2万余件”。④

在恢复重建时期，人民法院在中央领导下全面拨乱反正，“一手抓工作、一手抓建设”，刑事审判事业步入正轨。1980年11月至1981年1月，最高人民法院特别法庭依法审判了林彪、江青反革命集团案10名主犯，取得圆满成功。

2. 充实提高时期（1989年至1997年）

党的十三大提出“一个中心、两个基本点”，人民法院建设进入充实提高时期。1988年7月第十四次全国法院工作会议指出，新形势下既要依法打击犯罪，又要依法保护人民的民主权利和其他合法权益。

---

① 何兰阶、鲁明健主编：《当代中国的审判工作》，当代中国出版社1993年版，第148页。

② 同上，第162页。

③ 同上，第164页。

④ 同上，第165页。

1996年和1997年分别修订的刑事诉讼法和刑法确立了无罪推定、罪刑法定、罪刑相适应等原则，刑事法律体系更加科学严谨。1996年刑事诉讼法吸纳人民法院前期改革成果，确立了“控辩式”刑事审判方式，同时，增设简易审判程序，完善第二审案件的庭审方式，改革死刑的执行场所与执行方法。通过刑事审判方式改革，不断完善公开审判制度，切实保护当事人合法权益，刑事审判质量和效率得到很大提高。

1997年9月，第四次全国刑事审判工作会议召开，时任最高人民法院院长任建新部署贯彻实施新修订的《刑法》和《刑事诉讼法》，坚持“严打”方针，依法从重从快严厉打击严重危害社会治安的刑事犯罪，依法从重从严打击经济犯罪，积极参与社会治安综合治理，继续探索和推进刑事审判制度的发展与完善。

3. 全面发展时期（1998年至今）

1997年党的十五大首次提出“依法治国”基本方略，并倡导“推进司法改革”。2002年党的十六大提出“推进司法体制改革”。2004年，中央下发《关于司法体制和工作机制改革的初步意见》，对推进司法体制改革作出全面部署。2007年党的十七大提出“深化司法改革”。最高人民法院紧跟中央司法改革进程，积极贯彻中央部署，先后于1999年、2005年和2009年颁布三个《五年改革纲要》，推行多项刑事审判制度改革措施。前两个改革纲要已基本落实完成。

2006年11月，最高人民法院召开第五次全国刑事审判工作会议，时任最高人民法院院长肖扬强调全面加强刑事审判工作，为经济社会和谐发展提供有力的司法保障。会议总结指出，党的十五大以来，各级法院全面推进以公开审判为中心的刑事审判方式改革，认真研究试行庭前证据展示等制度，落实全国人大常委会《关于完善人民陪审员制度的决定》，充分适用简易程序提高庭审效率，在全国法院系统推行新的《刑事诉讼文书样式》，改革死刑案件审判程序和执行方式，推行减刑、假释裁前公示、听证制度等，刑事审判制度取得了全面发展。

在新形势下，中央作出最高人民法院统一行使死刑核准权的重大决策。最高人民法院和各高级人民法院从2005年起开展全面准备工作，增设刑事审判庭充实审判队伍。2007年1月1日起，根据修改后的《人民法院组织法》，最高人民法院收回了下放26年的部分死刑案件核准权，受到社会各界好评。

2007年，最高人民法院专门发布《关于进一步加强刑事审判工作的决定》，对刑事审判工作提出了全面要求。2008年10月，王胜俊院长在第十一届全国人大常委会第五次会议上作了《最高人民法院关于加强刑事审判工作维护司法公正情况的报告》，提出了加强刑事审判工作的措施和建议。在中央司法改革总体部署下，刑事审判事业进入新的历史时期。

回顾人民法院60年刑事审判发展史可见，人民法院的刑事审判事业与新中国同生共长。建国初期，法制不完备，刑事审判事业发展速度缓慢。10年“文革”导致刑事审判制度遭到严重破坏。党的十一届三中全会后，刑事审判事业重新步入正轨并不断发展完善。改革开放三十余年，刑事审判事业历经长期的探索与发展，已经走出一条中国特色的发展道路。

二、新中国成立60年刑事审判事业的经验研究

60年风雨兼程，60年开拓进取。在挫折与发展共存、探索与改革并进的60年里，人民法院刑事审判事业积累了大量宝贵的经验。经验是法律的生命。各级法院只有始终坚持并且丰富和完善这些宝贵的经验，才能推进刑事审判事业又好又快发展。

（一）坚持“三个至上”指导思想，自觉接受党的领导

王胜俊院长指出，人民法院工作必须坚持“党的事业至上、人民利益至上、宪法法律至上”。这是总结新中国成立60年刑事审判事业发展历程得出的重要经验，也是新时期刑事审判工作必须贯彻的指导思想。

刑事审判工作应当坚持“党的事业至上、人民利益至上、宪法法律至上”有机统一。刑事审判是一项政治性很强的工作，为更好地贯彻“三个至上”指导思想，刑事审判工作必须自觉接受党的领导，自觉接受人大监督，积极争取各方面的关心支持。人民法院对于重大、敏感刑事案件以及全局性事项，应当主动向党委报告，在党委领导下妥善协调处理。人民法院的重大刑事司法改革部属，应当与有关部门积极沟通，并及时向同级党委和人大请示汇报，共同研究妥善解决。

刑事审判应当认真贯彻执行党的路线方针政策。毛泽东同志指出：“政策和策略是党的生命。”党对刑事审判的领导主要是路线方针政策的领导。董必武同志指出：“一切司法方针、政策都需要党的领导。”新中国成立初期，党的“政治决策转化为刑法”，[①] 刑事审判主要遵循党的方针政策和单行法律。尽管目前刑事法律体系已经较为完善，但政策的重要性仍不容低

① 高铭暄，孙晓：《国家政治决策与刑法的变革》，载郎胜等主编：《改革开放30年刑事法治研究》，中国人民公安大学出版社2008年版，第1页。

估。经过1983年、1996年和2001年三次“严打”，2006年中央适时提出“宽严相济”刑事政策，最高人民法院总结提出“该宽则宽，当严则严，宽严相济，罚当其罪”的要求，使“严打”进入法治化、制度化轨道，并坚持审时度势，注重实际效果。刑事政策是刑事审判工作的灵魂。实践证明，认真贯彻执行刑事政策，将刑事政策与刑事法律有机结合，有助于实现刑事审判法律效果、社会效果和政治效果的有机统一。

人民法院刑事审判工作应当在党的领导下，自觉接受人大及其常委会的监督，落实全国人大常委会刑事诉讼法执法检查提出的要求；按照法律要求主动向各级人大常委会报告工作，接受检查、询问和质询，认真处理各级人大常委会和人大代表的建议，严格落实司法解释备案制度，通过监督促进审判公正。

（二）坚持为大局服务，为改革发展、和谐稳定提供司法保障

“绳之以法，断之以刑，然后寇止奸禁。”刑事审判必须始终紧紧围绕党和国家工作大局，充分发挥职能作用，为改革发展稳定和谐提供有力的司法保障。

人民法院应当通过刑事审判维护国家安全和社会稳定。改革开放30余年来，全国法院共依法审理各类刑事案件1390万余件，包括一大批大案要案。各级法院积极配合中央部署开展禁毒、打击走私犯罪、打击拐卖妇女儿童犯罪、打击商业贿赂犯罪、“扫黄打非”、“打黑除恶”等专项斗争，突出打击重点。对危害国家安全犯罪、严重危害公共安全和人民群众生命财产安全的暴力犯罪、黑社会性质组织犯罪、毒品犯罪、“法轮功”邪教犯罪、严重破坏市场经济秩序犯罪、重大职务犯罪以及集团犯罪的首要分子、累犯、教唆犯等，毫不动摇地坚持依法从严惩处。人民法院通过强化刑事审判惩罚犯罪的职能作用，有力地维护了国家安全和社会稳定。

人民法院应当通过刑事审判惩治腐败，维护改革发展大局。改革开放以来，人民法院积极配合中央反腐工作，依法惩处贪污、贿赂、渎职等职务犯罪，办理一系列职务犯罪大案要案，如原全国人大常委会副委员长成克杰受贿案等，推进了反腐败斗争和廉政建设；依法惩治商业贿赂犯罪和各类经济犯罪，有力地维护了国家正常经济秩序，保障改革开放顺利进行。

2009年是社会治安和稳定形势十分复杂的一年。人民内部矛盾凸显，刑事犯罪高发，对敌斗争复杂。国际金融危机对社会经济、治安的负面影响、新疆“7·5事件”等严重犯罪给国家安全、社会稳定带来的严重威胁，是新世纪以来我国刑事审判面临的严峻挑战。“保增长、保民生、保稳定”

的大局对刑事审判工作提出了新的要求，人民法院刑事审判使命更加重大。改革开放以来，人民法院坚持“打防结合、预防为主、专群结合、依靠群众”的方针，积极参与社会治安综合治理和“平安创建”活动，妥善处理轻微刑事案件，防止因矛盾激化演变为重大刑事案件；妥善处理因农村民间纠纷引发的刑事案件，促进农村社会和谐稳定。由于“附带民事诉讼案件占全部刑事案件的比例逐年攀升，”[①] 各级法院大力加强附带民事诉讼调解工作，坚持“调解优先，调判结合”，依法及时公正妥善地处理刑事附带民事诉讼案件，“一些基层人民法院附带民事诉讼的调解率达到90%以上。”[②] 同时，对社会危害不大、主观恶性不深、具有自首、立功等法定从宽情节的，以及较轻犯罪的初犯、偶犯、青少年犯等，依法从宽处理，最大限度地遏制、预防和减少犯罪，促进和谐，维护稳定。

人民法院刑事审判工作应当贯彻能动司法理念。在新时期，人民法院需要通过制定司法解释、出台指导性文件、调整司法政策、提出司法建议等方式，积极主动服务大局。

（三）坚持为人民司法，充分体现刑事司法的人民性

王胜俊院长指出：“坚持人民法院的人民性，既是历史的必然，也是人民的选择。只有坚持司法的人民性，司法制度才会有无限的生机活力。”刑事审判应当体现人民司法的人民性，坚持群众路线，践行司法为民。

刑事审判工作应当坚持群众路线，不断满足人民群众对刑事审判的新要求、新期待。司法的群众路线发端于延安时期的“马锡五审判方式”。从早期依靠群众办案，到人民陪审员制度和人民调解制度，人民群众一直在刑事审判中扮演重要的角色。人民陪审员制度是我国司法的一大特色，实践证明，人民陪审员直接参与司法，能够体现司法民主，彰显司法公正，保障司法廉洁，增强司法权威，赢得司法认同。2004 年，全国人大常委会颁布《关于完善人民陪审员制度的决定》，人民陪审员制度进入新的发展阶段。我国司法的另一特色是被誉为“东方经验”的人民调解制度。对于轻微刑事案件、未成年人刑事案件，可以委托人民调解委员会进行调解。人民调解一直被视为多元纠纷解决机制的重要组成部分。根据《人民法院第三个五

① 张军：《刑事司法的和谐为民之路》，载《人民法院改革开放三十年文集》，人民法院出版社 2008 年版，第 27 页。

② 沈德咏：《改革开放 30 年的刑事审判工作》，载《改革开放 30 年刑事法治发展高层论坛会议文集》，人民法院出版社 2009 年版，第 14 页。

年改革纲要》的要求，需要进一步改革完善人民陪审员制度和人民调解制度。

刑事审判工作应当坚持司法为民，践行司法为民，坚持公正、高效、文明和廉洁司法。为更好地维护人民群众合法权益，人民法院需要依法处理关系人民群众切身利益的各类案件，坚持公开审判，增强裁判文书的说理性，提高司法的透明度。根据《人民法院第三个五年改革纲要》的要求，需要加强和完善审判公开制度，建立健全多元纠纷解决机制、民意沟通表达机制和司法为民长效机制，改革和完善司法救助制度，妥善解决涉诉信访特别是重信重访问题。最高人民法院2009年出台《关于进一步加强司法便民工作的若干意见》，有助于进一步强化群众对刑事审判工作的监督。

（四）严格依法办事，遵循司法规律

刑事审判工作应当严格遵守宪法和刑事法律，始终坚持“宪法和法律至上”。这是总结我国司法实践经验教训得出的深刻结论。“文革”10年，宪法和法律权威荡然无存，造成大批冤假错案。改革开放后，刑事审判事业之所以能够重新步入正轨并发展完善，就在于毫不动摇地坚持有法可依、有法必依、执法必严、违法必究的社会主义法制原则，严格遵守宪法和刑事法律。

刑事审判工作应当尊重和保障人权。2004年“人权入宪”对刑事审判意义重大。刑事审判应当注重保障被告人的诉讼权利，严把案件事实关、证据关、程序关和适用法律关，严格依法准确定罪量刑，保证无罪的人不受刑事追究。对未成年人犯罪，应坚持“教育为主、惩罚为辅”，强调“教育、感化、挽救和改造”，适用专门审判程序，依法适用非监禁刑。刑事审判工作还应当切实保护被害人的合法权益。2009年3月，中央政法委等部门联合下发《关于开展刑事被害人救助工作的若干意见》，最高人民法院也明确提出推进刑事被害人国家救助制度建设，对生活确有困难的被害人及其亲属提供适当的经济资助，努力使被害人的损失减少到最低限度。

刑事审判工作应当遵循司法规律。人民法院必须依法独立公正地行使审判权，敢于排除一切干扰，坚持以事实为依据，以法律为准绳。刑事审判必须坚持证据裁判原则，重证据、重调查研究、不轻信口供，确保案件事实清楚，证据确实充分，未经法院审判，不能认定有罪；必须坚持罪刑法定、罪刑相适应和适用法律一律平等的刑法原则，做到定罪准确，量刑适当；必须坚持公开审判、程序正义原则，严格遵循法定的程序，不仅要实现正义，而且要实现看得见的正义。在实践中，刑事审判既要准确及时有力地惩罚犯

罪，又要切实防止出现“重打击，轻保障”、“重实体，轻程序”等倾向，要贯彻落实宽严相济的刑事政策，全面发挥刑事审判的职能作用。

（五）大力推进刑事司法改革，以改革促发展

“世易时移”，“法与时转则治”。改革创新是刑事审判制度不断发展的强大动力，必须持续推进刑事司法改革。近年来，最高人民法院全面推进刑事审判制度和工作机制改革，先后推行刑事审判方式改革、死刑核准制度改革，以及量刑规范化改革等多项重大举措，极大地提升了刑事审判整体水平。尤其是正在推行的量刑规范化改革，“改革了量刑方法，统一了量刑步骤，完善了量刑程序”[①]，将在司法领域产生深远的影响。

刑事司法改革应当坚持党的领导。刑事司法改革是我国司法改革的重要组成部分，具有很强的政治性、政策性、法律性。必须在党的统一领导下，牢牢把握司法改革导向，确保人民法院司法改革的正确政治方向。我国的死刑核准制度改革就是在党的领导下，积极稳妥地加以实施的。

刑事司法改革应当坚持从国情出发。刑事司法改革要积极借鉴国外经验，但更要立足国情。死刑核准制度改革，就在于我国尚不具备废除死刑的社会物质文化条件，在今后相当长的一个时期内，死刑仍将是惩治严重刑事犯罪必不可少的刑罚手段，因而，只能实行“保留死刑，严格控制和慎重死刑”的政策。又如最高人民法院立足国情推行的案例指导制度，在统一法律适用标准、指导下级法院审判工作、丰富和发展法学理论等方面发挥了重要作用。

刑事司法改革应当坚持与时俱进。最高人民法院根据司法实践的需要适时推行多项重大改革举措，在1996年推行刑事审判方式改革全面落实公开审判制度，在2005年《人民法院第三个五年改革纲要》中推行死刑二审案件开庭审理，在2009年《人民法院第三个五年改革纲要》中推行量刑规范化改革，已取得显著成效。同时，在完善少年审判程序和组织机构的基础上，《人民法院第三个五年改革纲要》要求逐步建立少年法院。实践证明，刑事司法改革需要抓住时机，积极推进。

刑事司法改革应当坚持统筹兼顾。刑事审判制度作为司法改革的重要组成部分，是在中央的统一领导下进行的。最高人民法院负责刑事审判制度改革的管理、协调和指挥，能够统筹协调中央和地方、当前和长远的关系，统

---

① 高憬宏，黄应生：《积极稳妥推进量刑规范化改革》，载《法律适用》2009年第8期，第1~5页。

筹协调上下级法院之间、人民法院与其他政法部门之间的关系，从而确保改革有条不紊，逐步展开。

刑事司法改革应当坚持依法推进，遵循司法规律。最高人民法院推行的各项改革都以宪法和法律为依据，自觉接受人大监督，维护人民法院的宪法地位和司法权威。同时，刑事司法改革需要结合审判工作自身特有的规律，注重探索司法规律在特定国情、特定环境下的具体应用和体现。

刑事司法改革应当坚持群众路线。刑事司法改革与人民群众利益密切相关，必须充分听取人民群众的意见，充分体现人民群众的意愿，着眼于解决人民群众不满意的问题，自觉接受人民群众的监督和检验。2008 年，最高人民法院采取民主方式，广泛征求意见建议，经认真研究后形成并发布司法解释，真正做到了改革为了人民、依靠人民、惠及人民。

刑事司法改革是系统工程，需要扎实稳步有序推进。在新时期，应当认真落实《人民法院第三个五年改革纲要》有关人民法院刑事司法改革的总体目标、主要任务和各项措施，积极稳妥地推进量刑规范化改革、二审程序改革和刑事证据制度改革，不断完善刑事审判制度。

（六）加强基层建设和队伍建设，促进刑事审判全面发展

我国有 3000 多个基层法院，全国法院 80% 以上的案件、法官集中在基层，刑事审判难点热点问题也常常发生在基层，因此，基层人民法院建设必须常抓不懈。

基层人民法院建设应当内外并举多头努力。目前除发达地区外，基层人民法院普遍面临经费困难、物质保障不力的局面，刑事法官老龄化、流失等问题非常严重，有些地区尤其是西部不发达地区已经出现青黄不接的现象。同时，基层人民法院刑事案件数量居高不下，“案多人少”的矛盾日益突出。为解决上述问题，基层人民法院应注重从法院内部挖掘潜力。一方面，通过学历教育、业务培训、法官遴选、人才引进等形式，不断提高刑事审判队伍素质；另一方面，优化人民法院刑事审判部门与综合管理部门之间的资源配置，最大限度地利用审判资源。基层人民法院还要注重落实人民陪审员制度，切实保障人民陪审员在基层人民法院参与审理刑事案件，建立健全多元纠纷解决机制，提高人民调解组织的业务水平，吸纳社会力量合力解决涉诉纠纷，把更多的矛盾纠纷解决在基层。

根据《人民法院第三个五年改革纲要》的要求，应当探索在一定地域范围内实行法官统一招录并统一分配到基层人民法院任职的制度，并研究制定基层人民法院的经费基本保障标准。根据《人民法院第三个五年改革纲

要》的要求，应当适当提高基层人民法院法官职级，制定有利于稳定基层法官队伍的工资制度，配合有关部门完善和落实基层人民法院公用经费保障标准。各地基层法院应当抓住契机，寻求党委和政府支持，充分利用各种政策优势，及时充实刑事审判力量和资源，着力解决审判人员短缺和经费保障问题，努力实现基层稳、全局安的工作目标。

人民法院应当加强刑事审判队伍建设，确保队伍建设取得实效。队伍建设是人民法院永恒的主题，必须常抓不懈。近年来，各级法院围绕刑事法官职业化建设的目标，按照法官法的要求严格遴选和培训刑事法官，专业化程度日趋提高，年龄结构日趋合理，保障制度不断完善，法官与其他辅助人员逐步实行分类管理，刑事法官队伍建设已经逐步规范化。

刑事法官队伍建设应当围绕“人民法官为人民”主题实践活动，强化责任意识，加强组织领导，确保严格公正文明司法。刑事法官队伍应当加强思想政治建设，牢固社会主义法治理念；加强司法能力建设，全面提高司法能力；加强审判作风建设，树立良好的司法形象；加强反腐倡廉建设，促进公正廉洁；加强司法文化建设，提高精神风貌；深化制度建设，完善管理、考评和责任制度，并且加强各项保障措施。

根据《人民法院第三个五年改革纲要》的要求，需要改革和完善人民法院队伍管理制度，建立健全以案件审判质量和效率考核为主要内容的审判质量效率监督控制体系，以法官、法官助理、书记员和其他司法行政人员的绩效和分类管理为主要内容的岗位目标考核管理体系。

结　语

“不鉴往则不足以知今。”60 年来，人民法院刑事审判事业取得了辉煌的成就，积累了宝贵的经验。但也必须清醒地认识到，目前，刑事审判制度仍然面临不少难以适应形势需要的矛盾和问题。我们必须始终高举中国特色社会主义的伟大旗帜，以邓小平理论和“三个代表”重要思想为指导，深入贯彻落实科学发展观，坚持“三个至上”指导思想，围绕“为大局服务，为人民司法”的工作主题，大力加强刑事审判工作。在遵循司法规律的前提下，立足中国的历史传统和现实国情，借鉴人类司法文明的有益成果，积极稳妥地深化改革，建立和完善具有中国特色的公正、高效、权威的社会主义刑事审判制度。

死刑控制的转向：以司法限制为重心

刘晓虎*

当前，在我国依仗理论争鸣使立法者转变观念、立即废除死刑的尝试是行不通的，甚至可以更消极地说，通过理论争鸣使立法者转变观念、进一步限制死刑罪名的尝试也是不会有什么瞩目结果的。鉴于这种考虑，将废除死刑的论证转向到限制死刑的论证，将以立法限制死刑为重心的尝试转向到以司法限制死刑为重心是一种识时之选、务实之举。

一、限制死刑是刑罚理性发展的必然之选

众所周知，限制死刑显然是在不能废除死刑的条件下提出的，而以司法限制死刑为重心则是在难以进一步立法限制死刑的情境下提出的。不过这种推断是形式的、逻辑的，换句话说，以司法限制为重心更有其实质的、本体的道理。归根结底，死刑之所以要限制，不管是立法限制还是司法限制，根源于所有的刑罚都是一种“害”（mischief），所有的刑罚都是一种“恶”(evil)（语出边沁）。[①] 当然，以司法限制为重心还肯定蕴含着功利的计量，即以司法限制为重心比以立法限制为重心更富有成效，如果徒劳无功，那就根本没有转向的必要。

（一）从渊源上看，禁忌文化的衰退必然带来限制死刑的效应

“禁忌”这个词虽然出自南太平洋波利尼西亚语，但其表示的却是一种全球性现象。放眼世界，各地最重要的禁忌文化不外乎于禁止近亲相

---

* 最高人民法院法官。

① See Michael A. foley, Arbitrary and Capricious: The Supreme Court, the Constitution, and the Death Penalty. London: Praeger, 2003, p.1.

奸、禁止杀人和禁止侵害国王、酋长、祭司等权要人物。[①] 禁忌文化是死刑的催生剂，可以说死刑罪名、死刑执行方式都与禁忌文化有着千丝万缕的联系。如今几千年过去，随着无神论思想与精灵信仰的衰退，禁忌文化体系也逐渐分崩离析。这种体系的瓦解必然带来限制死刑的效应，因为缺少文化支撑的死刑成了无源之水、无本之木，当前许多国家将死刑限定于仅适用于杀人罪便是一个例证。近、现代以来，和谐文化已横亘中西，和平与发展成为时代主题。这种文化主题奠定了“以暴制暴”思想在刑罚发展史上的没落，而这种没落又必然产生限制死刑的连锁效应。

（二）从规律上看，最严厉的刑罚终将废除必然带来限制死刑的效应

如以严厉程度对刑罚进行分类，便可发现最严厉的刑罚最终都不可避免地遭到废除。如凌迟、车裂、火刑、磔刑、烹刑、斗兽、焚烤、挖心、拉肠、灌水、腰斩、绞刑等。从现代刑法刑种归类学角度（死刑一元化视角）来考察，上述刑罚不过是死刑的执行方式，但在当时（死刑多元化视角）却是针对不同严重程度的罪行而设置的不同残酷程度的刑种，其中凌迟是最严厉的（诛灭九族从另一层面展现了它的最严厉性）。[②] 这些在历史上曾经“不可一世”的死刑都相继遭到了废除，在当代，死刑的执行方式主要有枪决、注射、毒气杀和电击（美国有3个州和日本至今还是采用绞首），这些方式较之凌迟、车裂、腰斩的残酷程度褪减多了，但是它们仍然因为没有办法使罪犯瞬即死亡而不断遭到诟病。如在美国，死刑因为执行方式的不合宪而被极力限制。[③] 总之，最严厉刑罚终将废除的规律必将促使死刑的限制。

（三）从现状来看，目前世界各国刑罚发展概况是大部分国家废除了死刑

截至2009年6月，完全废除死刑的国家达94个，废除普通犯罪死刑的国家9个，事实上废除死刑（10年内在司法中未执行过死刑）的国家29个，总数加起来132个。[④] 保留死刑的国家虽然没有废除普通犯罪死刑，但

---

① ［德］布鲁诺·赖德尔：《死刑的文化史》，郭二民编译，三联书店1992年版，第7～13页。

② 罗翔：《中华刑罚发达史——野蛮到文明的嬗变》，中国法制出版社2006年版，第179、180页。

③ See Peter Hodgkinson and William A. Schabas, Capital Punishment: Strategies for Abolition. Cambridge: Cambridge University Press, 2004, pp. 143 - 145.

④ See http://www. china - review. com.

基本把死刑限制在最严重的犯罪，其死刑罪名和死刑执行的数量也都在大幅度地减少，如加勒比海国家。①

（四）从前瞻来看，刑罚理性的证成必将依赖限制死刑的实践

“一切不是由于必要而施用的刑罚都是暴虐的”，② 从这个意义而言，如要证明刑罚是理性的或成熟的，就必须脱掉刑罚暴虐的外衣，而要脱掉暴虐的外衣就必须论证刑罚是必要的。然而，何以论证刑罚是必要的呢？借助逻辑学背景，便可知这种论证最可靠的途径必然是限制刑罚的实践，并且必然是从限制死刑的实践开始。理论是行动的先导，然而又因为理论只有历经实践的检验才堪称为成熟，所以成熟的理论又必须以行动为先导。正是站在这个角度上，所以刑罚理性的证成（justification）必将依赖限制死刑的实践。

二、司法限制死刑是刑事法治的经验之选

以司法限制死刑为重心是当代刑事政策的权宜之选，因为以司法限制为重心其实蕴含着死刑两大阵营的两次“妥协”，也正因为这两次“妥协”，使司法限制死刑能够获取更大的“市场”，从而在执行上具有更大的可行性、可操作性。

（一）以司法限制死刑为重心蕴含着死刑两大阵营的两次“妥协”

1. 立法限制死刑是死刑两大阵营的第一次“妥协”

不少人主张，废除死刑是国际潮流，③ 中国加入 WTO 后，死刑政策更应尽快与国际接轨。然而也有不少人质疑，倘若废除死刑是国际大潮流，那么为什么又有些国家顺应废除死刑的大潮后又逆流恢复死刑呢？④ 如 20 世纪 20 年代中期至 50 年代，由于发生第二次世界大战，原来废除死刑的部分国家（德国、巴西、阿根廷）又恢复了死刑。更何况在所谓的国际潮流当中还有不少国家是迫于国际交往的压力而废除死刑的。⑤ 死刑废除论与保留

---

① See Peter Hodgkinson and William A. Schabas, Capital Punishment: Strategies for Abolition. Cambridge: Cambridge University Press, 2004, pp. 282 - 283.

② ［法］孟德斯鸠：《论法的精神》，张雁深译，商务印书馆 1997 年版，第 311 页。

③ 贾宇：《中国死刑必将走向废止》，载人民法治网 2005 年 7 月 21 日。

④ 有些国家虽然暂时没恢复死刑，但国家委员会却提出议案要求恢复死刑。参见《达吉斯坦国家委员会要求在俄恢复死刑》，载人民网 2002 年 5 月 13 日。

⑤ 如欧洲理事会大会在 1994 年通过的 1044 号决议和 1246 号建议中，该大会对希望成为理事会成员的国家提出了一个先决条件——同意立即暂停执行死刑。这种政策在 1999 年关于无死刑的欧洲的 1187 号决议中得到重申。俄罗斯在 1999 年就属于迫于压力而废止死刑的。

论，这两大阵营对抗达200余年之久，很难从理论上判断哪方占有绝对性优势，但是从实践上来看，两百多年来多数国家还是废除了死刑。另外，即使在那些保留死刑的国家，死刑所适用的罪名在立法上也大大削减了。即在这些国家，死刑虽然被认为不能废除，但同时也被认为不能滥用、多用，必须以立法大大限制。可见，立法限制死刑是死刑两大阵营"妥协"的结果。

2. 以司法限制死刑为重心是死刑两大阵营的第二次"妥协"

当立法限制死刑不再卓有成效时，废除论者又会再次提出限制死刑的主张。但是这种主张往往注定了是一种妥协，而且主要是废除论者的妥协，很显然当限制的底线接近废除时，立法者就不会再轻易让步。可见，以立法限制死刑最终必将陷入僵局，正是这种僵局迫使限制死刑的决策由以立法限制为重心转向到以司法限制为重心。在这里，必须认识到，任何限制死刑的决策都必然会同时融入立法限制和司法限制，因此体现决策是否科学的关键是究竟以何者为重心的问题。总之，以司法限制死刑为重心是两大阵营基于前次妥协的平台，所达成的第二次"妥协"。

（二）以司法限制死刑可以发挥两大阵营的"市场"

关于死刑应否存在的问题，废除论与保留论两大阵营各执一词，然而保留论并不否认死刑适用存在的问题，诸如死刑错杀滥杀问题、死刑适用中的罪刑相称问题、死刑的遗害问题等等，并且刑事司法应该极力解决这些问题也是保留论者所认可的。所以两大阵营在需要解决死刑适用的问题上可以达成共识，而解决死刑适用的问题，无论是从理论上还是经验上观摩，都必将限制死刑，至少在结果上是这样。正是立足于这个层面，我们认为，司法限制死刑可以发挥两大阵营的"市场"。

保留论的认同使司法限制死刑在操作上没有观念的障碍，也不会直面立法限制死刑所遇到的那么大阻力。1997年刑法颁布后，不少学者提出在立法上废除一些死刑罪名，然而刑法颁布后的几次修正会议中，无一次能将这些意见予以采纳。实践证明，以立法限制死刑已十分困难，以司法限制为重心具有更大的务实性、可行性和可操作性。

近一个世纪以来，限制死刑可谓世界各国刑事法治政策之大同，而且大多数国家除了以立法途径限制死刑外还非常注重司法途径。如1741年俄国叶利扎维塔女皇宣布在她治世下不执行死刑；1860后法国将每年死刑的执行限制在10件左右，后来干脆连续5年不执行死刑；德国1882年前后平均将死刑执行限制在4件左右;[①] 1991年后的突尼斯、黎巴嫩以及美国、日本、非洲等国均通过限制死刑执行的方式限制死刑。这种限制死刑的执行被学界称之为事实废除，除了这种方式外，赦免制度、缓期执行制度也是惯常之法，如日本的恩赦制度、[②] 美国的恩赦与缓期执行制度等等。[③] 当然，司法限制死刑最主要的途径还是通过侦查制度与审判制度，如美国的合理搜查与逮捕制度、不自证其罪制度、大陪审团制度、预审制度、辩诉交易制度、分别审理制度、陪审制度、自动复审、上诉无期限制度等等。[④] 这些制度既可以限制死刑的错误适用，也可以限制死刑的依法适用，而且收效良好。可见，司法限制死刑可谓刑事法治的经验之选。

三、以司法限制为重心是死刑控制的合理之选

美国一位高级官员在一次大会上指出："死刑本就是个错误的东西，它使我们所有人退化，它是对存在于我们人身最邪恶的东西的一种屈服。它利用权力，通过行使一种公权去杀死一个人，它从来没有促进过一个社会的发展，也从来没有真正挽救过一条生命，除了激起仇恨，它什么也没做。"[⑤] 这一论断也许过于偏激，但是这个论断的偏激足以反映死刑的双重性。李斯特有一句名言：刑罚是一柄双刃剑，用之得当，则国家与个人两受其利；用之不当，则国家与个人两受其害。死刑在一个层面能够遏制最严重的犯罪，但是从另一个层面却造成最严重的害恶，死刑制度中的错杀、滥杀更是"害恶中之害恶"。总之，要使刑事法治更为合理化、科学化，就必须在司法中尽力做到慎杀、不杀、少杀、防止滥杀。

（一）错杀无法避免要求司法必须"慎杀"

司法活动归根到底是人的活动，而人的活动必定既受人的意识与意志等主观因素的影响，又受人的意识与意志能力等客观因素的制约。因此，只要

---

① ［德］布鲁诺·赖德尔：《死刑的文化史》，郭二民编译，三联书店1992年版，第160、163、165页。

② 黎宏：《日本刑法精义》，中国检察出版社2004年版，第270页。

③ See Cathleen Burnett, justice Denied: Clemency Appeals in Death Penalty Cases. Boston: Northeastern University Press, 2002, p. 180. And See S. Rimer, 'Support for a moratorium in executions gets stronger', New York Times, 31October2000, p. A16.

④ See George F. Cole, Christopher E. Smith, The American System of Criminal Justice. Canada: Thomson, Wadsworth, 2004, pp. 386 - 390.

⑤ By New York Governor Mario Cuomo. See Shirley Dicks, Congregation of the Condemned: Voices against the Death Penalty. New York: Prometheus Books, 1991, Back cover.

是人的活动，错误便在所难免。[①] 不难想象，在司法过程中，要使法官完全不受伪证和其自身判断错误的影响是不大可能的。美国肯尼迪议员曾如是言："我之所以反对死刑，是因为无辜的人可能会惨遭冤杀。任何一种司法制度，无论它的法官和陪审员多么精明和智慧，都不能消除这种可能性。"[②]

在上世纪80年代，一代伟人邓小平同志虽然提出"现在只杀两个起不了那么大的作用了，要多杀几个，这才能真正表现我们的决心"。但邓老的这个指示是在当时中国犯罪率居高不下的条件下作出的，不能据此论断80年代后的中国死刑政策是多杀，事实邓老在后来多次中央会议决议中，都再三告诫"杀人要慎重"。[③]"慎杀"意味着司法理念对死刑一定程度的限制。

（二）生命不可弥补要求司法尽量"不杀"

生命不可弥补，导致死刑不可弥补，而作为一种刑罚应该留有余地以供弥补冤假错案之害。[④] 有学者基于生命不可弥补的特性，发表如下论断："监禁刑所带来的风险我们可以承受，因为当真相大白的时候，囚犯最终总能重获自由。然而死刑所带来的负重却是我们无论如何都不能承受的。"[⑤]

在司法中，要在根源上解决死刑不可弥补的弊病，只有"不杀"。然而完全"不杀"与立法太过脱节，事实上也很难做到，因此在司法上确立尽量"不杀"的目标是比较务实的。其实既往的死刑政策也体现了这一点，如"少杀、慎杀，可杀可不杀的，坚决不杀"，只是这个政策没有很好地贯彻与落实。2006年11月7日肖扬院长在第五次全国刑事审判工作会议中指出："凡是可杀可不杀的，一律不杀，杀了就是犯错误。"[⑥] 肖院长在讲话中的这种"不杀"精神也必然促使司法对死刑的限制。

（三）死刑的残酷本质要求司法最好"少杀"

死刑在历史上花样别出，斗兽、焚烤、挖心、拉肠、灌水、凌迟等等都

---

① 邱兴隆：《死刑的程序之维》，载《现代法学》2004年第4期。

② See Shirley Dicks, Congregation of the Condemned: Voices against the Death Penalty. New York: Prometheus Books, 1991, Back cover.

③ 《邓小平文选》（第3卷），人民出版社1993年版，第153页。

④ 边沁认为，死刑缺乏可逆转性（或可撤销性）是死刑的弊端之一。参见杰里米·边沁：《惩罚的一般原理》，转引自邱兴隆主编：《比较刑法（第二卷·刑法基本理论专号）》，中国检察出版社2004年版，第339页。

⑤ See Shirley Dicks, Congregation of the Condemned: Voices against the Death Penalty. New York: Prometheus Books, 1991, Back cover.

⑥ 肖扬：《严格控制死刑，慎用死刑》，载《新华每日电讯》2006年11月9日第7版。

是死刑具体的执行方式。死刑以犯人最恐怖、最痛苦的感受对无辜民众作以惩戒，通过这种死亡展览造成普遍的恐惧。[①] 死刑违背了人类内心的直觉，造成了普遍的恐惧，社会应当极力加以限制，反映在司法中就是最好“少杀”。贝卡利亚早在200年前就一针见血地指出：“它（指法律）阻止公民去做杀人犯，却安排一个公共的杀人犯。我认为这是一种荒谬的现象。”[②]

今天我们看到的死刑，虽然在执行方式上没有再现那种血淋淋的杀戮场面，但仍然给犯罪人及其家属带来了无以伦比的残害，[③] 同时给社会也带来难以估量的损害，所以死刑不可多用，尽量少用。在我国，1948 年毛泽东主席在《关于目前党的政策中的几个问题》一文中明确指出：“必须坚持少杀，严禁乱杀”，1956 年在《论十大关系》的报告中又指出：“今后社会上的镇反，要少捉少杀。”[④] 1979 年刑法与 1997 年刑法基本体现了“保留死刑、限制死刑、坚持少杀、防止错杀”的精神，现行司法中贯彻的死刑政策是“保留死刑，严格控制和慎重适用死刑”，以这种精神为指导，司法的主要导向必定是限制死刑。

（四）罪刑法定、相称要求司法防止“滥杀”

1. 罪刑法定要求司法防止“滥杀”

罪刑法定原则的渊源可以追溯至 1215 年的英国自由大宪章，[⑤] 不过罪刑法定原则作为一项正式的法律原则是启蒙运动之后的事。罪刑法定原则的宗旨在于反对罪刑擅断，一是为了防止司法过程中的“无罪处刑”问题；二是为了防止“轻罪重刑”问题。在阶级社会中，总难免存在某种与人民幸福相抵触的统治方略，[⑥] 这种方略不仅存在于暴政社会，而且见诸于文明社会。总之，法律有时不可避免地会发挥非法律的作用，这样的话，“滥杀”就难以幸免，既包括滥用职权将无罪者杀害，也包括滥用职权将原本

---

① 董磊、徐轲：《不完全酷刑档案》，法律出版社 2006 年版，第 1、2 页。

② ［意］贝卡利亚：《论犯罪与刑罚》，黄风译，中国大百科全书出版社 1993 年版，第 49 页。

③ “Very few people have left my side and I' m cared for, worried about, and truly loved, and most of all I' m actually respected because I' m Marvin……There is no way out once you' re on death row. The path ends here. ”——Marvin Amell, Sr. Death Row, New H A ampshire. See Shirley Dicks, Congregation of the Condemned: Voices against the Death Penalty. New York: Prometheus Books, 1991, p. 86.

④ 转引自薛淑兰、陈灿平：“刑事司法限制的刑事政策及其要求”，载《人民司法》2005 年第 2 期。

⑤ 高铭暄主编：《刑法专论》（上编），高等教育出版社 2002 年版，第 63 页。

⑥ ［英］边沁：《政府片论》，沈叔平等译，商务印书馆 1995 年版，第 153 页。

罪不至死者杀害。中国古代“欲加之罪，何患无辞”的名谚；[①] 西方功利主义大师边沁所言的“一位君主可以极大地损害人民的幸福，而没有违反任何一条法律的条文”；[②] 德国死刑研究专家赖德尔“只要死刑存在，独裁者和独裁政权就要滥用”的激进论断，[③] 都不同程度地表明司法中滥杀的存在。而罪刑法定原则要求司法者严格遵循刑法规定，“法无明文规定不为罪，法无明文规定不为罚”，从而必定在司法上有效地限制“滥杀”现象。

2. 罪刑相称要求司法防止“滥杀”

报应论和遏制论（也叫功利论）都主张罪刑相称。报应论认为，对于恢复社会秩序（restore social order）而言，惩罚是必要的，这种必要并不是说要使社会秩序回到完美如初的状态（unblemished state），而是使犯罪者所获利益统归无效（nullified）。道理再也简单不过，被谋杀者不可能重燃起生命之火；被强奸者也不可能回溯到从前的贞洁。总之，社会不可能找到一种完美的恢复和补偿办法，社会之所以惩罚只是为了尽可能地保持道德法则的平衡。[④] 而要保持这种平衡实际上就注定了罪刑必须均衡相称。遏制论从另一个维度对罪刑相称原理加以诠释。这种理论认为，如果道德法则（moral order）不能恢复，或者如果刑罚不能准确地与犯罪相称，那么刑罚将不能遏制未然的犯罪。功利主义大师边沁以非常精确的语言表达了罪刑相称原理，他认为，作为惩罚，“在两项罪过彼此竞争的场合，对那项较大罪过的惩罚，必须足以诱导一个人宁愿去犯那项较小的”，“应该以这样的方式来调节惩罚，使之适合每项具体的罪过，即对应于每一部分损害，都能有一项制约犯罪者造成这份损害的动机”，“在任何情况下，惩罚都不应超过为使它符合这里提出的规则而必须的程度”。[⑤] 遏制论者还认为，惩罚是用来防止未然损害的，但它必须同时限制防止手段导致的损害。如果对遏制手段不加限制，那么不但扩大了损害，而且难以防止更恶的未然损害。试想，如果某人仅仅是意图单纯绑架，那么对他产生威慑的应是单纯绑架罪的刑罚，而不是绑架加杀人的刑罚。如果将单纯绑架者判处死刑，那么如何防止绑架加

---

① 《左传·僖公十年》。

② ［英］边沁：《政府片论》，沈叔平等译，商务印书馆 1995 年版，第 153 页。

③ ［德］布鲁诺·赖德尔：《死刑的文化史》，三联书店 1992 年版，第 184 页。

④ See Michael A. foley, Arbitrary and Capricious: The Supreme Court, the Constitution, and the Death Penalty. London: Praeger, 2003, p. 11.

⑤ ［英］边沁：《道德与立法原理导论》，商务印书馆 2000 年版，第 227、228 页。

杀人就将成为问题。[①]

罪刑相称要求死刑必须适用“最严重的犯罪”，这样的要求可以使犯罪人在犯罪过程中尽量避开最严重的犯罪，使自己欲犯之罪行与最严重的罪行保持一段距离，这不仅有益于犯罪人，也有益于被害人。[②] 然而在一些死刑保留的国家中，死刑的适用并未限于“最严重的犯罪”，[③] 严格遵循罪刑相称原则必然会限制这一现象。值得注意的是，严格遵循罪刑相称原则最主要的是规范司法裁量，伴随司法裁量权的扩大，即使立法上做到了大致的罪刑相称，法官也可轻易打破这一平衡；相反，即使立法上没有实现罪刑平衡，只要法官在司法上能够维护罪刑平衡，也就可以弥补立法上罪刑未能平衡的缺憾。因此，从司法上维护罪刑均衡，必然会限制滥杀现象。

四、以司法限制为重心是控制死刑的有效之选

司法限制死刑可以减少空洞的思辨和无谓的争论，使刑事司法切实做到“少谈些主义，多研究些问题”，并以自身范例影响刑事立法。

（一）以司法限制死刑为重心具有相当的显然功效

以司法限制死刑为重心，可以达到显然（overt）功效。其一，以司法限制为重心，可以大幅度降低错案发生率，从而限制了一部分“莫须有”死刑的发生；其二，以司法限制为重心，使相当一部分可能判处死刑的案件因为证据不足而改判无期，或者由死刑立即执行改判为死缓，从而实际大大降低了死刑适用率；其三，以司法限制为重心，实行死刑错判责任制度，使法官不愿冒着风险判处死刑，从而改变刑事司法中“就高不就低”的重刑主义思想。

（二）以司法限制死刑为重心具有一定的隐然功效

以司法限制死刑为重心还具有一定的隐然（tacit）功效。司法限制死刑必然要求增加侦讯阶段的透明度，提高死刑的证明标准，并增设死刑的复核

① See Michael A. foley, Arbitrary and Capricious: The Supreme Court, the Constitution, and the Death Penalty. London: Praeger, 2003, p. 11.

② See Ernest van den Haag and John P. Conrad, The Death Penalty: a Debate. New York: Plenum. 1983, p. 204.

③ 《公民权利与政治权利国际公约》第6条与《美洲人权盟约》，第4条均规定：在未废除死刑的国家，只可对最严重的犯罪适用死刑。

程序。然而这样的要求导致判处一名罪犯死刑往往要耗上一年或几年时间。[①] 对此，英国学者哈特认为，死刑使审判变得冗长不堪，扰乱了整个刑事司法体制。[②] 美国学者莱科尔也认为，死刑的审判程序代价大，上诉程序代价大，矫正程序代价大。[③] 死刑昂贵的费用使有限的国家司法资源无法进行正常的配置，从而使不少国家虽然在立法上未废除死刑，而在司法上却将死刑废置不用。这种现象不是司法限制死刑的直接目的，而是一种间接影响，我们称之为司法限制死刑的隐然功效。

---

① 吴大华教授等人对中国的100例死刑作了统计，平均每起死刑案件从犯罪发生到死刑执行大概是540天。而这个数字在美国往往是好几倍。参见吴大华、王飞：《限制死刑的理性思考——以100例死刑案件为视角》，载《政治与法律》2005年第3期。

② See H·L·A·Hart, The Punishment and Responsibility, Oxford: Clarendon Press, 1968, p. 89.

③ See Barry Nakell, "The Cost of the Death Penalty", in The Death Penalty in America, Edited by Hugo Adam Bedau. New York: Oxford University Press, 1982, pp. 241 - 246.

论刑法条文死刑分配的系统化控制

——兼议死刑攀比[①]的立法矫治

单华东[*] 郑 磊[**]

一、死刑配置基本原则：刑法第48条

就现行刑法而言，死刑配置的一般标准见诸于刑法典第48条的规定，即死刑只适用于罪行极其严重的犯罪分子。对于何谓“罪行极其严重”，理论界的著述颇丰。[②] 综合相关论述，可以发现，学者们主要从文义解释的角度对“罪行极其严重”展开考察，即从犯罪行为、主观恶性及主客观相一致的角度予以论述，其实质是探讨死刑的司法适用问题。对此，笔者认为，

---

* 江苏省扬州市中级人民法院研究室主任。

** 江苏省扬州市中级人民法院法官。

① 死刑攀比概念来源于学者对法定刑攀比的论述，关于刑罚攀比的含义，学界多数学者从否定角度予以论述，当然，也有从正面肯定其积极意义的论述，笔者认为，从罪责刑相适应的角度出发，刑罚攀比的消极意义显然更为突出，因而，笔者采否定论观点。相关研究可参见：周光权：《法定刑配置合理性探讨—刑罚攀比及其抗制》，载《法律科学》1998年第4期。周光权：《法定刑研究》，中国政法大学1999年度博士学位论文，第50～69页，搜索于中国期刊网。储actually植：《刑事一体化与关系刑法论》，北京大学出版社1997年版，第88页以下。刘守芬、方泉：《罪刑均衡的立法实现》，载《法学评论》2004年第2期。

② 目前，已形成的学说包括一要素说、二要素说、三要素说。相关解释参见赵廷光：《论死刑的正确适用》，《中国刑事法杂志》2003年第3期。王作富主编：《中国刑法的修改与补充》，中国检察出版社1997年版，第31～32页。胡康生、李福成主编：《中华人民共和国刑法释义》，法律出版社1999年版，第53页。赵秉志主编：《新刑法教程》，中国人民大学出版社1997年版，第300页。马克昌：《论死刑缓期执行》，载《中国法学》1999年第2期。钊作俊：《死刑适用论》，人民法院出版社2003年版，第51页。陈兴良：《刑法疏议》，中国人民公安大学出版社1997年版，第138～139页。李希慧：《论死刑适用的两个问题》，载刘家琛主编：《当代刑罚价值研究》，法律出版社2003年版，第603页。陈忠林：《死刑与人权》，载陈兴良主编：《死刑问题研究》（上册），中国人民公安大学出版社2004年版，第97～110页。

如此解释固然对死刑的适用具有一定的指导意义，但是，第48条作为刑法总则对死刑分配的一般标准，其更重要的价值在于，作为限制性规范，其是否真正界定了死刑配置的原则与标准从而对限制死刑立法起到了应有的作用。从这一角度而言，目前的解释似乎并未对此作出令人满意的回应。比如，多数学者采用的“严重客观危害”、“严重人身危险性”等语意不详的词语并没有指明对哪些罪可以适用死刑。基于此，笔者拟从死刑限制性规范本身所具有的确立死刑罪名分配原则的功能出发，对“罪行极其严重”隐含的死刑分配标准予以明确。

笔者认为，“罪行极其严重”蕴含着死刑分配的公正性与不得已性两大基本原则。

（一）死刑分配的公正性原则

公正性原则，又称手段相当性原则，乃指为抗制犯罪所运用的法律手段须与其所保护的法益处于相当、对等的关系。[①] 该原则由罪责刑相适应的刑法基本原则以及死刑本身所具有的公正性导出。罪责刑相适应作为刑法的三大基本原则之一，对整个刑事立法具有宏观指导作用，当然也应当成为死刑配置的总的指导原则。虽然死刑配置原则作为对刑法基本原则的贯彻和运用，应当有其特殊性，但是，这丝毫不意味着它可以完全脱离刑法基本原则而孑然独立。

虽然死刑的公正性与其分配的公正性有着千丝万缕的联系，但严格说来，死刑是否公正与对哪些犯罪处死刑才公正，是相对独立的两个问题。死刑是否公正，是在一般意义上抽象地讨论死刑的公正性，或者说，是死刑的存在的公正性问题。而对哪些罪处死刑才公正，是具体意义上的公正，也就是死刑的分配的公正性问题。[②] 公正观念要求罪与刑要相适应，罪与刑具有等价性，即罪刑等质、罪刑等价。从公正的角度来确定死刑的分配，标准只有一个，即等价。也就是说，死刑与其所分配的犯罪之间必须具有价值的对等性。否则，死刑的分配便不具有公正性。死刑是剥夺犯罪人生命的刑罚，在这一意义上，死刑只有分配于所侵害的权益的价值不低于生命的价值的犯罪，才有可能具有等价公正性。可见，死刑是否分配于所侵害的客体价值不低于人的生命价值的犯罪中最严重的犯罪，是衡量死刑的分配是否公正的标

---

① 林山田：《经济犯罪与经济刑法》（修订3版），台湾三民书局1981年版，第101页。转引自周宜俊：《刑法适度性原则研究—以法定犯为视角》，载《华东刑事司法评论》第八卷，第23页。

② 胡云腾，张金龙，邱兴隆：《中国废除死刑之路——从“杀人者死”谈起》，载《中国律师》1998年第9期。

准。根据这一标准，死刑并非只有分配于杀人罪才具有公正性，因为将其分配于具有剥夺生命的因素的其他犯罪，或者所侵害的权益的价值高于人的生命的价值的犯罪，均有可能是公正的。但是，如果将其分配于不具有致人死亡因素的犯罪以及所侵害的价值低于人的生命的价值的犯罪，便因死刑的价值高于犯罪的价值而不具有等价性，也就谈不上分配的公正性。

（二）死刑分配的必要性原则

必要性原则，称为最后手段性原则，其基本含义是指能够用较轻的刑罚方法达到报应和威慑犯罪的目的时，就应当绝对排除死刑的配置。只有当犯罪行为达到极其严重的社会危害性程度、采用其他刑罚方法难以充分保护时，才动用死刑进行抗制。这是因为，死刑因其所剥夺的是作为人之最重要的权益——生命而构成一种代价最大的刑罚，其实质是一种浪费之刑，不符合刑罚节俭性的要求。对某一具体犯罪行为而言，只有在所有其他刑罚方法均无法奏效的情况下，才能配置死刑，以符合刑罚节俭性的要求。事实上，从语义学角度来看，“罪行极其严重”文字本身已经表达了上述价值取向。刑法规定的各种法定刑中，只有死刑采用了“极其”的表述方法，“极”在《现代汉语词典》意为“顶点、尽头；达到最高度”，“极其”意为“非常、极端”,[①] 两者都含有最高、最极端的意思。这就意味着，死刑是遏制犯罪的终极阀门，只有在其他刑种无能为力的情况下才能被启用。明确死刑分配的必要性原则，对于抗制刑法分则的功利性价值以及刑法典的重刑化倾向具有重要意义。这一点将在下文详述。

二、死刑配置现状：死刑攀比的透视与评析

从体系解释的观点来看，确立死刑罪名体系主要依据刑法典各个条文中的死刑配置，“死刑”就是该体系的共同属性。而死刑攀比就是死刑体系中死罪之间的相互攀比，笔者将其具体理解为在死刑分配过程中，某些轻罪的法定刑对死刑罪名的攀附和追随，导致死刑罪名大幅增加的现象。这一现象不仅违背了前文确定的死刑配置基本原则，同时也损害了刑法公正理念，切断了刑法认同的最朴素来源。[②]

---

① 中国社会科学院语言研究所词典编辑室：《现代汉语词典》，商务印书馆 1983 年版，第 527～528 页。

② 周光权：《公众认同、诱导观念与确立忠诚——现代法治国家刑法基础观念的批判性重塑》，载《法学研究》1998 年第 3 期。

（一）分配现状：死刑攀比

目前，刑法典中死刑攀比主要表现为以下两个方面：一是分则中法定犯对自然犯的攀比，导致部分法定犯罪名升格为死刑罪名；二是非死罪罪名对绝对死刑的攀比导致其升格为死刑罪名。两者都是导致死刑罪名居高不下的重要因素。

由于刑法分则采用人章制立法，以客体之不同依人章制把犯罪分为10章，这种立法例没有区分法定犯与自然犯，而是将其统一于分则之中，其目的在于突出刑法的阶级性，增强刑法的意识形态色彩和政治意味。[①] 但是，其弊端在于法定犯被规定在刑法典中，容易产生法定犯与自然犯的刑罚攀比效应，[②] 促使法定犯死刑立法的扩张。法定犯和自然犯的一个基本差异，就是公共道德情感对两者的报应欲求相差悬殊。不把它们规定在一起，就不易发生刑罚强度的比较和攀升问题；而把它们一起规定在刑法典中，就使得本不可比的刑罚强度发生比较和攀升的趋势，并且难以控制。以贪利性犯罪为例，该罪属于法定犯范畴，其主观方面应受谴责的程度逊于自然犯，其总体刑罚强度应逊于自然犯。然而，现行刑法的68个死刑罪名中，贪利性死刑多达30种，刑罚配置普遍高于自然犯。这种现象不能不说是法定犯对自然犯死刑攀比的产物。

另外，绝对确定死刑的出现也使得其他非死罪罪名有攀比的可能，从而导致死刑罪名的增加。在1979年刑法中，死刑是一种可供选择的法定刑种，不存在绝对判处死刑的问题。但1997年刑法中规定了7个绝对死刑。[③] 这就为其他非死刑罪名的攀比创造了条件，以故意伤害为例，1979年刑法中，故意伤害致人死亡的，处7年以上有期徒刑或者无期徒刑。而1997年刑法中，致人死亡的处10年以上有期徒刑、无期徒刑或者死刑。其理由何在？是立法者意识到生命的价值而自觉提高该类犯罪的法定刑吗？很难说。事实上，故意伤害致人死亡的行为，在不同案件中其情节千差万别，1979年刑

① 储槐植：《刑法存活关系中—关系刑法论纲》，载《法制与社会发展》1996年第2期。

② 刘远：《经济犯罪死刑立法的多维解析》，载《当代法学》2007年第6期。

③ 分别为：1. 第121条，劫持航空器致人重伤、死亡或者使航空器遭受严重破坏的，处死刑；2. 第239条，绑架他人致使被绑架人死亡或者杀害被绑架人的，处死刑，并处没收财产；3. 第240条第1款，拐卖妇女、儿童情节特别严重的，处死刑，并处没收财产；4. 第317条第2款，暴动越狱或者聚众持械劫狱的首要分子、积极参加者，情节特别严重的，处死刑；5. 第383条第1款第（一）项规定，个人贪污数额在10万元以上，情节特别严重的，处死刑，并处没收财产；6. 第386条，对犯受贿罪的，根据受贿所得数额及情节，依照本法第383条的规定处罚。

法处7年以上有期徒刑已然不轻，即便是故意杀人，根据情节不同仍然有3年以上至死刑这一宽广范围。据此，笔者揣度，该条很可能是受到239条设立的绑架罪的绝对死刑的影响。因为，绑架致人死亡与故意伤害致人死亡在犯罪情节、后果上有共通之处，既然绑架致人死亡已经规定了绝对死刑，那么，将故意伤害致人死亡的最高刑提至死刑也就“师出有门”了。

（二）原因透析：分配原则的悖反

在应然的话语体系中，分则中的死刑罪名应严格按照《刑法》第48条确立的死刑分配标准予以确定。但从实然的角度考察，大量的死刑攀比已经使得分则中的死刑体系偏离了第48条的既定轨道。这其中，既有立法者的价值取向问题，也有立法技术因素。但死刑分配结果与分配原则间的悖反实为不容忽视的重大问题。

如前所述，从分配的公正性的角度考察，死刑只能分配于所侵害的客体价值不低于人的生命价值的犯罪中最严重的犯罪。以此观之，对严重人身侵害型犯罪配置死刑尚符合公正性原则及中国民众根深蒂固的“杀人者死”的基本道义报应观念和传统重刑文化的历史背景。但对于经济犯罪和贪污贿赂等非人身侵害型犯罪配置死刑则显然是立法者陷于死刑威慑（预防）犯罪价值迷思的后果，这种以功利目的作为死刑配置的正当化根据是非常危险的，容易以威慑犯罪为由导致死刑的扩大化。事实上，由于经济犯罪本身的独特性及转型期的社会现实，刑法（死刑）的威慑力在控制经济犯罪中不仅未能产生预期的效益，相反还造成“同罪不同判”的司法乱象。近年来外逃贪官被引渡后均未按刑法规定判处死刑即是著例。① 长此以往，刑法的严肃性必将遭到严重减损。

此外，立法者对死刑分配必要性的忽视也是造成死刑攀比的重要因素。前已述及，死刑分配必要性对于抗制刑法分则的功利性价值以及刑法典的重刑化倾向具有重要意义。由于整个刑法分则的宗旨在于编织严密的刑事法网，确定刑法的调控范围，同时对所规定的犯罪配备适当的刑罚，所以它突

① 2004年，中国政府以判处不超过12年有期徒刑的承诺将贪污、挪用涉案金额达4.82亿元的余振东引渡回国，2000年，广东江门中院宣布对余处以有期徒刑12年。2007年2月13日，中共中央纪委副书记、秘书长干以胜就赖昌星被遣返后是否会被判死刑回答记者提问时明确表示：中国已承诺不判处赖昌星死刑，包括不判处他立即执行和缓期执行。而根据我国刑法，上述两人都应判处死刑。

出了刑法的保护功能。这是刑法分则的功利性价值取向。① 但是，这种功利性又具有“双刃性”，它在保护社会秩序不被犯罪行为侵犯的同时又可能导致整个刑罚体系呈现出重刑化倾向。这是因为，立法者可能出于满足维护社会秩序和实现社会生活和谐的冲动而无限放大刑法的功利性价值，进而对所有犯罪都适用剥夺自由甚至剥夺生命的刑罚，使得刑罚体现为死刑占主导，或者死刑和徒刑在刑罚体系中占主导的重刑结构。② 而死刑作为最严厉的刑罚方法，处于刑罚结构的塔尖，死刑的增多或减少，必然在根本上制约和带动着其他刑罚方法的趋重或趋轻。③ 而明确分配必要性原则，能够为刑法的功利性套上理性的疆绳，使刑法在理性设定的必要、合理的范围内发挥其功能，从而抑制刑罚体系的重刑化倾向。但是，现行刑法的死刑配置恰恰忽略了这一点，功利性大行其道，必要性渐行渐远。其实，分析我国刑法近30年来死刑配置轨迹，不难发现，死刑经历了只配置给危害特别重要的社会关系（如国家政权、公共安全、生命权）的犯罪到亦配置给那些侵犯比较普遍的社会关系（如社会管理秩序、经济秩序等）的犯罪的扩张性发展过程，死刑的功利性被日益放大。虽然经济转型带来的社会动荡能够成为死刑扩大适用的正当理由，但立法对死刑分配必要性的忽视却是任何人难以回避的问题。这种倾向在造成死刑攀比的同时，必然提高徒刑幅度，加剧刑法典的重型化倾向。

三、死刑配置的完善：攀比规制及系统化整合

前文已揭，在现代刑法思潮与刑事政策思想的冲击下，刑法的报应性与压制性追求及本质越来越受到刑法的目的性、教育性乃至于恢复性理念的涤荡。特别是自人权运动勃兴以来，国际社会在死刑问题上呈现出要么限制要么废除的双轨态势，即使是对剥夺他人生命的严重暴力犯罪，如果出于“杀人偿命”的同态复仇与自然正义理念而一律适用死刑，也不能当然获得道德评价上的正当性，更遑论在贪污受贿、破坏经济、侵犯财产等非暴力犯罪中配置死刑。在此情形下，固守保留并广用死刑的政策，不仅不符合刑罚理性的要求，也必然使中国在国际人权舞台上乃至在整个国际社会交往中陷于被动乃至孤立的局面。因此，限制死刑已刻不容缓。那么，面对死刑数量

① 周光权：《法定刑配置的合理性探——刑罚攀比及其抗制》，载《法律科学》1998年第4期。

② 储槐植：《刑事一体化与关系刑法论》，北京大学出版社1997年版，第87页。

③ 梁根林：《中国死刑控制论纲——立足于具体国情的制度设计》，载《北大法律评论》第6卷第2辑。

庞大、死刑攀比等诸多困局，立法应该从何着手限制死刑？笔者以为，以系统化整合的理念制约死刑攀比现象，进而构建合理的死刑立法体系不失为一种可行的选择。在这里，分配标准的具体化将是死刑立法的立足点，因此，笔者以下将在明确死刑基本原则的基础上，进一步廓清死刑分配的具体原则，并全面探讨死刑攀比的规制及死刑立法的完善。

（一）系统化整合的理论解说

现代系统论认为，系统的整体性是系统的核心，任何系统都不是各个要素的简单相加或机械凑合，而是有机结合，因而具有特定的整体功能。整体功能一方面具有各个要素在孤立状态下不具有的新质；另一方面新质的出现又使系统整体在特定度量上的功能增大。就方法论而言，系统论注重从系统内的要素出发分析系统的结构和功能，从而调整系统结构，优化系统目标。笔者认为，这一理论可以为死刑立法所借鉴，即视所有死刑罪名为一个独立的系统，在分析系统结构功能的基础上，对系统内的死刑个罪进行有机整合，从而使死刑系统发挥其特定的整体功能。

前文已经阐明，死刑的多寡在根本上制约和带动着刑罚结构的趋重或趋轻。既然如此，在刑罚轻缓化的背景下，死刑系统的结构功能应表现为对轻刑法定的带动作用，要实现这一点，首先要为死刑系统订立严苛的准入标准，其次要消除系统内的死刑攀比，使系统内死刑个罪形成有序排列，从而使死刑系统在促进刑罚轻缓化的过程中发挥的效能超过单个死刑效能的总和。

从结构功能来看，死刑系统的准入标准（即死刑的分配规则）首先应达到削减死刑罪名、控制死刑规模的目的，其次，按照这一标准形成的死刑系统应该达到消除死刑攀比、个罪排列有序、整体效益增强的目标。结合本文确立的基本分配原则，笔者将该标准阐释为只有客观危害与主观恶性均最大且其他刑罚方法均无法遏制的犯罪才是可供死刑分配的场域。具体而言，死刑系统的准入标准（即死刑分配的具体规则）至少应包括以下四个方面：

1. 严重侵害国家安全、公共安全的犯罪可以分配死刑

不可否认，在当代人权运动的影响下，人的个体价值已经得到充分张扬，尊重人权、促进个人发展已经成为全世界的共识。但无论如何，个人只是社会的分子，包括生命在内的所有个人权益均只是社会权益的一部分。而在社会权益系统中，个人的生命并不是至高无上的权益。国家是社会的管理者，又是个人包括生命在内的所有权益的保护者，国家的安全理所当然地比个人生命重要，国家安全的价值因而高于个人的生命价值。特别是“9·11”事件以来，频频发生的恐怖事件已经使国家利益所具有的特殊价值为世界各

国所认可。因此，对严重危害国家安全的犯罪适用死刑，符合公正性的要求。而公共安全因涉及不特定的多数人的生命安全，一旦遭到侵害，可能造成大量的人员伤亡。故其利益也要高于个体的生命价值，因而也可以配置死刑。

2. 法定犯一般不应配置死刑

法定犯是与自然犯相对应的概念，有学者将其定义为由于法律禁止才开始成为非难对象的行为，而自然犯则是不待法律规定，以本来应受社会伦理非难的行为为内容的犯罪形式。[①] 一般而言，贪利性犯罪都属于法定犯的范畴，对该类犯罪不应配置死刑的主要理由在于：首先，从价值对比来看，经济犯罪侵害的法益一般表现为国家、社会、他人的经济以及社会经济秩序，该类法益显然不及死刑夺人生命之负价值。两者在价值对比上不具有等价性，对其配置死刑不符合公正性要求。其次，从必要性来看，此类犯罪造成的损失一般均可以通过金钱和其他财产利益来衡量，其损失也具有可恢复性，因此，对该类犯罪，财产刑与非死刑类财产刑足以遏制，配置死刑有违必要性原则。最后，就主观恶性评价而言，法定犯体现的主要是统治阶级对某一行为的政治情感，与普通公众的情感好恶并无紧密联系。而“主观恶性”恰恰属于大众伦理评价的范畴，即便是对那些立法者认为“罪行极其严重”的经济犯罪，社会公众的道义报应欲求却有可能并不强烈，因此，该类犯罪似乎难以契合主观恶性最大的死刑配置准则，不配置死刑也就理所当然。

3. 对危险犯不应配置死刑

首先，危险犯是指只要实施了一定的侵害行为，即认为存在一般的危险就构成犯罪的形式。该类犯罪发生的可能性以及发生时间均不明确，结果指向也比较模糊。[②] 单纯就危险犯本身的行为而言，其所侵害的价值显然低于死刑所剥夺的人的生命的价值，因而，对该类犯罪配置死刑，与公正性原则不符。其次，从“罪行极其严重”的表述来看，应该意味着犯罪行为已经造成了具体的危害后果，未发生现实的、具体的危害后果的危险犯当然不能包括在内。再次，从刑罚幅度平衡协调的观点来看，同种性质的犯罪行为中，造成实际危害结果的实害犯的法定刑应当比仅仅导致危害结果发生危险的危险犯的法定刑重，并且危害结果越严重，犯罪情节越恶劣，实害犯的法定刑就应当越重，如果将危险犯配置死刑，那么，将不可避免地导致实害犯的死刑攀比。

---

① ［日］大塚仁：《刑法概说》（总论），冯军译，中国人民大学出版社2003年版，第94页。

② 该观点的详细阐释可见曾粤兴：《死刑条款的体系解释》，载《法学家》2007年第6期。

4. 小概率的特例不能成为对个罪配置死刑的理由

根据特例，针对个别人的严重罪行对个罪配置死刑不仅违背了法律普遍性的原则，也不符合公正性原则的一般要求。虽然这种方式在个案中符合罪责刑相适应原则和实现刑罚目的的需要，但特例立法必然会因法定刑上限的提高而带动整个刑罚幅度上涨和趋重，导致多数普通案件的行为人负担超过其罪责的过量刑罚，从而造成个案合理而多数罪案不合理的情况。因此，特例立法是以个别公正牺牲一般公正。①

（二）系统化整合的实现方法：死刑攀比的立法矫正

根据基本死刑政策和前述死刑分配的基本原则与具体标准，从矫正死刑攀比的视角出发，笔者将现行的死刑罪名分为限制性保留、废止、转化处理三种类型。

1. 限制性保留的死刑罪名

限制性保留的罪名主要指侵害法益大于生命价值的犯罪行为。对此分配死刑，符合公正理念，不会造成死刑攀比。具体包括以下罪名：

（1）《刑法》第一章危害国家安全罪。仅保留罪质相似的背叛国家、分裂国家、武装叛乱等罪名，并合并为叛乱罪配置死刑。其理由在于：上述三种罪名都是严重动摇统治根基，直接危及国家统一的严重犯罪，且三罪罪质相似，分开立法不仅人为扩张了死罪数量，同时也不利于区分罪质。合并立法后，死罪数量得到削减，同时为后续章节设立示范效应，有利于死刑攀比的矫治。

（2）《刑法》第四章侵害公民人身权利、民主权利罪。保留故意杀人和强奸、拐卖妇女儿童的死刑罪名。理由在于：故意杀人侵害的法益与人的生命价值等同，配置死刑公正等价，同时，也符合公众的正义情感。强奸、拐卖妇女儿童看似低于生命价值，但考虑到该罪对受害人造成的严重精神创伤以及对儿童的成长带来的严重影响，该罪保护的价值基本等同于生命价值，从妇女儿童特殊保护的立场出发，对其配置死刑，并无不妥。

（3）《刑法》第二章危害公共安全罪。保留放火罪、决水罪、爆炸罪、投毒罪、以危险方法危害公共安全、破坏交通工具、破坏交通设施、破坏电力设备、破坏易燃易爆设备及劫持航空器等10种罪名的死刑。理由在于：上述罪名直接以不特定的社会公众的生命安全为侵害对象，一旦危害后果发生，

① 周光权：《法定刑研究》，中国人民大学1999年度博士学位论文，第183～185页，搜索于中国知网。

会造成大量的人员伤亡，远远大于个人的生命价值，因而，可以配置死刑。

(4)《刑法》第十章军人违反职责罪，保留死刑罪名并作特殊处理。之所以保留死刑罪名，是因为该罪侵犯的是军队的作战利益，属于国家利益的重要方面，关系着国家主权、领土完整和人民的安危。其价值高于生命价值，应予保留死刑。但是，从法典轻刑化的角度考虑，因该罪主体特殊，可以考虑将该章以单行军事刑法的方式设立，以削减普通刑法典的死罪数量。

2. 应予废除的死刑罪名

废止的死刑罪名主要是指不符合死刑分配原则、违反罪责刑均衡原则的死刑罪名。具体包括以下罪名：

(1)《刑法》第三章中除生产、销售假药，生产、销售有毒有害食品以外的13种死罪。

(2)《刑法》第五章中的盗窃罪。

(3)《刑法》第六章中除暴动越狱罪和聚众持械劫狱以外的6种死罪。

(4)《刑法》第八章中的全部2种死罪。

废除上述死罪的理由在于：

首先，上述罪名中，除传授犯罪方法罪以外，本质上均属贪利性犯罪，最终目的是为“求财”，就价值对比而言，贪利性犯罪侵害的法益最终可以用金钱加以衡量，而金钱的价值显然要低于生命的价值，对其配置死刑不符合公正性要求；其次，上述贪利性犯罪中大部分属于法定犯，从刑法理论来看，法定犯较少参杂公众伦理评价因素，故其刑罚一般轻于自然犯，对这些犯罪配置死刑，甚至在贪污、贿赂罪中设立绝对死刑，容易造成自然犯的死刑攀比，同时也有以重刑代替行政管理之虞；再次，从必要性来看，因贪利性犯罪的目的在于获取金钱利益，因而，以财产刑配之以自由刑的刑罚就基本能够实现预防目的。如果上述配置都无法遏制犯罪，那么，即使配置死刑，也不能达到预防效果，如毒品犯罪，因其暴利性质，配置死刑并未收到预防之效；最后，就传授犯罪方法罪而言，该罪配置死刑属于特例化立法，理应予以废除。

3. 进行转化处理的死刑罪名

所谓转化处理，主要针对有可能造成极其严重的伤亡结果的危险犯，对该类犯罪，可以运用转化犯的构成原理，对转化前的本罪废除死刑，而对发生死亡后果的实害犯依照故意杀人罪论处。事实上，除上述保留、废止的死罪外，其余的现行死罪均可作转化处理，主要包括以下罪名：

(1)《刑法》第一章中的投敌叛变、间谍、为境外窃取、刺探、收买、非法提供国家秘密及资敌罪4个死罪。

（2）《刑法》第二章中的涉枪涉暴的4个死罪。

（3）《刑法》第三章中的生产、销售假药，生产、销售有毒有害食品2个死罪。

（4）《刑法》第四章中的故意伤害、绑架2个死罪。

（5）《刑法》第五章中的抢劫罪。

（6）《刑法》第六章中的暴动越狱罪和聚众持械劫狱2个死罪。

（7）《刑法》第七章中的全部死罪。

对上述死罪进行转化处理的理由在于：首先，从价值对比来看，上述犯罪均不是直接针对生命的严重暴力犯罪，相较于故意杀人罪而言，这些罪名可以看作危险犯，即实施上述犯罪并不必然导致死亡的后果，因此，不能列入最严重犯罪的范畴，不应配置死刑。其次，如果上述犯罪行为发生了致人死亡的后果，则可以按照故意杀人罪的立法规定予以转化处理。其具体操作方法为，在上述条款中加入“故意致人死亡的，以《刑法》第232条故意杀人罪论处”即可。

综上，一方面通过废除贪利犯等法定犯死刑，以及废除绝大部分绝对死刑条款，不仅可以大量削减现行死刑罪名，缩减我国死刑分配范围，同时也理顺了各章死刑之间的排列配比关系，可以有效抑制死刑攀比；另一方面又不至于放松对极其严重的犯罪的严厉打击，不失为削减死刑的一个有效路径。

结 语

胡适在论述中国文化中社会变革价值取向时指出：中国人日日幻想一个一蹴而就的“根本解决”，一朝醒来便解决了现实世界的一切问题，其结果是思想激进者胜券稳操，异想天开一副牌通吃世界；思想懒惰者则踌躇满志，以为一把钥匙能够开万把锁。[①] 在对待死刑问题上，必须承认，中国死刑废止的真正实现，需要一个漫长的过程，罔顾当下的国情幻想一蹴而就的“根本解决”显然是乌托邦式的童话。摆脱理想化的思路，采取务实的态度，是解决问题的基本途径。[②] 笔者以为，从立法上削减死刑，并在司法中减少死刑适用，从而逐步达致彻底废除死刑的渐变式改革才是中国死刑问题的正确道路。而在一点一滴的改革中，在一尺一寸的前进里，原本是可以做许多事的。本文的探讨，仅仅是其中的渺小一步。

---

① 胡适：《“未能忘情”之作》，载《读书》1993年第3期。

② 宗建文：《刑法机制研究》，北京大学出版社2000年版，第144页。

死缓适用问题研究

李恒志*

一、死缓制度的价值体现

我国的死缓制度，是基于对死刑的客观认识而采取的有目的的“少杀”制度，在限制死刑的新的历史趋势下，对死缓制度理论基础进行重新阐释，我们会发现，这一制度符合现代刑罚理论的诸多科学立论，具有独立存在的价值而且其价值尚有巨大的可开拓的空间。

（一）犯罪预防价值

死刑立即执行，直接剥夺犯罪人的生命以消除其重新犯罪的能力，将刑罚特殊预防目的发挥到了极致。但其作为最简单、最有效的特殊预防方式，显然是将犯罪人生命的消灭当作一种手段达到预防犯罪的目的。对于经济犯罪、渎职犯罪、贪污贿赂犯罪的犯罪人而言，剥夺其借以犯罪的资本、地位、条件即可以预防其再犯，因而以死刑立即执行来实行特殊预防，其手段的强度显然超过了实现目的的应有限度，适用刑罚的正当性也就值得怀疑。即便是对于严重侵犯人身权利、公共安全的犯罪，犯罪人是否有再犯可能完全是法官的主观判断。如果犯罪人已经悔悟而再剥夺其生命，特殊预防的根据是否因此丧失了正当性？或许可以说，不能让社会因此而去冒险，但国家刑罚权也会因淡忘作为弱者的受刑人的权利而蒙上残暴的阴影。犯罪是相对于社会而存在的，社会造就了犯罪人，也就应当允许改恶从善，剥夺犯罪人的生命在一定意义上也可以说是社会推卸责任、转嫁危机的表现。相比较而言，死缓的特殊预防目的更为有效，其理由的正当性也更为充分。对严重犯罪的犯罪人进行监禁，即极大地限制了他的犯罪能力，而保持执行死刑的可

---

* 辽宁省盘锦市中级人民法院研究室副主任。

能性又会对犯罪人形成强大的心理威慑而促其放弃再犯的意图。中国多年来实施死缓制度的实践也证明了其特殊预防的有效性，而且它也缓和了死刑立即执行在特殊预防上表现的极端性和功利性，使其刑罚根据更具合理性和正当性。人们曾经普遍认为死刑具有最大的威慑力，因而其一般预防目的会较其他刑罚更宜达到威慑效果。但实证分析表明这只是主观假设而已。对于已经实施严重罪行的犯罪人，[①] 可能会因为期待刑罚为死刑立即执行而更加疯狂报复社会，即俗语所谓“破罐子破摔”。而死缓虽属死刑的一种，但毕竟尚有活路所在，犯罪人求生的本能心理也会在其再行犯罪时起阻止作用，从而更有利于一般预防作用之实现。

（二）惩罚教育功能

死缓制度因循了惩罚与教育这一刑罚本质，弥补了死刑立即执行在教育功能上的欠缺。在刑罚发展史上，报应的观念体现在刑罚的方式上，虽然经过了从等害到等价的转变，从而摆脱了以牙还牙、以眼还眼的血腥形式，但在死刑问题上却没有彻底摆脱等害报应的公式。但这也说明，人们习惯将死刑作为对杀人者的最理想的报应方式。因此，死刑的存在，最能体现刑罚的报应思想。刑罚的内在属性是惩罚与教育，“中国刑罚是惩罚与教育的辩证统一”，[②] 其中，教育包括对犯罪人和对其他人的教育。以此学说来衡量，死刑立即执行所包含的教育成份只是“示众”而已，对于被执行人而言是无所谓教育的。死缓的判决，是以罪犯所犯之罪“应当处死”为基础的，所以，反映的是报应刑罚观，但是死缓因为不立即执行死刑，而使死刑立即执行教育功能方面的欠缺得以弥补。教育刑不把刑罚看成本能或原始的同害报复或等价的报应，而是以改造、教育罪犯，保全社会为出发点，在量刑上根据个人已构成的“罪行”和“潜在”的社会危险性、人格形成过程以及复归社会的可能性大小，来适用相应的刑罚。[③] 死缓是根据罪犯已经实施的罪行来判断其潜在的社会危害性，认为不需要立即执行，通过考验期的考察来给予其重新做人的机会，充分体现了教育功能。

（三）人权保障价值

《公民权利与政治权利国际公约》第 6 条规定：“人人有固有的生命

---

① 通说认为，一般预防的对象为尚未犯罪的人。笔者认为，一般预防还应包括已经犯罪尚未被追究刑事责任的人，而特殊预防的对象则为已经犯罪并开始被追究刑事责任的人。

② 张明楷：《新刑法与并合主义》，载《中国社会科学》2000 年第 1 期，第 104 页。

③ 甘雨沛：《外国刑法学》（上册），北京大学出版社 1984 年版，第 138 页。

权。”在联合国的人权文件中，生命权被规定为不可剥夺、不可克减的人权。[①] 死刑立即执行以消灭肉体的方式来消除人内心的恶，这样，消灭犯罪人内心的恶就被置换为消灭犯罪人的肉体，这无疑是将剥夺生命作为刑罚目的实现的手段而将改造犯罪人的观念悬置起来。一方面我们坚信人是可以改造好的，另一方面我们却出于功利将犯罪人的生命予以剥夺。辩证唯物主义哲学原理和社会常识都告诉我们，人的生命只有一次，因而无论是自己的还是别人的生命都应受到平等的尊重。犯罪人的生命权也应当予以同样的尊重，这不仅仅是对他生命的怜悯，更是通过对个别生命权的维护来体现对作为整体的人类生命权的弘扬。相对于死刑立即执行而言，死缓制度的内涵是尊重人的生命权的，因为看到了生命的唯一性和生命权的至高无上，而对罪行极其严重的人也暂不剥夺其生命，赋予其一定期间的考验期促使其改造，也凸现了对其人格尊严的尊重，因为相信他是可以改造的，是可以改好的。人的内心之恶的消减也须一个过程，并非一定会在短期内因为外在的压力改变，尽管死缓制度在设计上仍保留执行死刑的可能性而未将这一观念贯彻到底，但与死刑立即执行相比，其对犯罪人生命权和人格尊严的重视是极高的。

（四）遏制重刑主义

死缓制度“是我们党和国家长期执行的‘少杀慎杀’政策的法律表现，是当前处理死刑问题的一项正确有力的措施”[②]。但1979年刑法典颁行之后，由于严重经济犯罪和严重刑事犯罪日益猖獗，社会治安形势恶化，重刑主义思想一度甚嚣尘上，法律实务部门对死刑的迷信与依赖心理日渐严重。从立法实践看，诸多挂有死刑条款的刑事立法相继面世。从司法实践来看，死刑万能、重刑主义逐渐成为主导思想。“很多司法人员认为，要遏制和减少犯罪，不仅须从立法层面增加死刑、提高重刑包括死刑在法定刑中的比例，而且要在司法上多用重刑，多杀长判，从而强调‘严打’斗争的作用，要求把‘从重从快严厉打击严重刑事犯罪’作为一项长期的任务和刑事政策。”[③] 重刑主义造成了对死刑的依赖和死刑立即执行的增加，并因此与我国的死刑政策相背离。我国“少杀慎杀”的死刑政策，其前提是“杀”但

① 胡云腾：《从〈国际人权公约〉对生命权的保护看我国批准人权两公约》，载单长宗等主编：《新刑法研究与适用》，人民法院出版社2000年版，第167页。

② 马克昌：《论死刑缓期执行》，载《中国法学》1999年第2期，第111页。

③ 赵秉志：《从中国死刑政策看非暴力犯罪死刑的逐步废止问题》，载赵秉志：《刑法评论》（第3卷），法律出版社2004年版，第43、44页。

不是“多杀”；杀人要少，而且要“慎”。对“罪该处死”的罪犯依法判处死缓，就是体现了杀人要“慎”；通过死缓的考验，使大多数罪犯得以减刑，就达到了“少杀”的目的。只有重视死缓制度，才能使“少杀慎杀”的死刑政策得到贯彻落实。死缓制度的适用，可以培育大众减少对死刑立即执行的追求，平抑“本能的义愤情绪和报复欲望”，以从更加理性的角度对待死刑，树立适度的死刑观念。死缓应用得越广泛，就越能减少大众从死刑判决中得到的“杀人”刺激，从而将死刑看作法律对犯罪的理性惩罚，而不是满足大众本能的“杀人表演”。

二、死缓的适用

死缓适用作为刑罚适用的一种形式，既要遵循刑法的基本原则和量刑原则，同时还必须体现其自身的特征。关于死缓适用的标准，司法实务和刑法理论都十分关注。根据新《刑法》第48条的规定，死缓适用必须同时满足两个条件：一是前提条件，即“应当判处死刑”；二是实质条件，即“不是必须立即执行死刑”。“应当判处死刑”可以进一步具体化为“罪行极其严重”，但是刑法和相关法律解释都没有对“不是必须立即执行死刑”予以具体化。学者们对“不是必须立即执行死刑”进行了多种诠释，但是各种诠释之间并不协调，甚至还存在矛盾和冲突。为了解决这些问题，为正确理解“不是必须立即执行死刑”提供理论指导，我国刑法学界对如何把握死刑适用的实质条件提出了五种理论学说：（1）社会危害性标准说；（2）功利说；（3）主观说；（4）主客观结合说；（5）罪行与刑事责任结合说。但是，这五种死缓适用实质条件的理论学说都存在一些缺陷或不足，不能为正确理解和把握“不是必须立即执行死刑”提供科学的理论指导。笔者认为，根据我国刑法通说理论，在判断是否适用死刑时，已经综合考虑了犯罪行为的社会危害性程度、犯罪人的主观恶性和人身危险性三方面的因素，并且只有当犯罪人的刑事责任极其严重时，才能对其适用死刑。任何从罪行的社会危害性程度，或者罪犯的主观恶性，或者主观客相结合，或者罪行与刑事责任相结合的角度来为“不是必须立即执行死刑”寻找理论根据都是不可行的。因为，它们都企图以刑事责任程度标准为界线，来区分死刑立即执行和死缓，这种思路无疑都是把死缓当作比死刑立即执行较轻的刑罚，但是这与“死缓不是一个单独的刑种”的理论相矛盾。所以，我们不能从刑事责任的角度为“不是必须立即执行死刑”寻找理论依据。

由于各种原因的影响，在司法实践中，死缓适用还存在一些问题。尤其是对何谓应当判处死刑，何谓不是必须立即执行的争论，严重影响了死缓制度价值的有效实现及死缓的司法适用。如何把握死缓适用的实体标准，克服认识偏差并走出实践误区，使死缓制度的价值得以完整实现，是一个值得我们认真思考的问题。

（一）应当判处死刑

应当判处死刑属于死刑适用的基本前提，不论是死刑立即执行还是死刑缓期执行，都应当首先依照该标准来适用。但是，到底什么样的罪犯才是应当判处死刑的呢？其实，死刑的标准问题已经不是一个单纯的法律问题，它自古就是，也一直就是一个集社会、公众、政治、经济、历史、人文因素于一身的复杂问题。1979 年刑法用“罪大恶极”作为应当判处死刑的标准，1997 年《刑法》修订，将“罪大恶极”修改为“罪行极其严重”。

不论刑法的修改如何，单从文字理解，似乎让人感觉到在死刑的适用上，修订后的刑法更加注重了客观罪行的标准，因而冲淡了可能因为单纯恶极被判处死刑的适用。笔者认为，罪行极其严重既有质的内容，也有量的要求，是质与量的统一。在实践中认定某种罪行是否极其严重，必须从主、客观两方面进行考察。笔者认为，在认定罪行极其严重时，应着重注意考察以下内容：

第一，从犯罪性质上看，犯罪的性质不同，认定的标准也就不同。如贩毒罪、强奸罪、抢劫罪，性质比较严重，需要有加重的犯罪构成，才符合罪行极其严重的标准。而故意杀人罪，因其性质特别严重，因而一旦具备了基本的犯罪构成，就可能符合罪行极其严重的标准。

第二，从犯罪手段上看，犯罪手段决定着犯罪的社会危害性的大小，尤其是凶残的、破坏性极大的犯罪手段，能大大加重犯罪的社会危害性。以故意杀人罪来说，雇凶杀人的；冒充军警、司法人员杀人的；采用特别残忍手段杀人的；采用特别方法杀人的；多次加害最终达到杀人目的的，应属此列。

第三，从犯罪动机上看，动机能反映主观恶性的深度，因而是认定罪行极其严重的重要依据。以故意杀人罪来说，凡是因奸情杀人、为图财杀人、因受雇杀人、为争夺官位杀人、为报复社会杀人等等，都属于罪行极其严重的杀人。相反，出于激情杀人、为伸张正义杀人、为反抗压迫杀人等，可不认为是罪行极其严重。

第四，从犯罪结果上看，犯罪结果不但是犯罪构成的重要因素，也是体现犯罪人罪量的重要因素。犯罪造成的客观危害后果越严重，罪量越大，罪行也就越严重。因此，认定罪行是否极其严重，要重点考量犯罪结果是否严重。

（二）不是必须立即执行

学者普遍认为，“不是必须立即执行”是适用死缓的实质条件，对于死缓的适用与否关系重大。但是，不论是法律条文还是司法解释，对此都没有作出详细和明确的规定与限定，从而导致在刑法理论中观点各异，适用上也各行其是，不利于法制的统一。有学者认为，不是必须立即执行的情况主要有：犯罪分子有自首或者立功表现的；共同犯罪中有多名主犯，其中的首要分子或者最重要的主犯已被判处死刑立即执行，其他主犯不具有严重罪行的；由于被害人的明显过错，引起罪犯实施犯罪行为的；其他留有余地情况的，例如为保留活证据而不杀的，或者有海外关系，系侨眷、侨属而不杀的，等等。① 还有的学者认为，所谓不是必须立即执行，应当考虑主观恶性程度。因此，对以下两种情形可以判处死缓：（1）平时表现较好，犯罪动机不十分恶劣，因偶然原因犯了特别严重的罪，可以考虑其较容易改造而适用死缓。（2）被害人有一定过错，责任不全在被告人的，也可以考虑适用死缓。②

笔者认为，因属于不是必须立即执行情形而对犯罪分子适用死缓，是建立在犯罪分子所犯罪行极其严重的基础上，否则，便谈不上是选择适用死刑立即执行还是缓期二年执行的问题。因此，刑法理论界中有学者将共同犯罪中不具有严重罪行的主犯等纳入不是必须立即执行的情形中，显然与刑法规定的罪行极其严重这一死刑适用的前提条件相悖。而就每一个罪该处死的具体案件来说，是否必须立即执行，应根据量刑情节轻重，认罪态度好坏，政治影响如何等情况加以认定。例如，对于经济犯罪来说，那些达到死刑的数额标准，且属于情节特别严重，但某一方面具有可宽恕因素的，例如退赔较好、动机不是特别卑鄙等，可以考虑判处死刑缓期执行。在其他类型的犯罪中，也应综合全案情节进行裁量，以便正确地认定是否必须立即执行。③ 具体地，对于是否属于不是必须立即执行的情形，笔者认为可以从以下几个方面进行理解和把握：

其一，以法定量刑情节为依据。对于罪该处死的犯罪分子适用死缓是否

① 陈兴良：《刑法适用总论（下卷）》，法律出版社1999年版，第159页。

② 陈广君：《我国刑法中死刑的初步探讨》，载《全国刑法硕士论文荟萃（1981—1988届）》，中国人民公安大学出版社1989年版，第452页。

③ 陈兴良：《刑法哲学》，中国政法大学出版社2004年修订版，第652页。

体现了从轻，以及对具有从轻、减轻等法定量刑情节的罪该处死的犯罪分子是否可以适用死缓的问题，最高人民法院在 1989 年 10 月 14 日印发的《全国部分省市法院刑事审判工作会议纪要》第 3 条第（1）项中规定，“对个人贪污受贿情节特别严重，罪该判处死刑的，在《通告》规定的期限内投案自首，积极退赃或者有立功表现的，不论数额多大，均可从轻或者减轻处罚，一律不判处死刑（包括死缓）。”再如，我国刑法规定对未成年人不适用死刑，也是因为依照刑法第 17 条第 3 款的规定对未成年罪犯予以从轻或者减轻处罚。因此，笔者认为适用死缓不能简单地理解为对犯罪分子予以从轻处罚，但同时亦不否定从轻、减轻等量刑情节属于不是必须立即执行的情形。根据刑法所确立的量刑原则，对罪该处死但有从轻、减轻情节的犯罪分子判处死缓，法定量刑情节仅仅作为不是必须立即执行的情形对待而已。而属于此类不是必须立即执行的量刑情节通常是指：（1）投案自首；（2）有立功表现；（3）能坦白交代；（4）平时表现好，因偶然原因犯罪；（5）被害人有过错而激愤犯罪；（6）身体有缺陷或者智力不健全；（7）因国家利益需要等。

其二，以具体的犯罪情节为依据。如前所述，犯罪分子实施刑法分则规定的具体犯罪是否达到罪行极其严重，即是否适用死刑，应通过对其主观恶性和客观危害程度进行综合评价后确定。在有的案件中，犯罪分子已犯之罪经综合评价后虽然已达到罪行极其严重的程度，但在具体的犯罪情节上尚存在可判处死刑不立即执行的余地，如危害结果特别严重，但主观恶性不是特别大，或者在共同犯罪中相对于首要分子和起最主要作用的主犯，其他地位作用不十分突出的主犯等情形，可认定为“不是必须立即执行”而对其适用死缓。又如最高人民法院在 2000 年 4 月 4 日印发的《全国法院审理毒品犯罪案件工作座谈会纪要》中所列举的“可不判处死刑立即执行”的三种情形：一是“对于毒品数量刚刚达到实际掌握判处死刑的标准，但纵观全案，危害后果不是特别严重，或者被告人的主观恶性不是特别大，或者具有可酌情从轻处罚等情节的”；二是“对于被告人被公安机关查获的毒品数量不够判处死刑的标准，但加上坦白交代的毒品数量，超过了判处死刑的数量标准的，一般应予从轻处罚”；三是“掺假之后毒品的数量才达到判处死刑标准的”。

其三，以实际造成的危害结果为依据。对罪行极其严重的犯罪分子是否适用死缓，还可根据犯罪行为所造成的实际危害结果的大小认定。最高人民法院 2001 年 1 月 21 日印发的《全国法院审理金融犯罪案件工作座谈会纪要》就死刑的适用问题指出：“对于犯罪数额特别巨大，但追缴、退赔后，挽回了损失或者损失不大的，一般不应当判处死刑立即执行。”因此，虽然犯罪的数额特别巨大，但追缴、退赔后，挽回了经济损失或者经济损失不大的，或者犯罪后能采取积极措施弥补被害人损失的，或者犯罪手段特别残忍，但实际造成的人身伤亡结果不是特别严重的，均可认定为不是必须立即执行而对犯罪分子适用死缓。

（三）证据规则

尽管死缓制度在我国是作为一项刑法制度而存在的，但是在长期的司法实践中，由于程序的严格控制，其在一定的程度上也起到了控制死刑的作用。

首先，适用排除怀疑的证明标准。证明标准是指在诉讼过程中，司法人员运用证据对案件待证事实进行证明所应达到的程度，是案件事实能否得到证明对证据的质和量所提出的具体要求。由于死刑立即执行意味着对生命权的剥夺，是刑罚体系中最严厉的刑种，因而应当适用最高的证明标准即“排除一切可能性”。对于适用死刑缓期二年执行，由于其在实际效果上意味着对生命有条件的保留，意味着生命重新复活与回归的极大可能性，与死刑立即执行方式相比在权益剥夺的程度上显然要低，因此可以适当降低证明标准，适用“排除合理怀疑”标准。所以，当检察机关证明无法达到死刑立即执行案件的高证明标准时，应当适用死缓。

其次，正确理解留有余地。留有余地判处死缓案件是指被告人的犯罪事实已经基本查清，论罪应当判处死刑，但在是否对被告人适用死刑立即执行的具体量刑情节上，在案证据存在缺陷或对被告人是否具有可以从轻处罚、不需要适用死刑的具体量刑情节上，合议庭成员或审委会委员之间存在不同认识，分歧较大时，本着存疑有利被告人的原则，对被告人在适用死刑时留有余地，不立即执行，判处死刑缓期二年执行。

被告人的犯罪情节可以分为定罪情节和量刑情节，两个情节都需要确实、充分的证据加以证实，但两个情节的作用和地位是不一样的，定罪情节是基础和前提，假如根据证据认定不了被告人的定罪情节，量刑也就失去了意义。留有余地判处死缓的犯罪分子所犯的罪行从定罪的形式要件看，所犯罪行应当是极其严重，符合可以判处死刑的罪名的犯罪构成要件，在定罪的基本证据上事实清楚，证据确实、充分，论罪当杀。虽然定罪情节已无疑义，但在量刑情节上却显然有缺陷，如果判处死刑则可能是刑罚畸重，罚不当罪。因此，留有余地判决符合我国贯彻的“慎杀”、“少杀”的死刑政策，亦体现量刑公正的具体要求。最高人民法院、最高人民检察院、公安部、司法部2007年3月9日联合下发的法发（2007）11号《关于进一步严格依法办案确保办理死刑案件质量的意见》要求，“人民法院应当根据已经审理查明的事实、证据和有关的法律规定，依法作出裁判。……定罪的证据确实，但影响量刑的证据存有疑点，处刑时应当留有余地。”

三、死缓适用的完善

在目前我国还不能完全废除死刑的情况下，死缓制度以它本身所具有的独特功能使其在限制和减少死刑方面的优势脱颖而出。但是目前我国死缓制度还存在诸多问题，如何完善这一制度，让其更好地发挥限制死刑、减少死刑适用的作用，是决定死缓制度发展走向的根本所在。显然，前述所列问题的根源在于立法和司法两个方面。因此，对于死缓制度的完善，也应主要从这两个方面来进行。

（一）立法完善

由于《刑法》对于死缓适用的实质条件规定得十分抽象、含糊，其司法操作的指导性不强，不能实现规范死缓适用的作用。而且，立法上采用这种否定式、不周延的立法技术来规定，实际上完全将死缓适用的权力交给了法官，由法官在其自由裁量范围内作出“生与死的选择”。在司法实践中，由于死缓适用条件的高度抽象，司法人员对什么是“不是必须立即执行”不能形成统一的认识。在具体的案件审理中，适用死缓“各行其是”，造成了死缓适用极不规范、随意性特别大，进而导致死缓适用严重失衡。这也造成了民众对死缓适用公正性的怀疑和猜测，在沈阳刘涌案中二审法院对刘涌改判死缓遭致全国上下许多民众的怀疑，甚至对中国司法的不信任，就是一个很好的例子。

从我国《刑法》的规定来看，它将“死刑只适用于罪行极其严重的犯罪分子”作为通例，而将死缓作为“不是必须立即执行”时的特例。即在逻辑上首先想到的是要判处死刑，只是在死刑的执行不具有紧迫性的时候才适用死缓，而不是相反——将死缓作为适用于罪行极其严重的犯罪分子的通例，而将实际执行死刑作为在具备某些法定条件时的特例。[①] 这种逻辑设定模式无疑是从立法上鼓励司法人员首先考虑死刑立即执行，只是当“不是必须立即执行”的情形出现时，才将死缓作为例外的处理方式。由此可见，这种立法模式是重刑主义思想指导下的逻辑思维的结果。在这种立法模式的

---

① 卢建平：《死缓制度的刑事政策意义及其扩张》，载《法学家》2004年第5期，第139页。

指导下，在中国重刑主义盛行的今天，出于“对犯罪分子打击不力”的担心，难得有几个法官能够自觉地、积极地去适用死缓。而且我国刑法并没有规定什么情形下是“必须立即执行的”，申言之，我国刑法对死刑犯“必须立即执行”的情况并未作任何的限制。刑法对于“必须立即执行”情形的肯定、明示式规定的缺失，使判处死刑立即执行成为法官普遍的自然的选择，成为一种常态。① 我国的司法实践证明，对罪该处死的犯罪分子，多数情况下都予以了立即执行。②

鉴于我国死缓适用条件的立法存在上述缺陷，因而有必要对其进行修改。笔者认为，对死缓适用条件的立法改进应当贯彻三个原则：第一，明确性。即在立法中对于适用死缓的条件予以明确化，使其具有可操作性，避免任意性。同时，也应明确死刑立即执行的条件，避免死刑立即执行适用的当然性。第二，谦抑性。即在决定死刑立即执行与死缓的条件和范围上，应尽可能地严格前者的适用条件和范围，③ 大幅提高死缓的适用率，使死刑立即执行的适用率尽可能降低。④ 第三，适当的灵活性。即通过立法明确规定应当适用死刑立即执行的条件和应当适用死缓的条件，但是二者并不是无缝隙对接，而是在二者之间留出一定的空间，允许法官自由裁量。如此一来，即保证了法律规定的明确性又不拒绝法官的自由裁量，使原则性与灵活性相统一。

（二）司法完善

笔者认为，对于法官来说，现实生活的复杂性和死缓制度较强的政策性价值，决定了法官在适用死缓方面往往面临很大困难。因此，从司法的角度完善死缓制度具有极为重要的意义。

1. 创设死缓适用先例制度

虽然中国不实行判例法制度，但事实上最高人民法院一直有建立“案例指导制度”的规划。“人民法院二五改革纲要”第13条提出：“建立和完善案例指导制度，重视指导性案例在统一法律适用标准、指导下级法院审判工作、丰富和发展法学理论等方面的作用。最高人民法院制定关于案例指导

① 卢建平：《死缓制度的刑事政策意义及其扩张》，载《法学家》2004年第5期，第139页。

② 胡云腾：《死刑通论》，中国政法大学出版社，第271页。

③ 赵秉志、时延安：《中国刑法中死缓制度的法理研析》，载万鄂湘主编：《中国司法评论》（总第1卷），人民法院出版社2001年版，第64页。

④ 死缓的适用率是指死缓犯在死刑犯中所占的比例，死刑立即执行的适用率是指死刑立即执行的犯罪人在死刑犯中所占的比例。

制度的规范性文件，规定指导性案例的编选标准、编选程序、发布方式、指导规则等。”纲要提到统一法律适用标准，笔者认为目前的当务之急就是先统一死刑、死缓适用的标准，毕竟人命关天。

笔者认为，中国的死缓先例可以通过两种方式建立：第一，直接将最高人民法院审理、复核的死刑案件裁判文书发布，并要求全国各级法院遵照执行。当然，最高人民法院并不需要将所有死刑裁判文书确立为先例，而只是发布创设了死刑适用新规则、对死刑相关规范性文件进行了新解释的裁判文书。考虑到“批复”这种先例是经过审判委员会讨论通过才发布的，笔者认为，最高人民法院将裁判文书作为先例发布时也可以设立相应的批准程序。第二，最高人民法院也可以将下级法院的经典判决作为先例发布。即将那些经过最高人民法院认可的具有典型性的下级法院审理的案件，经过一定程度的汇总加工以后，以经典案例的形式发布，并对地方各级法院和专门法院具有指导作用。

2. 颁行死缓适用司法规则

先例的特点在于简单易行，在于举一反三，以小见大和日积月累，但是，先例无法做到面面俱到。因此，对于死缓适用标准几近于无的中国来说，也许更应该有一些“只争朝夕”的紧迫感。鉴于“人民法院二五改革纲要”第11条也提出要制定故意杀人、抢劫、故意伤害、毒品等犯罪适用死刑的指导意见，笔者认为，最高人民法院应该借此机会尽快制定死刑、死缓适用司法规则。至于是按罪名制定个罪死缓适用标准还是针对所有死刑罪名制定一部总则性的死缓适用标准，都可以继续讨论。相对而言，个罪死缓适用标准可能更具有操作性、更科学，但是考虑到要一下子制定68个死刑罪名的死缓适用标准并不是一件容易的事情，所以笔者倾向于暂时先制定一部总则性的死缓适用司法规则。

具体地说，这部司法规则至少应该包括两方面的内容，一方面申明死缓适用的基本原则，另一方面设定死缓适用的具体操作规则。前文已述，在现阶段，我们可以将适用死刑立即执行为原则，适用死缓为例外作为死刑、死缓的适用原则。在此前提下，最高人民法院可以确立如下几条死缓适用司法规则：（1）如果罪行极其严重的犯罪分子既没有从宽情节也没有从严情节，应该对其判处死刑立即执行。（2）如果罪行极其严重的犯罪分子只具有从严情节，应该对其适用死刑立即执行。（3）如果罪行极其严重的犯罪分子只具有从宽情节，应该对其适用死缓。（4）在罪行极其严重的犯罪分子既有从宽情节又有从严情节的情况下，如果从严情节占优势，应该对其适用死刑立即执行；如果从宽情节占优势，应该对其适用死缓。（5）酌定情节的认定范围以最高人民法院司法规则和先例确定的范围为限，地方法院需要认定超过先例范围的酌定情节应该请示最高人民法院批复决定。一般说来，司法实践中面临最多的问题可能是第（4）种情形的操作化问题，因此，如何衡量从宽情节占优势还是从严情节占优势就变得十分关键。我认为，最高人民法院有必要创制一个相关的司法操作规则。

结　语

死缓是我国刑法所独创和特有的一种死刑执行制度，体现了惩罚与教育相结合的现代刑法理念，是限制和减少死刑适用的重要法律途径。反思死缓在司法实践中难以广泛适用的原因，除前面所讨论的死缓制度在立法与司法上需要改进完善之外，另一个内在原因就是死缓与死刑实际执行之间的差别过于巨大。由于我国并没有真正意义上的无期徒刑，因此，死缓犯在考验期满得以减刑后就与无期徒刑甚至与有期徒刑也相差无几，但与死刑立即执行的差别却是一生一死，霄壤之别。这种差别使得“罪刑相适应”的原则难以得到体现，民众也由此产生死缓可能会成为某些特权人物用以逃避应有惩罚的“免死金牌”，从而引发对司法公正的质疑，对社会秩序存在潜在危害的担忧。由此看来，是否应对我国的死缓制度设计相关的配套措施，使其在刑事司法体系中更为科学合理，在司法实践中具有更强的可操作性，将是我们今后努力研究的方向。

刑事审判自由裁量权运行机制研究

——以自由裁量权的规范行使为视角

袁江华*

引 言

法律的字里行间充满了空间，在这些空间里，法官便是国王，他具有法律之神赋予的正义之剑——自由裁量权。在世界史上没有任何一个法律制度无自由裁量权,① 我国法律也不例外。由于我国成文法存在抽象性、模糊性、稳定性和滞后性等局限，使得我国法官审判自由裁量权的存在成为必然。同时，我国地域辽阔，经济、文化发展很不平衡，各地风俗习惯差异也很大，这更为法官审判自由裁量权的行使留下了巨大的空间。而在法院审判的诸多领域中，刑事审判自由裁量权的行使直接关系着公民的生命、自由和权利，而我国尚没有建立刑事审判自由裁量权运行机制，每个刑事法官在案件审理中大都根据自己的学术背景、工作阅历、思维模式、审判经验来行使审判自由裁量权，且拥有较大的自由裁量度，导致有时对同一案件事实，不同的法官会选择适用不同的刑事法律，对同一刑事法律，不同的法官又会持不同的解释，特别是刑事裁判中的量刑问题常因时间、地域、法官不同而产生较大的差异，出现同案不同判、量刑失衡等现象，严重影响了刑事司法公正和司法权威。为此规范刑事审判自由裁量权的行使已成为刑法理论界、实务界以及社会关注的热点问题。笔者以为，要确保法官规范行使刑事审判自由裁量权，就必须建立一个符合刑事审判自由裁量权运行规律的运行机制。为此，笔者从规范自由裁量权行使的角度出发，对刑事审判自由裁量权的运行机制进行了研究，以期对刑事审判实践有所裨益。

---

* 江苏省扬州市中级人民法院法官。

① 张文显：《二十世纪西方法哲学思潮研究》，法律出版社 1996 年版，第 627 页。

一、内涵求解：对刑事审判自由裁量权及其运行机制的解读

（一）刑事审判自由裁量权的概念认知

自由裁量权迄今为止尚无一个统一、权威的定义。《美国法律辞典》认为："自由裁量权是指官员所拥有的基于自己的判断而行事的权力。自由裁量权给予官员某些决策方面的选择，但是这种选择并非漫无边际……通常要受到某些规则和原则的制约，而且不能被独断地行使。"① 《牛津法律大辞典》认为："自由裁量权指酌情作出决定的权力，并且这种决定在当时情况下应是正义、公平和合理的。法律常常授予法官以权力或责任，确保其在某种情况下可以行使自由裁量权。"② 上述两个法律辞典均认为自由裁量权是裁量权主体在某种情形下基于自己的判断选择而作出决定的权力，并且这种权力要受到一定的制约。对于法官的自由裁量权，有观点认为是"法官的职业所固有的，使其能在多种合法的选择中自由地选择其一的权力"，③ 还有观点认为是"法官或者审判组织根据自己的认识、经验、态度、价值观以及对法律规范的理解而选择司法行为和对案件作出裁判的权力"。④ 上述观点虽然表述各不相同，但都表明法官的自由裁量权是法官根据自己的认知在某种情形下自主选择作出某种决定的权力。而关于刑事审判自由裁量权，笔者认为，结合刑事审判实践可以定义为：是法官在具体的刑事案件审理过程中，根据刑法原则、立法目的、刑事政策、司法理念、审判规则、法学原理等精神，为了实现刑事裁判的公平正义，而对刑事案件的某些问题自主酌情作出裁决的权力。

（二）刑事审判自由裁量权的特征分析

刑事审判自由裁量权赋予法官在刑事案件审理中可以就有关问题在一定的范围内进行选择并作出裁判的权力，这种权力的特征在于：

1. 存在的广泛性

有学者曾认为："自由裁量是法官在处理个案时依法对事实作出的推

① ［美］彼得·G·伦斯特洛姆：《美国法律辞典》，中国政法大学出版社 1998 年版，第 157 页。

② ［英］戴维·M·沃克编：《牛津法律大辞典》，光明出版社 1988 年版，第 261 页。

③ 武文和：《法官的自由裁量权》，载《人民司法》2001 年第 5 期，第 22 页。

④ 江必新：《论司法自由裁量权》，载《法律适用》2006 年第 11 期，第 17 页。

断。"[①] 这一观点显然是不全面的。法官的刑事审判自由裁量权贯穿于刑事审判的全过程，并且存在于刑事审判过程的每一个阶段，从证据的收集和采信、证明效力大小的认定，是否达到刑事证明标准的判断，对案件事实的认定，罪与非罪的界限判断，犯罪行为性质的认定，到各种量刑情节所影响的刑罚量的选择，以及在一定的量刑幅度内确定刑罚等，都伴随着法官的审判自由裁量权的行使，因此从司法的整个过程或基本环节来看，自由裁量权是始终存在的。[②]

2. 权力的相对性

刑事审判自由裁量权不是绝对的而是相对的。自由裁量权是法官根据法律授予的职权，在有限范围内按照公正原则处理案件的权力，[③] 法官不能漫无边际地行使，不能为所欲为，不能反复无常或出于不正当目的，而必须受到一定的约束。刑事审判自由裁量权行使必须符合一定的价值取向，符合刑法的基本原则，并要受到相应规则的限制。如果法官滥用刑事审判自由裁量权则会产生一定的法律后果。

3. 效力的针对性

法官的刑事审判自由裁量权是在具体刑事案件审理过程中，针对特定案件的某些问题自主酌情作出裁决的权力，这种权力是针对特定案件的具体情况而行使的，所产生的效力只及于特定的个案，不具有普遍约束力，不能普遍适用，更不得类推适用，不能对其他案件产生相应的法律效力。

4. 利弊的两面性

刑事审判自由裁量权作为联系刑法和具体刑事案件之间的纽带，可以有效地克服刑法抽象性与案件具体性，刑法稳定性、滞后性与社会发展性之间的矛盾，特别是可以有效地弥补刑法出现的矛盾、冲突、不合目的性，因为"一个法官绝不可以改变法律织物的编织材料，但是他可以，也应该把皱折熨平"。[④] 由于刑事审判自由裁量权的行使完全凭借法官个人的认知水平与实践经验，而各个法官的价值观、认知能力、经验阅历各不相同，因而可能出现自由裁量权行使不当而损害刑事司法公正的现象。

---

① 陈兴良：《刑法的人性基础》，中国方正出版社 1996 年版，第 548 页。

② 江必新：《论司法自由裁量权》，载《法律适用》2006 年第 11 期，第 17 页。

③ 陈兴良主编：《刑事司法研究》，中国方正出版社 1996 年版，第 461 页。

④ ［英］丹宁勋爵：《法律的训诫》，法律出版社 1999 年版，第 13 页。

（三）刑事审判自由裁量权运行机制的内涵设定

机制是泛指一个工作系统的组织或部分之间相互作用的过程和方式。[①]刑事审判自由裁量权运行机制是指为确保刑事审判自由裁量权的规范行使而建立的引导、规范、约束法官自由裁量权行使并相互发生作用和影响的系统性的方法和措施。由于刑事审判自由裁量权具有广泛性、利弊两面性、效力针对性等特征，为了充分发挥刑事审判自由裁量权的优势，并防止、控制其不当行使，有必要建立有效的运行机制以对刑事审判自由裁量权的行使进行必要的引导和规范。笔者以为，从影响刑事审判自由裁量权行使的因素来看，刑事审判自由裁量权运行机制应当包括明确刑事审判自由裁量权行使的裁判价值取向、基本原则，制订、建立确保刑事审判自由裁量权规范行使的规则、措施，并建立和完善相关的监督保障制度。

二、价值导引：明确刑事审判自由裁量权行使的裁判取向

价值取向是影响刑事审判自由裁量权行使的重要因素。法官在行使刑事审判自由裁量权过程中，经常会遇到价值判断、衡量以及取舍，而价值取向直接影响着刑事裁判结论的择取。在审判实践中出现的同案异判现象以及有一些法官认为正确的裁判结果却不能为社会公众所认同，原因之一就是刑法官行使自由裁量权的价值取向不同所致。明确刑事审判自由裁量权行使的裁判价值取向，是保障刑事审判自由裁量权规范行使的基本前提。笔者以为，行使刑事审判自由裁量权应坚持以下价值取向：

（一）实现个案正义

刑事审判必须将一般正义与个案正义有机地结合起来，通过追求具体个案正义实现社会的一般正义，刑事审判自由裁量权的行使应以实现个案正义为首要目标。刑法所能表达的正义，只能是针对一般人的一般正义，因为“法律只考虑臣民的共同体以及抽象的行为，而绝不考虑个别的人以及个别的行为”。[②] 而个案却存在较大的差异，如果用一个简单的条文去规范较大差异的案件，表面上从整个社会来看可能实现了正义，但对于个案来说却不一定公平，法官行使自由裁量权就是要把抽象的一般正义在具体的案件中体

---

① 中国社会科学院语言研究所词典编辑室：《现代汉语词典》，商务印书馆 1996 年版，第 582 页。

② ［法］卢梭：《社会契约论》，商务印书馆 1997 年版，第 50 页。

现出来。“法官的责任是当法律运用到个别场合时，根据他对法律的诚挚的理解来解释法律。”[①] 面对具体的刑事个案，法官必须以追求个案正义、追求法律真理的良心去行使刑事审判自由裁量权。

（二）适应社会需要

美国著名法官卡多佐强调，司法必须与社会现实相适应。[②] 刑事审判只有在能够适应新的社会需要的情况下才能充分发挥本身应有的功能。由于社会的复杂性与刑法规定性之间的差距，为了实现时代和社会公众对社会正义的新的要求，法官在行使刑事审判自由裁量权时就必须用发展的观点对各种利益进行综合平衡作出价值选择。正如丹宁勋爵法官所指出的：“那些由19世纪的法官所确立的法律原则，尽管适合当时的社会状况，但是不适合20世纪的社会需要和社会见解的，应当用现在的社会模型对它们进行改造，使之与人们今天的观点和需要相适应。”[③] 法官在行使刑事审判自由裁量权时，应该充分体现发展了的刑事公平正义的要求，对刑事案件作出符合时代要求以及社会需要的裁判。

（三）追求社会效果

刑事审判自由裁量权的行使必须追求法律效果，这是不言而喻的，但是社会效果亦是检验刑事审判自由裁量权是否规范行使的重要尺度。社会效果是现实社会中的人们根据自己的感受、思考、体验所形成的正义观念。作为法官应当重视裁判的社会认同性，洞察并把握社会生活的走向，在行使刑事审判自由裁量权时要在对现实社会利益全面分析的基础之上进行利益平衡，以一定时期具有支配力的社会伦理或通行的正义观念作为评价标准，使作出的刑事裁判结果符合法律以及社会的公平正义观念，从而达到法律效果与社会效果的统一。

（四）秉持刑法谦抑

刑法的谦抑也就是刑法的有限性、迫不得已性。刑法只有在其他部门法不能调整的情况下才适用。就像一个学者所比喻的那样，刑事手段就好比是足球赛场上的守门员，在他前面有前锋、中锋和后卫，都可以对对方的进攻

① 《马克思恩格斯全集》（第1卷），人民出版社1956年版，第178页。

② 何群华：《西方法学名著精萃》，中国政法大学出版社2002年版，第170页。

③ 丹宁勋爵：《法律的训诫》，杨百揆等译，法律出版社1999年版，第6页。

进行抵挡。只有当前面几道防线全部失守的情况下，最后才轮到守门员，[①]这形象地解释了刑法的谦抑性原理。刑法谦抑包含了刑罚轻缓化。随着人类社会法治文明的不断发展，轻刑化已成为世界上许多国家刑事立法的基本指导思想和刑事司法的理性选择，[②] 因为“对于犯罪最强有力的约束力量不是刑罚的严酷性，而是刑罚的必定性”。[③] 即使刑罚并不严酷，只要它能确定不移地成为犯罪的后果，就足以达到惩罚犯罪的目的。为此慎刑观念是刑事法官量刑的首要价值观，[④] 法官行使刑事审判自由裁量权时，应当以刑法谦抑作为价值取向。

三、原则规制：确定刑事审判自由裁量权行使的基本准则

确定刑事审判自由裁量权行使应遵循的基本准则，是确保刑事审判自由裁量权规范行使的重要保证，也是刑事审判自由裁量权运行机制的重要内容。笔者以为，法官行使刑事审判自由裁量权应当遵循以下原则：

（一）罪刑法定原则

罪刑法定原则的基本内容是“法无明文规定不为罪，法无明文规定不处罚”，是指何种行为构成犯罪，以及对这种行为应当处以何种刑罚，都应当由法予以明确规定。罪刑法定作为刑法的基本原则，法官应当严格遵循，并在罪刑法定原则制约之下行使刑事审判自由裁量权。首先，要正确理解罪刑法定中“法”的含义。所谓法并不仅是指某个具体的法律条文，同样应当包含法律原则和精神。[⑤] 罪刑法定原则中“法”的含义是比较广泛的，就其表现形式而言，既包括以文字形式明确表达出来的具体条文内容，也包括潜于条文文字之中、为刑法规定所涵盖的刑法的原则和精神。其次，行使刑事审判自由裁量权必须符合可预测原则。在罪刑法定原则境域中，社会公众对何种行为是犯罪，以及对某种犯罪处以何种刑罚是完全可以预测的，为此行使刑事审判自由裁量权所作出的结论，不能超出社会公众可预测的范围，

---

① 游伟：《刑民关系与我国当前的司法实践》，载游伟主编：《理念与实践——面向我国刑事司法》，上海交通大学出版社 2007 年版，第 118 页。

② 刘家琛：《刑罚适用及其价值取向》，载《审判研究》2005 年第五辑，法律出版社 2005 年版，第 9 页。

③ ［意］贝卡利亚：《论犯罪与刑罚》，黄风译，中国大百科全书出版社 1996 年版，第 104 页。

④ 熊选国、牛克乾：《论刑罚裁量的价值观念》，载《人民司法》2003 年第 11 期，第 26 页。

⑤ 姚旭斌：《论司法裁判的社会认同》，载《审判研究》2004 年第五辑，法律出版社 2004 年版，第 143 页。

唯其如此，才能符合罪刑法定原则的避免国民由于国家滥用刑罚权而遭受意外打击的初衷。[①]

（二）合法行使原则

法官行使自由裁量权时必须在法律所规定的限度、幅度、时间、手段、方式内行使，因为“自由裁量权仅存在于法律准许的幅度内”，[②] 法官必须在刑法规定的范围内进行判断、选择并作出裁判。有学者指出，刑事审判自由裁量权要求法官在审理刑事案件时，在坚持罪刑法定、有法必依的前提下，对具体案件的犯罪分子必须在法律规定的范围内视情节选择与犯罪行为和犯罪人个人特点相适应的处罚方法。[③] 同时刑事审判自由裁量权必须在可以行使裁量权的假定情况出现时才能行使，当刑法有绝对确定的法定裁量条款时，则排除自由裁量权的行使。

（三）裁判诚信原则

裁判诚信为刑事诉讼中法官如何行使自由裁量权提供了行为准则，法官在刑事审判各环节的自由裁量行为均应受到裁判诚信的指引与规范。裁判诚信原则要求法官在行使刑事审判自由裁量权时，应当诚实善意地进行。法官释明权的行使应当以保持中立、彰显公平正义为目标，诉讼指挥权与裁判权应公平善意行使，禁止滥用。[④] 在法律有欠缺或不完备，而为漏洞补充时，亦须以诚实信用原则为最高准则予以补充。[⑤] 同时，刑事法官在行使自由裁量权时，必须一视同仁，做到相同情况相同处理，情况不同区别处理。如果基本案情一样，而处理结果明显不同，即是属于自由裁量权行使不当。

（四）存疑有利于被告人原则

我国修改后的《刑事诉讼法》吸收了无罪推定原则的合理内核，[⑥] 确立

---

① 陈兴良：《刑事司法研究—情节·判例·解释·裁量》，中国方正出版社1996年版，第400页。

② 武文和：《法官的自由裁量权》，载《人民司法》2001年第5期，第22页。

③ 张绍谦：《浅论法官量刑的自由裁量权》，载《刑法发展与司法完善》，中国人民公安大学出版社1984年版，第251~252页。

④ 诉讼指挥权是“法院在监督诉讼程序合法进行，谋求完全、迅速的审理，尽快解决纠纷的条件下所进行的活动及其权能的总称。”参见［日］三月章：《日本民事诉讼》，汪一凡译，（台）五南图书有限公司1997年版，第199页。

⑤ 梁慧星：《诚实信用原则与漏洞补充》，载《法学研究》1994年第2期，第25页。

⑥ 高憬宏、罗国良：《关于我国确立刑事证据规则的思考》，载何家弘主编：《证据法论坛》第五卷，中国检察出版社2002年版，第401页。

了“疑罪从无”原则，为存疑有利于被告人原则的运用提供了法律依据。法官行使刑事审判自由裁量权时必须贯彻这一原则，在证据、定罪以及情节等存疑时要作出有利于被告人的认定。对证据不能证明起诉指控的犯罪事实、定罪证据有重大疑点或者定罪证据之间有重大矛盾不能认定被告人有罪的，应当按疑罪从无原则，作出证据不足、指控的犯罪不能成立的无罪判决。在有罪和无罪、罪轻和罪重的证据证明力难以区分的情况下，认定被告人无罪或者罪轻。对于没有充分证据证明从重情节成立的，应不予认定；对于没有充分证据排除从轻情节的，应当酌情从轻判处。无充分证据排除被告人合理辩解的，则应作出有利于被告人的裁判。

四、措施引领：制定刑事审判自由裁量权行使的指导规则

通过采取有效的方法和措施来引导、规范法官正确行使刑事审判自由裁量权，是刑事审判自由裁量权运行机制的核心内容。笔者以为，结合我国刑事司法现状，可以考虑采取以下方法和措施：

（一）发布司法解释等刑事规范性文件

刑事司法解释使刑事法律规定更为明确、具体，对于解决刑事审判实践中的有关问题更具针对性、可操作性，是规范法官刑事审判自由裁量权行使、统一刑事法律适用标准的重要工具，在刑事审判自由裁量权运行机制中具有重要作用。同时对于一些尚不具备条件制定司法解释的法律适用等问题，最高人民法院可以发布其他司法文件，指导下级法院参照适用，这也将起到规范刑事审判自由裁量权行使的作用。另外高级、中级和基层法院也可根据本地实际，制定一些适用于本辖区的相关文件，对刑事审判中的疑难、复杂等问题进行明确和规范，这都有助于规范法官刑事审判自由裁量权的行使。

（二）发布刑事典型案例

发挥刑事典型案例的指导作用是统一法律认知和法律适用、规范刑事审判自由裁量权行使的有效手段。典型案例具有可比性、借鉴性，对司法审判具有重要的示范效应，能使相同或相似案件在裁判结果上做到相同或相似，保证同类判决结果总体上一致，因此发布刑事典型案例对刑事法官自由裁量权的行使具有规范、统一的功能。刑事典型案例可以实行逐级上报审核制，最高人民法院审核后通过一定的形式发布。同时地方法院也可以通过一定的程序和方式公布一些刑事典型案例，以适应地域差异。因此，必须建立刑事

典型案例发布机制，对刑事典型案例的选择、编写、审核、公布以及淘汰等都要进行严格把关，以真正发挥典型案例的规范指导作用。

（三）制定刑事证据规则

目前我国尚没有制定出统一的刑事证据规则，刑事审判实践中对刑事证据的收集、审查、运用没有相应的规则可以遵循，刑事法官都是根据自己的判断和理解，通过行使自由裁量权去进行刑事证据的收集、审查，用以认定案件事实，这导致实践中刑事证据的收集、运用、事实认定等很不统一。制定刑事证据规则是规范刑事审判自由裁量权的重要手段，有助于规范刑事证据的收集运用，统一证据效力的认定标准，确保正确认定案件事实，为公正审理刑事案件奠定基础。

（四）出台量刑指导意见

“整个人类刑法文明史，就是一部为实现刑罚目的而不断追求量刑公正的历史。”① 由于我国刑法实行相对确定的法定刑制度，刑事审判自由裁量权的行使在刑罚的选择、适用上都有较大的自由裁量的空间，且我国没有统一的量刑指导意见来规范法官的刑罚裁量权，导致实践中量刑偏差和量刑失衡问题较为突出。这引起了不少学者的重视，很早就有学者提出数学量刑法、电脑量刑法等。② 有些地方法院也在积极探索制定量刑指导规则，并取得了一定成效。③ 但我国还没有形成统一的量刑模式，实践中的量刑方法仍然是经验量刑法。因此，必须制定统一的量刑指导意见，明确量刑的基本原则，确定基准刑、宣告刑的方法，规范法官的刑罚自由裁量权，促进刑罚适用的公平和均衡。

（五）强化刑事裁判文书的认证说理

加强裁判文书的说理性，能够使监督者对裁量权行使的监督具有准确的

---

① 沈德咏：《论量刑公正》，载《中英量刑问题比较研究》，中国政法大学出版社 2001 年版，第 11 页。

② 苏惠渔等：《量刑与电脑》，百家出版社 1987 年版，第 136～137 页。

③ 如江苏省高级人民法院于 2004 年 5 月 9 日制定了《量刑指导规则（试行）》，江苏省姜堰市人民法院于 2003 年 3 月 7 日制定了《规范量刑指导意见》，载汤建国主编：《量刑均衡方法》，人民法院出版社 2005 年版，第 91～97 页、第 12～57 页。

切点，[①] 这是对审判自由裁量权进行有效监督和约束的举措。要积极推进刑事裁判文书的改革，加强刑事裁判文书的认证说理，改变裁判文书“千人一面”的现象。在刑事裁判文书中，采信证据、认定案件事实理由要公开，是否采纳控辩双方的意见及理由以及量刑的理由等都要详细论述。特别是在法律没有明确规定或者没有规定的情况下，更要增强裁判文书的认证说理。

五、程序控制：加强刑事审判自由裁量权行使的内部监督

加强刑事审判自由裁量权行使的内部监督，是防止刑事审判自由裁量权不当行使的重要手段。通过发挥法院内部监督程序的功能作用，可以增加刑事审判自由裁量权行使的透明度，促进刑事审判自由裁量权行使的理性化与正当化。

（一）发挥刑事审判组织的内部监督功能

一是发挥合议庭的整体作用。合议庭作为一种基本的审判组织，可以集思广益，能够实现刑事审判决策过程的民主性，有助于对个人的刑事审判自由裁量权进行有效地制约。二是发挥审判委员会的把关决策功能。审判委员会通过讨论重大、疑难、复杂等案件，总结审判经验和规律，对于规范法官以及合议庭的审判自由裁量权的行使具有重要作用。

（二）发挥院长、庭长的审判管理职能

院长、庭长作为院、庭事务的组织管理者，在长期的司法实践中一直承担着案件的审核、把关等审判管理职能，虽然院长、庭长审核把关机制的行政化弊端逐步为人们所认识，其作用也正在逐步为其他制度所取代，[②] 但目前在其他制度还没有完全到位的情况下，院长、庭长的审判管理仍可对审判自由裁量权的规范行使发挥一定的作用。

（三）加强上级法院的刑事诉讼监督指导

上级法院可以通过刑事二审程序、死刑复核程序、审判监督程序对下级法院刑事审判自由裁量权的行使情况进行监督，有效地防止和纠正下级法院自由裁量权的不当行使。同时上级法院也可以通过调研、座谈、开会、检查等方式对下级法院刑事审判自由裁量权的行使进行监督指导。

---

① 周振想、林维：《略论自由裁量及其判决展示和控制》，载《人民司法》2003 年第 1 期，第 61 页。

② 蒋惠岭：《法律统一适用机制再认识》，载《法律适用》2007 年第 3 期，第 4 页。

（四）强化刑事案件质量评查

案件质量评查作为审判监督管理的重要手段，在规范审判自由裁量权行使方面具有重要作用。要建立、完善刑事案件质量评查机制，加大对重大、疑难、复杂案件、发改案件、当事人申诉案件的评查力度，并对评查结果进行分析通报，统一执法尺度，规范刑事审判自由裁量权的行使。

（五）完善刑事法官业绩考评制度

要将法官刑事审判自由裁量权的行使情况，以及刑事案件质量、裁判文书认证说理等内容列入刑事法官的业绩考评范畴，发挥业绩考评制度的作用，引导和规范刑事审判自由裁量权的规范行使。

六、主体保障：提高刑事法官的政治品质和业务素养

"对正义的实现而言，操作法律的人的质量比其操作法律的内容更为重要。"[①] 刑事法官作为刑事审判自由裁量权行使的主体，是刑事审判自由裁量权运行机制中的决定性因素。刑事法官的素质在刑事审判自由裁量权的行使中发挥着决定性作用。要促使刑事审判自由裁量权规范行使，就必须不断培养刑事法官的正义良知，提升刑事法官的政治业务素质。要在规范法官任职资格的同时，不断加强刑事法官的任职前培训、在职学习和培训，不断提高刑事法官的专业素养、司法能力，以确保刑事审判自由裁量权真正规范行使。

结　语

刑事审判自由裁量权运行机制作为一个系统工程，其内容并不局限于上面所阐述的方法和措施，随着研究的深入和司法改革的进展，一些新的内容会不断涌现。同时要真正有效地发挥运行机制的作用，确保刑事审判自由裁量权规范行使，就必须使运行机制各个部分协调一致，相互配合，而不能有所偏废。就审判运行机制外部条件而言，进一步完善刑事立法，减少刑法的漏洞、滞后、模糊、多义、冲突等局限，显然是规范法官刑事审判自由裁量权行使的一个重要方面。而就法院内部举措而言，建立完善的刑事审判自由裁量权运行机制，并采取有力措施发挥运行机制的作用，无疑是促使刑事审判自由裁量权规范行使的有效途径。

---

① Evan Hayns, The Selection and Tenure of Judges Newark, NJ, National Conference of Judical Councils, 1944j. p5.

对虚假诉讼采取刑事应对措施的调查报告

浙江省高级人民法院课题组

2008年，浙江高院对虚假诉讼现象进行了专门调研，形成了《对我省有关“虚假诉讼”问题的调查与思考》调研报告，并制定了《浙江省高级人民法院关于在民事审判中防范和查处虚假诉讼案件的若干意见》（以下简称《若干意见》），供全省法院执行。为有效防范和制裁虚假诉讼行为，保障利害关系人合法权益，维护司法裁判公信力，最高人民法院委托浙江高院就如何运用刑罚手段防范和制裁虚假诉讼行为开展调研，并起草虚假诉讼刑事司法解释代拟稿。为此，浙江高院成立了课题组，经过详实而周密的调研，研究了实践中比较普遍适用的妨害作证罪和帮助伪造证据罪的犯罪构成，以非法占有为目的的虚假诉讼行为是否构成诈骗罪，以及根据罪数理论如何正确定罪处罚等；对如何运用刑罚手段的程序问题也一并进行了分析，并提出了相应的对策和建议。

一、虚假诉讼行为特征

（一）虚假诉讼概念、范围

1. 虚假诉讼概念

浙江高院《若干意见》第1条规定：“本意见所指的虚假诉讼，是指民事诉讼各方当事人恶意串通，采取虚构法律关系、捏造案件事实方式提起民事诉讼，或者利用虚假仲裁裁决、公证文书申请执行，使法院作出错误裁判或执行，以获取非法利益的行为。”这是首次由司法机关将“民事诉讼各方当事人恶意串通，采取虚构法律关系、捏造案件事实方式提起民事诉讼”现象正式界定为虚假诉讼，逐渐将虚假诉讼现象从以前“恶意诉讼、诉讼欺诈、诉讼诈骗”的概念中剥离出来，作为一种独立的诉讼现象进行研究，一改以往司法实务界和理论界将虚假诉讼现象视为诉讼欺诈、诉讼诈骗或恶意诉讼来进行研究的现状。本次调研，充分吸收了浙江法院已有的前期调研成果，我们认为，虚假诉讼具有以下本质特征：

（1）“诉”本身的虚假性。采取虚构法律关系、捏造案件事实方式提起民事诉讼，这是虚假诉讼的实体内容要素和客观特征。也就是说，当事人的请求是不真实、不存在的。如当事人之间虚构债权债务，然后以所谓的借贷关系、买卖关系出现；再如，驰名商标司法认定案件中发生的商标权利人捏造所谓的商标侵权事实，然后将这一假象呈现给法庭。虚假诉讼概念上已清楚显示“诉”是虚假的。而恶意诉讼如银行为了核销死账，提起诉讼的行为就不具备这一特征。

（2）当事人恶意串通。这是虚假诉讼中行为主体主观方面的特征。从刑事犯罪的角度讲，就是主体之间事先进行了合谋。单方诉讼欺诈、诉讼诈骗均不具备此要素特征。如上海市金山区被告人王连丰通过编造理由骗取他人签名再伪造借条并向法院提起要求被害人归还“借款”案、甘肃省被告人乔红霞伪造合同、协议等证据骗取山东省青岛市澳柯玛集团销售公司资金案都是如此。

（3）牟取不正当利益。这是虚假诉讼当事人的行为目的和动机。有些当事人是为了非法占有他人财物或本公司财物才实施虚假诉讼，如浙江省台州市黄岩区被告人黄官富虚假诉讼案中黄某就是为了侵吞与他人合作的工程款等。

（4）缺乏实质抗辩。此为虚假诉讼案件审理过程中的诉讼表现特征。早期的虚假诉讼案件，当事人之间配合非常默契，往往利用“自认”规则进行，调解为结案的主要表现形式，如山东省青岛市被告人孙吉波先后串通林永坤等5人，虚增债务，由林永坤等五人分别对孙吉波担任法定代表人的澳海公司提起民事诉讼，致使法院先后出具5份错误的民事调解书。在人民法院注意虚假诉讼现象后，当事人在法庭审理过程注重了技巧，有了“抗辩”，有些甚至在场面上还较“激烈”，并让法院出具判决书的情况逐渐增多。但不论如何，这些都是“演戏”。缺乏实质性抗辩也是单方诉讼欺诈、诉讼诈骗所不具备的，如前述的几个单方诉讼诈骗案件，最后甚至是经过公安部司法鉴定才查实的。

2. 虚假诉讼范围

浙江高院《若干意见》将虚假诉讼现象规定在民事诉讼法调整的领域，包括一般的民事诉讼及执行。调研中，有人认为在行政诉讼领域主要涉及土地征收、城市房屋拆迁安置补偿案件也存在虚假诉讼现象。因此，是否有必要将虚假诉讼范围扩大到行政诉讼领域，值得思考。当然，目前发现和查处的虚假诉讼案件主要反映在民事诉讼法调整的领域，从解决重点领域、重点问题的角度出发，现阶段，将虚假诉讼界定在民事诉讼范围也可。

（二）虚假诉讼类型

1. 从虚假诉讼案件发生领域上区分，一般可分为以下几类：

（1）民间借贷案件。因为民间借贷案件中主要的证据就是借条，而伪造借条相对来说比较容易，因此该类案件也容易发生。该类案件往往涉及不法占有他人财产的目的。夫妻一方起诉离婚后案件审结前或准备离婚前，为多分夫妻共同财产，授意虚假债权人起诉夫妻双方或一方要求清偿债务，一般也是民间借贷案件形式出现。

（2）已经资不抵债的公司、企业、其他组织、个人为被告的财产纠纷案件。主要有以下几种表现形式：其一，企业负责人与他人虚构债权债务关系，参与分配企业财产。其二，企业负责人虚构管理人员工资，由管理人员起诉要求在企业财产中优先支付工资。

（3）国有、集体企业尤其是正在改制中的国有、集体企业为被告的财产纠纷案件。国有、集体企业负责人利用职务之便，为侵吞公司、企业资产，与他人合谋，虚构债务，由他人起诉企业要求清偿所谓的债务。

（4）土地征收或拆迁区划范围内的自然人作为诉讼主体的分家析产、继承、房屋买卖合同纠纷案件。

（5）驰名商标司法认定案件。

2. 从虚假诉讼目的上来区分，一般可以分为以非法占有他人财产为目的的积极型虚假诉讼案件和防止自己财产减少的消极型虚假诉讼案件。如此划分，对区别不同类型虚假诉讼行为，正确定罪处罚有比较重要的意义。

二、“虚假诉讼”制裁现状及原因

（一）制裁概况

1. 刑事制裁明显偏少

为正确了解对虚假诉讼现象不予制裁、采取民事诉讼法规定的制裁措施或采取刑事制裁措施的情况，课题组选择宁波市、玉环县、永康市三地对相关情况进行了统计。统计结果表明：不予制裁或采取民事诉讼法规定的制裁措施进行制裁占主要比例，采取刑事制裁措施的则明显偏少。具体见表1、表2、表3：

表 1　宁波地区对虚假诉讼的制裁情况

制裁情况 案件数量	民事诉讼法制裁手段	刑法制裁手段	不予制裁
6	3	2	1
	司法拘留、罚款	均以妨害作证、帮助伪造证据定罪	

表 2　玉环县对虚假诉讼的制裁情况

制裁情况 案件数量	民事诉讼法制裁手段	刑法制裁手段	不予制裁
44	27	17	无
	司法拘留、罚款	均以妨害作证、帮助伪造证据定罪	

表 3　永康市对虚假诉讼的制裁情况

制裁情况 案件数量	民事诉讼法制裁手段	刑法制裁手段	不予制裁
11	11	无	无
	司法拘留、罚款		

2. 妨害作证罪与帮助伪造证据罪是主要刑事制裁手段

从各地反馈的材料包括相关案件判决书以及座谈会中反映的情况看，对虚假诉讼现象采取刑事制裁手段进行制裁的主要表现为妨害作证罪与帮助伪造证据罪。从我省宁波市、绍兴市、台州市、嘉兴市等地以及江苏、广东等地提供的案例反映，法院对虚假诉讼行为追究刑事责任的主要也是以妨害作证罪与帮助伪造证据罪定罪处罚。

3. 相同情形不同处理现象比较普遍

如浙江省台州市黄岩区被告人黄官富为占有与丁某等人合作经营的46万余元土地平整款，遂与被告人张江元等6人恶意串通，出具虚假欠条，并代为委托诉讼代理人，起草民事诉状，指使上述6人以土地平整工程欠机械租赁费、运输费为由，分别提起民事诉讼，造成黄岩法院作出黄官富与合作人丁某等共同支付给张江元等6人“工程欠款”共计金额42万余元的错误裁判。案发后，黄岩法院以妨害作证罪判处被告人黄官清有期徒刑2年6个月；对被告人张江元等6人以帮助伪造证据罪分别定罪处罚。而在四川省乐山市郭坤嶂利用虚假诉讼骗取20万元（既遂）、骗取90万元（未遂）一案，受害人嘉乐公司报案后，公安机关将该郭抓获，在以妨害作证罪对郭提起公诉后，因对定罪存在争议而无法得到及时处理。

（二）刑法制裁偏少及同种情形不同处理之原因

1. 刑法对虚假诉讼行为未作专门规定

从我国现行刑法规定来看，对虚假诉讼现象没有预计，因此也无规定具体的罪名和刑事责任。刑法第六章第二节“妨害司法罪”中没有关于虚假诉讼或诉讼欺诈犯罪的规定。第307条规定的妨害作证罪和帮助毁灭、伪造证据罪，在具体适用上也是有争议的。这是对虚假诉讼当事人难以采取刑事制裁措施的主要原因。

2. 法官运用刑罚手段制裁虚假诉讼行为人的意识不强

许多法院、法官对当事人进行虚假诉讼的行为是否触犯刑法未予深入思考和研究，只是一味感叹没有明确的法律（刑法）规定。也有些法官会认为可能触犯了相关刑法规定，但往往想过则止，未作深究。

3. 对虚假诉讼行为的危害性认识不够

虚假诉讼行为的社会危害性已经超出了一般的侵犯司法秩序行为的社会危害程度，尤其是目前在虚假诉讼类型中占主要地位、数量的侵财型虚假诉讼，比一般的诈骗犯罪案件危害性更为严重，因为除给案件第三方当事人造成巨大的经济损失外，虚假诉讼行为还严重损害法院裁判公信力，损害司法的严肃性、权威性。但调查中发现，有部分法院、法官还停留在“虚假诉讼只是一般的妨害诉讼的违法行为”的认知水平上，认为对虚假诉讼当事人给予罚款、拘留等民事诉讼法规定的处罚即可，有些甚至不予追究责任。司法实践中，是否对虚假诉讼当事人追究刑事责任很大程度上取决于某个法院、法官对虚假诉讼行为危害性的认识。认识上的差异，直接导致对虚假诉讼行为处理的迥异。

4. 相关文件客观上给对虚假诉讼行为采取刑事制裁措施带来障碍

2002年10月24日最高人民检察院法律政策研究室《关于通过伪造证据骗取法院民事裁判占有他人财物的行为如何适用法律问题的答复》（以下简称《答复》）规定：“以非法占有为目的，通过伪造证据骗取法院民事裁判占有他人财物的行为所侵害的主要是人民法院正常的审判活动，可以由人民法院依照民事诉讼法的有关规定作出处理，不宜以诈骗罪追究刑事责任。如果行为人伪造证据时，实施了伪造公司、企业、事业单位、人民团体印章的行为，构成犯罪的，应当依照刑法第280条第2款的规定，以伪造公司、企业、事业单位、人民团体印章罪追究刑事责任；如果行为人有指使他人作伪证行为，构成犯罪的，应当依照刑法第307条第1款的规定，以妨害作证罪追究刑事责任。”该答复虽非司法解释，但至今仍在发挥类似于司法解释的作用。因该答复的存在，虚假诉讼中占主要比例的以非法占有为目的的侵财型虚假诉讼案件无法得以按诈骗罪追究刑事责任，也是一部分法院、法官认为对虚假诉讼现象无法再采取有效手段给予严厉打击的原因。

5. 实体处理不明、司法机制不畅

目前，对虚假诉讼当事人追究刑事责任的案件，其案发途径往往是受害人向公安机关、检察机关报案，或向党委、人大、政府申诉、信访，之后才由公安机关立案侦查，移送检察机关审查起诉，直至法院判决。这类案件往往因引起当地领导重视，故对实体问题处理容易达成一致，实践操作中没有太大障碍。问题在于对法院查实的虚假诉讼案件以及在法院审理期间发现该案件有比较明显的虚假诉讼嫌疑，则经常会因为实体处理没有达成共识而无法移送、进入侦查及公诉程序。

三、刑法视野下之虚假诉讼行为定罪分析

（一）虚假诉讼行为可能构成犯罪的分析

1. 妨害作证和帮助伪造证据罪及拒不执行判决、裁定罪

（1）妨害作证罪和帮助伪造证据罪

①司法实践中，对虚假诉讼当事人以妨害作证罪和帮助伪造证据罪定罪处罚的占多数。妨害作证罪的客观表现形式为“以暴力、威胁、贿买等方法阻止证人作证或者指使他人作伪证”。实践中一般以给予好处指使他人以“原告”身份起诉虚假诉讼主谋人，也即《刑法》第307条规定的“贿买”情形。实践中对适用该条的主要问题或争议有两点：一是“指使他人作伪证”能否成立？虚假诉讼的模式呈现为“原告（帮助人）—被告（主谋人）、原告（主谋人）—被告（帮助人）。虚假诉讼主谋人指使“原告”或“被告”作虚假陈述的行为能否视为“指使他人作伪证”？二是以该条定罪处罚，往往会出现主、从犯定性不一的情况，即对虚假诉讼主谋人以妨害作证罪定罪处罚，对帮助犯以帮助伪造证据罪定罪处罚，是否有违共同犯罪理论？

关于第一个问题即虚假诉讼主谋人指使“原告”或“被告”作虚假陈述的行为能否视为“指使他人作伪证”？调查中，有人认为，当事人不论在

哪一诉讼环节中作虚假陈述，刑法并未规定为犯罪，故所谓的“原告”或“被告”虽然向法院作虚假陈述也不能认定其行为构成犯罪；指使他人作伪证一般存在于一个既存诉讼之中，即在甲、乙已有的诉讼中，甲或乙指使他人丙作伪证，损害乙或甲的利益。虚假诉讼不存在此种情形，是原、被告之间相互串通，损害第三人利益，当中并无证人；本条第1款罪名为妨害作证罪，意即妨害证人、鉴定人、翻译人、记录人作伪证，不是指使一方当事人作虚假陈述。因此，对实践中大量出现的以妨害作证罪对虚假诉讼主谋人以该罪定罪处罚认为不妥。也有人认为，虚假诉讼中受指使参加虚假诉讼的当事人并非真正的诉讼当事人，究其实质而言，该受指使参加虚假诉讼的当事人只是帮助虚假诉讼主谋人向法庭作虚假证明的人，可称为实质证人。故对虚假诉讼主谋人以妨害作证罪定罪处罚并无不当。

我们认为，从严格意义上来讲，要将虚假诉讼主谋人指使“原告”或“被告”向法院作虚假陈述的行为认定为刑法第307条第1款规定的“指使他人作伪证”有些牵强。结合刑法第305条、第306条、第308条的规定看，妨害作证也不应指“指使对方当事人作伪证”。此外，从文义上理解，“妨害作证”应理解为“妨害他人（指证人、鉴定人、翻译人、记录人）作证”。故以妨害作证罪对虚假诉讼行为进行制裁似乎并不妥当。

关于第二个问题，即按照刑法第307条定罪处罚，还涉及对共同犯罪理论的争论问题。能否将该条两款的规定理解为刑法已经对主从犯作了不同罪名的规定，就如组织卖淫罪和协助组织卖淫罪一样。我们理解，指使他人作伪证与帮助伪造证据并不是完全相对应。且很多时候，这些帮助犯也只是将主谋人已经伪造好的证据提交给法庭而已，没有帮助伪造证据的行为。

基于以上的认识，我们认为对虚假诉讼行为追究刑事责任，如果刑法其他条文已经有明确规定可以追究的，则优先考虑其他刑法条文，此可减少不必要的争议，也能顺利地解决共同犯罪问题。故将刑法第307条有关妨害作证罪和帮助伪造证据罪作为对虚假诉讼行为追究刑事责任的一种补充可能更为适当，不将其作为牵连犯处断的比较对象。高检法律政策研究室《答复》中“如果行为人有指使他人作伪证行为，构成犯罪的，应当依照刑法第三百零七条第一款的规定，以妨害作证罪追究刑事责任”的内容可有限制地吸收。

②关于知识产权保护中有关驰名商标司法认定的问题。浙江法院在司法实践中已经对有人企图通过虚假诉讼达到司法认定驰名商标的现象给予高度警惕。当事人通过虚假诉讼达到司法认定驰名商标的情况也引起了最高院的

关注[①]显然，驰名商标司法认定虚假诉讼已经成为虚假诉讼中一种容易出现的情形。

驰名商标司法认定虚假诉讼并不直接造成特定第三人财产损失和不利影响，也不侵犯刑法分则第三章第七节规定的知识产权客体，但其妨害司法秩序却毋庸置疑，损害司法权威的社会危害性也是客观存在的。因此，对于类似驰名商标司法认定虚假诉讼可以考虑以妨害作证罪及帮助伪造证据罪定罪处罚。

（2）拒不执行判决、裁定罪

当事人以转移资产逃避强制执行为目的的虚假诉讼行为，以及在强制执行过程中为减少自身财产损失而进行虚假诉讼企图参与分配的行为也侵犯了"司法秩序"客体。该行为根据全国人大常委会2002年8月29日通过的《关于〈中华人民共和国刑法〉第三百一十三条的解释》之规定，均可依法追究"拒不执行判决、裁定罪"。山东省五莲县被告人林西仲虚假诉讼案就是如此处理。

2. 诈骗罪

对于以非法占有他人财物为目的的虚假诉讼行为是否构成诈骗犯罪，调研中，有许多法官提出了可以按照诈骗犯罪处理的观点和思路。实践中，也见到有法院对于诉讼诈骗案件以合同诈骗罪、诈骗罪论处的实例，单方诉讼诈骗的实例则更多。另一方面，以非法占有他人财物为目的的虚假诉讼案件之危害性比一般的诈骗犯罪还要严重，单纯地以"妨害作证罪和帮助伪造证据罪"来定罪处罚明显偏轻，无法做到"罪刑相适应"，如广州市荔湾区查处的三起虚假诉讼案例均属数额特别巨大，最多的达到6000余万元，最少的也达到450余万元，但最后以妨害作证罪判处主谋人刑罚最高的也只判处有期徒刑5年。如果按一般诈骗犯罪论处，足以判处无期徒刑。司法实务界也迫切需要对这类虚假诉讼行为能否以诈骗犯罪定罪处罚作一次深入论证，有一个正面回答。因此，我们将此作为研究的重点内容之一，这也是争论最大、难度最大的一个问题。张明楷教授在其《论三角诈骗》一文及《诈骗罪与金融诈骗罪研究》中直言："从实质上分析，三角诈骗与二者间

① 最高人民法院知识产权庭负责人就2009年5月1日起施行的最高人民法院《关于审理涉及驰名商标保护的民事纠纷案件应用法律若干问题的解释》答记者问时就明确表示："一些当事人试图通过司法认定驰名商标达到其不适当的商业目的，使驰名商标司法保护非正常承载了其他的意义——为防止当事人在驰名商标认定中串通造假，司法解释的第七条第二款规定，除本解释另有规定外，人民法院对于商标驰名的事实，不适用民事诉讼证据的自认规则。对方当事人对于驰名商标的认可，并不免除原告的举证责任。"

诈骗（注：指受害人与被骗人同一）对法益的侵害没有任何区别，本质上都侵犯了公私财产，被侵犯的财产都受到刑法保护。不能因为受骗人与被害人之间没有同一性，而否认三角诈骗侵犯了公私财产。也不能因为受骗人处分财产，而对被害人的财产不予刑法上的保护；从犯罪构成要件上分析，行为人主观上具有直接故意和非法占有的目的（不法所有的目的），客观上实施了虚构事实、隐瞒真相的行为，处分财产的受骗人基于认识错误处分了财产，行为人因此获得了财产，被害人的损失应归责于行为人的诈骗行为，完全符合诈骗罪的主客观条件；在诉讼诈骗中，受骗人是法院（法官），行为人的行为使有权处分被害人财产的法院（法官）产生错误认识和判断，成为受骗人，因此，诉讼诈骗是三角诈骗的典型形式，应当以诈骗罪论处。”审判实践中也有人对此持肯定观点，并有不少案件是以诈骗犯罪处理的。如上海市金山区被告人王连丰、闸北区被告人黄根福、甘肃省被告人乔红霞、浙江省杭州市被告人陈昕等案件，均以诈骗罪或合同诈骗罪论处。

在诈骗通常发生的场合，被骗人与受害人是同一的，即直接欺骗受害人，受害人基于错误认识处分财产，但刑法并未排除受骗人与受害人不同一的情形。事实上，刑法有关金融诈骗犯罪的规定就包含了受骗人与受害人不同一的情形，如刑法第 196 条将“冒用他人信用卡”的行为规定为信用卡诈骗罪就为一证明，在此处，受骗人为金融机构，受害人则为信用卡权利人。此外，在日常生活中可以预见的场合，如保管人被行为人虚构的事实欺骗，将他人交其保管的财物交行为人，使他人遭受损失的事例，司法实践中以诈骗罪定罪处罚应无大的争议。“三角诈骗理论”合法、合理、有据。

张明楷教授将三角诈骗中的被骗人界定为具有处分受害人财产的权限或者处于可以处分受害人财产的地位（或者具备可以处分受害人财产的条件，如《论三角诈骗》一文中的保姆案），这也是符合实际情况的。在诉讼诈骗中，法院（法官）为具有处分受害人财产权限或者处于可以处分受害人财产地位的受骗人，法院（法官）基于行为人欺诈行为产生错误认识，并因此错误认识作出处分受害人财产的裁判。在这里，受骗人与受害人不同一，构成了典型的三角诈骗。

对于虚假诉讼而言，虚假诉讼为当事人之间恶意串通，采取虚构法律关系、捏造案件事实方式提起民事诉讼，获取非法利益的行为，其属于诉讼诈骗的一种表现形式。双方恶意串通以骗取他人财物为目的而实施的虚假诉讼在是否构成诈骗犯罪的机理上与单方诉讼诈骗并无二致，其欺诈性在某种程度上来说比单方诉讼诈骗更明显、更突出。因为当事人之间缺乏实质性对抗，更容易欺骗裁判者。该类虚假诉讼行为符合诈骗犯罪的构成要件：第一，从主观上来讲，虚假诉讼主谋人非法占有他人财物的目的十分明显；第二，虚假诉讼主谋人通过与人合谋，虚构法律关系，捏造案件事实也是客观存在的。这是成立虚假诉讼的前提要件之一；第三，行为人欺骗法院（法官）的意图十分明显；第四，法院（法官）因此受欺骗作出错误的裁判，并处分第三方利益，而使第三方利益受损，行为人获得非法利益的事实也没有争议。作为讼争财产处分人的法院（法官），其系在不知情或者称“被骗”的情况下处分财产，这一点比一般的单方诉讼欺诈来得更为明显。

3. 贪污罪或职务侵占罪

山东省青岛市被告人孙吉波利用其担任青岛澳海信息工程专修学院法定代表人的职务便利，先后串通林永坤等5人，虚增债务，由林永坤等5人分别对澳海公司提起民事诉讼，致使法院先后作出5份错误的民事调解书。之后，孙吉波将虚增债务据为己有。

在司法实践中，还发生有关公司、企业负责人在公司、企业经营不善的时候，浑水摸鱼，利用职务便利与人合谋，虚构职工工资等债权债务关系，提起虚假诉讼企图侵吞公司、企业财产的案例。如浙江省云和县蓝钥匙工艺厂虚假工资案就是如此。

公司、企业改制过程中出现的有关负责人利用职务之便，与人合谋，采用虚构债权债务，进行虚假诉讼的手段侵吞公司、企业资产案件，亦可根据上述情形定罪处罚。

实践中还有一类容易发生在国有、集体建筑企业中的案件，如项目经理等公司、企业工作人员，与材料供应商签订虚假的材料款结算协议，通过诉讼为个人获取非法利益，损害公司、企业利益。如浙江省东阳市一建设集团项目经理林某虚构材料款案就是如此。对于该类行为也可根据具体情况以贪污罪或职务侵占罪定罪处罚。

4. 伪造国家机关公文、证件、印章罪及伪造公司、企业、事业单位、人民团体印章罪

对此，最高人民检察院研究室的《答复》已有涉及，实践中并无争议。

5. 其他

（1）离婚诉讼中发生的虚假诉讼案件。对于离婚诉讼过程中，一方当事人为了多分财产，采用虚构债务授意他人另行进行虚假诉讼的手段获取不应当获得的利益。对这类虚假诉讼行为能否以诈骗罪定性，也是我们面对的一个难题。毫无疑问，行为人进行虚假诉讼的目的是为了多分夫妻共同财产，行为目的指向本身具有非法性，即为了获取非法利益。但能否认定为“以非法占有他人财物为目的”却有争论。我们认为，离婚案件与其他民事

案件不同，不论在立法上还是司法实践中，均有不同处理的情形。对于离婚诉讼过程中出现的类似意欲多分夫妻共同财产而采取的虚假诉讼也有其特殊性，我们主张，对类似虚假诉讼还是根据刑法第307条的规定处理比较妥当。

（2）裁判生效前为防止自身财产减少而进行的虚假诉讼。对于这类虚假诉讼行为，其侵犯债权人经济利益的目的是清楚的，但是否侵犯财产所有权客体，尚有不同看法。我们更倾向于认为是侵犯了债权人的债权（请求权）。基于这个认识，在行为人所采用的手段没有侵犯刑法保护的其他客体的情况下，宜认定为侵犯司法秩序客体，可根据刑法第307条的规定，以妨害作证罪和帮助伪造证据罪定罪处罚为妥。

（3）企业破产过程中发生的虚构工资等债权债务关系，利用职工工资优先受偿的法律规定，进行虚假诉讼，参与分配，侵害债权人利益的行为如何定性的问题。对于这类案件，我们认为侵犯的同样是债权人债权，是妨碍了该债权请求权的实现。基于这一认识，我们也倾向于认为以妨害作证罪和帮助伪造证据罪定罪处罚为妥。

（二）罪数理论与定罪

如前所述，当事人进行虚假诉讼只是当事人实现某个非法目的的手段，如通过虚假诉讼达到非法占有他人财产或拒不履行判决、裁定或侵吞公司、企业资产之目的等等，此时虚假诉讼行为就为手段行为，其他就为目的行为。再如当事人为了进行虚假诉讼，采取伪造公司、企业印章甚至是国家机关公文、印章的手段，对于这类案件，其实施的行为、侵犯的客体以及构成的犯罪有可能是多个，这就需要运用刑法有关罪数理论尤其是牵连犯理论来进行处理。按照牵连犯的一般处断规则，各罪之间“择一重罪”论处。关于妨害作证罪、帮助伪造证据罪，如果将其视为虚假诉讼中的常规性犯罪，则也按牵连犯处理。

关于主、从客体选择与定罪的问题。虚假诉讼行为往往同时侵犯两个或两个以上刑法保护的客体。以非法占有财产为目的的虚假诉讼行为为例，就同时侵犯司法秩序客体和财产权利客体。但如前面诈骗犯罪部分所阐述的该类虚假诉讼之目的就是为了非法占有他人财产，行为实质侵犯的就是刑法保护的“财产权利”客体，“人民法院正常的审判活动”只是行为人附带侵害的客体。因此，要将司法秩序客体作为主客体来处理理由不充分。反过来，将目的行为所指向的客体作为主客体往往具有合理性。即使如抢劫犯罪，同时侵犯人身权利和财产权利，许多人认为人身权利尤其是生命权是财产权利无法比拟的，但抢劫犯罪却被规定在侵犯财产罪一章。此外，侵犯财产罪的处刑从总体上来讲明显比一般的妨害司法秩序犯罪要重，也就是说从量刑结果上看同样具有合理性。因此，主张优先考虑适用妨害作证罪以外罪名的论断可以成立。

综上，通过调研，我们深感虚假诉讼危害严重，蔓延之势令人警觉。要正确制裁虚假诉讼现象，除了切实提高司法人员的洞察力，做到明察秋毫外，更需要立法机关对此作出专门的规定。调研过程中也有人建议立法机关将虚假诉讼行为专门规定为诉讼欺诈罪或诉讼诈骗罪；还有人提出可以参考中国香港地区的立法例，以妨害司法公正罪来入罪。虽然各种观点均各有利弊之处，也需要进行充分的调研和论证，但通过刑法修正案的形式来真正解决对虚假诉讼的制裁是司法实践界的期望。

我国量刑程序规范化改革的几个问题

胡云腾[*] 李玉萍[**]

随着人们对司法公正中的量刑公正日益关注，人们对如何构建量刑程序这一问题也越来越重视。应这一需要，最高人民法院在第二个五年改革纲要中提出了“健全和完善相对独立的量刑程序”的目标，人民法院第三个五年改革纲要则进一步提出了“规范自由裁量权，将量刑纳入法庭审理程序，研究制定《人民法院量刑程序指导意见》”的要求，这是落实中央新一轮司法改革提出的“规范自由裁量权，将量刑纳入法庭审理程序”的重要举措。这一改革举措的出台，引发了人们对量刑程序问题的高度关注，量刑程序改革已经成为当前我国刑事司法改革的热点之一。① 本文拟从理论、立法与司法实践的角度，探讨量刑程序的正当性和正当的量刑程序问题，并就如何构建我国的量刑程序以及与之的相关问题提出研究意见。

一、量刑程序的正当性

事物的正当性是其存在和发展的基础，同样，制度的正当性是该制度形成和发展的原动力。量刑程序的正当性是量刑程序作为诉讼制度的一个组成部分，相对于定罪程序而言存在的正当性以及量刑程序本身的价值；正当的量刑程序则指构建或评价量刑程序时应当遵循的基本标准，具体包括程序的公开性、参与性、辩论性等内容。

---

* 最高人民法院研究室主任。

** 中国应用法学研究所副研究员。

① 人民法院于2009年6月1日开始在全国开展规范化量刑试点活动，试点的核心内容之一便是如何将量刑纳入法庭审理程序。载《人民法院报》2009年6月1日第1版。与之相应的，检察机关之前开展的量刑建议试点也获得了继续推进的“良好契机”。载《检察日报》2009年6月5日第4版。

（一）量刑程序的价值

量刑公正被誉为“刑事正义的一半工程”。量刑公正与否体现在两个方面：一是量刑结果公正，二是量刑过程公正。量刑程序对于实现量刑公正的作用主要表现为：其一，量刑程序作为手段或工具，对于实现量刑结果公正、实现刑罚目的所具有的保障作用；其二，量刑程序自身的正当性，即量刑程序本身所具有的维护人权，规范、限制公权力的行使等内在优秀品质。

1. 量刑程序作为工具的正当性

在刑事诉讼中，衡量量刑结果是否适当的指标有两个：一是个案的量刑结果是否适当；二是相对于其他同类案件而言，量刑结果是否平衡。要实现上述目标，正当和开放的量刑程序具有如下保障作用：

首先，正当和开放的量刑程序有助于实现个案的量刑适当。“罪责刑相适应”是人们对刑事司法公正的应然期待，而要实现这一目标，仅靠在定罪阶段获得的信息或是法官自身的调查是远远不够的。正当而开放的量刑程序通过保障控辩双方及其他可能影响量刑的主体（如被害人等）有机会将各种量刑情节与相关的法律问题对簿公堂，确保审判法官能够充分听取各方面的意见，全面掌握与量刑有关的信息，进而做到“兼听则明”。

其次，正当而开放的量刑程序有助于从总体上实现量刑的均衡性。“同案同判”、“量刑均衡”是人们对量刑结果公正的另一基本要求。然而，在刑事审判过程中，可能影响“同案同判”、“量刑均衡”的因素很多。其中，客观方面的因素有：社会发展水平差异所导致的对同一犯罪行为评价标准的不一；法律法规的原因，如果法律规定得很原则，难以具体操作，则实现量刑均衡的难度就很大，如果规定得细致且具有可操作性，则实现量刑均衡相对容易；刑事政策的原因，刑事政策对不同时期、不同案件的不同要求，也可能影响量刑均衡问题；法院系统以及其他机关、团体的直接或间接干预或社会舆论的影响等，都可能使量刑出现不均衡。主观方面的因素则表现为参与量刑活动的人员尤其是审判人员的个体素质差异，包括政治素质差异、业务素质差异、心理素质差异等。① 上述因素分别或相结合，都可能导致同类案件在不同时期、不同地区、不同法院、不同法官那里，量刑结果出现差异。而量刑程序所具有的稳定性、参与性、对抗性、公开性等特点，可以通过保障诉辩双方有效地参与量刑程序，积极阐述各方的量刑意见，帮助法官客观地评价犯罪行为的社会危害性和被告人的人身危险性，全面地了解和共

---

① 苏惠渔等：《量刑与电脑——量刑公正合理应用论》，百家出版社 1989 年版，第 11 ~ 12 页。

享同类案件的量刑信息，从而消除影响量刑均衡的不利因素，增加影响量刑的有利因素，进而实现量刑均衡。

2. 量刑程序自身的价值

在刑事审判中，“罪刑法定”意味着在定罪问题上法官不应享有裁量权，但是在刑罚适用问题上，法官则应当且实际享有广泛的自由裁量权。即在确定被告人有罪以后，是否对被告人适用刑罚、适用何种刑罚、如何适用刑罚的度以及适用的刑罚执行方式等，虽然都必须依照事实和法律来决定，但如果法律没有明确的规定，就只能由法官的认识和判断来决定。而建立正当和开放的量刑程序，既是对法官自由裁量权行使的制约与监督，又是对法官自由裁量权行使的帮助和指导。

正当且开放的量刑程序，还是现代国家维护和保障人权的体现和要求。正当程序在“强调了当事人的人格尊严和法律关系主体地位”的同时，[①] 对于确保“那些权益可能会受到刑事裁判或诉讼结局直接影响的主体应当有充分的机会富有意义地参与刑事裁判过程，并对裁判结果的形成发挥其有效的影响和作用”。[②] 反映在量刑程序中，就是允许代表国家和社会整体利益的检控方与代表自身利益的被告人和被害人作为诉讼主体，平等、有效地参与量刑过程，积极行使量刑建议权以及与此相关的举证、质证权，影响法官量刑结果的形成。尤其是对于被告人而言，由于量刑结果直接关系其财产、自由乃至生命，因此，允许被告人作为诉讼主体而不再是诉讼客体，积极地参与量刑过程，提出有利于己的量刑意见和理由，并富有成效地影响法官的量刑，这被视为诉讼制度维护与保障人权的重要体现，是诉讼制度文明与进步的重要标志。对于被害人而言，由于量刑结果关系到刑罚安抚功能的发挥，关系其对于刑罚公正与否的评价，关系其报应心理的满足，以及关系其对被告人行为宽恕与原谅等涉及恢复性司法的实现，所以，被害人参与量刑也是司法保障被害人权利的重要方面。

（二）量刑程序相对于定罪程序存在的正当性

在刑事审判过程中，虽然定罪与量刑同属实体正义方面的内容，但是定罪活动与量刑活动存在重大差异，这种差异决定了适用于定罪活动与量刑活动的实体原则和诉讼原则不可能完全一致，进而决定了量刑程序相对于定罪

① 陈光中：《论诉讼法与实体法的关系——兼论诉讼法的价值》，载陈光中、江伟主编：《诉讼法论丛》（第一卷），法律出版社 1998 年版，第 9 页。

② 陈瑞华：《刑事审判原理论》，北京大学出版社 1997 年版，第 61 页。

程序存在的正当性或必要性。具体分析如下：

1. 定罪活动与量刑活动存在逻辑上的先后顺序

在刑事司法活动中，从逻辑关系上看，定罪活动先于量刑活动，只有在确定被告人有罪后，才有必要考虑量刑问题，这意味着进入量刑阶段的被告人已经被确定有罪，成为有罪之人（也正是基于此，在英国，进入量刑阶段后，被指控人的称谓就由“被告人（the accused)”转为“罪犯（offender)”)。[①] 反过来讲，在确定被告人有罪之前，没有必要也不宜考虑诸如被告人的一贯表现、犯罪前科以及行为后的表现等仅与量刑有关的信息。这主要是因为，如果允许过早地披露与量刑有关的信息，一方面很容易使法官形成预断，造成不利于被告人的结果；[②] 另一方面，也可能导致过早地揭露被告人的个人隐私，从而可能对最终不构成犯罪的被告人合法权益的不当侵犯。[③]

2. 定罪活动与量刑活动的目的和任务不同

定罪活动的目的是确定被告人的行为是否构成犯罪以及构成何种犯罪，而量刑活动的目的则是确定对被告人如何恰当地适用刑罚。由此决定了在定罪阶段，控辩双方的主要任务是向法庭揭示与犯罪有关的各种信息，以证明犯罪事实是否存在以及犯罪事实是否系被告人所为，而在量刑阶段，控辩双方的主要任务则是向法庭展示与量刑有关的各种信息，如被告人的一贯表现、认罪态度和悔罪表现、是否获得被害人的谅解等，以证明对被告人应当从重或是从轻、减轻或者免除处罚。

3. 定罪与量刑活动所遵循的刑法基本原则有所不同

现代社会基于保护公民免受不当追究的需要，要求在定罪问题上严格依照法律的规定进行，即严格遵循罪刑法定原则，做到法无明文规定不为罪，并在此基础上，实现法律面前人人平等，做到任何人的相同行为，只要符合犯罪构成要件，就应该得出相同的结论，定相同的罪；而量刑所依据的基本原则除了罪刑法定和法律面前人人平等以外，还要综合考虑诸如实现刑罚目

---

① 中英量刑制度比较研究课题组：《关于英国刑罚体系和量刑制度的考察报告》，中国政法大学刑事法律研究中心、英国大使馆文化教育处主编：《中英量刑问题比较研究》，中国政法大学出版社 2001 年版，第 266 页。

② 可以想见的是，在一起盗窃案件中，如果在法庭调查开始之前，法官已经了解到被告人之前有过多次盗窃的记录，且在此次盗窃指控前，刚因盗窃罪刑满释放。那么在随后的庭审中，即使控方指控被告人盗窃的证据不是很充分，法官也会先入为主地认为“这家伙一贯盗窃，这犯罪不是他还能是谁呢”。

③ 如被告人的前科劣迹或者一贯表现、家庭背景、受教育状况等个人信息仅仅可能影响法院的量刑结果而与定罪活动无关，如果把这些信息在定罪阶段甚至是在法庭调查开始之前予以查明或者要求被告人予以说明，无疑是对被告人合法权益的一种不当侵犯。

的（如刑罚个别化）的需要以及一国在当前阶段执行刑罚的可能性和有效性（如刑事政策）等问题。①

4. 定罪活动与量刑活动所遵循的诉讼原则和程序规则、证据规则等有所不同

例如，控辩审三方在量刑程序中的地位和作用与定罪程序中有所不同。虽然从理论上讲，在量刑程序中仍存在着控辩审三方，但是由于各国立法都要求检察官在量刑阶段恪守客观立场，规定检察官不仅要提供其所掌握的不利于被告人的量刑事实与证据，还应当提供有利于被告人的量刑事实或证据，因而诉辩双方在这一阶段的对抗性明显没有定罪阶段激烈。同时，在量刑程序中，无论是在奉行对抗制的英美法国家还是在奉行职权主义的大陆法系国家，为了实现量刑的适当性和均衡性，法官在量刑程序中都扮演能动角色，发挥着积极作用。例如，在英国，法官在量刑阶段的角色同定罪阶段相比，已从居中仲裁人转换为对犯罪以及犯罪人信息的收集人，因此扮演着非常积极的角色。② 又如，无罪推定原则是适用于定罪活动的基本原则，但是到了量刑阶段，由于被告人已经被证明有罪，因而无罪推定原则以及与该原则密切相关的疑罪从无、举证责任分担以及证明标准规则能否直接适用就值得探讨。从国外的相关立法和实践看，关于量刑事实证明责任的分担，多奉行“谁主张，谁举证”原则，对证明标准的要求，则根据待证事实性质的不同而有所区别，对于从重处罚的事实，采用较高证明标准，对于从轻处罚的事实，则采用较轻的证明标准。③ 此外，在量刑活动中，有关证据可采性的规则以及控辩双方对抗的规则在这一阶段都不那么严格。

二、如何构建我国的量刑程序

当前，在如何将量刑纳入法庭审理这一问题上，我国理论界和实务部门存在不同观点：实务界多主张依法建立相对独立的量刑程序，理论界多主张应当参照英美法系国家的做法，将量刑与定罪程序完全分离，先进行定罪程序，确定被告人有罪后再启动量刑程序。④

---

① 马克昌：《刑罚通论》，武汉大学出版社 1999 年版，第 247 ~282 页。

② 中英量刑制度比较研究课题组：《关于英国刑罚体系和量刑制度的考察报告》，载 www. procedurallaw. com, cn.

③ 李玉萍：《量刑事实证明初论》，载《证据科学》2009 年第 1 期，第 22 ~23 页。

④ 陈瑞华：《定罪与量刑的程序分离》，载《法学》2008 年第 6 期；陈瑞华：《论量刑程序的独立性》，载《中国法学》2009 年第 1 期，第 163 ~179 页；陈卫东：《量刑程序改革的一个瓶颈问题》，载《法制资讯》2009 年第 5 期，第 12 ~13 页。

本文认为，首先应当肯定的是，将量刑纳入法庭审理程序具有重要价值和意义，尤其是在被告人不认罪案件中，相对于定罪与量刑混合进行模式而言，定罪与量刑程序分离模式无疑更有利于保障被告人行使辩护权，也更有利于实现准确定罪。但是，另一方面，在讨论如何构建我国的量刑程序模式时，我们不仅应当注意借鉴英美法系国家将定罪与量刑程序完全分离所具有的制度优势，更应当注重分析与我国诉讼制度更为接近的大陆法系国家如德国、法国以及采用混合式诉讼模式的日本、意大利等国至今没有将定罪与量刑程序完全分离的原因——资料显示，上述国家关于是否将定罪与量刑分离的争论从上个世纪70年代就开始了，有关的理论和试点研究在当时曾引起很大效应，但是分离的主张在其间以及随后进行的刑诉法修改时都没有被采纳，没有被采纳的原因基本上都是源于实务部门的反对。① 同样，在我国的近邻——韩国，量刑程序独立问题也曾经引起有关部门的高度关注并在1992年被作为一项改革方案提出，但随后由于“几乎所有的法院反对进行区分量刑审理程序”，“二分式”改革方案最终被放弃。② 因此，在现阶段，如果我们不加分析地否定现有的庭审模式，将定罪与量刑程序完全分离，很可能会走其他国家之前已经走过的路——这条路最终是一条回头路。③

（一）关于将定罪程序与量刑程序完全分离的必要性问题

基于我国目前量刑活动中存在透明度不高，当事人参与不足，量刑审判不到位，量刑说理不充分等现象，学术界有人大声疾呼要求将定罪程序与量刑程序截然分离，主要理由有：（1）程序分离可以避免被告方常常陷入的要么在作无罪辩护的同时作罪轻辩护，要么坚持无罪辩护并因此在被定罪后失去量刑答辩的机会这一两难困境；（2）有助于被告人充分行使辩护权；（3）量刑程序独立可以有效地控制法院在量刑上的自由裁量权。

我们认为，上述观点虽然不无道理，但是很难据此得出“将定罪与量

---

① 如德国于1985年曾将“公判二分制”写进刑事诉讼法草案，但是该方案最终没能通过。参见［日］田口守一：《公判二分论の今日的意义》，载高田卓尔博士古稀祝贺论文集刊行委员会编：《刑事诉讼法の现代的动向》，东京：三省堂1991年版，第151页。另外，法国1993年1月刑诉法曾提出把定罪和量刑严格分开，但该规定因压力太大而在同年8月被取消。参见卢永红主编：《国外刑事诉讼法通论》，中国人民公安大学出版社2004年版，第120页。

② ［韩］河泰勋：《量刑的合理性方案》，载赵秉志主编：《中韩刑事制裁的新方向》，中国人民公安大学出版社2005年版，第28～29页。

③ 我国1996年《刑事诉讼法》中规定的某些“先进条款”之所以在实践中被搁置或被曲解，其原因大概也在于此。

刑程序完全分离”具有唯一正当性这一结论，具体分析如下：

1. 量刑程序独立与否与不认罪案件中辩方的尴尬辩护之间不具有必然联系

在刑事诉讼中，只要被告人选择作无罪辩护，无论定罪与量刑程序是否分离，一旦案件进行到量刑阶段，被告方都会遭遇之前作无罪辩护尔后却作罪轻辩护的尴尬。被告人所遭遇的这种尴尬是由其在诉讼中的地位（系被指控一方）和立场（针对控方指控进行辩护，追求定罪、量刑方面的有利结果）决定的，而与程序如何设计无关。也正是基于此，程序设计的目的主要在于如何保障被告人能够充分、有效地行使辩护权，有效维护自己的利益，而不在于也不能消除被告人可能遇到的尴尬局面。

2. 并非只有将定罪与量刑程序分离，才能充分维护被告人的量刑答辩权

在审判实践中，被告人不认罪的案件具体分为以下情形：（1）部分被告人最初基于对案件事实或刑事法律的不甚了解或者辩护人出于辩护策略的考虑，坚持无罪主张或作无罪辩护，但是经过法庭调查和法庭辩论，在全面了解控诉方的证据、听取控诉方的公诉意见后，辩方已经意识到法庭很可能宣告有罪，因此会在法庭上主动提出罪轻主张。在这种情形下，将定罪与量刑程序完全分开已失去了其本来的意义。至于有人所担心的“在这种情形下，被告人可能没有办法充分收集有效证据，进而有效地维护自己的利益”问题，我国刑事诉讼法以及相关的司法解释已经有了较为明确的规定，即被告人在庭审过程中，可以申请延期审理，以向法庭提交有利的证据。（2）部分被告人可能始终坚持无罪答辩，并提出上诉甚至申诉，要求二审法院或再审法院改判无罪。对于这部分被告人而言，即使将定罪与量刑程序分开，被告人也不会积极有效地参与量刑活动，因此程序分离所希图实现的“保障被告人充分行使量刑答辩权”的目标也无从实现。（3）部分被告人对法院是否最终宣告有罪持不确定态度，只有在法院确定其有罪后，才会退而寻求有利的量刑事实和证据，并期待有机会向法院提交此类证据。这种情形才是设计和运用量刑程序时真正需要关注的问题。对此，我们认为，可以通过法院充分行使释明权和庭审指挥权予以实现。①

3. 定罪与量刑程序是否完全分离与法官量刑裁量权会否被滥用之间没

① 具体做法是，对于被告人不认罪的案件，在法庭调查和法庭辩论阶段，审判长在指挥控方举证或发表量刑意见后，明确告知被告人可以进行质证或反驳公诉方的意见，并告知被告人有权提出有利于己的量刑事实、发表己方的量刑意见。

有必然关系

如果如学者所言，只有量刑程序独立才能对法官裁量权形成有效规制的话，那么在采用定罪与量刑合一模式的大陆法系国家，是否必然普遍存在法官裁量权滥用的现象？对此，显然不能妄加判断。我们认为，真正规制法院裁量权的是将量刑纳入法庭审理程序以及与之相关的量刑公开原则、量刑参与原则、量刑辩护原则和判决书中的量刑说理制度，而与量刑程序是否独立没有必然联系。

（二）关于在我国现阶段将定罪与量刑程序完全分离的可行性问题

构建符合我国国情的量刑程序，必须明确这样一个问题，即量刑程序的正当性和正当的量刑程序与量刑程序和定罪程序分离的可行性是两个不同层面的问题：前者属于价值范畴，具有普适性，要求各国在刑事立法和司法实践中都应当遵守；后者则属于制度范畴，允许存在个体差异，要求各国在设计和运用时必须兼顾本国的法律传统、诉讼制度和司法实践等，在具体的制度模式上，既不能追求所谓的普遍标准，更不能盲目借鉴或者照搬国外的所谓先进做法。据此，在构建我国的量刑程序时，一方面，我们应当按照正当程序的基本要求设计量刑程序，确保将量刑活动纳入诉讼程序；另一方面，我们必须立足我国的国情，探索适合我国的量刑程序，而不能盲目照搬或移植其他国家的量刑程序。

本文认为，在我国现阶段，尚不具备构建英美法系国家所采用的将定罪与量刑程序彻底分离的条件，理由如下：

1. 我国不具备将定罪与量刑程序分离的制度基础——陪审团制度

在英美法系国家，由于传统上采用陪审团审判制度，由陪审团决定被告人的定罪问题，法官解决刑罚的适用问题，这在客观上造成了定罪与量刑程序的分离。受此影响，即使在没有陪审团审理的情形下，定罪和量刑程序也是分开进行的。而我国采用的是与大陆法系国家类似的参审制，由陪审员和法官组成合议庭（或由法官组成合议庭）共同决定被告人的罪、责问题，因此，两个程序一班人马完全没有必要将两个程序截然分开。

2. 我国的诉讼模式和司法资源配置模式与英美法系国家存在重大差别，因此不具备将定罪与量刑程序分离的制度保障条件

在英美法系国家，由于采用当事人主义诉讼模式，因而对于被告人认罪的案件，法官只需确认被告人认罪是出于自愿且了解认罪的法律后果后，就不再审理犯罪问题，而是直接进入量刑阶段。而这类案件在美国和英国高达90%以上，这在客观上为被告人不认罪案件中的定罪与量刑程序分离提供了制度保障，即通过司法资源的合理分配，将有限的司法资源主要用于被告人

不认罪案件中，以解决由于定罪与量刑程序分离而导致的诉讼效率低下、诉讼成本过高问题。

而在我国，由于奉行客观真实原则，① 即使被告人表示认罪，审判法官也不能直接定罪，而要依职权查明有关事实。例如，我国刑事诉讼法要求，对于适用普通程序审理的案件，无论被告人是否认罪，查明犯罪事实都是法庭审理中的一个必经阶段；而对于适用“普通程序简化审程序”审理的案件，有关的司法解释也要求法庭审理中只是可以简化对犯罪事实的调查，而不能省略；对于适用简易程序审理的案件，虽然根据司法解释的规定，法庭审理中不再查明犯罪事实问题，但由于适用简易程序的前提是“事实清楚、证据充分”，且司法解释还规定，对于人民法院同意或者决定适用简易程序审理的案件，检察机关应当“移送全案卷宗和证据材料”。由此可见，对于适用简易程序审理的公诉案件，人民法院在庭前已经进行了实质审查，且认为犯罪事实清楚、被告人的行为已经构成犯罪。上述现状表明，目前，我国不可能参照英美法系国家的做法，对于被告人认罪的案件，法庭直接认定其有罪并进入量刑阶段。而这也意味着，英美法系国家将定罪与量刑程序分离的制度保障之一——根据被告人认罪与否配置司法资源的做法在我国无法实现。在这一背景下，将定罪与量刑程序分离后所带来的诉讼成本增加、诉讼期限延长等，国家财政没有能力承担，社会大众也不可能接受。

3. 我国审判权的配置模式和办案机制不适宜将定罪与量刑程序分离

根据我国宪法和刑事诉讼法的有关规定，享有独立审判权的主体是人民法院。法院独立行使审判权意味着法官个体对案件不享有最终决定权，法官必须在法院授权范围内行使职权，对于其无权决定的案件或者难以作出决断的案件不能当庭宣判，而是必须休庭后履行提交审判委员会讨论的程序，或者合议庭继续进行研究后才能作出决定。如果采用定罪程序与量刑程序分离模式，可能的办案流程就是：就定罪问题进行开庭后休庭进行评议，评议后无法决断的提交审判委员会讨论决定；如果审判委员会确定被告人有罪以后，合议庭再就量刑问题进行第二次开庭，休庭后仍可能重复上述的评议和审批过程，在决定量刑结果后再第三次开庭进行宣判。由此不难想见，如果贸然移植二分式庭审模式，简单地将定罪与量刑程序完全分离，会严重损害审判的效率。

更为关键的是，由于我国未决刑事被告人的羁押率很高，如果将法庭审理分为定罪和量刑两个部分，必然导致被告人被羁押的时间延长，这一方面

① 如我国《刑事诉讼法》第44条规定：“…人民法院判决书，必须忠于事实真相。”

会导致看守所的压力增大，另一方面可能导致法院在判处刑罚时不得不考虑被告人被羁押的情况，进而导致量刑结果的不适当。①

（三）构建相对独立的量刑程序

1. 构建相对独立量刑程序的可能性

我们不赞同将定罪程序和量刑程序截然分开，但是，我们并不反对建立相对独立的量刑程序。事实上，尽管定罪事实与量刑事实、定罪活动与量刑活动很难分开，但是，从总体上看，把定罪活动与程序、量刑活动与程序相对分开，即构建相对独立的量刑程序，还是能够做到的，而且也是必要的。量刑活动的相对独立性包含两方面的含义：一方面，由于量刑活动与定罪活动之间存在诸多差别，量刑程序与定罪程序无论在诉讼构造、参与主体、证明要求等方面都具有不同的特点，② 因此不能将两者混同，不能将适用于定罪活动的程序原则或规则简单照搬或者套用于量刑程序，而应当根据量刑活动的特点来设计量刑程序；另一方面，由于定罪活动与量刑活动具有千丝万缕的联系，且我国的诉讼制度和司法体制具有自己的特色，因此，在庭审过程中，量刑程序与定罪程序的分离只能是相对的，而不应也不可能是绝对的。

建立相对独立的量刑程序，符合现行刑事诉讼法和司法解释的有关规定，只是需要结合被告人是否认罪设计和运用。依据我国现有刑事诉讼法和司法解释的规定，刑事案件的审理程序分为以下三种情形：一是简易程序；二是适用普通程序审理的被告人认罪案件（以下简称“普通程序简化审程序”）；三是普通程序（包括被告人不认罪案件和部分被告人认罪案件）。在适用上述三种程序审理案件时，由于案件的特点不同，法庭审理的内容和侧重点也有所不同。其中，前两类案件都以被告人认罪为前提，法庭调查和辩论的重点自然是量刑问题；后一类案件中虽然也可能存在被告人认罪的情形，但是由于案件性质较为严重或者案情本身较为特殊，因此法庭审理时应兼顾定罪和量刑问题的调查与辩论。

2. 量刑程序相对独立的几种情形

（1）适用普通程序审理案件时，量刑程序如何相对独立。在适用普通

---

① 如实践中有很多法官反映，在一些应当适用轻刑的案件中，由于被告人在判决前羁押的时间过长，法院在判决时本应判处 6 个月，但考虑到被告人已经被羁押了 1 年，因此只好将量刑结果定为 1 年。

② 李玉萍：《健全和完善相对独立量刑程序的几个主要问题》，载《人民法院报》2008 年 8 月 28 日。

程序审理的刑事案件中，被告人可能认罪，也可能不认罪。在上述情形下，对于控诉方而言，其指控被告人有罪、请求人民法院判处一定刑罚的立场并没有改变。而被告一方则有所不同：如果被告人认罪，则法庭审理中可以同时解决其定罪与量刑问题。如果被告人不认罪，那么法庭调查和法庭辩论阶段的首要任务就是解决定罪问题，此时，如何将量刑纳入法庭审理程序就成为必须解决的问题。

从全国部分法院量刑程序改革的试点经验看，在适用普通程序审理的案件中，法庭审理的主要阶段都可以分为相对独立的两部分，即在法庭调查阶段，可以根据案件的具体情况先调查犯罪事实，后调查量刑事实；在法庭辩论阶段，可以先就定罪问题进行辩论，然后辩论量刑问题。具体来说，对于被告人认罪案件，在法庭调查阶段，可以将犯罪事实与量刑事实一并进行调查；在法庭辩论阶段，控辩双方可以直接围绕量刑及其他争议问题进行辩论。对于被告人不认罪的案件，法庭调查中应当先查明犯罪事实，之后再调查其他与犯罪无关的量刑事实；在法庭辩论阶段，审判人员应当引导控辩双方先就定罪问题进行辩论，然后辩论量刑问题。

（2）适用其他程序审理案件时，量刑程序如何相对独立。根据我国刑事诉讼法和司法解释的有关规定，人民法院法院审理刑事案件时，除了适用普通程序外，还可以适用简易程序和普通程序简化审程序。以下简要说明当适用简易程序和简化审程序审理案件时，应如何将量刑纳入法庭审理程序。

其一，适用简易程序审理案件时，将量刑纳入庭审的方法。在此类案件中，由于被告人已经表示认罪，根据立法和司法解释的有关规定，有关犯罪事实的调查可以省略，因此，如何确保量刑活动的正当性和量刑结果的适当性就成为诉讼活动的重点。具体说明如下：在法庭调查阶段，主审法官应注意引导庭审调查围绕量刑事实以及其有争议的问题进行；在法庭辩论阶段，主审法官应注意引导辩方围绕检察机关的量刑意见及其事实、证据等进行辩护，并告知辩方可以发表量刑意见。

其二，适用普通程序简化审审理案件时，将量刑纳入庭审的方法。在此类案件中，虽然被告人已经表示认罪，但是根据立法和司法解释的有关规定，有关犯罪事实的调查只能简化但不能省略。因此，庭审可以采用如下方式：在法庭调查阶段，应注意引导控辩双方依法查明犯罪事实，之后重点查明量刑事实和其他有争议的问题；在法庭辩论阶段，如果被告人对检察机关指控的罪名没有异议，则审判长应当引导控辩双方围绕量刑问题以及其他争议问题进行辩论。如果被告人承认指控的事实，但是不承认指控的罪名（如被告人认为自己的行为构成抢夺罪而非检察机关指控的抢劫罪），那么审判长应当注意引导控辩双方首先围绕定罪问题进行辩论，之后进行量刑辩论。

三、构建我国相对独立量刑程序时需要注意的问题

（一）检察机关的量刑建议权与法院的自由裁量权问题

关于检察机关的量刑建议权问题，长期以来是一个备受争议的话题。实践中有人担心，允许公诉方提出量刑建议会影响法院依法独立行使刑罚裁量权，并担心伴随着量刑建议的提出，可能加剧检、法两家或者当事人尤其是被告人与法院之间的矛盾。我们认为，上述担心是不必要的。原因在于：其一，在审判实践中，公诉人或者当事人及其辩护人等提出量刑建议或量刑意见是常有的事，人民法院以及审判法官不可能禁止或者杜绝他们提出此类意见或建议；其二，从诉讼理论上讲，量刑意见或建议作为求刑权的一个组成部分，是诉辩双方实体法主张的体现，也是诉辩双方进行诉讼的一项重要内容。公诉人的量刑建议既是人民检察院对于个案中被告人的量刑主张，也是被告人进行量刑答辩的依据。对于审判机关而言，人民检察院的量刑建议可以为法院公正量刑提供有益的参考，帮助法官审慎量刑；其三，同样，诉讼理论也支持（我国宪法和刑事诉讼法也都明确规定），包括刑罚裁量权在内的审判权是专属于人民法院的司法权力。因此，无论是公诉人的量刑建议还是被告人、被害人的量刑意见，对于法院和审判法官而言，都不具有强制约束力。量刑建议作为一种诉讼主张，对其是否予以采纳，法官应当根据事实与法律进行裁量：如果量刑建议合情合理合法，法官自应依法予以支持，否则，法院当然有权予以拒绝；其四，为避免因“求重判轻”或“求轻判重”而产生不必要的检、法矛盾或者当事人与法院之间的矛盾，人民法院应在保障量刑过程和量刑结果公开、透明的同时，应加大裁判文书中量刑理由的说理力度。

关于量刑建议的另一问题是量刑建议的提出方式。近年来，随着检察系统量刑建议改革的推广，量刑建议的提出方式有了较大变化，目前实践中常见的有以下三种方式：其一，“绝对确定的量刑建议”，即检察机关提出具体的量刑建议，如建议法院判处被告人“三年有期徒刑，罚金 2000 元”①

---

① 2008 年 11 月 19 日，北京市石景山区法院 5 号法庭在庭审中，检察官对拒不认罪的被告人提出了这一量刑意见。参见徐日丹：《检察建议试水以来》，载《检察日报》2008 年 11 月 26 日第 8 版。

或者“判处死刑”,[①] 不过，这种方式在实践中已经越来越少见。其二，“相对确定的量刑建议”，即检察机关提出一个相对确定的量刑幅度，如“建议法庭在三年以上四年以下处刑”,[②] 这种方式已经成为主流，被越来越多的检察机关采用；三是仅提出概括的量刑建议，如建议法院“从轻、减轻或免除处罚处罚”或者“从重处罚”。[③]

我们认为，在我国现阶段，除特殊情形外（如建议判处死刑或者适用死刑、缓期两年执行或者适用缓刑等），量刑意见以一个相对确定的幅度为宜。理由之一：由于检察机关的量刑建议是根据己方掌握的量刑事实和立场提出的，而在法庭审理过程中，辩方可能提出新的量刑事实，发表另一角度的量刑意见，在这种情形下，检察机关的量刑建议太过具体自然不太适宜；理由之二：在我国当前的诉讼制度和司法体制下，量刑建议保持一定的幅度，可以避免检、法之间或者法院与当事人之间不必要的矛盾或冲突，也可以避免社会公众对量刑公正产生不必要的质疑。

（二）如何认识和处理案件事实、犯罪事实、定罪事实与量刑事实的关系

1. 案件事实、犯罪事实、定罪事实与量刑事实的关系

“案件事实”和“犯罪事实”是我国刑事诉讼法和司法解释中规定的内容。其中，案件事实除了实体法事实外，还包括程序法事实和证据事实。实体法事实则包括定罪事实和量刑事实。[④] 定罪事实与量刑事实之间存在如下区别：其一，定罪事实的作用在于识别犯罪以及犯罪人，从而保障定罪的准确性；量刑事实的作用则是确定已经发生的犯罪对被害人、对社会所造成的损害以及被告人的人身危险性或主观恶性的大小，从而保证量刑的适当性。其二，定罪事实是犯罪构成要件的内容，是特定行为构成某种犯罪的事实依据；量刑事实则反映个案的特点和差异，揭示的是同种犯罪中不同的社会危害性以及犯罪人的人身危险性。其三，定罪事实决定犯罪的性质和罪名，并决定对该种犯罪适用刑罚的范围，同法定刑有着必然的联系；量刑事实则是在法定刑的基础上，体现刑罚的个别化，同法院的宣告刑之间有密切的

① 2008 年 7 月 7 日，云南红河州中级人民法院在红河县人民法院开庭审理了震惊社会的红河县“2·22”灭门案时，公诉人和被害人都提出此意见。载《云南红河灭门案——检察院和被害人都提出量刑建议》，中国法院网，2008 年 12 月 2 日最后一次访问。

② 贵州省六盘水市六枝特区人民法院刑事判决书（2007）黔六特刑初字第 88 号。

③ 此为检察机关长期以来较为常用的一种量刑建议方式。

④ 徐静村：《刑事诉讼法学》（上），法律出版社 1999 年版，第 191 页。

联系。

根据最高人民法院《关于执行〈中华人民共和国刑事诉讼法〉若干问题的解释》第280条的规定，犯罪事实“包括犯罪时间、地点、动机、目的、手段、危害后果以及从轻、从重处罚等情节”。由此可见，犯罪事实与犯罪构成要件事实之间存在紧密联系，即都包括定罪事实与一部分量刑事实。此外，量刑事实还包括其他如前科或一贯表现等罪前事实和自首、立功、赔偿损失、毁灭罪证等罪后事实。此外，诸如被告人的家庭成长环境、受教育的情况、社会关系、再犯可能等方面的事实信息，对法院的量刑也有一定影响，因而也属于量刑事实。

2. 在法庭调查阶段如何区分定罪事实、量刑事实

由于定罪事实和量刑事实的功能和意义不同，因此，从理论上很容易将两者区分开来。但是在司法实践中，由于定罪事实、量刑事实和犯罪事实之间存在交叉关系，因而很难截然将定罪事实与量刑事实的调查活动完全分开。这主要是由于犯罪事实或犯罪构成事实是一个有机联系、不可分割的整体，将与犯罪有关的定罪和量刑事实一并调查，既有助于从整体上准确了解和把握被告人实施犯罪的情况，也有助于提高诉讼效率。因此，在定罪事实调查阶段，应当一并调查与定罪和量刑有关的犯罪事实，之后再调查其他与犯罪无关的量刑事实如被告人受否自首、是否赔偿损失等。例如，在故意杀人罪中，犯罪事实包括实施杀人行为的主体、被告人实施杀人行为的动机、目的、手段、情节，被害人是否被杀死等，上述事实中既有定罪事实也有量刑事实：定罪事实包括实施杀人行为的主体，杀人的故意、杀人的行为；量刑事实则指被告人杀人的动机、杀人的手段、被害人是否被杀死等事实。如果人为地将上述事实分开进行调查，既不符合认识规律，也有悖诉讼经济和效率原则，因此不值得提倡。又如，在“情节严重型”犯罪中，“情节严重”本身就是犯罪构成的一个必要要件，因此会被作为定罪事实予以考虑，而在量刑过程中，“情节严重”的“程度”又会被作为量刑事实予以考虑，如果在法庭调查中机械地要求将“情节严重”事实与“情节严重程度”事实分开调查，无疑是不现实的。“数额型”犯罪也属于此种情形，即在法庭调查过程中，应当将被告人的涉案数额在定罪事实调查阶段一并查明，而不应区分“数额较大”、“数额巨大”等情形。

（三）被害人参与量刑活动的问题

根据我国刑事诉讼法的规定，被害人是诉讼当事人，依法有权参与法庭审理，参与证据调查与法庭辩论。但是，在审判实践中，被害人出庭问题引

起很大争议——法院系统和检察系统都对被害人出庭持保留态度。[①] 这主要是基于以下原因：首先，被害人在法庭上往往会表现得情绪激动，因此容易影响庭审秩序，并影响庭审的顺利进行；其次，被害人基于对被告人的极度愤慨乃至仇恨，往往要求人民法院从重乃至加重处罚被告人，从而与公诉方观点不一致甚至出现对立，这既不利于公诉机关有效行使公诉权，也不利于人民法院依法行使审判权；再次，在被害人一方人数较多尤其是在经济犯罪中，允许所有被害人参加诉讼既不现实也无助于提高审判质量和诉讼效率。

应当承认，上述顾虑是有道理的。但是另一方面，我们也必须看到，被害人出庭参与量刑活动不仅具有合法性，在很多情形下还具有必要性。这主要是因为：

第一，在定罪活动中，被害人参与诉讼的目的是协助检察机关向法庭证明发生了犯罪以及被告人的行为构成犯罪。在这一阶段，被害人陈述的主要内容是关于犯罪行为是否发生、如何发生、被告人是否为犯罪人等。而在量刑活动中，被害人参与诉讼的目的则是为了得到适当的量刑结果，使被告人得到应有的惩罚。在这一阶段，被害人陈述的主要内容则是侧重于犯罪行为给自己精神、行为、工作或者生活等带来的有形的或无形的影响等（如“我现在白天不敢出门见人、晚上总做噩梦”）。因此，通过参与量刑程序，被害人有机会将其所受到的伤害宣泄出来，从而有助于被害人心理创伤的治愈。此外，被害人参与量刑程序也有助于审判法官全面认识被告人罪行的严重程度，进而做到量刑适当；被害人参与量刑程序还有助于被告人意识到自己的行为给被害人造成的严重后果，从而真诚地悔过自新。因此，受刑事被害人人权保障这一国际潮流的影响，近年来越来越多的国家都开始强调被害人在量刑阶段的参与权问题，被害人的量刑意见也逐渐受到重视。[②]

第二，在实践中，被害人上访、信访的重要原因之一就在于对法院量刑结果不满，而这一现象的出现又与被害人未能有效参与诉讼活动、充分表达自己的意见，或者法院的判决书中未能充分关注被害人的意见或未能进行充

---

① 胡云腾：《关于构建量刑程序的几个争议问题》，载《法制资讯》2008年第6期，第35～36页。

② 例如，在英美法国家的量刑程序中，一般都将犯罪对被害人造成的影响或以书面或以口头的形式提交法院。但是，在量刑阶段提交被害人影响陈述的做法在美国存在争议，支持的理由如上所述。反对的一方则认为，犯罪对被害人造成的影响通常是一个机会问题，与罪犯的故意没有直接关系，因此，将犯罪对被害人造成的影响作为量刑的依据是不公正的。另外有研究者通过调查发现，被害人影响陈述对于被科处的刑罚之产生轻微的影响，并且，提交被害人影响陈述的被害人可能对他们提供的信息资料寄予过高的期望，如果这些被害人发现他们的陈述对科处的刑罚没有影响时，他们可能对刑罚和整个刑事司法制度不满。参见［美］爱伦·豪切斯泰勒·斯黛丽、南希·弗兰克：《美国刑事法院诉讼程序》，陈卫东等译，中国人民大学出版社2002年版，第572页。

分说理有着密切关系。在刑事诉讼中，如果法院在判断被告人是否有罪问题上可以不考虑被害人的意见的话，那么在对被告人如何量刑的问题上，法院应当听取被害人的意见，并且无论是否采纳，都应当说明理由，以确保法院量刑的法律效果和社会效果。

第三，目前，被害人谅解已经成为对被告人酌定从轻处罚的一个重要情节，这就需要给被害人和被告人之间建立一个直接联系沟通的渠道，只有被害人参与量刑活动，才能了解被告人是否认罪悔罪，从而决定是否真的谅解被告人。同时，只有被害人参与量刑活动，才能给被告人提供请求被害人宽恕和谅解的机会，双方才能达成和解的意愿，恢复正常关系。

此外，应当注意到，由于是否出庭是被害人的权利，因此，在司法实践中，被害人可以决定是否参加诉讼以及采用何种方式参加诉讼——被害人可以选择不参加诉讼，也可以选择参加诉讼。被害人决定参加诉讼时，既可以决定亲自出庭参加诉讼，也可以委托诉讼代理人或者委托检察机关代为宣读被害人陈述，在有多个被害人的场合，被害人可以集体参与，也可以委派代表参与。

结束语——对量刑程序应有合理的期待

尽管我们都希望将量刑纳入法庭审理程序，构建符合我国国情的量刑程序，以改变我国实务部门长期以来形成的“重实体、轻程序”、“重定罪、轻量刑”的观念，消除“同罪不同罚”、“同案不同罚”或者“量刑畸轻畸重”等现象。但是，我们也应当清醒地认识到，包括量刑程序在内的程序的作用不是万能的，不能期待有了量刑程序就能够解决量刑方面存在的所有问题。有人以为，没有独立或者相对独立的量刑程序是“同罪不同罚”、“同案不同判”现象存在的根本原因，因此，一旦有了独立的或者相对独立的量刑程序，“同罪同罚”、“同案同判”的目标就可以实现了。我们认为，这种期待实属量刑程序不能承受之重。因为程序的使命在于通过形式正义，实现实体结果的可接受性，而不在于也不能确保实体正义的必然实现。同样，量刑程序的使命在于通过程序的设计和运用，确保与量刑结果有关的诉讼各方能够在诉讼中充分发表意见和建议，使法官通过了解来自诉讼各方的信息，根据刑事法律和刑事政策，合理地运用刑罚裁量权得出量刑结果，并向大众公开量刑理由，从而保障法院量刑结果的可接受性。但是，所有这些都不能必然保证“同罪同罚”或“同案同判”，也不是为了追求“同案同判”或“同罪同罚”这唯一的价值。事实上，量刑程序改革所追求的价值是多元的，其中既有追求刑罚均衡的价值，也有追求刑罚个别化即刑罚不均衡的价值，更有追求维权（利）、限权（力）、彰显制度文明的价值。

正确认识、处理量刑及量刑程序涉及的六大关系

顾永忠*

自2009年6月1日起，以最高人民法院发布的《人民法院量刑指导意见（试行）》和《人民法院量刑程序指导意见（试行）》为依据，全国法院系统正式启动了量刑规范化试点工作。这标志着近年来由最高人民检察院提出的量刑建议权与最高人民法院推行的“健全和完善相对独立的量刑程序”为内容的量刑改革进入了实质性阶段，它将为下一步从立法上吸收改革成果，正式确立量刑程序的地位并建立符合我国实际情况的量刑规则具有重要的意义。正因为如此，量刑问题成为当前理论界和实务界热烈讨论并积极探索的热点问题。在此过程中，笔者感到无论在认识上还是在实践中都存在一些偏差，概括起来主要是六个方面的关系需要正确的认识和处理。

一、定罪与量刑的关系

刑事审判就其具体任务来讲，就是解决已经向法院提起诉讼的刑事案件中被告人的定罪与量刑问题。在传统理论上，定罪与量刑相比处于更加重要的地位。因为，定罪是量刑的前提和基础，定罪错误势必导致量刑错误；并且定罪错误无论颠倒罪与非罪还是混淆此罪与彼罪，远比量刑错误的后果严重。正因为如此，我国历来是重定罪轻量刑。在立法上，刑事审判程序基本上是围绕定罪问题设计的；在司法中，刑事庭审活动主要是围绕定罪问题展开的，量刑判决几乎是在控辩双方不参与的情形下，由法官单方作出的。

但是，从追求司法公正的目标以及刑事审判活动的实际情况来看，量刑与定罪居于同样的地位，具有同样的重要性。

---

* 中国政法大学教授。

首先，司法公正包括实体公正和程序公正两个方面。而实体公正既要求定罪正确也要求量刑适当，只有定罪正确没有量刑适当，显然不能称之为实体公正。程序公正也是同样，不仅要求定罪的程序平等参与，公开、透明，也要求量刑的程序平等参与，公开、透明。如果只有公正的定罪程序，没有公正的量刑程序，程序公正就是不完整的。当程序公正不完整时，即使定罪是正确的，甚至量刑也是适当的，人们仍然会质疑司法的公正性。

其次，在现实的刑事审判活动中，不仅被告人认罪的案件占绝大多数①，而且经过法院审理判决有罪的案件达99%以上。② 由此表明，对于自愿认罪也确实有罪的被告人来说，他们的关注点主要不是定罪问题而是量刑问题。这种关注不仅表现在对法院针对自己量刑判决的具体结果上，而且还表现在对法院作出量刑判决过程的关注及法院对自己案件的量刑判决与其他相近或类似案件量刑判决的比较上。不仅当事人如此，社会公众对司法判决的关注也主要表现在量刑上。因为定罪的专业性很强，普通人难以判断对与错，而量刑则是非常直观的，判多判少，判重判轻，判的公正不公正，大家都可以作出自己的判断或评价。

既然量刑公正如此重要，不仅表现在实体上量刑是否适当，而且表现在程序上量刑过程是否平等参与，公开、透明，那么，就必须对传统的重定罪轻量刑的刑事审判制度进行改革。在立法精神上，要使量刑问题与定罪问题受到同样的重视，并体现在立法条文上；在司法活动中，则根据被告人是否认罪以及事实上是否确实有罪采取侧重点有所不同的审判程序，对于被告人自愿认罪、事实上也确实有罪的案件，把审判的重点放在量刑问题上，而对于被告人不认罪的案件则把审判的重点放在定罪问题上。对其中确实构成犯罪的案件，在认定有罪之后再解决量刑问题。这应当是我们当前及今后推行量刑改革，实现量刑公正的发展方向。

二、量刑公正与量刑程序的关系

如前所述，量刑公正既涉及实体问题又涉及程序问题。因此，我们应当从两个方面加以解决，并需要处理好二者的关系。

在实体上，追求乃至实现量刑公正的路径有二：一是在刑事立法上处理

---

① 据笔者在部分地区对法官、检察官、律师以及看守所在押人员的访问调查，认为刑事审判程序中被告人认罪的案件一般在85% ~90%之间。

② 据《中国法律年鉴》的统计数据，近5年来全国法院作出无罪判决的案件最多的一年是5000多件，最少的一年是2000多件，相对于每年平均80万刑事案件来说，平均无罪率不到1%。

好罪与罪之间抽象的罪刑均衡关系及同一罪名下不同罪状与法定刑的罪刑关系；二是在刑事司法中处理好每一案件中具体的罪刑关系及与相近或相似案件所作的量刑决定的均衡关系。量刑公正的第一个路径是实现量刑公正的基础，如果作为量刑依据的法律规定本身有问题，量刑是不可能公正的。譬如抢劫罪与抢夺罪的法定刑如果一样，该两罪的罪刑关系就是不均衡的，进而也难以做到量刑公正。但是，由于罪与罪的性质不同，且其中包含的法律知识比较专业，普通人对于立法上罪与罪之间的罪刑均衡关系并不太注意，而主要是立法、司法及法学研究工作者比较关注这一问题。至于同一罪名下不同罪状与法定刑的罪刑关系，当表现为法律条文的规定本身时，人们也不太注意。只有当通过司法活动体现在判决中，特别是体现在同一罪名之下两个以上相近或相似案件的时候，也就是没有解决好量刑公正第二个路径所述的问题时，就会受到人们的关注，并引发人们对具体案件量刑判决公正与否的评论。譬如曾经被国内媒体广泛报道过的两起受贿案，一起是厦门海关原副关长接培勇受贿案，判决认定的受贿数额为 17 万余元，量刑 15 年；而另一起光大集团公司原董事长朱小华受贿案，判决认定的受贿数额为 405.9 万元，量刑也是 15 年。二者受贿数额相差 23 倍，量刑却都是 15 年，人们不由得会认为量刑不公：要么是对接培勇量刑畸重，要么是对朱小华量刑畸轻。[①]

此类案件，如果从立法上看都是合法的，因为根据刑法第 388 条的规定，个人受贿数额在 10 万元以上的，处 10 年以上有期徒刑或者无期徒刑，可以并处没收财产；情节特别严重的，处死刑，并处没收财产。法院对该两个案件的量刑都在法定刑范围内并不违法。但从司法上看，任何人一般都会认为量刑是不公的。那么原因何在？首要是立法上对同一罪名下罪状与法定刑的罪刑关系规定得太笼统。具体来讲，对受贿数额 10 万以上的罪状与法定刑再没有进行区分。这就为裁判者在量刑时提供了非常大的自由裁量空间，势必造成个案间量刑上的失衡甚至不公。事实上，这在我国刑法上是一个比较普遍的问题，要想从实体上做到量刑公正，就必须通过完善立法，细化罪状与法定刑加以解决。同时，也可通过制定量刑规则或量刑规范的途径配合解决。据了解，近年来最高人民法院已经着手解决这一问题，目前已出台《人民法院量刑指导意见（试行）》在全国范围进行试点。

但是，无论是完善立法，还是制定量刑指导意见，都不可能、也不应该完全消除法定刑的量刑幅度和法官量刑的裁量空间。因此，解决量刑公正还

---

① 顾永忠：《个案量刑间的失衡问题》，载《人民司法》2002 年第 5 期。

需要、也应该建立平等参与，公开、透明的量刑程序。应该说这个问题经过近几年的讨论和试点，已经基本形成共识，进而产生了最高人民法院发布的《人民法院量刑程序指导意见（试行）》，并也已开始在全国范围进行试点。但是，对这一举措人们包括法官、检察官、律师、学者等在认识上还不完全一致，有的人还持质疑、消极甚至反对的态度。因此，充分认识建立量刑程序对于量刑公正的意义仍然是必要的。

量刑程序之于量刑公正的意义，首先在于它使以往基本不见诸于法庭审理活动，完全由法官庭后单方作出决定的量刑活动，公开置于法庭审理之中，引入控辩双方的平等参与，使法官的量刑决定不再是凭借自己的经验、感受甚至个人的好恶单方作出，而是通过让控辩双方进行举证、质证，充分调查、掌握与量刑有关的事实和证据，全面听取控辩双方关于量刑的意见，必要时甚至听取社会工作者或其他有关方面对被告人的平时表现、家庭背景、社区环境等有关信息所做反映的基础上，科学、理性、民主地作出，从而避免完全由法官单方作出量刑决定存在的片面性、非理性和独断性。

量刑程序之于量刑公正的意义，还在于它使以往基本不见诸于法庭之上，完全是法官在庭后通过“办公室作业”进行的量刑活动，在相当范围和相当程度上，置于公开的法庭审理活动之中，不仅控辩双方可以平等参与，而且普通民众还可以旁听了解，并且一旦法院作出量刑判决后还要对为何如此量刑作出理由说明。这个过程本身不仅体现了诉讼活动的民主性和公正性，而且体现了量刑判决的透明性和说理性，从而避免了法官通过“办公室作业”作出量刑决定被疑为“黑箱作业”。

量刑程序对于量刑公正如此重要，就要结合我国实际情况科学地构建量刑程序，使其真正发挥应有的作用，同时最大限度地避免产生不必要的负作用。

三、定罪程序与量刑程序的关系

定罪程序在法律上已有明确规定，现在需要解决的是量刑程序，其中与定罪程序的关系是首当其冲的问题。当前，对于这一问题理论界和司法界还存在着较大的认识分歧。有的人认为“只有将定罪程序与量刑程序完全分开，才能解决刑事辩护不充分的问题”。也有人认为，“根据我国现实状况和经济基础，在优化资源配置的基础上，可以将定罪程序与量刑程序进行有限分离，即对被告人认罪案件采取定罪与量刑合一的模式。因为被告人认罪的主要目的是为了获得相对较轻的刑罚，确立相对独立的量刑程序，可以给被告人充分表达其意见的机会；而对被告人不认罪的案件，则采取两者分离的模式，依据是刑事诉讼中的无罪推定原则，在被告人被依法确定有罪之前，没有必要也不宜关注被告人的量刑问题。”① 最高人民法院在“二五改革纲要”中提出的也是“健全和完善相对独立的量刑程序”。其发布的《人民法院量刑程序指导意见（试行）》就是按照这一精神设计的，具体表现为：“适用普通程序审理案件时，法庭审理分为三个相对独立的‘两部分’：（1）在法庭调查阶段，根据情况先调查犯罪事实，后调查量刑事实；（2）在法庭辩论阶段，根据情况先辩论定罪问题，后辩论量刑问题；（3）告知被告可以就定罪和量刑等问题进行最后陈述。适用简易程序和普通程序简化审时，在查明被告人系自愿认罪后，可以简化有罪事实的法庭调查内容，将庭审转化为量刑等问题。”②

可以看出，上述观点、主张的基本分歧在于定罪程序与量刑程序在案件审理过程中在时间上和空间上要不要相互分离。目前，理论界和实务界对此表现为三种主张：其一，无论适用何种程序审理案件，定罪程序与量刑程序在时间上和空间上应当完全分离，即在通过定罪程序解决定罪问题，并且确定有罪之后再通过量刑程序解决量刑问题，提出并同意这种主张的人目前只占少数。其二，根据被告人是否认罪决定定罪程序与量刑程序在时间上和空间上是否分离。对于被告人不认罪的案件，定罪程序与量刑程序应当完全分离，在确定被告人有罪之后再进入量刑程序，如果认定被告人无罪则不存在量刑程序；而对于被告人认罪的案件，则定罪程序与量刑程序不必分离，在经过必要的程序确认被告人系自愿认罪并确实有罪后紧接着进入量刑程序。这是大多数学者的意见。其三，无论适用何种程序审理案件，定罪程序与量刑程序在时间上和空间上都不必分离，只是在已有的定罪程序的各个诉讼阶段附加上相应的关于量刑问题的法庭调查、法庭辩论和最后陈述。《人民法院量刑程序指导意见（试行）》体现的就是这一主张。

到底定罪程序与量刑程序在时间上和空间上要不要分离，笔者认为应当从以下几个方面考虑：首先，是否有利于正确定罪。前已指出，定罪主要解决被告人的行为罪与非罪及此罪与彼罪的问题。从定罪程序与量刑程序的内在逻辑关系来看，二者是否相互分离对于正确解决罪与非罪的问题有直接关系，而对于正确解决此罪与彼罪的问题并无影响。刑事审判中需要解决罪与非罪的情形主要是被告人不认罪并提出无罪辩护的案件，在这种案件中，如果将定罪程序与量刑程序在时空上不加分离，将对被告人产生两大不利后

① 刘金林：《量刑规范化：四大争议亟需解决》，载《检察日报》2009 年 6 月 15 日。
② 同上。

果：其一是在同一程序中控方一旦提出纯粹的量刑证据可能会对正确定罪产生误导。譬如有关被告人以往犯罪的前科证据、平时表现不好、屡教不改的品格证据等，势必会使定罪的裁判者形成预断或偏见，更有可能认定被告人有罪；其二是在同一程序中如果被告人及其辩护人提出无罪辩护就难以再进行罪轻的辩护，因为在同一程序中既提出无罪辩护又提出罪轻辩护势必消弱无罪辩护的力度，使裁判者对无罪辩护意见不加重视甚至无视。这两种情形都将影响裁判者正确解决罪与非罪的界限。至于在被告人自愿认罪只是对指控罪名提出异议涉及此罪与彼罪的案件中，量刑程序与定罪程序在时空上不加分离对正确解决这一问题并无影响，因为纯粹的量刑事实和证据对定罪并不产生影响。其次，在不影响正确定罪的前提下，定罪程序与量刑程序要不要分离，主要考虑是否有利于提高审判效率，节约司法资源。有人抽象地认为把定罪程序与量刑程序截然分离，势必影响审判效率，并且需要付出更多的司法资源。这种观点其实是有片面性的。对于那些被告人不认罪、本人及其辩护人提出无罪辩护并最终确实无罪的案件来说，如果定罪程序与量刑程序不加分离，不仅会影响裁判者正确定罪，而且会影响审判效率，浪费司法资源。因为对于一个被告人不认罪确实又无罪的案件来说完全没有必要进入量刑程序。

但是，前已指出，在司法实践中被告人不认罪的案件毕竟是少数，大多数刑事案件的被告人一般都是认罪的，并且事实上也是有罪的。对于这些案件来讲，如果把定罪程序与量刑程序在时空上完全分离，确实会影响审判效率，付出更多的司法资源。反过来，把两个程序在时空上衔接起来，则不仅不会影响正确定罪，而且确实会提高审判效率，节约司法资源。

基于以上，本人完全同意前述大多数人的主张，定罪程序与量刑程序在时空上是否相互分离，主要看被告人是否认罪，凡被告人认罪的案件，无论适用何种程序审理，都没有必要把定罪程序与量刑程序分离开来，而是在时空上把二者相互衔接起来，在必要的定罪程序活动完成之后马上转入量刑程序，并且这类案件审理的重点应放在量刑问题上。反之，凡被告人不认罪的案件，则把定罪程序与量刑程序在时空上分离开来，先把审理的重点放在定罪程序上，在确认被告人有罪之后，再进入量刑程序解决量刑问题。这不仅有利于正确定罪，也有利于公正量刑，还有利于提高审判效率，节约司法资源。

以上述观点分析《人民法院量刑程序指导意见（试行）》关于定罪程序与量刑程序相互关系的规定，不能不认为其存在着明显的问题。首先，以适用何种审判程序为依据作为处理定罪程序与量刑程序相互关系的标准，是不符合建立相对独立的量刑程序的初衷的。试想，从以往基本上以定罪程序为主体的审判程序到现在提出建立相对独立的量刑程序并将其纳入到审判程序之中，打破定罪程序一统审判程序天下的局面，其中的目的不仅仅是为了解决量刑问题，还包括为了消除由于原来定罪程序与量刑程序彼此不分而给正确定罪和被告人及其辩护人的充分辩护造成的负面影响。而这种影响是否发生，主要取决于被告人是否认罪。因此，以被告人是否认罪较之以适用何种审判程序作为定罪程序与量刑程序是否分离的标准更加科学，更加符合诉讼原理。其次，在适用普通程序审理案件的设计上，《人民法院量刑程序指导意见（试行）》规定的所谓“三个相互独立的‘两部分’”，即在法庭调查阶段先调查犯罪事实后调查量刑事实，在法庭辩论阶段先辩论定罪问题后辩论量刑问题，在被告人最后陈述中可以就定罪问题和量刑问题一并陈述的规定，这种设计实质上并不存在相对独立的量刑程序，只是在原有定罪程序的不同诉讼阶段之中，相应地附加了一个涉及量刑问题的诉讼活动，实际上是一个定罪与量刑统一于一体的混合程序。这样做显然是出于审判效率和司法资源的考虑，但是并不科学合理，并且如果在这种程序下使定罪问题和量刑问题都得到充分的审理，其所呈现的审判效率和付出的司法资源并不比把定罪程序和量刑程序相互分离哪怕是彼此衔接那样，审判效率能有所提高和司法资源也可有所减少。因为如果定罪程序为X，量刑程序为Y，再把定罪程序X与量刑程序Y按照法庭调查、法庭辩论、最后陈述三种诉讼活动相应地分解为X_1、X_2、X_3和Y_1、Y_2、Y_3，那么《人民法院量刑程序指导意见（试行）》的规定就是$(X_1+Y_1)+(X_2+Y_2)+(X_3+Y_3)$，而笔者的主张则可表述为：$(X_1+X_2+X_3)+(Y_1+Y_2+Y_3)$，显然，$(X_1+Y_1)+(X_2+Y_2)+(X_3+Y_3)=(X_1+X_2+X_3)+(Y_1+Y_2+Y_3)$。既然如此，还不如把定罪程序与量刑程序彼此分离哪怕是时空上相互衔接的分离更加合理。

总之，相互比较，笔者认为多数学者提出的以被告人是否认罪为标准确定定罪程序与量刑程序在时空上是否相互分离的主张，较之《人民法院量刑程序指导意见（试行）》体现出的以适用何种审判程序为标准处理定罪程序与量刑程序相互关系的做法，更加符合诉讼原理和诉讼规律，也更加有利于定罪正确和量刑公正。希望该《意见（试行）》在全国范围试点以后能够加以改进和完善。

四、定罪事实及证据与量刑事实及证据的关系

既然要建立相对独立的量刑程序并且与定罪程序共存于审判程序中，那

么还要解决好定罪程序与量刑程序审理的对象问题。这个问题听起来容易，做起来就不是那么简单。“听起来容易”是因为有相当多的人都表示，定罪程序审理定罪事实和证据，量刑程序审理量刑事实和证据。但是，何谓定罪事实和证据？何谓量刑事实和证据，在纷繁复杂的刑法条文中以及形形色色的刑事个案中，并不能把二者分得清清楚楚。譬如，在公共场所强奸妇女的事实及相关证据属于定罪事实及证据还是属于量刑事实及证据？又如在公共交通工具上抢劫或持枪抢劫的事实及证据是定罪事实及证据还是量刑事实及证据？还有“情节严重”、“情节恶劣”在刑法很多条文的罪状中都有规定，它们是定罪事实及证据还是量刑事实及证据？类似这样的问题还有很多，所以笔者认为这个问题“听起来容易做起来并不那么简单”。

尽管“做起来并不那么简单”，还必须加以界定并划分清楚。否则，定罪程序与量刑程序在审判实践中就难以区分。根据刑法的规定和司法实践中各种案件的实际情况，我们可以把刑事案件中的事实及证据区分为以下三类：

第一类为纯粹的定罪事实及证据，它们主要是刑法分则规定的各种具体犯罪的基本犯罪构成所要求的事实及相关证据，也就是构成各种犯罪必须具备的那些最基本的事实及证据，一般表现为各种罪名之下法定刑中第一个量刑幅度之前的罪状事实（仅限于从轻到重排列的法定刑）。譬如，刑法分则第263条规定：“以暴力、胁迫或者其他方法抢劫公私财物的，处三年以上十年以下有期徒刑，并处罚金；有下列情形之一的，处十年以上有期徒刑、无期徒刑或者死刑，并处罚金或者没收财产：（一）入户抢劫；（二）在公共交通工具上抢劫的；……”在这个规定中，第一个量刑幅度“处三年以上十年以下有期徒刑，并处罚金”之前的罪状事实即“以暴力、胁迫或者其他方法抢劫公私财物的”事实及相关证据就是纯粹的定罪事实及证据。对于这一类纯粹的定罪事实及证据当然应当放在定罪程序中审理。

第二类为纯粹的量刑事实及证据，它们主要是刑法中明确规定的以及虽然刑法没有明确规定但会对量刑产生影响而与定罪无关的有关事实及相关证据。刑法规定的量刑事实诸如自首、立功、累犯等事实及相关证据。刑法没有规定的量刑事实有被告人的一贯表现、被告人的认罪悔罪态度、被告人对被害人的赔偿情况、被害人的过错以及被害人对被告人的原谅等事实及相关证据。这一类事实及证据与犯罪的成立与否没有关系，仅仅对量刑产生影响，所以属于纯粹的量刑事实及证据，应当放在量刑程序中审理。

第三类为定罪与量刑混合的事实及证据，也就是说它们既是定罪事实及证据又是量刑事实及证据，对定罪量刑都会产生影响，一般表现为加重处罚的犯罪构成所要求的事实及相关证据。在刑法分则条文中一般规定为结果加重犯、情节加重犯、数额加重犯、身份加重犯等事实及相关证据。此外，刑法总则条文规定的犯罪预备、犯罪未遂、犯罪中止以及共同犯罪中的主犯、从犯、协从犯、教唆犯，还有防卫过当、避险过当等事实及相关证据，也都属于混合的事实及证据。这些事实及相关证据，定罪不能没有它们，量刑也不能缺少它们。因此，称其为定罪与量刑混合的事实及证据。之所以如此，是因为这类事实及证据“一身二任”不可能从定罪和量刑的角度加以分割。

既然是定罪与量刑混合的事实及证据，那就应当放在定罪程序中加以审理，而在量刑程序中不必再重复审理。需要指出的是，这里所说的不必重复审理，主要是指在量刑程序中不必重复调查，但在量刑程序的法庭辩论及最后陈述阶段，对这些事实及相关证据仍然可以发表相关意见或据此提出相关诉求。

综上，只有纯粹的量刑事实及证据应当放在量刑程序中审理，而对于纯粹的定罪事实及证据以及定罪与量刑混合的事实及证据都应当放在定罪程序中审理。

五、量刑程序中公诉人与辩护人的关系

在量刑程序中，公诉人与辩护人都应当是积极的参与者，并且二者的诉讼地位平等，诉讼目标一致，都是为了追求量刑程序本身的公正和量刑结果的公正。但是，毕竟双方的诉讼角色和职能不同，如果不能正确认识和处理二者的关系，可能会产生一些不协调的声音和做法。因此，有必要就二者在量刑程序中的关系所涉及的两个问题提出来加以讨论。

其一，在量刑程序中，公诉人提出量刑建议对于辩护人充分履行辩护职责是有积极意义的。在以往定罪程序“一统审判程序天下”的局面下，辩护人的辩护主要是针对定罪问题提出和展开，难以从量刑问题入手展开辩护。即使提出来也显得无的放矢，不被重视。有了专门的量刑程序，由公诉人先提出量刑建议，就为辩护人开展量刑辩护提供了恰当的机会，更重要的是公诉人提出的量刑建议的具体内容，使辩护人开展量刑辩护有了直接的参照物，更具针对性和互动性。通过诉辩双方围绕量刑问题展开举证、质证、辩论等诉讼活动，使案件中涉及或影响量刑的事实、证据、意见、信息在法庭审理中得以充分表达，就为法官最终作出公正的量刑判决奠定了基础。特别是在被告人认罪且事实上也确实有罪的案件中，辩护的重点应当是量刑问题而不是定罪问题，但在没有专门量刑程序之前，围绕量刑问题的辩护要么难以开展，要么很不充分。专门量刑程序的设立，就使量刑辩护能够充分展

开，最大限度地发挥作用。因此，作为辩护人应当正确认识公诉人提出量刑建议对量刑辩护的意义，进而充分利用量刑程序为被告人开展量刑辩护，促使法院作出公正的量刑判决。

其二，作为承担公诉任务又肩负客观义务的公诉人，对于辩护人为被告人提出的量刑辩护应当给予充分的理解和支持，其中既要对有利被告人的量刑事实及证据，应当主动、客观、全面地在量刑程序中提出来，又要对辩护人进行的量刑辩护以理性、客观的态度对待之，而不应把辩护人看成是自己的“天敌”，只要与自己的意见不合就简单地加以排斥或反对。尤其是在那些被告人不认罪，辩护人为其提出过无罪辩护的案件中，更要正确地认识和对待辩护人在量刑程序中提出的量刑辩护意见，而不能简单地用形式逻辑的思维，以无罪辩护与量刑辩护自相矛盾为由，排斥甚至讥讽辩护人所作的量刑辩护。根据法律的规定，在刑事诉讼中辩护人负有全面、充分维护被告人合法权益的职责，这就要求他们不仅在定罪问题上依法、充分地为被告人展开辩护，而且在量刑问题上也要依法、充分地为被告人进行辩护。因此，公诉人应当给予充分的理解和理性的交锋或合作。

六、量刑程序中检察官与法官的关系

在我国，量刑程序的提出及构建在一定程度上是在检察机关提出并试行量刑建议制度的背景下发生的，并且经历了一定的曲折过程。无论当初还是现在，检察官与法官在这个问题上，始终存在着一些不正确的认识，这些认识问题如果不能澄清和端正，势必影响量刑程序的正式构建及其应有作用的有效发挥。

其一，对于法官来说，应当正确认识检察官的量刑建议权，不能认为如何量刑是法官自己的权力，检察官提出量刑建议就是侵犯审判权。现代起诉制度下，检察机关对被告人向法院提起公诉，其中包含了定罪请求权和量刑建议权两个方面，这是实现国家刑罚权不可分割的内容。因此，法官不应当从本位角度看待检察官的量刑建议权。

其二，法官还要正确认识检察官提出量刑建议对于提高量刑公正和被告人及其亲属对量刑判决可接受性的意义。在量刑程序中，检察官提出量刑建议不是孤立的，被告人及其辩护人将会针对性地作出反馈，表达意见。诉辩双方对量刑问题审理活动的积极参与，一方面会增加法官作出量刑判决的参考依据，使量刑结果建立在法、理、情有机结合的基础之上，其公正性将会提高；另一方面，由于量刑结果是在诉辩双方共同参与的基础上形成的，其公开性和透明度大大增强，必将消除以往法官通过“办公室作业”单方作出的量刑决定给被告人及其家属造成的“黑箱操作”的误解或质疑，大大提高他们对量刑判决的可接受性。

其三，对于检察官来说，也要端正对量刑建议的诉讼和法律意义的认识。目前在理论界和实务界有一种说法，即认为检察官提出量刑建议是对法官行使审判权的监督，“当法官不接受量刑建议时，检察机关的量刑监督职能就形同虚设”。[①] 坦率地说，这种说法是难以成立的。前已论及，量刑建议权是公诉权不可分割的组成部分，它与定罪请求权一样，本质上也属于“请求权”。如果认为量刑建议权是对审判权的监督，那么定罪请求权是否也是对审判权的监督？进而是否可以说，公诉权就是监督权？从诉讼原理上讲，公诉权属于起诉权，而起诉权的诉讼及法律意义在于，它是刑事审判活动启动的诉讼依据，没有起诉权就没有审判权。如果抛开起诉权的本质把它称之为监督权，那么，监督的起因是什么？难道是为了监督而提起公诉？

把量刑建议权看作是监督权不仅在理论上难以成立，而且在实践中也不利于量刑建议权的实施，势必受到法官的心理排斥。因为如此以来，检察官的诉讼活动好像都成了监督，并且是以法官作为监督对象的，那么法官从内心深处就会产生抵触心理，不愿意接受量刑建议。事实上，目前实务界还有一部分法官不同意建立检察官量刑建议制度，就是由此种“监督”论引起的。

基于此，笔者认为，我们应当让量刑建议权回归它本来的地位和职能，检察官在提起公诉时，既可对被告人构成某种犯罪提出控告，也可对法院如何对被告人量刑提出建议，但是不论对犯罪的控告还是对量刑的建议，都不具有“终局性”，对法官都不具有当然的约束力。

其四，基于量刑建议系“建议”的属性以及检察官提出量刑建议时存在的不可避免的局限性，检察官还应正确认识和处理其所提量刑建议与法官量刑判决之间是否一致的关系。从理论上和工作方向上讲，检察官应当力求其提出的量刑建议能为法官接受，从而形成与量刑建议一致的判决。但是，如果法官没有接受量刑建议，也属正常之举。且不论量刑建议因其“建议”性质对法官不具约束力，即使从检察官提出量刑建议所持的事实、证据及其他有关背景、信息来看，难以避免会存在不同程度的局限性。因此，法官作出量刑判决时，不仅要考虑检察官的量刑建议，而且要考虑辩护人的辩护意见，还要听取被告人的意见，必要时还可能了解社区、单位方方面面的反

① 宋琳琳：《应建立法官不采纳量刑建议说理制度》，载《检察日报》2009 年 6 月 21 日。

映，最后综合各方面意见、信息，依据有关法律规定作出量刑判决。这一切在检察官提出量刑建议时是不可能具备的。因此，作为检察官应当认识到提出量刑建议的意义不在于法官是否接受了自己的建议，自己是否因此“保全了面子”或“丢掉了面子”，而在于通过量刑建议的提出和量刑程序的构建，促进了司法公正，既有利于正确定罪，也有利于量刑公正。

刑事被害人国家救助制度研究

四川省高级人民法院刑四庭课题组

一、建立刑事被害人国家救助制度的背景

刑事被害人国家救助制度，又称刑事被害人国家补偿制度，是指因一定犯罪而受损失之人，包括直接被害人和一定范围的间接被害人（如被害人的配偶、父母、子女等），有权请求国家补偿其全部或部分财产损失的一种社会安全及司法保护制度。它具有抚慰性、救济性、补充性的特点，体现了司法人文关怀和对被害人权利保障的重视。

长期以来，各国的刑事诉讼均是围绕国家对犯罪行为的评价展开，确立了“国家——犯罪人”二元化结构的刑事司法模式①，刑事理论和立法均以被告人为中心展开，强调保护和实现被告人的权利，而被害人在刑事诉讼中应有的地位和权利没有得到充分体现和保障。

20 世纪 60 年代以来，随着被害人学理论研究、被害调查和刑事政策的发展，被害人的困难境遇逐渐受到关注，“国家本位”的法治理念为“社会本位”所取代，以人权保护、权利保障均衡和公平正义等理论为基础的被害人国家救助制度成为世界性的潮流。现代意义的第一部被害人国家救助立法是新西兰于 1963 年的《被害人补偿法》。之后，英国、美国、加拿大、澳大利亚等英美法系国家及瑞典、奥地利、芬兰、德国、荷兰、法国等大陆法系国家相继制定了被害人补偿法。② 1985 年联合国通过《为罪行和滥用权力行为受害者取得公理的基本原则宣言》，救助刑事被害人成为国际公认的准则。

---

① 陶松、赵云：《建立刑事被害人救助制度研究》，载 http://lw.jcrb.com/shownews.aspx? articleid = 16519.

② 宋英辉：《刑事诉讼目的论》，中国人民公安大学出版社 1995 年版，第 131 页。

近年来，我国刑事案件逐年增多，特大凶杀案频发。根据相关资料，2001年以来，我国每年刑事犯罪立案均在400万件以上，根据最高人民检察院粗略统计，刑事案件中约有80%的受害人或其家属得不到赔偿。依此计算，全国每年约有320万件刑事案件的受害人或其家属得不到赔偿。[①] 仅2004年一年，全国进入诉讼的刑事死亡案件2.4万余件、刑事伤害案件14.8万余件。[②] 刑事附带民事赔偿"空判"具有普遍性，附带民事赔偿难以兑现。青岛中院审理的重大人身伤害犯罪案件附带民事赔偿兑现率不足7%；甘肃和宁夏审理的杀人、伤害等重特大刑事案件附带民事赔偿兑现率不足10%；[③] 特困被害人群体的遭遇受到社会的广泛关注，公众要求建立刑事被害人救助制度的呼声日益高涨。

二、我国建立刑事被害人国家救助制度的必要性

（一）建立刑事被害人国家救助制度是维护公众对法律的信仰和信赖，树立法律权威的必然要求

作为犯罪行为的侵害对象，被害人的身心遭受了巨大伤害，对其合法权益的补偿与恢复是修复犯罪行为对社会秩序的破坏最重要的任务，也是保障人权的基本要求。在二元化结构的刑事诉讼模式下，被害人的权利保护问题则被忽略了。"如果犯罪被害人在遭受由于犯罪而造成重大损害的不幸，但不能采取恢复被害感情及对被害人进行法律保护的措施的话，便会招致犯罪被害人及市民的对包括刑事司法在内的法秩序的不信任感，进而削弱刑法的规制机能。"[④] 建立刑事被害人国家救助制度是全面保护被害人权利的直接体现和必然要求。

（二）建立刑事被害人国家救助制度是维护公平正义，实现司法公正的必然要求

从刑事诉讼法的规定上看被害人的权利较为广泛，但是被害人能否实际获得赔偿，很大程度上取决于被告人审判时的赔偿能力和态度。由于犯罪人

---

① 彭军：《法院判决'执行难'原因分析》，载《公民导刊》2007年第9期，http://www.ccpc.cq.cn/ebrs/gmdk/viewzw.do? GMDKID=2522&method=viewzw&NH=2007&QH=009.

② 傅剑锋：《最高检力推被害人补偿立法》，载《南方周末》2007年1月18日第1197期。

③ 青岛中院课题组：《刑事受害人救助制度的实践与探索》，http://qdfy.chinacourt.org/public/detail.php? id=1575.

④ ［日］大谷实：《刑事政策学》，黎宏译，法律出版社2000年版，第315页。

无赔偿能力情况的大量存在，该制度的效果没有充分发挥出来。这就使那些因犯罪而遭受严重身心损害的被害人或者被害人抚养或赡养的人，无法获得弥补，从而在客观上存在进一步加重被害后果的可能性，理论上称之为“二次被害”。据统计，我国近八成的刑事赔偿难以兑现，许多受害人的家庭因此陷入了人财两空的艰难境地。建立刑事被害人救助制度，既是对被害人与被告人权利保护平衡发展的要求，也是体现刑事司法人文关怀，实现公平、正义的要求。

（三）建立刑事被害人国家救助制度是保障刑事诉讼程序顺利进行，实现刑事诉讼目标的必然要求

被害人在遭受犯罪侵害后，既有追究犯罪的强烈愿望，也有获得物质和精神损害赔偿的要求。司法实践中，由于被害人的损失不能通过诉讼得到有效的赔偿，而使被害人不愿与司法机关配合，甚至为了能得到赔偿而选择私了，极大阻碍了诉讼程序的顺利进行和对犯罪分子的惩罚。建立刑事被害人国家救助制度，对未获得被告人赔偿的被害人进行帮助和抚慰，是保护公民对国家和法律的信赖，激发公众配合司法机关打击犯罪热情的必然选择。

（四）建立刑事被害人国家救助制度是贯彻“宽严相济”刑事政策，提高诉讼效率的必然要求

正确运用宽严相济的刑事政策要求司法机关在处理案件时要坚持惩办与宽大相结合，实现法律效果与社会效果的统一。建立刑事被害人救助制度，能够使被害人获得物质补偿和心灵抚慰，减轻犯罪行为造成的社会危害，恢复被犯罪破坏的社会关系，最大限度的减少办案阻力，提高办案效率，节约审判资源。

（五）建立刑事被害人国家救助制度是化解社会矛盾，防止被害人向犯罪人角色转化，预防和减少不稳定因素，维护社会和谐稳定的必然要求

刑事被害人物质和精神都受到极大损害，甚至因此陷入困境或致残，在无法获得犯罪人的赔偿和社会的帮助的情况下，他们极有可能到各部门信访、上访，甚至因对国家和社会产生失望、不满情绪而报复犯罪人和社会，产生新的犯罪。目前，涉法涉诉上访案件中，刑事被害人上访问题日益突出，2004 年到 2006 年，全国各级检察机关受理的不服法院生效刑事裁判申诉案件中，属于被害人申诉的比例均在 30% 以上，2006 年这个比

例达到了37.38%，[①] 已成为影响司法和社会秩序的重要不稳定因素。通过建立健全刑事被害人救助制度，能够缓解被害人与被告人之间的矛盾和仇恨，避免或减少被害人因不满情绪而出现上访、报复等过激行为。

三、我国建立国家救助制度的可行性

近年来，随着我国经济快速发展，社会文化不断进步，群众的法律观念日益增强，司法改革不断深入，为建立刑事被害人国家救助制度提供了良好的经济、社会和法律环境。

（一）物质基础

我国改革开放30多年来，党和国家紧紧抓住发展这个执政兴国的第一要务，经济以前所未有的速度持续发展，经济实力和综合国力显著增强，国家财政收入以高于经济增长的速度逐年递增，国家已经具备了一定的经济实力。为建立刑事被害人国家救助制度提供了坚实物质基础。

（二）理论基础

20世纪60年代起，随着被害人权利保障运动在世界范围内的兴起。许多国家的刑事司法政策由以犯罪人为中心，转化为强调被害人与被告人权利的平衡，并开始强调被害人利益与国家利益的平衡。[②]

我国对刑事被害人保护的研究起步较晚，但随着1997年刑事诉讼法的正式实施，被害人当事人诉讼地位的确立，被害人权益的保护问题日益受到重视。2006年广西大学举办了"刑事被害人权益保障"国际研讨会。2008年5月，最高人民法院与澳大利亚人权与机会均等委员会在青岛举办了"中澳刑事被害人保护问题研讨会"。同月，检察日报社等在无锡举办了刑事被害人救助制度研讨会。[③] 理论界围绕被害人权利的保护和实现，对被害人的人格保护、经济赔偿或补偿、心理治疗、法律帮助，以及扩大被害人的诉讼参与权等问题进行了的研究，被害人权利保护理论日益完善。

关于被害人救助制度的基础理论，[④] 主要有以下三种学说：一是国家责

---

① 郭建安：《犯罪被害人学》北京大学出版社1997年版，第98页。

② 《中澳刑事被害人保护问题研讨会综述——比较视野下的刑事被害人保护》，http://www.yfzs.gov.cn/gb/info/xsll/yjdtyzs/2008-06/23/1407096759.html；《刑事被害人救助制度立法（无锡）研讨会》，http://live.jcrb.com/html/2008/227.htm.

③ 同上。

④ 李松东：《试论犯罪被害人救助制度》，载《江西公安专科学报》2005年第3期。

任说。该理论以卢梭的社会契约理论为基础，认为国家独占防卫力量，负有保护公民人身、财产的责任，刑事被害人受到伤害是国家没有尽到责任，因此，国家对刑事被害人理应予以救助。二是社会保险说。该理论认为因为自由社会中犯罪的发生不可避免，各种社会保险的缴纳其目的就在于能够应对威胁其生活稳定或安全的意外事故，因此在被害人不能从其他渠道获得足够补偿和救助的情况下，国家和社会理应救助，而不是由被害人独自承受，因此，该制度是让社会全体负担犯罪后果的一种保险制度。三是社会福利说。该理论认为对被害人的救助应为一种社会福利制度，国家、社会出于道义应当对刑事被害人伸出救助之手。

我们认为，采用社会福利说较为合理。首先，国家责任说是以社会契约论为基础的，其理论基础本身就是建立在虚构的基础上；其次，根据宪法和法律，国家的确负有保护公民人身、财产的责任，但任何义务均是以能够达到为前提，国家不可能消灭犯罪，也不应为所有犯罪后果负责。被害人遭受犯罪侵害并不意味着国家存在过错，国家责任更多的体现道义上和政治上的责任；再次，社会保险说将国家的救助行为等同于保险行为，强调“在被害人不能从其他渠道获得足够补偿和救助的情况下，国家和社会理应救助”，这与刑事被害人国家救助制度的抚慰性、有限性原则不符；最后，刑事被害人国家救助制度是社会救助法体系的一环，其本身就是社会救助制度的一部分。国家的财富来源于社会，社会成员劳动成果的一部分转化为国家福利，在社会成员遭受犯罪侵害而不能得到及时弥补致生活陷于困境时，无论是出于道义还是责任，国家都应当对其进行救助以保障其生活。

（三）法律、政策基础

1. 法律基础

有关被害人合法权益的保护，在一些国际公约中早有规定。《世界人权宣言》在第 4 条至第 11 条详细规定了刑事被害人的基本权利和待遇。我国宪法和法律也为被害人获得经济赔偿和补偿提供了法律依据。宪法第 45 条明确规定“公民有获得物质帮助的权利”，刑法第 45 条和刑事诉讼法第 77 条规定了被害人有提起附带民事诉讼要求犯罪人赔偿物质损失的权利。2007 年全国两会上，孙谦等代表向大会提交了一份关于制定刑事被害人国家补偿法的议案，拉开了刑事被害人国家救助全国立法的序幕，全国人大常委会已将被害人国家救助立法列入2007年建议立法项目。①

2. 政策基础

党的十七大提出：要以社会保险、社会救助、社会福利为基础，加快完善社会保障体系。全国政法工作会议指出：在注重对犯罪嫌疑人、刑事被告人、罪犯的人权保障时，也要防止忽视被害人的人权和社会的反映。2007年9月最高人民法院下发的《关于进一步加强刑事审判工作的决定》中，明确要求各地人民法院“探索建立刑事被害人国家救助制度，积极开展刑事被害人国家救助，对因犯罪行为导致生活确有困难的被害人及其亲属提供适当经济资助，努力使被害人的损失减少到最低限度，化解矛盾，促进和谐”。2007年12月中央政法委和财政部联合下发了《关于开展建立涉法涉诉救助资金试点工作的意见》，对建立救助基金、救助生活困难刑事被害人的工作提出了明确要求。最高人民法院把建立和完善刑事被害人救助制度作为改革和完善司法救助制度的一项重要内容写入了《人民法院第三个五年改革纲要》。

四、我国刑事被害人救助制度现状及问题

（一）我国刑事被害人救助工作开展情况

在缺乏统一立法的情况下，2004年以来我国各地区相继开展刑事被害人救助工作探索。如2004年2月，淄博市政法委、淄博市中级人民法院出台《关于建立犯罪被害人经济困难救助制度的实施意见》，规定政府给予刑事被害人一定数额的救助；2004年3月，德阳市绵竹法院由当地财政划拨20万专款，创立“司法救助基金”；2004年11月，青岛市中级人民法院同青岛市政法委、青岛市财政局联合发布《青岛市刑事被害人生活困难救济实施意见》，建立了刑事被害人救济金制度，截至2008年底，青岛两级法院共对230起案件的461名受害人或其家属进行了救助，救助金额达351.9万元；2006年10月，福州市中级人民法院制定《关于对刑事案件被害人实施司法救助的若干规定》，当地财政拨款40万元。2004年底至2007年，浙江省各级法院普遍建立了司法救助基金，总额达4800多万元。2007年四川省出台《四川省省级司法救助专项资金使用管理办法（试行）》，设立300万专项资金，并将救助刑事被害人作为司法救助工作的重点。截至2007年，

① 《全国人大常委会2007年立法计划》，http://www.npc.gov.cn/npc/xinwen/rdyw/wj/2007-05/10/content_365233.htm.

北京、江苏、广东、江西、河南、甘肃等十几个省市的部分法院也建立了刑事被害人救助机制。[①] 这些为建立全国统一的刑事被害人救助制度积累了丰富的实践经验。

在总结借鉴的基础上，各地区逐步开始进行刑事被害人救助地方立法工作，现已有初步成果。2009 年 5 月 20 日，江苏省十一届人大常委会第九次会议批准了《无锡市刑事被害人特困救助条例》。该条例成为我国首部有关对刑事被害人进行司法救助的地方立法，其内容较为全面系统，涉及条例适用范围、救助部门、救助对象、救助金的来源与发放、救助程序、救助监督等，为其他地方此类立法提供了借鉴。

（二）面临的问题

虽然刑事被害人国家救助制度已在全国逐步开展起来，但目前仍处于起步阶段，关于刑事被害人国家救助制度的资料绝大部分是从理论的角度谈论一种应然状态，相关部门的统计中也很难找到有关数据，缺乏对被害人目前状况的实证调研资料。经初步分析，刑事被害人国家救助制度大致存在以下问题：

1. 救助模式问题

我国刑事被害人救助制度是自下而上进行的，各地进行试点工作时，创立了多种多样的救助模式，缺乏全国、统一性制度规范的指导。首先，由于刑事被害人救助工作涉及的单位较多，各地开展救助的主体各不相同，有的地方法院、检察院、公安机关开展救助试点工作时，各自设立救助基金，缺乏相互协调；其次，有的地方刑事被害人救助没有形成独立的制度，纳入涉诉涉法信访案件司法救助工作管理，出现刑事被害人救助对象范围不统一、刑事被害人救助标准各异等问题。

2. 传统观念问题

在刑事诉讼中，由于二元化的刑事司法模式，整个刑事司法体系是以被告人为中心，人们将人权保护的焦点集中到被告人身上，而被害人的利益被所谓的国家利益和社会利益所掩盖甚至取代。此外，报应性司法的观念长期占主导地位，社会普遍存在“打了不罚、罚了不打”的误区，认为只要被告人最终得到了惩罚，刑事司法的目的似乎已经达到，使得刑事司法以对犯罪人的惩罚为己任，对被害人利益的补偿问题往往被司法部门和社会所

---

① 来源于：王斗斗：《法治中国 30 年：司法救助让贫弱者跨过通向正义之槛》，法制日报，http://www.legaldaily.com.cn/misc/2008-09/27/content_953448.htm.

忽视。

3. 资金保障问题

目前，各地筹集资金主要有两个方面的途径：一是争取党委、政府的支持，由当地财政划拨专款用于刑事被害人国家救助；二是法院、检察院、公安机关通过压缩日常办公、办案开支，利用节约的经费建立救助刑事被害人基金。以上两个资金来源的特点是临时性和不稳定性，资金的多少有无受政策、环境的影响较大。由于省级以下司法机关的经费保障均依赖于各自的地方财政，而各地党委政府在相对有限的财力范围内，首先要保障机关正常运转和当地经济总体发展的需要，对无法律规定的刑事被害人救助资金的筹集缺乏主动性。即使初步建立了刑事被害人救助基金，因缺乏稳定的后续资金来源，不能得到持续、有效的补充，使的刑事被害人国家救助制度难以维继。因此，需要出台相应法律法规，对救助基金的来源和比例予以明确。

4. 工作机制问题

全国进行的刑事被害人救助试点工作虽取得了一些令人瞩目的成绩，但应当看到，目前取得的成绩均是建立在中央政策推动的基础上，缺乏基本法律依据，带有浓重的司法功利色彩。不少司法机关及其工作人员对构建刑事被害人国家救助制度的必要性、紧迫性和社会价值缺乏深刻的认识和理解。综合各地情况看，已开展刑事被害人救助工作的司法部门普遍没有形成对被害人救助工作有效的监督、考核、奖励机制，直接影响相关人员进行刑事被害人救助工作的积极性、主动性。鉴于刑事被害人救助工作具有工作量大、耗费时间长、涉及范围广等特点，各级司法机关应当将刑事被害人救助工作作为一项新的工作任务纳入工作考核体系，明确权责，落实奖惩措施，推动刑事被害人救助工作的深入开展。

另外，当前的刑事被害人救助工作存在功能倾向，被过多地用于化解突出棘手的矛盾、纠纷，在此类救助中往往放弃审查，对不符合救助条件的人进行救助，客观上造成救助不公。尤其是普遍存在重视上访案件被害人救助，忽略其他的被害人救助问题，造成“会哭的孩子有奶吃”的局面，进一步加剧了处理上访工作的难度。

五、刑事被害人国家救助制度初步构想

当前，欧美和亚洲的日本、韩国等经济发达的刑事被害人保障制度已经成熟，而我国目前尚处在社会转型时期，面临着较多的社会矛盾，理论界的研究尚不够深入，刑事被害人救助的试点也刚刚起步。这些因素决定了我国目前尚不具备全面推行刑事被害人国家救助制度的主客观条件。刑事被害人

国家救助制度的构建应立足于我国的基本国情，在中央相关政策的指导下，由各地先行制定地方性法规，自下而上，积极探索，总结经验，待条件成熟时再形成国家统一立法。在立法过程中要注意以下几方面的问题：

（一）救助原则

1. 公平公正原则

公平公正是构建司法和谐的基本要求，是我们开展各项工作必须遵循的基本准则，在对刑事被害人进行国家救助时应当充分考虑被害人遭受的实际损害及被害人自身过错等情况，以体现公平公正。

2. 补充性原则

由于被害人的损失是由犯罪行为所造成，犯罪人及其共同致害人的赔偿是救济被害人的首要选择。只有在刑事被害人因遭受犯罪侵害生活陷入困境，且既无法获得犯罪人赔偿又无法通过国家救济、社会保险或其他途径获得帮助的情况下才能进行国家救助。

3. 有限救助原则

刑事被害人国家救助制度是国家福利性质的制度，仅以解决被害人生活陷入困境的紧急情况为目的，是有限而不是全面补偿。

4. 一次性救助原则

对刑事被害人的救助是在紧急情况下采取的一次性经济帮助，被害人在获得一次国家救助后，不能因其遭受的侵害未得到充分补偿或者其他任何原因再次申请国家救助。

5. 及时救助原则

刑事被害人遭受犯罪侵害后，身体和精神都受到重大损害，处于极度困难的境地，急需获得物质帮助和精神抚慰。国家应当及时进行救助，使其尽快摆脱困境，恢复生活的信心。

6. 属地救助原则

刑事案件办案机构认为刑事被害人符合救助条件时，即可依法定程序给予救助，而不论该被害人的户籍是否在办案机构辖区内，当然，作为救助对象的被害人须具有中国国籍。

（二）救助对象

基于国家财力的有限，各国法律都对国家救助的对象范围进行了严格限制，并规定了不予救助的情形。我们认为，国家救助的对象应当是因遭受犯罪侵害造成严重伤残的被害人或者已死亡被害人生前扶养的既无劳动能力又无经济来源的父母、配偶、子女及其他近亲属，并符合以下条件：第一，遭受的是伤害人的生命、身体的故意或过失犯罪行为或者紧急避险或者不负刑事责任的人（精神病人、不满刑事责任年龄的人）实施的刑事不法行为；第二，无法通过诉讼及时获得赔偿或者无法获得其他形式的物质帮助而导致生活困难；第三，被害人无挑起或者引发犯罪等严重过错责任；第四，被害人不得拒绝配合司法机关查证案件工作；[①] 第五，被害人与犯罪人无近亲属关系。

（三）救助方式

目前，世界各国对刑事被害人救助普遍采用的是现金补偿的方式。我国也应当以现金救助为主，其他救助方式为补充。现实生活中，被害人陷入困境的原因各不相同，实物救助方式难以满足不同被害人的要求；采用现金救助的方式，既可以弥补被害人的物质损失，缓解其生活压力，也便于操作。

刑事被害人国家救助是为解决刑事被害人特殊困难而采取的一种临时、有限的救济，既不同于国家赔偿，也有别于其他社会救助，这就决定了在救助方式上只能采用一次性救济措施，不能采取安排就业、技能培训、解决低保等长期性的社会保障措施。不能混淆刑事被害人国家救助与其他社会保障在功能上的区别。

（四）救助标准

在制定刑事被害人国家救助制度时，世界绝大部分国家都规定了国家救助的最高限额。日本对每个被害人的给付限额是，遗族给付金为 1079 万日元，重伤给付金为 1273 万日元[②]。新西兰法律规定，金钱损失及费用开支的补偿不得超过1000 英镑，精神痛苦补偿不得超过500 英镑。[③] 只有法国等少数国家采用了全额补偿的方式。

我国实践中也普遍对救助数额作了限制。福州市中级人民法院《关于对刑事案件被害人实施司法救助的若干规定》将救助“一般情况下限于人

---

① 配合司法机关查证案件工作是指，被害人应当在案发或者知道遭受侵害后及时报案，并向司法机关提供所掌握的案件线索，配合司法机关的侦查活动。

② 卢建平，王丽华：《日本的被害人保护制度及其启示》，载《理论探索》2007 年第 5 期（总第 167 期），转自北大法律信息网：http://article.chinalawinfo.com/Article_Detail.asp? ArticleId = 47054.

③ 李斌：《论刑事被害人补偿制度的建立》，转自天涯法律网：http://www.hicourt.gov.cn/theory/artilce_list.asp? id = 4536&l_class = 2.

民币2万元以内”;《青岛市刑事案件受害人生活困难救济金管理办法》规定:“救济金额一般限于人民币3000元以上3万元以下”;东台法院《关于对刑事被害人提供司法救助的规定》规定,救助限额为2万元。

地域广、人口多、底子薄、经济发展不平衡的国情决定了我国不具备对刑事被害人进行全额救助的条件,只能根据各地经济发展条件进行适当救助。我们认为,在目前救助资金总体数量较少,需要救助的被害人数量较多的情况下,为使更多的被害人得到精神抚慰,救助标准不宜过高,在2~3万元内或者12个月平均工资标准内确定救助上限较为合理。

(五)救助资金的来源

关于救助资金的来源,世界各国各有不同,但主要来源于三个部分:国家税收、罚金、社会救助基金。《为罪行和滥用权力行为受害者取得公理的基本原则宣言》第13条提出:“应鼓励设立、加强和扩大向受害者提供补偿的国家基金的做法。在适当情况下,还应为此目的设立其他基金,包括受害者本国无法为受害者所遭伤害提供补偿的情况。”

我们认为,我国现阶段刑事被害人国家救助资金来源应当以国家财政拨款为主,鼓励社会组织和个人捐资。刑事被害人救助资金应当由中央和地方各级政府纳入财政预算的范围,每年由各级财政拨付资金。罚金和没收的财产可以作为国家财政拨付资金的一部分转化为救助基金,专款专用。

(六)救助的机构

各国刑事被害人国家救助的裁决和实施机构各不相同,美国的某些州设立了专门委员会,日本等国是由公安委员会等行政机关兼理。从我国各地试点工作开展情况看,一般是由法院、检察院、公安机关等组织实施,也有人认为,作为一种社会救助手段,应当由民政部门负责组织实施。

救助机构应当包括救助的决定机构和实施机构两个部分。公安机关、人民检察院、人民法院负责案件的侦查、起诉和审判工作,直接面对刑事被害人,对案件的实际情况也最为了解,它们负责救助的实施工作最为恰当。

司法实践中,许多地方由政法委负责救助资金的审批,个别地方由各实施机关自行决定。各级政法委作为党委的职能部门,可以作为刑事被害人救助工作的领导、指导机构,但不宜承担救助资金的具体审批工作。救助资金需要统一监管、审批,以免管理混乱和出现重复发放,因此,也不宜由各实施机关自行审批。

我们认为,应当在政法委的领导下,成立由法院、检察、公安、财政、民政部门人员共同组成的刑事被害人救助工作委员会（以下简称“救助委”）专门负责救助工作的协调、救助资金的审批等工作，更有利于刑事被害人救助工作的顺利开展。

（七）救助的程序

刑事被害人国家救助程序一般应由符合条件的被害人向公安机关、人民检察院、人民法院提出书面申请并提供相关证明材料；特殊情况下，也可以由公安机关、人民检察院、人民法院根据案件具体情况主动提起。

公安机关、人民检察院、人民法院在办理刑事案件中，对案件所涉救助事宜负责审查，并负责对提出的救助申请提出救助意见，报救助委审批。救助委对救助申请和救助意见，依相关的救助规定进行审核并作出审批决定。救助委作出决定后，提出救助意见的公安机关、人民检察院、人民法院应当将救助委的决定及时（一般在10个工作日内）告知申请人并将救助委决定给付的救助金发放给被害人。

公安机关、人民检察院、人民法院在审查和发放救助金时应当注意审查被害人是否已经接受过国家救助，避免重复发放。

（八）追偿程序

刑事被害人救助以犯罪人或其他赔偿义务人没有民事赔偿能力为前提，但其对被害人的赔偿义务并没有因此而消灭，一旦发现犯罪人或其他赔偿义务人有履行能力时，执行部门应立即采取措施，保证履行到位。赔偿金应首先用于赔偿被害人扣除救助金后的损失部分，剩余资金应用于补充国家救助基金。

需要说明的是，刑事被害人国家救助的特点决定了其只能临时缓解被害人生活困难，并且救助的对象范围有限，许多刑事被害人没有被纳入救助范围或者救助后仍然面临生活困难。因此，被害人生活困境的彻底改善有赖于建立完善的社会保障和社会救助体系。

完善我国假释制度适用的思考
——走出“重减刑、轻假释”的传统模式

朱玉光* 王洪坚** 牛传勇***

引 言

假释是附条件的提前释放，它作为一种刑罚执行制度，在很大程度上体现了刑罚个别化原则，在现代刑法中占有十分重要的地位，① 其与缓刑、保安处分被称为世界近现代刑法合理化道路上的“三驾马车”。我国假释制度形成于20世纪50年代初，充实完善于改革开放以来30多年的司法实践。尤其是近年来，假释与其他审判工作一样，在改革创新中不断发展前行，各地法院就假释制度，特别是在程序适用上进行了积极的探索，收到了显著的成效，但综观审判实践中，假释制度的适用情况并不理想，“重减刑、轻假释”的问题普遍存在，且在许多地区假释制度犹同虚设。

1. 从整体情况看，假释适用率②普遍过低

实践中，我国假释的适用率整体低下③。近年来全国的年假释适用率一直不超过2%。而相关数字也表明，我国大部分省市自治区年假释率约1%。④

---

* 山东省青岛市中级人民法院高级法官。

** 山东省青岛市中级人民法院审判员。

*** 山东省青岛市中级人民法院法官。

① 陈兴良：《刑法适用总论（下）》，法律出版社1999年版，第638页。

② 假释适用率，是指假释罪犯人数与监狱在押犯总数的比率。

③ 相比较而言，1997年美国的假释率为44%，澳大利亚的假释率为36.3%，中国香港地区的假释率为48.4%，泰国的假释率为32.2%。参见姜树政、刘建军：《假释的功能作用及有效发挥之路径》，载高憬宏主编：《减刑、假释的法律适用与司法实践》，人民法院出版社2003年版，第113～114页。

④ 刘京华：《减刑假释制度的发展趋势和利弊》，载高憬宏主编：《减刑、假释的法律适用与司法实践》，人民法院出版社2003年版，第89页。

据调查，河南省驻马店监狱 1998 年只办理了 1 名罪犯假释，占当年在押犯的 0.02%。[①]

2. 从横向角度看，假释与减刑的适用率明显失衡

据了解，近年来，全国每年的减刑率平均为 27% 左右。[②] 减刑与假释相比，减刑适用率竟然是假释适用率的 21 倍之多。

3. 从各地实践看，假释适用极不平衡

全国假释适用率总体上来讲很低，但个别省份和个别地区亦存在着适用率较高的情况。[③] 纵观全国，假释适用差异很大。据不完全统计，2007 年假释适用率最高的省份为 9.03%，而适用率最低的省份则为 0.02%，[④] 最高适用率是最低适用率的 450 多倍，有的地区多年来不办理一起假释案件。

一、影响假释适用的原因探析

（一）假释性质认识不清晰是制约适用的思想根源

各地对假释的适用之所以出现较大差异，主要是因为对假释制度的性质定位缺乏统一的认识。针对影响假释正常适用的思想认识简要归纳评析如下：

1. “再犯罪说”

观点梗概：假释不仅与罪刑法定、罪刑相适应的刑法原则相悖，同时，未经足够限制时间的“闭门思过”，不能保证罪犯的改造效果。担心尚未完全改造好的罪犯获得假释后，无异于放虎归山，极有可能重新犯罪，给社会造成新的危害。预防已决罪犯再犯罪的有效办法就是对其进行监禁改造，让其隔离社会就是避免其再犯罪的最好措施。

内在不足：该学说无视人的思想认识变动不居的特性，且将罪犯的再犯罪与假释直接并轨，特别是出现个别假释犯重新犯罪，法院和承办法官往往成为该观点抨击的靶子，甚至会被以玩忽职守等来问责，一定程度上加大了相关人员的司法风险，使司法人员“不敢办”假释案件。

---

① 河南省监狱管理局：《对我省监狱系统五年来假释执行情况的调查与总结》，转引自李豫黔：《改革和完善我国假释制度的更改思考》，载《中国监狱学刊》2001 年第 2 期。

② 相关数字来源于司法部监狱管理局统计。

③ 如山东省青岛市中院，自 1997 年新的刑法和刑事诉讼法颁布以来，年假释适用率一直在 20% 左右。资料来源于 2005 年最高人民法院在上海举办的“中国与欧盟司法合作项目—减刑假释论坛”。

④ 相关数字来源于司法部监狱管理局 2007 年假释适用情况的统计。

2. “刑罚执行说”

观点梗概：生效判决所判处的刑罚应当不折不扣地得以执行，唯有此，方能显示出判决的权威与尊严，发挥刑罚一般预防的作用。只有完全执行了既判刑罚，才能真正实现罚当其罪，对被告人和被害人来讲，才是真正的公正。而假释是对既判刑罚的一种修改或轻视，也是对法院判决权威的伤害，易使社会公众把法院判决当儿戏，起不到一般预防的目的；同时，对被害人来讲，也是一种不公正。

内在不足：实际上是对假释制度的一种根本否定，否认教育刑理论下对犯罪人的个别预防，同样不考虑人的发展变化，是对公正的一种机械坚持，易使假释处于一种“不能办”的尴尬境地。

3. “廉价劳动力说”

观点梗概：将刑期未满的罪犯提前释放的假释制度，是对廉价劳动力的失去。特别是执行一定刑期符合假释条件的罪犯，多是熟练的生产劳动能手或技术骨干，他们的离开，会在一定程度上造成技术人员断档，使监管企业的正常连续生产受到影响。据此，有的监管单位不愿意将其提前假释，不愿意呈报假释。

内在不足：实际上是一种赤裸裸的功利性举措，为了监狱企业的生产和利润而忽视犯罪人的法定权利。监狱内的生产本来是为更好地改造犯罪人服务，在功利思想的影响下，反而成为约束犯罪人走向自由的锁链。在该学说的影响下，刑罚执行机关会出现价值失衡，使假释成为一项“不愿办”的事情。

4. “改造奖励说”

观点梗概：假释是对服刑过程中表现突出的罪犯的一种奖励，是促使罪犯积极改造的一种激励措施。对于罪犯来说，服刑期满是常例，获得假释是个例。假释只能是极个别改造表现突出的罪犯方能享有，对绝大多数罪犯来说，应当靠服满刑期出狱，而不是靠假释出狱。否则，奖励过多过滥，会失去奖励的激励作用。此说虽提倡假释，但要求只能占较小的比例。假释的主动权完全掌握在监管者手中，奖励与否、奖励人数、奖励对象，均取决于监管者的需要。

内在不足：实际是一种恩赐思想，在很大程度上是对每个犯罪人拥有复归社会权利的漠视，把假释作为促进犯罪人遵守监规接受改造的“诱饵”。在奖励说的影响下，假释人为地设定了比例，成为一种“不多办”的事情。

由于受上述学说的影响，致使众多符合法定假释条件的罪犯感受不到法律的温情，使本来就人满为患的监管场所矛盾愈加突出，行刑成本不断攀升，久而久之形成恶性循环，背离了预防犯罪、减少犯罪、消灭犯罪的刑罚目的。

（二）假释法律地位不突出是制约假释适用的主导要素

我国是实行减刑、假释两种制度并存的国家，二者在法理上应当是并列关系。但是在很大层面上，减刑的功能更为明显，在审判实践中适用也更多。

首先，法律没有突出假释制度在刑罚执行中的特殊地位。在指导思想上，我国法律对于减刑、假释的设置，实际上是以减刑为主，假释为辅的适用模式，即，将假释制度设置成为是一种比减刑更为严格的行刑制度，凡是符合假释条件的罪犯，必然符合减刑条件，这样的条件设计，必然形成减刑适用对假释适用的“拦截”，降低假释的适用率。

其次，假释的适用范围相对较窄。从适用刑种来看，减刑制度明显宽于假释。法律直接明确规定“被判处管制、拘役、有期徒刑、无期徒刑的犯罪分子”，都可以适用减刑，而刑法第50条规定也表明死刑犯同样可以适用减刑。可以说，减刑可以适用于刑法规定的五个主要刑种，而假释则排除了管制、拘役两个刑种的适用。从犯罪类别来看，我国法律规定的假释制度，并不是适用于每个罪犯的。根据刑法第81条第2款的规定，对累犯以及因杀人、爆炸、抢劫、强奸、绑架等暴力性犯罪被判处10年以上有期徒刑、无期徒刑的犯罪分子，不得假释。法律直接将一部分罪犯排除在假释制度的适用范围之外，从适用对象上降低了假释的适用率。据不完全统计，监狱在押犯中，符合上述不适用假释条件的罪犯占10%左右。

再次，法律规定的假释的种类过于单一。根据我国法律，所有罪犯均适用同样的假释方法，适用同样的条件和标准，缺乏刑罚个别化思想，缺乏针对不同罪犯采取不同方法的制度设计。虽然第81条第1款也明确规定了特殊假释，“如果有特殊情况，经最高人民法院核准，可以不受上述刑期的限制。”根据最高人民法院《关于办理减刑、假释案件具体应用法律若干问题的规定》第11条规定，上述“特殊情况”主要指有“国家政治、国防、外交等方面特殊需要的情况”，与罪犯的本人的改造情况、人身危险性大小及家庭特殊情况等基本无关。这种程序设计在实际操作中非常困难，有的监狱多少年来也未出现一例“特殊情况”的假释案件。某学者寻遍法意实证网案例库10个案例中，才找到6个有特殊情节假释的案件。[①]

---

① 法意实证网案例库是白建军教授同他的学生共同完成的，收录了近10万件案例，www.lawyee.com.cn，参见陈兴良主编：《宽严相济刑事政策研究》，中国人民大学出版社2007年版，第178页。

（三）假释适用操作不规范是制约假释适用的程序要件

刑事诉讼法对于审理假释案件的规定过于原则，实践中主要采用不公开审理的书面审理模式，这种书面审理方式，违背了刑事诉讼法规定的公开审判原则，经常招致各种非议。

书面审理模式下，法院往往仅根据执行机关报送的提请假释材料进行审查决定，这种只见材料不见人的审理方式，使被提请假释的罪犯本人这一最直接的利益相关人没有机会参与审理，也没有机会获得法律方面的帮助，既无权申请假释，也无权对是否假释提出意见，完全是一种被动的角色。而被害人、罪犯所在社区等更是无从参与。

书面审理模式下，检察机关的监督也难以有效实现。根据刑事诉讼法第220条的规定："人民检察院认为人民法院减刑、假释案件的裁定不当，应当在收到裁定书副本后二十日内，向人民法院提出书面纠正意见。人民法院应当在收到纠正意见后一个月以内重新组成合议庭进行审理，作出最终裁定。"显然，检察院对假释案件的监督是一种事后监督，对于假释案件的裁定过程无法参与。

书面审理模式下，对假释案件的审理实际上变成了一种行政式审批，成为执行机关与审理机关两家的事情，执行机关负责报请，审理机关负责审核裁定。这种审理模式，法院裁定前的审核只是对提请材料的书面审理，其更多意义是一种形式审查，而不是实质审查，又在一定程度上导致审核裁定成为例行公事，走过场，实际上假释的权利被执行机关所垄断，由于缺乏中立性的监督，操作的随意性和不规范在所难免。

（四）假释适用标准不明确：制约假释适用的现实原因

根据刑法第81条的规定："被判处有期徒刑的犯罪分子，执行原判刑期的二分之一以上，被判处无期徒刑的犯罪分子，实际执行十年以上，如果认真遵守，接受教育改造，确有悔改表现，假释后不致再危害社会的，可以假释。"这一规定实为假释的条件和标准。除了时间上的要求外，"认真遵守，接受教育改造，确有悔改表现，假释后不致再危害社会的"是假释的基本条件，而这些条件中，假释后不致再危害社会是实质性条件，却因为具有前瞻性，目前没有具体的考察、评定和检验标准，所以不易操作。虽然1997年最高人民法院《关于办理减刑、假释案件具体应用法律若干问题的解释》第10条对"不致再危害社会"进行了具体化，但解释中又出现了"不致违法、重新犯罪"这样预测性的条件，实际上进行了一种循环解释，使其仍然处于难以把握的状态。有的地方以百分考核为准，出现所谓“唯分是举”现象；有的地方则根据其考核得分情况，结合认罪、悔罪表现，并考虑其原犯罪性质，综合判断其主观恶性，判断释放后是否不致再危害社会。各地在假释适用中标准不一。

对于实际服刑期限的掌握，由于法律规定较为原则，对“有期徒刑服刑二分之一以上，无期徒刑服刑十年以上”的掌握也是各有不同。有的地方则掌握只要达到法律规定的年限，即可办理假释；有的地方则规定有期徒刑必须超过原判刑期的2/3，无期徒刑必须掌握服刑15年以上；还有的地方对假释掌握更严，处于各种因素的考虑，常年基本不办假释，只有罪犯有重大立功等极个别情况才办理假释，使法律规定的服刑期限条件彻底虚置了。各地掌握标准的不统一，造成了假释适用率的极大差异。

另外，配套机制不健全也制约了假释的大量适用。假释的适用需要健全的配套监管体系，否则，假释后罪犯处于无人管、无人问的状态，仅靠罪犯的自我约束，显然会影响假释过渡、缓冲等功能的发挥，有可能在假释期内出现违法或再犯的情况，进而影响对假释的适用。当前，以社区矫正为主要内容的假释配套体系刚刚起步，[①] 社区矫正尚未获得正式法律地位，亟需健全与完善，这也是造成假释适用率较低的一个重要原因。

三、假释与减刑独特功能的比较

实践中，一些地区，尤其是假释适用率较低的地区，无论是假释的裁定机关还是刑罚的执行机关，或是刑罚执行的监督机关，普遍看到了假释脱离监管场所后危险的一面，但却没有深入了解假释对罪犯改造的效果。尤其是与减刑制度相比，假释具有其独特的功能。主要表现在以下几个方面：

（一）假释与减刑相比，更有利于促进罪犯狱内改造

虽然说枷锁无往不在，但人类寻求自由的天性永恒，失去自由的痛苦不言而喻。罪犯在漫漫刑期中，旦夕厮守铁窗、高墙、电网，他们最渴望的是能够走出牢笼。目前，罪犯减刑，主要是监狱根据其某个阶段的表现与考核分数呈报。这种仅凭一时表现就予以减刑的做法，不能有效防止罪犯在改造

---

① 2003年最高人民法院、最高人民检察院、公安部、司法部联合发文，在各地开展社区矫正试点工作，将假释犯作为五种社区矫正对象之一。根据司发［2003］12号文件，社区矫正的五种罪犯包括：被判处管制的；被宣告缓刑的；被暂予监外执行的；被裁定假释的；被剥夺政治权利，并在社会上服刑的。

中可能产生的伪装改造的投机行为。也就是说，罪犯获得减刑的阶段性，使罪犯可能产生投机性。[①] 有些罪犯到了改造后期，一旦失去再次减刑的机会，就失去改造动力，“大错不犯，小错不断”，就是这种心理的最好阐释。而假释制度则不然，罪犯须经过持续不断地努力，达到有期徒刑服刑超过1/2，无期徒刑超过10年这样的条件，才有可能获得假释。刑法设置假释这种奖励机制，就是要唤起罪犯认罪悔罪、积极改造，尽早获得自由的欲望。假释的高标准性和考察长期性，使罪犯能够明确努力的目标和方向，增强改造的信心，有利于打消投机心理，真正悔罪接受改造。

（二）假释与减刑相比，更有利于节约行刑成本

据某监狱提供资料，国家每年对1名在押罪犯投入的改造成本约在5万元左右，以全国每年判处监禁的罪犯50万人计，仅此一项国家每年就需财政投入250亿元。不仅如此，目前监狱超负荷羁押人满为患的状况特别严重。有的地区监狱多为20世纪50、60年代建设，规模小、设施简陋、容量严重不足。当前，我国正处于社会转型、人民内部矛盾凸显、刑事犯罪案件高发的重要时期，如果有针对性地对不同性质、不同类别的罪犯依法适用假释，无疑既可节约行刑成本，又可减轻羁押能力不足的矛盾。同时，对于保证监所安全稳定，防止脱逃、自杀、重新犯罪等各类监管事故的发生，具有积极的促进作用。

（三）假释与减刑相比，更有利于促进罪犯回归社会

调查资料显示，羁押罪犯回归社会的第一、第二年是“危险期”，是重新犯罪的“高发期”。究其原因，一个重要的因素是罪犯长期被剥夺自由，阻断了与社会的沟通，一朝获得自由，从心理上突然感到了彻底的解脱，对社会规范的适应反映迟钝。在这种情况下，如果是减余刑释放，社区矫正组织无权矫正、管理和帮助，公安机关在其无违法犯罪的情况下也不去管理，罪犯从被羁押时严格的监管状态，“突然成为无管束的危险自由人”，[②] 容易让其从被羁押监管的不自由走向放任自由的反面，易导致新的违法或犯罪。而假释则不然，假释后罪犯虽然走出了监狱，获得了人身自由，但这种自由是有条件的，仍然要受公安机关的严格监管，一旦违背了法律设定的条件，

① 李云峰：《限制减刑　扩大假释》，载《法制日报》2006年4月16日。

② 刘京华：《减刑假释制度的发展趋势和利弊》，载高憬宏主编：《减刑、假释的法律适用与司法实践》，人民法院出版社2003年版，第91页。

将被撤销假释收监执行，如犯新罪则还要被数罪并罚从重从严惩处。这种半自由状态实际上使假释犯在羁押服刑期和完全自由期之间设置了一个缓冲期和过渡期，对于假释犯尽快适应久别的现实社会是十分必要的。而且假释过程中社区矫正组织的参与，也使假释具有了一定的抚慰和帮抚功能，一方面会让其通过正常手段渡过难关，避免被逼无奈“重操旧业”；另一方面，也会让其感受到社会的温暖，重建生活的信心，彻底回归正常生活。假释所具有的约束与引导的双重作用，是减刑所不具有的。

（四）假释与减刑相比，更有利于维护法律尊严和判决权威

减刑是对既判刑罚的直接改变，对法院判决的稳定性造成了直接冲击是显而易见的，容易使社会公众产生误解，把法院判决当儿戏，在一定程度上对法院权威造成一定的伤害。从审判实践看，法官对于刑期的斟酌是慎之有慎，甚至有时为一年、两年的刑期费尽思量，可是一个减刑就轻而易举地把审判时的思虑化为乌有，轻易减刑也不利于维护法律的威严。而假释与减刑相比，只是对刑罚执行方式的一种有条件改变，对原判刑期长短并没有发生根本改变。如果把社区矫正理解为在社区服刑的话，假释只是服刑的方式和地点发生了改变，从监狱外转移到监狱外，并且这种转变具有条件性，在特定条件出现时，可能发生回转，恢复到原来在监狱服刑的状态。从这个角度讲，假释并没有从根本上改变原判刑罚，与减刑相比，更有利于维护法院判决的稳定与权威。

上述假释与减刑相比所具有的特殊功能，也是发达国家普遍为主或者单一实行假释制度的原因。19 世纪中叶起，美国、英国、法国等国家实行假释为主减刑为辅的制度至今，后来俄罗斯也实行该制度；德国、日本、加拿大等国家实行单一的假释制度至今，没有国家实行单一的减刑制度。从各国徒刑制度的发展史看，稍后出现的假释制度，从开始就有压倒、逐步替代减刑制度的发展趋势。①

四、依法提高假释适用率的对策与建议

当前，正值贯彻落实党和国家关于深入推进司法体制和工作机制改革决定的关键时期，加强和完善假释制度适用研究，推进行刑制度改革发展的时机已经成熟，依法适当扩大假释的适用不仅是必要的，也是可行的。

---

① 刘京华：《减刑假释制度的发展趋势和利弊》，载高憬宏主编：《减刑、假释的法律适用与司法实践》，人民法院出版社 2003 年版，第 89 页。

（一）以“尊重和保障人权”的宪法原则为依据，进一步明确假释的性质定位

长期以来，假释“奖励说”在我国占据主导地位，对于鼓励罪犯积极改造，争取早日回归社会和家庭发挥了重要的作用，但是也在很大程度上影响到假释制度的深入发展。经过改革开放 30 多年来的实践，我们对人权、民主的认识已经发生了天翻地覆的变化。我国已经加入了联合国《公民权利和政治权利国际公约》和《经济、社会、文化权利公约》。“尊重和保障人权”已作为宪法原则固定下来，有关立法和政策对犯罪人的处遇也在不断地改进和完善。不仅如此，二战后，作为假释制度理论基础的两大派别，即“奖励说”与“权利说”相互融合，且逐步被兼采两派之长的综合主义理论取代。在此理论的指导下，世界各国先后对本国假释制度的观点、立法和司法实践作出调整，假释制度呈现出新的发展趋势：（1）假释由赦免制度的恩典变成了服刑人的权利；（2）假释由例外转化成为原则，有许多国家的刑法中规定了法定假释制度；（3）在司法上，假释的适用率日见提高。[①] 虽然我国历史文化传统与西方国家有着天壤之别，但人类的法治文明是相通的，当前，应根据我国国情，从实践科学发展观，构建和谐社会，尊重和保障人权的大背景出发，重构假释理论基础，在“应力求在罪犯的个人权利与受害人的权利和社会对于公共安全和预防犯罪的关注之间达到妥善的平衡”，“主管当局应可使用一系列广泛判决后替代办法，以尽可能避免监禁，并协助罪犯早日重返社会”精神的指导下，[②] 进一步明确定位假释的性质，改革现行的假释制度，把假释作为权利赋予服刑人员，同时，对假释必须具备的实质要件和程序性要件进行设置，彰显被害人权利和国家公权力在假释制度中的制约功能。

（二）以宽严相济的刑事政策为指导，丰富和细化假释的条件与标准

1. 扩大假释适用范围

现行刑法第 81 条第 1 款规定了假释只适用于有期徒刑、无期徒刑，而把拘役、判处死缓的罪犯排除在外，尽管最高人民法院在司法解释中对判处死缓的罪犯的假释问题进行了弥补，但毕竟尚未上升至立法层面；至

---

① 邓又天：《西方国家刑罚制度中的缓刑与假释》，载高铭暄、赵秉志主编：《新中国刑法 50 年（中）》，中国方正出版社 2000 年版，第 338 页。

② 1990 年《非监禁措施最低限度标准规则》，又称《东京规则》。

于“不得假释”的几种情况，多年来饱受指责，普遍认为有失平等与公正，忽视了对罪犯区别对待，否定了罪犯的可矫正性。因此，应在立法层面予以重新思考。比如，对累犯以及五种被判处10年以上刑罚的暴力犯罪，针对其主观恶性和人身危险性，可以考虑适当延长其实际执行的刑期；再如，死缓犯实际执行刑期可规定30年，甚至更长一点时间都可以，但最终是可以假释的。这样，就实现了假释制度与有期徒刑、无期徒刑的有效对接，形成较为完善的假释制度体系，也在一定程度上体现了对这部分罪犯的权利保障。

2. 细化假释适用的法定条件

一是细化“不致再危害社会”的法定实质要件。建议将“不致再危害社会”细致化，剔除一些不可预测的因素，从罪犯犯罪的性质和情节，犯罪前的生活经历及服刑后对社会的认知态度，罪犯假释后的生活环境等方面作出明确规定，使执行标准具体明确，更具有可操作性。

二是细化“1/2以上”的明确标准。刑法第81条规定“被判处有期徒刑的犯罪分子，执行原判刑期二分之一以上”，刑罚执行机关与审判机关存在不同的理解和认识。实践中出现了实际执行刑期刚到1/2，有的甚至仅超一天，服刑罪犯就要求或呈报假释的状况。建议，被判处有期徒刑5年以下的，实际执行刑期须满1/2以上；被判处5年以上不满10年有期徒刑的，实际执行刑2/3以上；被判处10年以上有期徒刑的，实际执行刑期3/4以上；无期徒刑实际执行刑期满15年以上，而死缓的实际执行刑期应满25年以上，应当予以假释。这样规定，既体现了依法从严的精神，又便于执行机关与审判机关具体操作。

三是放宽未成年犯、老残犯、女犯、过失犯、初犯、偶犯以及其他较轻犯罪罪犯的假释条件。建议，上述罪犯实际服刑满1/2，认罪服法，遵守监规，确有悔罪表现，就应当予以假释，无须看积分多少。

四是增加流动人口犯罪和外国人犯罪的罪犯假释规定。这部分人因假释后监管矫正难落实，致使不能享受平等的法律权利。可以考虑，凡此类犯罪服刑人员犯罪前有工作单位的，假释后仍回原工作单位，由原工作单位和所在地社区矫正组织及公安机关进行监管或矫正；凡没有工作单位但有固定居所的，假释时由监狱将其送回居住地公安机关和社区矫正组织执行假释考验期；对在服刑地既无工作单位又无固定居所的罪犯，由监狱将其送回居住地公安机关和社会区矫正组织进行监管。外籍罪犯可参照流动人员犯罪的规定，但对既无工作单位又无居所的，规定假释后即可驱逐出境。

五是增加规定在刑罚执行期间，积极缴纳罚金、履行附带民事赔偿金的，可以适当放宽假释条件，体现刑罚的裁量和执行的一致性。

（三）以适当减少减刑、适当扩大假释为原则，强化对减刑与假释的协调

减刑虽然改变了原判决的刑罚，带来一定的负面效应，历来频受质疑，但在改造罪犯的实践中发挥的作用也是明显的，全盘否定有失偏颇。从目前来说，强化减刑与假释的制度相互结合，实现功能互补、相得益彰应该是二者发展的方向。减刑作为我国特有的刑罚执行制度，不可不用，更不能多用甚至滥用，总的原则是有限度地适用，总量上应当控制在假释以下，同时应当增加将减刑作为假释的后续措施的规定，使那些在假释考验期内积极改造表现突出的罪犯假释考验期得以缩短，这也是解决当前假释罪犯在假释期内缺乏改造强劲动力的重要举措，如果把减刑作为假释后续激励措施，相信定会收到事半功倍的效果。

（四）以解决机制性障碍为目标，深化假释案件审判改革

1. 实现假释案件的专业审理

把假释工作作为刑事审判的“副业”，作为刑事审判法官的“兼职工作”，显然无法推动假释工作的发展。要改革法院内设机构，成立专门审理减刑、假释案件的审判庭，像办理其他刑事案件一样办理减刑、假释案件，全面考察和评估罪犯的改造情况，彻底改变减刑、假释案件“批发式”、“大锅饭”、“一窝蜂”的现状，切实提高假释案件质量。

2. 完善假释案件的审理方式

改变现有的书面审理为听证模式。其程序应主要包括以下内容：假释案件的提起；听证前的准备；听证进行；合议庭评议、宣布裁定等，各个环节又可以再具体细化。如听证前的准备：确定合议庭组成人员，将听证的时间、地点、事由提前通知有关部门或人员，并进行公示等；明确规定听证程序中刑罚执行机关、检察机关、罪犯、其他人员以及被害人的权利或义务，以及经合议庭评议不裁定假释等特殊情况的处理。司法实践中创造的公示、民主测评等形式可以作为听证程序的辅助程序，以便广泛地听取各方面的意见，实现刑罚执行机关的内部监督、假释对象的监督、人民检察院的监督、人民法院的监督与社会的监督的有机结合。

3. 改革减刑假释案件的裁判文书

当前，减刑假释裁判文书千人一面，且不讲裁判过程，不列具体事实，不说理论证，完全是一种格式化文件，不能体现减刑假释工作的内容与特

点。应通过改革予以改变，特别是对于不符合减刑假释条件决定不予办理或改变原申报意见的案件，更应当制作裁定书或决定书，充分说明理由。

结 语

假释作为一种刑罚执行制度，相对于罪犯而言，仅仅是改造场所的变化，原判刑罚的效力并未消失，罪犯的身份也没有改变。世界各国立法广泛采用假释制度，反映了人类相互依存的包容性和人道性，是法治社会的体现。在法治精神指引下，依法扩大适用假释制度，对于激励罪犯改造，预防重新犯罪；对于完善我国刑罚执行制度，全面落实宽严相济的刑事政策；对于实现社会综合治理，促进社会和谐，都具有重要而深远的意义。

回望我国60年民事审判方式的演进与变迁

——以长沙市雨花区人民法院为视角

刘建军* 申遇友**

引 言

新中国成立以来的60年，在历史的长河中可谓“弹指一挥间”，就在这挥手之间，我们国家经济飞速发展，综合国力不断增强，各行各业日新月异，人民法院的审判事业也发生了巨大的变化，司法理念有了巨大的进步，改革意识不断增强，队伍建设成效显著，物质装备日趋先进。单从民事审判方式来说，随着形势的变化和发展，就经历了三个阶段，有过两次大的演进与变迁。笔者拟以长沙市雨花区人民法院为视角，回顾和总结我国60年民事审判方式的演变，以期对新时期的审判工作有所启示。

一、马锡五审判方式——群众路线和职权主义的结合

马锡五审判方式是以抗日战争时期陕甘宁边区从事司法审判工作的马锡五命名的。1944年1月6日，林伯渠在陕甘宁边区政府委员会第四次会议的《边区政府一年工作总结》中，第一次提出“诉讼手续必须力求简便，提倡马锡五同志的审判方式，以便教育群众”。同年3月13日《解放日报》发表社论《马锡五同志的审判方式》，通过马锡五审判方式的三个典型案例，总结了马锡五审判方式的经验。以后，马锡五审判方式不仅作为民事诉讼，而且作为整个边区司法工作的原则和经验加以推广。马锡五审判方式并不是马锡五个人的发明，而是在当时的司法理念、制度和经验的基础上总

* 湖南省长沙市雨花区人民法院院长。

** 湖南省长沙市雨花区人民法院法官。

结、提炼和发展出来的较系统的民事诉讼模式或其雏型[①]。新中国成立后一直到上个世纪90年代初，我国的民事诉讼制度直接承袭了马锡五审判方式。

笔者调查研究了长沙市雨花区人民法院（以下简称“雨花法院”）上世纪80年代至90年代初的民事审判工作情况，认为马锡五审判方式主要有以下几个显著的特征：

1. 坚持走群众路线

雨花法院的老法官回忆，那时办案，确实是“从群众中来，到群众中去”，雨花法院的法官们常常是骑一辆单车、戴一顶草帽、背一个水壶，穿行在大街小巷、邻里乡间，深入民间调查，听取当地群众的意见。比如，一件最简单的离婚案件，往往要找三至五户邻居调查案情，找村组干部了解情况，到乡政府征求妇联和司法办的意见。这种工作作风，增强了法官的亲和力和信赖感。

2. 巡回就地办案

田间里、地头上、树荫下，都有可能成为法院的审判庭，也没有严格地区分审判区、旁听区，法官身着老式制服，头悬国徽，肩扛天平，成为和人民群众区分的标志。从1989年到1991年雨花法院每年都要开展几次大的巡回办案，一大批矛盾被化解在当地，解决在基层。

3. 着重调解

由于实行就地巡回办案，法官往往邀请基层干部一起说服教育当事人，不厌其烦地进行调解，由于当时的法律没有调解次数的限制，也没有审理期限的规定，法官如果调解不成，并不急于下判，而是将案件锁进抽屉里，下次再调，以至于个别当事人抱怨“肥的拖瘦，瘦的拖死”。

4. 程序简单，主要依据政策和道德风俗办案

当时的程序法律和实体法律都不很健全，法官办案，就带着一本《民事审判工作手册》或《人民法庭工作手册》，作为全部的办案依据，法官重实体而轻程序，一人办案、自审自记等不规范的做法非常普遍。很多案件的处理，由于没有法律的明确规定，都是依据政策和道德风俗办案。

5. 法官几乎包揽了所有的诉讼义务

法官实际上承担了极大的责任，包括对当事人的主张、事实、法律依据的释明义务（责任），诉讼要件及证据调查义务，以及调解促成的义务甚至对当事人说服教育的义务。在这里，所谓超强的职权是作为法官的义务要求

---

① 范愉：《简论马锡五审判方式》，http://article.chinalawinfo.com/article/user/article_display.asp? ArticleID=417，2008年9月21日访问。

其完成的。法官的使命不仅是开庭审理，其大量、甚至主要的工作是在庭外。法官是以一种人格化的、家长式的方式解决纠纷的，这符合计划经济时代社会环境中的民众理想的“清官”形象，很容易为民众和当事人接受。当时有一个极端的案子，在审理一件民事案件中，当事人向法庭提供了一叠书面证据，对方当事人立即指责，说这些证据不是法官调查来的，是“黑材料”，法官也不予采信。

马锡五审判方式是与当时我国经济文化落后、人民群众法制观念不强、法官的职业化水平不高、律师等法律专业队伍很弱的现实情况相适应的，实践证明这一审判方式为维护当时的社会稳定，化解人民内部矛盾起到了十分重要的作用。而且，其中的一些主要理念和具体做法在今天仍然值得我们借鉴。马锡武审判方式体现的为民司法的精神是永恒的，他的具体做法在新的历史条件下可能要与时俱进，但是这种司法为民的精神必须坚持和发扬。特别是对于基层法院和人民法庭来讲，要发扬马锡武审判方式，具有丰富重要的现实意义，这就是方便人民群众诉讼，减少人民群众的诉讼成本，就地、有效、及时地化解矛盾纠纷，把矛盾纠纷解决在当地，解决在基层，解决在矛盾发生之后不久的时间之内。

但是，随着改革开放的不断深入，市场经济的不断完善，民众权利意识的日渐觉醒，民事案件成几何级数的增长，1978 年，雨花法院仅受理民事案件 42 件，案件类型也只有离婚、赔偿、抚养、继承、房屋五大类，到 90 年代中期，民事案件已经突破了 1000 件，新类型案件不断增多。到 2007 年，雨花法院受理民事案件 2800 多件，涉及的案由达上百种。1996 年，雨花法院有法官和其他工作人员 79 人，2007 年，发展到 89 人，案件翻了两番，人员只增加 10 个。一个最突出的问题是，法官再也不能像过去一样，包揽所有的调查取证，因为如果这样，法官即使 24 小时不休息，也完不成如此巨大的工作量，而且会造成效率低下，积案如山。与此同时，马锡五审判方式过分强调调解结案造成的延迟和强制调解导致的当事人的不满；过于便宜的程序而导致的当事人随心所欲滥诉或缠讼；法官与当事人过于密切的交流、对话形成的诉讼过程人情关系化；与法官和法院的地方化共生的地方保护主义；当事人不负举证责任和法官在诉讼中的主导地位所产生的诉讼角色和责任的倒置；法官的“先定后审”，庭审虚化、走过场现象等，开始招致各方的批评。从法院的角度而言，长此以往承担这样沉重的社会责任和负担也确实难以为继。由此可见，作为一种主流的审判方式，马锡五审判方式已经完成了它的历史使命。

二、"一步到庭"审判方式——从职权主义到当事人主义的嬗变

进入上世纪90年代中期，随着我国经济社会的高速发展，法院的民商事案件每年都在高位增长，而人员却没有相应地增加，人民群众日益增长的司法需求和法院审判资源的有限性的矛盾越来越突出，法官承受着巨大的压力。马锡五审判方式已不再适应新形势的要求，各地法院纷纷开始了审判方式的改革。最高人民法院咨询委员会主任、原最高人民法院副院长王怀安适时地提出了"一步到庭"的审判方式。雨花法院也开始了大胆的改革，将"一步到庭"作为实现强化庭审功能这一目标的主要标准，并为此在案件流程管理、诉讼程序与规则等各方面进行了大量有益的尝试。法官办案的重心开始从调查取证向开庭审理转移，强调直接开庭，强化庭审功能，要求"有证在庭上举，有理在庭上说，事实在庭上清楚，是非在庭上分明"，目的是让当事人"赢得堂堂正正，输得明明白白"。在举证责任上，开始实行"谁主张、谁举证"，以当事人举证为主，人民法院依职权调查收集证据为辅，变大包大揽的超职权主义诉讼模式为职权主义和当事人主义相结合的诉讼模式，既减轻了法官疲于调查取证的过重负担，又加强了当事人的诉讼责任和证据意识，更符合民事诉讼的特点和要求。

应该说，"一步到庭"的提出有其客观上的必要性。在旧的诉讼模式中，法官主要不是通过正式的开庭审理来掌握案情，而是经过阅卷后调查取证、向有关当事人和相关人员了解情况，并在形成一定解决方案的基础上积极周旋于双方当事人之间进行调解；而正式的开庭往往是在案情已基本查清而调解又没有奏效的情况下，为了判决才走一遍过场，这样审理的实质过程在开庭前已经基本完成，所谓未审先定。由此可见，在这样的诉讼模式中，庭审的功能已经被大大弱化，甚至因缺少实质性的内容而在更多意义上而言仅仅是一种形式。尽管上述司法中的习惯做法缺少法律上的切实依据，但在长期的实践过程中，这一模式却确实主导着我国的诉讼，而且日益暴露出越来越多的弊端，并已经成为审判方式改革的妨碍之一。"一步到庭"正是针对这些弊端与妨碍而设计出的一种全新的审判方式。

"一步到庭"要求尽量避免法官与当事人之间在庭外的非正常接触，同时将双方当事人对事实的陈述与举证、质证与辩论以及法官的判断主要集中于正式的开庭审理中进行，限制法官在开庭前主动了解案情。典型的做法是由立案庭立案后向双方当事人送达有关受理与应诉的材料并直接排期确定开庭日期，然后才确定主审法官并于开庭前数日向他移送案卷，并且不允许承

办人在庭前进行任何实质性的调查工作（若确有必要，由专门机构进行）。通过这些措施，将法官与案件以及当事人在开庭前基本隔离开，从制度上避免了以前那种可能由于过早地接触案件而导致法官在非正式的场合中不平衡地接受案件信息，形成先入为主的某种错误思维定势；同时，对法官与当事人单独、非公开性接触的限制以至禁止使司法腐败缺少了形式上的可能性；庭前案件承办人的不确定性也有效地减少了法律之外的干扰因素。

"一步到庭"强调的是庭审的公开与公正，并在庭审方式与规则中突出地体现了这一要求。随着市场经济和社会法治的不断完善，涉及交易行为和财产流转的纠纷越来越多地成为审判的对象，而且涉诉之外的市场主体也迫切希望能够对相应的裁判过程和结果有更多的了解，以预测自身的行为结果并指导今后的市场运作。所以较之以往，人们对审理过程的透明程度以及居中裁判的中立性产生了更为迫切与强烈的要求。因此"一步到庭"从"排期开庭"、"开庭公告"等各项细节规定到强调"公开、对席、直接、言辞"等各种庭审原则都反映了对公开、公正的最大追求。同时为弱化职权主义诉讼模式的影响，"一步到庭"还要求当事人作为诉讼主体（而非客体）更为积极地参与诉讼，以自己各种公开、合法的诉讼行为，影响甚至决定诉讼的结果。法官则主要从双方的对抗之中作出事实与是非的判断，尽量减少依职权取证的适用范围，以保持裁判者的中立性地位。

随着案件数量的大幅增加，对效率的要求不得不成为司法改革所最为关注的问题之一。然而在旧有模式中，评价诉讼的特点时常冠以"漫长"、"旷日持久"甚至是"马拉松式的煎熬"等形容词。究其原因，除了法官主观上的懈怠之外，客观上旧的庭审模式也确实为诉讼的拖拉留下了很大的空间。当事人依赖法院依职权调查取证而不愿为此耗费时间与精力，而面对庞大的案件量，让法院承担这一任务显然力不从心；法官在审理中为追求高调解率，不愿甚至不敢果断下判，宁愿一次次地反复调解。"一步到庭"要求集中、连续地就案件事实、是非进行实质性的审理；要求法官对事实与证据的论证在庭上进行；要求尽量保持庭审的完整性并达到相当高的当庭宣判率。从实践上看，这些措施确实大大提高了诉讼的效率，保证了审判活动在案件数量的冲击下实现正常运作。

"一步到庭"审判方式改革的动机在于强化庭审功能，措施之一便是在开庭前使当事人与法官之间对案件信息的交流处于停滞状态。这一方面达到了改革的最初目的，另一方面也造成了庭审准备不足等其他问题。主要表现在：一是难以归纳案件的争议焦点。双方在诉讼中的对抗性、针对性不强，庭审调查难以围绕争议的实质内容。二是造成举证混乱。为了克服这两个弊端，雨花法院在2004年专门成立了庭前准备中心这一机构，负责进行证据交换，整理案件的争点，并对简易案件进行调解，取得了一定的效果。但是，由于庭前准备中心和业务庭是各自独立的机构，庭前准备法官不受主审法官指导，再加上每一个法官对案件事实的把握和法律精神的理解有时会有不同，经常出现庭前准备法官整理的案件争点和主审法官认定的争点“两张皮”的现象，导致了诉讼资源的浪费。基于此，2006年雨花法院又将庭前准备工作收缩到审判业务庭。如何切实作好庭前准备工作，雨花法院仍在探索之中。

不容置疑，“一步到庭”审判方式改革的大方向在当时是正确的，它调动了当事人参加诉讼的积极性，尊重了私法自治的原则，减轻了法院的负担，提高了诉讼效率，适应了中国加入WTO的形势，拉近了与国际司法的距离。但是，随着新世纪的到来，构建和谐社会成了当前中国的首要任务，人民群众对法院的审判工作提出了一系列的新要求、新期待。不仅要求对案件依法作出裁判，还期待从源头上化解纠纷，促进社会和谐；不仅要求司法结果公正，还期待司法过程公开透明；不仅要求对司法活动的知情权，还期待着对司法活动的参与权和监督权；不仅呼唤形式公正，而且呼唤实质正义。而在“一步到庭”审判方式语境中，程序规则是非常复杂而又高度专业化的，它将庭审分为几个相对固定的阶段，每个阶段都需要当事人作出合乎规则的诉讼行为。虽然程序价值就是体现于这些具体的诉讼阶段与规则之中，但它却可能使一个缺少这方面专业知识的人陷入不知所措的境地。我国当前的法治水平还不高，代理制度相对不发达，对相关的诉讼常识，一般人又知之甚少。有的当事人到了法庭甚至不知道应坐到什么席位上。当事人的实体权益也极易因为其缺少相应的诉讼技巧而受到不公正的对待，这样，本来程序的公正、效率等价值已被大打了折扣。而且，“一步到庭”的实际做法基本上消灭了庭前调解的可能性，因为双方当事人与法官这三者之间根本就缺少接触的机会；而在正式的开庭中，调解的基础也常被破坏，庭审的基本模式便是将双方当事人对抗性的主张客观地反映出来，通过各方的陈述与辩论、举证与质证使法官能够全面地了解案情并作出判断，因此整个庭审其实就是双方主张与举证的对抗，而它的各种程序与规则都是为最终的判决服务的，这种情形下，针锋相对、唇枪舌剑、锱铢必较的当事人之间还谈何“互谅互让”的调解基础。所以说，“一步到庭”在具体操作上忽视了充分发挥调解的作用。

三、和谐诉讼审判方式——从冲突碰撞走向揉合统一

2006年10月18日，党的十六届六中全会通过了《关于全面构建社会主义和谐社会的决定》，中国走入一个新的历史时期。人民法院与时俱进，积极探索新的、更加合乎现代中国特色的审判方式——和谐诉讼审判方式。和谐诉讼审判方式的根本目的，不是仅仅为了在法律程序上解决纠纷，而是让当事人之间的民事纠纷从产生它的环境中彻底消除，并让社会关系恢复到或者达到一种真正的和谐状态，是一种恢复性司法。在这一审判方式下，法官与当事人之间是一种互动和协作的关系，诉讼是法官与当事人共同促进的作业。法院和当事人之间以及双方当事人相互之间的自主对话与交流、充分协商与沟通，是和谐诉讼运作的基本机制。和谐诉讼审判方式的基本特征和要求是：以人为本，和谐诉讼；诚信尽责，协同推进；援弱济困，实质平等；繁简得当，方便有效；调判相宜，胜败皆明；公正权威，案结事了；纵横规范，多元衔接；社会正义，回归和谐。和谐诉讼审判方式从诉讼理念、制度设计到主体行为的规范，以至诉讼的结果，都要考虑最大限度地增加和谐因素，最大限度地减少不和谐因素。和谐诉讼审判方式代表一种新型的正义观，它体现了双方诉讼地位的实质性平等和当事人的真实自由，充分兼顾司法公正和司法效率的平衡。

和谐诉讼审判方式实质上继承和发展了马锡五审判方式和“一步到庭”审判方式的优良传统，摒弃了各自的不足，它虽然处在不断完善之中，目前还只是一个雏形，但从雨花法院的实践来看，至少有以下几个突破和创新：

1. 在法官和当事人的关系上，提出了构建司法互信关系的理念

要求法官充分相信群众，理解群众，不断增强为民意识，自觉把人民群众的呼声作为第一信号，把人民群众的利益作为第一考虑，把人民群众的满意作为第一标准。要经常深入基层，求智于民，问策于众，了解社会，体察民情，进而精通人情事理，熟知风俗习惯，把握社情民意，使司法裁判结果实现情、理、法的高度统一。要树立崇高的职业尊荣感和责任意识，不断加强职业道德修养，提升人格魅力，通过当事人对法官人格的信任来带动对法院执法理念、执法方式和执法的具体行为的认可和接受。构建司法互信关系要求法官既要避免马锡五审判方式中的与当事人拉拉扯扯、打成一片的嫌疑，又要克服“一步到庭”审判方式中被动式的居中裁判，不去能动司法的做法。

2. 在案件管理上，实行繁简分流，不同案件采用不同审理方式

雨花法院在立案庭设立了一个速裁法庭，将案件进行繁简分流，能够调

解的，庭前进行调解；能够速裁的，进行速裁，提高诉讼效率。同时，将民事案件归为两大类：一是市场经济行为形成的民商事纠纷，因为当事人法律素质较高，且一般请有律师担任代理人，因而偏重正规的庭审和举证、质证、认证；二是传统的民事纠纷，如婚姻、继承、抚养等，则注重说服教育和调解。

3. 在纠纷处理上，构建多元化解决机制，加大调解力度

在立案庭设立人民调解窗口，将人民调解工作引入诉前程序，形成了以司法调解为后盾，以人民调解为基础，行政调解积极参予的社会矛盾调解工作体系。加大对调解协议司法确认的力度，雨花法院认为，不仅对人民调解协议可以确认，而且对行政机关就某些专门领域促成的当事人的调解协议也可以确认，因为行政机关比人民调解委员会更具有公信力。在审判工作中，克服“一步到庭”审判方式中法官庭前不准翻阅案卷、不准接触当事人的做法，允许主审法官查阅案卷，整理争点，对有调解可能的，尽量进行庭前调解，在审理过程中，随时可以调解，在判决后送达前，仍可再进行调解。总之，是要将调解贯穿于审判过程的始终。

4. 在举证责任上，实行当事人举证责任制和人民法院依职权调查取证的结合

雨花法院认为，和谐诉讼审判方式绝不能回到法官包揽调查取证的老路上去，同时为了实质正义，必须保留并适当加强法院依职权调查取证制度，主要是因为，由当事人提供裁判所需要的诉讼资料虽然能够增强当事人的诉讼主体地位，在一定程度上实现案件信息的最大化。但在有些情况下，当事人因种种原因无法向法院提供诉讼资料，如果完全将这些诉讼资料排除在裁判之外，可能导致不公正的裁判结果。因此，在必要的条件下，法院应当享有调查证据的职权，为当事人提供适当的协助，保障当事人真正平等地享受司法正义。

5. 在诉讼引导上，实行法官释明制度，避免诉讼成为单纯的诉讼技巧的竞技场

2007 年，雨花法院制定《关于进行释明和答疑制度的若干规定》，要求法官在下例情况下应当向当事人释明：一是当事人的陈述和主张有不明确的，法官应当促使其加以明确；二是当事人的声明有不适当的，法官应当通过一定的方式加以消除；三是当事人提供的诉讼资料不充分时，法官应当要求其补充；四是法院如果将当事人未发觉的法律观点作为判决的基础时，或者法院所判明的法律观点与当事人的理解和认识不一致时，应当向当事人释明。实践证明，释明制度除了能够扶助法律弱者，实现实质正

义外，还有助于吸收当事人对裁判的不满情绪，促使社会纠纷以平和的方式妥善解决。

最高人民法院王胜俊院长指出，坚持“三个至上”，必须把促进社会和谐作为最重要的目标要求，要求人民法院必须以构建和谐社会为职能定位，以和谐的理念，和谐的标准、和谐的方式，最大限度地激发社会创造活力，最大限度地促进和谐因素，最大限度地减少不和谐因素，有效地促进社会和谐。[①] 笔者认为，这应当是对和谐诉讼审判方式的最佳注脚。虽然和谐审判方式还处在形成期，处在完善和发展之中，但我们坚信今后的道路会越走越宽。

结 语

60年风风雨雨，通过对这60年审判方式演进的回望，我们真切地感觉到几代法官对我国民主和法治的孜孜追求，对审判事业的无限热爱。虽然我们曾经走过一些弯路，但是，谁也无法阻挡民主与法治的进程。若干年以后，我们再来回望今天，法治的阳光将更加明媚，公平正义的天平将更加闪亮。

---

① 王胜俊：《始终坚持三个至上，实现人民法院工作指导思想的与时俱进》，载《人民法院报》2008年9月10日，第2版。

从实然走向应然：民事独任制审判组织改革探讨

邹碧华* 王建平** 孙海峰***

审判组织架构的完善，对建设公正高效权威的社会主义司法制度具有重要意义。在当前案多人少、司法资源不足的情况下，适度扩大独任审判组织的适用范围具有较强的现实意义。但是也应当认识到，公正和效率都是当代司法不可或缺的目标，进行司法改革，一方面要解放审判人力资源，减少不必要的立法限制与程序束缚，以此提高审判效率；另一方面更要在合理利用审判资源、简化审理程序的同时，完善审判制度的内在运行机制，尽可能不降低案件当事人和社会公众对诉讼程序正当性及诉讼结果公正性的合理预期。

一、缺陷及成因：对民事独任审判组织现状的整体性分析

司法决定的公正性、诉讼时间与诉讼费用是总体评价一国民事司法制度的三个相互联系的参数。① 对照这三项参数，我国现行民事独任审判组织的司法运用，存在裁判公正性的程序基础缺失、诉讼效益追求偏离、隐形诉讼成本被忽视等问题，这又具体体现在：

（一）法定范围过限与实践运用过宽的冲突

根据法院组织法和民事诉讼法的有关规定，法院的审判组织包括合议制和独任制。根据现行民事诉讼法的规定，“人民法院审理第一审民事案件，

---

* 上海市长宁区人民法院院长。

** 上海市长宁区人民法院研究室副主任。

*** 上海市长宁区人民法院法官。

① Adrian A. S. Zuckerman, Civil Justice in Crisis, Oxford University Press, 1999, pp. 1 – 10.

由审判员、陪审员共同组成合议庭或者由审判员组成合议庭。适用简易程序审理的民事案件，由审判员一人独任审理”，而简易程序仅适用于“基层人民法院和它派出的法庭审理事实清楚、权利义务关系明确、争议不大的简单的民事案件”。从立法本意而言，“合议庭在我国的整个审判体制中自然处在中心或核心的法律位置上”，“不论是在审判活动中，还是从审判制度来看，（独任制）都是合议制的一种补充形式，不能代表我国审判制度的本质”。① 以合议庭为基本，独任制为例外，简易程序被严格限定，是现行民事诉讼法立法的一个基本原则。

值得注意的是，现行民事诉讼法是1991年制定的。1990年全国各级法院受理的案件总量约为350万件，而2008年全国各级法院受理各类案件1071万余件，是上世纪90年代初期案件总数的三倍左右。在这近20年间，诉讼案件数量逐年大幅攀升，而同一时期法院在编人员的增长幅度却远远低于这一比例②，诉讼积案居高不下，法院审判压力大大加重。立法对独任审判组织的限制，造成审判资源配置的不合理，导致审判资源与审判任务之间的紧张关系加剧。加之，在我国当前的审判管理体系内，审结率（即结案数与同期受理案件数加上期存案的比例）、案件平均审理天数、人均结案率等又是重要的内部考核指标。在此情况下，法院不得不自发地寻求更加快捷的办案方式，并通过内部运行机制的变革，力求审判效率短期内有较大提升。突破立法限制，扩大独任审判组织适用范围，是各地法院特别是基层法院的一致选择，基层法院由独任法官适用简易程序审结的案件普遍达到80%以上。更加值得斟酌的是，部分基层法院不分难易程度、争议大小，民事案件一律适用简易程序由独任法官审理，在规定审限内无法结案的，再转为普通程序由合议庭审理。这样的“简便”方式，实际上是无限放大了独任制的适用范围，更加与立法的原意相悖。

（二）诉讼效率价值追求与独立诉讼程序缺失的冲突

就诉讼效率价值而言，在不减损裁判结果的可接受性前提之下，对人力资源进行合理配置，实现人力成本付出最小化的审判组织架构更为可取，这是有关审判组织立法的基本价值目标。司法实践中，面对案多人少的现状，

① 刘富民：《关于充分发挥合议庭职能若干问题的探讨》，载梁宝敛主编《人民法院改革理论与实践》，第24页。

② 法院的现行编制是在1995年确定的，其后有过减编和增编，但幅度都不大。参见范明志：《人民法院队伍建设改革策论》，载《人民司法（应用）》2009年第11期，第56页。

更加要求审判组织架构能够最大化地体现结案数量和速度。将每一名一线法官都视为独任审判法官，将绝大多数案件都通过独任审理的方式办结，这是法院可以在自己系统内部完成的操作。但这样做只是最大化的释放了人力资源的可利用性，即原来 3 名或者 3 名以上法官必须集体坐堂、集体评议，现在一名法官就可完成，在同样案件数量、同样审理期限的前提下，至少释放了 2/3 的人力资源。

问题在于，当前的立法缺失与独任制审理相对应的恰当程序。现行民事诉讼法将独任制审判组织与简易程序进行捆绑式设定，但是对简易程序的规定不系统、不完善，整个简易程序仅有 5 个法律条文对应，法条过于粗疏，对于简易程序应有的独特的程序要素和程序结构，如法院与当事人的关系、证据规则、诉讼费用、诉讼文书制作等问题，没有予以应有的关注。简易程序和普通程序没有实质性差异，主要区别仅在于审理期限不同。由于简易程序与普通程序的区分不明显，导致实践中简易程序与普通程序关系不明与混用，简易程序的效益功能难以发挥。这造成各级法院冒着与立法相悖的风险所解放出的人力资源，却没能被实际地利用起来。

（三）正当性运行机制的缺失与司法公正诉求的冲突

合议制与独任制正当性基础的不同，在于集体裁决与个体裁决承载的不同价值追求。由于个体对客观世界的观察、认识和理解与其文化背景、知识结构、社会地位及个人能力等因素密切相关，其认识不可避免地带有一定的局限性。随着社会和经济的发展，许多决策问题变得越来越复杂，要克服个人认识上的盲区对决策可能产生的不利影响，提高决策水平，有效方法就是多人共同参与决策过程，通过集思广益，作出更加合理的判断。吸取集体决策制之所长，发挥集体智慧，尽可能地避免作出错误的裁判，并且可以体现司法民主，抑制司法专横和司法偏见，这就是合议制的优势。应当说，合议制的产生，是司法走向文明和成熟的标志。

与合议制相比，独任制最大的优势在于可以提高诉讼效率。但是，诉讼效率并不因为独任制适用范围的扩大而必然提高。提高效率的途径，一种是在产出不变的情况下减少投入，另一种是在投入不变的情况下增加产出。与合议制相比，独任制虽然在形式上具有减少司法成本的优势，但是对司法制度而言，投入的成本包括主要表现为有形司法资源的直接成本，如人、财、物，还包括无形的司法伦理成本，如社会秩序、司法公正、自由和人权，以及错案成本。当前，独任制的适用着眼点还仅在于解放人力资源，节约诉讼人力成本的投入上，但在错案成本、司法公正、社会秩序、诉讼结果的认可度方面，缺少保障机制。与合议制相比，独任制可谓先天不足，这一问题如果无法解决，独任审判在整个审判组织架构的地位难以得到实质提升。

（四）绑定简易程序与诉讼流程不畅的冲突

按照我国现行民事诉讼法的规定，独任审判组织仅适用于简易程序。独任法官在案件审理过程中，如发现案情复杂，3 个月内不能结案，应当转为普通程序审理。也即简易程序转换为普通程序有两个充分必要条件：一是案情复杂；二是 3 个月内不能结案的。一旦符合这两个条件必须转化为普通程序，由合议庭审理。

这样的规定实际上是挤压了独任审判组织的适用空间。这种挤压是双重性的，一是适用范围上的绑定，独任审判组织只能审理适用简易程序的案件，适用普通程序的案件，不能独任审判；二是审理时间的绑定，不管案件的难易程度，即使是疑难案件也必须在审理3 个月以后，才能转为普通程序由合议庭审理。这使得简易程序和普通程序的转化不够顺畅，简易程序和普通程序对不同难易程度案件进行分流的作用被弱化。

二、启示兼借鉴：对国外民事独任审判组织的比较研究

（一）大陆法系国家：一体式审判模式下的民事独任审判组织

大陆法系国家多不采用陪审制，事实问题和法律问题由法官一体裁决，因此被称为一体式审判模式。在这一模式之下，考虑到法官的职权主义色彩较浓，对案件的决定权更大，独任制的适用范围较小，一般仅适用于初审程序中的简易案件。

1. 德国：管辖协议许可制度与合议庭接管制度

在德国，一审程序可以适用独任制，上告程序不适用独任制。审理第一审民事案件的法院有两种，初级法院和州法院。按照德国法院组织法的规定，5000 欧元以下案件专属初级法院管辖，从 5000. 01 欧元开始由州法院管辖。初级法院审理的案件一律适用独任制。特别的是，德国民事诉讼法规定了管辖协议许可制度，在不属专属管辖并具有书面合意，或者被告不表示异议并进行言辞辩论的情况下，即使诉讼标的超出了管辖范围，也可以因为当事人合议而由初级法院管辖。这实际上赋予当事人对独任审理的选择权。

2002 年 1 月 1 日德国施行的民事诉讼改革法，从根本上加强了独任法官的法院组织地位和诉讼地位，视为一人组成的法庭，可以代表诉讼法院，

具有完整的职能，裁判不受合议庭的检查。作为一审法院的州法院，分为原本的独任法官（无需合议庭委托）和强制的独任法官（由合议庭强制委托）。如果案件具有原则上意义或者在法律上、事实上存在疑难，独任法官可以将案件提交合议庭接管，合议庭接管以后不能再转回委任给该独任法官。当事人可以一致申请由合议庭接管权利争议，但当事人对是否委任独任审理不可声明不服，合议庭也有权拒绝接管权利争议的申请，拒绝该申请的裁判是不可声明不服的裁量性裁判。①

2. 法国：高级初审法院院长对案件的分配权

法官法院由专门法院和普通法院组成，普通法院包括高级初审法院、警察法庭、刑事法院、重罪法院和上诉法院，受理除法定特别管辖权法院有权受理案件之外的所有案件；特别法院包括低级初审法院、商业法庭、劳资调解委员会等，只限于受理具有明确司法管辖权的案件。合议庭是法院审理的主要形式，独任制只存在于级别最低的民事和刑事法院的初审法庭。低级初审法院（也称小审法院）适用独任制审理。高级初审法院（也称大审法院）原则上采用合议制，但根据《1970 年 7 月 10 日第 70 - 613 号法令》，高级初审法院院长有权将案件分配给独任庭审理，但经诉讼方要求或院长认可，已经分配给独任庭审理的案件可以转交给合议庭审理。②

3. 日本：简易法院的独任审判组织

日本可以视为混合模式的国家，其审理民事案件的一审法院是简易法院和地方法院。简易法院一般受理诉讼标的不超过 90 万日元的民事案件，超过 90 万日元以及不存在财产争议的民事案件，由地方法院管辖。简易法院均适用独任制，地方法院审理普通一审民事案件原则上也采用独任制。③ 新修订的日本民事诉讼法针对 30 万日元以下的小额诉讼案件，创设小额诉讼制度，由简易法院管辖，以更加简便的方式审理，但原告在提起诉讼时可以选择适用一般诉讼程序还是小额诉讼程序，被告在庭审辩论之前也可以申请转由一般诉讼程序审理。

（二）英美法系国家：分离式审判模式下的民事独任审判组织

英美国家多采用陪审制，由陪审团对案件事实作出认定，法官只对法律

---

① ［德］奥特马·尧厄尼希：《民事诉讼法》，周翠译，法律出版社 2003 年版，第50 ~ 51、357 ~ 359 页。

② 韩苏琳编译：《美英德法四国司法制度概况》，人民法院出版社 2008 年版，第 403 页。

③ 林剑锋：《合议制与独任制》，载《人民法院报》2006 年 3 月 15 日。

问题负责，因此称为分离式审判模式。在这一模式之下，由于当事人的诉讼权利被正当程序原则充分保障，独任制的适用范围和权限较大。

1. 美国：联邦地区法院和州法院的独任审判组织

美国实行双重法院体制，50 个州、哥伦比亚特区及全部美属地区都建立了自己的法院系统，联邦政府也拥有自己的法院系统。就联邦法院系统而言，94 个联邦地区法院是主要的初审法院，基本上以法官独任审判的形式审理案件，可以不带陪审团。出于对独任法官权限的限制，美国国会通过立法，对于个别意义重大的案件，可以由两名联邦地区法官和一名联邦上诉法院法官组成三法官地区法庭审理，对该法庭的判决可以直接上诉至联邦最高法院。

州级法院的种类繁多，初审法院又可分为高级法院和低级法院。高级初审法院主要受理严重的刑事案件及标的较大的民事案件、离婚案件和遗嘱案件，以独任审理为主。低级初审法院大多只是审理诸如违反交通法规之类的简单案件，标的较小、通常也不存在争议，一般由行政人员而不是法官处理。

2. 英国：小额程序、快速程序、多轨程序及案件分配听证会制度

英国 1998 年制定民事诉讼规则，强化案件管理，确立三种诉讼程序——小额请求程序、快速程序和多轨程序。法院根据诉讼请求金额、请求救济的性质、案件事实及相关证据、所涉及法律的复杂程度等来综合判断、选择程序的适用，在有必要的情况下，法官还可以依职权就案件分配举行听证会。在案件审理过程中，法官可以依职权进行再分配，将案件转为其他程序审理。

小额诉讼程序适用于诉讼请求金额在 5000 英镑以下的案件，不设陪审团，不进行证据开式，简化庭审调查过程，甚至可以在休息日开庭。快速审理程序一般适用于诉讼请求金额在 5000 至 15000 英镑的案件，也适用于无诉讼请求金额如申请禁令和申请强制令的案件，在这一程序中法官直接对案件的审理过程作出指令，整个诉讼过程一般不超过 30 周。多轨程序适用于诉讼请求金额超过 15000 英镑的案件和没有诉讼金额但涉及公共利益的重要案件，对于较为复杂的案件，法官可以在举行案件管理会议或审前复核程序后作出进一步指令。[①] 但不管适用哪一种程序，一审案件均由法官独任审理。

---

① 齐树洁主编：《英国民事司法改革》，北京大学出版社 2004 年版，第 346 页。

（三）20世纪90年代末西方国家的“司法危机”与司法改革

20世纪末，西方国家普遍遭遇“司法危机”，主要是民事司法制度运作出现困难——案件大幅度增长，上诉率上升，繁复的诉讼程序、高额的诉讼费用、漫长的诉讼过程，备受公众诟病，法院在权利保障和解决纠纷所起到的作用受到广泛质疑。为此，一场世界范围的司法改革运动应运而生。德国在1998年提出了民事诉讼法修正草案，法国于1999年3月1日施行关于改革民事诉讼程序的法令，英国1994年起在沃尔夫勋爵的领导下对民事司法制度进行综合性改革，美国则在1992年由最高人民法院对联邦民事诉讼规则进行修改。这一切都为了同一个目标——在不减损诉讼结果的可接受性的前提下，让诉讼更简便、更高效。

小结：综合来看，各国在审理一审民事案件时普遍适用独任制，德国、法国虽然规定复杂的或者存在法律争议的一审案件由合议庭审理，但两国近年来的司法改革趋势是尽可能扩大独任法官审理案件的范围，以此来提高法院处理案件的能力和效率。从案件的适用范围而言，我国基层法院一审案件实际上也是普遍适用独任制审理，与国际司法改革的潮流不谋而合，但在法律授权、程序保障、配套制度方面，我国的独任审判组织亟待得到整体性的完善。

三、改革并重构：对完善民事独任审判组织的探讨

（一）民事独任审判组织之价值观整合

独任制的扩大适用不是一时的权宜之计，在诉讼数量居高不下、公众权利意识觉醒的当下，完善这一制度具有重要意义，甚至可以称为民事诉讼制度发展历史上的一项具有里程碑意义的改革。但决定这一改革成功与否的前提是，必须要有明确的理念和价值指引。

1. 独任制审判的价值观整合

“不同法的价值准则和法的价值观念各自内部和相互之间的矛盾，就是法的价值冲突。这种冲突不仅表现在不同法的价值准则、观念之间，而且也表现在法的价值准则观念的不同性质或形式上。”[①] 司法的两大价值取向——公正与效率，也往往会产生冲突，这种冲突也同样会体现在诉讼组织的构成上。如前所述，合议制体现了司法的民主和文明，但它也伴随着效率的

---

① 卓泽渊：《法的价值论》，法律出版社1999年版，第633页。

低下与不经济。独任制审理，则代表着人力资源上的低成本、纠纷解决的高效率，但往往又伴随着司法专断、偏见与不够慎重。为此，重构独任制的基本理念是，在尽可能不减损诉讼结果的可接受性前提下，最大化地发挥其快速、高效的优势。这是一个两难的困境，而解决的办法是对诉讼程序所应体现的结果价值和程序自身价值进行整合和协调。

2. 独任制审判的结果价值追求及其保障机制

诉讼结果价值是通过诉讼程序所应当达到的合乎司法理性和公众心理的结果。这一价值为我国理论界和司法实践领域历来所重视，在以往甚至成了司法机关的唯一追求。独任制审判的结果价值应当体现在：保障民事实体法的有效实施，恢复诉讼当事人受损的民事权利。在此基础上，与当前构建和谐社会密切相关的，要满足当事人对诉讼结果的合理预期以及公众对司法公正的心理预期，使得纠纷得以彻底解决。这样的结果评价标准与合议制审判相比并未有所降低，其保障机制在于，一是限定独任制的合理适用范围，疑难复杂案件不宜适用；二是发掘独任制的合理规律，体现其在简便、高效上的特有价值；三是建立与合议制的衔接制度，使得独任制在必要时可以及时向合议制转换。

3. 独任制审判的程序价值追求及其保障机制

随着现代诉讼原则和制度的确立，程序已经成为法律的中心和公正适用法律规则的保障。“手段的道德性逐渐包含合法性和正义的整体”，体现程序自身内在品质的公正性和合理性价值就成为不依附于结果而独立存在的程序价值。[①] 主要的程序价值包括：程序的参与性，即允许有关程序主体参与对其权益可能产生影响的法律决定的制作过程，并确保其不同程度地进行自主性的自决；程序的无妨害性，指程序的运行不得以妨碍他方的方式进行，也不受他方的妨碍；程序秩序原则，指程序运行过程中有条不紊、循序渐进的特性，是一种安宁、和平、有序的合法状态，也包括行为的稳定性、连续性及各行为之间的相互协调性；程序法治原则，即严格按照法律规定的程序进行运作，在法律的统治下限制人的随意性；程序的及时性和终结性。在独任审判制度的构建中，一是要确保当事人的程序参与性，最大化地体现其程序自主性；二是确保程序的独立性，建立与合议制审判的区分机制；三是确保程序的及时性和终结性，一方面反对不必要的拖延，另一方面也反对不合理的急速，不因过于急速而使程序无法达到理性的要求。

① 陈瑞华：《刑事审判原理论》，北京大学出版社 1997 年版，第 46 页。

（二）民事独任审判组织适用范围的确定

独任制的适用范围应当综合考虑案件标的、案件复杂疑难程度、审级等因素进行综合判断。

1. 案件标的因素

诉讼标的的大小在一定程度上体现了案件复杂程度和影响大小，因此，以诉讼标的额划分独任制的适用范围较为合理。另外，这一标准较为客观，容易把握，是各国确定案件管辖和审理程序的一个主要因素。至于具体数额，考虑到各地经济发展水平和收入水平不一，应视当地情况而定。在立法上可以采取就高原则确定一个最高限额，如诉讼标的在人民币 1000 万元以上的应当组成合议庭审理。至于各地高院可以根据本省、自治区、直辖市的具体情况，在此之下确定一个具体标准。

2. 案件的复杂、疑难程度

案件的难易程度，除了受争议金额的大小影响以外，还要受诸多因素的制约，比如案件性质、案情繁简、社会影响等。一般而言，以下几类案件应当考虑由合议庭审理：在本地区有重大影响的；重大涉外案件；首例案件或者新类型案件；在适用法律上存在较大争议的案件；群体性或者存在矛盾激化倾向的案件。

3. 审级因素

现行法律将独任制仅限定于基层法院及其派出法庭在简易程序案件中适用，这就排除了同样可能作为一审法院的中级法院、高级法院和最高人民法院。考虑到高级法院、最高人民法院本身受理的一审民事案件数量有限、且均是具有一定影响性的案件，如此规定具有一定的合理性，也与其他国家的立法相吻。但中级法院受理的一审案件，有些在事实认定和法律适用上并没有特别的难度，如果不存在特别复杂、具有法律争议等情况，应当可以独任审理。至于二审程序，考虑到其系终审程序，并承担审判监督功能，不宜适用独任审判。

（三）独任审判组织与相应诉讼程序的构建

1. 独任审判组织审理程序的设定

应当打破独任制与简易程序的绑定，将独任制审判组织与速裁程序、简易程序、普通程序进行更加合理的衔接，以使得从合议庭解放出的人力资源得到更充分的利用。我国现行民事诉讼法虽然未规定小额案件审理程序，但司法实践中各地法院却在普遍运行速裁程序，配备专门的审判人员，采用独任审判，使用更加灵活、简便的诉讼方式。速裁程序、简易程序由独任法官审理不存异议，问题在于独任审判是否能够扩大到普通程序？参考国外立法，一审案件普遍采用独任制，我国司法实践上实际也是将原本应当适用普通程序的案件独任审理。因此，在形式上把独任制排除在普通程序之外，既造成大量的规避法律现象，也没有实际意义。因此，除了上述的标的巨大或者复杂疑难的案件，一审案件原则上实行独任审判。这样，独任审判与一审速裁程序、简易程序、普通程序均建立起对应关系，最大化合理利用司法审判资源。

2. 独任制法官职权完整性的赋予

法院组织法未对法官的类别、职权作出详细规定，但各地法院在内部法院管理体系内对法官等级和权限作出了细分，如审判长（或审判长资格、主审法官）、独任法官、一般法官。审判长和独任法官一般实行选任制。不同类型的法官权限不同，一般法官虽然也具有独任审理案件的资格，但其所审理案件的部分裁判文书应由审判长签发以后才能印发、生效，独任法官的权限较为完整，但也有个别权限受到限制。这一做法的出发点在于加强法院内部管理和监督，不能一概否定。但根据独立审判原则，应当赋予独任审理的法官完整的审判权限。为此，应完善法院内部的分案流程，将独任审理案件中的一般案件交由办案经验较为丰富或者能力较强的独任法官、审判长审理，将独任审理案件中的简单案件交一般法官办理，但一般法官同样具有完整的审判权限，从而尽量避免审者不判、判者不审现象的出现。

3. 独任制与合议制的转换

与合议庭相比，个人在认知能力和知识结构上存在缺陷，当独任审理法官无法顺利审结案件时，审判组织和审判程序之间的转换就必不可少。

（1）审判组织的转换。独任法官接手案件以后，在审理过程中一旦发现案件超出自己能力范围，或者存在事实认定和法律上的难以独自解决的疑惑，即可申请转交合议庭审理。这样可以确保案件得以及时妥当处理，避免不必要的拖延。至于转由合议庭审理后，原来审理此案的独任法官是否应当回避，应当视情况而定：如果当事人对该法官表示明显的不信任，为确保诉讼的公信力，该法官可以不参加合议庭；但如不存在这一情况，考虑到案件审理的连续性，该法官应当参加合议庭继续审理。案件转为合议庭审理以后，不能再回转独任审理。

（2）审判程序的转换。如果独任法官认为可以独自处理，仅仅是由于审限的原因而未能及时审结，则可以不必转化审判组织，而仅仅进行程序转换，将简易程序转为普通程序，也可以申请适当延长案件审限，延长审限以一次为限，延长期不能超过一个月。

（四）民事独任制审判组织与程序救济

程序救济是诉讼文明与进步的体现，为了避免法官在独任审理中专断与偏见，就必须赋予当事人充分的程序救济权利。

1. 当事人诉讼程序选择权及其限制

如前所述，程序的参与性要求允许有关程序主体参与对其权益可能产生影响的法律决定的制作过程，并确保其不同程度地进行自主性的自决。在国外的民事诉讼立法中，当事人的程序选择权也有所体现，值得参考的是德国立法中的管辖合意许可，以及当事人要求合议庭接管的申请。在我国独任制的重构中，应赋予当事人两方面的程序选择权：一是适用简易程序的选择权。如双方一致选择适用简易程序审理，则即使原本属于普通程序审理的案件（如诉讼标的超出的案件），也可以适用简易程序。该选择权已经作出，只要不违背法律强制性的管辖规定，应推定有效。二是是否提交合议庭审理的选择权。如一方或者双方当事人对独任制审理不信任，可以提出交由合议庭按照一般程序审理，但小额诉讼标的（如低于 1 万元人民币）的案件除外。该申请应提交各审判业务庭庭长决定是否由合议庭接管案件，对不允许提交合议庭审理的决定，当事人可以申请复议；与之相对，如果允许提交合议庭审理，另一方当事人出于避免诉讼迟延的考虑，也可以申请复议。

2. 独任制审理案件的上诉及其限制

考虑到在理论上，独任审判裁判出错的可能性较大。因此，应当赋予当事人上诉的权利。但考虑到诉讼经济和防止诉讼不当拖延的需要，参考各国立法的基本模式，对小额诉讼的上诉（如诉讼标的在 1 万元以下）应当予以限制，除了认为一审适用法律错误以外，禁止上诉。

结　语

独任审判组织的改革，实践走在立法之前。但在这一过程中，制度变动的被迫性，远大于在正当程序基础上追求实质正义的主动性。当理论和立法的目光转向这一存在已久的实然现象时，可以轻易地从中剔出诸多的不足与疏漏。追求结果公正的司法惯性是应然的，学者关注的正当性程序保障也是应然的，空间上的鸿沟、时间上的迟滞，无法阻挡实然向应然的转变。当这种转变的必要性和可行性愈来愈明显时，就是必然。可喜的是，在理论界与司法界的共同努力下，民事诉讼法修订的前期工作早已启动，最高人民法院也已着手进行审判组织改革方面的调研。在此形势下，司法组织架构与司法程序的完善是可以预期的。

民商事案件月结案率曲线变化现象的调查与思考

——兼论未结案常态清理机制的建立与健全

浙江省奉化市人民法院课题组

近年来，人民法院民商事案件收案量一直呈上升趋势，案多人少矛盾成为制约法院发展的瓶颈，办案压力日益繁重，审判效率受到一定影响。因此，如何挖掘审判资源，满足社会对司法产品的需求，实现司法公正高效是当前法院改革的一个重点。为此，奉化法院专门成立课题组，以实证的方法对奉化法院三年来受理的民商事案件的月结案率综合情况展开调研，分析月结案率不均衡的原因，探讨提高司法效率及平衡利用各月审判资源的对策，以求对实现“效率与公正”这一法院工作主题有所裨益。

一、月结案率的基本情况和特点

课题组以司法统计数据为依据，为校正可能存在的偏差，按5%至20%的比例进行个案抽查，对奉化法院受理民商事案件月结案率情况、个别月份结案综合情况进行了调查分析。总体而言，奉化法院近年来案件的收结率基本呈现良性循环，但仍然存在部分民商事案件结案不均衡、个别时期滞案率较高、审理周期过长等问题。

（一）全年月结案率走向：不均衡

根据数据统计，该院月结案率呈现出年末月结案率陡升，含节假日月份结案率走低的特点，各月结案率不均衡。

从2006年至2008年各年民商事案件月结案率统计可知，2月、8月、10月、11月四个月数值普遍偏离平均值，其中2月、10月出现低谷，年中8月结案率出现小高峰，年底11月结案率陡升，达到峰值，各月月结案率存在较大波动，存在突击结案现象。月结案率最低为 36.6%（2008 年 12 月），最高则达 88.6%（2007 年 11 月），两者相差 1.42 倍。计算各年月结案率的标准偏差①，得：2006 年为 11.0%，2007 年为 13.0%，2008 年为 7.8%。由此可知，2007 年月结案率偏离平均值、不均衡的情况最为严重，2006 年次之，2008 年数据的离散程度最小。

以 3 年来各月平均月结案率为基线，观察均衡度较高的 2008 年，发现该年各月结案率虽较为均衡，但除 3 月外，其余各月均处于 3 年来平均月结案率水平下方，结案率较以往两年同期出现了不同程度的下滑，但以三年平均月结案数 254 件为标准，在结案数量上该年仅 4 月审结案件数低于平均标准，其余各月均不同程度超出三年来平均月结案水平。

（二）月结案率与上诉率关系：呈对应增长

虽然上诉是当事人享有的法定权利，上诉率的高低并不必然与案件质量好坏存在关联，但上诉率在一定程度上能够体现当事人服判息诉的情况，在反映审判质量优劣方面具有一定的代表性。有基于此，课题组就月结案率与上诉率进行了数据比对：2006 年、2007 年 10 月结案率分别为 45.7% 和 29.8%，11 月陡升至 84.5% 和 90.9%，12 月大幅回落至 47.2% 和 34.7%，与这大起大落的三个月相对应的次月上诉率亦呈现相应的起落状态，2006 年、2007 年 11 月上诉率较低，分别为 1.7% 和 1.4%，12 月则迅速上升至 7% 和 11.8%，2008 年 1 月又回落至 3.5% 和 1.4%。

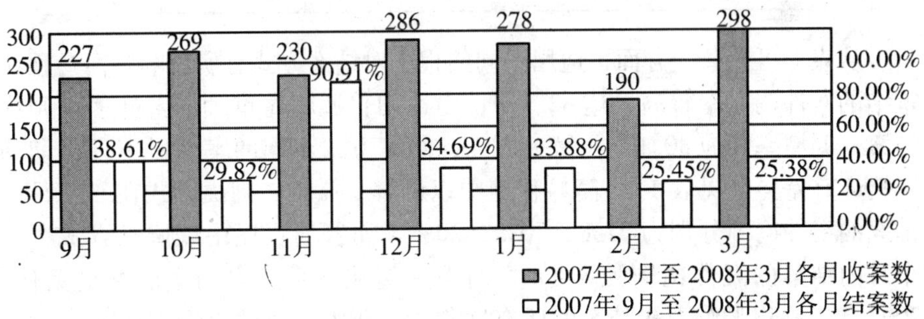

图 1　2007 年 9 月至 2008 年 3 月各月民商事案件收案数、结案率

---

① $S=\sqrt{\frac{\sum_{t-1}^{n}(x_1-\bar{x})^2}{n-1}}$

（三）月结案率与收案关系：呈反比消长

从图1看，收案高的月份结案率相对较低：2008年3月收案298件，收案数最高，月结案率出现最低值，仅为25.38%。而在月结案率出现不同程度下滑的2008年，月收案数较3年同期平均水平均有不同程度增加，该年12月收案更是高达740件，是3年平均水平的1.8倍，而结案率也降至3年来最低点。总体而言，收案数出现上升，当月结案率相较前一个月则出现降低，收案数与月结案率呈反比消长。

（四）适用程序及结案方式对结案率的影响

表1 2007年民商事案件各结案方式审理周期统计

审理周期 \ 程序及结案方式	简易程序				普通程序			
	判决	调解	撤诉	其他	判决	调解	撤诉	其他
一个月内审结	88	1310	375	22	0	3	7	0
一个月以上两个月内审结	235	246	108	12	6	1	5	0
两个月以上三个月内审结	106	65	51	4	20	2	6	1
三个月以上四个月内审结	2	4	0	0	76	27	8	0
四个月以上五个月内审结	2	0	0	0	62	6	9	1
五个月以上六个月内审结	0	0	0	0	30	4	6	0
六个月以上十二个月内审结	0	0	0	0	5	3	0	1

从表1可知，一方面，适用不同的程序对结案方式有所影响：简易程序审结的案件调撤率较高，达82.1%；而适用普通程序审理的案件多以判决结案，调撤率仅为30.1%；另一方面，结案方式不同的案件对审理周期的影响亦有差异（见表1）：简易程序中以调解、撤诉、判决方式在一个月内结案的案件比例分别为81%、70%、20%，而普通程序中以调撤方式在一个月内结案的案件比例为3.5%，而无一例在一个月内结案的判决案件。2007年，在以调解方式结案的所有案件中，79%的案件审理周期不足一个月。由此可见，加大简易程序适用力度，促进调解工作开展，有利于缩短审理周期，提高月结案率。

（五）结案率陡升月份（11月）案件情况微观探析

观图2，一方面，11月判决结案案件审理周期在1个月内的占21%，

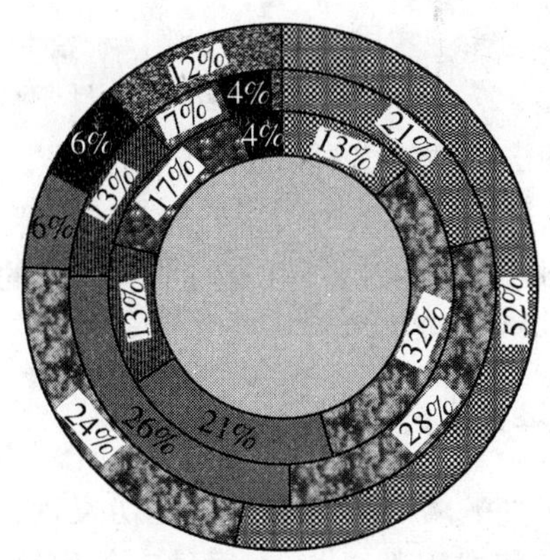

图2 2007年10月至12月判决方式审结民商事案件审理周期比较
（由内至外分别代表10月、11月、12月）

较前一个月上升62%，案件审理节奏明显加快；另一方面，法院在年底加大了清理积案力度，案件审结比例上升。如审理周期在2至3个月内的案件所占比例是10月对应数据的1.2倍，12月的4.3倍。上述两类案件的绝对数量均大大超过前后两月。同时，课题组随机抽取了10月、11月判决结案中的70%共112件案件作为样本进行分析，发现：11月判决案件中，一次开庭审结的比例占91.6%，当庭宣判率为19.3%，均比10月份对应的86.2%和15%有所提高；63.9%的案件在休庭一个月内作出判决，其中54.8%的案件在10日内作出判决，而10月份休庭一个月内作出判决的比例仅为48.6%；但同时，11月判决审结案件中，休庭与作出判决时间间隔二个月以上的案件也占了一定比例。

二、影响月结案率曲线变化的主要因素

（一）考核指标等宏观因素的影响

长期以来，案件的年度结案率都是上级法院对基层法院审判工作效率的一项重要考核指标。为此，许多法院往往采取各种措施突击结案，“前松后紧”的结案情况明显。由此反映出两个问题：一是案件审理的工作进度可以人为地进行控制，在无关于考核的月份，工作节奏相对放慢，案件审理周期相对拉长；二是在目前的案件任务量下，法官的办案能力仍有潜力可挖。

（二）收案不均、诉讼爆炸等社会因素的影响

表2反映出收案不均对月结案率均衡的影响。课题组走访、调研所在法

院所辖的三个法庭，发现月收案不均衡现象尤为明显。江口、溪口法庭分别地处农村和山区，主体以农民居多，多为涉农案件，每当6月下旬至10月农忙时节，收案量相对减少；莼湖法庭地处沿海，主体多为渔民，每当7月至9月休渔期，外出渔民归来，法庭的收案数则明显增加。三年来，奉化法院收案总数每年呈递增态势，2008年民商事收案量分别是前两年的137%和158%，而其月结案率普遍低于三年来的平均水平。

（三）案件运作过程中程序选择因素的影响

课题组对调解率一直处于领先水平的溪口法庭进行走访发现，一方面，该庭将审判人员分列为“诉调组”和“审判组”，对案件实行繁简分流，这种做法使该庭调解率比其他业务部门高出10%～20%，审判资源的高效利用也使“审判组”的法官有更充裕的时间集中审理新类型或疑难复杂案件，促进了审判工作良性循环；另一方面，简易程序以其简便、快捷的优势，成为缓解案多人少矛盾的“一剂良药”。但简易程序的适用仍存在适用范围界定不严谨、繁简分流不到位等问题，有待于进一步规范。

（四）案件运行过程中微观因素的影响

以结案率陡升之11月案件为样本，对超审限案件逐一调卷，发现表面上均有法定扣除审限理由，包括处理管辖权异议、鉴定、下落不明公告送达、庭外和解等，但滞案、多次开庭、几次开庭时间间隔较长、人为拉长审限等影响审判效率的情况仍然存在。究其原因，主要有三点：

一是庭前准备不充分。这直接导致了法官对当事人诉讼及举证指导的不到位，进而导致当事人申请延长举证期限、庭审中变更诉讼请求、重新指定举证期限等状况发生，且大量证据在有限的庭审时间和空间中质证，造成法官难以准确把握争议焦点，丧失庭审的针对性和准确性，造成多次开庭，拖延了审理期限。

二是送达工作不到位。邮寄送达曾一度被一些业务庭滥用，其弊端有二：首先，在途时间难以预计，会出现当事人收到诉讼材料之日离开庭时间间隔不足举证期限，或者当事人提供地址不准确无法送达被退回等情况，因此造成重新送达，浪费审判资源；其次，错失掌握情况、引导诉讼、推进案件调解的良好时机。

三是审判流程中一些程序节点被人为控制，亦成为提高审判效率的隐形杀手。对于那些法官具有自由裁量权的期间，如举证届满至第一次开庭的时间间隔、两次开庭之间的时间间隔、庭审结束至宣判的时间间隔等，因法官责任心、工作量等因素存在差异。反复延长审限、简易程序转普通程序随意、滥用当事人申请调查取证延期审理、法定扣除审限时间起止点计算随意等现象均不同程度上存在，使得审限处于一种皮筋状态，无形中造成个案的滞存，影响月结案率。

三、均衡提高月结案率的有效途径——未结案常态清理机制

案件审理有其自身的审判规律、合理周期，违背客观规律盲目追求效率会适得其反。要达到最佳司法效果，应追求均衡结案，在均衡中提高月结案率，初步构想是建立健全未结案常态清理机制，主要包括：

（一）建立一套科学的效率评估体系

针对工作节奏“前松后紧”的情况，制度上建立一套科学的效率评估体系，从四方面予以完善：一是全年效率考核与各月效率考核并重，缩小月结案率的波动幅度，在岗位目标管理考核办法以及争先创优考评办法中突出对各月结案率的评价，并将之作为评价各部门的主要指标；二是在每月通报办案进度的基础上增加半月通报，便于领导督查和审判人员自查；三是统计人员每月增设对均衡结案对比率的评估，以上年度的月均结案率为基数，对各月结案率做对比分析，有利于了解每月结案率的起伏波动情况及原因，更好地把握审判动态，调整管理策略；四是设定部门人均结案量考核，及时调控审判岗位和非办案部门法官人数比例，合理配置审判资源，克服忙闲不均、快慢不等的现象。

（二）进行多元化的审判运作程序设计

适应多层次的司法需求，进行多元化的程序设计和审判运作，是我国民商事审判追求的目标之一①，也是在现有审判力量既定情况下，优化管理、提高效率的一大选择。

1. 完善简易程序运作机制

注重从以下方面规范和创新简易程序：一是采取反向定义方式明确适用范围，除民事诉讼法和司法解释规定不得适用简易程序外，所有民事案件在立案时一律先进入简易程序；二是在法定范围内，经各方当事人同意，一些

① 按照《人民法院第二个五年改革纲要（2004—2008）》第6条、第7条、第8条之规定，探索民事诉讼程序的简化形式，建立速裁程序制度；加强和完善诉讼调解制度；改革和完善庭前程序，是今后一段时期人民法院改革和完善诉讼程序制度的重要内容。

程序环节可以简化，并记录在案；三是强调举证时限，在当事人起诉时就告知其应提供的证据，保证当事人至多两次举证机会，尽量避免二次开庭；四是简化判决书和调解书的制作，此类裁判文书只写明双方基本情况和应履行的义务、履行日期及上诉权利，并简述双方的争议，可当庭打印、送达；五是个别适用简易程序的案件如确需转入普通程序进行审理，应当即与主管领导联系，排定开庭日期，并当场将开庭通知和其他事项告知当事人，以避免程序转接过程中的延误。

2. 建立健全速裁机制

考虑到单独设置可能造成工作环节间距过大、工作流转不畅等实际情况，倡导在各业务庭内部设立速裁组，专司审前程序性准备和审前调解裁判，包括组织证据交换、组织调解、对调解不成的简单民事案件作出裁判，在立案之日起30日内将未结案件以及相关材料移送审判组等。审前准备工作由速裁组完成，审判组法官专司实体审判，实现程序事务与实体审判的适当分离。在庭前准备工作中，一方面，加大诉讼指导力度；另一方面，对于复杂案件使用证据交换制度固定证据和争议焦点，确保庭审一次到位。

3. 建立健全多元化调解机制

将调解工作贯穿于审判全程，强化与人民调解组织的信息互通，对部分家庭、相邻纠纷等特定案件，在立案前，建议当事人先向人民调解组织申请调解。对已受理的案件，法院认为可以通过人民调解方式解决的，在征得当事人同意后，将纠纷委托人民调解组织调解。

（三）规范流程管理，严防隐性超审限等问题

隐性超审限案件①在一定范围内存在不能不引发深思，需要严格规范流程管理予以杜绝：一是设置内部“小审限”。对各程序节点，包括案件排期开庭、休庭、合议、审委会讨论、下判及送达等时限，以及非审理用时中案卷移送、法律文书校对文印、对外委托司法鉴定、拍卖等操作规程设置时限最大值，缩短用时。二是设置审限预警机制。利用网络管理，要求如实填写流程信息，由质评办据此对临近最迟办理期限的承办人给予预警，并向所在部门发送催办通知单，一定时间未结案则报分管院长，由院领导重点督办，限时办结。三是实行审限公示制度。将案件审理期限的一般规定、程序期间

---

① 即法官通过滥用审限上的自由裁量权，或使用弄虚作假的手段掩饰案件审理超过法定期限的事实，并使之合法化的违法审判现象。手段包括滥用审限延长手续、滥用简易程序转化普通程序、滥用中止诉讼扣除审限以及虚假撤诉，等等。经技术处理后达到合法假象。

说明印制给当事人，并附审限监督部门（质评办）联系方式，以此制约和督促审判人员加强审限意识。四是把好审限关。对延长审限要从严掌握，杜绝事后补办手续现象。严格控制简易程序向普通程序的转换，防止程序转换“随意性”。

（四）完善法院管理，提高质量与效率意识

第一，在力量配备上，尽量减少空编，申请增编，多渠道补给审判力量。完善法官助理制度，减少审判人员参与非审判核心事务的工作量，保证审判人员专心于审判。压缩从事非审判事务人员数量，机动调配审判力量，完善综合部门参与办案制度。第二，提高队伍素质，加强培训，不断提高审判人员的业务水平，增强分析和处理疑难案件的能力，防止因法官业务素质低而延误诉讼。第三，建立奖惩机制，奖优罚劣。量化审判效率指标，发挥奖勤罚劣机制的导向、激励和约束作用。第四，建立健全法院办公自动化信息系统，借助编程机理强化法官效率意识，顺畅流程衔接，提高效率。

优化人民法院职权配置问题研究

——知识产权审判体制与工作机制的完善

李剑非*

目前各国知识产权保护模式主要有两种类型：一种是依赖司法保护的“单轨制”模式，另一种是行政保护和司法保护并行运作的“双轨制”运作模式。“双轨制”是我国知识产权保护模式的特色，随着社会经济的发展，行政保护逐渐暴露出一些不足，同时，司法保护的主导作用日益显见。随着《国家知识产权战略纲要》和最高人民法院《关于贯彻实施国家知识产权战略若干问题的意见》的颁布实施，改革和完善知识产权审判体制和工作机制，为优化自主创新的司法环境提供体制保障已经提上工作日程。

一、“双轨制”保护模式简介

（一）“双轨制”保护体制中的行政保护

与西方国家建立知识产权制度的基础不同，我国建立知识产权制度的初衷，旨在推动改革开放和促进技术与外资的引进。可以说，我国知识产权制度是在政府强力支持下建立起来的。在政府主导下，我国行政保护系统主要由知识产权主管部门和综合管理部门构成，初步形成了以专利、新闻出版、工商、技术监督、海关等行政机关为核心的行政执法系统，完善了行政保护职能和手段，形成了知识产权行政保护协调机制，与承担司法审判职能的法院一起，共同成为了知识产权保护的重要力量。

从广义而言，知识产权行政保护包括三方面的内容：一是行政管理活动，如对知识产权申请的受理、审查、授权、登记等；二是行政执法活动，

* 河南省高级人民法院研究室主任。

如知识产权权属纠纷处理、侵权纠纷调处、行政处罚等行政查处；三是行政服务活动，如提供知识产权政策法律咨询、专利检索服务、宣传知识产权等。

我国知识产权行政保护的特点主要体现为两个方面：一是各知识产权行政管理机关普遍享有对侵权行为的行政处罚权，具体包括没收违法所得，没收、销毁侵权商品和侵权工具，罚款等行政处罚措施；二是行政管理机关享有对知识产权侵权民事纠纷的行政裁决权和行政调解权，前者指权利人请求行政管理部门处理知识产权侵权纠纷，行政管理部门认定侵权行为成立的，可以责令立即停止侵权行为；后者指行政管理部门根据当事人的请求可以就赔偿数额进行调解。

（二）“双轨制”中司法保护与行政保护的关系

司法保护与行政保护是两种不同的保护模式，它们在相互作用、相互协调过程中必然产生一些特点和区别。

1. 行政保护与司法保护的区别

（1）性质不同。行政保护着眼于维护一种正常的知识产权利用秩序，一旦发现侵权或其他违法之人即以国家的名义令其改正，并给予相应的处罚，它是一种基于职权的主动出击的保护；而司法保护则是一种应请求的被动保护，它遵循“不告不理”的原则，司法机关在知识产权权利人主动向其寻求救济时才会采取相应的措施。

（2）价值取向不同。行政保护讲究效率，它的措施比较直接、迅速、有力，程序也相对简单，这是它的优点；但缺乏程序的保障就难以保证真正公平的实现，这同时也是它的缺点所在。而司法保护追求的目标正是公正、合理，它有着比较完善的程序，美中不足就是诉讼冗长，缺乏效率。

（3）法律依据不同。除有关知识产权法律外，行政保护的主要依据是行政处罚法和相关行政法规、规章，而司法保护的主要依据是民事法律、法规。

（4）措施力度不同。行政保护的措施有责令停止侵权、责令赔偿损失和罚款等，且一经作出即付诸执行，即便在行政诉讼期间一般也不停止执行；而司法保护的措施仅限于判令停止侵权、赔礼道歉和赔偿损失。因此从侵权人最终承担责任形式来看，在司法保护中它仅负赔偿的民事责任，并不涉及惩罚性内容；而在行政保护中它除了向权利人负赔偿责任外，还必须接受国家给予的处罚，也即侵权人必须负担更大的经济责任。所以有学者认为行政保护措施的打击力度较之于司法保护措施更大。①

2. 行政保护为司法保护的有益补充

（1）行政保护有利于确定诉讼程序中的被告。在很多情况下，由于知识产权侵权的隐蔽性、团伙性，权利人只看到了市场上的侵权产品，却不知道具体的侵权人。如果提起诉讼，则案件一时难以明确法律上的被告。这时只有采取行政查处这一快捷手段，才能及时制止侵权，并最终找到侵权人。

（2）行政保护有利于为特定权利人提供救济。依我国法律规定，商标权的一般使用许可人因为主体资格不符，不能提起侵权之诉。如果该一般使用许可人转而向行政机关举报，寻求行政保护，则可以同样达到制止侵权的目的。

（3）行政保护为司法保护提供证据和责任形式上的支持。知识产权管理部门在行政执法时程序相对简便快捷，能加速案件的处理，行政机关作出的停止侵权、消除影响等决定有利于权利人的权利获得及时而有效的保护。这一点已为我国相关司法解释所认可。同时，行政机关可以及时地捕捉到知识产权侵权证据，方便了司法诉讼程序的运行。

二、知识产权司法保护主导作用的发挥

我国的知识产权保护体制被称为“双轨制”，但是，这里的“双轨”是“并行的双轨”，而非“平行的双轨”，他们有主次之分。可以认为，在法律保护体系中，司法保护的主导作用在于这种保护方式应是主要的、基本的和最终的，其法律基础是一国司法的权威性和社会公信力。我国《国家知识产权战略纲要》明文规定“健全知识产权执法和管理体制。加强司法保护体系和行政执法体系建设，发挥司法保护知识产权的主导作用”。

（一）行政保护的弊端，决定司法保护主导我国知识产权“双轨制”保护体制

行政保护虽然有及时性、灵活性等特点，但目前我国还没有一部专门的“行政程序法”来规范行政行为，因而后者存在被滥用的危险，目前行政执法中“以罚代刑”、执法标准不统一等问题日益阻碍行政保护的有效实行。此外，我国对滥用行政行为的司法审查制度还不够全面。TRIPs协议对各成员国的司法审查制度提出了明确的要求，建立有效的司法审查制度是成员国

① 沈杨：《商标权的行政保护与司法保护》，http://www.chinaiprlaw.cn/show，2008年11月22日访问。

履行WTO协议的重要义务之一。根据法律规定，人民法院对具体行政行为进行审查时，以合法性为审查原则。至于行政机关在自由裁量范围内作出的行为是否适当、是否合理，人民法院一般不进行审查。这与TRTPs协议第41条至第49条要求相关缔约方的行政和司法机关应遵循公平、公正、全面的原则存在差异。所以，在行政保护模式下权利人虽然能得到充分的救济，但是这种救济却不一定合理。

（二）司法保护的主导地位体现在其运行全过程

1. 在司法保护启动阶段

法院享有知识产权纠纷主管（而非管辖）优先权。最高人民法院《关于审理著作权民事纠纷案件适用法律若干问题的解释》第3条规定："对著作权行政管理部门查处的侵犯著作权行为，当事人向人民法院提起诉讼追究该行为人民事责任的，人民法院应当受理。"由此可见，对于知识产权纠纷，行政机关处理之后，当事人仍可向法院起诉，而如果当事人先向法院起诉，则就不能请求行政机关救济，司法保护的主导性表露无遗。

2. 在司法保护运作阶段

首先，行政机关的行政强制措施和法院民事诉讼中的临时措施冲突时，后者应当具有优先地位。由于法院在民事诉讼中不能对行政机关的强制措施进行司法审查，所以如果当事人提请法院作出保全或临时措施，应认为行政机关强制措施的效力被法院临时措施所替代。其次，即使行政机关已对知识产权纠纷进行处理，法院仍应对当事人的诉讼请求进行全面审查。最高人民法院《关于审理专利纠纷案件适用法律问题的若干规定》第25条也规定："人民法院受理的侵犯专利权纠纷案件，已经过管理专利工作的部门作出侵权或者不侵权认定的，人民法院仍应当就当事人的诉讼请求进行全面审查。"法院的全面审查原则体现了司法保护的全面性和终局性。

3. 在司法保护结束阶段

人民法院经过全面审查，即使出现与行政机关就同一侵权事实是否侵权的认定不一致的情况，仍应当依照查明的事实裁判。法院判决后，当事人持法院裁判要求行政机关纠正，行政机关拒不纠正的，如果没有超过起诉期限，当事人可以对其提起行政复议或行政诉讼；如果超过了起诉期限，可以对其行政不作为方式提起行政诉讼。

三、知识产权司法保护体制的问题分析

近年来，我国的知识产权司法保护取得了很大的成就，主要体现在建立

了相对完备的知识产权司法保护体制和制定了较为完善的法律规范，但是，从审判实践来看，我国的知识产权司法保护体制存在一些缺陷，随着司法体制改革的深入，知识产权的司法保护体制需要进一步创新和完善。

（一）现行知识产权司法保护体制存在的问题

1. 司法保护程序和行政保护程序衔接不顺

一是表现在专利、商标权的确认诉讼中，专利复审委员会是国家知识产权局的直属单位，商标评审委员会是国家工商行政管理总局的专门行政执法机构，由于两者的特殊身份，当事人往往对专利复审和商标评审结果持怀疑态度，因此，当事人最终会选择司法途径来解决纠纷，很容易造成同一法律关系经行政程序和司法程序处理，不仅浪费审判资源，还会因为不同处理程序间隔时间过长，造成对当事人的权利救济产生负面影响。二是表现在司法机关与行政机关之间缺乏必要的交流与合作，在实践中，当事人对行政处理结果不服，可能会选择司法程序解决纠纷，或者可以同时对行政决定提起行政诉讼，对赔偿问题提起民事诉讼，由于行政机关与司法机关缺乏交流平台，对相关知识产权的认定标准有可能不一致，容易造成处理结果的不一致。

2. 不同司法保护程序之间的协调不畅

一是民事程序与刑事程序的协调。根据我国现行法律规定，在处理知识产权犯罪案件中，同一案件可能因为刑事程序和民事程序的认定标准不同而处理结果不同。例如，知识产权确权和侵权诉讼中涉及的“近似商标”、“类似商标”、“实质性特点”、“显著性进步”以及“商业秘密”等事实的认定非常专业，判断的具体标准较难掌握。① 因此，在民事诉讼中，法院可能认定侵权行为不成立。而在刑事诉讼中，法院可能判决侵权人承担刑事责任，导致同一事实出现不同的处理结果。二是民事程序与行政程序的协调。由于两者在案件的审查范围、程度和标准等方面存在区别，有可能按照不同程序处理同一案件，出现不同的结果，例如在行政诉讼中，由于行政机关违反法定程序，法院可以判决撤销行政机关对侵权人的处罚决定，而在民事程序中，法院可能认定侵权人的侵权行为成立，承担侵权责任。由于以上问题的存在，在一定程度上影响了司法权威，并导致一些不必要的“错案”出现。且由于以上“三审分立”的情形存在，使得不同审判庭之间的法官交流较少，致使三个审判庭的审判人员在知识产权审判知识和技能上的横向联

---

① 陈惠珍、徐俊：《论我国知识产权立体审判模式的构建》，载《法律适用》2006 年第 4 期。

系欠缺，专业沟通不畅，培训资源浪费，各个审判庭在审判尺度、适用程序、价值取向上差异较大，不利于综合型专业人才的培养。[①]

3. 知识产权诉讼管辖权设置不合理

与其他类型的案件相比，知识产权案件涉及的专业性问题较多、技术性较强，为此，我国现行法律规定，一审的知识产权民事案件由中级人民法院管辖，少数基层人民法院可以管辖一审知识产权民事案件，目的是为了保障知识产权审判的专业性和高质量性，而除特别情况外，一审的知识产权刑事和行政案件均由基层人民法院管辖。这种审级模式容易造成不同级别的法院对同一案件的事实重复审理，不仅浪费了有限的审判资源，也会增加当事人的诉累，并且由于对不同类型知识产权案件的证明标准不同，法院的审查范围有所不同，造成了不同诉讼程序之间的衔接十分复杂，还有可能出现裁判结果冲突的情况。

（二）知识产权司法保护体制的创新和完善

不同地区要根据本区域内知识产权审判的实际状况，稳步推行知识产权审判体制改革。其实，在世界范围内，很多国家都不同程度地设置了专门的知识产权法庭或知识产权法院，归纳起来主要有以下四种模式[②]：一是设置专门的知识产权法院独立处理所有的知识产权案件或主要的知识产权案件，代表性的国家是韩国、泰国、土耳其和英国，例如泰国的中央知识产权与国际贸易法院是专业法院，其管辖的案件包括与知识产权相关的民事、刑事案件和与国际贸易有关的民事案件。[③] 二是在普通法院中设置专门的知识产权法庭，或者分部独立审理知识产权案件，或者配备具有知识产权背景的法官审理知识产权案件，包括澳大利亚、加拿大、意大利等20多个国家和地区。三是设立商业法院或专门法院审理知识产权案件和其他商事纠纷，这样的国家包括奥地利、爱尔兰、葡萄牙、西班牙、瑞典和菲律宾等。例如瑞典设立商业法院，负责审理知识产权案件，但斯德哥尔摩市法院为专利案件的专属管辖法院。[④] 四是设立专门的上诉法院审理知识产权案件和特定类型的上诉

---

① 林广海：《“三审合一”——知识产权案件司法保护新机制述评》，载《河北法学》2007年第25卷第2期。

② 吴汉东：《中国知识产权制度评价与立法建议》，知识产权出版社2008年版，第446～449页。

③ 中国社会科学院知识产权研究中心编：《中国知识产权保护体系改革研究》，知识产权出版社2008年版，第56～58页。

④ 段立红、朱丹：《瑞典知识产权审判制度的特色》，载《电子知识产权》2001年第6期。

案件，包括巴西、德国、韩国和美国等国家。例如德国的联邦专利法院是国际上第一个专门处理知识产权诉讼的法院，处理不服德国专利商标局和联邦植物品种保护局对专利、实用新型、集成电路布图设计、商标、工业品外观设计和植物品种的裁定，是一个与其他上诉法院地位平等的联邦法院。[①] 美国设立了联邦巡回上诉法院，专门受理全部或部分涉及专利法的上诉案件，从而提高专利审判中的一致性。[②] 日本知识产权高等法院是在东京高等法院内设立的一个法律上独立的高等法院，管辖原东京高等法院管辖的所有知识产权案件，但其只是东京高等法院的一个支部，与其他高等法院的地位不一样。[③] 这种模式是上述第二种类型与第四种类型的结合状态。可以看出，虽然设立单独的知识产权法院成本过高，但在知识产权审判发展过程中，由知识型和专业型法官组成专门审判组织的模式已经成为世界发展趋势。

我国《国家知识产权战略刚要》提出："完善知识产权审判体制，优化审判资源配置，简化救济程序。研究设置统一受理知识产权民事、行政和刑事案件的专门知识产权法庭。"目前我国一些省市也在探索和尝试知识产权审判模式的改革，并形成了具有特色的"浦东模式"、"福建模式"、"武汉模式"等，其实质上是对知识产权刑事、民事和行政案件的"三审合一"或者是民事、行政案件的"二审合一"，上述改革模式的成效如何，需要经过实践的检验，并在摸索中不断完善。同时，在审判模式改革的过程中，要注意相应配套改革措施的跟进，消除上下级法院工作之间的衔接障碍。《人民法院第三个五年改革纲要（2009—2013）》要求，建立健全符合知识产权案件特点的审判体制和工作机制，在直辖市和知识产权案件较多的大中城市，探索设置统一受理知识产权案件的综合审判庭。最高人民法院拟出台《关于人民法院设置统一受理知识产权民事、行政和刑事案件的专门知识产权审判庭的实施意见》。我们认为，我国知识产权审判体制改革可以分地区、分阶段实施，注意改革措施的灵活性，同时要注重审判资源的充分利用。在知识产权案件相对较少的地区，在处理不同类型知识产权案件交叉的问题时，可以在保持民事、刑事、行政现有分工不变的基础上，由上述业务庭互派法官组成合议庭，共同参与对案件的评议，取得评判标准的统一，充分利用了审判资源，也为进一步改革奠定了基础。据了解，河南高院等法院

① 郭寿康、李剑：《我国知识产权审判组织专门化问题研究——以德国联邦专利法院为视角》，载《法学家》2008年第3期。

② 李明德：《美国知识产权法》，法律出版社2003年版，第101～102页。

③ 闫文军：《日本知识产权审判情况概要》，载《电子知识产权》2005年第3期。

已经有这样的尝试，我们可以称之为“三审共议”模式。在知识产权案件相对较多的地区，可以选择某个法院作为知识产权刑事、民事和行政案件“三审合一”的试点，逐步锻炼法官的综合审判思维方式，积累审判经验。这个试点可以是基层法院，该基层法院统一受理一定辖区内的知识产权案件，其相应的中级法院为二审法院；试点法院也可以选在中院，统一受理该辖区的各种知识产权案件，其相应的高级法院为二审法院，在充分论证和实践以及有一定的案源基础上，可以在全地区推广设立单独的知识产权“三审合一”审判庭；在知识产权审判发展到非常成熟以及案源非常充分时，对知识产权审判体制彻底改革，将“三审合一”的知识产权审判庭从法院中独立出来，建构独立的知识产权法院体系，并对相关配套措施进行完善。①

此外，在现有的“双轨制”保护模式下，要完善知识产权司法保护与行政保护的信息共享机制；建立司法保护程序与行政保护程序之间的长效沟通机制，统一对证据标准和司法处理标准的认识；在司法机关与行政机关之间建立相互的信息反馈渠道，避免对同一事实的重复处理，最大限度地对当事人提供及时的保护。同时，根据 WTO 中 TRIPs 协议的要求，简化我国现有的知识产权审判程序，缩短审判周期。② 此外，还要出台有关措施，防止知识产权审判中被告滥用无效宣告程序而对权利人的利益造成损害。

四、知识产权司法保护机制的问题分析

在知识产权案件审判过程中，彻底解决知识产权司法保护体制问题固然最好，但由于种种原因，体制的改革完善不能一蹴而就，在推进知识产权审判体制改革的同时，要不断完善一些机制上存在的问题，以促进知识产权审判改革的不断深入和发展。

（一）现行知识产权司法保护机制存在的问题

1. “先刑后民”还是“先民后刑”

在知识产权民事和刑事交叉的案件中，法院实行传统的“先刑事后民事”审判方式，由于认定标准不同，容易出现民事程序和刑事程序不衔接的问题，这在上文已经介绍。同时，对此类案件实行“先刑后民”的审判

---

① 建立知识产权法院的必要性和可行性分析，以及立法建议稿，参见吴汉东主编：《中国知识产权制度评价与立法建议》，知识产权出版社 2008 年版，第 452 ~ 484 页。

② 李燕：《WTO 框架下的知识产权审判机制》，载《社会科学研究》2004 年第 4 期。

方式，当公安机关立案后，诉讼中的民事程序即中止诉讼，案件久拖不决，从而造成司法资源的浪费。[①] 在实践中，我们发现，如果在知识产权审判中继续坚持“先刑后民”的审判方式，这种不衔接的状况会进一步恶化，因为在认定知识产权刑事责任时，刑事法官必须首先解决侵权责任的定性问题，并且知识产权案件的专业性和技术性较强，所以在知识产权刑事审判中，对刑事法官的业务素质提出了较高的要求，可是在个案中，由于一些权利人担心侵权人一旦承担了刑事责任，其就无法得到充分的经济补偿，所以知识产权刑事自诉案件较少，加上行政机关对于一些侵权案件，往往采取“以罚代刑”的措施，而不向司法机关移交案件，这就造成了知识产权刑事案件在法院刑事案件中占有极少的比例，这是个普遍现象，一定程度上造成了从事知识产权刑事审判的法官缺乏相应的审判经验，导致对同一案件事实的认定与民事法官存在差异。

2. 知识产权案件的审判标准不统一

由于地域性差别较大，各地知识产权案件的审理会因为地区收入水平、市场发展规模等原因的不同而产生裁判结果的不同，这就容易促使权利人选择经济发展水平较高的地方起诉，侵权人则会提出管辖权异议，从而导致案件久拖不决。并且，由于地方保护主义的存在，各地法院争相认定驰名商标的现状即是恰当的例证。[②]

3. 审理技术性较强的知识产权案件存在困难

知识产权案件本身就具有较强的专业性和技术性，但是，某些知识产权案件还涉及到化工、生物、计算机软件等更为专业的问题，法官在审理这些知识产权案件时，会有一定的难度，为了解决这一问题，我国已经在审理这类案件的管辖权方面进行了改革。截止到2008年底，我国经指定具有专利、植物新品种和集成电路布图设计案件管辖权的中级人民法院分别有71个、38个和43个，经批准可以审理部分知识产权民事案件的基层人民法院共61个。[③] 我国处理技术性较强的知识产权案件是根据案件不同类型而分别设定有关的一审和二审管辖，这与上述介绍的美国与德国等国家设立专门的上诉法院审理知识产权案件和特定类型的上诉案件有所不同。但是随着科技与经济的不断发展，知识产权案件复杂化的程度也在日益增加，涉及的行业越来

---

① 吴汉东：《中国知识产权法制建设的评价与反思》，载《中国法学》2009年第1期。

② 同上。

③ “最高人民法院：具有专利案件管辖权的中级人民法院达到71个，‘三合一’试点有9个中级人民法院和14个基层人民法院”，来源于中国知识产权司法保护网，http://www.chinaiprlaw.cn/show_News.asp? id=14078&key，2009年3月18日访问。

越广泛，包括化工、机械、医药等领域；涉及的技术问题也越来越复杂，新类型的知识产权案件不断出现。我国针对技术性较强的知识产权案件设定的专属管辖制度是否需要进一步完善，审判资源是否需要重新优化整合，这些问题均值得研究。同时，在司法实践中，法院采取了专家咨询的方式，在一定程度上解决了知识产权审判专业技术的问题，但被咨询的专家一般不参与案件审理，其提出的咨询意见难免有一定的局限性，法官也仅仅将咨询意见作为审理案件的参考，[①] 该制度有一定的缺陷。

（二）知识产权司法保护机制的创新和完善

1. “三审合一”的审判体制改革

在“三审合一”审判体制的改革进程中，法院在遇到知识产权民事案件和刑事案件交叉时，可以尝试“先民后刑”的审理方式，先通过民事程序审理，对案件进行全面审查，通过当事人双方举证，理清案件的侵权关系，根据案件审理情况，如果侵权行为较为严重，再由权利人决定提起刑事自诉或由司法机关提起公诉。在现有的审判体制下，采取以上措施可以有效地解决知识产权案件刑事程序和民事程序不衔接的问题。

2. 统一审判标准

针对审判标准不统一的问题，建议最高人民法院及时出台相关的司法解释和实施有关措施，统一不同地域法院对同一问题的判定标准。2009 年 5 月 1 日，最高人民法院《关于审理涉及驰名商标保护的民事纠纷案件应用法律若干问题的解释》开始施行，进一步明确了标准，统一了司法尺度。同时，最高人民法院将在近期统一专利和商标授权确权案件的审理分工，明确有关案件统一由北京市高级人民法院和北京市第一中级人民法院知识产权审判庭审理，以确保有关案件执法标准的统一。以上措施可以有效地解决审判标准的问题。

3. 完善专属管辖权

针对技术性较强的知识产权案件审理问题，我们认为，要进一步完善我国现有的专属管辖制度，根据知识产权发展状况，适时整合审判资源和扩展新的有管辖权的法院。同时，建立知识产权审判专家证人制度和专家陪审员

---

① 赵静：《论知识产权审判组织及审判运行模式的建制》，载《知识产权》2003 年第 3 期。

制度，[①] 当案件审理遇到技术性问题时，法庭可以聘请专家证人，其意见经双方当事人质证后，即可以此为事实依据作出裁判。[②] 根据知识产权案件的特点，涉及对专利、植物新品种、集成电路布图设计和商业秘密等有关专业技术问题认定时，可以吸收专家陪审员参与合议庭审理案件（主要通过特聘技术专家或由有关科研教学及行政单位派员交流作为人民陪审员参审案件），[③] 建立专家陪审员人才库，由当事人从人才库里选择或者由法院指定专家陪审员人选。近日，在审理技术类知识产权案件时，北京二中院启用了"三人技术组、五人合议庭"的审判模式，通过以"集中技术类案件审判人员资源"为核心的司法资源集中的方式，有效地解决了这一问题。[④]

总之，我国应当按照《国家知识产权战略纲要》的要求，完善知识产权审判体制，优化审判资源配置，处理好司法权与行政权、司法保护与行政保护的关系，为司法保护在我国知识产权保护体制中的主导地位创造条件。

---

① 日本《知识产权战略大纲》中提到"要根据知识产权诉讼的特点，探讨诉讼程序中具体如何采用新的制度，如让法官以外的专家参与审判、支持法官"。http://www.kantsuu.com/riben/74753_3.shtml，2009年3月19日访问。

② 吴汉东：《中国知识产权法制建设的评价与反思》，载《中国法学》2009年第1期。

③ 吴汉东主编：《中国知识产权制度评价与立法建议》，知识产权出版社2008年版，第440页。

④ 《人民法院报》，2009年4月26日，第1版。

论人民调解协议的司法确认制度

张 嫣*

引 言

“重视审判外的纠纷处理机关以及解决纠纷的过程，对它们发挥的功能进行研究，不只是因为它们构成了一个社会纠纷解决体系的基础部分，因而具有量的重要性。而且还因为对它们的研究在提高社会解决纠纷的整体质量上也具有重大的意义。”① 近几年，“诉调对接”在全国范围内兴起，作为我国特定时代背景下探索多元解纷的一种新路径，在坚持司法最终原则的基础上，建立和畅通各种救济渠道，便捷、经济、高效地解决各类纠纷方面取得了显著的效果，受到了理论界和实务部门的广泛关注。然而，目前对“诉调对接”机制的研究大多限于从微观角度探讨衔接的实际操作方法，忽视从提高纠纷解决整体品质出发设计“诉调对接”的程序装置。本文拟从构建人民调解协议的司法确认制度入手，解决效力层面“诉调对接”程序保障问题，从而提升“诉调对接”机制在整个社会纠纷解决体系中的“质的重要性”。

一、“诉调对接”归宿：人民调解与诉讼调解之效力衔接

“诉调对接”机制尚属新事物，目前仍未形成固定的模式，需要在纠纷解决实践中不断摸索前行。然而，作为司法积极回应社会转型时期特殊需求的举措，各地法院根据当地实际，经过几年的探索，总结出了各具特色、较

* 上海市浦东新区人民法院书记员。

① [日] 棚濑孝雄：《纠纷的解决与审判制度》，王亚新译，中国政法大学出版社2004年版，第79页。

为成熟的“诉调对接”模式。① 这些模式在流程设计、资源整合、具体操作方面或有不同，但最终仍需回归到人民调解与诉讼调解的效力衔接环节上来，即通过司法审查赋予人民调解协议法律上的执行力。因此，效力衔接可以说是“诉调对接”机制运作的核心环节，其重要性可以从以下两个方面考量：

（一）从“诉调对接”机制的产生背景考量

在“调解中心型”解纷机制复兴的大背景下，催生传统人民调解制度的革新。一方面伴随着市场经济的发展，社会结构的调整，各种矛盾呈现出多发和多元态势，大量矛盾纠纷涌至法院。反观多年建设形成的人民调解网络，由于其依赖的利益共同体、权威基础已经动摇，难以适应及时消解大量纠纷的现实需要。另一方面人民调解作为纠纷解决本土资源中运用最为广泛、最成功的一项制度，在调整各方面社会关系过程中发挥着不可替代的作用。在建立健全我国多元化纠纷解决机制进程中，人民调解制度扮演着极为重要的角色，“有助于调动习惯、道德及其他社会规范在纠纷解决中的积极作用，在法治现代化进程中维护和重建社会及共同体的凝聚力，减少这一普遍化过程中多元化价值和利益的损失”。② 基于此，改革传统的人民调解制度势在必行。

传统人民调解存在的主要缺陷在于人民调解协议不具有法律上的执行力，因而缺乏彻底解决纠纷的权威，群众选择积极性不高，造成该纠纷解决的“第一道防线”形同虚设。“诉调对接”机制以改革传统人民调解制度为目的，除了加强法院对人民调解工作指导这一常规方式之外，突破性地赋予人民调解协议以法律上的执行力，从而改变了传统人民调解“不确定性”这一固有的缺陷，强化人民调解制度在我国多元纠纷解决体系中的作用，使“东方之花”重新散发出新的生机与活力。

（二）从“诉调对接”在多元纠纷解决机制中的作用考量

我国目前已经建立起来多种纠纷解决机制，包括传统的人民调解、现代型的仲裁和其他不同类型的非诉纠纷解决方式等等，就非诉纠纷解决机制的

---

① 如上海市浦东新区人民法院的“诉前调解”，上海市长宁区法院的“人民调解窗口”，北京市朝阳区人民法院的“诉前和解”，山东省青岛市中级法院开展的诉前委托调解，福建省莆田市所属基层法院的诉调对接，以及江苏省南通市、河北省石家庄市“大调解”模式中的诉调对接，均是其中的典型。

② 范愉：《非诉讼纠纷解决机制研究》，中国人民大学出版社2000年版，第654页。

种类上看，可谓是“ADR（替代型纠纷解决方式）先进国”。然而，问题在于包括人民调解与法院诉讼在内的各种纠纷解决机制之间未形成一个功能互补和程序衔接的有机体系[①]——“诉调对接”就是整合各种资源，以更好地发挥它们各自的功能和整体的效益的一种机制尝试。从目前各地“诉调对接”运作的社会效果来看，这种尝试无疑是成功的。一方面使得各种解纷方式在既定模式下形成了合理有效的衔接；另一方面也是最为重要的是，通过效力衔接途径，实现了司法对各种非诉解纷机制的指导、协调和控制。在法院周围组织培植多种形式的纠纷解决机制的同时，作为纠纷解决最终和最高机构，法院牢牢掌握了最终解决权，构造出一个各种纠纷解决方式之间统一协调、良性互动、功能互补、程序衔接的有机系统。

二、他山之石：相关制度域外比较研究

“诉调对接”机制既需牢牢扎根于本土资源，又需积极借鉴域外经验。诚如有学者所言：“虽然利用ADR，特别是以调解方式解决纠纷在中国有着悠久的历史，但无论从内容还是形式看，西方国家的现当代ADR实践都绝非中国传统的ADR实践所能比拟。因此，只有立足于中国特色的法治化语境，在完善既有的ADR实践的同时，合理借鉴西方国家的ADR实践，才能构建起具有中国特色的ADR机制，并实现其可持续发展。”[②] 从域外丰富的ADR实践经验来看，无论采取何种形式，ADR协议[③]特别是ADR处理协议都处于举足轻重的地位。只有最大程度地保证ADR处理协议的效力，才能最大限度地发挥ADR解决纠纷的作用。调解协议作为最常规的ADR处理协议，各国通过不同调解制度设置赋予其强制执行力。根据效力取得的不同，主要分为两种，一种是具有当然执行力的调解协议，当事人必须履行，一方若不履行，另一方可以申请法院强制执行；另一种是无当然执行力的调解协议，当事人若不履行，不能自力强制履行或直接申请法院强制执行，而是需要当事人申请通过一定程序，使其获得强制执行力。

（一）当然执行力的调解协议

以日本民事家事调停制度与美国法院附设调解制度为代表。在日本，当

---

① 范愉：《非诉讼纠纷解决机制研究》，中国人民大学出版社2000年版，第657页。

② 范愉：《ADR原理与实务》，厦门大学出版社2002年版，第175页。

③ ADR协议是指当事人从试图利用ADR到ADR结束为止所达成的一系列协议的总称。其中最重要的两种形式是当事人同意利用ADR的ADR启动协议和当事人之间就纠纷解决所形成的ADR处理协议。ADR处理协议是指当事人双方在ADR程序终结时，就纠纷处理所达成的解决方案。

事人之间发生争议，可以向法院申请调停，调停在法院的调停室进行。在诉讼进行中，当事人也可以申请调停，法院认为有必要的，可以停止民事诉讼程序，交给调停机关进行调停。支持调停的组织——调停委员会，通常由一名法官（担任调停主任）和两名民间选出的调停委员组成。日本民事家事调停在法院的主持下，具有准司法性质，因此赋予当事人达成调解协议以当然的执行力。日本《民事调停法》第16条规定，调停中当事人之间达成协议，并记载在笔录上，作为调停成立，原记载的笔录同审判上的和解具有同等效力。即协议的一方当事人不履行协议约定的义务时，另一方当事人可依据日本《民事执行法》的规定申请有管辖权的法院强制执行。《家事审判法》第21条第1款规定，在当事人之间达成调停协议，并纪录在笔录时，即为达成调停，其记载的笔录具有与确定判决同等的效力。

美国的法院附设调解制度，是附设在法院的，在中立第三人协助下，通过由当事人的合意解决纠纷的诉讼外纠纷解决方式。[①] 调解员一般由受过专门训练并经法院认可的律师担任。在当事人作出陈述及与双方律师举行私下会谈后，调解员对案件进行评估，并做出调解方案。如果当事人双方同意或未表示同意但未在一定期限内提出异议，经法院审查批准，调解员可以作出正式裁定，该调解决定具有强制执行力。

（二）无当然执行力的调解协议

以英国和我国台湾地区为例。与美国、日本不同，英国立法和司法部门不倾向于直接提供ADR产品，即设立法院附设ADR，但是积极向当事人提供有关民间ADR的信息，如提供ADR的机构清单或者命令ADR提供者任命调解员，以及利用诉讼费用制度和法律援助资金制度这两项经济杠杆，促使当事人自觉选择ADR。在英国，经调解组织调解达成的调解协议，当事人需要申请进入法院确认程序，法院根据调解协议内容制作确认令后才具有强制执行力。

我国台湾地区对于乡镇市调解采用司法审查的程序：一方当事人拒不履行自愿达成的调解协议，另一方当事人可以在3日内报乡镇市公所，并于7日内将该社区调解协议送交所在地域的基层法院审核，认为调解内容与法令无抵触者，由法官签名并盖法院印信，送达当事人。调解经法院核定后当事人不得就该事件再行起诉、告诉或自诉。经法院核定的民事调解与民事确定

① Steve L. Brown, "Developments in the law: The paths of civil litigation," Harvard Law Review, volume 113 (May2000), p.33.

判决有同一效力。[①]

通过上述比较考察，不难看出只有在司法 ADR（又称法院附设 ADR）[②]模式下的调解协议，其效力取得才具有当然执行力。无论是日本的民事家事调停还是美国的法院附设调解都构成司法系统的一部分，是纠纷进入法院后的非审判解决途径，它与审判相辅相成，共同承担着解决纠纷的司法职能。在这种具有准司法性质的程序保障下，调解协议取得当然执行力具有了现实可能性。当前各地“诉调对接”模式中不乏对司法 ADR 的借鉴与尝试[③]，附设在法院内的人民调解，虽然仍冠以“人民调解”名称，但担任调解员的人员已经从居委会、村委会的干部，当地有威信的居民、村民变成了退休的法官、律师和其他专业人员，与传统的人民调解员相去甚远。[④] 但是，由于这些法院附设调解机制仍处于探索阶段，并非成熟完备的司法 ADR，在这种形式下出具的调解协议自然不应（也不可能）取得当然执行力。加之，在“诉调对接”系统中还有大量传统人民调解组织的存在，为最大限度发挥这“第一道防线”的作用，无当然执行力这种效力取得方式便进入了改革者的视野。

三、效力寻求：赋予人民调解协议执行力的各种尝试

加强人民调解协议的效力，通过一定程序赋予其执行力已成为理论界和实务部门共同关注的课题。学者主要提出以下四种设想：一是设立人民调解协议公证制，即由公证机关根据当事人的自愿申请，对人民调解协议进行审核，确保其内容不违反法律、法规、规章，以解决人民调解法律效力不足的问题。[⑤] 二是实行基层人民政府复核制。人民调解协议达成后，人民调解委员会或者当事人可将调解协议送交基层人民政府复核。基层人民政府委托司法助理员，依照司法部关于《民间纠纷处理办法》的规定，对调解协议依法予以复核，并加盖基层人民政府印章。经基层人民政府复核的调解协议，

① 瞿琨：《社区调解法律制度：一个南方城市的社区纠纷、社区调解人与信任机制》，法制出版社 2009 年版，318 页。

② 司法 ADR，是指以法院为主持机构或者受法院指导，但与诉讼程序截然不同的具有准司法性质的诉讼外纠纷解决程序。

③ 以上海市浦东新区人民法院的诉前调解制度为典型代表，其将诉前调解定位于“法院非诉调解前置程序”。

④ 李浩：《委托调解若干问题研究——对四个基层人民法院委托调解的初步考察》，载《法商研究》2008 年第 1 期，第 135 页。

⑤ 郑耀抚：《人民调解制度的新发展——关于试行人民调解协议公证制的报告》，载《中国司法》2000 年第 11 期，第 49 页。

取得与基层人民政府行政决定同等的法律效力，当一方当事人不履行时，另一方可申请基层人民政府予以强制执行。但如果一方当事人起诉的，基层人民政府不得强制执行。① 三是建立仲裁机构见证制。② 对于当事人的民商事纠纷，如果达成调解协议，可以提交仲裁机构审查协议的有效性，然后根据调解协议制作仲裁书，或直接在调解协议上加盖仲裁机构公章和有效字样，此类调解协议与仲裁裁决具有同样的效力。一方不履行的，对方当事人可以申请法院强制履行。四是构建人民法院审核制。调解协议达成后，依当事人自愿原则，可将调解协议送交所在地基层人民法院确认。法院通过一定司法审核程序确认调解协议效力并赋予其与法院判决相同的执行力。经审查不予确认的，发回原调解组织重新处理或者直接开庭审理纠正。上述四种加强人民调解协议效力的设想可以说是对我国现有纠纷解决资源的充分利用，是实现各项解纷机制良性互动、程序衔接的有益尝试。应注意的是，无论是公证制、政府复核制还是仲裁见证制，仍保留法院最终审查权。法院作为监督者，监督裁决行为是否符合法律规定，是否违反正当程序的要求，并在法律的规则、程序和价值被违反后给予终极意义的司法救济，筑牢了解决纠纷“最后一道防线”，形成了既相互配合，又层次分明的纠纷解决机制。这四种设想在目前实践中运用最多的是人民法院审核制，如前所述作为“诉调对接”的核心机制，是司法对社会转型期特殊需求的积极回应，扩大了司法利用的功能，满足了传统人民调解制度革新与整个社会纠纷解决体系有机整合的需要。

值得一提的是，2002 年最高人民法院通过的《关于审理涉及人民调解协议民事案件的若干规定》，以司法解释的形式明确了人民调解协议民事合同的性质和效力，打通了人民调解与诉讼程序的衔接渠道。但是，这种衔接无论从理论上还是实际操作中均存在不容忽视的瑕疵。③ 有学者认为：“解决人民调解协议的效力问题的关键，不在于从实体上确认它是否属于一种民事合同，而在于通过程序的设置，使其如何更好地与诉讼相衔接并在承认人

---

① 查名祥：《略论加强人民调解协议法律效力》，载《安庆师范学院学报》1999 年第 6 期，第 28 页。

② 范愉：《ADR 原理与实务》，厦门大学出版社 2002 年版，第 175 页。

③ 从理论上看，人民调解协议是一种程序性质的协议，而民事合同具有实体性质，将两者概念等同，难以自圆其说；在实际操作中，将人民调解协议作为一种民事合同，只是给予了调解协议一定确定力，并无法律执行力，当事人仍需向法院提起诉讼。而目前法院并不是对调解协议按合同纠纷处理，判令当事人承担不履行调解协议的相应法律后果，而仍是对案件重新进行实体审理。因此缺乏程序上的可操作性。

民调解正当性的前提下，如何通过程序装置更好地保护当事人利益。人民调解协议的效力问题，作为在程序过程中出现的一个问题，最终只能依赖程序本身来加以解决。”① 在司法实践中，各地法院积极探索人民调解协议与法院出具具有强制执行力的法律文书之间的效力衔接途径，寻求灵活、简易的“诉调对接”程序装置。其主要形式有：

（一）申请支付令

对于单纯以金钱给付为内容的人民调解协议，如果负有给付义务的一方当事人不履行该协议时，无对等给付义务的另一方当事人可依据人民调解协议，直接向法院申请支付令，要求强制对方当事人履行金钱给付义务。法院比照督促程序对此类申请予以审查和执行。如果被申请人仅仅是对清偿能力、方式、期限有异议的，不影响该支付令的效力。上海市高级人民法院和市司法局在这方面做了有益的尝试，根据《关于规范民事纠纷委托人民调解的若干意见》第10条第1款规定：“诉前经委托人民调解组织主持调解达成协议，一方当事人不履行的，对方当事人可以向人民法院申请支付令。”这种效力衔接途径是对民事诉讼法督促程序的有效利用，但也面临着使用范围狭窄以及支付令本身效力不稳定的局限。

（二）申请出具民事调解书

在当前“诉调对接”模式中，这种司法审查方式较为常见，实现了与诉讼调解的程序对接。一是在诉前委托人民调解中，对于法院附设人民调解调解成功的纠纷，根据当事人的意愿决定是否立案。当事人需要出具民事调解书的，予以立案，并由审查法官审核调解协议并制作民事调解书，送达当事人，使调解协议具有法律上的强制执行力，如果当事人不能自觉履行，对方当事人可以向法院申请强制执行。二是诉中的委托人民调解。根据最高人民法院《关于人民法院民事调解工作若干问题的规定》第3条：“人民法院可以邀请与当事人有特定关系或者与案件有一定联系的企业事业单位、社会团体或者其他组织和具有专门知识、特定社会经验、与当事人有特定关系并有利于促成调解的个人协助调解工作；经各方当事人同意，人民法院可以委托前述这些单位、组织或个人对案件进行调解，达成调解协议后，人民法院应当依法予以确认。”即诉讼中法院将有关案件委托民调组织调解达成协议

---

① 江伟、廖永安：《简论人民调解协议的性质和效力》，载《法学杂志》2003年第2期，第11页。

后，法院应依法出具民事调解书。

然而无论是诉前还是诉中委托调解，各地法院对人民调解协议的审核，虽有相应的流程设计，但缺乏应有的完备的程序规则。诉前或诉中委托调解毕竟不同于诉讼调解，其实施主体由人民调解组织替代了法官，由灵活、简易的程序替代了严格的诉讼程序。一方面人民调解员主持纠纷的解决，其所遵循的纠纷解决标准更多倾向于情理与公序良俗，人民调解协议的达成难免产生法与理、国家法与民间法的矛盾，违反实体正义；另一方面委托人民调解缺少必要的正当程序保障，极易在当事人未经角色分工、证据交换等程序所导致的信息不充分或不对称的条件下作出判断，弱化当事人合法权益的保护。因此法院审核程序规则的缺失，导致最终民事调解书的出具缺乏正当性，隐含实体违法和程序违法的巨大风险。

（三）申请出具法院人民调解协议确认书

为将诉前司法确认与诉中司法确认区别开来，甘肃省定西市中级人民法院创设了“人民调解协议诉前司法确认机制”。经当事人申请，通过司法确认程序，法院审查认为调解协议合法有效的，出具人民调解协议确认书并赋予其强制执行力。不同于对现有民事诉讼法各项程序的利用，而是创设了新的程序装置，“之所以称为司法程序是因为该机制的启动是因矛盾双方的申请，并严格按照程序进行司法审查和确认。说它不是诉讼程序，是因为它是诉前司法确认，不受三大诉讼法规定的诉讼程序限制。”① 定西中院的这种做法创新地设置了人民调解协议法院审查的专门程序，并在实践的基础上制定了相应的程序规则②，但由于该规则效力层次偏低而缺乏一定的稳定性和普适性。此外，其创设人民调解协议确认书并赋予强制执行力的做法也因缺乏法律依据，可能面临社会认同度不高而影响其适用等问题。

不可否认，上述三种探索都是积极有益的，并取得了一定的社会效果。但是无论是对现有程序的改造利用还是对新程序的积极创设，都因相应机制未完善或者未建立，使得实际操作中的一些做法面临程序规则的空白或者因规则效力层次偏低而缺乏稳定性和普适性。当务之急，需要我们从整个多元化纠纷解决机制的角度来审视人民调解协议司法确认制度的建立，从而建立

① 姬忠彪、王烨、徐元学：《定西，定兮——定西“人民调解协议诉前司法确认机制”调查》，载《人民法院报》2009年3月3日，第8版。

② 定西市中级人民法院2007年11月制定的《定西市中级人民法院关于人民调解协议诉前司法确认机制的实施意见（试行）》。

效力层面“诉调对接”统一的程序装置。①

四、制度供给：人民调解协议司法确认制度之构建

“今天我们的社会生活的意识中已经渗透了法和权利的观念，完全不问法律上谁是谁非而一味无原则地要求妥协的调解方式已不可能再获得民众的支持”，因为“申请调解的当事人虽然没有选择利用诉讼制度，却也是为了实现自己的权利才提出要求调解的”。② 有学者认为目前在我国人民调解规范性不高，调解员素质普遍比较低的情况下，赋予人民调解协议强制执行力，将极大的侵害当事人的合法权益，在实践中应避免将人民调解协议效力绝对化的倾向。笔者对此质疑，认为仅仅依靠加强对人民调解的指导工作是不够的，也是不现实的。解决问题的关键在于如何通过程序保障，即构建我国人民调解协议的司法确认制度，以更好的实现效力层面的“诉调对接”。这也关系到“诉调对接”这一新生事物能否具有生命力，能否更好维护社会公平正义，而非沦为提供“大致可以接受的公平”以及立基于此之上的一种廉价的模糊的法律产品。③

（一）司法确认内容界定

1. 审查标准

一种为实体标准，即审核确认人民调解协议的生效要件，包括当事人具有完全民事行为能力，调解协议书反映当事人的真实意思表示，调解协议的内容不违反法律强制性规定、公共秩序和善良风俗，调解协议以书面形式订立。另一种为程序标准，即人民调解协议的达成需符合一定的程序要求，包括当事人或者代理人是否适格，人民调解委员会是否依法设立，调解员是否具有任职资格，有无应当回避的情形等。

2. 确认的范围和重点

对一方当事人提出异议的人民调解协议，法院审查范围如何界定，是全面审查还是就当事人异议部分审查？笔者认为为使司法确认程序更加高效便

---

① 本文成稿后，最高人民法院新出台了《关于建立健全诉讼与非诉讼相衔接的矛盾纠纷解决机制若干意见》中第四章“规范和完善司法确认程序”对该程序装置已有相应的规定，但笔者认为司法确认程序属于一新事物，其制度架构、规则适用等方面尚有许多空白及争点，值得我们进一步加以探讨研究。

② ［日］谷口安平：《程序的正义与诉讼》，中国政法大学出版社 1996 年版，第 45 页。

③ 杨柳：《模糊的法律产品——对两起基层法院调解案件的考察》，载《北大法律评论》1999 年第 1 卷，第 208 ~ 255 页。

捷，审查范围应当以当事人提出异议部分为主，对异议部分进行实质审查，即在查明事实真相的基础上作出判断，对于其他部分仍按照审查标准进行形式审查。审查重点，即关于法院对调解协议效力不予确认的情形，可以参照最高人民法院《关于人民法院民事调解工作若干问题的规定》第12条以及新出台的《关于建立健全诉讼与非诉讼相衔接的矛盾纠纷解决机制的若干意见》（以下简称《纠纷解决机制若干意见》）第24条，调解协议具有下列情形之一的，人民法院不予确认：（1）违反法律、行政法规强制性规定的；（2）侵害国家利益、社会公共利益的；（3）侵害案外人合法权益的；（4）涉及是否追究当事人刑事责任的；（5）内容不明确，无法确认和执行的；（6）调解组织、调解员强迫调解或者有其他严重违反职业道德准则的行为的；（7）违背当事人真实意思的。

（二）司法确认程序设计

1. 设置司法机关确认人民调解协议的专门程序

为延续人民调解节约成本和高效便捷的价值优势，同时考虑到充分保护当事人的合法权益，创设与诉讼程序不同的司法机关确认人民调解协议的专门程序势在必行。这种专门程序可以比照民事诉讼法的特别程序设立。司法确认程序依当事人申请而启动，法院受理后原则上采用独任制，经确认合法有效的，或者属可变更、可撤销但当事人明确表示放弃变更、撤销权的，人民法院依法予以确认，并赋予调解协议以执行力①；调解协议属人民法院不予确认情形的，或属可变更、可撤销，当事人提出变更、撤销的，人民法院不予确认。当事人可选择由原调解组织重新调解或者直接进入诉讼程序。人民调解协议司法确认程序实行一审终审制，当事人不得提起上诉。当事人提出申诉或人民检察院提出抗诉的，经审查，原确认确有错误的，法院依法撤销原调解书或确认书。司法确认程序的审限可以考虑设置为10天，以标准诉讼费10%至20%的费用收取费用。② 此外，对于不予确认的调解协议，法院应当及时向该人民调解委员会通报，并反馈给其上级司法行政机关，以便于总结经验予以改进，实现对人民调解的非常规性指导。

2. “询问式”还是“书面式”

关于法院审查确认的方式，可以有两种设计：一是法院通知双方当事人

---

① 该法律文书的出具，笔者认为以民事调解书为佳，因为民事调解书等同于判决的效力已为社会公众所熟知，更易被接受，从某一方面也能提高群众选择人民调解的积极性。

② 分别参考甘肃省定西市中级人民法院以及上海市浦东新区人民法院的相关规定。

到场，法官通过询问双方当事人的方式进行审查；① 二是法院仅根据提出申请一方提交的已达成的调解协议进行审查，不通知双方当事人到场接受询问。笔者认为可以以“书面审查为主，询问式为辅”的方式。在双方当事人均无异议的场合，关于调解书是否合法的审查，是对调解结果合法性的审查，而调解结果的重要内容都记载在调解协议书中，因而法院只须通过对调解书内容进行书面审查即可。而在一方当事人有异议的场合或者对调解书是否反映当事人真实意思的审查，涉及调解过程中调解组织是否存在强制调解，当事人对调解协议内容是否存在重大误解等情形，如果不传唤当事人到场，难以进行有实效性的审查，因此，传唤当事人到法院接受询问作为辅助审查方式还是有必要的。当事人到法院后，审核法官可以通过向当事人发问，对异议部分作出判断，了解调解协议是否是当事人自愿达成，对涉及当事人重大利益的调解协议的内容当事人是否存在着重大误解等。②

3. 配套程序设置

人民调解协议司法确认程序中，对调解协议是否侵害案外人利益的审核存在明显的困难，由于法院在审查时无从知晓会涉及哪些案外人的利益，也就不可能通知案外人到场对调解协议陈述意见。新出台的《纠纷解决机制若干意见》中设计了在当事人申请时提交“承诺书”的形式，即当事人书面承诺其达成的协议没有恶意串通、规避法律的行为，如果因为协议内容而给他人造成损害的，愿意承担相应的民事责任和其他法律责任。通过这种风险承诺的形式，从正面引导当事人正确运用司法确认程序。此外，为更有效的维护案外人利益，还需从反面设计配套的救济机制。该机制设置可以参考执行救济程序——建立第三人异议之诉予以解决，即案外人对调解协议标的可提出书面异议，法院进行审查，理由成立的，对调解协议不予确认；理由不成立的裁定驳回，案外人可另行提起诉讼。“一正一反”两方面同时入手，就案外人合法权益的保护来说，更加全面，在实践中也更具有操作性。

结　语

“诉调对接”机制被称为“和谐社会创新举措”在全国范围内兴起的同时，也不断面临着各方面的质疑：有学者认为其不具有理想法治标准，因而

---

① 最高人民法院《关于建立健全诉讼与非诉讼相衔接的矛盾纠纷解决机制的若干意见》第23条中采用了“询问式”的模式。

② 李浩：《委托调解若干问题研究——对四个基层人民法院委托调解的初步考察》，载《法商研究》2008年第1期，第139页。

生命力有限；有人视其为法院为减轻自身的负担和压力而迫不得已实行的自利改革；甚至“诉调对接”的提法都有待论证。“诉调对接”究竟是“权宜之计”还是“长效机制”可以等待时间考证，但所能肯定的是，人民调解协议司法确认制度的建立将为其在这场博弈中增添筹码。

行政审判工作发展历程与基本经验

赵大光*

行政审判作为与民事审判和刑事审判并列的三大审判工作之一，无论对于司法体系还是国家法制体系，都具有举足轻重的作用。从世界范围来看，我国行政诉讼制度虽然起步比较晚，但起点比较高、发展比较快。我们仅仅用20多年的时间，就走完了一些西方国家上百年的路程。这主要得益于我国始终坚持改革开放方针，得益于经济建设的快速发展，得益于党和国家高度重视推进法治建设，得益于高度重视人民群众切身利益的保护。同时，也是各级人民法院和广大行政审判人员积极进取、勇于探索、奋力拼搏的结果。

一、人民法院行政审判工作发展历程

行政诉讼制度是现代法治文明发展到一定程度的必然产物。中国的行政审判制度的历史可以回溯至清末。1906年7月13日，清政府迫于内忧外患，颁布了“宣示预备立宪先行厘定官制谕”的预备立宪诏书，开始着手仿行西制事宜。同年9月，总理大臣奕劻等人草就了“行政裁判院官制草案”。该草案虽然文字粗糙，但实际上开启了中国行政诉讼制度的先河。1911年，修订法律馆终于正式议订了“行政审判院编制法草案”，共计21条。该草案几乎是日本行政裁判法的翻版。内容主要涉及一审终审、行政审判院组成、行政裁判院的长官、评事、评事资格、评事处务规则等等。此外，该草案还对行政诉讼受案范围采取了概括式的规定，这一点与日本行政裁判法中的列举规定略有不同。但是，该草案未及颁布，清祚已终。清廷拆东补西、缝缝补补式的行政诉讼制度亦随之消弭。后来，宋氏拟订的“中华民国临时政府组织法草案”中确立了“平政院”制度。1912年1月31

* 最高人民法院行政庭庭长。

日，“中华民国临时政府组织法草案”在审议过程中被参议院否定并退回临时政府。但草案中设立平政院的构想，为后来的立法所采纳。1914 年 3 月 31 日，北洋政府以大总统教令 39 号颁布了“平政院编制令”。该法令规定了平政院的组织和职权，是中国近代第一部正式公布实施的行政审判机关组织法。此后，北洋政府先后颁行了“平政院执行条例”、“平政院处务条例”、“诉愿法”以及“行政诉讼条例”和“行政诉讼法”，逐步建立和完善了行政诉讼体系和平政院的职权范围。1931 年 11 月 17 日，南京国民政府公布了“行政诉讼法”和“行政法院组织法”，并定于 1933 年 6 月 23 日起施行。此外，南京国民政府在 1933 年 6 月 24 日公布施行“行政法院处务规程”，同年 5 月 6 日公布并于同年 6 月 23 日实行“行政诉讼费条例”等。上述制度后来为我国台湾地区所适用。

新中国成立以来，人民法院行政审判工作从无到有，从小到大，经历了一个不平凡的发展历程。人民法院行政审判工作的源头可以从新中国成立初期谈起。1949 年 9 月 29 日公布的《中国人民政治协商会议共同纲领》第 19 条规定，人民和人民团体有权向人民监察机关或者人民司法机关控告任何国家机关或任何公务人员的违法失职行为，这一规定十分明确地为我国建立行政诉讼制度奠定了基础，为行政诉讼制度的创立提供了宪法性依据。1954 年《宪法》第 97 条规定，公民对于任何违法失职的国家机关工作人员，有向各级国家机关提出书面控告或者口头控告的权利。这一规定也包含了对行政诉讼制度的确认。当时，一些单行性的文件对行政诉讼作过一些规定。例如，1950 年 6 月 30 日公布实施的《土地改革法》第 31 条规定，农民对区乡政府批准评定的成分，本人或者其他人有不同意见的，可以于批准后 15 日内向县人民法庭申请，由其判决。1950 年劳动部颁布的《关于劳动争议解决程序的规定》中规定，对劳动行政机关的仲裁不服，劳动争议当事人可以提请人民法院处理。1952 年政务院《关于“五反”运动中成立人民法庭的规定》中规定，工商户对于节约检查委员会关于守法户、基本守法户和半守法户半违法户的审定和处理不服时，可以请求市人民法庭或市县人民法院处理之。此外，类似的规定还可见 1953 年政务院《输出输入商品检验暂行条例》，1954 年《海港管理暂行条例》等。但是，从现有资料看，似乎鲜有行政相对人不服上述行政行为提起行政诉讼的记载。1949 年 12 月，中央人民政府委员会批准《最高人民法院试行组织条例》，规定在最高人民法院设置行政审判庭，为建立行政审判机构提供了法律依据。但是，由于种种原因，人民法院行政审判机构并没有建立。人民法院行政审判工作真正开展是在 1979 年改革开放以后，是我国改革开放的重大法治成果。近 30 年来，行政审判工作主要经历了三个发展阶段：

（一）适用单行法律阶段

1979年7月1日，第五届全国人民代表大会第二次会议通过的《选举法》规定了人民法院受理选民名单案件。1980年通过的《中外合资经营企业所得税法》、1981年通过的《外国企业所得税法》和《经济合同法》、1982年通过的《国家建设征用土地条例》均规定人民法院可以受理行政案件。此后，越来越多的法律法规作了类似规定。人民法院根据这些规定开始受理行政案件。这些立法活动和司法实践为建立行政诉讼制度提供了有益的经验。

（二）适用民事诉讼法阶段

1982年3月8日，第五届全国人大常委会通过的《民事诉讼法（试行）》规定，法律规定由人民法院审理的行政案件，适用本法。这一规定开创了我国行政诉讼新的历史，标志着行政诉讼制度的建立有了良好的开端。之后，《海洋环境保护法》、《海上安全交通法》、《治安管理处罚条例》等法律也对人民法院可以受理行政案件作了规定。到1989年《行政诉讼法》颁布之时止，仅法律和行政法规规定可以向人民法院提起行政诉讼的就达130多部。在这一阶段，治安管理、土地等行政案件随之大量涌现，这两类案件也是行政案件的主要类型。以1987年和1988年受理的行政案件为例：1987年，新收案件5242件，其中治安案件2378件，土地案件1469件；1988年，新收案件8573件，其中治安案件3385件，土地案件2719件。行政案件数量的急剧增加，促使各级人民法院普遍设立行政审判庭。1986年全国法院受理一审行政案件632件，1987年受理5000多件，1987年受案数是1986年的8.3倍。1986年10月6日，湖北省武汉市中级人民法院和湖南省汨罗县人民法院率先成立了行政审判庭。1988年10月，全国人民代表大会常务委员会批准最高人民法院行政审判庭庭长的任命。同年10月4日，最高人民法院成立了行政审判庭。此后，各地人民法院陆续建立行政审判庭。

（三）行政诉讼法典阶段

1989年4月4日，第七届全国人民代表大会第二次会议通过了《中华人民共和国行政诉讼法》，标志着我国行政诉讼制度的正式建立，成为我国法制建设的重要里程碑，这是新中国第一部行政诉讼法典。从此，人民法院行政审判工作进入了稳步健康发展的新阶段，审判领域不断拓宽，案件类型不断增加，司法能力不断增强，行政审判工作在国家经济社会生活中发挥了越来越重要的作用。

二、人民法院行政审判工作基本情况

（一）依法审理大量行政诉讼案件，有效保护公民、法人和其他组织合法权益

20年来，各级人民法院切实履行宪法和法律赋予的行政审判职责，依法审理行政案件，受理案件范围几乎涉及所有行政管理领域，案件种类达到50多种。1989年至2008年，全国各级人民法院共受理各类一审行政案件1405085件，审结1401532件，结案率为99.7%。其中2008年受理108398件，是1989年9934件的10倍多。人民法院通过依法受理和审理这些行政案件，为人民群众以合法、理性的方式表达利益诉求提供救济渠道，大大减少了因行政争议救济渠道不畅，当事人到处上访甚至围攻冲击党政机关的现象。近年来，有关受教育权、劳动与社会保障权、证券、投融资、企业登记、产权交易、产权界定、垄断行业市场准入、国企改制、涉农行政案件（如农村土地征用、农村税费改革、农民工工资发放等）、婚姻登记、环境保护、自然资源保护、政府信息公开、公益诉讼、涉及国际贸易等新类型案件不断出现。各级人民法院依法受理有关人身权、财产权的行政案件，积极慎重受理涉及公民其他基本权利的案件。对于违法或者显失公正的行政行为，依法判决撤销、确认违法无效或者变更；对于行政机关不履行或者怠于履行行政职责的，依法判决其在一定期限内履行，并通过协调和解化解行政争议。在已审结的一审行政案件中，原告胜诉率平均占结案数的20%左右，赢得了广大人民群众的信任和社会各界的广泛好评。此外，20年来，各级人民法院还审查并执行了大量的非诉行政执行案件，这类案件约为行政诉讼案件的3倍多。

（二）依法履行司法审查职能，促进依法行政和行政执法水平提高

人民法院通过受理和审理行政案件，依法对被诉具体行政行为的合法性进行审查，对于合法的具体行政行为判决维持、确认合法有效或驳回原告的诉讼请求，维护和支持行政机关依法行政。并在审判工作中注意加强与政府和行政部门的沟通协调，采取共同协调处理案件、主动沟通信息取得共识、提出司法建议和培训学习等方式，积极探索司法与行政的良性互动机制，促

进了政府职能和管理方式的转变，提高了行政机关依法行政的意识和水平，得到了各级政府和行政机关的普遍理解、配合与支持，为化解行政争议、实现依法行政的共同目标创造了有利条件。

（三）依法妥善处理关系国计民生的行政案件，为经济、社会发展提供有效司法保障和服务

随着我国改革进入攻坚阶段、发展处于关键时期，各种社会矛盾和利益冲突凸显，涉及行政权力与公民权利的矛盾和争议，相当一部分反映到行政诉讼中来。特别是因城市房屋拆迁、农村土地征收、农民负担、企业改制、劳动和社会保障、资源环保等引发的行政争议，有些矛盾尖锐、情况复杂，事关人民群众切身利益。各级人民法院始终把实现好、维护好、发展好最广大人民群众的根本利益，作为行政审判工作的根本出发点和落脚点。通过依法受理和审理关系人民群众切身利益的行政案件，以积极的态度救济民权，以优质的服务减轻民负，以快捷的审理解除民忧，以公正的裁判保障民利，以有力的执行实现民愿，采取一切可能的方式和有效措施，妥善化解了一大批行政争议，防止和避免了一些矛盾激化和转化，较好地体现了为人民司法的社会主义法治理念，为维护社会和谐稳定做出了重要贡献。

（四）认真总结审判实践经验，推动行政审判制度不断完善

20 年来，最高人民法院在总结各地审判实践经验的基础上，先后制定了 18 部重要的司法解释，发布了 16 件司法指导性文件和 200 余件法律适用问题的批复，对正确实施行政诉讼法起到了积极的作用。一是根据立法精神和审判实践的需要，对行政诉讼程序中一系列重要问题加以明确和细化，先后出台了《关于贯彻执行〈中华人民共和国行政诉讼法〉若干问题的意见》、《关于执行〈中华人民共和国行政诉讼法〉若干问题的解释》，为全面正确实施行政诉讼法提供了制度保障；二是建立了较为系统的行政诉讼证据制度，制定《关于行政诉讼证据若干问题的规定》，初步形成了体现行政诉讼特点的取证、举证、质证和认证规则；三是制定了《关于审理国际贸易行政案件若干问题的规定》、《关于审理反倾销行政案件应用法律若干问题的规定》和《关于审理反补贴行政案件应用法律若干问题的规定》等司法解释，为依法公正审理国际贸易行政案件，提供了必要的依据；四是制定了关于审理行政案件适用法律规范问题等司法文件，为正确适用法律规范，维护国家法制统一，提出了指导意见。

（五）重视和加强行政审判队伍建设，促使法官的司法能力不断提高

为保证行政诉讼法的正确实施和行政审判工作的健康发展，各级人民法院不断加强行政审判队伍建设，普遍设立了行政审判机构，充实配备审判骨干力量，坚持抓好政治思想教育、社会主义司法理念教育、廉洁自律教育、职业道德纪律教育和业务学习培训，逐步培养造就了一支政治坚定、公正廉洁、纪律严明、熟悉业务、热爱行政审判事业、能够胜任行政审判工作的审判队伍，并涌现出一大批行政审判先进集体和个人，成为贯彻执行行政诉讼法的主力军。近年来，行政审判力量有所充实和加强，法官的年龄结构、知识结构和专业结构发生了较大变化，为行政审判工作的开展奠定了重要的组织基础。

（六）司法环境进一步优化，行政审判的影响力进一步提高

行政审判工作越来越多地得到各级党委、人大领导的关心、重视和支持，不少党委、人大专门下发文件，解决影响行政诉讼法实施和行政审判工作开展的困难和问题。2006 年 9 月，中共中央办公厅、国务院办公厅下发《关于预防和化解行政争议，健全行政争议解决机制的意见》，对加强人民法院行政审判工作提出明确要求。各级人民法院通过加强沟通联系，得到越来越多行政机关的理解与支持，一些地方还推行行政首长出庭应诉制度，尊重和支持人民法院审理行政案件，产生了良好的社会效果。许多法院还通过开展法制宣传、邀请人大代表、政协委员和政府工作人员旁听行政案件开庭审理等活动，使社会各界进一步加深了对行政诉讼的理解和支持。行政审判的公信力和影响力逐步扩大，行政审判的司法环境不断改善。

三、人民法院行政审判工作基本经验

我国行政诉讼制度建立的时间虽然较晚，但是在各级人民法院和广大行政审判法官的不懈努力下，在社会各界的关注支持下，取得了显著的成就，并总结积累了大量宝贵的实践经验。主要是：

第一，依法保护公民合法权益，是行政诉讼的首要目的。行政诉讼法的立法宗旨和目的，就是保护公民权利不受违法行政行为侵害，并以此监督和支持行政机关依法行政。人民法院在行政审判工作中，依法履行宪法和法律赋予的司法监督权，坚持把保护公民、法人和其他组织的合法权益作为行政审判工作的出发点和落脚点，不仅较好地贯彻执行了行政诉讼法的宗旨和目的，也充分体现了“公正司法，一心为民”的指导方针，落实了以人为本

的科学发展观，为实现好、维护好、发展好最广大人民群众的根本利益，提供了有力的司法保障。

第二，正确处理监督与维护的关系，是全面执行行政诉讼法的正确之路。行政诉讼既体现了公民权利对行政权力的监督，也体现了司法权对行政权的监督与制约。在行政诉讼中，人民法院与行政机关在执行法律法规、追求法治目标方面，应当是一致的。监督和维护行政行为，都是为了实现保证和促进依法行政的目标，行政审判既要对行政行为实施有效的监督，又要维护正常的行政管理秩序，支持行政机关依法行政。监督与维护，是行政诉讼功能两个不可分割的重要方面，片面强调一面而忽视另一面，都会使行政审判工作偏离正确的轨道。

第三，坚持公正与效率相结合，是行政审判工作健康发展的重要保障。公正与效率，是法律和人民群众对审判工作的基本要求，也是审判工作的核心价值所在。对于行政审判来说，由于诉讼当事人一方是处于弱势的行政相对人，另一方是处于相对强势地位的行政机关，人民群众对于公正的期待就显得尤为迫切，人民法院就要更加注重裁判的公正。行政审判既要对公民的合法权益及时救济，又要保障行政管理秩序能够得到及时维护，只有坚持公正与效率相结合，才能保证行政审判功能得到充分发挥，赢得当事人和社会的信赖与尊重。

第四，坚持法律效果与社会效果的统一，是开展行政审判工作的基本要求。行政诉讼既关系到公民、法人和其他组织合法权益的救济，又关系到国家行政管理权力的有效行使；既涉及个案处理的公平正义，又涉及案件处理的导向作用和辐射效应。人民法院在坚持进行合法性审查的同时，综合权衡各方面的利益关系和价值取向，努力寻求依法妥善解决行政争议的最佳方案，力求将案件处理的负面影响减少到最低限度，只有这样，才能实现行政审判社会效益的最大化。

第五，不断改善和优化司法环境，是行政审判顺利开展的必要条件。行政审判工作的司法环境的状况如何，对于开展行政审判工作影响极大。因此，必须坚持把改善和优化行政审判的司法环境作为人民法院的一项重要工作来抓，通过不断提高对行政审判重要性的认识，加强对行政审判工作的领导；通过依法行使行政审判权，排除来自各方面的干扰和阻力；通过加强宣传、沟通和协调，得到各级政府、有关部门和社会各界的理解和支持，为行政审判工作的开展营造良好的发展空间和氛围。

第六，积极探索行政审判协调机制，是妥善处理行政争议的有效方式。妥善化解行政争议，正确处理人民内部矛盾是司法和谐的必然要求。特别是在我国结构调整、体制转轨、社会转型、社会矛盾和利益冲突凸显的特定历史时期，简单地通过裁判解决行政争议，往往不仅不能做到案结事了，还有可能使矛盾更加复杂。人民法院在审判实践中，创造性地探索和实践协调和解机制，不仅节约了诉讼成本，也有助于行政纠纷的妥善解决，从而促进了行政相对人与行政机关之间的谅解与和谐，收到了良好的法律效果和社会效果。

第七，坚持党的领导、接受人大监督，是搞好行政审判工作的政治保证。行政审判调整行政法律关系，许多案件不仅政治性、政策性强，而且往往具有广泛的社会影响，关系国家行政管理大局。行政审判不仅责任重大、任务艰巨，而且工作的阻力也比较大。只有紧紧依靠党的领导、人大监督和支持，才能保证行政审判工作沿着正确的方向顺利推进。特别是对一些单纯依靠司法手段难以解决的复杂敏感案件，在党委的统一领导和协调下，依靠政治优势妥善加以处理，可以为人民法院依法行使司法审查权提供可靠保障。

论行政争议的司法最终裁决

曹 巍*

在法治发达国家，民事纠纷、刑事纠纷和行政纠纷（即行政争议）由法院最终解决已经成为普遍原则。由法院最终解决各种纠纷和争议，任何非法院的机关、机构对纠纷的解决都不具有最终性和最终效力，这就是司法最终解决原则，或称司法最终裁决原则。我国在民事纠纷和刑事纠纷领域已经基本确立了司法最终裁决原则，但是行政争议的解决尚未确立司法最终裁决原则。原因是多方面的，有历史的原因，也有现实的原因；有立法原因，也有司法和行政方面的原因。我国理论界和实务界对这一问题给予了极大关注，也进行过一些富有成效的研究探讨。本文将在现有研究的基础上，对我国是否应当在行政争议领域确立司法最终裁决原则展开进一步讨论，为推动我国行政法治建设尽一份微薄之力。

一、行政争议的司法最终裁决原则的界定

从我国行政法学界对司法最终原则的研究来看，对司法最终的界定主要有以下两种观点：第一种观点认为，司法最终权应当包括三层含义：(1) 一切因适用宪法和法律而引起的法律纠纷和相应的违宪违法行为由法院进行裁决；(2) 一切法律纠纷，至少在原则上通过司法程序即诉讼程序解决；(3) 法院对于法律纠纷以及相关的法律问题有最终的裁决权。② 第二种观点认为，行政诉讼是解决行政争议的最后一道关口，所谓最后，一是对其他纠纷解决机制处理的行政争议解决结果不服的，都可以向法院提起诉讼；二是法院的裁判是终局裁判。③ 笔者认为，行政争议的司法最终裁决原

* 最高人民法院立案二庭副庭长。

② 宋炉安：《司法最终权——行政诉讼引发的思考》，载《行政法学研究》1999 年第 4 期。

③ 应松年：《构建行政纠纷解决制度体系》，载《国家行政学院学报》2007 年第 3 期。

则应当包含以下三层含义：

（一）假设所有行政争议都可以由法院解决

当任何一个行政争议被起诉到法院后，法院应当首先假设这个行政争议是属于行政诉讼受案范围的，再由法院根据法律对行政争议是否属于行政诉讼的受案范围进行审查。这一原则在美国被称为“推定可审查”原则。只有当法律明确规定该纠纷不属于行政诉讼的受案范围时，法院才能不予受理，否则都应该受理。也就是说，除法律明确规定不由法院解决的行政争议外，所有行政争议都可以由法院解决。

（二）法院不一定是解决行政争议的最初机构

尽管从原则上讲法院有权解决所有行政争议，但是这并不意味着法院必须解决所有行政争议。行政争议发生之后，行政相对人有权选择法院解决纠纷，也有权选择行政机关解决纠纷。虽然法院能够提供公正的纠纷解决结果，但是法院的公正结果是以昂贵的司法成本为代价的。司法资源毕竟有限，因此，法院没有能力也没有必要解决所有的行政争议。从经济、便捷、高效解决纠纷的目的出发，行政相对人不一定首先选择向法院提起行政诉讼，而是可以先选择行政机关解决纠纷。就行政机关而言，则应更多地化解行政争议，让尽可能少的行政争议进入法院。总体来看，法院在行政争议解决制度体系中的作用主要有两个方面：其一，监督行政机关解决行政争议。如果当事人不服行政机关的处理结果，可以向法院提起诉讼。正是由于法院这个监督者的存在，才能促使行政机关更加努力地公正解决纠纷；其二，自行解决部分行政争议。如果行政相对人不愿意选择行政机关解决行政争议，或者行政相对人不服行政机关的处理结果，向法院提起诉讼，法院就应当依法承担化解这些行政争议的重任。

（三）法院的生效行政裁判是终局裁判

司法裁决的终局性与司法权威的树立是一脉相承的，是司法机关应具备的根本性要素。法院是解决行政争议的最后一道防线。法院的纠纷解决结果是最终的结果，司法所具有的终局性由司法的基本职能——裁决纠纷所决定。裁判若不具有终局性，则争议各方将陷入无休止的争端，其利益也将长期难以实现，社会秩序势必处于不稳定状态。除了法院系统自身有权依照法定程序予以变更或撤销外，法院之外的任何单位和个人都无权变更或者撤销法院的生效行政裁判。也就是说，它意味着行政争议的终结性解决，法院不仅要在名义上对行政争议实施终审，而且要实实在在地作出终局裁判，彻底解决行政争议。

二、我国行政争议解决制度存在的主要问题和原因

目前，我国正处于社会转型的重要时期，各种问题、矛盾层出不穷，在局部甚至呈现出爆发的趋势，严重影响了社会稳定大局和和谐社会建设目标的实现。由于一些行政机关及其工作人员法治意识淡薄，法律素养不高，导致漠视、侵害公民、法人和其他组织合法权益以及违法行政引发的行政争议经常发生。同时，由于部分行政争议没有在法律的框架下得到合法、及时、妥善解决，使得一些普通法律纠纷演化为群体性纠纷，甚至演变为百姓与地方政府之间的对抗，严重损害了党和政府在群众心目中的地位和形象。出于维护国家安定团结大局的考虑，建构和完善符合法治原则和精神的行政争议解决体系，已是迫在眉睫。而行政争议的司法最终裁决原则的落实是建构这一体系的关键。

我国的行政争议解决体系主要包括行政诉讼、行政复议、行政赔偿等，也有学者认为还包括信访等形式。[①] 1989 年《行政诉讼法》的颁布与实施，在我国行政争议解决史上具有里程碑意义，从此，行政诉讼成为了我国行政争议最重要而不可替代的一种解决方式。经过 20 年的实践和发展，行政诉讼在及时、公正、有效化解行政争议和充分保障行政相对人合法权益方面，发挥着越来越重要的作用，人民群众对行政诉讼的期望值也越来越高。然而，我们也要清醒地看到目前行政诉讼制度运行中存在的问题。阻碍行政争议司法最终裁决原则的实现主要有以下几个问题：

（一）行政诉讼的受案范围过于狭窄

从制度设计的目标看，行政诉讼受案范围是我国行政诉讼制度的核心内容之一。应当说，以行政诉讼法为核心的行政诉讼受案范围规范的确立，基本适应当时我国的社会背景和行政法治发展状况。然而，时过境迁，目前我国的国情发生了巨大变化，行政诉讼受案范围规范体系的不足及其滞后性逐步显现。

我国行政诉讼的受案范围较窄的问题在审判实践中日益突出。许多行政争议被排斥在行政诉讼的大门之外，无法通过行政诉讼得到解决。行政诉讼法实施后，虽然行政诉讼案件的数量逐年攀升，极大地推动了行政诉讼实践

---

① 杨伟东：《行政诉讼受案范围分析》，载《行政法学研究》2004 年第 3 期。

的发展，提高了行政机关依法行政的自觉性，提升了我国行政法治的水平。但是，在1999年之后，我国一审行政诉讼案件的年均受理数量一直徘徊在10万件左右，难以突破。针对这个现象，学术界和司法实务界较为一致的看法，恰恰是行政诉讼受案范围这个曾经极大推动行政诉讼发展的制度规范，褪变为行政诉讼案件受理数量的瓶颈，成为制约行政诉讼发展的障碍。

分析我国近年来的信访状况不难看出，行政诉讼案件少，并不意味着行政争议发生得少，而是大量行政纠纷没有进入诉讼程序。“行政案件少可能有诸多原因，而受案范围狭窄和受案范围规定的模糊和不确定则是其中的重要因素。”① 尽管经过实务部门和理论部门的长期努力，我国行政诉讼的受案范围在实践中已经有所拓展，但是现有行政诉讼的受案范围与人民群众对行政诉讼的需求之间还存在较大矛盾，扩大行政诉讼受案范围来满足人民群众的需求已是大势所趋。因此说，目前围绕这一问题的争论，已不再是到底应不应该扩大行政诉讼的受案范围，而是行政诉讼的受案范围究竟应当扩大到什么程度的问题。

（二）行政诉讼之外的行政争议解决渠道没有充分发挥作用

解决行政争议不能仅仅依靠行政诉讼一种制度，多种纠纷解决机制与行政诉讼一起形成行政争议解决渠道体系共同发挥作用，才能最大范围、最及时、最彻底地解决行政争议。② 然而，较长一段时间以来，一些本可以在法院之外得到化解的行政争议没有在法院之外得到有效化解，特别是一些基于平等主体间的民事争议所作的行政裁决、行政确权、行政处理等涉及民事争议的纠纷，因不能通过行政调解等方式使纠纷得到有效化解，不得不在当事人的请求下启动行政诉讼程序予以解决，造成了行政诉讼资源在一定程度上的浪费。再如，以行政复议制度为例，1999年《行政复议法》颁布以来，我国每年的行政复议申请数量从来没有达到过10万件，而已经受理的行政复议申请，又常常因为行政复议制度本身的机构不中立、过程不公开等原因得不到圆满解决，申请人不得不将纠纷提交法院，请求法院主持正义、化解纠纷。

（三）行政诉讼生效裁判的终局效力没有得到保障

从行政诉讼法律制度设置的意义看，法院的裁判本应该为行政争议划上

① 杨伟东：《行政诉讼受案范围分析》，载《行政法学研究》2004年第3期。

② 应松年：《构建行政纠纷解决制度体系》，载《国家行政学院学报》2007年第3期。

句号，但是我国的情形却并非如此。在实践中，法院之外的组织和个人通过种种途径，质疑甚至否定行政诉讼生效裁判的效力，导致行政争议久拖不决。主要表现为两种情形：其一，法院的一些生效行政裁判长期得不到执行，这些裁判形同空文，裁判中确认的当事人的权益根本无法得到实现；其二，社会缺乏对行政诉讼生效裁判的基本尊重，一些当事人时常因为生效裁判对自己不利，而采用信访等方式，试图改变行政诉讼生效裁判。一言以蔽之，在我国，行政诉讼有形式上的终审，却常常没有实际上的终局效力。尽管如此，我们不能因噎废食，进而否定行政诉讼在解决行政争议方面的决定性和最终性作用。毕竟行政诉讼始终是行政争议司法最终裁决原则的出发点和归宿，这也是我国行政法治发展的目标所决定的。

综观西方法治国家的行政争议解决制度和实践，可以发现，上述三个问题在西方法治国家都得到了较好的解决。在考虑我国解决上述问题的对策之前，有必要客观审视一些西方法治国家是如何解决上述问题的，毕竟处在法治起步阶段的我国还有必要学习借鉴一些法治成熟国家的有益经验。

三、域外行政争议的司法最终裁决原则比较

司法制度在域外法治国家扮演着关键角色，域外法治国家大多确立了行政争议的司法最终裁决原则，并依靠完善的纠纷解决制度体系和司法最终裁决原则及时、公正、有效地化解行政争议，充分保障行政相对人的权益。具体而言，域外法治国家在行政争议领域的司法最终裁决原则大致表现在以下三个方面：

（一）关于受案范围

在第二次世界大战之前，西方法治国家的行政诉讼受案范围也较窄。但是第二次世界大战之后，西方法治国家的行政诉讼制度有了较大的发展，一些国家纷纷通过立法或者司法实践扩大行政诉讼的受案范围。以德国为例，德国《基本法》第19条第4款规定："无论何人，其权利受到公共权力侵害的，均可提起诉讼。如无其他主管法院的，可向普通法院提起诉讼。"德国《行政法院法》第40条第1款规定："发生非宪法性质的公法争议且争议不依联邦法由其他法院明确主管的，可提起行政诉讼。"① 与德国相类似，不少国家在拓宽行政诉讼受案范围时，还确立了行政行为可诉的推定。这意

① 马怀德主编：《司法改革与行政诉讼制度的完善——〈行政诉讼法〉修改建议稿及理由说明书》，中国政法大学出版社2004年版，第117页。

味着除少数例外，所有的行政行为皆须接受司法监督，不能进入行政诉讼的行政行为已经变得寥寥无几。总之，在当代法治国家，除少数由法律明确规定不受法院司法审查的行政行为外，绝大多数行政行为均应纳入司法监督的范围，行政行为原则上具有可诉性的假定，成为行政诉讼受案范围的发展趋势。①

（二）关于诉讼外纠纷解决制度

考察域外法律，西方法治国家尤其是英美法系国家，大多非常重视在行政系统内部化解行政争议，只有行政系统无法化解的行政争议才进入行政诉讼，由法院负责最终化解。以英国为例，英国的行政裁判所制度是英国最为重要的诉讼外纠纷解决制度。从受理案件的数量看，英国的行政裁判所每年要受理案件60万~100万件，其中绝大部分案件都通过行政裁判所得到解决，只有极少数案件（5000件左右）才向法院提起了上诉。② 再看看美国的情况，为了有效的解决行政争议，美国在行政系统内部设立了一套完善的行政争议解决制度体系。具体以美国社会保障署（SSA）处理福利案件为例。社会保障署的纠纷解决流程包括以下几个环节：州行政机关对最初申请作出评估，如果州行政机关拒绝了当事人的申请，该申请经过重新审查仍然被拒绝，当事人有权要求联邦行政法法官举行听证。行政法法官的裁决要接受上诉委员会的审查，当事人若仍不服还可上诉到联邦地区法院。20世纪80年代，州级政府每年收到125万件书面的社会保障申请，被拒绝而要求州级政府重新审查的书面申请约有25万件，然后由联邦行政法法官主持听证的每年有15万件，上诉至SSA上诉委员会的每年约有2.5万件，上诉至联邦地区法院的每年约有1万件。可见，经过行政系统内部的层层处理后，25万件行政争议中最终只有1万件上诉到法院，有96%的行政争议在行政系统内部得到了有效解决。③

（三）关于法院生效裁判的终局效力

法院生效裁判具有终局效力是法治的应有之义，也是西方法治国家司法最终原则的最初含义。在西方法治国家，法院的生效裁判必须得到尊重。这表现为两点：第一，法院生效裁判的内容必须实现，如果义务人到期不履行

① 杨伟东：《行政诉讼受案范围分析》，载《行政法学研究》2004年第3期。

② 2006年3月应松年教授率团考察英国行政裁判所制度的报告。

③ 王静：《美国行政法法官制度研究》（中国政法大学2007年博士毕业论文）。

裁判确定的义务，那么有权机关就必须依法启动执行程序来落实生效裁判的内容，保障生效裁判的权威；第二，法院的生效裁判不得被法院之外的任何单位和个人变更或者撤销，哪怕是享有极高地位的议会也无权变更或者撤销法院的生效裁判。若议会对法院的生效裁判不满，议会只能通过修改法律来实现目的，而不能直接对法院的生效裁判提出质疑。

域外行政法治发达国家的实践表明，没有司法最终裁决原则的落实，行政争议就不可能得到及时、合法、妥善的解决，行政法治也就不可能很好地推进。

四、确立行政争议的司法最终裁决原则的必要性分析

为了解决我国行政诉讼中出现的问题，完善我国的行政诉讼制度，及时、公正、有效地化解行政争议，充分保障行政相对人的合法权益，笔者认为，有必要在我国确立行政争议的司法最终裁决原则。具体理由如下：

（一）原则上由法院解决一切法律纠纷是法治的应有之义

我国《宪法》规定，要建设社会主义法治国家。就法治国家而言，法院是各种纠纷解决的主要场所和最终场所。《宪法》、《人民法院组织法》和三大诉讼法都明确规定，人民法院依法独立行使职权，不受其他国家机关和个人的非法干预。这些规定是人民法院依法行使职权的基本法律保证。同时，司法最终裁决原则符合WTO的要求。依据我国加入WTO的承诺：将给予不服行政行为的相对人以司法审查的机会。事实上，若将行政复议、复审权与司法审查权混为一谈，将可能导致行政与司法相混淆，不利于我国司法独立性原则的实现。

法治需要保障，法院就是实现法治的终极保障。在一定意义上，司法最终裁决原则是司法权威的重要体现。在法治国家，法院掌握着法律的最终解释权，通过在个案中解释法律来实现最终化解行政争议的目的。这是因为任何一个法律纠纷最终都要归结为相关法律应该如何解释这样一个问题。法院对法律的解释是最权威的解释，除法院系统自身外，任何单位和个人都不能否定法院的解释。即使议会可以通过立法来明确法律的含义，议会的立法也不具有溯及既往的效力，该立法不能否定法院的已有判决。

（二）诉讼机制最有可能产生公正的纠纷解决结果

纠纷解决的结果必须公正，唯有公正的纠纷解决结果才能获得纠纷当事人的信服。就人类社会的发展而建立的各项制度而言，只有司法制度是最有

可能产生公正的纠纷解决结果的一项制度。这是因为，诉讼机制是由一系列正当程序构成的，这些正当程序包括公开制度、回避制度、质证制度、辩论制度、代理制度、释明制度等。而前述这些制度的合理组合是产生公正的纠纷解决结果的最佳保障。

（三）由行政机关最终解决行政争议不完全符合公正原则的要求

公正原则的要义之一是任何人不能自己当自己的法官。具体到行政争议领域，公正原则的要求就是行政机关不能自己当自己的法官。如果由行政机关负责最终解决行政争议，那就会违反公正原则，引发人们对纠纷解决结果公正性的怀疑。因此，原则上不应当让行政机关享有最终解决行政争议的权力。

（四）行政机关有能力解决大量行政争议

根据《治安管理处罚法》、《行政复议法》、《行政许可法》等法律法规的规定，行政机关应该依法解决公民之间产生的部分与行政管理直接相关的民事争议，以及公民与行政机关之间产生的行政争议，这是法律赋予行政机关的职责和职权。所以，不能由行政机关负责最终解决行政争议，并不意味着行政机关不能解决行政争议。相反，与法院相比，行政机关在化解纠纷方面具有下列诸多优势：（1）行政机关工作人员具有更多的专业知识。随着行政管理的日益专业化，化解行政争议越来越需要专业知识。在专业知识的掌握方面，行政机关的工作人员通常比法官更具优势。（2）行政机关化解纠纷的效率更高。行政机关解决纠纷的程序通常比法院解决纠纷的程序简单，能够在更短的时间内化解行政争议，使纠纷当事人尽快地脱离纠纷的束缚。（3）与诉讼程序相比，行政机关化解纠纷的成本更低。对行政相对人和行政机关而言，都能够减少用于化解纠纷的成本，从而节约开支。

随着当代法治的发展，“温柔的行政”已成为世界性潮流，且逐步深入人心。近年来，信访数量的不断攀升甚至居高不下，不能不引发我们更深入的思考。当前，我们在有利于社会和谐稳定，有利于充分保护相对人合法权益的语境下，认真研究和解决包括行政调解在内的非诉讼纠纷解决机制与诉讼的协调互动与衔接，充分发挥行政机关运用行政调解等非权力性手段化解纠纷的作用，对于促进社会和谐稳定至关重要。对于公民之间与行政管理相关的民事争议，行政机关应该更多地运用行政调解等手段予以解决，因为解决行政争议，是行政机关义不容辞的职责。尽管近年行政复议、行政裁决在实践中还存在一些问题，要较好地实现立法目的尚需做很多努力，但如果在复议或裁决过程中，能够较多地运用行政调解、和解[①]等温和方式，解决行政争议的效果将更加理想。

（五）必须有一个能够最终解决行政争议的机关

行政争议必须划上句号，不能没完没了。解决行政争议的各项制度都要充分发挥作用，但是必须有一个负责最终化解行政争议的主体，作出终局的决定。在法治国家，负责最终化解纠纷的主体只能是法院。如果没有法院作为最终化解纠纷的主体，任何组织和个人都可以对经过法院判决的事项进行处理，则社会纠纷的解决将遥遥无期，任何纠纷都可能一拖再拖，久拖不决。只有让法院坐镇纠纷解决的最后一关，让法院的裁判成为终局的决定，纠纷才有完结之日，正义才有实现之时。[②] 因此，我国应当确立行政争议的司法最终裁决原则。

五、落实行政争议司法最终裁决原则的制度安排建议

如前文所述，我国必须确立司法最终裁决原则。如何真正落实行政争议的司法最终裁决原则呢？仅仅确立行政争议的司法最终裁决原则是不够的，还必须从以下几个方面着手，进一步保障该原则的实现。

第一，立法要明确规定司法最终裁决原则。司法最终裁决原则应当写入立法，成为一项法律原则，而不仅仅是一项法学原则。建议在修改《行政诉讼法》时，将司法最终裁决原则写入行政诉讼法，并设置于总则中，以确立其行政诉讼法的基本原则之地位。同时，还应在诸如《行政复议法》、《出入境管理法》等法律的相应条款中取消终局行政行为和终局行政复议行为，从制度上消除排斥该原则的规定。

第二，要完善行政复议制度。行政复议制度作为一项行政争议解决制度，目前最大的问题是行政复议的结果很难得到行政相对人的信服。为了提高行政复议决定的可信度，必须从以下三个方面着手改革行政复议制度：其一，增强行政复议机构的独立性，确保行政复议机构能够中立地行使行政复议职权；其二，加强行政复议过程的公开性，使行政复议申请人能够直接参与到行政复议过程中，通过确立听证程序使相对人充分享有发表意见并与行

---

① 受传统行政法学上行政行为公定力理论的影响，认为行政权力不可放弃、不可妥协，导致行政复议、行政诉讼等的“定分止争”功能大打折扣。但是，从法治发达国家和地区的理论和实践发展情况看，行政诉讼、行政复议中对行政争议的调解，也是大势所趋。

② 应松年：《构建行政纠纷解决制度体系》，载《国家行政学院学报》2007 年第 3 期。

政机关展开辩论的权利，最大限度地实现行政公开与公正；其三，废除选择行政复议而剥夺当事人行政诉讼诉权的规定，否定复议终局制度。

第三，要限制再审次数。再审是一种纠错制度，行政裁判难免犯错，有了再审制度就有了纠正错误的行政裁判的可能。但是再审不能无休无止，否则行政争议就没有化解之日。建议在立法中将再审的次数明确加以限定，上限设定为两次，这样既可以保障错误的裁判能够通过再审得到纠正，又能防止再审被一次又一次地提起，导致行政争议长期无法得到最终解决。

第四，要提升行政诉讼化解行政争议的能力。司法最终原则能否在我国真正确立取决于我国行政诉讼化解行政争议的能力，行政诉讼化解行政争议的能力越强，司法最终原则在我国的地位就会越巩固。就此而言，行政审判机制的丰富与创新是行政法治得以发展的重要因素。一方面，法院应十分注重行政审判的协调并强化司法与行政的良性互动：善于运用协调手段有效化解纠纷，在不违反现行法律的前提下，将协调、和解机制贯穿行政审判活动的始终，尤其对相对人撤诉和解协议的执行情况予以关注，防止因和解协议得不到有效执行而引发新的矛盾；进一步改革创新裁判方法，充分发挥行政诉讼附带解决民事争议的功能与作用，探索适用基于当事人的申请一并解决相关民事争议的方法和思路，以快速有效化解纠纷；完善行政审判程序，实现审判程序的正当化，以确保当事人获得公正的纠纷解决结果。另一方面，要切实提高法官综合素质和能力，特别是提高认识和把握社会矛盾的能力和善于做群众工作、处理复杂问题的能力。

任何一个制度的形成都是一个实践先行的动态发展过程。在我国确立行政争议司法最终裁决原则，必须基于现实的法治状况及纠纷解决的实践，这是我们研究解决问题的逻辑起点，也是探索完善行政法律制度的前提和依据。当前，我国正在建设社会主义和谐社会。和谐社会并非是一个没有纠纷的社会，而是一个能够及时、公正、有效地解决纠纷的社会。确立并保障行政争议的司法最终裁决原则是我国构建社会主义和谐社会的需要，也是我国各级人民法院应当努力的方向。

论中国特色社会主义行政审判理念

吕岩峰*

一般说来，所谓理念，就是存在于人们心目中的或者是铭刻在人们灵魂深处的关于某种具体的或抽象的事物或行为的应然性状的印象或观念。

理念是人的一种属性；人是有理念的动物；理念与人如影随形。可以说，人由于有理念而成为万物之灵长。理念可以是固有的，也可以是后天形成的；理念的确立和巩固需要教育和涵养的过程。有着什么样的理念，决定着一个人的成败顺逆，决定着一个民族的兴衰荣辱。所以，正确的理念对于一个人、一个民族的发展、进步都是至关重要的。而人作为一种有理念的动物也应该自觉地树立和养成正确的理念。

就工作和事业而言，理念决定方向，理念决定目标，理念决定效果；理念决定举什么旗、走什么路、为什么人服务；理念问题，也是立场问题，是非问题，原则问题；所以我们说树立社会主义法治理念是奠基工程，是灵魂工程。要做到“对中国特色社会主义的政治认同、理论认同、感情认同，真正把中国特色社会主义作为伟大旗帜来高举、作为正确道路来坚持、作为科学理论来运用、作为共同理想来追求，从而为当好中国特色社会主义事业的建设者、捍卫者奠定坚实的思想基础”，必须首先从理念上解决问题，或者说，必须把中国特色社会主义植根在灵魂深处。要做到“党在心中”、“人民在心中”、“法在心中”、“正义在心中”，从根本上来说，就是要把党的主张、人民的意志、法律的精神、正义的价值化作支配我们思想和行动、引领我们工作和事业的理念。

所以，从事人民审判工作、发展人民司法事业，必须牢固树立和始终践行社会主义法治理念，必须把社会主义法治理念贯彻和落实到审判工作的各个领域、各个环节。笔者认为，社会主义法治理念在行政审判领域的体现或

* 吉林省高级人民法院副院长。

反映可以集中概括为五个方面，并将这五个方面确立为中国特色社会主义的行政审判理念，即：保障民生，维护大局，公平正义，官民和谐，司法优化。

一、保障民生

保障民生是执法为民的理念在行政审判工作中的具体体现。行政审判的性质和功能决定了在行政审判工作中必须首先树立保障民生的理念。行政案件是所谓“民告官”的案件，它的由来是行政机关在行使行政权力的过程中因其自身的作为或不作为而对公民、法人等行政相对人的权益造成或可能造成了侵害；这种侵害意味着行政相对人在衣食住行、生老病死、教育就业、经营发展等方面受到或可能受到妨碍，因而需要由人民法院予以救济。可见行政争议所涉及的问题都是与人民群众的日常生活和具体权益密切相关的问题，都是与法人和其他组织的生存和发展密切相关的问题，因而，行政审判所提供的司法救济实质上是对民生的救济。所以行政审判与保障民生关系最为紧密、最为直接，行政审判工作搞得好不好，直接关系民生的保障和改善程度。

同时，行政相对人在行政权力面前总是弱者，即使在群体性诉讼的场合也是如此，因而对于他们的诉求和期待更需要和更应该给予更多的关注和体察。为此，行政审判法官必须牢固树立关注民生、重视民生、保障民生、改善民生的意识，把司法为民作为行政审判工作的出发点和落脚点，通过自己的审判活动实现行政审判保障和改善民生的职能。

在行政审判实践中，各级人民法院，尤其是从事行政审判的法官，要把保障和改善民生贯彻到行政审判和非诉行政案件执行的每一个环节。要高度重视和妥善处理好农村土地确权登记、土地承包经营权流转等涉及“三农”的行政案件，高度重视和妥善处理好城市房屋拆迁、国有企业改制、高校学生就业、医疗养老、环境保护、城市公共服务与管理引发的行政案件。在审理涉及居民收入分配、社会保障、基本医疗卫生、土地征收、房屋拆迁、受教育权、劳动权益等与民生密切相关的行政案件的时候，必须把维护、实现和发展人民群众的利益放在优先考虑的位置。以积极的态度救济民权，以优质的服务减轻民负，以快捷的审理解除民忧，以公正的裁判保障民利，以有力的执行实现民愿，努力保障人民群众学有所教、劳有所得、病有所医、老有所养、住有所居。

同时，要维护和支持行政机关旨在保障和改善民生的宏观调控措施和行政执法行为。对于各级政府和行政机关在食品安全、生产安全、生命健康、住房保障、国民教育、消费维权、环境保护、劳动保障等领域实施的保障和改善民生的宏观调控措施和合法的行政行为，要依法给予维护和支持，促进党和政府关乎国计民生的重大战略方针、政策、规划和部署的顺利实施，推动和谐社会建设。

二、维护大局

什么是大局？笔者认为，从总体上来说，改革发展稳定和谐是大局；从根本上来说，巩固党的执政地位，维护国家的长治久安，保障人民安居乐业，实现经济社会全面协调可持续发展就是大局。

行政审判的主要作用在于监督和支持政府机关依法行政，进而保护行政相对人的合法权益，为实现经济社会又好又快发展创造良好的市场秩序和公平公正的法治环境，这实质上就是要维护改革发展稳定和谐的大局。

维护大局，是人民法院的政治责任，是对行政审判工作的原则要求，是充分发挥行政审判职能作用的主要目的，是衡量行政案件法律效果、政治效果和社会效果的重要指标。可以说，在全部审判工作中，行政审判工作同党和国家工作的大局联系最直接、最紧密、最深刻。因此，行政审判必须牢固树立维护大局的理念。

那么如何维护大局呢？笔者认为，必须正确处理好以下五个关系：

（一）必须正确处理好坚持党的领导与依法独立审判的关系

党的领导与依法独立审判，在本质上是一致的。法律就是代表着中国先进社会生产力的发展要求，代表着中国先进文化的前进方向，代表着中国最广大人民的根本利益的党的政策的最高表现。依法独立审判就是在遵循司法规律的前提下，贯彻和落实党的路线、方针和政策。而党对司法工作的领导，也主要是思想、路线、方针、政策的领导。行政审判工作要完成维护大局的使命，必须认真执行党的路线、方针、政策，依法审理每一起行政案件，确保司法公正，从而把党的领导和依法独立审判科学地统一起来。

（二）必须正确处理好适用法律与执行政策的关系

法律和政策两者在本质上是一致的，但政策具有即时性、前瞻性、灵活性的特点，相对来说，法律则具有长期性、滞后性、稳定性的特点。因此，以维护大局为宗旨的行政审判有时会面临既定的法律和新出台的政策不尽一致的问题。对此，可以区分三种情况来处理：一是地方政策明显违反国家法律和上级政策，且侵害行政管理相对人合法权益的，该政策在案件审判中不能执行；二是地方政策违反地方性法规，但长期在特定地方适用且有利于地方经济社会发展的，要充分考虑和尊重该政策，具体案件通过案外协调等方式灵活处理；三是地方政策不违法也不违反上级政策，内容符合当地实际且对当地经济社会发展有积极意义的，在审判实践中要认真考虑、加以参照。

（三）必须正确处理好行政审判的被动性与维护大局的主动性的关系

行政诉讼程序一般是由当事人启动的，司法是被动的，但是，维护大局需要我们变被动为主动。如何处理好这个关系，主要应从两方面着手，一是在宏观部署行政审判工作时，要有大局意识，要制定切实可行的维护大局措施；二是在裁判处理具体案件时，要防止就案办案，孤立办案，要认真考虑当时当地的具体情况，积极配合党和政府的中心工作，努力做到法律效果、社会效果和政治效果的统一。

（四）必须正确处理好保护公民、法人的合法权益与维护行政管理大局的关系

这里的关键是区分并处理好行政管理相对人的眼前的具体的局部的利益和长远的根本的全局的利益之间的关系。人民法院发挥行政审判职能，充分保护好、维护好广大人民群众的眼前的具体的局部的利益，本身也是在维护大局，在这一点上司法机关与行政机关的目标是一致的。但是，当遇到眼前利益和长远利益、具体利益和根本利益、局部利益和全局利益发生矛盾的场合，在审理涉及国计民生大局的行政案件的时候，人民法院一定要高瞻远瞩，着眼于保护人民群众的根本利益、长远利益、全局利益，不要在枝节的或程序性的问题上犹疑不决。对行政机关作出的关乎经济社会发展大局的重大决策和重大部署，人民法院有责任、有义务积极主动地提供支持和保障。

（五）必须正确处理好行使司法监督权与支持依法行政的关系

从某种意义上说，行政审判活动是监督和制约公权力行使的。发挥行政审判的职能作用，就是要通过合法性审查，监督和制约行政权力的行使，从而保障和支持政府机关依法行政。在实际工作中，人民法院要依法履行宪法和法律赋予的司法监督权，坚持把维护公民、法人和其他组织的合法权益作为行政审判工作的出发点和落脚点；既对行政行为实施有效监督，又维护正常的行政管理秩序，支持行政机关依法行政。

维护大局是服务大局的社会主义法治理念在行政审判工作中的具体体现。我们必须充分认识行政审判工作在维护大局方面的独特作用和重大责

任，不断强化维护大局的理念，全面正确地履行行政审判职能，为改革、发展、稳定、和谐提供有力的司法保障。这是社会主义法治理念对行政审判工作的基本要求，也是行政审判固有的重要使命。

三、公平正义

公平正义是人类的共同追求。这种追求是推动和引领人类社会走向进步的原动力。可以说，人类社会的发展史，就是一部追求和实现公平正义的历史，就是一部公平逐渐取代偏私、正义不断战胜邪恶的历史。在当代中国，公平正义成为社会主义和谐社会的内在要求和基本特征。

在法律的意义上，公平正义是社会主义法治的价值追求，也是人民审判的核心目标。我们把“党的事业至上，人民利益至上，宪法法律至上”确定为人民法院工作的指导思想，既是对人民法院工作的原则要求，也是社会主义法治理念在人民法院工作中的深化和升华。三个至上，三者并重，目标一致，就是实现公平正义，从而实现人民幸福，社会和谐，国家富强，民族复兴。笔者认为，公平正义是“三个至上”的“联结点”，是“三个至上”的共同价值目标，是“三个至上”统一的基础。周永康同志在谈到深化社会主义法治理念教育的问题时，要求我们真正做到：“党在心中”，“人民在心中”，“法在心中”，“正义在心中”。笔者体会，把“正义在心中”放在最后，以一种归结性的方式提出，这不是偶然的，而是颇具深意的。可以说，公平正义是党的事业、人民利益和宪法法律的共同关切和共同旨求，所以，说到底是“公平正义在心中”。

在行政审判工作中，尤其要强调公平正义的社会主义法治理念。行政诉讼的主体，一方主要是掌握行政权力的行政机关，另一方是作为行政相对人的公民、法人，双方的地位在事实上是不平等的；行政审判，一方面要保护公民、法人等行政相对人的合法权益，尤其要注意保护社会弱势群体的合法权益，另一方面要监督和支持政府依法行政。在这个过程中，能否真正秉承公平正义的理念，尊重事实和法律，规范司法，公正裁判，平等保护双方当事人的正当权益，平衡双方当事人的合理诉求，这不仅是行政审判本身的质量问题，而且关系到法律的权威性和司法的公信力，关系到党和国家的形象，关系到人心的向背和社会的稳定。因此，我们应该从讲政治的高度来理解和把握在行政审判中树立公平正义理念的重要性。

如何实现对公平正义的追求？笔者认为，主要应该做到以下几点：

一是要全面贯彻落实科学发展观。要坚持以人为本，统筹兼顾，通过全面协调可持续的发展来寻求和实现各方面的利益平衡，满足各方面的权利诉求。这是实现公平正义的根本途径。

二是要实体与程序并重。在行政审判中，既要做到实体公正，也要做到程序公正，两者是相辅相成的。实体公正是结果的公正，程序公正是过程的公正；实体公正是程序公正追求的目标，程序公正是实体公正实现的保障。在实践中，必须两者并重，有机结合，才能真正做到公正司法，偏向任何一个方面都可能导致司法不公。在行政争议中，不少群众对法院是否“官官相护”、能否秉公执法心存疑虑，因此，人民法院要加大行政相对人诉权的保护力度，切实解决行政案件应当受理而不受理，或者不依法及时受理，导致行政相对人“告状难”的问题；切实解决应当撤销违法行政行为而违心迁就、违法办案，损害当事人利益的问题。要确保行政机关和行政相对人的平等法律地位；确保当事人受损害的合法权益得到恢复；确保违法的行政行为得到纠正或者受到否定性评价。

三是要法理与情理兼顾。既要做到法律上的公正，又要注意情理上的公正。公平正义是天理人情国法的契合点。对于法律上的公正，人们不会有异议，而对于情理上的公正，可能还需要一个认识过程。其实，“通情达理”是对人最基本的要求，也是人最起码的德才修养。法律本身即蕴涵并体现着人情事理，法律因此而被当作人类生活的教科书，它其实是在告诫人们应该怎样生活、怎样做人、怎样做事。在审判活动中注意情理上的公正，恰恰是在贯彻法律的精神，弘扬法律的本旨，作出的判决也易于为人们所接受和履行。如果同案件的效果联系起来考虑，情理上的公正就更有意义。在中国人的心中，人情事理可能比法理更重要。这也是我们提倡调解、协调的道理之一。一个公正的、令人信服的行政裁判，不应拘泥于法律条文的规定，而应通过具体的法条，解析出立法原意，在遵循法理、融通情理的基础上，给当事人一个既合法又合情理的“说法”。一个被诉的具体行政行为如果在实体上是正确的，仅仅存在程序上的瑕疵或是举证不足，不一定要判决撤销，而应通过司法建议方式予以解决。如果被诉具体行政行为是违法的，并且损害了行政管理相对人的合法权益，就不应当简单地以超过诉讼时效、主体不适格等理由，拒绝作出有利于行政管理相对人的实体裁判。对行政诉讼的举证原则等问题的处理，也要在法理和情理的结合上加以把握。

四是要综合运用法律智慧和政治智慧，实现法律效果、社会效果、政治效果的统一。法律效果、社会效果、政治效果的统一，既是衡量我们的审判工作实现公平正义的程度的外在指标，也是促进我们的审判工作达到公平正义的价值追求的内在机制。为了实现法律效果、社会效果、政治效果的统一，笔者认为，首要的是植根于国情，实事求是，解放思想，以改革求对策，积极探索多元化纠纷解决机制。关于纠纷解决机制的“多元化”，笔者体会，一是指解决纠纷的主体的多元化——党委、人大、政府、政协、司法机关、人民团体、单位、社区、社会贤达、领导、亲友，等等。二是指解决纠纷的方式的多元化——协商、调解、仲裁、诉讼，法律的、经济的、社会的、政治的、文化的、心理的、伦理的，文的、武的，法、术、势，德、礼、刑，办学习班、开展谈心活动，“相逢一笑泯恩仇”（鲁迅），等等。

为了实现法律效果、社会效果和政治效果的统一，笔者认为，还应该把握好五个方面的问题：一是立案。就是要把好行政案件的立案受理关，防止收进来、出不去，管了我们不该管或者管不了、也管不好的事。二是审理。在案件的具体审理过程中，要做到案由确定和证据交换规范，庭审功能发挥充分，裁判文书说理性强，判后释明工作到位。三是协调。通过案外协调促成撤诉结案，是最高人民法院《关于行政诉讼撤诉若干问题的规定》的基本精神。通过调撤方式结案，有利于化解社会矛盾，促进官民和谐，是加强案件效果的有效方法。因此，对于通过裁判方式无法做到案结事了的行政争议，要综合权衡各方面的利益关系和价值取向，通过协调的方式促进行政相对人和行政机关的谅解与和解，实现社会效益的最大化。在能够以调撤方式结案的情况下，对审限的要求可以宽松一些。四是管辖。就是按照最高人民法院《关于行政案件管辖若干问题的规定》，对一些案件提级管辖或指定管辖。这样可以优化司法环境，减少不当干预，促进司法公正，维护司法权威，保持同地同级法院和行政机关之间的正常关系。五是时机。就是要掌握好作出裁判和向当事人送达裁判文书的时机。一个公正而有效率的裁判，在什么时机做出和送达，对案件的效果往往有很大的影响。考虑具体案件的案情，双方当事人的各方面状况，当时当地的社会环境和情势，法院本身面临的形势和任务等因素，恰当地把握裁判及其送达的时机，有助于取得更好的法律效果、社会效果和政治效果。这种时机的选择和把握，不仅是办案的技巧问题，而且是法官的法律智慧和政治智慧的表现，需要我们在实践中不断摸索。但是，把握好时机必须注意防止忽略效率的偏向。

四、官民和谐

官民和谐是大局，是社会主义和谐社会的重要指标，也是行政审判应该追求的社会效果和政治效果。

息诉服判、案结事了，是官民和谐的前提，但还不等于官民和谐。官民和谐，意味着使行政争议得到化解，官民双方捐弃前嫌，同心同德，为经济社会又好又快的发展共同奋斗。

行政审判的功能是解决行政主体和行政相对人之间的纠纷，通俗地说就是处理“官”“民”争议。行政审判的职能作用发挥得怎样、行政审判的效果如何，不仅要看行政争议是否得到解决，而且要看争议双方是否达成谅解、重修旧好、恢复和谐。因此，在行政审判中应该树立“官民和谐”的理念，以修复和谐的官民关系为目标。

如何实现官民和谐？笔者认为，应从以下几方面入手：

一是要监督和促进依法行政。治国的着眼点是民生，所以要实现依法治国，首先要做到关注民生；治国的着力点是理政，所以要实现依法治国，首先要做到依法行政。政府的职能主要是“经济调节、市场监管、社会管理、公共服务”，这些本来也是人民群众安居乐业的客观需要，但是为什么现在不少群众对政府工作或政府行为还有那么多的不满甚至对立情绪？其症结恐怕还得首先从具体行政行为本身去找，还得首先从政府是否做到了依法行政去找。因此，监督和促进依法行政，是行政审判的基本任务，是我国建立行政审判制度的初衷，也是预防和化解行政争议的“治本工程”。行政机关的违法或不当的具体行政行为少了，老百姓的不满自然也就少了，行政争议也必然会随之减少，政府的职能也会得以更好地发挥。

二是要培养和塑造公民意识。党中央制定颁布的《公民道德建设实施纲要》把公民的基本道德规范概括为“爱国守法、明礼诚信、团结友爱、勤俭自强、敬业奉献。”笔者认为，这些也应该成为我国“公民意识“的基本内涵；培养和塑造公民意识，也应该从这些方面入手。一个合格的公民，除了具备上述素养外，还应该有大局意识，责任意识，法律意识；应该克服狭隘的小农意识、偏私的小市民意识，具有宽阔的胸襟和长远的眼光，能够并且善于认识自己的长远利益和根本利益，能够并且善于认识政府的行政行为对其切身利益的意义和影响；应该理性而适当地对待政府和政府行为。公民意识的核心，是“天下为公”，是“国家兴亡，匹夫有责”。大家试想，这样的公民又怎么能缠诉缠访，无理闹访？这样的公民又怎么能不服从大局、不支持政府的工作、不配合政府行为、不和政府一道建设自己的美好家园？这样的公民又怎么能不舍小家而顾大家？

三是要实现公平正义。周永康同志说：“社会公平正义，是社会和谐的基本条件。”俗话说：“不平则鸣”，没有公平正义，哪来安定和谐？只有实现公平正义，才能把宪法规定的建设社会主义法治国家的任务落到实处，才能真正维护人民的利益，促进社会和谐发展。

四是要提倡调撤结案。圆融和事是中国传统文化的精髓，也是中国人的民族品格，是中国人的一种理念。它既是我们提倡调解、协调的依托，也是我们提倡调解、协调的目的。在行政审判方面，我们现在也提倡调撤结案，应该认为这也是解放思想、实事求是所取得的一个重要进步，是在弘扬中国优秀的传统文化。我们要认真执行最高人民法院《关于行政诉讼撤诉若干问题的规定》，依法探索行政案件处理新机制，善于通过协调增加共识，求同存异，善于寻找当事人双方利益的平衡点，善于兼顾国家、集体和个人之间的利益，善于寻找解决公权力纠纷的替代性方案。在查明事实、分清是非的前提下，可以建议由行政机关改善违法或不当的行政行为，弥补行政相对人损失，允许行政相对人自愿撤诉，促进人民群众与行政机关的相互理解和信任。

五、司法优化

司法优化，也是属于行政审判效果的范畴，它同官民和谐一样重要，也同官民和谐息息相关。

司法优化包含两个方面的内容：一是行政审判自身的优化。这意味着要健全完善行政审判机构，建设政治可靠、品行端正、业务精通、作风正派的行政审判队伍，提高行政案件审判质量，加强行政审判管理和监督；二是审判机关与行政诉讼当事人关系的优化，尤其是与作为被告的行政机关关系的优化。在审判机关与行政诉讼原告一方当事人的关系方面，我们要落实便民措施，方便群众诉讼。要加强诉讼过程中的释明、引导工作，使当事人知晓其诉讼权利义务和诉讼流程。要尊重当事人的诉讼主体地位，体现司法的人文关怀。要加大司法救助力度，让有理有据的当事人既打得赢官司，也打得起官司。在审判机关与作为被告的行政机关的关系方面，我们既要避免"官官相护"，也要追求"官官和谐"。我们不能想象在审判机关与行政机关格格不入的状态下，会取得好的审判效果，会达到官民和谐。所以，这里的司法优化不是官官相护，而是司法与行政的相互理解与良性互动，共同为大局服务，为人民执法。

毫无疑问，审判机关与作出具体行政行为的政府机关之间在"权为民所用，利为民所谋，情为民所系"方面，应该并且能够达成默契，形成合力。毕竟，我们的法院是"人民"法院，我们的政府是"人民"政府；人民是法院和政府共同的根基。可以说，审判机关与行政机关的和谐，必将有助于保障民生，维护民权，兑现民利。行政审判追求"官官和谐"的目的也在于此。对于行政审判而言，就是要在支持依法行政的前提下，监督依法行政；在监督依法行政的过程中，支持依法行政；监督与支持并重；通过监督和支持，促进依法行政，增强公权效能，稳固政权结构，推动社会和谐。

如何实现司法优化？笔者认为，应做到以下几点：

一是要依靠我们的政治优势，自觉接受党的领导，人大的监督，通过接受领导和监督，寻求支持和助力。

二是要处理好审判活动的被动性和维护大局的主动性的关系，把支持依法行政作为行政审判工作的首要任务和行政审判法官的自觉行动，从源头上避免或减少不当或非法行政行为的发生，从而避免行政争议的发生。

三是要加强沟通，适时就有关问题向行政机关提出司法建议，帮助行政机关改善和加强依法行政。

四是要注意适用提级管辖或指定管辖，尽量避免同地同级法院和行政机关之间可能发生的误解和抵触。

五是要提倡调撤结案。在行政审判中，提倡调撤结案，不仅有利于促进官民和谐，也有利于实现司法优化。大家知道，调解或协调是建立在争议双方对居中调解者或协调者的信赖和尊重的基础上的，而一旦调解或协调成功，则不仅意味着“成人之美，”实现争议双方的和解，而且意味着争议双方对调解者或协调者会更加信赖和尊重，更加友善和亲切，甚至心怀感激和感动。所以，提倡调撤结案，既有助于案结事了，又有助于树立司法权威，优化司法环境。

保障民生，维护大局，公平正义，官民和谐，司法优化，是相互联系、一脉相承的有机整体，它们应该是中国特色社会主义行政审判的基本要求和基本特征，是我们做好行政审判工作应该遵循的基本理念和基本准则。

论行政民事交叉案件审理模式理性选择

汪万荣*

一、问题的提出

某甲与某乙系父子关系，某甲嗜赌屡输，将自有家产输光，还外欠30万元高利贷，债主逼债甚急，扬言再不还钱就要对其人身采取不利措施。某甲无奈之下，将其父某乙房产证、父母身份证偷出，伪造其父母全权委托其办理将其父名下房产过户给自己的一切事宜的公证书后，到房屋登记机关办理了房屋转移登记手续。之后某甲向某丙开办的担保公司以上述房产抵押借贷30万元用于还赌债。由于某甲到期无力还贷，担保公司遂诉至法院，主张抵押权，要求拍卖上述房产实现债权。某乙知道后，以房屋登记机关在登记审查时存在审查不严导致其房产错误转移登记为由提起行政诉讼，要求撤销抵押房产的产权证，将之归还到自己名下。

这是比较典型的行政与民事交叉的案例，该案例涉及抵押民事法律关系、第三人善意取得民事法律关系和具体行政行为法律关系等三层法律关系。要想理顺这些法律关系，在目前诉讼框架内，单一的行政诉讼或民事诉讼不能解决问题。有的专家学者提出采取行政附带民事诉讼是该案件解决最便捷和经济的诉讼模式。

据说上海市普陀区人民法院有过成功案例，即：袁雅琴不服上海市房屋土地资源管理局核发房屋所有权证一案。这起因房屋买卖纠纷引起的行政诉讼案件是以行政附带民事诉讼的方式审理的，在该案中行政诉讼第三人同时被列为附带民事诉讼的被告，法院在撤销房屋所有权证的同时判决房屋买卖合同无效。当然，这是需要很大勇气的大胆尝试。

* 安徽省芜湖市中级人民法院助理审判员。

二、行政附带民事诉讼模式的定量分析

民事诉讼与行政诉讼为两类不同性质的诉讼。行政诉讼是解决行政机关与行政管理相对人之间行政纠纷的诉讼制度；而民事诉讼则是解决平等民事主体之间民事纠纷的诉讼制度。两者各有特点，功能各异，前者属公法调整范畴，后者属私法调整范畴。但在行政案件审判实践中，经常出现民事行为与行政行为互相关联或互为因果关系的情形，即所谓的行政与民事交叉案件。特别是近些年来，随着房产大幅度升值，房屋交易量迅猛增加，相应地房屋权属、房产过户、房屋登记等纠纷大量增加，直至涉房行政诉讼案件占法院行政案件收案数的30%以上。在这类案件中，几乎都涉及房屋变动的民事基础法律关系争议。一般情况下，行政行为产生的前提是民事基础行为的存在。要判断行政行为的对错，首先要对民事基础行为的正确与否作出判断。在审判实践中，各地法院大致有如下几种不同的处理方式：一是中止诉讼。也就是在出现行政与民事交叉问题后，先中止诉讼，待另一诉讼有结果后再恢复本诉讼的审理。且不说案件审理的周期长无法控制，有时还会出现互相推诿，哪一个法院都不愿先判的尴尬情况。二是直接确认。也就是法院在行政诉讼中直接对具体行政行为的合法性或在行政诉讼中针对民事基础行为的效力作出认定。这里有个司法权对行政权干预和判断的问题，能否如此裁判，存在争议。三是审查后释明。《民事诉讼证据规定》第3条和《行政诉讼证据规定》第8条均规定，法院应当向当事人告知举证范围、举证时限和逾期提供证据的法律后果。关联的民事争议实质是决定行政诉讼结果的证据的效力认定问题，属于当事人提供主张或反驳证据的范畴，因此人民法院应履行告知当事人对民事争议另行起诉的义务。为了防止出现行政官司打完了，还需进行民事诉讼方能真正解决民事权属归属问题，有专家学者便提出了行政附带民事诉讼制度的设想。

行政附带民事诉讼不是一个新鲜的概念，早在十年前就是一个热门话题。不少法院还曾试行过这种审理模式，笔者所在的法院也曾尝试过，但由于法律依据缺乏，操作烦琐困难等原因而被弃用。近年来，又有人特别是司法实务操作者重新提起这个话题，缘由是在大家积极寻求走出行政与民事交叉案件审理困扰的大背景下提出理论创新。广东省佛山市中级人民法院在2009年就“民事争议与行政争议交叉案件审理”问题做过专题调研。上海市法官阮忠良、吕小萍、陆琴、丁晓华等针对房屋登记行政案件中存在诸多民事交叉问题，撰文认为应实行房地产行政附带民事诉讼制度。

通说认为，行政附带民事诉讼是指在行政诉讼过程中，人民法院在审查

行政机关的具体行政行为合法性的同时，因利害关系人的申请，就该具体行政行为所关联的民事争议一并审理的诉讼制度。进而提出可以推行行政附带民事诉讼的法律依据是最高人民法院 2000 年 3 月 8 日发布的《关于执行行政诉讼法若干问题的解释》第 61 条“被告对平等主体之间民事争议所作的裁决违法，民事争议当事人要求人民法院一并解决相关民事争议的，人民法院可以一并审理”。

从通说的行政附带民事上述定义，大体可以推测出如下几个必不可少的因素：一是前提因素——关联性或称内在联系。行政争议与民事争议都是基于同一民事基础法律关系。二是当事人请求因素。行政附带民事诉讼须由原告或者第三人主动提起，即严格遵守“不告不理”原则，如果民事争议的当事人在行政诉讼过程中没有提出民事诉讼请求的话，法院不能依职权对民事争议作出裁判。三是一并审理因素。以行政诉讼为主，民事诉讼为辅，以同一案号进行公开审理，一并置判。持这种观点的专家学者认识到该审判模式存在缺陷，因而进一步提出，并不是所有行政与民事交叉案件均可适用行政附带民事的审理模式，只有符合特定条件的才可提起行政附带民事诉讼。

这是一个大胆的理论创新，突破了现行法律框架的设想。但该制度设计本身也存在无法跨越的障碍。主要表现为：

（一）行政附带民事诉讼之“附带”问题

行政附带民事诉讼突出的特点是附带民事诉讼具有一定的依附性，即行政诉讼为主，民事诉讼为辅。该制度的提出完全套用了刑事附带民事诉讼原理。刑事附带民事诉讼有一个重要特征就是附带民事诉讼是由于刑事诉讼中被告人同一行为引起的。也就是说，被告人的同一行为既触犯了刑法，也违背了民法，刑事诉讼解决该行为所引起的刑事责任，而民事诉讼解决该行为所引起的民事责任，由此可见，引起刑事诉讼与民事诉讼的法律事实具有同一性，即被告人的犯罪行为。只有当引起主诉讼与从诉讼这两种不同性质的诉讼的法律事实具有同一性时，将两种诉讼合并进行，主诉讼对这一法律事实的查明、确认同时为从诉讼解决了法律事实的查明、确认问题，然后分别解决该法律事实所引起的两种法律后果，才能真正实现附带诉讼的目的——诉讼效益。行政诉讼是对行政行为合法性作出司法判断；民事诉讼是对民事主体之间就民事权益归属问题作出判断。虽然行政行为与民事争议密切相关，但引起行政诉讼和民事诉讼的法律事实不相同，两个诉讼不存在主次之分，无依附关系。因此强行将民事诉讼依附于行政诉讼既无法律依据又无事实依据，同一判决置判两种截然不同的法律行为无实际可操作性可言。

（二）涉及司法权对行政权干预边界问题，需要立法明确

理论指导实践，成熟的行政诉讼理论体系确立相对完善的行政诉讼模式。行政诉讼历经20个春秋，但主流行政法学界和行政审判法官还没有形成一个完整的关于行政诉讼的法律体系，即总体上的法律理念还处于缺失状态。行政诉讼制度牵涉到若干个权力主体及其关系问题，需要从立法层面确立司法权对行政权干预与规制的深度。遗憾的是，我国现行立法统摄机制存在问题，行政权超乎想象的强大。我国实行的是人民代表大会制度，在这种制度下，立法机关对立法过程的控制应当是最具权威和不可怀疑的。但是，自1982年宪法赋予国务院制定行政法规的权力，最高人民法院制定司法规范性文件的权力以来，立法权的统摄作用出现一定程度的弱化。这种弱化的最根本原因可能在社会技术方面，即专业性很强的行政管理的立法事务由行政机关制定规则更加方便一些，司法中专业性强的事务留给司法系统制定规则可能更合理一些。无论出于什么原因，立法权对立法过程统摄作用的弱化是一个不争的事实，这从有关立法的种类、数量和立法主体多样性可以得到佐证。因此，我们期望修改后的行政诉讼法确立“立法权全方位设计的法律理念”，构建完整的行政诉讼理论体系，真正实现“权力救济无禁区”，明晰勾勒出司法权规制行政权的界限，这样，行政诉讼的指导理念就不会出现摇摆。

设立行政附带民事诉讼制度，是司法权的扩张。国家权力的分配是一个极其复杂的问题。诉讼制度变迁直接标示着司法权与行政权边界的进退。“与立法和司法相比，积极、主动和连续性本身即是行政的性格，而今随着经济、社会和科学技术的迅速发展，行政的触角已深入到社会生活的各个角落，发挥的作用越来越大，而且广泛地运用立法手段并行使传统上属于法院的权力来裁决社会纠纷，享有广泛的自由裁量权。”民事关系是行政行为的发生基础，反过来行政行为（行政裁决、权属登记等）又拘束民事关系。从国家权利角度来说，即是行政权对民事权益的拘束与干预。要使行政权处于合适位置，唯一出路在于司法权对行政权合理规制与干预。但由于行政权的主动性，社会管理现实需求性，要求我们必须充分考虑我国的历史传统、法律文化背景，还要考虑中国特色的政治体制，在对司法制度进行设计时兼顾我国特有的政治制度、经济基础、民族传统、社会心理，合理设置行政权与司法权的边界。

（三）行政附带民事诉讼涉及当事人地位分配，特别是第三人问题值得关注

我国《行政诉讼法》第27条规定："同提起诉讼的具体行政行为有利害关系的其他公民、法人或者其他组织，可以作为第三人申请参加诉讼，或者由人民法院通知参加诉讼。"这是行政诉讼第三人制度的法律出处，但随着行政诉讼不断深入，行政诉讼第三人制度存在的问题不断显露出来，对该制度的理论探讨成为热门话题，经过多年研究与争议，现在对一些问题形成基本共识，归纳起来：一是第三人与被诉具体行政行为有利害关系；二是第三人是在他人诉讼已经开始且尚未结束前参加诉讼；三是第三人有独立的诉讼地位；四是第三人参加诉讼的方式是由自己申请或人民法院通知而参加。

不难看出，我国行政诉讼第三人制度完全套用民事诉讼第三人制度的原理，只是对当事人未作有独立请求权和无独立请求权的划分。在实践中，如果有人认为被诉具体行政行为与其有利害关系——直接或间接的利害关系，申请参加到诉讼中来；或者人民法院认为其到庭诉讼有利于查明案件事实，或者有利于案件协调最终解决民事补偿争议，依职权追加其为第三人。在诉讼中，第三人没有管辖异议权，只有委托诉讼代理人、申请回避、提供证据、查阅诉讼材料、提出自己的诉讼主张、进行辩论、陈述和请求法院执行判决等诉讼权利。法院不能直接判令第三人承担义务或赋予其享受权利，这与民事诉讼第三人制度有很多差别，在行政诉讼中机械套用民事诉讼第三人制度是不合适的。以本文开头案例来说，如何列举第三人颇费思量。行政诉讼原告是某乙，被告是房屋登记行政机关，第三人是某甲，上述这些角色应该没有异议，但担保公司是什么身份？根据行政诉讼第三人理论，其与登记行为没有法律上的利害关系，但他系民事基础法律关系当事者，是民事权益真正的承受人，如果也列为第三人，其诉讼权利就不能充分享有，不利于权利救济。

（四）行政附带民事诉讼在具体审理过程中，存在一些技术问题，如管辖问题、诉讼期限问题、举证责任分担问题等等

行政附带民事诉讼在具体案件审理过程中，存在制度上的混乱：一是诉讼管辖上的混乱。附带诉讼要成立的话，主诉讼与从诉讼必须属于同一个法院管辖，并属同一审判程序。民事诉讼法规定的民事案件管辖的一般原则是原告就被告，行政诉讼法规定行政诉讼一般由最初作出具体行政行为的行政机关所在地法院管辖。当附带民事诉讼被告与行政诉讼被告所在地不相同

时，就会发生地域管辖矛盾。二是诉讼时效上的混乱。《行政诉讼法》第39条规定：公民、法人或者其他组织直接向人民法院提起诉讼的，应当在知道作出具体行政行为之日起3个月内提出。《民法通则》第135条规定：向人民法院请求保护民事权利的诉讼时效期间为2年，法律另有规定的除外。这样，就会出现一个矛盾：当公民、法人或其他组织对某一行政机关作出的包括有关民事权益争议在内的行政裁决不服，而在知道作出该裁决之日起超过3个月仍未起诉，该行政裁决生效，其民事部分也生效，而行政诉讼法中3个月的诉讼时效远远短于民法中两年的诉讼时效，所以民事争议变为由行政机关最终解决，这与司法最终解决原则相矛盾，不利于保护公民、法人或其他组织的合法民事权益。三是举证责任上的混乱。在行政诉讼中由被告承担具体行政行为合法性的举证责任，而在民事诉讼中，诉讼双方当事人均对其主张承担举证责任。在开庭审理时，人民法院在审查行政机关所举证据的同时，还要审查附带民事诉讼的原告及被告的证据，实际上并未减轻附带民事诉讼中人民法院的负担，不能实现诉讼效益。以附带诉讼的方式来减少案件审理工作量进而达到诉讼效益提高的说法没有实践案例支持。

三、解决问题的出路

从上述分析可以看出，设立行政附带民事诉讼，不管从立法层面还是技术层面均存在不可逾越的障碍。但现实的审判需求要求我们直面行政与民事交叉案件日益增多但又无法顺畅审理的局面，要求我们积极探索解决问题的方法。在此有必要对行政与民事交叉有关情况进行梳理。有的学者认为行政与民事交叉问题非常复杂，其表现形态丰富。也有学者将之归纳为三种基本表现形式：（1）以民事诉讼为主，对相关联的行政争议由法院认定。在民事诉讼中，对相关联的行政行为只能作为法院认定案件事实的证据之一。当事人不能直接要求对行政机关的具体行政行为作出直接判断，但可以以行政机关行政行为违法作为抗辩理由，请求法院不予采信和认定。由于行政行为没有被撤销，人民法院往往对行政行为不予评判，只是在判决书中或口头告知当事人另行提起行政诉讼。在现实生活中，很可能产生这样一个误解的后果：民事判决已经羁束了行政行为，当事人不能再提起行政诉讼。笔者认为，民事诉讼中对行政行为合法性问题无权进行审查，其对行政行为载体之行政法律文书的引用，充其量仅是作为定案证据使用，当事人有权对该行政行为提起合法性审查之诉。（2）以行政诉讼为主，对行政纠纷的解决是民事纠纷解决的前提和基础。此类案件同时存在着行政和民事两个争议，但行政争议已作为行政诉讼待裁决之标的，行政和民事争议在事实上具有内在的联系性，行政争议的解决是民事争议解决的前提。（3）行政和民事争议相互交织，而针对特定的争议，既可通过行政诉讼解决，也可通过民事诉讼解决，也可以同时提起。这种情况在当事人不服行政裁决的案件中表现的比较突出，其主要表现为：一是民事诉讼中包含着行政争议的司法确定，或者说行政争议的本身就包含着对民事争议的处理。二是对行政争议的处理必然地涉及民事争议，反之亦然，二者不能割裂开来。三是当事人可以选择提起行政诉讼、民事诉讼或二者同时提起来维护自己的合法权益。四是引发行政诉讼和民事诉讼的争议是基于同一事实。五是行政诉讼和民事诉讼可分别进行，但在处理结果上应相互参照，避免冲突和重复处理。

其实，行政与民事交叉问题并不是如此复杂，关键是对“行政与民事交叉”有个明确定义。笔者认为，“行政与民事交叉”是指基于一个民事基础法律事实（如房屋权属归属）的发生，导致民事法律关系变动，进而引发行政管理行为（如登记行为）产生的一系列过程。如果当事人对“民事法律关系变动”有异议，即引发民事诉讼；如对“行政管理行为”有异议，则引发行政诉讼。有人将行政赔偿诉讼误认为是“行政与民事交叉”，行政赔偿诉讼是基于同一行政行为而引发的行政侵权责任承担之诉，是行政行为后果归属之诉，与前述的行政与民事交叉有根本区别。在审判实践中常见的“行政与民事交叉”案件包括：因公证行为、鉴定行为、责任认定行为、工伤事故认定行为、证明行为和登记行为引发的行政诉讼，往往与民事基础行为交织在一起，人民法院在审理行政案件时，需要对民事关系进行梳理作出回应。

在行政争议与民事争议交织在一起的行政案件中，按照目前的行政诉讼制度，只能解决行政争议而不能对其中的民事争议一并解决，这样就存在着尴尬：通过行政诉讼，即使原告胜诉，撤销了被告的具体行政行为，那最多是使行政上的争议得以消解。但是，当事人之间的民事争议却没有得到丝毫的解决。要解决这一争议，当事人要么寄希望于行政机关重新作出行政行为；要么针对民事争议提起民事诉讼。

笔者以为，借《行政诉讼法》修改之契机，在新的《行政诉讼法》中明确规定由行政庭合并审理所有行政与民事交叉案件。这是一个符合我国国情的制度设计，能克服目前行政诉讼的缺陷。

首先，该制度符合审判效益原则。在行政诉讼过程中，必然对行政行为的民事基础关系进行审查，将查明的民事争议事实在民事诉讼中直接运用，减少民事审判法官重复劳动，节省了司法资源，充分发挥审判资源的最大效益。也许有学者会对审判人员能否胜任表示疑虑：行政审判庭的法官不如民事审判庭的法官熟悉相关的法律规范，我们不能因为效率而牺牲公正。笔者以为：从目前我国行政审判队伍现状来讲，岗位之间的流动是非常频繁的，一直从事行政审判而没有从事过其他审判的行政审判法官少之又少，行政审判庭的法官大多都有刑事、民事审判和其他岗位工作的经历。且由于行政案件数量相对较少，几乎所有基层人民法院行政庭的法官在办理行政案件之余都帮忙办理民事案件。另外，不管行政庭也好，还是民庭也罢，都是人民法院为了更好地审理案件而作出的内部分工，对外均以人民法院名义作出判决，只要对审理案件有利，完全可以在全院范围遴选法官组成合议庭审理此类案件。

其次，民众认可基础——虽然刑事附带民事诉讼提供了一个成功的附带诉讼范例，但显然在行政诉讼中不能简单套用，否则容易出现法律规定与操作实务之间的脱节，反而影响诉讼效率。我国一直是行政诉讼与民事诉讼分属不同审判组织审理，运用各自运行规则庭审与裁判，且为广大民众所认可与接受。随着司法体制改革的深入开展，各种司法为民的举措会不断涌现，有利于提高审判效率的设想不断试行。但基本一条不会改变，即“实事求实”的基本原则不会变，引伸到案件审理上，“以事实为依据”的原则不会变。前些年，有学者提出用证据去发掘法律事实，使之与案件的本来事实相接近。采用行政与民事合并审理机制，一个重要的出发点就是便于查明案件的来龙去脉和所有案件关联人的心理态势，完整地勾勒出案件的原始状况，以便于人民法院权衡利弊，确定价值取舍，依法保护当事人合法权益。

再次，符合现代司法制度构建方向。合并审理并非突发奇想无源之水，也是有成功典范的。如广东省、上海市等地法院出于对知识产权特殊保护和落实国家知识产权战略的需要，根据《人民法院第三个五年改革纲要》“建立健全符合知识产权案件特点的审判体制和工作机制，在直辖市和知识产权案件较多的城市，探索设置统一受理知识产权案件的综合审判庭”要求，试点设置统一受理知识产权民事、行政和刑事案件的专门知识产权法庭——“三审合一庭”。三审合一符合“先确权——再认定一般确权——最后认定是否犯罪（严重侵权），即先民后刑的审判认知规律”，有助于解决当前知识产权民事、行政和刑事案件分散审理所存在的管辖权冲突、程序不协调、实体处理冲突等问题。三审合一有助于知识产权民事、行政和刑事不同案件之间的程序衔接和审判效率的提高。在证据运用上，刑事取证优势为其他两类案件审理提供借鉴；民事法律关系审查、侵权认定模式为其他两类案件审理提供借鉴；行政诉讼证据独特提供方式亦为其他两类诉讼提供支持。应该说，刑民交叉、行民交叉案件成功的审理模式是“三审合一”机制的创新源泉。同理行政与民事交叉案件实行并案审理符合时代要求，也能达到上述效果。

四、行政与民事交叉案件审理的操作程式设计

行政与民事交叉案件合并审理应遵循如下基本原则：一是效益优先原则。司法效率的价值目标要求诉讼程序的设计要以尽可能小的成本获取尽可能大的收益。行政与民事合并审理制度正是这样一种制度，它在合并审理后将行政争议与民事争议一并解决，减轻当事人的讼累，有效地配置司法资源，降低诉讼成本，节省时间，提高效率，从而减少整个社会成本的支出，实现经济利益的最大化。二是尊重当事人选择原则。人民法院在立案受理或审理行政诉讼案件过程中，发现符合行政与民事交叉的，应当告知当事人可以同时提起民事诉讼，但当事人明确表示要另行单独提起民事诉讼的，应当得到尊重。三是分别适用法律原则。合并审理，并不能混用法律规定。毕竟行政诉讼与民事诉讼有各自运行规则，合并审理只是出于节省司法资源提高审判效率，如果另创法律适用规则，容易引起混乱。

笔者对行政与民事交叉案件的审理操作程式提出如下设计：

第一，积极运用释明权指导当事人。最高人民法院江必新副院长在全国行政审判工作会议的讲话中提出："要充分运用释明权，通过必要、公正的诉讼指导方式，告知当事人举证责任及其他各种诉讼权利义务，充分听取当事人的质辩和意见，避免当事人因请不起律师或者缺乏诉讼知识而承受不利后果。"释明权是人民法院倡导的司法为民的具体体现，旨在引导当事人理解整个诉讼过程，充分运用规则为自己争取更有利条件或更多权益机会。行政与民事交叉案件的提起首先是当事人的选择。但由于当事人诉讼知识的匮乏或对并案审理心存疑虑，法官在立案受理和审理案件过程中，发现案件存在行政争议与民事争议交叉时，应积极运用释明权，指导当事人提起民事诉讼并案审理或者另案提起民事诉讼。

第二，精心配备合议庭。行政与民事合并审理案件需要即懂行政又有民事基础的法官审理，丰富的审理经验有助于查明案件事实，明确权利保护的价值取舍，体现法院裁判的价值引导作用。因此审慎确定合议庭成员是必需的。

第三，驾驭庭审，简化程序。行政诉讼与民事诉讼在庭审方面区别很大，特别是在对证据的举证与质证上。在审理合并审理案件时，一般是对民事案件证据先进行质证与认证，所认定的民事基础事实在行政争议审理中无需重复查明。

拿本文开头的案例来说：首先应查明某甲与担保公司的抵押权是否合法，审查应从抵押权合法成立有效要件入手；然后再查明房屋登记机关将某乙房产转移登记到某甲名下的行政行为的合法性。如查明某甲与担保公司抵押关系合法有效，查明某乙是在完全不知情的情况下，由某甲伪造材料骗取登记，能否判决撤销登记行政行为，将房产还原到某乙名下？这是一个值得探讨的具有现实指导意义的价值取向问题，也是本文主旨所在。如判决撤销登记行政行为，自然某乙的财产权得到了保护，但担保公司就有可能失去30万元借款的还款保障，对无辜的担保公司来说是不公平的；如果从维护交易安全，保护善意第三人的角度判决维持行政登记行为，则必将损害某乙的权益。笔者以为，首先，要尊重物权优先原则，本案例对于某乙来说，所主张的是物权，而担保公司则是准物权——担保物权，在担保物权丧失后，其债权仍然存在，救济机会依然存在。其次，应遵守法律关于抵押权生效的要件规定。《物权法》第179条规定“为担保债权的履行，债务人不履行到期债务或发生当事人约定的实现抵押权的情形，债权人有权就该财产优先受偿”。从该条可以肯定：作为抵押物的财产毫无疑问应当为抵押权所有，如果不是抵押人所有或通过非法途径取得的财产，其无处分权，抵押是无效的。也许有人要说，根据《物权法》106条“善意取得制度”，担保公司的抵押权是善意取得，且同是物权，应同等受保护。其实，这是对《物权法》106条第3款的误解，在非法取得的物上设定抵押权进而运用善意第三人制度予以特殊保护有悖物权基本法理。鉴于篇幅及本文讨论重点问题，在此就不对抵押权的善意取得制度展开细致讨论。最后，在价值取舍时，应考虑当事人有无过错因素。这是笔者提倡合并审理的重要原因之一。通过合并审理，一并查明民事基础行为，查明在转移登记过程中某乙是否知情，是否主动参与了登记过程，进而查明某乙的主观心态有无过错。如查明某乙明知某甲已将财产输光，正在打自己住房主意或听某甲非正式讲过要将某乙住房卖了抵债而碍于父子关系不能见死不救放任所为，则应判决不予撤证；如查明担保公司明知某甲欠的是赌债，就应当事先警惕某甲的还债能力及诚信，在追求利润的驱使下设立抵押权应同时承担经营风险，故应判决撤证。可以看出，撤证与不撤证都是在保护当事人合法权益，只是着眼的社会价值不同而已。这是一个两难的价值取舍，在目前《物权法》粗糙缺乏操作性，又无具体司法解释可供资鉴的情况下，法院只有按照已有的法律规定和基本法理，从保护社会的基本价值目标——诚信角度出发，兼顾交易安全原则，作出谨慎裁判，示范价值趋向。

我们困扰于选择保护原权利人利益还是善意第三人利益，根本误区在于善意第三人权利应如何保护问题。善意第三人权利是债权达到特定条件后，依法律特别规定而上升为物权的权利，其本身并不存在应优先受保护的特权。如果说善意第三人制度是交易安全保护化身的话，那么原权利人利益之保护则是社会基本秩序基本道德之维护。笔者以为，且不说将善意取得制度从动产扩大到不动产之利弊得失，在原权利人利益与善意第三人权利选择上，应毫不犹豫的选择保护前者，这是社会基本秩序的要求。

第四，坚持法定举证责任基础上，强调各诉讼参与人的举证义务。有学者担心民事与行政举证分配不同，会影响案件事实的审理查明。笔者认为，在合并审理案件时，在坚持民事案件“谁主张谁举证”和行政机关“举证证明自己行政行为合法”原则基础上，应赋予所有案件参与人对其主张提供证据的义务。对于行政案件被告来说，应全面提交证明其行政行为合法的事实依据和法律依据；对于原告来说，虽无法定提交证据义务，但为了协助人民法院查明事实，支持自己的诉请，也应提供抗辩依据；对于民事案件的原告——其往往是行政诉讼的原告或民事实体权益真正承担人或第三人，积极全面提交证据支持自己诉求自不待言；对于被告——一般是民事争议的一方当事人，为了民事权益的最终归属，也应提交抗辩证据。只有各方积极提供证据，才能全面查明案件事实，分清是非曲直，确定各方责任。人民法院在案件事实全面查清的情况下，作出的价值权衡才具有权威性。

结　语

如何处理好行、民交叉案件，探索此类案件程序整合的途径，已成为摆在法学界和司法实践界面前的一个重要课题。所有的制度设计当以方便当事人诉讼、合理利用司法资源、节约诉讼成本、提高审判效果、提升审判社会认可度为出发点，体现审判权威，实现司法的价值引导作用。行政与民事合并审理正是基于上述考虑而提出的理性设想，是目前审理这类案件的最佳选择。

人民法院国家赔偿工作回顾与展望

唐 明*

1994年5月12日，第八届全国人大常委会第七次会议通过《国家赔偿法》，并宣布1995年1月1日起施行——迄今不过15年，然而国家赔偿工作却远非15年。

——国家赔偿法官感言

一、45年磨一剑：国家赔偿制度探索的峥嵘岁月

记得8年前笔者刚到赔偿委员会办公室工作谈到我国国家赔偿的历史时，一位资深法官告知：中国革命战争年代红军三大纪律八项注意中的“损坏东西要赔”就是国家赔偿。若从那时算起，我国国家赔偿的历史就不止60年，至少要再往前推20年。只不过那种懵懵懂懂的军纪规定是后人从法制视角追溯出来的，并非法律意义上的国家赔偿。1936年5月5日国民政府颁布的宪法草案第26条规定：“凡公务员违法侵害人民之自由或权利者，除依法律惩戒外，应负刑事及民事责任。被害人就其所受损害，并得依法律向国家请求损害赔偿。”这是中国首次国家赔偿立法。但由于抗日战争爆发等原因，国民政府一直到1939年才出台冤狱赔偿法。反倒是中国共产党领导的抗日根据地率先实行了国家赔偿制度。如抗日战争时期颁布的《山东省人权保障条例》第10条规定：“凡各级政府公务人员违法侵害人民自由之权利者，除依法惩办外，应负刑事及民事责任。被害人得就其所受损害依法请求赔偿。”1946年3月1日陕甘宁边区高等法院示字第一号指示信中规定：“因误会而错押的，除应宣布无罪立即释放外，并按其生活确实困

---

* 山东省高级人民法院赔偿委员会办公室主任。

难情况，由政府予以物质上补助。”[①] 中华人民共和国建国前夕，1949 年 9 月 29 日中国人民政治协商会议第一届全体会议通过的《共同纲领》规定：“中华人民共和国的国家政权属于人民”（第 12 条），“人民和人民团体有权向人民监察机关或人民司法机关控告任何国家机关和任何公务人员的违法失职行为”（第 19 条）。1954 年颁布第一部宪法，该法第 97 条在公民有权控告违法失职的国家机关工作人员的基础上规定：“由于国家机关工作人员侵犯公民权利而受到损失的人，有取得赔偿的权利。”遗憾的是，该条宪法规定缺乏相应的法律予以细化。然而如果联想到刑法、民法等基本法律才于 1979 年后出台，建国几十年没有制定国家赔偿法又是可以谅解的。

尽管新中国成立几十年没有制定国家赔偿法，人民法院的国家赔偿工作却始终存在着。[②] 例如国务院 1956 年 7 月 16 日（56）国一内罗字第 129 号对司法部请示的批复中指出：“各级人民法院因错判致使当事人和家属生活困难时，可由民政部门予以救济；如果错判致使当事人遭受大的损失的，根据宪法第 97 条规定的精神，需要赔偿损失时，仍应由司法业务费开支。”司法业务费列为地方预算，由高级人民法院将需要开支的冤狱补助数额编造预算，报请省（市、自治区）委、人委核准后，由财政部门拨交高级人民法院掌握使用。[③] 此“冤狱补助”即为现代法制意义上的国家赔偿。1954 年宪法颁布之前，对于错案问题的处理则实行如下政策：“凡是真正错捕、错押、错判、错杀的案件，必须予以清理……凡属于完全无辜的劳动农民被错捕、错押者应即释放；错判者应即改判；错杀者应即平反。冤狱平反后，应向当事人或家属道歉，对于遭受重大损害的当事人，或已被错杀者的家属，除道歉外，并应酌情予以必要的抚恤或救济。”[④]

需要说明的是，除 1954 年第一部宪法颁布后的短短几年外，我国 40 多年间大都讳言国家赔偿，而用“补助”、“抚恤”、“救济”、“补发工资”等“落

---

① 顾雷、汪纲翔：《刑事损害赔偿——冤假错案的赔偿问题》，上海远东出版社 1992 年版，第 47~50 页。

② 几十年间各项司法工作都是“有法律依法律，无法律依政策”，有关国家赔偿方面的工作就是依据上级机关制定的政策处理案件。

③ 参见最高人民法院（62）法行字第 128 号《关于错判案件当事人损失补助经费问题的复函》，《中华人民共和国最高人民法院司法解释（活页）》卷 3000671，人民法院出版社、法律出版社 1997 年版。

④ 1953 年 4 月 7 日中共中央《关于处理各级人民法院在过去时期所发生的错捕、错押、错判、错杀问题的指示》，最高人民法院刑事审判第二庭编：《刑事审判监督手册》第一辑，人民法院出版社 1986 年版，第 37 页。

实政策”的措辞代之，其根源在于“党和政府不会错”的思想影响。[①] 从许多蒙受冤屈的当事人听到组织上为其平反昭雪并按规定“落实政策”时感激涕零的情景，从国家赔偿法实施后有人依法获得国家赔偿还要一再表示“感谢党和政府”的态度，从某些国家机关依然按照传统观念错误地解读国家赔偿法的规定[②]，可以发现传统观念对于人们的思想影响有多深。

中华人民共和国建国后的一段时期，由于频繁的政治运动，造成了大量的冤、假、错案，纠正冤、假、错案自然免不了由国家财政支付费用的“落实政策”等善后工作。这些国家赔偿性质的“落实政策”等善后工作已经难以寻觅统计数据，后人可以透过1978年党的十一届三中全会后复查纠正冤、假、错案的有关资料窥见一斑，例如：截至1982年，“‘文革’中公安、法院经办的200多万起案件，绝大多数已经进行了复查，平反纠正冤、假、错案67万多件、72.5万多人。其中，公安系统复查79.5万多件，平反纠正36.9万多件；法院系统复查120万件，改判纠正30.1万多件。同时，对粉碎‘四人帮’以后到三中全会以前两年间经办的反革命案件，复查平反了27800多件。”冤、假、错案的善后工作，“要按照中央有关政策规定妥善处理。”[③]

在国家赔偿问题上，党和国家通过总结正反两方面的历史经验，尤其是总结十年“文化大革命”的深刻教训，逐渐回归到正确的国家赔偿道路上来。1982年颁布的第四部宪法重申了1954年第一部宪法规定的国家赔偿原则：“由于国家机关和国家机关工作人员侵犯公民权利而受到损失的人，有依照法律规定取得赔偿的权利。”（第41条第3款）1986年颁布的《民法通则》从民事赔偿角度对国家机关及其工作人员的职务侵权作出规定：“国家机关或者国家机关工作人员在执行职务中，侵犯公民、法人的合法权益造成损害的，应当承担民事责任。”（第121条）1989年颁布的《行政诉讼法》对行政侵权赔偿设置“侵权赔偿责任”专章规定：“公民、法人或者其他组

---

① “在党（委）的正确领导下”、“与党中央保持高度一致”（各单位则衍化为与各级党政机关及其“一把手”保持一致）等时代性语言为其表现形式，与西方国家之“国王不能为非”理念如出一辙。在此思想影响下，人们认为各级国家机关不可能犯错，更不可能违法侵权，即使工作有失误，也只能适当补偿损失，而赔偿是在违法情况下使用的法律术语，所以不能说国家赔偿。

② 例如人事部人函［1999］177号《关于国家机关、事业单位工作人员受行政刑事处罚工资处理意见的复函》指出：“经核实确被错判犯罪的……原判期间的经济损失及精神损失按《中华人民共和国国家赔偿法》中的有关规定予以补偿。”

③ 1982年12月25日公安部、最高人民检察院、最高人民法院三党组《关于进一步复查平反政法系统经手办理的冤、假、错案的意见的报告》，最高人民法院刑事审判第二庭编：《刑事审判监督手册》第一辑，第43～44页、第46页。

织的合法权益受到行政机关或者行政机关工作人员作出的具体行政行为侵犯造成损害的，有权请求赔偿。”（第67条第1款）1994年颁布的《国家赔偿法》对于行政赔偿、刑事赔偿以及民事、行政诉讼中的司法赔偿全面作出规定。至此，我国建立了较为完整的国家赔偿制度。

45年磨一剑！我国国家赔偿法的颁布凝聚着全国人民的血汗，也凝聚着各级人民法院法官的心血。如果没有多年甄别与纠正冤、假、错案的刑事审判经验，没有通过民事诉讼、行政诉讼审理国家赔偿案件的司法铺垫，就不会有国家赔偿制度的今天。笔者自1980年办理第一件案件（复查纠正冤、假、错案）以来，先后从事过刑事、民事、行政和国家赔偿审判工作，能够体味其中的艰辛。

二、15年坎坷路：国家赔偿司法的风风雨雨

国家赔偿法的施行，对于受国家机关及其工作人员违法侵权之害的公民、法人和其他组织依法获得国家赔偿发挥了保障作用，人民法院对于该法的贯彻实施功不可没。据统计，从1995年1月到2009年6月，全国法院共受理国家赔偿案件87924件，审结79648件。结案率90.59%。其中：受理涉及刑事和非刑事国家赔偿的案件28531件，审结27614件，决定赔偿（1998年以后）的9372件，获得赔偿的比例为35.24%；受理行政赔偿案件59393件，审结52034件，判决赔偿（1998年以后）的共8047件，获得赔偿的比例为15.46%。在行政赔偿案件中，单独提起的31723件，审结28157件；附带提起的27670件，审结23877件。除了依法判决赔偿、决定赔偿，使老百姓的合法权益得到救济，还通过行政协调、善后救济、司法援助等救助措施，使当事人的合法权益得到实实在在的补偿。

但是，由于国家赔偿法规定的缺陷，人民法院的国家赔偿司法实践尚存在许多问题，尤其是赔偿委员会审理案件方面的问题突出：

其一，赔偿委员会与其办公室法官审判的矛盾。《国家赔偿法》第23条第3款规定：“中级以上的人民法院设立赔偿委员会，由人民法院三名至七名审判员组成。赔偿委员会作赔偿决定，实行少数服从多数的原则。赔偿委员会作出的赔偿决定，是发生法律效力的决定，必须执行。”该条规定表明，赔偿委员会决定赔偿案件不同于一般的案件审判，不像其他诉讼案件那样由合议庭法官审判，也没有用来补救一审失误的二审程序。为了慎重、妥善地审理国家赔偿案件，最高人民法院于1994年12月23日向各高级人民法院发出《关于贯彻执行〈中华人民共和国国家赔偿法〉设立赔偿委员会的通知》，要求“中级人民法院赔偿委员会由3名或5名委员、高级人民法

院赔偿委员会由5名或7名委员组成。赔偿委员会委员由审判员担任，其组成人员须报上一级人民法院批准。赔偿委员会设主任委员一人，由副院长兼任，亦可设专职主任主持工作，下设办公室，配备2名至5名工作人员”。据此，全国各中级以上人民法院陆续设立了由分管副院长任主任委员、3名至7名审判员（实际为相关审判庭负责人）组成的赔偿委员会，并根据1996年5月6日最高人民法院《关于人民法院赔偿委员会审理赔偿案件程序的暂行规定》第25条之规定，普遍设立赔偿委员会办公室（简称赔偿办），“负责办理具体事宜”（主要是承办案件）。由于赔偿委员会委员基本上都是各审判业务庭的负责人，难以承担赔偿案件具体审理工作，只得由赔偿办法官审理后，再向赔偿委员会汇报，由委员们研究决定案件，形成具体审理案件的法官不决定案件、决定案件的法官又不审理案件的“审者不判，判者不审”现象，影响了国家赔偿司法的效率。

其二，“暗箱操作”与司法透明的冲突。《国家赔偿法》第23条仅规定赔偿委员会按照少数服从多数的原则作赔偿决定，未规定审理案件的方式。如果实行开庭审理方式，又不符合立法精神。[①] 为查明案件事实、依法作出赔偿决定，法官们只好采取“背靠背”的方式调查了解案情，然后报告赔偿委员会研究决定。由于这种审理方式不透明，赔偿请求人无从知晓赔或不赔的决定是根据什么作出的，抱怨赔偿委员会“暗箱操作”。随着我国加入WTO，需要顺应司法公开的潮流，改变国家赔偿司法不透明的状况。因此，最高人民法院赔偿委员会参照诉讼案件审判经验，采取“先行试点，取得经验，逐步推开”的办法，决定引入听证程序审理国家赔偿案件。这一司法改革举措受到广大人民群众的欢迎，但也受到一些赔偿义务机关的反对。有的赔偿义务机关以没有法律依据为由不配合、不参加赔偿委员会组织的案件听证，使得案件听证效果大打折扣，致使赔偿委员会审理案件处于两难状态。

其三，国家赔偿司法面临着危机。上述两方面的问题直接影响着赔偿委员会对案件的审理，于是便出现了下列现象：受到冤屈的赔偿请求人不管法

---

① 初次提交立法机关审议的国家赔偿法草案规定，司法赔偿案件也实行向人民法院起诉的办法，采用诉讼制解决纠纷，后来根据最高人民法院、最高人民检察院和专家的意见，建议修改为向“人民法院赔偿委员会申请作出赔偿决定”、“法院按特别程序作出决定”，这才形成现行《国家赔偿法》第21至第23条的规定。参见全国人大法律委员会副主任委员蔡诚：《全国人大法律委员会关于〈中华人民共和国国家赔偿法（草案）〉审议结果的报告——1994年5月5日在第八届全国人民代表大会常务委员会第七次会议上》。显然，立法机关回避了司法赔偿案件实行诉讼制，不宜采取开庭审理方式。

律如何规定，也不听法官如何解释，执意要求人民法院保护其受损害的权利并要求公开审判案件；某些赔偿义务机关则指责赔偿委员会组织听证不合法、对他们进行审判更加违法；法院内部的法官们也对国家赔偿案件“审者不判，判者不审”现象表示不满。鉴于赔偿委员会审理案件的尴尬，有的学者建议将“赔偿委员会设置在地级市以上（行政公署、自治州、较大的市）的人大常委会”，“由来自本级人大的法律委员会及本级法院、检察院、司法行政部门、公安、国家安全部门以及律师界的代表组成”。[①] 各方面的不同声音表明，人民法院赔偿委员会的地位和作用受到置疑，我国的国家赔偿司法面临着危机。

三、放眼新征程：国家赔偿司法改革路径探讨

在新中国成立60周年暨最高人民法院建院60周年之际，人民法院的国家赔偿工作也从45年制度探索、15年司法实践跨进一个充分尊重和保障人权的新时代。2009年6月22日，第十一届全国人大常委会第九次会议在第五次会议初审的基础上再次审议了《国家赔偿法修正案（草案）》。尽管“二读”仍未付诸表决，但人们能够感受到法律的修改在以人为本、保障人权思想指导下的进步。仅就国家赔偿司法程序而言，初次提交全国人大常委会审议的《国家赔偿法修正案（草案）》较原有规定增加了赔偿委员会审理案件程序，明确规定赔偿请求人和赔偿义务机关应对自己提出的主张提供证据、赔偿委员会可以进行听证以及案件在3个月内作出决定、特殊案件经院长批准可以延长1个月审限，对于司法实践中赔偿决定执行难问题，也相应作出赔偿请求人凭生效法律文书申请支付赔偿金的规定；全国人大常委会二次审议时又增加了对赔偿委员会的司法进行监督的条款，规定赔偿请求人认为赔偿委员会决定确有错误的，可以向上一级人民法院赔偿委员会提出申诉，赔偿委员会作出决定后发现违法的，经本院院长决定或者上级人民法院指令，应当重新审查作出决定，最高人民检察院对各级人民法院赔偿委员会作出的决定，上级人民检察院对下级人民法院赔偿委员会作出的决定，发现违法的，应当向同级人民法院赔偿委员会提出意见，同级人民法院赔偿委员会应在2个月内重新审查并依法作出决定。按照立法法关于法律议案一般“三读”通过的规定，相信不久的将来，国家赔偿法将以崭新的面貌呈现于世人面前。

人民法院的国家赔偿法官对于国家赔偿法的修改充满期待，同时又不免

---

① 马怀德主编：《国家赔偿问题研究》，法律出版社2006年版，第32～33页。

有些怅然。充满期待是由于国家赔偿法的修改体现了宪法修正案规定的“国家尊重和保障人权”精神，有些怅然则是因为在国家赔偿司法改革这个关键问题上力度不够。国家赔偿法官们本以为能借修改国家赔偿法之机改变赔偿委员会审理案件的窘状，希望立法机关能够理顺国家赔偿司法“一法两制”（即一部国家赔偿法规定行政赔偿与刑事赔偿以及民事、行政诉讼中的司法赔偿分别实行由人民法院行政审判庭和赔偿委员会司法终决两种制度）现象，明确将所有国家赔偿案件（不管司法赔偿案件还是行政赔偿案件抑或将来的其他类型国家赔偿案件）都实行由人民法院依循诉讼程序司法终决，即通过向人民法院提起诉讼终决案件纠纷的制度。在征求国家赔偿法修改意见过程中，全国各级人民法院的法官提出了不少实行诉讼制终决国家赔偿案件纠纷的意见，既包括在现行法制基础上实行诉讼制的倡议，也包括结合赔偿义务机关制度改革实行诉讼制的建议。在实行诉讼制的路径选择上，有的提议将现行国家赔偿法规定的赔偿委员会决定制改为由国家赔偿审判庭负责审理司法赔偿案件；有的提议将行政赔偿案件、司法赔偿案件都划归一个审判机构（设立统一的国家赔偿审判庭）审理，但行政诉讼中一并提起行政赔偿诉讼的除外（即在行政诉讼中提出行政赔偿请求的仍由行政审判庭审理）；有的提议司法赔偿案件的诉讼制与赔偿义务机关制度改革配套进行，即法院、检察院都不作为赔偿义务机关，也不作为司法赔偿案件的被告，改由同级政府法制工作部门代表国家统一作为赔偿义务机关处理国家赔偿事务和出庭应诉，在此基础上，将赔偿委员会决定制改为诉讼制，由国家赔偿审判庭负责审理国家赔偿案件。

应当说，国家赔偿案件实行诉讼制的这些意见道出了广大国家赔偿法官的心声。笔者综合比较这些意见后，提出一条协调解决国家赔偿案件实行诉讼制的新思路，分述如下：

第一，当案件纠纷不能通过当事人和解以及调解等方式解决，行政机关裁决也不能了断时，由法院司法终决，是当代国际社会法治国家的普遍选择（否则有封建专制嫌疑）。目前世界各国对于国家赔偿案件通常采用诉讼制终决纠纷。我国当初在国家赔偿立法过程中受制于司法机关作被告不好解决等难题，最终舍弃诉讼制转而采用赔偿委员会决定制。[1] 对于这种设在法院内部的赔偿委员会，法律虽然规定“由人民法院三名至七名审判员组成”，

① 参见全国人大法律委员会副主任委员蔡诚：《全国人大法律委员会关于〈中华人民共和国国家赔偿法（草案）〉审议结果的报告——1994 年 5 月 5 日在第八届全国人民代表大会常务委员会第七次会议上》。

却并未明确为审判组织，同时也不规定赔偿委员会审理案件的方式，仅仅规定按照少数服从多数原则作出赔偿决定。无奈之下，最高人民法院只好自己将赔偿委员会规定为“人民法院审理赔偿案件的审判组织”。[①] 我国的赔偿委员会决定制既不像诉讼制，又不像行政处理程序的复议制。说它不是诉讼，却由人民法院终决案件纠纷，法院终决案件纠纷不是诉讼又能是什么？将其认定为行政处理程序，显然与人民法院是国家审判机关的宪法定位不符，法院与其他赔偿义务机关有何行政关系呢？说它就是诉讼，又采取决定而非判决、裁定的形式，且决定一经作出即发生法律效力，与人民法院审判案件普遍实行的两审终审原则相悖。这种独特的赔偿委员会决定案件制度，具有韩国的赔偿审议会“先行审议”制度[②]的影子，又不像韩国那样有不服审议会决定可以向法院提起诉讼的司法救济渠道。如前所述，我国国家赔偿司法实践15年来的经验证明，实行赔偿委员会决定制并不是一个理想的选择。赔偿委员会决定制的问题不仅仅是操作层面的，理论上也缺乏依据。所以，必须对赔偿委员会决定制进行法律上的诉讼制改造，名正言顺地将人民法院的国家赔偿司法工作作为审判工作的组成部分，唯此，才与宪法及人民法院组织法的规定相吻合。

第二，赔偿委员会决定制的诉讼制改造，需要将司法机关从赔偿义务机关中剔除。有些同志简单地看待国家赔偿案件实行诉讼制问题，以为只要将赔偿委员会改为国家赔偿审判庭，就可以自然而然地从决定制变为诉讼制。这些同志没有意识到，现行法律规定的赔偿义务机关制度不改，法院、检察院等司法机关作为国家赔偿案件的被告，如何实行诉讼制？由一个司法机关（法院）审判另一个司法机关（法院或者检察院）成何体统？作为国家赔偿案件被告的检察院如果不服法院的一审判决，是上诉还是抗诉？此等问题不解决，国家赔偿案件实行诉讼制就难以被人们接受。当然，从理论上说，法律面前人人平等，我国的法律并不排除司法机关作为案件被告。但不可忽视的问题是，现在世界上还有哪些国家的司法机关作为案件被告？另一个不可

---

① 《国家赔偿法》第23条、最高人民法院《关于人民法院赔偿委员会审理赔偿案件程序的暂行规定》第25条。

② 根据韩国国家赔偿法第10条、第15条之规定，为国家或地方自治团体赔偿决定之审议，于法务部设本部审议会，但对军人或军属加害他人赔偿决定之审议，于国防部设特别审议会；本部审议会与特别审议会得设置地区审议会；地区审议会驳回赔偿申请的，申请人可向本部审议会或特别审议会申请复议，由本部审议会或特别审议会复议决定赔偿事务。当事人对审议会决定不服的，可向有管辖权的法院提起诉讼。参见林准、马原主编：《外国国家赔偿制度》，人民法院出版社1992年版，第204～207页。

忽视的问题是，我国2006年引起轰动的乌鲁木齐铁路运输中级法院受贿一案被有关机关叫停[①]意味着什么？笔者以为，依据司法豁免原则，排除法院、检察院作为案件被告，是当代法治国家的通常做法，我国对乌鲁木齐铁路运输中级法院受贿一案叫停，反映了国家在司法机关当被告问题上态度的转变。为维护司法机关的声誉，同时也为避免人民法院赔偿委员会审理司法机关作为赔偿义务机关案件的尴尬，有必要将法院、检察院等司法机关从赔偿义务机关中剥离出来，也不将其作为国家赔偿案件被告。在司法机关不作被告的基础上，将人民法院的赔偿委员会改为国家赔偿审判庭，实行诉讼制审理司法赔偿案件，也就顺畅得多，某些反对司法赔偿案件实行诉讼制的机关也不再会有抵触情绪。[②]

第三，国家赔偿案件司法实行诉讼制改造后，由政府职能管理机关作为案件被告。我国赔偿义务机关制度中的问题不啻司法机关作为赔偿义务机关不合适的问题。因为近几年普遍实行统一财政的体制改革后，各单位已经没有其独立支配的资金，失去了赔偿义务机关先行支付赔偿金的条件，再固守原有的赔偿义务机关制度已不合时宜。如果说赔偿义务机关还有义务的话，也仅仅是依法确认该不该赔偿，该赔偿的办理赔偿手续。而作为侵权机关，难免出于本能地对其违法侵权行为进行辩解，这就难以得到赔偿请求人的认同，不如将赔偿问题交给一个相对中立的机关处理。相对中立的机关，选择职能管理机关最合适。近年来，最高人民法院曾先后组织国家赔偿司法代表团访问西欧的德国和法国、东亚的日本和韩国，这几个国家都是由政府职能管理机关（德国、法国为司法部，日本为法务省，韩国为法务部）处理国家赔偿事务，若引发诉讼，也是由政府职能管理机关作为国家赔偿案件被告。我国应当借鉴此经验。中国县级以上人民政府都有法制工作机构，复议、应诉是各级人民政府法制工作机构的职责，由各级人民政府法制工作机构代表政府处理国家赔偿事务并负责出庭应诉，就可以解决谁作为赔偿义务机关以及国家赔偿诉讼案件的被告问题。这个建议，笔者曾在全国人大法工委到山东省进行修改国家赔偿法调研的座谈会上提出来，各方人士都没有异

① 该法院被检察机关提起公诉后引起国内外广泛关注，被认为开创了当今世界司法机关被提起公诉的先河，但随后该案戛然而止，杳无声息。http://hi. baidu. com/tgss01/blog/item/ccf95f2379dc7b4c9358075c. html.

② 对国家赔偿案件实行诉讼制持反对意见的主要是检察机关，检察机关不愿受人民法院审判，就以法律监督机关当被告与其地位不符为由反对国家赔偿案件实行诉讼制。其实，检察机关的这个理由是正当的，司法机关作为被告的确不妥。在司法机关不作被告的基础上实行国家赔偿案件诉讼制，问题则迎刃而解。

议，省政府法制工作机构的同志表态赞成，只是提出基层政府法制工作机构人员不足的问题。故而笔者认为，由各级人民政府法制工作机构代表国家处理赔偿事务并负责出庭应诉，是一揽子解决赔偿义务机关以及国家赔偿案件被告问题，实行国家赔偿案件诉讼制改造的最佳选择。国家赔偿案件此种情形下的诉讼制，与其他诉讼案件的司法原理相通，两审终审、检察机关监督包括提起抗诉，都不存在问题。

因此，国家赔偿司法的诉讼制改造并非伤筋动骨影响体制问题的难事。但愿修改国家赔偿法的决策者们参酌借鉴上述意见，尽早了却国家赔偿法官的一桩心事，使得国家赔偿司法不再艰难。

国家赔偿：精神损害赔偿不应缺席

肖福林*

一、我国国家赔偿中的精神损害赔偿的立法现状及缺陷

（一）精神损害和国家精神损害赔偿的含义

国家赔偿是基于国家的各种机关实施侵权而主要由国家财政承担责任的赔偿。它通常有两种表现：一是国家机关及其工作人员的职务侵权行为；二是国有公共设施的设置或管理瑕疵致人损害的行为。我国国家赔偿法只针对第一种情形。本文所指的国家侵权行为及国家精神损害赔偿专门指的也是第一种情形。从职务侵权侵犯的客体来看，无非是侵犯受害主体的财产权和人身权，国家赔偿法对此作出相应规定（见第3条和第4条）。从侵权的损害后果看，国家侵权行为给受害主体造成的损害既包括物质损害，也包括精神损害。但由于侵害的对象不同，其所造成的物质和精神损害在整个损害构成中的地位和表现是不同的。对财产权的侵害，首先和主要的损害是物质损害，当然并不排除受害人精神损害的存在。对人身权的侵害，首先和主要的是精神损害，同时也存在物质损害。② 国家侵权行为中的精神损害，是指国家侵权行为给受害主体造成精神痛苦、肉体痛苦和其他精神利益的损害。它既可能由侵害主体的财产权而产生，又可因侵害主体的人身权而产生。侵害财产权而产生的精神损害，是一种伴随性的精神损害，其损害程度远不及直接的财产损害，我国的法律制度对此是不予精神损害赔偿的，目前通过立法来确认这种精神损害赔偿的各方面时机还未成熟。对侵害人身权所产生的精神损害，是一种直接的精神损害，其次才是财产损害。国家赔偿中的精神损

* 江西省赣州市中级人民法院助理审判员。

② 关今华：《精神损害赔偿数额的确定与评算》，人民法院出版社2002年版，第320～321页。

害，是指由于国家侵权行为而给相对人造成的精神上的痛苦和损害。国家赔偿中的精神损害赔偿即国家侵权精神损害赔偿是指由于国家侵权行为对公民、法人及其他组织造成非物质损害，包括心理上的痛苦或失常，名誉或荣誉的损害等，而为弥补这种损害主要由国家财政承担责任的赔偿。精神赔偿的实质是对受害的自然人、法人或其他组织所遭受的非物质损害进行抚慰，从而减轻精神痛苦。

（二）历史发展过程及现状和立法缺陷

“精神损害赔偿”在新中国成立以来很长一段时间内，被称为“资产阶级的东西”，人们对它既不熟悉也不敢提到。直到1986年4月12日，全国人大通过《民法通则》第120条第1款规定：“公民的姓名权、肖像权、名誉权、荣誉权受到侵害的，有权要求停止侵害，恢复名誉，消除影响，赔礼道歉，并可以要求赔偿损失。”至此，精神损害赔偿开始被人们所接触，作为保护公民的民事权利、制裁民事违法行为的法律武器，在当时保护公民人身权利方面具有划时代的意义，被誉为“人身权保护的第一个里程碑”。随着我国法治现代化的建设，越来越多关于精神损害赔偿的案件需要由法律来解决，1986年民法通则关于精神损害赔偿的规定已逐渐显露出它的不完善之处。如它对具体人格权规定的不完全、对身份权则完全没有规定等，造成了许多司法制裁受到制约。直至1999年最高人民法院在全国民事案件审判质量工作座谈会上提出将精神损害赔偿的范围扩大到包括物质性人格权、精神性人格权、一般人格权在内的人身权利，标志着精神损害赔偿制度在我国民事审判领域得到全面承认和保护。紧接着，最高人民法院2001年3月10日公布了《关于确立民事侵权精神损害赔偿责任若干问题的解释》（以下简称《解释》），它对人格权的保护更加充分，对身份权的保护也作了规定，被誉为“人身权保护的第二个里程碑”。[①] 然而，最近几年“麻旦旦处女嫖娼案”、“佘祥林杀妻案”等典型案例中的受害人却无法在精神损害方面得到国家司法救济。这些受害人在受到国家行政机关，司法机关及其工作人员以国家名义作出的违法行为侵害时，其受到的侵害，不仅表现在肉体上，同时表现在精神上，因此当侵权行为纠正以后，仅给受害人物质损害补偿，不给其精神损害补偿的做法是不公正的。虽然法院作出这样的判决并不违背现行法律，但法律的正确执行，并不代表事实上的公正，立法上的残缺必将导致执法上的狭隘。从法律的原则和精神来看，公法上的精神损害赔偿也应像

① 皮纯协、冯军：《国家赔偿法释论》，中国法制出版社，第11～12页。

私法一样作为一项重要的权利补救制度，借助金钱、物质等手段达到精神抚慰之目的，以体现法律的公平和正义。不能因为法律关系主体的不同而有所区别。从国家赔偿法的规定以及我国的司法实践来看，我国国家赔偿法对精神损害的赔偿存在以下一些严重缺陷：

1. 需承担赔偿责任所侵害的客体范围太窄

《国家赔偿法》第30条仅规定名誉权，荣誉权，而未包括生命权、身体权、人身自由权等人格权；而民法中精神损害赔偿的范围则宽泛得多，除名誉权和荣誉权之外，还包括生命权、健康权、身体权、姓名权、肖像权、人格尊严权、人身自由权等人格权和人格利益，以及亲权等身份权，具有人格因素的某些特定纪念物品等财产权都在保护之列。依据法理，公法与私法虽有本质上的区别，但在需承担赔偿责任所侵害的客体范围方面应当保持基本一致，绝对国家主权论及国家特权理论都是与我国建设社会主义法治国家的基本方略背道而驰的。

2. 承担责任方式单一

《国家赔偿法》第30条规定，国家侵权行为侵犯受害人的人身权，赔偿义务机关确认受害人可获得赔偿物质损失后，对造成受害人名誉权、荣誉权损害的，应当在侵权行为影响的范围内，为受害人消除影响，恢复名誉，赔礼道歉。由此看出，现行的国家赔偿法对侵犯人身权所造成的名誉权、荣誉权等精神损害的，国家只承担非财产责任方式，没有规定予以经济赔偿。这固然是立法上的局限，主要是国家至上主义的表现，当然也与现有的国情和历来固有的落后法律观念和损害赔偿观有关。特别是新中国成立后几十年来，一直不承认民事侵权上的精神损害（直到1986年才确认推定式的有限的精神损害赔偿制度和2001年《解释》建立较完整意义上的精神损害赔偿制度）①，更何况涉及国家财产付出的国家侵权的精神损害赔偿。随着我国落实科学发展观“以人为本”政策的深入人心，《国家赔偿法》没有规定集具克服被害人精神上所受损害、抚慰缓和当事人精神痛苦、惩罚制裁不法行为人、法官赖以调整数额以求达公平正义之目的的金钱赔偿，实属一个重大缺陷，几乎背离了精神损害赔偿制度设立的本意，因此有人戏称国家赔偿法为“国家不赔偿法”。

3. 无具体的确定赔偿数额的标准

《国家赔偿法》未规定具体的赔偿参照标准，而《解释》虽未规定具体的赔偿数额限制，但允许法官参考以下因素并通过自己的良知确定：（1）

---

① 关今华：《精神损害赔偿数额的确定与评算》，人民法院出版社2002年版，第322页。

侵权人的过错程度；（2）侵权的手段、场合、行为方式等具体细节；（3）侵权行为所造成的后果；（4）侵权人的获利情况；（5）侵权人承担责任的经济能力；（6）受诉法院所在地平均生活水平。这实际上意味着确定具体赔偿数额时必须考虑的三条原则：第一要考虑对受害人是否起到抚慰的作用；第二是要考虑对加害人是否起到制裁的作用；第三是能否对社会有一般的警世作用。

二、完善国家赔偿中精神损害赔偿制度的必要性及可行性

（一）必要性

主张确立国家精神损害赔偿制度，不是没有理由的，也就是说，国家精神损害赔偿制度是完善国家赔偿制度的必然要求。

1. 法制统一的要求

我国的《宪法》、《民法通则》和《解释》都规定，国家机关和国家工作人员侵犯公民和法人的合法权益造成损害的，都有权请求赔偿（包括承担民事责任）。《国家赔偿法》正是以《宪法》和《民法通则》为依据制定的，虽然其所调整的行为只涉及职务侵权行为，但是国家机关侵权与民事主体侵权只是主体不同，本质上没有区别。传统的理解没有把国家同一般的民事主体进行合理的对等，而往往把国家和机关置于优于公民权利的地位。从某种程度上讲，国家机关与民事主体权利义务具有一定的对等性，国家侵权责任承担方式与民事侵权责任承担方式也应在立法和实践上实现统一。无论是民事侵权行为，还是国家侵权行为，只要给公民造成了精神损害的，均应给予受害人法律救济，赋予受害人精神损害赔偿的请求权。为何国家侵权就不确立同样的精神损害赔偿制度？这在损害结构体系里，是不平衡的，不利于统一适用宪法和民法，也不利于法制建设的统一和协调。

2. 体现了我国民主的发展和我国保护人权的进步

我国是一个经历了几千年封建统治的国家，皇权至上、专制主义、漠视人权的思想根深蒂固，广大人民的民主意识和权利意识极其淡薄，不可能产生国家赔偿的思想。随着新中国的成立，我国人权逐步得到发展。特别是近20年，我国在保护人权方面取得了长足进步，2004年十届人大二次会议对《宪法》进行了修正，第一次明确提出“国家尊重和保障人权”，首次将“人权”由政治概念上升为法律概念，这表明了我国捍卫人权的信心和决心。因此，将精神损害赔偿纳入国家赔偿法，会更好地保护我国公民的人权，从而体现我国“人权入宪”的精神。

3. 有利于彻底保护相对人的合法权益

这是建立国家赔偿精神损害赔偿制度的本质要求。国家侵权行为的损害后果，往往致人严重精神损害，特别是公、检、法等特殊职务侵权行为，更是如此。如非法拘留、非法拘禁、不法使用暴力侵犯公民的人身自由和其他伤害身体行为，给受害人身心健康造成不应有的影响、打击和损伤，致使身体健康状况恶化，产生严重肉体痛苦和精神痛苦，有的甚至遭受永久性的残废和死亡后果。又如错误批捕、错误裁决、错误执行和其他错误的强制措施和保全措施，不但给受害人带来巨大的财产损失，而且直接侵害了受害人的名誉权、荣誉权和其他人格权，影响和降低了社会和人们对受害人的评价甚至造成其他严重后果，给受害人带来严重的精神损害。对这些国家侵权行为所造成的严重精神损害，仅仅用消除影响等非财产责任方式往往是弥补不了受害人的严重创伤和各种不良后果的。在这种情况下，给予受害人以适当的赔偿金能在一定程度上减轻其遭受的痛苦，物化其损失则更有利于赔偿法的实现。所以只有引进精神损害赔偿，才能补偿受害人的严重损害，实现社会的公平与正义，规范国家管理行为，加快社会主义和谐社会的建立。

4. 限制国家机关及其工作人员权力的滥用以规范其行为

虽然精神损害赔偿只是一种治标之策，但在客观机制上约束了国家权力的滥用。在国家权力与公民权利体系上，国家权力来源于公民权利，从属公民权利，因而应当处于公民权利的约束之下。① 公民权利对国家权力的制约不是停留在理论上，而主要是通过法律来完成，法律规定了两者行为的界限，并在规则和程序中调整两者之间的关系，使他们达到动态平衡的状态。② 因此，我们将精神损害赔偿纳入国家赔偿法是对国家权力进行制约、保护公民基本人权的根本要求之一。

（二）可行性

马克思主义方法论告诉我们，要完成一项任务，制定一项决策，不仅要看其行动的必要性，而且要在把握事物发展规律的前提下，充分注意其可行性，如果盲目作为则势必碰壁。只有必要性与可行性二者兼具时，才能保证决策的正确性、科学性。那么，在国家赔偿法中建立精神损害赔偿制度是否可行呢？笔者认为，答案是肯定的。我们知道，当初国家赔偿法中未规定精

---

① 童之伟：《公民权利国家权力对立统一关系论纲》，载《中国法学》1995 年第 6 期，第 65 页。

② 王人博、程燎原：《权利及救济》，山东人民出版社 1998 年版，第 350 页。

神损害赔偿制度主要基于两条原因：第一，制定国家赔偿法的时候，我国的精神损害赔偿制度还不成熟，民法通则规定的侵害姓名权、肖像权、名誉权、荣誉权的精神损害赔偿制度，在理论上还在争论，而侵害生命权，健康权和身体权的精神损害赔偿则尚未出台，因此只规定了侵害人身自由权的可以予以适当赔偿工资的损失。第二，出于保护国家利益的考虑，国家承担赔偿责任的可以低于一般的侵权赔偿标准，因为国家处于经济困难时期，无法承担过重的赔偿负担。[①] 随着社会经济的发展，国家财富的增长，社会各项法律制度的健全，当时的原因已消失，我们已经有了完善精神损害赔偿制度的思想、物质、法律基础及可资借鉴的国际立法体例：

1. 思想基础

随着我国社会主义发展到21世纪，随着2004年的人权入宪，随着党中央国务院提出科学发展观“以人为本”的本质要求深入人心，人们不再停滞和满足于近代法律对财产权及外部物质世界的保护，转而更关注于人身权不受侵害及内心精神世界安宁的呵护时，人民对人权的理解和需求逐渐加深，这使现代法律确立了另一座法律里程碑：必须注重精神损害赔偿制度的完善和保护。当前，我国人民在物质上获得了一定保障后，正在渴望民主，希望真正成为国家的主人，感受国家对自己的关怀，追求精神世界的进一步富足。国家作为人民的国家，应该顺应民意，满足人民的这种需求，以求公民与国家的良性互动，以适应建设和谐社会的需要。于是，建立国家赔偿法中精神损害赔偿制度就有了可靠的民意思想支撑。

2. 物质基础

我国立法者将精神损害排除在国家赔偿之外的一个考虑是经济因素，担心大量的精神损害索赔会使国家财力陷入困境。这种观点的出发点是有一定道理的，一个国家，老百姓温饱问题都没有解决，配套法律也跟不上，建立精神损害国家赔偿制度当然言之过早。但现在我国的经济实力、国际上的政治地位及我国的综合国力伴随着科学技术的进步，社会经济的发展，较以前已经有了大幅度的提高，国家的财力已经提高到了相当高的水平，国家完全有能力用金钱给付的方式来对精神损害予以赔偿，以财政制约、国库有限为由来拒绝对国家侵权领域中的受害者予以精神损害赔偿的做法，已经完全站不住脚。

3. 法治基础

首先，我国已建立起了一定的国家赔偿法律制度，国家赔偿的措施积累

① 汪治平：《人身损害赔偿若干问题研究》，中国法制出版社2001年版，第117页。

了不少经验，尤其是号称中国民法保护人身权两个里程碑的《民法通则》和2001年《解释》的运作经验，为我国国家精神损害赔偿制度的完善提供了充分、确实的依据和有益的经验；其次，随着我国社会主义各种法律、法规的逐步完善，民主法治观念深入人心，精神损害赔偿和国家赔偿这两个概念已众所周知，它们中间只差一条纽带联系，便能更好地保护公民的人身权利，即建立国家精神损害赔偿制度；最后，我国各级地方法院在司法实践活动中，也有给予受害人精神损害赔偿的实例。如陕西吴旗县“李宪清诉该县公检法国家赔偿案”等案例都表明了在司法和社会实践中，我国《国家赔偿法》在精神损害赔偿方面有了良好开端，将精神损害纳入国家赔偿，已开始在我国萌芽。我国虽然不是以判例为法律渊源的英美法系国家，但这些司法实践已形成一种氛围，一种建立精神损害国家赔偿制度的良好环境。福建高院的关今华先生称这些司法实践为“大胆正确的造法活动，应当充分肯定这种做法的合理性”。[①]

4. 国际借鉴

纵观西方国家，国家侵权损害的可赔偿范围，开始也仅限于物质损害的赔偿，逐渐发展到人身非财产损害领域以及有碍生存的损害领域，最后被适用于精神损害领域。法国、德国、俄罗斯等西方国家都肯定了国家对精神损害的赔偿，这为我们提供了可资借鉴的国际立法例。法国于1964年11月24日在公共工程部长诉勒都斯兰德案件的判决中认为：尽管缺乏物质损害，儿子的死亡给父亲造成的痛苦是可以作为给父亲赔偿的充分的理由的，从而在国家赔偿中承认了精神损害赔偿。《德国国家赔偿法》第7条明确规定：对于损伤身体的完整、健康、自由，或者严重损害人格等非财产损害，应根据责任大小予以金钱赔偿。另外，俄罗斯、美国、瑞士等国家也都主张金钱方式的国家精神损害赔偿，这体现了现代法治精神，可以更好地与国际社会接轨，也为国家侵权精神损害赔偿制度垫定了理论基础。我国自《解释》出台及人权入宪以来法制建设发展迅速，“以人为本”、“权利在民”的精神已深入人心，建立国家侵权精神损害赔偿制度的法治环境已经具备，在这方面物质、精神、制度的条件已经成熟，确立国家侵权精神损害赔偿势在必行。

三、国家精神损害赔偿制度的构建

在我国建立精神损害国家赔偿制度，是一项系统的工作，既要全面的保

---

① 关今华：《精神损害赔偿数额的确定与评算》，人民法院出版社2002年版，第327页。

护公民的精神权利，又要符合我国的实际情况。我们可以借鉴国外的经验和我国在民法领域关于精神损害赔偿的经验，建立一个系统、规范的制度。关于如何在国家赔偿法中设立精神损害赔偿制度，有关专家提出两种方案可供选择：一是在国家赔偿法中增设条款，扩大其赔偿的范围，对构成精神赔偿的条件、数额及赔偿金支付方式等作出具体规定。二是参照日本、韩国和台湾地区的国家赔偿法的立法模式，规定“除依本法规定，适用民法有关规定”的准用条款，要求依照有关民事侵权的精神损害赔偿制度的规定处理。[①] 笔者认为，因民法与国家赔偿法分别属于私法和公法领域，它们之间存在一系列理论与原则的差异，第二种观点看似简单，但操作性不强，不易实现。笔者更倾向于第一种建议，就国家赔偿制度中精神损害赔偿制度的构建，应在借鉴民法关于精神损害赔偿的解释基础上，完善国家赔偿法关于精神损害赔偿制度的立法。

（一）赔偿范围

1. 侵权客体范围

国家精神损害的赔偿范围与一个国家的经济状况等一系列因素相联系。精神损害赔偿在性质上是辅助性的，而非主导性，我国的法治状况、财力充裕程度、精神损害侵权数量以及国家赔偿法所确定的违法原则等决定我们不能对每一桩国家的精神侵权行为都进行赔偿，也不应对应予赔偿的侵权行为不赔偿。这就有一个赔偿的范围问题。此范围的界定，对于国家侵权受害人，赔偿义务机关和法院赔偿委员会，均有现实意义。对于我国国家精神损害赔偿，《国家赔偿法》第 30 条规定这一赔偿范围只限定在名誉权和荣誉权，与《宪法》第 33 条第 3 款“国家尊重和保障人权”的规定不相符。换句话说人权不是名誉权和荣誉权相加，在国家赔偿法中过于狭窄的规定与宪法作出的规定相违背，因而有必要扩大赔偿范围。至于如何扩大，有必要借鉴他国的做法与我国民事立法在此方面的规定，做到不留缺陷。国家侵权精神损害赔偿的范围，各国在立法采取了不同的做法，这主要与该国法治环境、国家财力等有关。多数发达国家对精神损害赔偿，目前已扩大到各种人身权利，由限定主义向非限定主义过渡，有赔偿责任不断扩大、赔偿范围不断拓宽的发展趋势。在我国，相对于最高人民法院颁布实施《解释》而言，国家赔偿法对精神损害赔偿范围过窄。国家侵权与民事侵权不应因主体的不同而使对侵权行为承担责任的范围有如此大的差异。因而，笔者认为国家赔

---

① 罗豪才：《行政法学》，北京大学出版社，第 251 页。

偿法中精神损害赔偿的范围扩大应在考虑我国现有发展水平，借鉴我国民事精神损害赔偿的范围，特别是参照2001年最高人民法院《解释》的基础上采取稳步发展的方式进行。目前可以界定在以下范围：

（1）生命权、健康权、身体权。侵害公民的生命权、健康权、身体权不仅会给受害者带来肉体痛苦，更多的是给受害者及其亲属带来精神痛苦，而这些精神痛苦又会间接导致受害人及其亲属的身体受损，因此其精神危害甚至要重于受害者的肉体危害。佘祥林被冤枉而判刑后，其母含冤而死，应该说是精神损害导致身体损害的典型案例。因此，侵犯公民生命权、健康权、身体权，不仅要赔偿医疗费、死亡赔偿金，更重要的是给予受害者及其亲属以精神损害赔偿。

（2）人身自由权。侵犯公民的人身自由，必然造成受害人不能按照自己的意志去生活，给受害人带来精神痛苦；同时，也会使受害人丧失相关的财产利益，造成财产的损失。因此，对侵害公民人身自由权的，要更多地考虑受害人精神受损情况，给予相应的赔偿。

（3）名誉权、荣誉权、人格尊严权。国家侵权往往会给受害者带来名誉权、荣誉权等的损害。《国家赔偿法》仅规定了受害者上述权利受损时给予受害人消除影响、恢复名誉、赔礼道歉是不够的。陕西“麻旦旦处女嫖娼案”是一个典型的例证。因此，当公民上述权利受损严重时，应该给予金钱赔偿。

（4）姓名权、肖像权、隐私权和其他人格权。这些权利在国家侵权中不是最重要的，但当其达到一定的受损程度时，也应相应给予公民精神损害赔偿。

2. 其他需要纳入赔偿的领域

（1）扩大法院的非刑事司法赔偿范围。对于法院在民事、行政诉讼中的“错误裁判”，要区别对待，不能像现在一样一律不赔。有的错误裁判是审判员贪污受贿、徇私舞弊或者故意枉法造成的，并且可能没有受益人（不当得利人），或者已经执行的裁判无法恢复而侵害受害人人身权造成其精神损害的，这种情况下，国家应当承担精神损害赔偿责任。

（2）增加公共设施的国家精神损害赔偿。现行国家赔偿法只适用国家机关在行使职权中侵权的情况。道路、桥梁等公共设施因设置、管理欠缺而致人人身权受损的，因不属于显著违法行使职权的问题，没有纳入国家赔偿的范围。而由受害人依照《民法通则》的规定向负责管理的企事业单位要求赔偿。但是，如果注意现代国家在行使国家权力之外还提供大量公共服务的事实，就应把公共设施设置、管理不善的侵权纳入国家精神损害赔偿范围。[①]

（二）赔偿原则

理论上，民事精神损害赔偿与国家精神损害赔偿应遵循统一的原则，不应因侵权主体不同而在民事侵权和国家侵权上分别适用不同的赔偿原则。但实际中，国家赔偿法对归责原则的确定与选择既受到国家政治、经济、文化的影响，又受传统观念的左右，所以又不能完全适用民法中的归责原则。国家赔偿法的本意是要依法限制权力的专横和滥用，但由于规则原则过于简单，已经出现了一定的滞后性及不合理性。如我国将行政赔偿与司法赔偿统一规定进一部国家赔偿法，在总则部分将违法归责原则规定为两者的共同原则，而作为例外的只是刑事赔偿事项中的结果归责原则，非刑事司法赔偿事项中的错误归责原则。对此，法学界和司法界普遍认为国家赔偿事项差异较大，情形不同，而违法归责原则范围过于狭窄，不能全部覆盖。违法，当然是一种主要的承担赔偿责任的根据，但其他情形下也可能适用诸如结果、过错、瑕疵等不同的归责原则，都用一个违法标准来统一，是不科学的，是值得商榷的。另外，值得一提的是，过错归责原则不应当排除在归责原则之外。过错，是承担赔偿责任的主要根据之一，各国民事和国家赔偿责任都不例外。从理论上讲，过错也表明了国家机关工作人员在执行职务过程中没有尽心尽责，没有尊重和充分保护当事人的合法权益，应该说是一种应当受到谴责和非难的状况，过错也在造成损害和扩大损害方面经常起到较大的作用。只用违法与否的标准显然是远远不够的，不足以约束国家机关，不足以评价国家机关行为对损害的作用，不足以保护受害人的合法权益。

所以，笔者建议将国家违法与过错并列为国家赔偿法中确定精神损害赔偿与否的主要归责原则，并把特殊情形下的结果归责原则、公共设施设置与管理瑕疵归责原则、对于民事与行政错误判决实行结果责任和重大过错责任双重归责原则作为以上两种归责原则的有益补充。值得强调的是，在过错归责原则中，应当提升故意过错在归责原则中的地位与作用。将故意过错形式作为特殊国家精神损害赔偿责任的承担依据。如惩罚性国家侵权精神损害赔偿制度应当建立，而此赔偿责任的承担依据，就是执法人员故意和重大过失违法。

---

① 应松年主编：《当代中国行政法》，中国方正出版社 2005 年版，第 1843～1844 页。

（三）赔偿标准

国家精神损害赔偿必须有一定的标准才能使赔偿具有可操作性、现实性和合理性。国家精神损害赔偿可以按照民事上“对精神损害给予金钱赔偿”的规定来处理。但是，由于民事侵权与国家侵权的主体不同，国家对精神损害赔偿的标准应区别于民事精神损害赔偿。事实上，国家权力机关对老百姓造成的损害，往往比民事主体之间造成的损害要严重得多。因此，笔者认为，国家精神损害赔偿应当在民事赔偿的基础之上提高一至三个档次。而对于国家机关及其工作人员故意或重大过失的国家侵权，赔偿标准则应当高于一般过失导致的国家侵权。鉴于我国的国情和个案的差异，笔者认为国家精神损害赔偿应当规定与我国经济发展水平相适应的上限，但不规定下限。此外，其赔偿具体数额的确定还应遵循以下几个基本原则：

1. 抚慰为主原则

要通过物质制裁加害人还受害人以公平和正义，抚慰其受到创伤的身心。这是社会对公平、公正的内在要求，是对受害人最深刻的抚慰。精神损害虽不能以金钱衡量，但抚慰受害人精神痛苦的物质条件是以金钱衡量和支付，这种赔偿不是以相当的价值替换特定的损害，而是具有抚慰性，用以弥补因损害所造成的精神痛苦，其方式就是请求精神损害赔偿金。精神损害赔偿金是对人身权受损造成精神损害的民事救济手段，使受害人感情上的痛苦通过加害人的经济赔偿得至减轻或消除，对受害人起到抚慰作用，受害人在遭受侵害后，往往处于内外交困的弱势，仅通过其自身的努力或侵害人的其他承担责任的方式，很难摆脱困境。而精神损害赔偿让受害人获得金钱，意在给予弱者一种补偿的快意和满足，平复不良情绪。并以赔偿的金钱为支付手段，向医疗机构、商业部门寻求服务（如去医院治疗生理或心理上的病痛），在更广、更深的层面上进一步消减精神痛苦、抚慰心灵。精神损害赔偿通过这种改善外部环境的办法，帮助受害人克服国家侵权行为所造成的消极影响，尽快恢复受害人的身心健康，平和其心境，使其尽早步入工作和生活的正常轨道。抚慰个人即能稳定社会，但这种抚慰的效果必须要以足够的赔偿金为基础才能得以发挥。①

2. 赔偿最高数额限定与赔偿数额适当相结合原则

精神损害的赔偿数额主要考虑的应是一个国家的财政承受能力。同一种

① 王爱华：《论国家赔偿之精神损害赔偿》，载 www. southlawyer. net/hompage，于 2008 年 4 月 29 日访问。

精神损害，在发达国家可能会赔成百上千万，而在我国，由于处在社会主义发展初级阶段，作出的赔偿金可能相差悬殊。因此，赔偿数额要求适当，应符合我国国情，同时还应设一个上限，不能一味满足受害人的要求，如可规定故意违法拘留的精神损害赔偿额可规定为民法上所规定的20倍以下。值得注意的是，我们不能以此为借口，制定出不合理的低标准。如果依据我国《国家赔偿法》第26条之规定，仅按照国家上年度职工日平均工资计算每日的赔偿金。这样的赔偿显然是杯水车薪，根本无法使受害人的合法权益得到应有的救济。如史延生案，被判死缓两年，其母等3人被判包庇罪，全家7口被羁押5000余天，仅赔偿6000余元，一天自由才折价1元多；这种赔偿岂能补偿、安抚受害者精神的摧残，很多时候，心灵创伤是很难用钱弥补的，甚至造成终生心理阴影。与国外动辄几十万、几百万美元赔偿相比，我们这样的赔偿几乎等于不赔偿。赔偿不单是直接的经济损失，它包含超过直接损失的赔偿及精神上的赔偿。道理很简单，失去自由的代价（或政府给公民造成的其他损失）决不能简单的以直接损失计算，因为坐牢可不是一种正常的生存状态，仅赔直接损失对受害者是不公平的，实际上等于纵容了政府的错误。试问，有哪个人愿意蒙受不白之冤身陷牢狱待几年出来后拿全部工资奖金呢？别说按平均工资，就是翻番也没人干。当然鉴于我国属于发展中国家，在赔偿数额上也绝对不能与西方发达国家盲目攀比，过高的精神损害赔偿请求的确不应得到支持。“人们对赔偿金额的合理期待也应符合社会的一般价值取向，与我国社会的经济发展水平相适应。”① 同时，我国幅员广阔，各地经济发展水平相差很大，在采用精神损害赔偿时，应充分考虑各地的经济发展情况，确定适当的赔偿数额。笔者认为，国家赔偿中的精神损失赔偿范围及数额只能在经济合理的范围内去考虑，要在对受害人有效抚慰、对致害人有力惩戒和双方实际生活水平中考量，划定一个合理的区间，从中选择一个平衡点。

3. 法官自由裁量原则

这是指法律赋予法官在法律允许的范围内，对案件的具体赔偿数额灵活确定的权利。一方面，我们将精神损害赔偿的基本功能定位于抚慰受害人的精神痛苦，而精神痛苦客观上的描述却作不出数理评价，由于精神损害与物质赔偿没有内在的比例关系，而受害人个体差异的存在，使其对精神痛苦感知程度不一，精神痛苦的个案差别因此比较典型；另一方面法官对个案的公平、公正裁判需要在法律所规定的赔偿上限额度内，在个案当中并参照

---

① 肖峋：《中华人民共和国国家赔偿法的理论与实用指南》，中国民主法制出版社，第66页。

《解释》中的相关规定，并依据以下因素考察斟酌、平衡确定具体赔偿数额：（1）侵权行为的严重性程度即侵权具体情节，如手段、场合、行为方式及持续时间；（2）侵权产生的后果；（3）侵权主体过错程度；（4）受害人的心理素质；（5）受害人的谅解程度；（6）受害人的家庭经济状况、年龄、性别、职业等与精神利益相关的因素；（7）受害人所在地经济发展水平；（8）国家财力充裕程度；（9）侵权行为的社会影响。①

随着“佘祥林杀妻案”等这些国家侵权却得不到精神损害赔偿的典型案件的出现，人们关于国家侵权精神损害赔偿问题的讨论日趋激烈。通过讨论，人们逐渐认识到，随着我国经济、政治、文化等逐步发展，人们对人权、民主、公正等有了更深层次的理解和更高的现实要求，我国的立法部门也正逐步完善我国法律，以适应社会需求，顺应时代发展。因此，在我国现阶段建立国家侵权精神损害赔偿制度，符合我国基本国情，具有重要的现实意义。

① 王彦生：《浅析国家赔偿中精神损害赔偿问题》，载 www. bhp. gov. cn/hpqjcy，于 2008 年 4 月 29 日访问。

我国国家赔偿归责原则之再思考

钱 冰* 冯 坤**

我国的国家赔偿法实施十年来，对于制约和监督行政权、司法权，促进依法行政、司法公正，保障公民的合法权益起了一定的积极作用。但随着社会的发展，一元化的违法归责原则的缺陷已凸显出来，已不能适应我国构建和谐社会的需求。“法不善行，其害甚于无法”！法律若不能有效地实施，其危害比没有该法更严重，会影响人们对司法权威的怀疑和不信任。因此，重构国家赔偿法的归责原则已经成为摆在我们面前的重要课题。

国家承担赔偿责任的归责原则中的“归责”，是指国家机关及其工作人员的侵权行为致使公民、法人和其他组织受损害的事实发生之后，国家根据什么原则承担赔偿责任。归责原则，是确定国家侵权赔偿责任的基本规则，是国家赔偿立法的核心和基础。目前世界上通行的国家赔偿的归责原则是过错责任原则、无过错责任原则及违法责任原则，同时，保护公民合法权益、维护社会稳定也是各国国家赔偿法归责原则所具有的共性。他山之石，可以攻玉。我国可以在汲取域外国家赔偿归责原则有益成分的基础上，结合我国的实际，逐步构建适合我国国情的归责原则体系。

一、世界通用的国家赔偿归责原则。

从世界范围来看，国家赔偿法的归责原则有三种：

（一）过错责任原则

过错责任原则是行为人在主观上有过错而承担责任的原则，最先为《罗马法》所创。早在公元前5世纪的《十二铜表法》中第八表第10条规

---

* 海南省高级人民法院行政庭副庭长。

** 海南省高级人民法院法官助理。

定了“烧毁房屋或堆放在房屋附近的谷物堆的，如属故意，则捆绑而鞭打之，然后将其烧死，如为过失，则令其赔偿损失，如无力赔偿，则从轻处罚”。公元前287年，罗马平民会议通过的《阿奎利亚法》明确规定了过错责任原则的内容、过错作为责任的依据以及确定过错的客观标准。可以说《阿奎利亚法》确定了过错责任原则成为民事侵权理论的基石地位，对以后世界各国法律、特别是归责原则都产生着深远的影响。[①]

与民事侵权法的过错责任原则不同，国家赔偿法中的过错责任分为主观过错和公务过错。自从德国学者耶林创立“客观的不法与主观的不法”概念后，主观过错说在德、日、英、美等国家逐渐占据主导地位。主观的不法即过错，包括故意与过失。其直接理论依据是19世纪以来个人主义与自由主义理念，强调权利本位。主观过错观点奠定了国家机关及其工作人员对自己的行为负责的基础，也容易确定国家机关及其工作人员的责任。这种责任成立的关键在于国家机关及其工作人员在执行职务的过程中存在过错，即行为人的一种心里状态——故意或者过失。

公务过错是法国最高行政法院在拜勒铁诉戒严司令案后，通过判例形成的独特的公务过错理论。在该案中，明确指出“划分公务员过失与公务机关过失实质上就等同于划分两者的责任，在正确的司法方针范围内，公务员过失应由行为人自己承担，不合适宜或不正确地让公务员承担责任的过失就是公务机关的过失”。[②] 公务过错原则将公务过错与个人过错相脱离，它来源于公务员，但又不能归责于公务人员。公务过错将过错责任从民法的个人责任中分离出来，排除因“个人过错”而承担责任的情形，它的主要功能是设定了政府的行为模式和标准，不以此模式和标准行使职权就要承担相应的责任。如上个世纪60年代的一天，一名美国游客躺在沙滩上享受夏威夷阳光，大风将一个椰子吹落，正好打在那名游客的头部关键部位，性命就此断送。这宗美国史无前例的案件，唯有凭法官“自由裁量”。法官指出夏威夷州政府因管理失职而侵犯公民的人身自由权利，使宪法精神蒙垢，致游客死亡，理应判罚。这是对政府所管理的过失导致相对人身体损害的赔偿确认。公务过错的核心是客观过错，淡化了主观道德的应受谴责性，使从事公务活动的国家机关工作人员的责任成为次要的，可以有效地避免人为地阻碍确定或落实国家赔偿责任的情况。[③] 同时，公务过错原则也解决了以前主观

---

① 王利明：《侵权行为法归责原则研究》，中国政法大学出版社1997年版，第43~44页。

② 胡建森：《外国行政法规与案例评述》，法制出版社1998年，第604页。

③ 徐丽枝：《国家赔偿法归责原则的重构》，载《理论学习》2006年第12期，第40页。

过错原则在追究责任人的责任时易陷入追求主观意志的过程的困境，使确定过错的过程变得更为客观。

过错责任原则因法律的继承性和一定程度的适用性，为不同法系的国家赔偿法所借鉴。美国、英国、日本、德国等国家都采用过错归责原则。美国《联邦司法法》1346（b）规定："凡联邦政府之任何人员于其职务范围内，因过失、不法行为或不作为，致使人民财产受到损失或人身受到伤亡，美国联邦政府如处私人地位，应依据行为发生地法对受害人负赔偿责任。"日本《国家赔偿法》第1条规定："行使国家或公共团体公权力之公务员，就其职务，因故意或过失，违法损害他人者，应由国家或公共团体负赔偿责任。"[①] 英国的《王权诉讼法》也规定了过错责任原则。德国的国家赔偿依据目前仍然是《德国民法典》，从其归责原则来看也是过错归责原则。[②] 此外，匈牙利、韩国等都在有关法律中对此原则加以规定。

（二）无过错归责原则

无过错归责原则产生的背景是19世纪后期，随着科学技术的发展和政府职能特别是行政职能的扩展，公务活动造成的危险状态剧增。在这种情况下，即使政府活动不存在过错，也可能导致公民合法权益的损害，而过错责任原则的救济显得苍白无力，为了弥补过错责任原则的不足，无过错责任原则应运而生。

无过错责任原则，又称严格责任原则或结果责任原则，是指在国家公务活动中，无论公务行为是否违法或有无过错，只要产生了损害结果，国家就要承担赔偿责任的归责制度。无过错责任原则的理论基础是社会连带主义和公共负担人人平等原则，其意旨在将公务危险造成的风险损失由个人承担转而由社会的全体人员承担，以实现责任的社会化。[③] 台湾学者认为国家赔偿中的无过错责任是"国家或公共团体及其公务员因行使公权力、执行公务，所形成之特别危险之状态，致人民之权利发生损害，法律不评价其原因、行为之内容，而由国家负损害赔偿之责任。"[④] 在特征上，无过错责任原则表现为法律难以对加害人的行为作出否定评价，因为加害人实施了某些行为是有益于国家和社会且法律并未禁止的，甚至在一定的意义上是应当鼓励的，

① 皮纯协、何寿生：《比较国家赔偿法》，中国法制出版社1998年版，第307～310页。

② 张雷、王佳佳：《完善我国国家赔偿法归责原则法律思考》，载《合作经济与科技》2007年10月，第94页。

③ 姜明安：《行政法与行政诉讼法》，北京大学出版社2005年版，第653页。

④ 曹辉：《国家赔偿法立法与案例研究》，台湾三民书局，第48页。

不存在过错，也不应推定有过错。法国国家赔偿制度中的“危险责任”、“高度危险活动责任”、“异常危险活动责任”实质上就是一种无过错责任。采用无过错责任原则意味着对《国家赔偿法》中的免责范围进行最大程度的限制，把更多的无过错、但对公民权益造成实质性损害的国家行为纳入国家赔偿法的范围，对公民受损的权益进行恢复和弥补。开始时，无过错责任主要适用于民事损害赔偿方面，后来逐步推广到火车、汽车、电车、煤气等领域。美国是一个坚持过错责任的国家，但美国是一种联邦制的国家，各州的法律自成一体，现在各州普遍接受了无过错责任的观念。英国的侵权行为法也逐步的由严格责任向无过错责任发展，如1965年颁布的《原子能装置法》就对无过错情况下的损害作了救济性规定。新西兰1972年颁布的《事故赔偿法》规定了任何人在新西兰因事故造成人身伤亡，任何受该法保护的人在新西兰之外因事故造成人身伤亡，不必因人身伤亡而引起的损害赔偿权利在法院中提起诉讼，而由新西兰政府支付一定的赔偿金。瑞士1959年的《联邦责任法》规定了联邦政府对于公务员执行职务时，不法加害他人权利者，不论该公务员有无过失，均应负赔偿责任。但瑞士的铁路法，邮政法以及军事行动规则作了免责规定，免除了因不可抗力的事由以及战争条件下的国家赔偿责任。[①]

无过错责任原则只是过错责任原则的有益补充。无过错责任原则反映了现代损害赔偿制度的发展趋势，即由原来的从加害人的角度考虑，重在保障自由，逐渐向从受害人的角度考虑，着重于损害负担的分配。这一原则有利于受害人举证；有利于缩小国家不负责任的范围，加重行政机关责任，便于提高行政效率，体现社会的公平和正义，实现由社会承担受害人不幸的“分配正义”。

（三）违法责任原则

违法责任原则，是指侵权公务人员在国家公务活动中主观上不论有无过错，均以职务违法行为作为归责标准进行国家赔偿。违法责任原则注重考察行为的外部特征，只要能证明当国家机关或其工作人员执行职务的行为违法，国家就要对其行为造成的损失承担赔偿责任。根据学者们的看法，对违法原则要有全面的认识，应该包括四点：第一，国家机关及工作人员所实施的行为违反法律、法规、规章规定；第二，国家机关及工作人员的事实行为违反法律规定，或在法律没有明文规定的情况下违反法的一般原则；第三，

① 刘嗣元：《论我国国家赔偿法的归责原则》，载《中国法学》2000年第2期，第96页。

国家机关及工作人员具有法定义务而不作为；第四，国家机关及其工作人员滥用职权或者在行使职权时没有尽到合理注意。[①]

采取该原则的国家有瑞士和中国。瑞士“联邦责任法”第3条规定：“联邦对于公务员执行职务的，不法侵害他人权利者，不问该公务员有无过失，应负赔偿责任。”我国《国家赔偿法》第2条规定：“国家机关和国家机关的工作人员违法行使职权侵犯公民、法人和其他组织的合法权益造成损害的，受害人依照本法取得国家赔偿的权利”。这里的“违法”中的“法”的范围是相当广泛的，不仅限于国家立法机关所制定的法律，还包括一部分行政机关制定的法规与规章，而且还包括国际公约、条约。而违法的形式也是多样的，有作为形式的违法，也有以法定义务为前提的不作为形式的违法。对于抽象行政行为，我国国家赔偿法是将其排除在外的，抽象行政行为也可能对行政相对人造成损害，因此也应当纳入国家赔偿的范围。

二、我国国家赔偿法的归责原则分析

我国《国家赔偿法》第2条确立了违法责任原则，受害人取得国家赔偿必须具备的条件是：（1）国家机关及其工作人员违法行使职权；（2）该行为侵犯合法权益且造成损害后果。二者须同时具备，缺一不可。在实行过程中，该原则既有优点，又有缺陷。

（一）违法责任原则的优点

首先，克服了过错责任原则的不确定性，便于操作。违法责任原则是客观归责原则，即不管实施侵权的行为人主观态度如何，只要违反法律规定的义务，就由国家承担赔偿责任。

其次，强调了行为的违法性，将国家赔偿与国家补偿区分开来。违法责任原则以国家机关及其工作人员执行职务的合法与否作为是否承担国家赔偿责任的标准，与依法治国、依法行政原则强调的职权法定、依程序行政等要求相一致，也契合了行政诉讼法确定的行政行为合法性审查原则。违法原则以执行职务违法为承担赔偿责任的前提，排除了对合法行为造成的损害给予赔偿的可能性，有效地区分了国家赔偿责任与国家补偿责任。

再次，将各种法律责任的承担及其免除联系起来。我国有众多的法律，各种法律规定了不同形式的法律责任和不尽相同的免责事由，只要某一法律对一行为认定合法，那么该行为就不会导致国家承担赔偿责任。在另一方

① 薛刚凌：《国家赔偿法教程》，中国政法大学出版社1997年版，第49页。

面，只要某一法律对某一行为设定了免责条款，那么这一行为同样不会导致国家承担赔偿责任。

最后，违法责任原则标准单一，简单明了，便于操作。

（二）违法责任原则的弊端

我国选择违法责任原则作为国家赔偿法的归责原则是适应立法时的经济发展状况和民主政治发展进程的，具有一定程度的合理性。但是由于法律规范的普遍性、抽象性与社会现实多样性、多变性的矛盾的存在，依据违法责任原则建构起来的国家赔偿制度也有覆盖不到的地方，公民、法人和其他组织在某些特定情况下遭受损害不能获得救济。①

1. 违法责任原则易于导致赔偿范围过于狭窄

从国家赔偿的演变过程来看，国家豁免到国家承担赔偿责任是对以前的绝对主权观念的一次超越，它使得受到国家侵害的个人能够得到救济。② 尽管各国在不同程度上仍有一定的保留，但总的来看，国家赔偿的范围是非常广泛的，而且有不断扩大的趋势。违法责任原则的理论起点是国家职权行为的可被司法审查性，除赔偿机关主动作出赔偿的情况以外，只有经过司法审查程序被确认为违法的行为才有可能产生国家赔偿的问题。国家职权行为的违法形式和方式极其多样，而可被司法审查确定为违法的职权行为却十分有限。近年来，随着我国社会经济的飞速发展，政府的管理职能也不断扩张，行政立法已难以跟上社会日新月异的变化，因此必然在社会的某些方面产生法律空白或者由于行政立法部门所立的法律存在着程序上或者实体上的漏洞。而违法责任原则是根据法律的规定来审查国家机关的行为是否合法，这必然会将国家赔偿法上大量无法以违法标准加以衡量的行为所造成的损害排除在赔偿范围之外，导致一些受害人无法获得合理的赔偿，从而出现一些受害人求偿无门，不断上访的现象。

2. 适用违法责任原则不能解决滥用自由裁量权下的国家赔偿问题

国家机关及其工作人员行使职权时享有一定的自由裁量权。在自由裁量的范围内行使权利是合法的，超过自由裁量的范围行使权利，就可能对行政相对人造成损害，这涉及一个度的问题。在适用违法责任原则的条件下，滥

---

① 李娜等：《论国家赔偿法基本原则的重建》，载《胜利油田党报学报》2007 年第 3 期，第 84 页。

② ［法］莱昂·狄骥：《公法的变迁》，郑戈、冷静译，辽海出版社、春风文艺出版社 1999 年版，第 41 页。

用自由裁量权的行为容易造成他人合法权益的损害而受损害人又得不到赔偿的情形。如在行政处罚方面，根据食品卫生法第 27 条的规定，违反该条情节严重的可以处 20 元以上，3 万元以下的罚款。该条所确定的处罚幅度太大，给予了执法机关以极大的自由裁量权。有的法律对行政处罚只规定了应予处罚，但没有规定处罚幅度，给予了执法机关以无限的自由裁量权。在刑事方面，罪与非罪之间、罚与不罚之间、选择法定刑的刑种和确定刑度等地方都存在着自由裁量权。轻罪重判就是典型的滥用自由裁量权的行为，而现行国家赔偿制度将此行为排除在国家赔偿责任范围之外是不合理的。① 人民法院使犯罪者的合法权益受到损害，国家应予以赔偿。② 因此，在单纯适用违法责任原则的条件下不能合理地控制自由裁量权和充分地保护公民、法人和其他组织的合法权益。③

3. 违法责任原则不能解决公有公共设施造成的国家赔偿问题

所谓公有公共设施，是指政府或公共团体设置管理，以供社会公众利用为目的的营造物，包括公路、铁路、桥梁、隧道等设施。公有公共设施造成的损害赔偿主要是由于设施在设置和管理上有欠缺而造成的。大陆法系的日本、韩国以及我国台湾地区均将其作为行政案件，依照国家赔偿法追究赔偿责任。④ 但在我国，它属于普通的民事赔偿责任，即将这种赔偿排除在国家赔偿之外。实际生活中一旦发生了这类损害，受害人只能依照《民法通则》和有关特别法向负责管理的企业、事业单位请求赔偿，或是通过保险渠道解决或以民事赔偿等形式予以赔偿，但往往会因管理单位和人员的财力有限等原因，而无法合理弥补受害人的损失，同时也会影响管理单位和管理人员的积极性，不利于保障国家权力的行使。根据域外其他地区和国家的做法，将公有公共设施造成的损害纳入国家赔偿范围之内更符合社会发展趋势，可以体现公平负担的原则。美国学者伯纳德·施瓦茨认为："政府活动的目的是造福于社会，因此而产生的风险也必须由全社会来承担。"⑤ 在另一方面，将公有公共设施纳入国家赔偿的范围也有利于增加设置者或管理者的责任观念。

4. 不能解决共同侵权导致的责任分担问题

依据现行《中华人民共和国行政诉讼法》，如果多个行政主体共同侵

① 李志平：《法官刑事自由裁量权及其合理控制探析》，载《中国法学》1994 年第 4 期。

② ［美］伯纳德·施瓦茨：《行政法》，群众出版社 1986 年版，第 568 页。

③ 罗豪才、袁曙宏：《论我国国家赔偿的原则》，载《中国法学》1991 年第 2 期。

④ 廖海：《中外国家赔偿制度之比较》，载《法学评论》1996 第 1 期，第 15 页。

⑤ 同注②，第 531 页。

权，则受害人可以选择其中任何一方作为起诉对象，但此举只是解决了共同侵权的外部损害赔偿，共同侵权人的内部责任划分并未因此而明确。违法责任原则对该问题同样无能为力，因为单纯的违法或是不违法无法从量上对各行政主体应当承担的责任份额予以界定。再如共同过错导致的赔偿责任，法律竞合出现的问题该怎样解决，都不是违法归责原则所能覆盖的。对于不动产登记、行政许可等行为，例如不动产交易中一方当事人的民事欺诈行为和不动产登记部门的错误登记行为共同造成相对人权利受损，在这种情况下，行政机关该承担怎样的责任，如果承担全部责任，就会导致恶意的第三人逃避责任，无疑纵容了他的不法行为；如果行政机关与恶意第三人都承担责任，这个责任该怎么分担，是连带责任还是按份责任？再如在几个部门联合执法时，都作出了违法行为，给当事人的合法权益造成了损害，共同致害单位该怎样承担责任，是连带责任还是按份责任？这些问题都不是违法责任原则所能解决的。

5. 不能解决合法行为导致的侵害问题

我国国家赔偿法区分了国家赔偿和国家补偿，补偿是由于国家合法行为致害而承担的责任；赔偿则是因违法行为而承担的责任。区分合法与违法致害体现了对国家行为合法与否的法律价值评价。但随着社会的发展，政府职能的增加，对一些行为很难作出非此即彼的界定。例如，警察在追逃犯的过程中，开枪误伤路人；边防机关在检查物品时，不小心弄坏了物品，这些行为很难判断是合法行为还是违法行为。有的学者认为，上述行为可以通过国家补偿来解决，但国家补偿的前提是政府行为的合法性，上面的行为又很难界定为合法。所以违法责任原则，对合法行为导致的侵权问题就不能得到赔偿。

三、我国国家赔偿归责原则的重建

国家赔偿制度的模式设计往往受到政治体制、文化传统、经济结构等要素的影响。我国作为人民民主国家，国家的一切权力属于人民，在国家赔偿法中贯彻这一思想就要在归责原则中坚持以人为本、保护人权的原则。“在一个理性的政治道德的社会里，权利是必要的，他给予公民这样的信心，即法律值得享有特别的权威……一个政府通过尊重权利表明，他承认法律的真正权威来自于这样的事实，即对于所有人来说，法律确实代表了正确和公平”。① 最大限度地保护公民合法权益这一原则，应体现在国家赔偿法归责

① ［美］罗纳德·德沃金：《认真对待权利》，中国大百科全书出版社 1997 年版，第 262 页。

原则中。笔者认为，我国应当在坚持本国实际的基础上，充分汲取域外相关模式的有益经验，对现行国家赔偿法归责原则的制度设计进行改造，建立“以违法责任原则为主、以过错责任原则和无过错责任原则为辅”的新模式，具体设计如下：

（一）扩大违法责任原则的内涵

基于我国国家赔偿制度的发展历史，应当仍然将违法责任原则确立为国家赔偿制度的归责原则，且将其作为统领整个国家赔偿制度归责原则的根本标准。

1. 合理界定违法中“法”的含义

违法原则中的违反的“法”，不能仅仅理解为《行政诉讼法》第54条所规定的违法形式和种类，应当理解为包括违反国家法律法规的具体明确的规定，以及违反法律法规的基本原则、基本精神和基本目的等实质性的违法。而且，这种形式的国家赔偿责任，除弥补性质的责任内容外，还应当包括具有惩罚性质的责任内容。

2. 扩大该原则的适用范围

该原则的适用范围，应当是国家机关及其工作人员的违法行使职权行为及相关的事实行为、抽象行政行为，包括作为与不作为等。对于抽象行政行为，我国排除了国家赔偿责任，但是，抽象行政行为也存在违法的情形，也会对相对人造成损害，将其排除在外，不利于保护相对人的合法权益。因此，抽象行政行为对行政相对人造成损害的情形，应当纳入国家赔偿的范围。

3. 违法应当包括“行为违法”和“结果违法”两种含义，出现任何一个结果都应导致国家赔偿

我国现行国家赔偿法对违法的界定中，只有在国家机关及其工作人员行为违法时，才对受害人进行赔偿。在这种情况下，如果国家机关的行为合法，导致损害结果的行为就无法由国家赔偿法进行调整，特别在不适用国家补偿法的情形下，受害人所受的损害就不能得到有效补偿。

对于法院的判决行为，可以适用违法原则，并用结果违法来进行调整。客观地说，法院的判决也会违法，也会侵犯公民、法人和其他组织的合法权益。但这对法院的错误判决，为什么不适用其他归责原则呢？因为，法院判决的错误与否，既要符合国家赔偿制度的原则，又不能违背司法最终性原则。对法院错误判决的赔偿责任，只能实行结果违法来进行判断，即只有经法院再审撤销原判的，才能引起司法赔偿责任。法院判决如果未被撤销，就

不能说有错判存在，当然也就没有赔偿责任存在的可能。刑事诉讼中，一旦法院通过审判监督程序撤销原判、宣告无罪，因执行原判被侵害的人身权、财产权及政治权利等，就可以通过国家赔偿责任得以弥补。不过，民事、行政诉讼的情况略有不同。因为在很多情况下，当事人的损失是可以通过执行回转挽回的。只有那些通过执行回转无法挽回或无法完全挽回当事人损失的，才有相应的国家赔偿责任。

（二）合理界定过错责任原则的适用范围。

在侵权法意义上，违法和过错是相互涵盖，互为表里的。在国家赔偿法中，两者的机理也是相通的，只是法律规定的侧重点不同：违法责任原则重在考察行为的外观，而过错责任原则着重考察行为人心理状态。所以，国家赔偿法中引入过错责任原则可以弥补违法责任原则规定的不周延。从世界各国的适用情况来看，过错责任原则的适用范围，包括自由裁量行为和军事行为等。

对于我国而言，过错责任原则除了适用国际上通行的滥用裁量权和军事行为之外，还适用于我国以下一些具体行政行为：

1. 消防队在救火时，不小心损害了火灾现场周边居民的房屋或设施，这种行为很难用违法和合法来界定，从现有的国家赔偿法的规定来看，是不能得到补偿的，但这对房屋受损者又是不公平的，对这种情形，可以采用过错责任原则来界定。

2. 对于行政登记行为，也适用过错责任原则。比如，在不动产登记中，物权法实行的是实质审查原则，如果由于行政登记机关的原因造成登记错误，给权利人造成财产损失的，应通过过错责任原则来界定登记机关的赔偿责任；如果第三人有过错，同时登记机关审查不严给权利人造成损失的，可以根据两方的过错大小来判定其需要承担的赔偿责任。

3. 行政不作为给行政相对人造成损失的，同样可以采用过错责任原则来判断政府是否需要承担赔偿责任。比如公路上堆放杂物，公路局接报后不及时清理导致相对人发生交通事故，或者相对人被精神病人追打而消防接到报警后不出警，或者第三人纵火或失火而公安机关接到火警后不出警导致火灾殃及相对人等。这些行为对当事人的合法权益造成损害的，都可通过过错责任原则来界定行政机关的赔偿责任。

4. 政府的信息公开行为也应适用过错责任原则，如果政府不履行信息公开义务或者公开的信息不实、虚假及未保守秘密，给行政相对人造成损失的，都可采用过错责任原则来追究政府的赔偿责任。

（三）严格适用无过错责任原则

社会的进步赋予行政主体越来越多的特权，容易对相对人造成损害，尤其是高新科技的发展使危险性日益增加，如果这种损害是出于公共利益的需要，损害后果也不能由受害人承担。因此，无过错责任的引入是现代行政的产物。我国也不例外，无过错责任原则是过错责任原则的补充形式，主要涵盖危险责任和风险责任等公共行为，比如公有公共设施赔偿、军事赔偿，以及刑事赔偿中的轻罪重判、受害人有罪而被超期羁押等情形。从证据法的角度来看，无过错原则的重要意义在于举证责任的倒置：如果受害人能够证明损害事实的存在，同时初步证明上述损害事实与公共行为存在因果关系，那么，公共行为主体必须能够提供充分的证据证明不存在该因果关系，或者受害人自身有过错等抗辩事由，才能避免国家赔偿责任。换言之，受害人自身并没有义务完全证明该国家赔偿案件赔偿责任。

在我国的《国家赔偿法》中，目前尚无关于补偿责任的规定，当然也就没有补偿责任的归责原则的规定。这是一种缺陷。建立无过错责任原则，是现代民主法治的必然要求，是公共负担原则的要求。例如，公民因涉嫌犯罪被公安机关拘留，经查证核实他并没有犯罪。在该例中，公安机关拘留他是符合刑事诉讼法关于拘留条件的，没有违法也没主观过错，无疑，也不是他的过错。在这种谁都没有错的情况下，该公民人身权利被限制的损害是客观存在的。对这种损害，没有法律上的根据要让该公民自己负担，国家基于公平原则和公共负担原则，应当对受害人进行抚慰，给予补偿。这种补偿责任是一种弥补性质和抚慰性质的法律责任，不是一种恩惠，不能以“适当”为标准作象征性补偿，而应当是充分的、及时的补偿。因此，无过错责任原则的引入可以更大限度地保护广大人民的合法权益，有利于受害人举证；有利于缩小国家不负责任的范围，加重行政机关责任，便于提高行政效率。所以尽管无过错责任原则是一种例外补充的责任，也有不断发展扩大的趋势。

因为行政主体的无过错责任非常广泛，如果不做一定的限制，那么公共财力就可能不堪重负。澳门第28/91m号法令第9条规定：“本地区行政当局和其他公法人对由于行政部门异常危险之运作或由于具有同样性质之物件和活动造成的特别和非常之损害承担责任”。该条法令又规定：“能证明在该部门运作或在执行其活动时发生外来不可抗力或系受害人或第三人之过错者除外”。[①] 该法令在规定无过错责任的同时，也规定了政府的免责条件。

① 唐小波：《中国大陆与澳门台湾地区行政赔偿法的比较》，载于 www.chinalawedu.com.

我国可以借鉴这一做法，可以有限制的适用无过错责任原则。

总之，现行国家赔偿法确立的单一性归责原则导致国家赔偿范围狭小已成为不争的事实，这是对行政相对人合法权益的漠视，同“有权利必有救济”的法治理念格格不入，也与当前倡导的“以人为本”的治国理念背道而驰。笔者认为，在结合世界各国国家赔偿法立法与实践的基础上，我国国家赔偿法应建立起以违法责任原则为主，以过错责任原则、无过错责任原则为辅的多元化归责体系，从而真正使法律在与社会结合过程中实现稳定性和灵活性的有机统一。

司法赔偿中义务机关先行处理程序完善之路径

——以人民法院自赔案件为例

王　颖*

综观世界，纵览历史，没有任何一个国家可以彻底杜绝司法侵权行为的发生。侵权行为发生后，侵权的司法机关能够积极依法赔偿受害人，无疑是较为理想的法治状态，许多国家在本国的司法赔偿制度中，将“赔偿义务机关先行处理”作为司法赔偿程序的第一环节、必经程序。我国国家赔偿法遵循了这一世界立法通例，《国家赔偿法》第20条第3款规定：“赔偿请求人要求赔偿，应当先向赔偿义务机关提出。”而此规定的原则和粗疏，与该程序所承担的任务不相适应，在十多年的实践中暴露出一些弊端，因而也常受到质疑和诟病。在《国家赔偿法》的修改成为热议话题的当今，多有完善该程序的建议。本文以人民法院为赔偿义务机关的司法赔偿案件（以下简称法院自赔案件）的办理为例，试对该程序的完善路径作一浅显探讨，以期能够抛砖引玉，引起对此问题的关注。

一、赔偿义务机关先行处理程序存在的问题

在司法赔偿程序中，赔偿请求权人在最终解决赔偿争议前须经赔偿义务机关先行处理，是许多国家司法赔偿制度的一个特点。我国国家赔偿法颁布之前，尽管有争议，[①] 但最终顺应世界赔偿立法的潮流，采用了这种程序设计。因该程序设计有显而易见的优越性：第一，由赔偿义务机关先行处理，表现了对赔偿义务机关的尊重，为其提供了一个自己改正错误的机会；第

---

* 山东省高级人民法院法官。

① 张红：《司法赔偿研究》，北京大学出版社2007年版，第206～207页。

二，赔偿义务机关为专门的司法机关，熟悉业务，了解案情，先行处理程序简便、迅速，可以给请求人提供便利、经济的救济；第三，先行处理程序可以解决大部分赔偿争议事项，减少专门机构的工作压力。①

尽管“赔偿义务机关先行处理”被国家赔偿法所采纳，但从一开始人们就对其效能抱有怀疑的态度，认为该程序模式有不可克服的弊病——违背了司法机关设立的宗旨：公正原则。首先，司法机关和受害人为赔偿争议的双方当事人，而由司法机关负责解决争议，违反了“任何人不能为自己案件的法官”的法理原则。其次，司法机关和普通公民、组织的关系，是一种权力服从关系，而赔偿的目的是为了恢复争议双方的平等，这种方式非但不能恢复平等，甚至有可能加强争议双方的不平等。②

在国家赔偿法实施的十多年中，这些理论推论中的弊端在现实中得到一定程度的印证。主要表现为：第一，一些义务机关利用先行处理程序“阻碍和拖延赔偿责任的承担”③，“以各种理由将赔偿申请压着不办或找理由搪塞请求人”④，使获得赔偿的时间成本、精力成本和经济成本增大。比如说，根据国家赔偿法的规定，先行处理程序的期限是两个月，只有义务机关“逾期不予赔偿”或者请求人对决定有异议的，才可以在30日内向上一级机关申请复议，对复议不服才可向人民法院赔偿委员会申请作出赔偿决定。一些赔偿义务机关以各种借口拖延，进行马拉松似的协商，甚至拖到请求人超过了向复议机关、法院赔偿委员会提出申请的期限，丧失了权利；第二，有些机关为了所谓的“尊严”和“面子”，采取威胁、恐吓的手段，使请求人撤回赔偿请求。⑤ 比如再审改判无罪后，无罪被告人申请赔偿，义务机关就告诉他，如果申请赔偿就把无罪的再审判决撤销另行改判。

由于这些问题的存在，一些学者认为，该程序是有缺陷的，建议将先行处理程序由一个必须经过的程序改为选择性的先行处理程序，让权利人自己选择是先向义务机关提出申请，双方协商解决，还是直接向法院赔偿委员会

① 皮纯协、冯军：《国家赔偿法释论》，中国法制出版社1996年版，第189页。

② 同上，第187～188页。

③ 杨小君：《国家赔偿法律问题研究》，北京大学出版社2005年版，第189页。

④ 徐静村主编：《国家赔偿法实施程序研究》，法律出版社2000年版，第59页。

⑤ 宋扬：《论国家赔偿制度中的先行处理程序的完善》，载《新西部》2007年第10期，第109页。

提出赔偿申请。[①] 因为协商处理，是当事人的权利，而不是义务，现在的先行处理规定，把这种权利变成了一种义务，限制了赔偿请求人权利的行使，并且这第一道“工序”如果有障碍，会影响后面整个国家赔偿程序的进行，[②] 妨碍受害人获得赔偿。

二、问题的理性分析

分析先行处理程序中存在的弊端，笔者以为，固然有该程序设计不够科学、严密的因素，但也有对该程序性质及当事人定位认识不清的因素，更有法律观念、法治环境的因素。如义务机关为了维护所谓的“尊严”和“面子”，采取威胁、恐吓的手段，逼迫请求人放弃赔偿请求的现象，纯粹属于观念问题，这种情形可以发生在先行处理程序中，也可以发生在赔偿程序的其他任何环节，与先行处理程序的有无，是必经程序还是选择程序，程序设计是否科学严密无关。

在司法程序中，公安机关、检察院、法院和监狱管理机关分别是刑事侦查机关、公诉机关、审判机关和执行机关，共同行使刑事追诉权，司法机关与公民、法人和其他组织的地位是不平等的，前者行使国家权力，后者负有服从的义务。而一旦司法机关的职权行为被确认为违法而进入国家赔偿程序，司法机关所处的地位则发生了变化，其是代表国家履行法定赔偿义务，而非行使刑事追诉权力。

以人民法院为例。宪法第123条规定：“中华人民共和国人民法院是国家的审判机关。”审判制度的“首要任务就是纠纷的解决”，“纠纷当事者之间存在对立，具有中立性的第三者应一方当事者的要求针对这一对立作出某种权威的判断，这就是审判。”[③] 在自赔案件中，尽管也存在是否应当赔偿，应赔偿多少的纠纷，但法院的角色却不是该纠纷中具有中立地位，作出权威判断的第三方。恰恰相反，赔偿纠纷存在于法院与赔偿请求人之间，法院是纠纷的一方，是依法履行国家赔偿义务的一方。程序中的地位不同，所享有的权利（力），承担的义务不同，决定了法院在自赔案件的处理中，不再是

---

① 持这种观点的学者颇多，如应松年、杨小君：《国家赔偿若干理论与实践问题》，载《中国法学》2005年第1期，第9页；徐静村主编：《国家赔偿法实施程序研究》，法律出版社2000年版，第188页；马怀德主编：《完善国家赔偿立法基本问题研究》，北京大学出版社2008年版，第242页；樊崇义、胡常龙：《走向理性化的国家赔偿制度——以刑事司法赔偿为视角》，载《政法论坛》2002年第4期。

② 杨小君：《国家赔偿法律问题研究》，北京大学出版社2005年版，第188～189页。

③ ［日］棚濑孝雄：《纠纷的解决与审判制度》，中国政法大学出版社2004年版，第1页。

高高居上的审判机关，而是与赔偿请求人处于平等地位，因此，对自赔案件的处理，不能被称作审判、审理。相应的，在审判程序中所遵循的中立、被动等行为准则，在此处不再适用。厘清了司法赔偿程序中赔偿请求人与义务机关之间的法律关系，对于先行处理程序中司法机关“球员兼裁判”、“为自己案件法官”的疑虑也就释然了。

任何程序设计，都有其优点和弊端，法定程序是价值衡量的结果。先行处理程序对赔偿请求人而言，确实是一种权利行使的限制，即他在申请法院赔偿委员会作出决定之前，必须先向赔偿义务机关提出申请，但该程序有其独特的价值追求——简便、迅速地给予请求人便利、经济的救济。该程序是否应保留为必经程序，实效是唯一的标准。2005 年我省对国家赔偿法实施 10 年来人民法院作为赔偿义务机关的国家赔偿案件进行了调查，结果显示，法院司法侵权引发的国家赔偿案件为 363 件，其中由作为赔偿义务机关的法院自行办理的 322 件，占 88. 71%；逾期未作决定，赔偿请求人直接申请上一级法院赔偿委员会作出赔偿决定的 41 件，占 11. 29%。法院作出决定的 322 件中，赔偿请求人接受决定的 203 件，占自赔案件的 55. 92%。也就是说，有近九成的自赔案件，法院自觉履行了先行处理的程序义务，五成以上的法院自赔案件，在义务机关先行处理这一程序中得到了解决。①

基于以上分析，笔者赞同保留现有赔偿义务机关先行处理为必经程序的规定。理由如下：

其一，先行处理程序能够比较便利、经济地解决赔偿纠纷。“对纠纷的解决不仅应当是公正的，而且应当是尽可能迅速的。”② 这一点对于司法赔偿更为重要。由于司法手段的严厉性，一般而言，司法侵权行为给受害人造成的伤害较民事侵权和行政侵权大，救济的需求更为迫切。先行处理程序简便易行，相应地周期较短，有利于赔偿纠纷的迅速解决。而且简化的程序，需要的成本较少，这对于赔偿请求人和国家而言是同样的。如果将先行处理程序改为选择程序，由于受害人和侵权机关本身的对立性，决定了受害人不可能自愿将纠纷交给对立方来解决，也不愿意在有其他救济途径的情况下同侵权机关平等协商，必然导致程序虚置，“实际结果和将该程序废除没有什么不同”。③ 其结果是司法赔偿纠纷聚集到设置在中级以上人民法院的赔偿

① 山东省高级人民法院赔偿委员会办公室：《十年来人民法院作为赔偿义务机关的国家赔偿案件调查报告》。

② 姚莉：《司法效率：理论分析与制度构建》，载《法商研究》2006 年第 3 期，第 94 页。

③ 秦德镇、崔江西：《论刑事赔偿先行处理程序的修正》，载《法制与社会》2007 年第 6 期，第 31 页。

委员会，抬高纠纷处理机关的级别，相应地带来成本的增加。

其二，先行处理程序能够较好地消除对立，化解矛盾，有利于社会的和谐。先行处理程序为受害人和赔偿义务机关提供了一个平等对话，友好协商的平台，利于缓解矛盾，消除对抗情绪。《国家赔偿法》第 30 条规定，侵权行为造成受害人名誉权、荣誉权损害的，赔偿义务机关应当在侵权行为影响的范围内，为受害人消除影响，恢复名誉，赔礼道歉。赔偿义务机关在先行处理程序中主动履行上述义务与执行人民法院赔偿委员会的生效决定被动履行，对消除侵权机关与受害人间的隔阂，修复业已遭到破坏的互信关系而言，效果显然不可同日而语。在先行处理程序中解决赔偿纠纷，由于双方的共同参与，达成一致，结果就较为容易被接受，义务机关主动履行的自觉性高，减少了强制执行和请求人申诉的概率，以及由此带来的进一步对立。

其三，先行处理程序能够弥补《国家赔偿法》在赔偿范围、标准方面存在的不足，给受害人更为充分的救济。司法侵权造成的损害，并不局限于人身自由被剥夺，身体健康受到伤害，财产受到损失这些法定直接损失，还有工作、职务、工资级别、户口、养老保险等方面的不利影响，对于受害人有时后者更为重要、更为实际，而国家赔偿法现有的以金钱赔偿为主的物质赔偿手段显然起不到恢复受损合法权益的效果。在先行处理过程中，赔偿义务机关可以利用其在当地的影响，调动更多的资源，采取多方位的救济方式，弥补国家赔偿法在救济范围、赔偿标准上所暴露出来的缺陷，给予赔偿请求人较为充分的救济。轰动全国的佘祥林“杀妻”冤案被纠正后，赔偿义务机关在依法赔偿之后，又一次性补偿佘祥林 22 万余元，即为最好例证。①

其四，先行处理程序拖延赔偿，阻碍受偿权利实现的弊端，可以通过完善法律制度解决。比如，要求义务机关收到申请，出具附有时间的书面凭证，在 7 日内作出是否受理决定，并送达申请人，超过 7 日未立案请求人即可以向上一级机关申请复议和向法院赔偿委员会申请作出赔偿决定。② 这样，先行处理程序作为必经程序的消极作用会被大大消解。

其五，随着保障人权、依法治国司法理念日渐深入人心，立法本意会得到更好的贯彻和落实，现行立法模式的优势会得到更好体现。

---

① 陈春龙：《冤假错案与国家赔偿——佘祥林案的法理思考》，中国检察出版社 2007 年版，第 31 页。

② 宋扬：《论国家赔偿制度中的先行处理程序的完善》，载《新西部》2007 年第 10 期，第 109 页。

三、完善路径之设想

程序设计的标准主要有两个："一个是正义，另一个是效率"。[①] 先行处理程序设计上，首要考虑的因素是要有利于国家赔偿法保障赔偿请求人依法取得国家赔偿这一立法目的的实现，避免司法机关与其作为赔偿义务机关两个角色之间发生利益冲突，确保决定的公正。其次，要体现国家赔偿法将义务机关先行处理设定为必经程序，确保国家赔偿纠纷高效化解的立法初衷。其完善路径可考虑针对现存弊端，制定相应的程序制度，达到经由程序履行，促成决策正当，提升决策品质的效果。

在上述思想指导下，笔者试对司法赔偿中义务机关先行处理程序的完善作如下设想：

1. 设定义务机关主动履行职责的义务

《国家赔偿法》第6条规定："受害的公民、法人和其他组织有权要求赔偿。"第20条第3款又规定："赔偿请求人要求赔偿，应当先向赔偿义务机关提出。"这些规定阐明，受害人虽有要求国家赔偿的权利，但国家并不主动承担赔偿责任，而是由受害人提出申请后，赔偿程序才启动，进入赔偿义务机关的先行处理程序，受害人没有申请，就等于放弃了要求国家赔偿的权利。

司法侵权行为发生后，"受害人本来就受到国家机关及其工作人员违法行使职权的伤害，在这种情况下还要为索赔而疲于奔命，这在心灵上无疑受到了第二次的伤害，有违国家赔偿设立的初衷。"[②] 如果赔偿义务机关能够主动启动先行处理程序，无疑会更能体现国家赔偿法的立法目的。德国《再审无罪判决赔偿法》给了我们有益启示。该法第4条、第5条规定，法院在作出无罪判决的同时，作出对受害人给付赔偿金的裁定，书面送达请求权人。请求权人如不服法院作出的裁定，可以在裁定书送达后6个月内向第一审法院所在地的地方法院检察机关呈递请求书状。[③] 从国内看，最高人民检察院1994年颁布的《人民检察院刑事赔偿工作办法（试行）》第5条亦明确规定，检察机关负有赔偿义务的，应"及时作出决定，主动向受害人进行赔偿"，不失为有益探索。

---

① 季卫东：《法治秩序的建构》，中国政法大学出版社1999年版，第23页。

② 段明学：《国家赔偿宜由"被动"变为"主动"》，载《人民检察》2006年第2期（下），第60页。

③ 皮纯协、冯军：《国家赔偿法释论》，中国法制出版社1996年版，第186页。

权利行使以知晓权利为前提。另一个方案是，可以在先行处理程序之前建立赔偿请求权的告知制度，主动告知受害人其依法可以申请国家赔偿，以保证其请求权的实现。对此，原最高人民法院李国光副院长曾指出："告知制度要求人民法院对无论一审、二审还是再审宣告无罪，或者纠正违法财产保全、违法采取强制措施和违法执行错误后应当告知当事人有申请国家赔偿的权利。必须明确，人民法院有义务告知，当事人有权利知道，这是法律规定的原则，不告知或者不完全告知，就是违反法律规定。"① 从国外立法看，也有先例，俄罗斯《联邦刑事诉讼法典》即规定，法院在刑事判决、裁定和裁决中，而检察长、侦察员、调查人员在决定中应认定被终止刑事追究和被宣告无罪的人享有平反权，应当向被平反的人说明赔偿刑事追究所造成损害的程序。②

当然，主动性不仅仅体现在程序的启动上，还可以体现在其他方面。例如，对司法赔偿的举证责任，国家赔偿法没有相关规定，在先行处理中，义务机关理应本着实事求是原则，向请求人释明其就"损害事实"承担举证责任，引导请求人举证，当请求人举证有困难时，应发挥证据掌握中的优势，给予帮助，查清给受害人造成的损害，以更好地完成赔偿义务承担这一法定职责。

2. 明确先行处理程序为协议程序

各国先行处理程序所采用的具体模式有两种：一种是"决定式"，其突出特点是，一般不与请求人进行协商或讨论，受害人只能被动接受或拒绝接受此决定；另一种是"协议式"，其以赔偿义务机关与受害人双方协商为基础，以协议为最终处理结果。就请求赔偿的最终效果而言，采用"协议式"先行程序似乎更能有效地解决赔偿责任及金额上的争议，达到双方均满意的效果。如果协议不成，受害人最后仍可求助司法手段。相较之下，"决定式"则略显僵硬，难于达成争议的一次性妥善解决结果。③ 因此，各国大多将先行处理程序规定为协议程序，④ 我国台湾地区的"国家赔偿法"第10条规定："依本法请求损害赔偿时，应先以书面向赔偿义务机关请求之。赔偿义务机关对于前项请求，应即与请求权人协议……"，即是采协议先行主

① 李国光：《努力实践"三个代表"重要思想，积极开创国家赔偿审判工作新局面——在全国高级法院赔偿委员会主任会议上的讲话》，载《国家赔偿指导》，人民法院出版社2004年第1辑，第64页。

② 张红：《司法赔偿研究》，北京大学出版社2007年版，第204页。

③ 廖海：《中外国家赔偿制度之比较》，载《法学评论》1996年第1期，第35页。

④ 皮纯协、冯军：《国家赔偿法释论》，中国法制出版社1996年版，第193页。

义的典型立法例。

赔偿义务机关以何种方式作出处理决定，《国家赔偿法》中未作规定。笔者以为，在此程序中，如前所述，司法机关为纠纷的一方当事人，与赔偿请求权人地位平等。地位平等，也就具备了协商的前提条件。对于国家赔偿的行政赔偿部分，《行政诉讼法》第67条第3款规定："赔偿诉讼可以适用调解"，允许侵权行政机关就赔偿与受害人达成协议。司法赔偿与行政赔偿的差别主要在于侵权机关的不同，其实质均是国家赔偿，并无不同。因此，在司法赔偿案件中，由承担赔偿义务机关的司法机关与请求人通过协商，达成协议，解决赔偿问题，应是符合立法本意的，理论上不存在障碍。但受国家赔偿"法定赔偿"原则的拘束，对于《国家赔偿法》明确规定了赔偿范围、赔偿标准的情形，应严格遵守，不存在协商的空间。在遵从原则前提下，义务机关可以就实际受损、赔偿方式、赔偿金的支付期限和方式等，与请求人充分协商。为防止赔偿义务机关"花钱买平安"，不顾国家利益，对赔偿请求人"曲法迎合"，可参照美国《联邦侵权法》和韩国《国家赔偿法》，确定一个赔偿义务机关可与请求人达成协议的数额标准，超过此数额，需经特别程序得到批准。①

在"和为贵"传统理念下，"协商先行"一直是我国立法和司法一贯坚持的原则。在国家赔偿法对义务机关先行处理的方式未作具体规定的情况下，司法机关已经自觉地将协商运用到实践中。据学者对成都市国家机关办理赔偿案件的抽样调查，"在确认违法后，公安、法院多采用与当事人协商方法结案，而且多数机关一旦认识到自身违法，一般希望自己主动赔偿，以免当事人再向上级申请复议。"② 对1997年至2003年广州市两级法院刑事司法赔偿案件的调查亦反映，"解决国家赔偿争端的主要方式是'案外协调'方式而不是'法院司法'方式。通过对该7年间被宣告无罪的公民的跟踪调查结果表明，这些人均通过'案外协调'方式获得了赔偿义务机关的'国家赔偿'（由赔偿义务机关实际支付，其支出并不计入财政列表的'国家赔偿支出'），即与赔偿义务机关'私了'，并且这一现象事实上非常普遍"。③

为保证协商的顺利进行和成功率，以及协商结果的合法和公正，办理机

① 皮纯协、何寿生：《比较国家赔偿法》，中国法制出版社1998年版，第186页。

② 徐静村主编：《国家赔偿法实施程序研究》，法律出版社2000年版，第35页。

③ 刘跃南、鞠晓雄：《刑事司法赔偿的实际运作——以广州市法院系统的实践为视角》，载中国法学会行政法学研究会编《修宪之后的中国行政法》，中国政法大学出版社2005年版，第103页。

构人员组成应有利于纠纷的公正处理。以法院自赔案件为例，当前，对具体办理自赔案件的机构没有相应的规定，中级以上人民法院多固定在赔偿委员会办公室，基层人民法院的理赔机构则形式多样，各不相同，有的是临时组成，有的相对固定在行政审判庭或审判监督庭。笔者认为，机构设在哪一个审判庭，无碍大局，但机构的组成人员，对案件的公正处理至关重要，最起码的要求是没有偏私。因此，造成违法侵权事实的有关人员，与请求人有一定关系的人员或其他可能影响案件依法办理的人员，不得参加。另外，这类案件虽然不一定重大复杂，但考虑到这类案件是否妥善处理，关系到法院的声誉，比较敏感，因此，这类案件由审判委员会讨论决定，赔偿决定由院长签发较为适宜。

3. 设计便利、简单、快捷的程序

在申请的提起、事实调查、文书送达、决定的执行等方面，均应以便利赔偿请求人的方式进行。如一般情况下，请求人应以书面方式提出申请，但对于提交书面申请确有困难的，应允许其口头提出申请，由赔偿义务机关的办理人员在笔录中载明。又如案件调查、法律文书送达、赔偿款的过付等，可由义务机关工作人员主动登门，以减少赔偿请求人的奔波和花费。

处理方式应简单易行。无论是刑事赔偿的错拘、错捕、错判，还是非刑事司法赔偿中违法采取强制措施、保全措施、错误执行，侵权行为造成的损害事实，多数情况下在确认该司法行为违法的判决、裁定中已得到初步认定，这就为赔偿决定的作出提供了基础。所以一般情形下，赔偿义务机关可采用书面审查的方式，根据判决、裁定认定的事实直接拟定赔偿方案，征询请求人的意见。如果请求人要求赔偿的损失，超出了判决、裁定所能反映的损害事实，可以进行有针对性的调查。但在先行处理程序中不宜采用听证调查方式。① 听证制度是国家机关作出决定之前，给利害关系人提供发表意见、提出证据的机会，通过公正、公开、民主的方式达到管理目的的程序制度。它是一种较为正式的制度，适用于国家管理活动中较重大事项，并不为一般管理行为所用，相对而言，程序较繁杂，进程较慢，这与先行处理程序所追求的及时给予受害人救济的目标不相符。再者，听证制度主要是通过利害关系人参与程序，表达不同意见，来保证决策人决定的正确性，而先行处理程序中，仅存在请求人和义务机关两方，并没有居中裁决的一方，且请求

---

① 当前，为确保国家赔偿程序的公开和透明，最高人民法院将引入听证作为国家赔偿审判方式改革的重点，倡导人民法院赔偿委员会审理赔偿案件时采用听证程序。一些法院把自赔案件程序中的案件调查称为听证，笔者认为是不妥的。

人与义务机关的主张并不一定对立，实际上无法开展实质意义上的听证活动。

设定较短的受理期限，当义务机关不及时履行义务时，赔偿纠纷能够快捷地进入下一程序。《国家赔偿法》第 21 条规定，赔偿义务机关逾期不予赔偿或者赔偿请求人对赔偿数额有异议的，赔偿请求人可以在赔偿义务机关办理期限（两个月）届满后 30 日内向上一级机关申请复议。其中“逾期”才可向上一级机关申请复议的规定，成为赔偿义务机关拖延履行义务的借口和依据。针对此弊端，可以设定较短的受理期限（5 日或 7 日），赔偿义务机关在此期限内明确表示对请求人的申请不予受理，或者没有给予答复的，可以视同为“逾期不予赔偿”，请求人即可向上一级机关申请复议。

司法赔偿程序设置是否科学合理，直接决定了赔偿请求人权利能否实现以及如何实现。对司法赔偿，《国家赔偿法》规定了确认、申诉、赔偿义务机关先行处理、复议、人民法院赔偿委员会决定等一系列程序，繁乱、混杂的程序，对于缺乏法律知识的赔偿请求人而言，无疑是索赔路上一道道难以逾越的障碍，有必要把程序重构作为国家赔偿法修改的一个重要内容。赔偿义务机关先行处理程序在化解司法赔偿纠纷中发挥着不可替代的作用，《国家赔偿法》的修改中，应保留现有先行处理为必经程序的规定，并加以完善，在保持法律稳定性的同时，追求该程序法律价值更好的实现。

关于民事审判监督程序几个问题的思考

——以修改后的民事诉讼法为对象

马长保*

民事审判监督程序（又称民事再审程序），不是解决民事争议的独立程序，而是一种在一、二审程序终结之后，对已经发生法律效力，但确有错误的判决和裁定加以纠正的特殊的补救程序。由于再审程序会打破既定的终审非形式上的确定力和既判力的双层保护，动摇裁判的稳定性与权威性，故必须对其启动予以严格限制。新修改的民事诉讼法通过明确向上一级法院申请再审和再审的审查期限，完善检察院法律监督的规定，尤其是对再审事由的进一步细化等对再审程序进行了较大幅度的修改，增强了可操作性，对解决当事人“申请再审难”，切实保障当事人申请再审的权利，规范申请再审行为，有着不可低估的积极意义。但毋庸讳言，由于时间仓促，修改后的民事审判监督程序仍有许多值得商榷的地方。本文拟对几个问题，作些探讨。

一、关于当事人再审诉权的问题

再审之诉是来源于大陆法系国家的再审启动模式，大陆法系国家一般把再审当做一种“诉”来对待，只要当事人及其利害关系人的申请在法律所允许的范围之内，就会引发再审程序。再审之诉一般具有双重的诉讼标的：一是请求撤销原来的判决，使案件重新进入诉讼程序再次得到审理；二是请求法院在审理中按照起诉人提出的实体方面的主张，重新作出裁判。

我国民事诉讼法第178条规定：“当事人对已经发生法律效力的判决、裁定，认为有错误的，可以向上一级人民法院申请再审，但不停止判决、裁定的执行。”“申请”这个概念明显具有非诉性、简易性和单向性。在我国

* 宁夏回族自治区高级人民法院法官。

民事诉讼中，使用“申请”这一概念主要集中在以下两种情况：一是针对非诉案件程序的开始，一般是由当事人“申请”。如申请支付令、申请破产、申请公示催告、申请认定公民为无民事行为能力或限制行为能力等。二是在诉讼过程中针对程序性事项，使用“申请”一词。如申请回避、申请不公开审理、申请法院调查取证。

民事再审程序是为了纠正已经发生效力的错误裁判而设计的一项制度，再审程序既不是非讼案件也不是纯粹的程序性事项，所以在规定当事人启动再审程序时“申请”一词是欠妥的。再审之诉与申请再审强调的重点不同。再审之诉强调指出的“诉”是当事人请求司法救济的一种程序性权利，只要当事人及其利害关系人提起再审之诉，司法机关必然按照正当程序对待之，再审程序必然启动。它与起诉、上诉一样，属于规范意义上的“诉”的范畴。而申请再审，强调的是“申请”，只管准许申请与否，而不管申请以后的后继行为。申请的目的在于启动法院的职权，而不在于形成双方当事人之间的对抗，因此，申请再审不是一种规范意义的“诉”的范畴，其并不具有上诉或者起诉那样的诉的效力。当事人之间的对抗需要通过诉的形式来进行或安排，因为只有诉才同时具备实体和程序的双重意义，也同时才能将对方当事人合理地引入诉讼中，并使之处在相互对峙状态。

由此可见，在我国现行的民事再审制度中，当事人的申请再审并不是作为一种诉权来对待，再审程序是由人民法院决定再审或者由人民检察院抗诉引起，特别是在当事人没有申请再审的情况下，由人民法院或人民检察院依职权启动再审，使生效的民事判决、裁定重新回到诉讼程序。这就使国家法定机关的审判权、民事监督权与当事人的诉权相混同，使与案件无特定利益的公权力主体客串了当事人的角色。对于再审程序的启动，当事人仍只有申请之权，是否再审，是由法院来决定。另一能启动再审程序的主体是人民检察院，作为法律监督机关，人民检察院提出抗诉的案件是法定必须再审的案件。为限制甚至取消法院和检察院在再审程序中的职权主义，其根本手段就是在民事诉讼中加强当事人的诉讼地位，引入“再审之诉”制度，赋予当事人再审诉权。

赋予当事人再审诉权是市场经济的内在需要和现代民事诉讼基本原理的要求。市场经济要求当事人成为诉讼的主体，自然应有再审的启动权；同时赋予当事人再审之诉权可以推动司法独立和中立。赋予当事人再审诉权才可以使当事人利用诉的形式使诉讼法律关系构成三角形的状态，而非过去申请人和法院两者之间形成的法律关系；也只有赋予当事人再审诉权，对方当事人才既有再审之诉的权利，又有应对再审之诉的义务。将再审诉权纳入诉权这个大概念中，构成诉权的一种动态实现形态和有机内容，从而使诉权这一概念趋于完整化。

赋予当事人再审诉权有利于消除无限申诉、无限再审的现象。法院、检察院有着必然的再审启动权，而与此相对应，公民的申诉或者申请再审权往往处于被轻视的地位，实践中有形同虚设之趋势。实践中，当事人及其利害关系人往往寻求检察院、人大、政协机关或者党政领导的帮助，使其对法院的再审立案施加各种影响，越权申诉、泛滥申诉也随之产生。要消灭这一弊端，必须进行釜底抽薪的改革——取消法院再审决定权，限制检察院的再审抗诉权，构建再审之诉。这样，一方面疏通了当事人申诉或者申请再审的渠道，使当事人获得了实实在在的再审诉权；另一方面通过取消法院的再审决定权，限制检察院的再审抗诉权，改造当事人申诉或者申请再审的形式，从制度上为消除无限再审和无限申诉提供了可能。

二、关于检察院抗诉的问题

再审程序其最初的设立，是以公权力对存在缺陷的生效裁判进行干预为目的，修改后的民事诉讼法虽然对再审程序进行了一定的诉权化改造，但对于理论界热议的取消或限制检察院通过抗诉启动再审程序的问题不但没有给予回应，反而将检察院提起再审的事由与当事人申请再审的事由完全同构化。这样一来，虽然统一了标准，使再审程序的启动更具有操作性，但其设立的价值理念却值得探讨。

（一）将检察院抗诉情形与当事人申请再审的事由完全同构化存在的问题

1. “有新的证据足以推翻原判决、裁定的”成为抗诉的法定情形未必恰当

一方面，检察院提起抗诉，是基于检察院享有的法律监督权，抗诉的前提是法院的生效判决在认定事实、适用法律上确有错误，或者诉讼程序严重不合法，以及审判人员有徇私舞弊、枉法裁判等渎职行为。因发现了足以推翻原裁判的新证据进行再审，是对当事人权利给予的救济，但因发现新证据而进行再审并不意味着原审裁判确有错误。在民事诉讼中，当事人负有举证责任，如果因当事人自身的原因未能收集到对其有利证据，则受到法院不利裁判的风险应当由当事人自己来承担而不是法院，当事人也无权以法院未调查该事实为由而指责法院。所以，因发现新证据再审与其他再审事由不同，其他再审事由或者是由于法院的原因（如认定事实的主要证据未经质证、

适用法律错误等)，或者是由于对方当事人的原因（对方当事人伪造证据)，这些再审事由的存在表明原裁判的确存在错误，将它们作为抗诉的法定情形是有充分理由的，但因新证据而申请再审不同，法院依据原审中证据作出的裁判本身谈不上有错误，未能依据新证据作出有利于该当事人裁判的责任也不在法院。另一方面，既然把发现新证据作为检察院抗诉的事由，那么只要当事人提供了证据线索，检察院就很难拒绝为其提供帮助，如此一来，可能会造成败诉一方当事人请求检察院为其收集证据的现象，容易导致诉讼当事人力量的悬殊及地位的不平等。且对于如何理解“足以推翻”，修改后的民事诉讼法及审监程序解释并没有给予解释，其标准在实际操作过程中很难把握，使得再审事由的界限依然模糊不清。由此可见，把发现足以推翻原裁判的新证据作为检察院的抗诉事由未必是恰当的。

2. 程序性错误是否有必要由启动再审程序来纠正值得推敲

修改后的民事诉讼法将管辖错误，审判组织不合法，该回避而没回避等程序性事由列入再审事由，可以说是我国立法的一大进步，充分体现了立法机关对当事人程序权利的保护和对程序公正的重视，是对近 20 年来我国民事司法制度改革的回应，反映了传统的“重实体、轻程序”观念已得到初步修正。但是，对于一般的程序性错误以及前面提到过的法院裁判生效后发现新证据的情形，是否有必要通过再一次的裁判来推翻确定的民事法律关系，应当完全取决于当事人的意思自治，除非涉及国家利益和公共利益，检察院无权通过抗诉来确立新的民事法律关系，否则将分割当事人对自身民事权益的处分权，还容易造成检察院抗诉与当事人不申请再审的尴尬局面。因为即使当事人不认同法院的裁判，但考虑到时间、精力、费用以及其他诉讼成本等因素，仍可能放弃权利，不愿继续进行诉讼。另外，民事检察监督的目的是一个公权力对另一个公权力的监督和制约，这种监督和制约也要充分考虑诉讼经济和诉讼效率原则，对于一些单纯违反程序性规定的错误，若用成本更高的再审程序来纠正，似乎显得得不偿失。

（二）如何看待检察院依职权再审抗诉

目前，学界对于检察院再审抗诉的问题争议很大，基本上可以分为两种观点：一种观点认为应该取消检察院再审抗诉。理由是违反了民事法律关系不告不理的诉讼模式，打破了当事人双方力量的平衡，是对当事人平等地位的一种破坏。另一种观点认为应当对现有的检察院依职权启动再审权力进行一定的限制和改造。理由是在我国司法实践中普遍存在诉讼难的问题，检察院对法院行使监督权较公民个人对自己的权利进行救济有效得多。笔者更赞同后一种观点，一个制度建立在适合它生存的土壤上，不考虑诉讼理念、文化传统和相配套程序而单纯地从他国移植而来的制度不一定能够存活。因此，取消检察院的再审抗诉权不是最优选择。

一方面，从我国法院目前的公信力程度来讲，民事审判确实需要来自检察院的监督，另一方面，检察监督又孕含使双方当事人推动程序上的对等以及冲击裁判终局性的可能。在检察院抗诉程序的制度设计上必须充分考虑这种内在的紧张、或者说尽可能在所谓强化和抵制之间保持微妙的平衡。所以，在当前中国的司法实践中，取消检察院的再审抗诉权是不切合实际的。宪法规定了检察院独立行使法律监督权（检察权），但同时也规定了人民法院行使审判权不受任何行政机关、社会团体和个人的干涉。因此，我们在肯定检察院在民事诉讼活动中的作用和地位的同时，还必须关注审判权的独立。无论从维护法律关系的安全性和社会秩序的稳定性的角度，还是考虑提高再审效率，维护司法公正的角度，抑或是警示检察院对再审启动权的珍视，为了限制检察院抗诉对当事人处分权与私法秩序过多的干涉，笔者认为，应当对检察院抗诉权的行使作出几点限制：一是检察院的抗诉必须在判决生效后一定时间内提出，以防因抗诉而对社会私法秩序造成严重影响；二是应当严格限定检察院抗诉案件的范围。

1. 涉及国家利益，社会公共利益的案件

由于国家利益、社会公共利益的分散化，其权利保护往往处于虚置状态，这类案件可能因与当事人无太大的利害关系而不去提请再审，此时，检察院出于保护国家利益、社会公共利益的需要有职责主动抗诉，提起再审程序。

2. 对于不涉及公益的案件，检察院也应享有抗诉权，只是应受到一定限制

对自然人而言，只有涉及到人身权，主要是生命健康、人身自由、人格尊严等权利的案件检察院才可以提起抗诉；对法人及非法人组织而言，只有严重影响到法人及非法人组织正常经营甚至存续的案件检察院才可抗诉。

3. 对于判决既判力相当矛盾的案件

这类案件如果当事人未提出再审的，因为其存在有害于司法制度的基础，故应由检察院实施法律监督抗诉请求再审。

三、关于再审次数的问题

再审次数，是指一个案件能够经过几次再审的问题。修改后的民事诉讼法对再审次数没有作出限制性规定，以至于同一案件可以被数次甚至十几次

地提起再审。最高人民法院于2002年7月31日、2009年4月27日分别发布了《关于人民法院对民事案件发回重审和指令再审有关问题的规定》、《关于受理审查民事申请再审案件的若干意见》的司法解释，对法院就同一案件的决定再审，依当事人申请再审以及上级人民法院发回重审和指令再审作出了一些限制性的规定，但显然不够彻底。

权威来自于确定性，而不仅仅是正确性。再审程序是对生效裁判的一种非常规的事后救济程序，是对审级制度的突破，它与诉讼裁判结果的安定性和可预期性等程序价值有着某种紧张关系。当事人诉讼的目的，是要通过法院的生效裁判将自己与对方当事人发生紊乱的权利义务关系确定下来，使争议的诉讼标的尽快恢复到正常的秩序之中。如果判决、裁定生效以后，可以无次数限制地再审，必然会使已经确定的权利义务关系的稳定性遭到极大破坏，使当事人在社会生活中永远处于不安全状态，这对于当事人权利的正常行使无疑是巨大的威胁。由此，这种事后救济程序很可能与普通程序同构化，浪费大量的司法资源不说，最后可能导致全社会对司法程序的不信任。需要我们认识到的是，诉讼的目标只是将公平、正义与显失公正、非正义的差异限制在最小范围内，也就是说，某些错误是能为法律、社会情理所理解和容忍的，没有必要也不可能长期彻底纠正。

美国联邦上诉法院的首席法官爱德华兹，在谈及判决的终局性时说，……司法制度的最重要宗旨之一是解决矛盾，如果一个解决方案可以没有时间限制并可以不同理由反复上诉和修改，那就阻碍矛盾的解决。如果败诉方相信他们可以在另一个地方或另一级法院再次提起诉讼，他们就永远不会尊重法院的判决，并顽固地拒绝执行对其不利的判决。无休止的诉讼反映了、同时刺激了对法院决定的不尊重，从而削弱了法院体系的效率。一方面，尽管案件已经审结，胜诉方当事人却一刻也不敢松懈，担心着败诉一方当事人申请再审所带来的不可预期再审的来临，从而影响其对胜诉裁判的申请执行权；另一方面，未对再审的次数作出限定，败诉方当事人就总会报着最后一丝翻案的希望，从而无止境地申诉、不断上访，而不去主动履行生效裁判。无限申请，无限再审的局面不但有损于法院裁判的权威，使两审终审的规定形同虚设，也明显同“一事不再理”这一现代诉讼原则相违背。同时也不利于维护人民法院生效裁判的稳定性，使法院本应具有既判力的裁判难具终局性，造成了国家司法资源的巨大浪费，降低了人民法院的诉讼效率，难以实现司法的公正。因此，使当事人对法院裁判这种纠纷的最终解决方式产生怀疑，转而寻求其他的处理方式，不利于其合法权益的维护。

笔者认为，为了彻底解决重复再审问题，应该贯彻有限再审原则，再审程序原则上以限定为一次为宜。之所以将再审次数限定为一次的理由：一是再审程序次数的设计应当考虑到维护生效裁判既判力和司法的权威有所损害，如果允许对再审的裁判反复再审，则会对生效裁判的既判力和司法的权威产生极大的冲击；二是再审虽然是对原裁判的补救程序，但要求再审程序具有良好的纠错能力不能依赖于增加再审的次数，而应当依靠提高再审程序的质量，我们应在立法上规定科学合理的再审程序，确保再审案件能够得到公正的处理，同样也能保证再审的纠错目的的实现；三是基于对司法效率的考虑，将再审原则上定为一次，这样既赋予了当事人一次再救济的机会，同时也促使其慎重行使权利。在我国目前司法资源严重不足的情况下，应当将精力主要放在一审、二审程序中，而一审、二审如果处理得当也可以有效减少再审程序的启动。

当然，这里所说的一次再审原则不包括以不同主体或不同理由再次启动再审的情况。在规定再审原则上限定为一次的同时还应当考虑到其例外情况，而且这种例外要规定严格的限制条件。笔者认为，以下情况，再审次数不受一次的限制：

1. 最高人民法院作出的终审裁决不得再审。最高人民法院作为我国的最高审判机构，如果允许对其作出的终审裁决申请再审，必将对司法权威产生极大的冲击，因此，不宜允许对最高人民法院作出的终审裁决再审。

2. 如果不予再审并改判将严重影响国家、社会和公民的重大利益的案件可以有不受再审一次的限制。对于这一类案件，立法上应予以明确，以免滥用。

3. 对于再审发回重审并按照一审程序审理的案件，由于发回是对案件重新审理，根据我国二审终审制的规定，理应允许再审上诉，此类案件不受再审一次的限制。

此外，宪法意义上的申诉，作为公民的一种基本权利，在司法领域仍应一直存在，当事人的再审申请被驳回后，公民仍然可以对法院以及法院工作人员的违法失职行为向有关法院或机关申诉与控告，其再次以相同事由申请再审的，只能纳入信访制度框架，最终可能通过检察院抗诉，法院依职权提起再审的渠道去加以处理。

四、关于民事再审受上诉与否的前提制约问题

我国民事诉讼法第 184 条规定：“人民法院按照审判监督程序再审的案件，发生法律效力的判决、裁定是由第一审法院作出的，按照第一审程序审理，所作出的判决、裁定当事人可以上诉；发生法律效力的判决裁定是由第

二审法院作出的，按照第二审程序审理，所作出的判决、裁定，是发生法律效力的判决、裁定。”由此可以看出，我国的民事再审不仅受理二审终审后生效的裁判，而且同样受理一审过后，当事人并未在法定期间提起上诉而发生法律效力的一审裁判，并且这种情形下的再审结果并非一经作出立即生效，而是仍赋予当事人上诉的机会，以保护当事人的审级利益。也就是说，当事人可以放弃上诉权利而直接启动再审程序。修改后的民事诉讼法对此问题也没有注意。

再审是一种特殊的救济程序，并非每个案件都受到再审的特别救济，只有当事人在用尽法律赋予其所有的普通救济权利仍不达目的时，才有权利受到这种特殊救济程序的眷顾，这也正是再审与一审、二审相比较的特殊之处。从目前我国的司法实践来看，对一审裁判不服而申请并启动再审程序应是一部分亟待权利救济的当事人才可享有的特别救济性权利，这种权利的实现，要比固有权利的实现花费更大的司法成本。如果当事人放弃上诉权利而直接申请再审，就等于当事人放弃法律正常赋予他的固有权利，而要去实现程序上的这种特别救济权利，那么对国家来说，则意味着要耗费更多的司法成本。同时，如果当事人放弃上诉权利而直接申请再审，也是对法律赋予其正当诉讼权利的漠视，权利可以放弃，但不能因放弃权利而徒增他人、国家的负担。如果人人都可以绕过上诉权去行使并实现其启动再审的权利，那么，上诉权的设计便会成为摆设。同时，根据《人民法院诉讼收费办法》第28条的规定，依照审判监督程序进行提审、再审的案件，免交案件受理费。也正是再审不收费的规定诱惑了当事人放弃上诉权利而直接申请再审。在这种情况下，如果法律予以准许，一方面国家花费了更大的司法成本，另一方面当事人省去了启动二审程序的上诉费用，这等于是当事人免费占用了国家更大的司法资源而单方面地去解决自己所涉纠纷，救济自己的权利。这是投机取巧的程序选择方式，对于那些老老实实遵守法定程序步骤的当事人来讲，是极不公平的；对于国家来讲，纵容这种当事人损人利已的选择，就是在浪费所有纳税人的钱，也不利于整个社会司法资源的公平分配。

我国民事诉讼实行二审终审制，在一审裁判作出后，法律留给当事人足够的时间去寻找裁判的错误，去思考裁判中的不公正之处，在程序利益期待与上诉成本上升的博弈中，当事人会作出最理性的选择。当事人放弃上诉权而直接申请再审，一方面有规避上诉风险之嫌（上诉要预交上诉费，一旦败诉则应负担诉讼费用）；另一方面也会增加生效裁判的不确定性，使一些原本通过上诉可以解决的错误不恰当地等到裁判生效后再来。再审程序应是特殊的补救程序，这种补救应是终审程序基础上的补救，它显然不是为了一审程序而设立，所以，放弃正常的二审程序救济，企图越过二审而申请案件再审的做法，与再审的宗旨是相违背的，对于此类情形，显然不宜再审。

通过上述分析，笔者认为对当事人申请民事再审原则上应受到是否上诉的前提条件限制。对于未经上诉而根据这些事由提出的再审申请，审查后不予立案。这种制度不仅可以防止有的当事人不穷尽现有程序而依赖非常规程序带来的司法不经济问题，从程序公正的角度来看，尤其是在进入第二阶段的再审程序以后大部分案件一次审理就终审结案的前提下，为了保障对方当事人在上诉审中进行争议的程序利益也是必要的。此外，因为还保留有信访的求济途径，即使当事人未上诉确有合理的理由，也可告知其通过信访渠道寻求救济。但应注意的是，司法实践中时常出现一方当事人在一审过后非因自身主观放弃的缘由，而是因法院、对方当事人或是其他客观原因导致其未能在上诉期内提出上诉，从而使一审裁判发生了法律效力。此等情形下，当事人针对该项裁判申请再审，可以不受是否上诉的前提制约。当事人这种形式上的不上诉，并不代表其实质上放弃了上诉权利，所以，在对申请再审设定是否经上诉程序的前提限制时，要清楚这种限制只是针对那些明知自己享有上诉权利而不上诉的当事人，对那些并非出于自愿而放弃上诉权利的当事人的再审申请，法律不应当加以限制或者排斥，而应当结合其申请理由，为其提供必要的再审救济机会。

五、其他问题

关于法院依职权再审的问题，笔者也作一简要阐述。由于修改后的民事诉讼法仍然保留了法院依职权提起再审的权力，虽然看起来这是法院权力的体现，但这样就很难避免当事人不断申诉、缠诉的情形。目前情形下，各种渠道的过问监督正是建立在法院自身的这一权力之上。如果法院必须面对当事人提出的申诉压力的话，那么法律便应当通过取消法院自身决定再审的权力为法院堵住来自其后门的方方面面的压力。在制度设计上当前法院在审判监督程序中的随意自我否定就给人一种终审裁判不确定的感觉，而在实践中再审个案无疑会加重当事人对法院终审裁判不确定的怀疑。这样的改革方案可能会伤筋动骨，但它却有刮骨疗伤之效。当然，若是在继续保留审判监督权力的前提下强化当事人申请再审的权利，虽也有助于缓解当事人申诉难的问题，但却无助于打破审判权由此而继续面临的被动工作格局。虽然修改后的民事诉讼法规定当事人申请再审有一定的时限规定，即“当事人申请再审，应当在判决、裁定发生法律效力后二年内提出”但由于法院可以依职权提起再审，因此只要法院认为原裁判有错误，就可以依职权随时提起，没有时限的限制，于是当事人就完全可以利用司法信访的形式或其他方式不断向法院陈述原裁判确有错误，使法院最终自己提起再审。这样一来，所有关于申诉的期限规定都将没有实际意义，反而强化了当事人对法院提起再审的“寻租”活动。所以，只有彻底取消法院的职权再审，建立再审之诉的制度，才能最终解决当事人缠诉的问题。

结　语

科学的审判监督程序需要在追求实体公正与维护判决的稳定性之间进行调和，在法的安定性与法的公正性之间寻求平衡，修改后的民事诉讼法尽管已经在很大程度上推进了再审理由的科学化，强化了它的可操作性，但理性的探索完善仍然不可懈怠。中国政法大学陈桂明教授说得好：“司法资源包括司法中的人力、物力和时间等都是有限的，投入到再审中的资源越多，则投入到一审、二审等正常的资源就越少，正常审级的审判质量就越低，从逻辑上讲，又会导致再审过多地启动，如此恶性循环，使司法资源的利用出现不必要的损耗，并导致司法的效益和效率总体上降低。”长远来看，扩大再审事由的范围和统一再审的标准都不能彻底解决我国“申请再审难”的问题，唯有从源头上把关，提高审判质量，减少再审案件的数量，树立司法权威，在此基础上，吸收国外“再审之诉”的成功经验，实现我国再审目的定位，再审提起方式的转变才能标本兼治地解决我国“申请再审难”的问题。

民事审判监督程序的完善任重而道远，还需要经历一个过程，本文就以上几个民事再审问题做了粗浅的阐述，意在抛砖引玉。

当前诉讼调解存在的问题及应对

——以审判监督程序中对调解书的再审为视角

魏西霞*

诉讼调解，是人民法院在诉讼过程中进行调解，并以调解书形式结案行使审判权的法定方式之一。调解不同于审判的“人性化”特色，高效率和低成本的制度优势，广受好评，被誉为“东方经验”。在最高人民法院颁布《关于人民法院民事调解工作若干问题的规定》以后，我省各级人民法院贯彻“调解优先、调判结合”新时期民事审判工作的原则，进一步加大了调解力度，以调解的方式化解了大量的矛盾纠纷，调解率逐年提高，一审民事案件的调撤率2005年为57.78%，到2008为64.99%，[①] 靖边县法院2008年的民商事案件调撤率达到87.2%。但诉讼调解当中还存在一些问题亟需解决，这些问题有的是司法技术层面的问题，有的则是制度设计层面的问题。尽管相对于整个法院的案件总量来说，该类调解案件所占比重不大，但其一旦造成危害，后果却非常严重。笔者通过对近年来本院审理的民事调解书再审被撤销案件的调查，试图通过对这些案件进行类型化研究，希冀能对完善调解机制，更好地发挥调解解决纠纷的功能有所裨益。

一、实务中调解书再审被撤销的几种情形

1. 因损害案外人利益和公司权益而被撤销的

法和法院是“善”的盾牌，而非“恶”的利器，司法者的良苦用心，不经意间成为某些规避法律者手中的盾牌。实务中出现较多的情况是调解书损害公司案外人利益而引起再审的案件，更有甚者，有的调解书既损害当事公司权益，又损害案外人利益。例如：

* 陕西省高级人民法院民二庭副庭长。

① 信息来源：陕西省高级人民法院研究室司法统计资料。

案例一：丰镐公司诉金澳公司偿还借款纠纷案，丰镐公司出具了相关收款凭证，金澳公司当庭承认借款事实，双方达成一次性付款的调解协议，法院出具了民事调解书。到期金澳公司未履行还款义务，丰镐公司申请强制执行。同是上述两个公司股东的王某从报纸上看到法院拍卖金澳公司的房地产项目后，提出异议，要求纠正违法拍卖。经查，该两个公司的股东相同，并均聘用马某为法定代表人。金澳公司原与西北公司签订联合开发房地产项目合同书，约定西北公司以土地使用权作为联建条件，金澳公司投入资金，项目建成后共同分配。西北公司后将土地使用权登记在金澳公司名下。丰镐公司代金澳公司付账或向金澳公司转款，丰镐公司所诉借款基本用于该项目上。为了诉讼，马某另行刻制了两个公司的公章，委托两名律师代丰镐公司出庭，其本人作为金澳公司的法定代表人亲自出庭，“左手”告“右手”，目的是利用司法程序将金澳公司名下的项目的土地使用权操纵在马某同伙手中，马某的行为既侵害公司股东的权益，又损害该项目合作方西北公司的利益。

本案是一起简单的借款纠纷案件，但正由于简单，才使人们忽视对案件某些不寻常现象进行审查，比如对同一法定代表人的几个公司进行诉讼的目的审查，以及进一步对两公司工商登记的审查。如果法官能对案件当中一些异常现象深入思考，就能发现该调解协议损害公司权益及案外人利益，进而避免此类情况的发生。

2. 因案件审理程序不当造成调解书被撤销

司法公正包含实体公正和程序公正，前者指结果公正，后者指过程公正。调解的合法性要求实体合法和程序合法。虽然法律没有明文规定审理案件的程序是先确定诉讼当事人的主体资格再审查事实，但从我国《民事诉讼法》篇章结构规定上可以看出确定当事人是审理案件的第一步。例如：

案例二：甲信用社诉乙公司借款纠纷一案中，法院根据信用社的财产保全申请，查封了乙公司名下外商公寓项目用地和项目后，丙公司以该项目用地已公司早已与其签订项目转让合同，其已在该土地上投资建楼并正在办理土地过户手续，该案的处理结果与其存在法律上的利害关系为由，申请以第三人的身份参加诉讼获准许。开庭后，甲信用社与乙公司达成调解协议，约定乙公司偿还所诉之欠款本息，如果到期未偿还，则以外商公寓项目用地交法院拍卖清偿债务等。法院依据调解协议制作送达了调解书。之后，法院认为丙公司不符合第三人条件，裁定驳回其参加诉讼的申请。丙公司遂对该调解书提出异议，该调解书后被撤销。

案例二中，法官既已允许第三人参加诉讼，且调解内容涉及第三人的利益，就应主持三方进行调解，而不应给借贷双方调解后，再驳回第三人参加诉讼的申请。应当按照法律精神向当事人分配正义，包括程序正义。

3. 隐瞒虚构事实，处分他人财产致调解书被撤销

实务中，房产开发商常常以出售的房屋抵押，如果尚未给买主办理产权过户登记，则类似于“一房二卖”，对已交房款的买主构成违约；如果以办理了房屋产权过户登记的房屋抵押，则属无权处分，该抵押因违反法律规定而无效。例如：

案例三：据报载①，今年以来，在鼓楼法院，泉山区法院先后发生10余起以徐州某房产开发公司为被告的借款合同纠纷案件，在诉讼过程中双方达成调解协议，约定所欠原告的借款分别用被告房地产开发公司商品房作抵押并约定逾期不还款抵押房屋归各原告所有，最后案件均以调解方式结案，后根据案外人来信反映，查明该房产是开发公司已出售的房屋，为案外人所有，实质上剥夺了案外人的房屋所有权，侵犯了案外人的合法权益。

案例三是比较典型的恶意调解，造成司法资源无端的被耗费，更主要的是恶意调解损害了法律的尊严，造成受害者会因为法律保护的阙如，而产生对法治的信仰上的危机。

4. 当事人隐瞒事实，恶意串通以调解书对抗其他司法行为，致调解书被撤销

在某些当事人看来法院是最终的裁判者，如果拿到法院的裁判文书，就可以对抗其他执法机关的执法，实现自己合法的与非法的利益。如果法官审查失当，则会形成公权力与公权力的对抗。例如：

案例四：某甲公司和乙公司合作一房地产项目，双方在履行中，因乙公司法定代表人犯罪致合同无法履行。甲公司遂起诉乙公司，要求退出合作并由乙公司退还支付的工程款，赔偿损失。双方“手拉手”来法院达成调解协议，据此法院作出调解书。后甲公司到法院说明由于双方隐瞒该房地产项目因乙公司法定代表人涉嫌犯罪而被公安机关查封的事实，调解书实际无法执行，申请对该调解书提起再审。

当事人隐瞒事实，欲借他人之手达到自己的目的，造成司法资源浪费，损害司法权威。之所以会出现此种情况，是由于当事人无需承担较大的成本所致，同时也说明我们的制度设计还存在一些问题。

① 《警惕：当事人“手拉手”来调解》，载《人民法院报》2008年5月6日，第3版。

二、调解书再审被维持的情形

案外人对调解书有异议，寻求解决途径，但现有《民事诉讼法》审判监督程序的对象是已经发生法律效力的判决、裁定，对调解案件提起再审的主体和程序未作规定。实务中案外人对调解书提出异议的，有的法院适用《民事诉讼法》第177条的规定“各级人民法院院长对本院已经发生法律效力的判决、裁定，发现确有错误，认为需要再审的应当提交审判委员会讨论决定”，即以“院长发现”程序对调解书提起再审。这实际是对此条法律作出扩张解释，暂且不论其法律适用的对与错，由此会带来一审法院审委会决定对调解书提起再审的案件，而二审法院又维持了一审调解书，造成诸如诉讼费、利息损失由谁负担的问题。例如：

案例五：中夏公司从长城公司受让了9笔借款合同的债权，债务人金星公司在债权转移通知书上签字确认，中夏公司后起诉金星公司偿还借款本息，双方在法院达成和解协议，金星公司以包括某地100亩滩涂土地使用权等财产抵偿债务，法院制作民事调解书送达双方。随后，案外人兴平农行对该调解书提出异议，认为上述100亩地是金星公司在其行贷款380万元的抵押物，金星公司与中夏公司恶意串通损害其利益，申请对该调解书进行再审。该案被提起再审并作出一审判决，双方当事人均提出上诉。二审法院经审查该抵押未办理登记，未产生对抗第三人的效力，遂撤销一审判决，改判维持该调解书。

《民事诉讼法》规定，对判决、裁定案件提起再审的主体是特定的，有人民法院（包括原审人民法院的院长，上级人民法院和最高人民法院）提起①，有当事人申请，也有人民检察院提起。除此以外，其他任何人、任何机关都无权提起再审。案例五所提出的问题是案外人提出的异议究竟如何解决?

实务中，还有些调解书是以规避执行为目的。虽尚未被撤销，却现实存在。例如甲公司所在地法院判决乙公司构成专利侵权，赔偿甲公司3000万元，一审判决送达后，乙公司将上诉状寄至甲公司所在地的二审法院。上诉期届满，甲公司申请一审法院执行，该院冻结乙公司银行存款90万元。乙公司的两名大股东随即起诉乙公司偿还借款3600万元，当地法院一立案即按当事人达成的调解协议制作送达了调解书，并轮后冻结乙公司的账户。该

① 《中华人民共和国民事诉讼法》第177条规定了人民法院提起再审的情形，第178条规定当事人申请再审的情形，第187条规定了检察机关提起抗诉的情形。

调解很显然是乙公司和其股东为逃避甲地法院强制执行而做的。另外，在离婚案件中，往往一方将家庭财产全部给另一方，通过调解离婚，使一方逃避债务，规避法院强制执行。这些调解书虽然生效，但在案外人能证明存在恶意调解的情况下，如何使案外人获得直接的救济途径，免受恶意调解的侵害，目前的制度设计还未能解决此问题，缺乏有力制约及惩罚措施。

三、完善诉讼调解之路径

当前，纠纷的多发和构建和谐社会的要求，对所有解决纠纷的机制都带来了挑战。面对存在问题，笔者认为，解决的路径可以从以下几个方面进行。

（一）关于司法技术层面问题的应对

1. 严格审查，形式审查与实质审查并重

严格审查，即审查当事人之间是否具有诉的利益，当事人之间是否存在对抗，争议的标的是否涉及案外人的权益。目前，民事法官为了实现定分止争，案结事了的工作目标，为了提高调解率，普遍存在的心理是只要当事人拿来调解协议，就可以调解方式结案，减少很多麻烦，从而放松了对调解协议的审查。因此，应特别强调严格审查，注意审查当事人是否具有诉的利益，即“任何人要利用民事诉讼制度，必须具有正当利益及必要性，这种正当利益及必要性就是诉的利益”。[①] 在案例一中，两个公司法定代表人系同一人，如进一步审查其公司登记不难发现两公司股东相同，双方并不存在诉的利益，不难发现当事人之间的猫腻。注意审查当事人之间是否具有对抗性，“当事人双方的对抗是民事诉讼最为显著的特征，诉讼中在当事人之间形成厉害对立的紧张的浮动状态，构成诉讼的基本构造。”[②] 如果当事人之间一诉即诺，对抗性缺失，一般都有特别的值得深入思考之处。

2. 公正调解，程序合法与实体合法并重

调解不必遵循一定的步骤查明事实，分清是非，而是灵活随机地进行一种谋求解决问题式的谈判，那么这样一种没有严格程序的纠纷解决方式，如何保障其过程和结果的正当性和公正性呢？首先，程序应合法，即调解活动要符合法律规定，遵从法定的程序，法官在程序上保障当事人自由缔结调解协议以维护调解协议的公正性。其次，实体合法，要求法官负责对调解协议

---

① 江伟：《民事诉讼法》，高等教育出版社 2000 年版，第 101 页。

② 李琦：《冲突解决的理想状态和目标》，载《法律科学》2005 年第 1 期，第 17 页。

是否违反法律、法规的禁止性规定，是否损害他人合法利益进行审查，对调解协议的合法性予以确认。案例二所反映出的问题是程序审查失当，实体处理侵害第三人的权益。确定当事人的主体资格是审理案件的先决条件，从民事诉讼法的篇章体例可以看出，如果法律关系的主体不能正确界定，其权利义务又如何判断，故应严格程序审查。对案例二的处理如果法院确定丙公司作为第三人参加诉讼，且第三人陈述的事实就是该外商公寓项目其已受让，那么调解时就应听取第三人的意见，避免侵害第三人的利益。

3. 处分物权，注意审查法律物权与事实物权

在诉讼调解当中，因处分物权而引发损害案外人利益引起新的纠纷的情况较为突出。实务中常常出现一方享有法律物权，如房产证，一方享有事实物权，如合法建造房屋、继承等，即实际权利状态与登记或占有所体现的权利状态不一致。一般而言，动产以交付为公示，不动产以登记为公示，公示产生公信的效力。事实物权是物权公示原则的例外，属于非基于法律行为发生的物权变动。该类物权变动无须进行登记或者交付即可发生物权变动的效力，这种例外会导致造成事实物权与法律物权的分离，如物权取得人对取得的物权作进一步处分时，容易妨害交易第三人的利益，对交易秩序和交易安全带来隐患。笔者认为，在具有法律物权的情形下，应注意审查该物权上是否设定他项权利，是否已经转让尚未办理物权变更登记；对事实物权则应按照《物权法》第28、29、30条①的规定审查物权的来源。对于前者应由权利人作出权利无瑕疵的承诺，一旦出现问题，权利人将承担相应的责任；对于后者则应由物权人在处分物权前，要先进行登记，以维护第三人的利益和交易安全。

法官在必要时可与利害关系人进行联系，充分了解诉讼背景和潜在利益。还可在涉案不动产所在地张贴公告，公示案件所涉物权拟将转移的情况。在调解当中应重视对所涉财产权属的审查，当出现多个权利冲突时，要求审判人员依据立法精神、法律推理、社会伦理、现代司法理念，作出必要的司法救济。

（二）关于完善调解制度层面的应对

因受社会历史条件的客观限制以及个人主观条件的制约，立法作为规范

---

① 《物权法》第28条规定因人民法院、仲裁委员会的法律文书或者人民政府的征收决定等导致物权设立、变更、转让或者消灭的自法律文书或者政府的征收决定等生效时发生效力。第29条规定因继承或者受遗赠取得物权的，自继承或者受遗赠开始时发生效力。第30条规定因合法建造、拆除房屋等事实行为设立或者消灭物权的，自事实行为成就时发生效力。

社会关系以及人们行为的一种预测性活动，不可能在没有任何漏洞或缺陷的条件下，制定出根据一切可能发生的情况可供法官一体遵行的规则。现行《民事诉讼法》对调解案件法院依职权提起再审的依据不足[①]，实务中法院依职权对调解书提起再审产生很多问题，如在案外人无权参加的再审调解书的案件中，极易行成当事人与法院对峙的违背审判方式的局面；对案外人提供的证据只得由法院代为举证，无法体现当事人质证的过程；对调解书提起再审提错了，造成的损失无人承担等。基于此，笔者建议：

1. 建立案外人对调解书申请再审的制度

法院调解的制度化、规范化不仅是形式问题，而且是关系到能否正确进行法院调解的实质问题；不仅是司法实践需要提高认识的问题，而且是立法上需要认真解决的问题。根据《民事诉讼法》的规定，审判监督程序的提起有三种途径，一是人民法院自行提起，二是人民检察院抗诉提起，三是人民法院基于当事人申请再审提起。但是从实践看，在生效裁判存在错误侵害案外人合法权益的情况下，最需要及时启动审判监督程序的实际上是案外人，而《民事诉讼法》却未规定，新修订的《民事诉讼法》第204条[②]规定比较含糊，有必要予以明确，以便为案外人提供充分的救济途径，使制度设置合理。

2. 赋予检察机关对调解书提起抗诉的权利

当事人自愿达成的调解协议存在侵犯案外人的利益的可能性[illegible]有此[illegible]人恶意串通的情况，法官主持调解时往往很难觉察。因此有必要[illegible]书的监督。最高人民法院《关于人民检察院对民事调解书提出抗诉人民法院应否受理问题的批复》[法释（1994）4号]、《民事诉讼法》没有规定人民检察院可以对调解书提起抗诉，人民检察院对调解书提出抗诉的，人民法院不予受理。如果调解书损害国家利益，应由人民检察院代表国家提起抗诉。

3. 建立恶意诉讼赔偿与制裁制度

随着法律对社会规范意识影响的不断强化，诉讼已成为一种权威性、普

---

① 《民事诉讼法》没有规定对调解案件提起再审的主体和程序，最高人民法院在1993年给江苏省高级人民法院《关于民事调解书确有错误当事人没有申请再审的案件人民法院可否再审问题的批复》中指出："对已经发生法律效力的调解书，人民法院如果发现确有错误，而必须再审的，当事人没有申请再审，人民法院根据民事诉讼法的有关规定精神，可以按照审判监督程序再审。"

② 《中华人民共和国民事诉讼法》第204条规定：执行过程中，案外人对执行标的提出书面异议，人民法院应当自收到书面异议之日起十五日内审查，理由成立的，裁定中止对该标的的执行；理由不成立的，裁定驳回。案外人、当事人对裁定不服，认为原判决、裁定错误的，依照审判监督程序办理；与原判决、裁定无关的，可以自裁定送达之日起十五日内向人民法院提起诉讼。

适性救济权利和解决纠纷的方式。与此同时，由于社会关系、观念的复杂化、多元化以及人们对诉讼功能的深入了解，违背诉讼理性，借助民事诉讼程序以谋取不正当利益或以损害他人利益为目的的恶意诉讼案件逐年增多，但我国规制恶意民事诉讼的法律制度存在严重缺陷。如案例一、三、四等。就恶意诉讼而言，显然缺乏正当利益以及进行诉讼救济的必要性。如不能有效地杜绝恶意诉讼，就会放纵当事人损害他人合法权益，损害社会正义。所以，应建立恶意诉讼的赔偿和制裁制度，对恶意诉讼行为作出否定性评价，树立正确的社会导向。对于受害当事人应赔偿由此造成的一切损失，而对于恶意诉讼者则应按妨害民事诉讼的规定给予 1 万元以上 30 万元以下的罚款处罚。

总之，增强法官责任心，注重提升调解技能，完善调解制度才是从根本上杜绝法律被恶意诉讼的当事人所利用，最大限度地实现定分止争、案结事了的工作目标，树立司法权威。

我国执行改革历程及发展进路

童兆洪*

“法律的生命在于它的实行。”① 强制执行是运用国家强制力将生效民事判决法律文书等执行依据付诸实现的制度，是法律实行的重要形式。中国特色社会主义执行制度是与我国人民司法制度相伴而生的。党的十一届三中全会以后，民事、经济纠纷案件大幅度增加，执行任务日趋繁重，由于执行难问题的凸显以及因执行行为失范而导致的“执行乱”，引发了一场在我国司法改革大背景下轰轰烈烈的执行改革。在执行改革进程中，全国法院以解决执行难为切入点，以规范执行行为为突破口，针对传统执行管理体制、机构设置、工作机制等方面存在的弊端，开展了全方位、系统化的改革，着力解决影响执行工作中存在的体制性障碍、机制性束缚、保障性困扰等问题。经过30年的努力，执行改革已成为我国司法改革图景中一道亮丽的风景线。但应当看到，一些法院执行未结案数量仍居高不下，执行难问题还未能从根本上解决。展望未来，执行改革任重道远。

一、执行改革进程与成效

中华人民共和国成立后，民事执行一直由人民法院负责。1951年的《人民法院暂行组织条例》规定，县级、省级人民法院管辖的事件包括刑事、民事案件的执行事项，但未规定专门负责执行的人员。1954年的《人民法院组织法》规定，地方各级人民法院设执行员，办理民事案件判决和裁定的执行事项，办理刑事案件判决和裁定中关于财产部分的执行事

---

* 浙江省高级人民法院副院长。

① [美] 庞德：《法理学》第1卷，1959年英文本，第353页。转引自沈宗灵主编：《法理学》，高等教育出版社1994年版，第341页。

项。据此，全国各地中级人民法院、基层人民法院普遍建立执行机构，配备执行人员；20世纪50年代末，由于我国法制建设的削弱，人民法院不再设置执行员，民事案件实行“谁承办谁负责执行”；进入20世纪80年代，随着社会主义市场经济体制的逐步建立，民事法律关系日趋复杂，执行案件大幅度增加。为解决司法实践中遇到的执行难和执行乱等问题，执行改革历史地提上了人民法院的工作日程。我国执行改革的过程主要分为两个阶段。

第一阶段：审执分立改革时期。由于“审执合一”缺乏制约，容易导致权力滥用；而且随着执行案件数量增加、复杂性增强，“审执合一”的模式已明显不能适应任务需要。为此，1979年颁布的《人民法院组织法》规定，地方各级人民法院设执行员，办理民事案件判决和裁定的执行事项，办理刑事案件判决和裁定中关于财产部分的执行事项。1982年颁布的《民事诉讼法（试行）》规定，执行工作由执行员、书记员进行。据此，少数地方法院从1983年开始陆续设立执行员，设置执行庭或执行组。1991年颁布的《民事诉讼法》规定：“基层人民法院、中级人民法院根据需要，可以设立执行机构”，从法律上明确设立执行机构的依据。此后，全国各地方法院逐步建立专门的执行机构。最高人民法院于20世纪80年代末在经济审判庭设立执行组，1995年3月设立执行工作办公室。至1996年4月，全国94%的基层人民法院、中级人民法院和30个省、自治区、直辖市高级人民法院都设立执行庭。[①] 执行庭的设立，实现了审判与执行分立的历史性跨越，使执行工作开始步入专业化的发展轨道。“审执分立”是执行工作发展和改革的起点。[②]

第二阶段：全面执行改革时期。1999年7月中共中央11号文件，转发了《中共最高人民法院党组关于解决人民法院“执行难”问题的报告》，对动员全党解决执行难问题提出要求。此后中央及中央有关部门又多次印发文

① 李国光：《坚持严肃执法，全面加强和改进执行工作——在第一次全国法院执行工作会议上的报告》，最高人民法院执行工作办公室编：《强制执行指导与参考》（总第1辑），法律出版社2002年版，第2页。

② 沈德咏、张根大：《中国强制执行制度改革——理论研究与实践总结》，法律出版社2003年版，第95~97页。

件，对解决执行难问题提出明确要求。[①] 最高人民法院 1999 年颁布的《人民法院五年改革纲要》明确，改革人民法院的执行机构和执行工作体制；2005 年颁布的《人民法院第二个五年改革纲要》，对“改革和完善执行体制与工作机制”作出规定；2009 年颁布的《人民法院第三个五年改革纲要(2009—2013)》提出要改革和完善民事、行政案件的执行体制，推动建立党委政法委组织协调、人民法院主办、有关部门联动、社会各界参与的执行工作长效机制。由此可见，执行工作已进入全面改革时期。尤其是 2007 年全国人大常委会对《民事诉讼法》执行程序的修改和最近最高人民法院《关于进一步加强和规范执行工作的若干意见》（以下简称《意见》）的出台，对多年来执行改革的成果在进行固化，充分展示了我国执行改革取得了重大成效，其主要标志是：

第一，执行管理体制有新突破。传统执行体制沿用的是审判管理模式，在法院内部条块分割，管理、指导、协调职能模糊，执行力量分散，难以协同；上下级人民法院仅是指导与被指导关系，并无直接的管理关系，导致执行工作各自为战，难以形成合力。最高人民法院根据中央 11 号文件要求，于 2000 年出台的《关于高级人民法院统一管理执行工作若干问题的规定》，确立了高级人民法对辖区法院执行工作总体管理，包括制定执行工作规章制度，组织集中执行或专项执行活动，通过案件信息管理系统对辖区法院执行案件管理，明确上级法院对辖区法院执行人员的调度、使用权。《意
明确中级人民法院（直辖市除外）对所辖地区执行工作实行统一
一协调的职能。

第二，执行机构设置有新突破。由于我国法律对执行机构的性质、地

① 2002 年 11 月，党的十六大报告明确提出要“切实解决执行难问题”，并将其作为推进司法体制改革的一项重要内容。2004 年 12 月，中共中央转发了中央司法体制改革领导小组《关于司法体制和工作机制改革的初步意见》明确“各级人民法院设立执行机构，专司民事、行政案件的执行实施工作。最高人民法院执行机构监督和指导全国法院的执行工作。省、自治区、直辖市高级人民法院执行机构统一管理、统一协调下级人民法院的执行工作”；2005 年 2 月，中共中央办公厅、国务院办公厅《印发〈中央政法委员会关于贯彻落实中央司法体制改革领导小组关于司法体制和工作机制改革的初步意见的分工方案〉的通知》明确规定：“改革和完善民事、行政案件执行体制，在各级人民法院设立执行机构，专司民事、行政案件的执行实施工作。”2006 年 5 月，中共中央印发的《关于进一步加强人民法院、人民检察院工作的决定》要求“完善执行工作机制，加大执行工作力度，让打赢官司且有条件执行的当事人及时实现权益，维护国家法律权威”；2006 年 10 月，党的十六届六中全会《关于构建社会主义和谐社会若干重大问题的决定》中提出“完善执行工作机制，加强和改进执行工作”。根据中央的要求，中央政法委于 2005 年 12 月和 2007 年 11 月，印发了《关于切实解决人民法院执行难问题的通知》和《关于完善执行工作机制，加强和改进执行工作的意见》，对解决人民法院执行难问题作出具体部署。

位、形式、名称等均未明确，加之传统理论将民事执行权视为审判权的组成部分，20 世纪 90 年代地方各级法院设立的执行机构，大多沿用审判庭的称谓为执行庭。在有关法院探索的基础上，最高人民法院于 2000 年印发《关于改革人民法院执行机构有关问题的通知》，明确在保留执行庭的基础上，新执行机构的名称可称为执行局。全国有 30 个高级人民法院成立执行局，最高人民法院也于 2008 年 10 月将执行工作办公室更名为执行局。2007 年修改的民事诉讼法规定，各级法院均可设立执行机构。尤其是《意见》进一步明确各级法院执行机构统一称为执行局，符合条件的执行局长可任命为党组成员。并统一执行局内设机构及职能，高级法院设立复议监督、协调指导、申诉审查以及综合管理机构，中级法院和基层法院设执行实施、执行审查、申诉审查和综合管理机构。

第三，执行工作机制有新突破。针对传统执行权高度集权化，缺乏必要的制约与监督。为打破一个人负责到底的传统执行模式，根据最高人民法院的要求，2000 年以来各级法院积极探索实行执行审查权和执行实施权的分权运行机制，将财产调查、控制、处分及交付和分配、采取罚款、拘留强制措施等事项交由实施机构办理，对各类执行异议、复议、案外人异议及变更执行法院的申请等事项交由审查机构办理，并积极探索建立分段集约执行的工作机制，实施以节点控制为特征的流程管理制度。《意见》明确要加快执行工作长效机制建设，建立执行工作联席会议制度，加快执行联动威慑机制建设，实施严格的执行工作考评机制。

第四，执行方式方法有新突破。传统执行方式方法非常单一，可谓是一扣物，二拘人，甚至以抓人促执行。多年来，全国各级法院根据执行工作实际，不断创新传统执行方式方法，以合理配置有限的执行资源，缓解案多人少的突出矛盾，有的已上升为法律层面。如为破解被执行人难找的问题，与公安机关联动通过公安身份管理系统查找被执行人信息；为破解被执行财产难寻的问题，通过人民银行、车管和房管等部门信息系统查询被执行财产信息，并建立了立即执行和被执行人强制报告财产制度，同时可以通过媒体公布不履行义务人的信息；为破解协助执行人难求的问题，扩大了拘留适用的对象，提高罚款数额，以强化拒不协助的法律责任；为破解查控财产难动问题，通过纪检、组织部门对违法干涉执行加大责任追究力度，等等。

二、执行改革面临困难及成因

30 年来的执行改革取得了明显的成绩，执行难问题在一定范围得到有效缓解，但由于执行工作的复杂性，解决执行难问题的长期性，执行难问题尚未根本解决，执行工作中仍然存在很多问题和困难。

第一，被执行人自动履行率较低，逃债赖债对抗执行现象严重。由于社会信用体系建设滞后，债务人不讲诚信的现象较为普遍。被执行人逃避、规避执行的方法手段多样，有的化名存款、挂名置产、账外设账，想方设法隐匿财产；有的恶意放弃债权、无偿转让财产，非法转移被执行财产；有的通过假离婚、假调解等虚假诉讼方式，转移财产或虚设债务，达到规避执行或恶意占有执行财产的目的；有的滥用法律救济手段，进行恶意诉讼，阻止执行程序行进；有的借企业破产、改制、重组或转租、合资等名义搞“脱壳经营”、悬空债务；有的一走了之，甚或改名换姓，外出躲避，被执行人自动履行率较低；还有的被执行人甚至以暴力手段抗拒执行。一些具有公职身份或一定社会影响力的被执行人也常常以各种手段阻挠执行。

第二，案多人少矛盾加剧，影响办案质量和效率。案多人少矛盾是多年来执行工作的突出问题。以浙江为例，近10年来执行收案每年维持在15万件左右，执行人员年均办案在100件以上。执行力量与任务明显不相适应。目前执行机构受理的案件门类众多，除生效的民事案件外，还有申请强制执行的仲裁、公证债权文书等。近日最高人民法院又规定行政非诉案件、行政诉讼案件、刑事财产刑案件，以及诉讼阶段的财产保全、先予执行等统一由执行机构负责实施。执行任务不断增加，而执行力量没有相应增加，案多人少矛盾严重制约办案质量和效率的提高。

第三，司法权威和执行威慑力不足，执行行为还不够规范。有的案件的审判质量不高，法律文书说理不够，以致当事人有抵触情绪，加大了执行难度。由于执行力量的制约，各地法院对程序较为复杂的搜查、审计执行等措施运用较少。对拒不履行义务构成犯罪的行为，由于刑法的规定不够具体，有的缺乏可操作性，导致移送难、起诉少、判处实刑的更少。一些法院执行权尚缺乏有效监督，执行权滥用、执行行为失范现象还较为普遍。还有的执行人员不能抵御人情关系的干扰，执行中存在消极不作为或乱作为的现象，执行队伍中违法违纪现象仍有发生。

第四，执行改革有待进一步深化，执行立法亟需加强。执行工作实行统一管理的体制早在1999年的中央11号文件中明确，但实践中还没有完全落实。高、中级法院对交叉执行、指定执行、提级执行等措施运用还不够。有的政府部门和有关机构没有依照法律规定协助执行。执行联动机制有的还停留在一般性的号召上，各经济社会管理部门之间的资源整合不充分，对失信行为进行全方位惩戒的工作机制还没有完全形成。随着经济和社会形势的快速发展，执行工作中的新情况新问题不断涌现，一些新类型案件的执行缺乏相应的法律规范，制定单独的强制执行法尚未列入全国人大的立法规划。

在探析问题和困难的同时，我们再来透视以往的执行改革为什么未能从根本上解决执行难问题的原因，可以从以下三方面来分析：

第一，执行改革呈现复杂性。执行难涉及历史、经济、社会、制度、观念和道德等多方面的背景，而在每一方面又存在多层次、多种类的原因组合，目前的经济社会发展阶段和状况，尚不具备彻底解决执行难问题的前提和条件，只能缓解执行难。执行改革的推进，执行难问题的根本解决，既有赖于制度的全面完善和配套，也有赖于执行环境的全面好转和经济社会发展更高的阶段。

第二，执行改革具有分散性。最高人民法院三个“五年改革纲要”中确立的执行改革总体方向和要求，对有效推进执行改革意义重大。但执行改革设计总体上缺乏整体性和长远性。尤其是我国长期以来重审判轻执行，执行改革欠缺充分的理论准备，改革措施的理论正当性和可行性论证不足。同时，以往的执行改革还存在“分散性”的现象，无论是执行工作统一管理体制变革，还是执行机构重设以及执行权分权运行，都是在地方法院先行试点的基础上“自下而上”推动的，而不是“自上而下”推行的，这种“分散性”现象的重要弊端就是容易导致各地自搞一套，方案不同，力度有别，效果不一，不利于执行难问题的全面解决。而解决执行难作为一项全局性的系统工程，有赖于统一的制度安排和整体部署。

第三，执行改革存在局限性。首先，以往的执行改革是在现行司法制度框架下展开的，一旦走向纵深必然会涉及司法制度方面的改革，但司法制度改革的一些重大问题得不到深度推进，势必制约执行改革的深化。其次，以往的执行改革是在已经施行16年的民事诉讼法尚未修改的前提下展开的，许多在理论上合理在实践中可行的执行体制改革措施，因不具备合法性而无法付诸实施。可见，以往的执行改革在深度和力度上具有明显的局限性。2007年全国人大常委会修改《民事诉讼法·执行程序篇》为执行改革提供了法律依据，但从实践看还“不解渴”。

三、执行改革目标与进路

党的十七大提出“深化司法体制改革，优化司法职权配置，规范司法行为，建设公正高效权威的社会主义司法制度”。伴随着社会主义法治建设进程的加快，执行工作和执行难问题的解决越来越受到中央的重视。特别是在全国集中清理执行积案活动中，中央领导同志和中央政法委亲自动员部署并组织实施[①]，执行工作得到了前所未有的重视和关注。社会建设步伐加快，社会保障体系和社会信用体系在加快架构之中。最高人民法院加强对执行经验的总结，先后制定了一系列司法解释或司法解释性文件。[②] 全国各地法院锐意进取，积极探索出一系列行之有效的执行方式或措施，有力地推动着执行工作的发展。执行改革是一个庞大的系统工程，需要我们以科学发展观为统领，深化对执行工作规律的认识，通过实践基础上的理论创新，不断完善以公正、高效、权威为目标的执行工作制度。

（一）完善执行工作长效机制

要根据执行工作的特点，完善执行工作统一管理体制，推动“管案、管事、管人”相结合的管理模式。建立和完善执行快速反应机制，立审执协调配合机制，执行信访处理机制，执行救助机制，执行宣传工作机制，执行监督制约机制，创新执行方式的激励机制，反规避执行机制，执行差错分析机制与责任追究机制，执行工作考评机制，执行资源保障机制等等。通过各项机制的高效运转和功能互补，实现执行过程的公正高效。

（二）推动社会诚信体系完善

执行难是一个复杂的社会问题，要在各级党委的领导下，发挥政治优势，协调有关部门，齐抓共管，综合治理，把法院力量与金融、工商登记、房地产、交通、出入境管理等部门的力量充分结合起来，逐步从法律、经济、政治、道德、生活、舆论等各个方面对被执行人进行制约，加大被执行人不履行法律文书确定义务的成本和代价，尽快建立起中国特色的覆盖全社会的信用记录制度，形成被执行人自动履行为主，人民法院强制执行为辅的

---

① 根据中央政法委员会和最高人民法院工作方案，全国集中清理执行积案活动分准备、部署、实施、总结四个阶段，从2008年8月份开始。活动目标是实现2007年12月31日前受理的有财产可供执行的案件基本执结；因案件未能执行引发的信访案件数量大幅度减少；建立健全党委政法委组织协调、人民法院主办、有关部门联动、社会各界参与的执行工作长效机制。参见《人民法院报》2008年11月20日第1版。

② 最高人民法院1992年7月14日讨论通过《关于适用〈中华人民共和国民事诉讼法〉若干问题的意见》第十七章专门规定了“执行程序”，共50条；1998年6月11日讨论通过《关于人民法院执行工作若干问题的规定（试行）》，共十六章，137条；2007年10月全国人大常委会修改《中华人民共和国民事诉讼法》后，最高人民法院于2008年9月8日通过了《关于适用〈中华人民共和国民事诉讼法〉执行程序若干问题的解释》，共40条。除此之外，最高人民法院还以司法解释和规范性文件的形式对统一管理、委托执行、查封扣押冻结财产、拍卖变卖财产、执行设定抵押的房屋等方面的问题作出规定，有力地指导了全国法院执行工作的改革实践。

工作局面。

（三）加强执行理论研究

近年来执行理论研究方兴未艾，在关于执行难问题的界定、执行权性质、执行权行使主体、执行权构造、执行异议、复议、执行和解、强制执行立法以及执行与相关法律的关系等方面展开广泛研究，取得了大量的理论研究成果，为执行改革推进提供理论支持。理论和实践的良性互动是执行工作发展与改革的有力手段。随着执行改革的深入推进，执行理论研究在内容上，应当以执行法学的基础理论，以及执行实践中发生的新类型法律问题为重点，实现对执行改革与实践的指引和促进作用。

（四）推动强制执行立法

从域外立法实践看，制定单独的强制执行法是一种普遍选择和发展趋势。[①]“要解决执行难的问题，其根本途径之一，就是要改变强制执行立法滞后的现状，尽快制定出适合实际需要的、独立的强制执行法。”[②] 1999 年中央 11 号文件明确提出要“加快执行立法。最高人民法院要抓紧起草强制执行法，尽早提请全国人大常委会审议”。应当说，在我国出台单独的强制执行法时机已经成熟，建议国家立法机关启动立法程序，尽早出台符合我国国情的强制执行法，为从根本上解决执行难和执行乱提供制度保障。

① 奥地利、瑞士、瑞典和我国台湾地区一开始就制定有单独的民事强制执行法；日本、越南、韩国分别于1979 年、1989 年和2001 年将民事诉讼法中的“强制执行编”删除，另行制定了民事执行法；法国、俄罗斯亦分别于 1991 年和 1997 年制定了单独的民事执行程序法。从法律体系的特点看，我国与上述国家和地区具有相似性，其立法模式和法律制度对我国有很强的借鉴意义。

② 全国人大代表，中国人民大学党委副书记、副校长王利明教授在十一届全国人大二次会议上指出：立法供给不足是执行难症结所在，要制定民事强制执行法克服顽疾，通过制度创新解决“执行难”。参见《法制日报》，2009 年 3 月 12 日，“两会特刊”。

涉诉特殊困难群体执行救助机制探析

杨照民* 刘 洁** 刘 恒*** 廖 锐****

“执行难”问题不仅是长期困扰人民法院乃至政法工作的突出问题，而且也是人民群众反映强烈，社会各界极为关注的热点问题。“执行难”问题不解决，就会严重影响当事人的合法权益，特别是那些处于贫困状态以及遭受灾害病痛的当事人，得不到执行赔偿，将使他们的生产、生活陷入困境。为有效缓解执行难、维护人民群众合法权益，进一步关注民生、贴近民众、关爱弱势群体，保持社会稳定，保障和谐社会的构建，曲靖市中级人民法院提出了建立涉诉特困群体执行救助金制度的工作思路，并以辖区内人口最多的宣威市为试点，逐步实践和推广该项制度。在全国集中清理执行积案活动和深入学习实践科学发展观活动开展之际，曲靖中院在宣威法院开展涉诉特困群体执行救助试点工作的基础上，提出了在全市法院逐步建立和推广涉诉特困群体执行救助制度的要求，将此作为全市法院坚持以人为本、践行司法为民、维护群众合法权益的实际行动，做成一项顺民意、解民忧、得民心的“民心工程”。

一、曲靖两级法院执行案件情况调查

通过行之有效的方法和手段，近年来曲靖法院的执结率有所提高，未执结案件数逐步减少，“执行难”得到一定程度的缓解。但对于特困申请人，因被执行人无履行能力导致案件无法执行，使其陷入更加窘迫的境地，我们虽然穷尽了一切执行手段，也采取了一些司法救助措施，但收效甚微。2007年，全市法院执行案件收案数为6756件，执行不能案件有2308件，占收案总数的34.16%；2008年，全市法院执行案件收案数为4969件，执行不能

* 云南省曲靖市中级人民法院院长。

** 云南省曲靖市中级人民法院研究室主任。

*** 云南省曲靖市中级人民法院法官。

**** 云南省曲靖市中级人民法院法官。

案件有2228件，占收案总数的44.84%（见表1）。数据显示，执行不能案件在执行案件中的比例是较大的。

表1　曲靖市各基层法院2007年至2008年执行案件情况

年度	2007年	2008年
收案数	6756件	4969件
执行不能案件数	2308件	2228件
执行不能案件占收案数比例	34.16%	44.84%

二、曲靖市社会保障情况的调查及涉诉特困群体执行救助情况调查

（一）曲靖市基本情况简介

2007年，曲靖全市年末户籍总人口为603.04万人，其中，非农业人口为75.33万人，占总人口的12.49%，农业户口为527.71万人，占总人口的87.51%。农村贫困人口数为727571人，其中特困人口数为321837人，农村贫困人口数占农业户籍人口总数的13.79%。全市国民生产总值为650.4亿元，按常住人口计算，人均GDP为11381元。2007年农民人均纯收入为2666元，2007年城镇居民人均可支配收入为10803元。（注：数据来源为曲靖市统计局关于2007年国民经济和社会发展的统计公报及相关部门查询提供数据）

（二）曲靖市低保情况调查及曲靖市涉诉特困群体低保救助情况调查

1. 曲靖市低保情况调查

全市有6.36万人享受城市低保，基本实现了“应保尽保”；有23.85万人享受农村低保，占农村贫困人口总数的32.78%（见表2）。

表2　曲靖市农村贫困人口低保情况

农业人口总数	农村贫困人口数	所占比例	享受低保数	所占比例
1	2	3	4	5
527.71万人	727571人	13.79%	23.85万人	32.78%

填表说明：数列对应关系为3＝2÷1；5＝4÷2。

统计数据显示，曲靖市农村人口占绝大多数，贫困人口的面还比较大，特别是还有近70%的农村贫困人口尚未享受农村低保。由于经济发展水平、生活消费水平和特困人口比例以及城镇化程度等各种指标的差异，曲靖市各地的低保标准和低保救助进展是不一致的。城市低保标准最高为每人每月208元，最低为每人每月165元；农村低保标准最高为每人每月70元，最

低为每人每月20元（见表3）。

表3 曲靖市各县（市、区）低保标准

	麒麟	沾益	陆良	马龙	宣威	会泽	罗平	师宗	富源
城镇标准（每人每月）	208元	165元	165元	195元	165元	165元	165元	165元	165元
农村标准（每人每月）	50元	40～70元	50元	50元	40元	20～60元	50元	50元	50～70元

2. 曲靖市涉诉特困群体低保救助情况调查

（1）曲靖市法院涉诉执行案件低保情况调查

经入户调查或委托基层组织调查，2007年，全市法院共有530件案件（刑事案件占115件）的申请执行人545人（其家庭成员1205人）处于低保线以下，占执行不能案件的22.96%；全市法院有429件案件（刑事案件占91件）的申请执行人468人（家庭成员1366人）处于低保边缘，占执行不能案件的18.59%。2008年，全市法院共有518件案件（刑事案件占98件）的申请执行人525人（其家庭成员1204人）处于低保线以下，占执行不能案件的23.25%；全市法院共有480件案件（刑事案件占109件）的申请执行人507人（其家庭成员1416人）处于低保边缘，占执行不能案件的21.54%（见表4）。

表4 曲靖市法院执行不能案件申请执行人处于低保及低保边缘的未执结案件情况

年度	低保案件数	占执行不能案件比例	申请人数	家庭成员数	低保边缘案件数	占执行不能案件比例	申请人数	家庭成员数
2007年	530件	22.96%	545人	1205人	429件	18.59%	468人	1366人
2008年	518件	23.25%	525人	1204人	480件	21.54%	507人	1416人

2007年的执行不能案件中：处于低保和低保边缘申请人的总数为2571人，其中，农村低保人数有1034人，农村低保边缘人数有1158人，即执行不能案件的农村低保和低保边缘的人有2192人，占85.26%；城市低保人数有171人，城市低保边缘人数有208人，即执行不能案件的城市低保和低保边缘的人有379人，仅占14.74%。2008年的执行不能案件中：处于低保和低保边缘申请人的总数为2620人，其中，农村低保人数有934人，农村低保边缘人数有1085人，即执行不能案件的农村低保和低保边缘的人有2019人，占77.06%；城市低保人数有270人，城市低保边缘人数有331人，即执行不能案件的城市低保和低保边缘的人有601人，仅占22.94%。由此可见，处于低保和低保边缘的涉诉申请人绝大多数是农村户口（见表5）。

表 5　曲靖市法院执行不能案件中低保和低保边缘人口分布情况

年度	农村低保人数	城镇低保人数	农村低保边缘人数	城镇低保边缘案人数	合计	农村特困人口所占比例	城市特困人口所占比例
2007 年	1034 人	171 人	1158 人	208 人	2571 人	85.26%	14.74%
2008 年	934 人	270 人	1085 人	331 人	2620 人	77.06%	22.94%

（2）关于曲靖市处于低保和低保边缘的涉诉困难申请执行人进行救助所需资金的测算

表3《曲靖市各县（市）、区低保标准》的数据表明，曲靖市各县（市）、区的低保标准是不一致的。我们取最高救助标准进行救助所需资金测算，即城镇居民每人每月救助 208 元，农村人口每人每月救助 70 元，对处于低保和低保边缘的涉诉困难申请人实施救助。2007 年执行不能案件的城市低保和低保边缘的人为 379 人，每人每月 208 元，每月共需 78832 元，救助一年总需 945984 元；2007 年执行不能案件的农村低保和低保边缘的人为 2192 人，每人每月 70 元，每月共需 153440 元，救助一年总需 1841280 元。对 2007 年执行不能案件中的低保和低保边缘的人进行为期一年的低保救助共需执行救助资金 2787264 元。2008 年执行不能案件的城市低保和低保边缘的人为 601 人，每人每月 208 元，总需 125008 元，救助一年总需 1500096 元；2008 年执行不能案件的农村低保和低保边缘的人为 2019 人，每人每月 70 元，每月共需 141330 元，救助一年需 1695960 元。对 2008 年执行不能案件中的低保和低保边缘的人进行为期一年的低保救助共需执行救助资金 3196056 元（见表 6）。

表 6　对曲靖市执行不能案件中的低保和低保边缘的人进行救助拟需资金测算

年度	城市低保和低保边缘人口数	城镇低保救助标准	每月所需救助金	年所需救助金	农村低保和低保边缘人口数	农村低保救助标准	每月所需救助金	年所需救助金	合计
1	2	3	4	5	6	7	8	9	10
2007 年	379 人	208 元	78832 元	945984 元	2192 人	70 元	153440 元	1841280 元	2787264 元
2008 年	601 人	208 元	125008 元	1500096 元	2019 人	70 元	141330 元	1695960 元	3196056 元

填表说明：数列对应关系为 4 = 2 × 3，8 = 6 × 7，10 = 5 + 9。

（三）曲靖市涉诉特困群体医保救助情况调查

1. 曲靖市医保情况调查

全市有4671302人参加新型农村合作医疗，参合率为91.37%，其中贫困人口参合的有637457人，占农村贫困人口总数的87.61%，特困人口参合的有293183人，占农村特困人口总数的91.1%，五保户人数为17616人，参合率为100%；全市城镇职工和居民参加医保的人数为61.7万人，占非农人口总数的81.9%（见表7）。

表7　曲靖市农村贫困人口参加农村新型医疗合作情况

农村贫困人口数	农村贫困人口参合人数	所占比例	农村特困人口数	农村特困人口参合人数	所占比例	五保户人口数	五保户参合人数	所占比例
1	2	3	4	5	6	7	8	9
727571人	637457人	87.61%	321837人	293183人	91.1%	17616人	17616人	100%

填表说明：数列对应关系为3=2÷1；6=5÷4；9=8÷7。

2. 曲靖市涉诉特困群体医保救助所需资金测算

对于农村医疗保障，尽管现在农村新型合作医疗保险已基本覆盖曲靖全市绝大多数人口，但作为一项逐步推进的试点工作，各县的进度及核销标准是不一致的，有的以县为单位进行试点，例如，宣威市是全国农村医疗保险试点之一，自2003年推行农村医疗保险试点以来，农村新型合作医疗保险已覆盖了全市绝大多数人口（95%以上）。有的以乡镇或村委会为单位进行试点，例如富源和陆良的做法。而实际核销医疗费比例也因在乡镇级、县级、市级医院治疗有所区别，在乡镇的略高，在县级、市级的则依次降低，基本在70%~30%不等，并依普通病和特殊病规定核销上限。根据农村合作医疗的开展情况及各年度人均补偿门诊费和人均补偿住院费为依据，测算出：2007年曲靖市法院执行不能案件中，处于低保线下的农村人口所需的医疗补偿费用为142474.05元，处于低保边缘的农村人口所需的医疗补偿费用为180980.55元，两者相加共需323454.6元；2008年曲靖市法院执行不能案件中，处于低保线下的农村人口所需的医疗补偿费用为110044.41元，处于低保边缘的农村人口所需的医疗补偿费用为139568.52元，两者相加共需249612.93元（见表8）。

表8 曲靖市法院执行不能案件中处于低保和低保边缘且未参加医保的申请人所需救助费用测算（农村）

年度	低保且未参加医保人数	低保边缘且未参加医保人数	人均补偿门诊费用	人均补偿住院费用	低保线下申请人补偿费用	低保边缘申请人补偿费用	总计费用
	1	2	3	4	5	6	7
2007	185 人	235 人	5.75 元	764.38 元	142474.05 元	180980.55 元	323454.6 元
2008	123 人	156 人	6.5 元	888.17 元	110044.41 元	139568.52 元	249612.93 元
备注	1. 据统计各基层法院处于低保线下且未参加医保的申请人数 2007 年为 185 人，2008 年 1 至 9 月为 123 人；2007 年处于低保边缘且未参加医保的申请人数为 235 人，2008 年 1 至 9 月为 156 人。 2. 表中相关费用标准系曲靖市卫生局统计数据。						

填表说明：数列对应关系为 5 =（3 + 4）×1；6 =（3 + 4）×2；7 = 5 + 6。

曲靖市城镇居民医疗保险 2008 年启动，医疗救助报销尚未开始，从医保部门、卫生部门等都无法得到相关的数据。据了解，各地医疗救助补偿主要以平均门诊费、门诊率、平均住院费、住院率为指标进行，由于各地的物价水平、人口基数、发病率等存在差异，致使各地在人均救助补偿数额上也是不同的。基于此，曲靖市城镇医疗救助所需费用无法估算，曲靖市法院涉诉特困群体中的城镇居民的医疗救助费用亦无法估算。

（四）曲靖市涉诉特困群体大病大灾救助情况调查

大病救助的对象是指五保户和农村特困户因患大病（癌症、尿毒症、重症肝炎、糖尿病综合并发症）需要救助的家庭成员；大灾救助指火灾、泥石流等自然灾害和其他灾害的救助。试点的宣威法院，是参照民政救助对大病大灾每年支出的救助费用进行测算，即大病为 20 万元，大灾为 20 万元。鉴于此，我们以大病 20 万元、大灾 20 万元的标准作为大病大灾的救助标准。以此标准测算，曲靖中院及所辖 9 个基层法院每年大病救助需 200 万元，每年大灾救助需 200 万元。

综上，曲靖市涉诉特困群体大病大灾救助每年共需 400 万元。

（五）曲靖市涉诉群体特殊困难救助调查

特殊困难救助是对于已经享受低保、医保和其他社会保险，或者已经由其他社会救济渠道进行了救济，但仍不足以解决问题，特别是因伤病致残、丧失劳动能力且生活无来源的案件申请执行人的救助。在试点的宣威法院，经测算，每年对该类人群进行特殊困难救助需资金52000元。宣威市人口数占曲靖市人口总数的23.4%（2007年曲靖市统计局数据显示，宣威市人口总数为141.13万人，曲靖市人口总数为603.04万人），依据人口比例测算，全市需特殊困难救助资金222222.22元（52000÷23.4%）。

（六）曲靖市法院涉诉刑事被害人救助情况调查

此刑事被害人与刑事附带民事执行案件中的刑事被害人有异，特指没有民事执行内容或没有提起刑事附带民事诉讼或没有单独提起民事诉讼赔偿的刑事案件受害人。为了拓宽救助的范围，切实解决这类受害人及家属存在的困难，特将处于低保和低保边缘的此类刑事受害人也纳入执行救助渠道。由于此类刑事受害人没有进入案件执行程序，审判工作只能反映出刑事被告人造成损害的对象、受损程度等与刑事判决有关的内容，故无法得出精确的刑事被害人人数。依据曲靖市法院受案情况及其类型统计推算，全市法院2007年有此类刑事受害人的刑事案件约占29件，2008年有21件，两年来共有50件。被害人多数案件有1~3人不等，每案平均约1.5人，共有刑事被害人75人。处于低保边缘人数按总人数的1/3计算（根据统计部门的统计方法，低保边缘人口数基本与低保人口数相当，二者相加基本约占总人口的1/3），约占25人（见表9）。参照前面对执行不能案件中处于低保和低保边缘人口数的分布比例（2007年处于低保和低保边缘的农村人口占85.26%，处于低保和低保边缘的城市人口占14.74%；2008年处于低保和低保边缘的农村人口占77.06%，处于低保和低保边缘的城市人口占22.94%）。我们大致可依8:2的比例计算刑事被害人中处于低保和低保边缘的农村人口和处于低保和低保边缘的城市人口的分布：2007年，有14个处于低保和低保边缘的刑事被害人，其中，农村人口有11人，城市人口有3人；2008年，有11个处于低保和低保边缘的刑事被害人，其中，农村人口有9人，城市人口有2人。按照前面的低保标准对曲靖市2007年和2008年的刑事被害人处于低保和低保边缘的这部分人进行救助，2007年刑事被害人处于低保和低保边缘的共需低保救助资金16728元，2008年刑事被害人处于低保和低保边缘的共需低保救助资金6562元（见表10）。如前所述，曲靖市城镇人口医疗救助费用现无法估算，因此，我们只能对处于低保和低保边缘的农村刑事被害人进行医疗救助所需费用测算，测算结果显示：2007年度曲靖市涉诉刑事被害人中处于低保和低保边缘的11名农村申请人每年共需医疗救助费用8471.43元，2008年曲靖市涉诉刑事被害人中处于低保和低保边缘的9名农村申请人每年共需医疗救助费用8052.03元（见表11）。

表9 曲靖市涉诉刑事受害人案件情况

年度	有刑事被害人无民事执行内容的刑事案件数	刑事被害人数	处于低保边缘刑事被害人数
2007年	29件	43人	14人
2008年	21件	32人	11人
合计	50件	75人	25人

表10 曲靖市刑事被害人中处于低保和低保边缘的人进行低保救助所需资金测算

年度	城镇处于低保和低保边缘的人口数	城镇低保救助标准	每月所需救助金	年所需救助金	农村处于低保和低保边缘的人口数	农村低保救助标准	每月所需救助金	年所需救助金
2007年	3人	208元	624元	7488元	11人	70元	770元	9240元
2008年	2人	208元	416元	4992元	9人	70元	630元	1260元
备注	1. 曲靖市2007年刑事被害人中处于低保和低保边缘的人进行低保救助共所需救助金7488+9240=16728元 2. 曲靖市2008年刑事被害人中处于低保和低保边缘的人进行低保救助年共所需救助金4992+1260=6562元							

表11 曲靖市涉诉刑事被害人中处于低保和低保边缘的农村申请人所需医疗救助费用测算

年度	人数	人均补偿门诊费用	人均补偿住院费用	补偿费用
	1	2	3	4
2007年	11人	5.75元	764.38元	8471.43元
2008年	9	6.5元	888.17元	8052.03元
备注	表中相关费用标准系曲靖市卫生局统计数据。			

填表说明：数列对应关系为4＝（2+3）×1

（七）曲靖市涉诉特困群体执行救助所需资金测算总额

根据上述测算，可得出：1. 对2007年执行不能案件中的低保和低保边缘的人进行为期一年的低保救助共需执行救助资金2787264元；对2008年执行不能案件中的低保和低保边缘的人进行为期一年的低保救助共需执行救助资金3196056元。

2. 2007年度曲靖市法院执行不能案件中，处于低保和低保边缘且未参加医保的申请人所需救助费用测算（农村），共需资金323454.6元；2008年曲靖市法院执行不能案件中，处于低保和低保边缘且未参加医保的申请人所需救助费用测算（农村），共需资金249612.93元。

3. 曲靖市涉诉特困群体执行救助的大病大灾救助金额每年共需400万元；曲靖市涉诉特困群体执行救助的特殊困难救助资金需222222.22元。

4. 2007年度曲靖市刑事被害人中处于低保和低保边缘的人进行低保救助所需资金16728元；2008年曲靖市刑事被害人中处于低保和低保边缘的人进行低保救助所需资金6562元。

5. 2007年度曲靖市涉诉刑事被害人中处于低保和低保边缘的农村申请人所需医疗救助费用8471.43元；2008年曲靖市涉诉刑事被害人中处于低保和低保边缘的农村申请人所需医疗救助费用8052.03元。

通过对所有救助项目所需资金的测算，可以得出：对2007年曲靖市执行不能案件的特殊困难申请人以及特殊困难的刑事被害人进行救助共需资金7358140.25元；对2008年曲靖市执行不能案件的特殊困难申请人以及特殊困难的刑事被害人进行救助共需资金7682505.18元（见表12）。

表12　曲靖市涉诉特困群体执行救助金所需资金测算

年度	低保和低保边缘救助测算金额	医疗救助测算金额	大病救助测算金额	大灾救助测算金额	特殊困难救助测算金额	刑事被害人低保救助测算金额	刑事被害人医疗救助（农村）测算金额	合计
2007年	2787264元	323454.6元	200万元	200万元	222222.22元	16728元	8471.43元	7358140.25元
2008年	3196056元	249612.93元	200万元	200万元	222222.22元	6562元	8052.03元	7682505.18元

三、在曲靖建立涉诉特困群体执行救助金制度的可行性调查

随着“执行难”问题日益受到全社会的高度重视和关注，加之社会经济的高速发展，为建立和实施涉诉特困群体执行救助金制度提供了动力支持和物质保障，一定程度上讲，在曲靖建立涉诉特困群体执行金救助制度的条件已初步具备。

（一）党中央和各级党委政府对执行难的高度关注为执行金救助制度的实践提供了可行性条件

在党的十六次全国代表大会上，时任中共中央总书记的江泽民同志提出：要切实解决执行难问题。而在此之前的1999年7月7日，党中央下发中发（1999）11号文件，要求全党全社会大力解决人民法院执行难问题。2005年12月26日中共中央政法委《关于切实解决人民法院执行难问题的通知》指出，要探索建立特困群体案件执行的救助办法。《中共中央关于构建社会主义和谐社会若干重大问题的决定》指出，要完善司法救助机制和社会保障机制，实现好、维护好、发展好最广大人民的根本利益。2008年，在全国集中清理执行积案活动电视电话会议上，中共中央政治局常委、中央政法委书记周永康指出，要完善相关部门之间的协作配合机制，健全执行工作联动威慑机制，形成党委领导、人大监督、政府支持、政法委协调、人民法院主办、社会各界配合的执行工作格局。2007年1月15日最高人民法院《关于为构建社会主义和谐社会提供司法保障的若干意见》提出，要建立特困群众执行救助基金，为他们实现债权提供便利和帮助。曲靖市各级党委政府对“执行难”问题也高度关注，市委领导多次对“执行难”问题作出批示，要求各级党委政府尽一切力量支持法院执行工作；曲靖市建立了执行联动机制，整合社会力量集中解决执行难；市人大每年都要专题听取执行工作汇报，同时发挥职能作用监督政府部门支持、配合法院执行工作；各级政府也积极支持配合法院执行工作，并尽力为法院执行工作提供物质保障，优先解决法院执行工作人力、物力、财力问题。

（二）曲靖社会经济的发展壮大为在曲靖开展执行救助提供了强大的物质保障

近年来，曲靖市国民经济发展呈现出又好又快势头，综合实力明显增强，经济总量居全省第二位，2007年全市实现生产总值突破600亿元大关，

达到650.4亿元，按常住人口计算，人均GDP达到11381元，财政总收入达到145.7亿元。经济实力的不断增强，使曲靖市党委政府能够对弱势群体的生活、就医、养老、就学等各种与民生息息相关的问题予以更多更好地解决，社会保障及社会救助的标准正逐步提高，覆盖面也在逐步扩大。曲靖经济的稳健发展，可以为解决包括涉诉特困申请执行人救助在内的诸多社会问题提供比较充裕的财力支持；曲靖社会的文明、进步，可以在更大范围内促进社会成员对涉诉特困申请执行人获得救助形成理解和支持。延伸和拓展司法救助范围和力度，实现由自发的、零星的个体救助向规范的、统一的执行救助过渡，既符合当前曲靖市政府支持该项制度的能力，也基本上能够满足申请执行人的心理预期。

曲靖市各级民政、劳动和社会保障、医疗保险等相关部门都积极支持和配合该项工作，在摸底调查中，各级基层组织、人民群众都比较认同和肯定该项工作的积极意义，曲靖社会各界人士也表示愿意通过募集、捐赠等方式支持执行救助工作。

（三）全国各地法院正积极实践和探索各种救助制度为曲靖开展执行救助提供了有力借鉴

山东省淄博市中级人民法院从2004年3月起就开始探讨建立刑事被害人的补偿机制；北京市高级人民法院从2006年6月起，联合市民政局推出“解决执行难案件中困难人员生活救助问题的意见”；云南省高级人民法院在2007年制定了《云南省高级人民法院民事执行案件司法救助实施办法（试行）》，救助那些穷尽了一切执行手段仍不能及时有效地保护其合法权益的困难群体。这些探索和实践，为建立涉诉特困群体执行金救助制度提供了有力的借鉴意义。

省高级人民法院领导的高度重视、关心和支持，曲靖市委、市政府对执行难问题的高度重视和关注，曲靖经济的稳健发展，曲靖低保救助和医疗保障等各种社会保障制度的不断完善和落实，使我们对曲靖建立涉诉特困群体执行金救助制度充满了信心。

四、曲靖市建立涉诉特困群体执行救助金制度的效果预期

一是可延伸司法救助制度，全方位体现司法为民。通过启动涉诉特困群体执行救助金制度，可以使涉诉的生活无着落的草根阶层和贫弱群体充分体验到党和政府带给他们的关爱和温暖，特别是对未纳入低保的弱势群体进行救助覆盖以及从司法关怀的角度对遭受大病大灾的人进行再次补充救助，更

能使陷入极度困境、精神上亟待抚慰、生活上亟待救助的当事人感受到司法的文明和人文的关怀。

二是可有效缓解“执行难”，有力维护司法权威。通过实行执行救助，对执行不能的案件依法进行终结，对极度困难的申请执行人进行救助，实现了把解决“执行难”与解决因“执行难”而形成的弱势群体的困难的有机结合。以对2008年执行不能案件中处于低保的特困申请人的执行救助为例，可以有效解决518件执行案件，保障1204名困难人员的基本生活，23.25%执行案件得以有效解决（见表13）；以对2008年执行不能案件中处于低保边缘的特困申请人的执行救助为例，可以有效解决480件执行案件，保障1416名困难人员的基本生活，21.54%执行案件得以有效解决（见表14）；以对2008年执行不能案件中处于低保和低保边缘的特困申请人的执行救助为例，可以有效解决998件执行案件，更重要的是保障了2620名困难人员的基本生活，44.79%执行案件得以有效解决（见表15）。

表13　救助效果预测（以对2008年执行不能案件中处于低保的申请人进行执行救助为例）

执行不能案件数	低保线下案件数	涉及人数（含家庭成员）	低保线下案件所占比例
2228件	518件	1204人	23.25%

表14　救助效果预测（以对2008年执行不能案件中处于低保边缘的申请人进行执行救助为例）

执行不能案件数	低保边缘案件数	涉及人数（含家庭成员）	低保边缘案件所占比例
2228件	480件	1416人	21.54%

表15　救助效果预测（以对2008年执行不能案件中处于低保和低保边缘的申请人进行执行救助为例）

<table>
<tr><td>执行不能案件数</td><td colspan="2">低保线下案件</td><td colspan="2">低保边缘案件</td><td colspan="2">合　计</td><td>所占比例</td></tr>
<tr><td>1</td><td>2</td><td>3</td><td>4</td><td>5</td><td>6</td><td>7</td><td>8</td></tr>
<tr><td rowspan="2">2228件</td><td>案件数</td><td>涉及人数（含家庭成员）</td><td>案件数</td><td>涉及人数（含家庭成员）</td><td>案件数</td><td>涉及人数（含家庭成员）</td><td rowspan="2">44.79%</td></tr>
<tr><td>518件</td><td>1204人</td><td>480件</td><td>1416人</td><td>998件</td><td>2620人</td></tr>
</table>

填表说明：数列核对关系为2+4=6，3+5=7，6÷1=8

三是有利于涉诉信访问题的解决，促进和谐社会的构建。在当前的涉诉信访案件中，“求偿不能”、“求助无路”的执行案件占了相当大的比重。构筑一套较为完整的执行救助机制，对于缓解涉诉特困群体的生存危机，化解社会矛盾，促进社会效果和法律效果的和谐统一，建设“和谐司法”进而助推和谐社会大有益处。2006 年至 2008 年曲靖法院有涉法涉诉信访案件 155 件，其中涉及执行的案件有 96 件，占信访案件的 61.94%。如果将这 96 件案件大部分通过执行救助予以解决，超过五成以上的信访案件得以有效解决（见表 16）。

表 16　救助效果预测（以 2006 年～2008 年涉诉执行信访案件的执行救助为例）

涉诉信访案件数	涉诉执行信访案件数	所占比例
155 件	96 件	61.94%

转型社会中农村的司法进路

——以农村土地承包纠纷联合调处机制①为研究对象

褚玉兰* 张 静** 方 煜***

引 言

国际金融危机的影响已现实地渗透到我国经济社会的方方面面，反映在民事审判中，集中体现为民事案件激增，其中涉农纠纷案件数量大幅上升，新情况新问题不断涌现。② 因此，做好当前形势下的涉农民事纠纷，特别是农村土地承包纠纷案件的审判工作，是人民法院践行“为大局服务、为人民司法”指导思想的重要内容。特别是，“要积极探索稳步推进农村多元纠纷解决机制，引导当事人利用土地承包仲裁、调解等方式解决纠纷，减少纠纷解决的层次和环节，降低化解矛盾的成本支出，注重与基层政府、村民自治组织等多元纠纷解决主体的联动协作，构建纠纷解决的全覆盖网络，争取

---

* 上海市奉贤区人民法院研究室副主任。

** 上海市奉贤区人民法院法官。

*** 上海市奉贤区人民法院法官。

① 奉贤区位于上海南部郊区，全区区域面积704.68平方千米，区属耕地面积27838公顷，下辖270个村民委员会，属上海农业人口大区之一，如何有效妥善化解涉农纠纷显得更加紧迫和重要，为此奉贤区法院于2008年8月与区司法局、区农业仲裁委员会共同成立了上海市市首家农村土地承包纠纷联合调处中心，通过调解、仲裁、诉讼的对接平台，赋予纠纷主体充分的程序选择权。该机制运作以来，化解了大量农地纠纷，在非诉纠纷解决机制与法院诉讼之间形成的有效的对接。据统计，奉贤地区的涉农纠纷约有70%在基层化解，20%由仲裁裁决，10%进入法院诉讼，对于农村社会的和谐稳定，发挥了联调机制的作用。

② 如2008年全国法院共审结涉农案件232615件，同比上升35.81%，2009年1至5月，这一增长势头更为突出，疑难复杂案件显著增多，涉及农民工群体的纠纷案件、敏感案件、群体性案件增多，国家支农、惠农政策落实过程中的纠纷案件不断显现。载《人民法院报》2009年6月24日第3版。

将矛盾化解在诉前，消除在萌芽状态”。[①]

一、价值冲突：农村土地承包纠纷的本源分析

关于农村土地的价值冲突，从其本源分析，主要体现在三个方面，即社会经济层面的冲突、法律政策层面的冲突以及权利属性的冲突。

（一）社会经济层面的冲突

1. 价值实现方式的冲突

按照马克思主义政治经济学的观点，劳动力要依附于一定的生产资料才能实现价值，而农民劳动力所能依附的最本源的生产资料就是土地，土地不仅为农民提供生活保障，一定程度上也为其提供了充分的就业机会。因此，农民对于土地具有天然的依赖性。但随着经济的发展和科技的进步，土地的价值实现方式日趋多样化，其不仅作为农民劳作的场所而存在，也可以在城市化进程中作为他用，甚至可以折算为股权入股实现更高的经济价值。正因为土地价值多元化的实现方式，农民与土地之间的本源性关系也日趋被割断，当原本附着在土地上的劳动力转变为闲置劳动力，特别是这些劳动力在现有的就业背景下无处安放时，农民对土地的依赖性与土地价值实现方式的多样化之间的矛盾日趋明朗。

2. 城乡二元结构的冲突

土地物质是未经人类劳动加工的、作为自然资源的土地；土地资本是人类对土地进行开发、改造所形成的土地固定资产，进而形成了土地自然资源价格和土地固定资产价格[②]。根据土地价值二元论，得出土地价格的计算公式：土地价格 = 土地自然资源价格 + 土地固定资产的价格 = 绝对地价 + 级差地价 I + 级差地价 II + 垄断地租增量，其中绝对地价是由土地的稀缺性决定的，级差地价是由土地位置决定的。以上公式可以看出，城市的扩大使得原本远离城市中心的土地逐渐变为近郊土地，这样级差地租部分增加，导致土地价格上涨，事实上增加的级差地租就是农地被征用后的增值；其次被征用后的土地经过招标、拍卖、挂牌进行交易，又完成了土地在交易过程中的二次增值。鉴于城乡二元结构的差异，城市与农村的土地价格也存在迥异，而在征地补偿时被征地人获得的仅仅是存量利益，对于土地被征用带来的增量利益以及农民原本基于土地的可持续使用可获得增量利益的丧失部分，在补

---

① 《最高人民法院关于当前形势下进一步做好涉农民事案件审判工作的指导意见》。

② 周诚：《土地价值论》，载《中国土地科学》1992 年第 2 期，第 10 ~ 16 页。

偿中无从体现，这种因补偿带来的冲突归根结底是城乡二元结构带来的冲突。

（二）法律政策层面的冲突

1. 政府政策目标整体性与农民利益差异性的冲突

政府政策目标的制定是站在本区域全局利益高度上的，在代表农民根本利益的同时，难免与农民的差异性利益发生冲突。如为了建设社会主义新农村，政府将对农村宅基地进行集中；为了完善农村相关生活配套设施，政府实施了“农家乐”试点工程；为了改变村里普遍弃耕的现象，实现集体土地的充分开发和利用，政府出面进行土地流转委托他人耕种。这些政策的实施在总体上对于农村风貌的建设是有利的，但是作为农民个体而言，他们很有可能基于自己的利益考虑，对于土地征收的补偿方式、补偿标准、流转费用的支付有着不同的心里预期，政府的行为又不可能同时满足每一个不同预期者的愿望，纠纷遂起。

2. 经济发展的拓展性与立法滞后性的冲突

法律是由立法者事先制定的，鉴于人的理性具有局限性，任何国家的法律都不可能是一个包罗万象的体系，总会存在立法者没有考虑到的情况从而使立法出现空洞和空白。因此，从某种程度上讲，法律一旦制定就已经落后了，因为立法者永远也不会准确知道明天的生活将是什么样子的①。再加上当今社会经济迅猛发展、政策日新月异，特别是在国家层层推出“三农”政策的背景下，现有的法律在新类型的涉农问题面前显得更加僵化和滞后，法律不能应对问题的局面使得各类土地承包纠纷更加凸显。

3. 立法的概括性与施法偏差的冲突

法律在一定程度上具有普适性的特点，这一特点又决定了立法具有概括性，即法律通常是针对某一类具有共性的行为作出统一的要求，很少考虑其在执行过程中可能出现的差异和偶然性因素，这就导致了很多老百姓不能理解政府的行为，从而引发纠纷。如对于农村土地承包地的征用，虽然是相同的面积，但鉴于征用时间不同及地理位置的差异等，政府给予的补偿是不同的，而被征用人通常认为相同的面积应该获得相同的补偿，从而引发钉子户等现象，产生矛盾纠纷；同时鉴于立法的概括性与施法偏差性的存在，导致了一些执法行为偏离了立法本意，从而引发老百姓的不满，加剧了双方的矛盾。

---

① 舒国滢：《法理学阶梯》，清华大学出版社2006年版，第173页。

（三）权利属性的冲突

1. 所有权与农民土地承包经营权的冲突

所有权是指所有人依法对自己的财产享有占有、使用、收益和处分的权利[①]。从其概念不难看出，所有权是一种权能圆满的权利，其具有支配特定物和对世性的特征。我国实行土地公有制，即全民所有制和劳动群众集体所有制，农村集体经济组织（村委会或村民小组）拥有对本集体土地的处分权。用益物权是指用益物权人对他人所有的不动产或者动产依法享有占有、使用和收益的权利，土地承包经营权属于用益物权的一种，承包人依法对其承包经营的耕地、林地、草地等享有占有、使用和收益的权利，虽然法律规定了承包期内发包人不得收回承包地，但是用益物权相对于所有权而言是效能不完全的物权，而且土地承包经营权是农村集体组织行使其所有权而产生的，换言之，土地承包经营权的取得与丧失均取决于农村集体组织如何去处分其土地所有权，因此在所有权与土地承包经营权发生冲突时，后者处于弱势地位也是不可避免的。

2. 集体所有权与农民集体成员权的冲突

鉴于所有权的特性和农村集体经济组织作为所有权人的特殊主体地位，凸显了土地在流转过程中的矛盾与问题。集体所有权作为农村集体经济组织的一个整体性权利，对于组织之外的第三人而言，村委会或村民小组的行为具有一定的表见代理效应。而农民的集体成员权是指农民基于集体经济组织成员的身份而享有的一系列权利，实际上是一种内部性权利，在土地流转过程中具有极弱的对外公信力，再加上农民集体成员的身份限制，集体成员权在土地对外流转过程中极易被架空。正因为两种权利属性的不同，导致了现实中因权利冲突引发大量纠纷。

3. 农民内部土地承包经营权的冲突

鉴于村民将土地作为其获得经济利益的物质依赖，往往会发生土地承包经营权的争夺，从而引发一些与法相悖的问题。如妇女出嫁后，若赶上了夫家所在集体经济组织“动地”（即原承包期限已到，在集体成员之间重新分地、重新签订土地承包经营合同），夫家会尽力向本村争取媳妇的承包地，在实际中农村集体经济组织也会考虑此种情况给予过门儿媳承包地，也就导致了该妇女在夫家、母家均有承包地的冲突与矛盾；而对于离婚或者丧偶的妇女，法律规定了其若仍在原居住地生活但在新居住地未取得承包地的，发

① 《民法通则》第71条。

包方不得收回其原承包地。实际中丧偶的妇女若是不在原居住地生活（特别是改嫁以后），其土地承包经营权往往被收回或者实际上被夫家所占有，丧偶妇女在新居住地又尚未取得新的承包地，从而导致丧偶妇女在实际上没有可供依赖的土地的现状。

二、现实选择：农村土地承包纠纷联合调处机制的应然之理

（一）机制选择的法律解读

1. 法理性探究

“调解、仲裁、诉讼”联合调处机制的推出，目的就是要通过多元化的纠纷解决机制保障纠纷主体正当性权利的有效实现。美国著名法学家博登海默认为，“调解”的灵活性体现了当事人情感渗入的不刻板依照法条的某些正义性因素。边沁也认为：“他（法官）可以扩大或者缩小现行的补救办法，偶尔还可以创设一种新的补救办法或辩护，如果正义要求这种措施成为必要。”①。由此可见，“调解、仲裁、诉讼”有机对接的联合调处机制，既符合正义要求的补救方式可以被扩大或缩小、甚至可以被创造的理论，也符合不刻板依赖法条的正义实现形式的要求，具有较强的法理说服力。诚然，这里推出的“调解、仲裁、诉讼”有机对接并非将调解与仲裁设立为必然的前置程序，而是从法理的角度赋予纠纷主体的程序选择权，意为给当事人提供多种纠纷解决的方式供其选择，而不是增加纠纷解决的程序；其法理的依据和核心是在做好调解与仲裁工作本身的同时，让当事人愿意选择仲裁或调解解决农村土地承包纠纷，更不是强迫当事人先调解再仲裁后诉讼解决纠纷。

2. 相应法条的支撑

《民事诉讼法》第16条第1款规定：“人民调解委员会是在基层人民政府和基层人民法院指导下，调解民间纠纷的群众性组织”。该款明确了人民调解原则作为《民事诉讼法》的基本原则，对民事纠纷的解决具有普适性的指导意义。《农村土地承包法》第51条、《中华人民共和国农村土地承包经营纠纷仲裁法》第3条、第4条规定：因土地承包经营发生纠纷的，双方当事人可以自行和解，也可以请求村民委员会、乡（镇）人民政府等调解，当事人和解、调解不成或不愿和解、调解的，可以向农村土地承包仲裁委员会申请仲裁，也可以直接向人民法院起诉。实际上这两部法律已经明确了土地承包纠纷的解决途径，即和解、调解、仲裁、诉讼。和解是争议双方就双

---

① ［美］博登海默：《法理学—法哲学及其方法》，华夏出版社，第543页。

方的权利义务进行自我设定的一个过程，故在此不多说。而“调解、仲裁、诉讼”有机对接机制实际上是在法律明确的农村土地承包纠纷解决方式基础上的优化，即在当事人自愿选择涉农纠纷解决方式的前提下，将“调解、仲裁、诉讼”作为解决纠纷的一个整体，成立一门式服务机构，使得不同类型案件能够找到合适本纠纷的解决状态，充分保障当事人程序选择权，经济、便捷地解决纠纷。

（二）机制选择的正当性分析

1. 农村社会心理的固有方式

农村社会是个熟人社会，固有的宗族思想等传统观念，使农村百姓在面对矛盾纠纷时，更多地寻求私力救济的途径，诉讼方式的选择意识不强。面对纠纷，他们更愿意选择第三方调解等简便易行的方式来解决。特别是对农村相邻纠纷、土地承包纠纷等传统涉农纠纷的解决，村民自治组织、人民调解干部等为主的基层调解往往能显示出较强的优势，发挥较大的作用。

2. 法制环境的要求

由于农村法制环境相对落后，农民面对诉讼的高成本，应诉能力总体不足，若将涉农纠纷刻板地定位在诉讼这一单调的解决路径上不利于农民权益的保障和实体公正的实现。但随着法制宣传工作的推进，农民的法律意识逐渐增强，农村社会的法律需求也日益增长，农民对于自己受损的权益不再坐视容忍，而是在法律意识的支配下积极寻找保障途径。在应诉能力低和法律意识情绪高涨的夹缝式农村法制环境下，“调解、仲裁、诉讼”有机对接的多元化纠纷解决方式呼之欲出。

3. 政府职能目标的实现

在城市化进程的发展过程中，政府承担着多元利益的调整与分配的职能，同时，维护与促进农村社会的和谐稳定也是地方政府贯彻落实“三农”政策的根本目标，农村土地承包仲裁委员会承担起仲裁的职能，并作为“调解、仲裁、诉讼”有机对接机制中解决纠纷的重要一环出现，是该机制契合政府职能目标的体现。

4. 司法对社会责任的承担

司法功能的拓展与强化，要以关注民生、定分止争、平息矛盾为目标，司法机关不再固守被动而发挥出相对的能动作用，这是司法对社会责任承担的一种体现。“调解、仲裁、诉讼”有机对接机制是法院在了解农村土地承包纠纷案件特点的基础上牵头推行的，该机制的推出是法院对社会责任承担的践行，也契合了司法责任社会化的需要。

5. 多元化纠纷解决机制的现实意义

由于法律规则与传统、道德、习惯和情理等社会规范之间的不尽一致，法律真实和客观真实之间的冲突，公平与效益之间的矛盾，为方便农民解决土地承包纠纷、保障农地有序流转、减少农村社会矛盾，以调解为特点的多元化纠纷解决机制效果显得更好，该机制也成为建立健全诸如土地承包经营权流转市场之类的农村基本经营制度的稳压器。

三、运作机制：农村土地承包纠纷联合调处机制的构建

（一）基本运作机理

1. 机构设置及人员配置

作为“调解、仲裁、诉讼”对接的农村承包土地纠纷调处机制的运作载体，法院与司法局、农村土地承包仲裁委员会三方联合成立了农村土地承包纠纷调处中心，并将中心的办公场所设在区农委，还在调处中心设立涉农纠纷的专项受理窗口，三方按其职能采取“一门式”服务，主要调处受理各类农村土地承包纠纷。调解人员的配置与整合由区司法局负责，他们主要是来自村、镇基层组织（如人民调解委员会、维稳中心、司法所）善于做调解工作的相关人员；该机制的仲裁人员为农村土地仲裁委员会的工作人员，按照法律的规定，由农民代表，县级政府及其有关部门代表、有关人民团体代表、经济等相关专业人员组成①；依法进入诉讼程序的则由经验丰富并且善于做调解工作的资深法官担任主审人，就地进行公开审理，调解不成的则依法判决。中心工作人员专项协作小组的成立和中心“一门式”服务机构的精心设置，为“调解、仲裁、诉讼”对接的农村承包土地纠纷调处机制提供了一个科学、有序的运作平台。

2. 运作的基本原则

（1）当事人自愿选择。根据农村社会习俗，对农村土地承包纠纷一般由当地基层调解组织——村或镇政府基层组织先行进行协调化解，尽可能将矛盾解决在初始状态。在机制运行过程中，无论哪一个环节（基层组织、仲裁部门、诉讼阶段）受理纠纷，调解力量及时介入，充分运用联调平台，化解纠纷。因此，调解方式始终作为一项基础性工作贯穿于整个过程。

（2）调解贯穿始终。当事人在纠纷发生后先行选择基层调解组织调解的，应当给予积极的支持，一旦调解不成，应引导其依法进行仲裁或诉讼解

---

① 《中华人民共和国农村土地承包经营纠纷仲裁法（草案）》第9条。

决，避免矛盾扩大与升级。如当事人选择农业仲裁的，只要调解可能，且出于其自愿，仲裁部门可委托人民调解委员会进行调解，调解成功的，由仲裁委出具仲裁调解书；调解不成的，由仲裁委出具仲裁裁决书；当事人对仲裁裁决未提出异议的，仲裁裁决生效，当事人可直接申请法院执行，对仲裁裁决不服的，可依法进行诉讼。如当事人直接选择法院诉讼的，也应当充分体现调解优先的理念，不放弃通过司法调解的手段帮助其解决纠纷。

（3）诉讼最终保障。诉讼作为当事人权利救济的最后一个途径，应依法予以保障。在法院受理当事人诉讼后，或积极开展诉前释明，协调化解纠纷；或委托人民调解，重新给予调解的机会；或法院主持调解，积极予以疏导。在充分给予其调解机会后仍不能协调化解的，本着“能调则调，当判则判，调判结合”的原则，依法进行审理。

（二）运作程序对接

1. 对接优势

“调解、仲裁、诉讼”对接的流程设置应体现自愿、灵活的特点，通过“调解、仲裁、诉讼”各种纠纷解决方式的适时介入，使得在每一个程序阶段均能赋予纠纷主体解决纠纷的机会。因此，基层纠纷的预防解决机制即基层调解委员会的职能具有天然的优势。而司法程序在化解纠纷的过程中，通过加强和完善人民调解机制，使其发挥着社会自我化解纠纷的机能。应当看到，司法程序并非解决纠纷的最佳途径，在基层调解、行业调解更具优势的前提下，纠纷主体当然更乐意接受。换句话说，当事人对纠纷的解决具有完全的程序选择权。下面通过图表形象地反映该机制的对接优势。

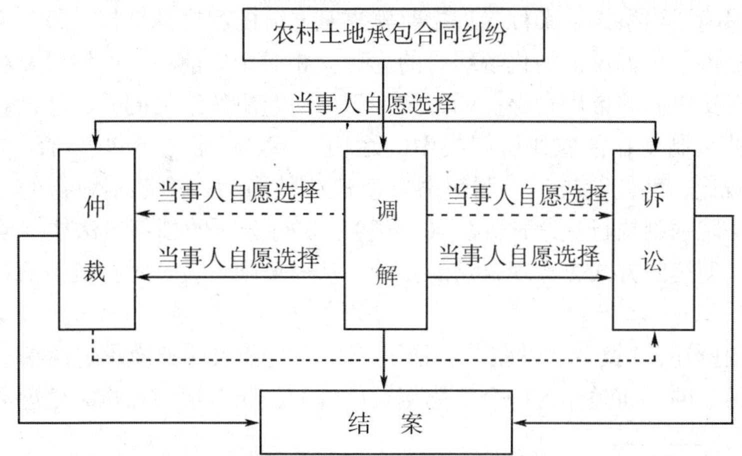

注：虚线为调解未成，实线为调解成功。

2. 对接机理

"调解、仲裁、诉讼"三方虽各有职能，但在纠纷联合调处的过程中却并非孤立，作为矛盾化解的平台，其始终作为一个整体而存在，只是根据解决组织各自具有的优势，起到职能互补、相互促进的作用。如基层人民调解组织具有熟悉农村社会风土人情的优势，"和为贵"的调处方式更能吸引农村百姓的需要；农业仲裁委属于政府职能部门，具有解决纠纷专业知识，较完整地掌握农业政策规定、较深地领会政策精神，能够发挥行业调解的优势；诉讼作为解决纠纷的最后一道防线，具有较强的威严性和公信力，其不仅仅是对具体纠纷的解决，更多的是对前两道纠纷解决防线进行司法监督和司法审查①。因此，通过"调解、仲裁、诉讼"三种纠纷解决方式的有机对接和协调整合，能够在最大限度上保障涉农纠纷合情、合理、合法地予以解决。

3. 对接效果

"调解、仲裁、诉讼"有机对接机制推出的目的是解决纠纷，因此，关注机制的对接效果显得至关重要。鉴于该项机制的各参与方是一直参与纠纷解决过程的，可以起到跟踪疏导案件的效果。又因调解、仲裁、诉讼的每一个环节，工作人员会将其在该阶段悉知的案件信息做好记录，该记录随同案件一起进入下一个化解纠纷的环节，确保案件信息的连续性，可以实现资源共享，确保下一个环节的处理方能够悉知争议双方的真实想法，从而在合理合法的情况下作出更接近于当事人内心想法的裁决，真正做到案结事了。

4. 对接效应

"调解、仲裁、诉讼"对接机制的推出，取得了较为突出的对接效应。一方面保障了当事人从案件受理之时就享有充分的程序选择权，另一方面为当事人提供了更加灵活的化解纠纷的途径。相对于以前单一的纠纷解决方式而言，对接机制的推出在保证调解贯穿于纠纷解决始终的同时，还创新性地推出了仲裁制度在涉农纠纷解决中的运用。《农村土地承包经营纠纷仲裁法》中规定，仲裁裁决书、调解书发生法律效力后，逾期不履行的，可申请人民法院强制执行。这种裁决（调解）、执行兼顾的创新做法便于当事人以快速、便捷的方式去实现自己的权益，从而增强了该种对接机制的社会认同感。

如前所述，"调解、仲裁、诉讼"三方在处理农村土地承包纠纷过程中并非是孤立的，而是作为一个整体相互衔接的，我区运用该机制处理涉农纠

① 沈开举：《法院只是最后一道防线》，载《民主与法制》2007年第12期。

纷已经初步体现了该机制的以上特点，下面举一案例对运作程序对接进行分析：

1999年，两原告朱某、许某与其所在村委会签订土地承包合同，2004年由于两原告不耕种，涉讼土地在被告村委会协调下流转给同村村民高某耕种，但两原告与高某未签订书面的土地流转合同，被告自2004年起每年向原告每人支付流转费800元，直至2007年两原告已领取全部流转费。2008年，被告村委会根据相关部门的文件，在两原告的承包土地上兴建农家会所。两原告得知后，多次上门与被告交涉，未果，遂起诉要求被告赔偿相应损失。该案受理后，先由基层调解，调解未成。在联调中心的引导下，当事人自愿进行农业仲裁，仲裁委就案件相关材料与调解信息初步进行了审查。在此阶段当事人仍愿接受调解，故由仲裁委又委托人民调解委员会再次调解，因分歧过大调解未果，当事人撤回仲裁申请，最终选择法院诉讼。诉讼中，法院多次主持调解仍未成功，遂依法作出判决由被告支持两原告征地补偿款24800元。判决后，两原告不服，提出上诉，二审维持原判。

该案从一开始的人民调解到仲裁程序中的二次调解、进入仲裁程序，再到诉讼中的第三次调解，虽然纠纷最终还是在诉讼状态解决，但是我们可以通过此案清晰感知该案在机制解决中的程序选择情况和各程序之间的对接优势。在诉讼中，承办法官通过随前两个环节（调解、仲裁）流转下来的记录信息发现，原告曾经提出一个预备诉请即若不能恢复原状则被告向原告每年每人支付1万元，直至解决“镇保”为止。据此，在诉讼阶段，法官就了解到当事人要求恢复土地原状的目的并非是真正想耕种土地，而是原告认为土地流转费用相对较低，从而担心自己以后的生计问题。因此，法院判决被告给付原告耕地相应的耕地补偿款，既合理合法，又符合当事人的真实意思，体现了该机制“跟踪疏导、意见反馈、信息共享”的对接效果。而且该案最终判决被告支付原告耕地补偿24800元，是鉴于被告占用涉讼土地系用于建造农家会所，属公益性服务用途的特殊情况，可以参照征用土地的补偿标准补偿原告的诉请，这样的判决思路与结果离不开法官根据农委提供的相关文件的理解。该案纠纷解决的整个过程体现了该机制职能互补、相互促进的对接机理，取得了较好的效果。

四、发展方向：农村土地承包纠纷联合调处机制的环境优化

“调解、仲裁、诉讼”对接机制是解决涉农纠纷的新探索，但是其运作效果和要达到的目的最终取决于其周边的生存环境。有效防范矛盾的发生和妥善解决已经发生的矛盾是构建和谐社会所要追求的目标，也是纠纷解决机

制的价值所向。因此，“调解、仲裁、诉讼”对接机制的环境优化理应包括建立健全相关涉农制度，从而防范纠纷的发生，减少该机制对于矛盾的直接冲击以及机制自身相关制度的完善，确保机制的良性运作。

（一）土地开发秩序的有效合理建立

大多数的涉农纠纷源于土地开发，因此，有效合理的土地开发秩序的建立迫在眉睫。土地开发应该遵循科学发展观，立足于农民和农业自身的特点，稳定耕地保有数量，保障粮食的基本产出，不能因一味追求城市化而造成农村土地的无序开发；土地开发的决策者和执行者均应制定循序渐进的土地开发计划，不能因国有土地价格过高而利用土地价格上的差异，在农村集体所有的土地上大肆建造非农建设；土地开发应充分考虑失地农民及其子孙后续的生活保障问题，真正做到集体土地的合理合法利用，实现农村、农业和农民的可持续发展。

（二）农村土地流转市场的健全

农村土地的流转要明确土地承包经营权流转有形市场的目标、机构设置、功能定位、业务范围，制定农村土地承包经营权流转的章程、规章制度和具体操作流程①；加快推进农村土地承包与流转信息化管理，建立健全市、区县、乡镇三级土地承包信息数据库，以便通过信息管理平台及时了解现有土地的资源状况及二轮土地承包情况；坚持不改变流转土地农业用途的原则，增强双方当事人对土地流转价格的话语权，集体经济组织受托统一流转的，收入应公开透明，及时公布，确保收益全部到户。

（三）相关法律制度的探索和完善

如前所述，该机制的推出有相应的法理基础及法律条文作为支撑，但现行法律制度在解决现实纠纷中的可操作性以及对于纠纷解决的有效性均需做进一步的探讨和完善。特别是新近审议通过的《农村土地承包经营纠纷仲裁法》，应配套出台相关的法律法规确保仲裁业务有法可依显得更加重要，如对仲裁程序、庭审纪律、仲裁收费、仲裁文书的制作送达、案件现场以及仲裁人员的工资以及与法院审判和执行衔接方面作出相应的界定②；对于调

---

① 李长健、曹俊：《我国农村土地承包纠纷仲裁解决机制的理性思考与制度构架》，载《上海师范大学学报（哲学社会科学版）》2008 年 7 月第 37 卷第 4 期，第 37 页。

② 同上，第 36 页。

解、仲裁、诉讼三者之间的关系，目前的法律思想是赋予当事人充分的选择权，在程序进入先后上处于完全平等的地位，即调解尊重当事人的自愿，仲裁并非诉讼的前置程序。

（四）健全长效机制，确保运作的规范化、常态化

要加强工作人员的培训，联调中心要制定培训计划，定期邀请具有丰富的专业知识和实践经验的各行业人士对工作人员进行系统的培训；要借助信息共享平台和联席会议等制度，加强各环节工作人员之间的信息沟通和交流，以保障各部门及时掌握民意、社情，分析矛盾纠纷的动向、特点，切实维护当事人的合法权益；确立违法责任追究制度，杜绝徇私舞弊、办关系案、人情案，对于违法办案的调解人员、仲裁人员一律取消其调解、仲裁资格，同时对当事人给予纪律处分，情节严重的依法追究刑事责任，以确保“调解、仲裁、诉讼”对接机制的有序化、常态化运作。

结　语

“扩大国内需求，最大潜力在农村；实现经济平稳较快发展，基础支撑在农业；保障和改善民生，重点难点在农民。”[①] 我们要深刻认识当前涉农纠纷调处的重大意义。涉农纠纷的解决任重而道远，其对于机制的运作也会提出更高的要求，“调解、仲裁、诉讼”对接机制将会在恪守相应法理的基础上进一步优化，以便更好地为农村社会的和谐服务。

① 《应对国际金融危机　妥处涉农民事案件—最高人民法院民一庭负责人解读〈意见〉》，载《人民法院报》2009年6月24日，第3版。

法律解释的方法与运用

——由火车、电动车、“机动车”等用语引发的思考

耿宝建*

一、法律解释的性质及其与法律适用的关系

法律必须经由解释，始能适用。抽象的法律条文只有通过适当的解释才能变得实际有效，才能与复杂多变的现实生活实现对接。马克思就曾说过：“法官的责任就是当法律运用到个别场合时，根据他对法律的诚挚理解来解释法律。”① 法律解释就是法官建立的一座桥梁，它联结了法律文本和案件事实，并使文本中的法条获得了生命。

个案裁判过程中的法律解释，显然不是为了解释而解释，而是由应去或拟去处理的案件所引起。法律解释实质上就是将法律具体适用于个案的过程。这个过程一头连结着具体生动的案件，一头连结着抽象且模糊的法律。法官要将这二者有机的结合起来，以定分止争，化解矛盾。因而，个案裁判中的法律解释与立法机关和最高司法机关对法律条文的解释不同，后两者作为一种抽象性的解释，是对法律条文本身的明确甚至是补充，具有准立法的性质，通常仍然要借助于解释的“解释”才能具体化；而个案裁判中的法律解释，是针对具体案件的。换言之，裁判中的法律解释是在追求一个对具体案件既公正且衡平的裁判时才发生。

因此，个案裁判中的法律解释是通过解释来推敲探求条文用语的真义，使条文的含义归于确定以便遵循，以厘清法律文本中语词含义。但值得强调的是，法律解释并不只发生在法律规定不明确或者法律规定有异议时，而是贯穿于整个法律适用过程中。当今解释学理论已经证明法律适用的过程必然

---

* 最高人民法院法官。

① 《马克思恩格斯全集》（第一卷），人民出版社 1956 年版，第 76 页。

是一个解释的过程，无解释就无法律适用。正是在这个意义上美国行政法学家施瓦茨指出，企图把解释法律与适用法律分开的人采用的是诡辩的区分法。因为“每个法律适用都已经是诠释，因为即使认定文字字义本身如此明确，以致根本无须为诠释，这项确认本身也以解释为基础。”① 何况不同的解释主体对文字字义本身是否真的明确，经常会有截然不同的看法。② 审判实践也表明，缺少了恰当的解释，即使是一个看起来十分简单明确的法律条文，也可能让我们无所适从。

如《工伤保险条例》第 14 条第（六）项规定，职工在上下班途中，受到机动车事故伤害的，应当认定为工伤。③ 对此一较为明确的法定规定，执行中原本似不应有太大歧见，但实则不然。从笔者所接触的司法案例来看，该第（六）项规定中的每一个“语词”（“职工”、“上下班”、“途中”、“受到”、“机动车”、“事故”）都曾经发生过真实的案例，都存在着两种以上较为合理的理解，不同的法官（和当事人）对每一个“语词”的具体含义可能有着完全相反的解释。比如来单位实习的学生和未到法定工作年龄的童工是否为“职工”，职工因加班而导致凌晨回家是否属于“上下班”，下班途中绕道到菜场买菜是否属于“上下班途中”，因本人所坐汽车急刹车引发伤害能否定性为“受到”，快速行驶的电动自行车或地铁是否是“机动车”（详见案例一和案例二），自己步行不慎撞上停靠路边静止的汽车或因后面汽车鸣笛惊吓引发心脏病可否定性为“事故伤害”。正是由于《工伤保险条例》第 14 条第（六）项规定所引发的众多纠纷，立法机关在最近的修改中甚至计划删除此条文。④ 在这一系列的真实案例中，法官与其说是在适用此法条，不如说是在不停地解释此法条、解释每一个核心的语词，以便准

① ［德］卡尔·拉仑茨：《法学方法论》，陈爱娥译，台湾地区五南图书出版公司 1996 年版，第 111 页。

② 如《立法法》第 85 条和 86 条四次出现当法律规范“不能确定如何适用时”要由有权机关裁决的规定，但实践中合议庭的法官们经常对法律规范是否属于“不能确定如何适用”而有不小分歧意见。有的法官认为法律规范是如此明确，完全能够确定如何适用，无需裁决；但其他法官可能认为法律规范不明确，因而“不能确定如何适用”。

③ 《工伤保险条例》第 14 条原文为：职工有下列情形之一的，应当认定为工伤：（六）在上下班途中，受到机动车事故伤害的。

④ 国务院法制办在 2009 年 7 月 24 日公布的《关于〈国务院关于修改〈工伤保险条例〉的决定（征求意见稿）〉公开征求意见的通知》称拟删去上下班途中受到机动车事故伤害认定为工伤的规定，一个主要的理由就是“实践中，由于住房商品化和人员流动性的提高，对如何确定上下班途中争议繁多、操作难度大，如果再将受到非机动车事故伤害的情形纳入工伤认定范围，则操作难度更大、引发的争议更多。”见 http://www.chinalaw.gov.cn/article/cazjgg/200907/20090700136637.shtml. 最后访问日期 2009 年 9 月 5 日。

确地作出裁判。而这样需要频繁解释的法条在我们的司法实践中是大量存在的。丹宁勋爵就曾指出："据我看，成文法是没有明确含义的。几乎在每一个你必须对之提出意见的案件中，你都不得不对某项成文法进行解释。没有一页不会引起争论，没有一页当事人不会翻开来问你'这是什么意思?'。"而这些争论和麻烦存在的原因是多重的，也是制定法的自身特征所无法完全避免的。

二、法律为什么要解释

为了减少法律适用中的解释，提高法律适用的统一性，我们是否能更加准确、科学地制定法律，让法律语言与生活事实相对接，或者使用更加简短、精炼或者是特别复杂的表述，从而避免同案异判等不公平现象的出现呢? 回答是否定的。霍布斯就曾指出："书面的法律如果太简短，会因为歧义或者词语太简短而模糊，但如果太冗长，那么出于同样的原因反而更加模糊。"①

首先，法律是通过语言文字来表述的，法律文本的用语常常有语义不清的情况。因为语言本身具有模糊性、歧义性、多义性，未必纤细无误，恰如分际。哈特对此有十分精到的描述。他认为，任何语言包括法律语言都不是精密的表意工具，都具有一种"空缺结构（open texture）"：每一个字、词组和命题在其"核心范围"内具有明确无疑的意思，但随着由核心向边缘的扩展，语言会变得越来越不确定，在一些"边缘地带"，语言则根本是不确定的。② 而生活语言和法律语言两者间存在的不一致和差距③，则更加剧了法律文本中的语词歧义。因此，我们在使用法律文本时，就经常不得不对它所使用的"语词"加以解释。在一部规定了禁止进口植物果实但不禁止进口蔬菜的法律文本中，法官需要解释番茄是"植物果实"，还是"蔬菜"；在禁止车辆进入公园的法律文本中，法官需要解释"垃圾车"和"机动玩具飞机"是否是"车辆"。

其次，立法之初，为了因应今后可能出现难以预料的局面，法条本身就会注意保持适当的弹性，在法律文本中故意使用诸如公共利益、诚实信用、善良风俗、重大事由等一些不确定的法律概念，以便执法机关在适用时得以

---

① ［德］伯恩·魏德士：《法理学》，丁小春、吴越译，法律出版社2003年版，第311页。

② ［英］哈特：《法律的概念》，张文显等译，中国大百科全书出版社1996年版，第124～135页。

③ 这种不一致和差距的比较，参见拙文《在法律与事实之间——司法裁判中事实认定过程的法理分析》，载《河北法学》2008年1月第26卷第1期。

灵活运用，根据个案的特殊性作出合理、合法、妥当的解释。而且，立法本身就是一个妥协的过程，这种妥协有时并不是逻辑推理的结果，而是各利益团体间博弈和力量对比的结果。原全国人大常委会委员长彭真同志曾形象地把立法比喻成“在矛盾的焦点上砍一刀”，而砍一刀的界线就是利益各方相互讨论、相互说服、相互接受的界线，就是妥协的界线。因此，当人们无法就文本达成一致时，为保证法律文本得以顺利通过，各利益团体只能是各自让步，用一个更加模糊的语言甚至是相互冲突的法律语言以达成一致。如WTO协定晦涩难懂的一个主要原因，就在于它是在各国讨价还价的妥协基础上形成的。这就使得此类规定如果没有必要的解释，执法者必然会无所适从。

再次，立法本身存在的漏洞。任何立法者都不是万能的，任何法律规范也都会存在着漏洞。此即为古人所云的“有限之律，难以律天下无穷之情”。法律漏洞可能存在于法律的弹性条款中，如关于法律原则的规定；或者可能是由于进行“超前立法”所造成；当然，也可能是因为立法者的疏忽而铸就。[①] 而有些漏洞甚至是由于立法者故意留下的，将立法时仍无法作出的规定，留待日后的司法实践去填补。如我国城市国有住宅土地使用权转让期限仅为70年，而对70年后的土地使用权问题，法律明显留下了一个漏洞，留待数十年后更有智慧的立法。但由于法官不能拒绝裁判，也不可能时时、事事都要求助于立法机关，因此对此类法条，法官只能通过法律解释来填补法律漏洞。[②]

最后，法律自制定公布之时起，即逐渐与时代脱节。法本是因应社会的需要而被制定，但因情事无穷而法条有限，社会发展的轨迹和方向经常是立法者在立法时所难以预见的，因此，法律滞后现象纯属必然。法律文本用语由于语言的发展和社会的变迁而使得原本清楚的法律用语变得模糊不清，甚至是意义完全不同。苏力就认为，语言的意义是人赋予的，语义会发生“历时性流变”，即同一语词在一个历史时期中被普遍认可的意义在另一个时期会消失或变更。以美国宪法规定为例，在宪法文本没有出现任何变化的情况下，法官们对于美国的持枪权、能否堕胎等在不同时期的解释并不一致，均体现了与时俱进。而我国有关“投机倒把”的处罚规定，也曾因市

① ［德］阿图尔·考夫曼：《当代法哲学和法律理论导论》，郑永流译，法律出版社2002年版，第186页。

② 法律漏洞的外延、内涵和分类仍值得进一步探讨，而法律解释与漏洞填补之间的区别也尚待明确。由于我国法官的解释权是有限的，故为避免法官能否作法律外的漏洞填补的争议，本文从较为广义程度上使用法律解释一词。

场经济的发展而发生过完全不同的解释。

因此，法官在司法的个案裁判中，尤其是在疑难案件中，必然要对法律文本和法条的规定进行解释，从某种程度上说，司法裁判过程中认定案件的法律事实（而不是生活事实）、解释法律、适用法律三者是完全同步进行的，且难以简单分离。①

三、法律要如何去解释

法律要如何去解释，也即为法律解释的具体方法。由于立法、司法体制及法律传统的差异，各国学者们对解释方法的具体分类观点纷呈，又复杂精彩。波期纳就曾提到，有学者在成文法的解释著作中曾列举了396条法律解释规则。② 国内对法律解释方法的研究也较为零乱，标准并不统一。归纳而言，有语义解释、体系解释、法意解释、目的解释、扩充解释、限缩解释、当然解释、合宪性解释、比较法解释、社会学解释、反对解释等等。但不论把具体的解释方法如何命名，我们有理由相信，面对同样或类似的法律文本，不论你用何种解释理论，用何种名称的解释方法，应当能得到同样或类似的公正判决。此即为德沃金所言的“唯一正解”。这与其说是不同解释方法的殊途同归，不如说是一种解释的智慧。甚至不妨认为，“结果”不是“解释”出来的，相反，是“解释结果”决定了如何“解释”。（此过程将在下文作进一步详细的描述和论证）因此，选择不一样的解释方法就会得出不一样的解释结果，而“期待”什么样的解释结果，必然会导致选择什么样的“解释方法”。比如，同样为圣经中的一个戒条，基督教和犹太教基于不同的目的，所选择的解释完全不同。③

因而，如果我们纠缠于各种解释方法的名称或者异同，争论于各种解释方法间的联系与区别，既无必要，也难以从概念上完全科学界定。笔者认为，对于法律解释的具体方法的分类，不妨尽可能予以类型化并保证各种分

① 有关事实认定与法律适用的同时性，参见拙文：《在法律与事实之间——司法裁判中事实认定过程的法理分析》，载《河北法学》2008年1月第26卷第1期。

② ［美］波斯纳：《法理学问题》，苏力译，中国政法大学出版社，第355页注24。

③ 基督教和犹太教的对于《圣经·旧约》里的一个关键条款，有着完全不同的解读。这个条款就是：“给朋友借贷不可以收利息，但是给陌生人（strangers）放贷可以收利息。”而基督教对这个条款的解读是，陌生人（strangers）是指敌人，只要不是敌人，那就是朋友，所以借钱给别人就不可以收利息；最终由于不能收利息的原因导致银行信贷在基督教徒间发展缓慢。但是犹太教的解释是：只要不是犹太人，那就是陌生人（strangers）；因而犹太人就可以放贷并收利息。一个不同的解释最终导致犹太人成为当今世界从事金融业务最好也是历史最久的群体。参见陈志武：《二十四堂财富课》，当代中国出版社2009年版，第135页。

类方法外延和内涵的自洽性；同时，不同解释方法的命名要尽可能反映人类的认知规律，符合法律推理的客观过程，也便于法官等法律职业群体去运用，且要符合各国的法治国情。从我国的宪政架构来看，我国的立法权高度统一在全国人大，宪法和法律均由其来解释。《全国人民代表大会常务委员会关于加强法律解释工作的决议》就明确指出："凡关于法律、法令条文本身需要进一步明确界限或作补充规定的，由全国人民代表大会常务委员会进行解释或用法令加以规定。"即使是最高司法机关也只能是对"法院审判工作中具体应用法律、法令的问题"进行解释。因此，从上述国情来看，有关学者们对解释方法理论上的多种分类就存在缺陷。如合宪性解释如果由一个拥有最大数量的法官群体来行使，即难以实现解释的统一，也可能与法律体制不符。而扩大解释和限缩解释只是基于解释结果所作出的分类，很难作为一种方法，它无法告诉人们在何时、什么问题上要作扩大或限制解释，因而无法指导解释。当然解释不能脱离对立法的目的和判决的社会后果的考察，比较法解释不具有独立的意义，难以单纯从国外立法例得出本国法条的解释。

笔者认为，我们可以将法律解释方法分为语义解释法、体系解释法、历史解释法、立法意图解释法和法理解释法五类：

一是语义解释法。语义解释法也可被称为文理、文义解释法，即指按照法律条文中所使用的语词的含义和语法的逻辑结构理解其含义。语义解释法又可分为普通含义解释法（argument from ordinary meaning）和专门含义解释法（argument from technical meaning）。前者的基本含义是：如果法律文本所用的是普通语词或词组，而且在普通语言中是明白的，那么除非有充分理由作出其他不同解释，就应当以普通说话者的理解为标准作出解释。而后者则是指，如果法律规定所用的是专门语词或词组，或者具有专门含义的普通语词或词组，那么就应该从专门含义的角度进行解释。当人们从事专门活动时，他们往往使用各种专门语言，或者在所用语言的专门意义上进行交流。当然这种专门术语既可能是法律用语，也可能是非法律的专门术语。如医疗事故中的"明知"、普通侵权法中"明知"以及常人语境下的"明知"都有一定区别。

二是体系解释法。体系解释法也被称为逻辑、系统解释法，指按照法条在法律文本中与其他相关联的法律文本上下文的联系，来全面而不是孤立地理解其含义。特别是在语义解释有两个以上的解释结果时，就要考虑何者保持上下文间的和谐一致和体系完整。它以法律体系整体的和谐一致为指向，要求所要解释的法律条文的意义与同一法律文本中的其他条文、与同一法律体系的条文、甚至整个法律体系形成一个封闭、妥适的系统。因为“任何人如果适用了某个的具体法律规范，等于说事实上适用了整部法律、甚至是整个法律秩序”。[①] 如解释民事侵权法中的扰乱秩序，就必须考虑刑法和行政法中的类似条文的具体含义。

三是历史解释法。历史解释法也被称为历史沿革解释法，即利用法条在历史形成过程中的历次演变，语词的变化调整，甚至是被立法机关认可的历史上的先例裁判，来探求法条的含义。它要求考察相关概念、学说和制度的历史沿革，从而得出法条的应有之义。如在对危害国家安全罪进行解释时，还必须考证有关“反革命罪”的一些尚未失效的解释或判例的精神，因为“反革命罪”作为罪名虽然被取消，但仍然有一些合理性的规定应当继续存在。

四是立法意图解释法，也称目的解释法。它从立法的目的、背景以及立法需要保护、维护和打击的对象角度，来揣测立法者的立法意图，探索立法者的真实意思，以此来理解法律条文的含义。立法意图解释法是最难掌握，也是最容易被滥用的解释方法。因为立法者意图本身就难以揣摸。作为一个群体（议会或者人大）是通过票决制的方式来立法的，其主观意图和客观表述可能会有差距；参与立法的主体众多［个别的议员（人大代表）、议会中多数派与少数派，各个委员会，政府及政府主管部门］，究竟谁能真正代表立法者的意图，殊难决断。[②] 而表现立法意图的材料是多种多样的（如议会记录，委员会记录，特别委员会记录，媒体上发表的官方评论等），这些可能互相矛盾的材料是否就真正反映了立法意图也未可知。而我国立法期间形成的资料又很少公开，立法过程不透明，立法民主化程度底，立法理由也极为简略，语词选择使用的随意性大，因而考察我国立法者的立法意图经常只能是依据法条的立法目的和参与立法者所撰写的相关书籍或文章，如此一来，“误读”的风险尤甚。但这并不是说立法意图就绝对难以确定或者完全是自相矛盾，我们仍然可以通过立法目的和立法说明来对立法意图进行一定程度的确认。例如公园规定“禁止车辆入内”，“车辆”的含义似乎很明确的，小轿车、摩托车等肯定属于规范考虑之列。但如果公园临近学校，“禁止车辆入内”的立法目的是为了维护公园的宁静，那么由于电动玩具车制

---

① ［德］伯恩·魏德士：《法理学》，丁小春、吴越译，法律出版社2003年版，第298页。

② 事实上，在著名的废除了种族隔离制度的布朗诉托皮卡教育局案中，美国最高人民法院就认为释法者不可能知道所谓的“立法原意”。详细论述参见 Brown v. Board of Education, 347 U.S. 483 (1954): “What others in Congress and the state legislatures had in mind cannot be determined with any degree of certainty.”

造的噪音并不亚于普通汽车，故也应属禁止之列。但如公园处于闹市，“禁止车辆入内”的立法目的是为了防止废气污染环境和防止交通事故，则电动玩具车则不应被禁止。而当出现相对对立或者可能不太融合的立法意图时，则只能求助于法理解释法。

五是法理解释法。法理解释法是指运用公平正义等自然法原则来解释法律。公正是人类社会永恒的追求目标，是法律的根本出发点，因此可以说，公正在法律之上。法律不仅仅是法条和规则，背后还隐藏着原则、政策和道德。法官一方面要依据法律办案，另一方面必须考虑公正，而公正的原则应当是高于法律规范和已有判例的。法官不能“只知砌砖而不对自己所建筑的房子负责的泥瓦匠”，而“应该尽自己的力量去探索，使法律的原则和公正保持一致”。因此，对法律文本的解释必须坚守法治的基本精神，不能仅在形式上做到具引律文、照例行事；当法律的条文在穷尽其他解释方法后只能得出一个非正义的结果，那么基于“恶法非法”的原则，就必须通过法理对僵硬、落后甚至是反动的法条进行解释，通过对法律的合理化解释，将涉案的各种实质性因素和价值判断考虑进来，实现既具引法条、照例行事，又不拘泥于条文字句，做到体察法意、调和人情。笔者在裁判陈莉诉泉山区城管局一案中，就曾基于公平原则，依法裁决恶意上诉但却不到庭的上诉人支付善意的被上诉人因参加庭审而付出的往返差旅费和律师费用。[①] 而媒体曾报道的因通行权纠纷而导致二楼住户不能使用楼梯只能借助扶梯上下，或者因相邻通道被堵进出要翻墙而过的判决，法官的裁判显然未能通过法理解释法来解释法条或者契约。

四、法律解释方法的实际运用

以下结合具体案例，对《工伤保险条例》所规定的“机动车”这一法律术语分别运用上述五种解释方法来进行解释，并分析不同解释方法的选择及与解释结果之间的关系。

案例一：职工下班途中被火车撞死案[②]。职工赵某下班骑自行车回家，途经铁路道口。赵某推车打开关闭的栅门穿越铁道，被运行的火车撞倒后致死。嗣后，赵某所在单位向区劳动局申请工伤认定。区劳动局认为，火车不属于《道路交通安全法》规定的机动车范围，因此赵某的死亡不属工伤。

---

① 《陈莉诉徐州市泉山区城市管理局行政处罚案》，载《最高人民法院公报》2003 年第 6 期。

② 案例来源见 http://rmfyb.chinacourt.org/public/detail.php? id = 105543. 最后访问 2009 年 9 月 5 日。

案例二：职工上班途中被电动自行车撞伤案[①]陈某骑着电动自行车上班途中，不慎在路上与另一个骑着电动自行车的市民发生碰撞，陈某当场昏迷瘫倒在地，成为一名“植物人”。启东市劳动局认定：电动自行车虽然具有动力装置，设计最高时速为50KM/H，但其并不在国家发改委制定的机动车目录中，根据《道路交通安全法》、《江苏省道路交通安全条例》和《江苏省电动自行车生产企业及产品（第十一批）》的规定，电动自行车属于非机动车，因此陈某不构成工伤。

显然对于法条中的“机动车”一词，受伤害职工的单位与劳动行政部门之间存在不同的解释。而何种法律解释更为妥适，则取决于采取何种解释方法。

（一）语义解释法的运用

依语义解释法中的普通含义解释法，机动车（mobile vehicle）是指“以机器开动的车子”，即本身具有动力装置，可以单独行驶，并完成运载任务的车辆。因此，从普通人的知识来判断，火车和电动自行车都可以说是机动车。英语中甚至有水下机动车辆（mobile underwater vehicle）、雪地用机动车辆（snowmobile）。军队所使用的坦克和火箭运载工具均可纳入“机动车”一类。

但依语义解释法中的专门含义解释法，法律条文中的机动车一词却又有着特殊的含义。《道路交通安全法》第119条分别对“道路”、“车辆”、“机动车”和“非机动车”进行了定义。[②] 根据该条对“机动车”的定义来解释，机动车仅指轮式车辆，显然不包括火车、地铁、城市轻轨等轨道车辆。而依据法条中有关“非机动车”的“特殊含义”来解释，我们日常所见的电动自行车的性质却可能存在两种分类。该法所用的“非机动车”特指“以人力或者畜力驱动，上道路行驶的交通工具，以及虽有动力装置驱动但设计最高时速、空车质量、外形尺寸符合有关国家标准的残疾人机动轮

---

① 案例来源见 http://news.sina.com.cn/o/2008-10-08/051714541988s.shtml. 最后访问2009年9月5日。同时感谢本案高鸿审判长提供相关材料。

② 该条规定：本法中下列用语的含义：（一）“道路”，是指公路、城市道路和虽在单位管辖范围但允许社会机动车通行的地方，包括广场、公共停车场等用于公众通行的场所。（二）“车辆”，是指机动车和非机动车。（三）“机动车”，是指以动力装置驱动或者牵引，上道路行驶的供人员乘用或者用于运送物品以及进行工程专项作业的轮式车辆。（四）“非机动车”，是指以人力或者畜力驱动，上道路行驶的交通工具，以及虽有动力装置驱动但设计最高时速、空车质量、外形尺寸符合有关国家标准的残疾人机动轮椅车、电动自行车等交通工具。（五）“交通事故”，是指车辆在道路上因过错或者意外造成的人身伤亡或者财产损失的事件。

椅车、电动自行车等交通工具”。因此只有“设计最高时速、空车质量、外形尺寸符合有关国家标准的电动自行车”才能定义为“非机动车”。显然并不是所有的电动自行车都是非机动车，那些超过国家标准的电动自行车被明显排除在非机动车之外。

这一特殊含义所解释出的结果，也得到《电动自行车通用技术条件》（GB17761－1999）这一国家强制性专门规定的支持。区分机动车与非机动车的一个重要技术参数，即为车辆的最高时速是否超过20公里。仅就法律规定而言，超过国标的电动自行车是不能进入电动自行车销售目录的。如杭州市《关于加强电动自行车生产销售上牌登记管理的通告》就明确规定只有最高车速不大于20公里/小时、整车质量（重量）不大于50公斤、限速装置必须固封，不可拆卸、不可调节的电动自行车，才能进入市场，不符合规定的不得进入市场。但行政管理的实际显然并非如此。由于产品质量监督管理部门并没有切实履行职责，实际中用于销售和行驶在大街小巷的电动自行车设计的最高时速几乎均超过20公里。因此，从实然的角度看，几乎所有的电动自行车都是机动车，或者说与机动车一样具有高风险性。

因此，《道路交通安全法》仅仅规范了机动车和非机动车两类（这主要是由于国家从法律上禁止超过国标的产品销售、使用），理论上虽然没有缺陷，但在实践中却存在着行政管理的盲区，如果不否认普遍存在的超过国标的电动自行车的客观存在的话，那么我们通常从法律角度理解的“车辆”一词，至少可以分为三种（甚至更多）：机动车、非机动车、超过国标的电动自行车。显然，立法在此处出现了一个法律上的漏洞。在行政管理实践中，超过国标的电动自行车实际处于管理的真空，法律也似乎并不承认它的存在；但它在行驶过程中的危险性却是客观存在的，在现行法律规范只仍然采取机动车和非机动车两分法的前提下，我们在处理上下班交通事故时，依“机动车”、“非机动车”和“电动自行车”这三种特殊含义的解释，至少可以认为最高时速大于20公里的电动自行车可以认为不属于非机动车，而应纳入机动车进行管理。

（二）体系解释法的运用

总之，火车或者电动自行车是否是机动车，从不同的语义解释法只能得出互相矛盾的结论（尤其是超过国标的电动自行车的属性问题），而何者更为合理，更加符合实践，通常可以通过体系解释法来进一步验证。但遗憾的是，由于整个《工伤保险条例》“机动车”只出现此一次，且也无其他有关交通事故的规定，我们显然难以通过体系解释方法找出“唯一正解”。当然，我们也可以认为，当我们从适用《工伤保险条例》到适用《道路交通安全法》这一"转向"本身，实际上就是选择了法律体系解释。

（三）历史解释方法的运用

为了进一步验证我们上述有关对火车和电动自行车的判断问题，我们不妨再转向历史解释的方法。由于《工伤保险条例》系从1996年实施的《企业职工工伤保险试行办法》演变而来，而后者又是对《劳动保险条例》（1951）、《劳动保险条例实施细则》（1953）和《企业职工工伤保险试行办法》（1996）的替代，因此，从历史沿革的角度，我们必须考察上述四个法律文本中的相关规范。由于后三者中，均无有关上下班交通事故为工伤的规定，故没有参考价值。但通过对比，《条例》第14条有关"上下班途中，受到机动车事故伤害的，应当认定为工伤"规定显然系从《试行办法》第8条第（九）项修改而来。该第（九）项规定："职工在上下班的规定时间和必经路线上，发生无本人责任或者非本人主要责任的道路交通机动车事故，负伤、致残、死亡的应当认定为工伤"。因而，参考立法资料，《条例》中的机动车系从《试行办法》中的"道路交通机动车"简化而来。换言之，从历史解释的方法看，火车显然不是在"道路"上行驶的"机动车"，因而也就不应是《条例》所规定的"机动车"。

而如果我们进一步拓展我们的视野，去考证《试行办法》第8条第（九）项规定的"道路交通机动车事故"的法源，又明显可得出结论，该规定系参考国外立法例而来。但令人遗憾的是，各国对此类通勤事故的认定，差别较大。我国立法系参考何国立法例，也不可考，故也无法从国外相互矛盾的立法例中确定"机动车"为何物的结论。

总之，历史解释方法，只能确定火车不是"机动车"，但仍无法解释"电动自行车"的属性问题，因为在"历史上"电动自行车的出现尚未纳入人们的视野，立法者也不可能考虑到规范尚未大规模使用的电动自行车，更不可能考虑超过国标的电动自行车的性质问题。

（四）立法意图解释法的运用

至此，对于火车和电动自行车的属性我们或许要从立法者的立法意图角度来着手，分析立法者是故意将两者排除在外，还是由于立法技术或立法漏洞的原因将两者错误排除。如系前者，则不论这样规定是否合理，法官都不能在明确否定性规定的情形下，将其纳入工伤认定范围；而如果是立法技术或者立法漏洞的原因将两者排除，则法官自然可以通过法律解释的方法将两者重新纳入机动车的范畴。而确定立法者的意图，我们就必须回答，立法者为什么要将机动车事故纳入工伤事故？它的原因何在？我们还需要设想，如果立法者在立法时已经考虑到了我们今天的两个案例，他们是否会将电动自行车和火车认定为“机动车”？

显然，立法意图的掌握是较为困难的，尤其是在立法资料及立法理由说明很不完备的国度。但我们仍然可以从立法语言、有关规范性文件中找到只言片语，让我们大致描绘出立法者的意图。立法资料和立法理由显示，我国对上下班途中机动车事故造成伤亡是否认定工伤，客观上也存在着一个不断扩大的过程。将上下班途中的机动车事故认定为工伤，主要是基于以下的几点考虑：首先，上下班途中可以视为是工作场所的自然延伸；其次，随着机动车的大量出现，职工为了工作而使上下班途中发生交通事故的风险加大，受到伤害的可能性明显增加；再次，由于机动车的高度危险，职工伤亡较重，自身一般难以支付高昂的治疗费用；最后，职工通过民事诉讼获得赔偿的过程较为漫长，且都存在诸多变数，既不利于对职工的及时救治，也不利于职工及时重返工作岗位。因此，基于上述原因，机动车事故就开始逐渐被认定为工伤。

对于火车而言，由于其具有专门的轨道，且火车通过时有巨大响声，职工完全可以提前避让。通常认为发生火车与职工间的伤亡事故，大多是职工违反交通法规造成，职工一般应承担主要甚至是全部责任，故认定为工伤并不合适。而且由于火车为国营，职工很容易找到责任承担者，也有《火车与其他车辆碰撞和铁路路外人员伤亡事故处理暂行规定》（1979）和《铁路法》等规定来处理具体的赔偿事宜，故立法意图在于将火车伤人排除在工伤之外。

相反，从各国立法例和我国的立法情况来看，之所以未将非机动车事故纳入工伤保险范围，是因为非机动车造成的危害总体较小，立法者出于政策考量和经济发展的限制将其排除在外。但电动自行车则不同，在立法之初的1996年，电动自行车尚未大规模出现。故难以认定是立法者有意排除。而且由于电动自行车的速度较快，也同样具有高度危险性。我们可以探究立法者的内心想法，如其意识到今天电动自行车日益普遍，则完全可能将其纳入机动车的范畴。且目前电动自行车完全未纳入强制性保险范畴，职工受伤害的民事赔偿渠道更加艰难。因此，有理由相信如果立法者预见到电动自行车（至少是超过国标的）的大量使用，则可能将其认定为“机动车”。

（五）法理解释法的运用

如果说立法意图的解释容易受到“曲解”法律规定的批评甚至是立法者的直接否认。[①] 那么从法理解释的角度，加强对法律解释结果的论证，则会更具说服力。由于实际使用的电动自行车已经达到了机动车的技术参数标准，其在危险程度上也具有了与机动车同样的安全风险。在此情形之下，法官就应当寻求更为公平、公正、合理并使社会公众普遍认同的解决方案。基于同样的风险而在工伤认定中进行区别对待，显然不符合同等情形同等对待的原则。相关部门对“电动自行车”在管理上的缺位，导致电动自行车具备了与汽车一样的危险性，如将其视为非机动车，让劳动者本人承担电动自行车管理秩序混乱的不利后果，这对劳动者而言是极不公平的。因此，从公平、公正和合理的角度来解释，超标的电动自行车就应当认定为机动车。

五、法律解释中应当注意的几个问题

通过对法律解释方法的分析和对“机动车”这一法律语词的解释，我们不难发现对法条的解释似乎并没有“唯一正解”，但法官既然不能拒绝裁判，在难以将问题提交全国人大释法的情况下，也难以拒绝解释法律。但仅仅熟练掌握上述五种解释方法对于具体办案，仍嫌不足，法律解释作为一种智慧的选择，还应当注意以下问题：

第一，不同的法律解释方法会得出不同的解释结果，而不同解释结果被最终采纳，更需要科学、合理、能够自洽的解释方法来正当化。对于裁判者而言，正确的解释方法比解释结果更重要。

疑难案件中的法律解释，尤其是的确存在着两个都能自圆其说的解释时，从其根本来看不是一种解释，而可能是法官裁判时的一种策略。各种解释方法的选择不是智识性的，而是策略性的。诚如法国法学家萨勒利斯所说的：“一开始就有了结果，然后它找到法律原则，所有法律的解释都是如此。”拉德布鲁赫也指出，是解释追随着解释结果，而不是相反。各种法律解释方法往往是彼此冲突着的，选择哪种解释方法取决于“解释的结果”

① 典型的有香港居留权争议案。1999 年 1 月 29 日，香港特区终审法院裁定入境条例的有关内容与基本法关于香港永久性居民的有关规定相抵触而无效。其后，特区政府就基本法中关于香港居民权的规定提请人大释法，1999 年 6 月 26 日人大释法否定了特区终审法院对基本法的解释，但指出解释的效力不溯及已经判决的案件。参见《全国人民代表大会常务委员会关于〈中华人民共和国香港特别行政区基本法〉第二十二条第四款和第二十四条第二款第（三）项的解释》，载《人民日报》1999 年 6 月 27 日。

而不是解释对象。“在通盘考虑之后，后果比较好的解释因为其后果比较这一点也许就是‘正确的’解释。”由此，我们不难看清法律解释的“真实”面目，法律解释的最终目的，既不是发现对法律文本的正确理解，也不是探求对法律意旨的准确把握，而是为某种判决方案提出有根据且有说服力的法律理由。（我们可以说这种解释是真正遵循了法律和公正的精神，但问题是另一种解释也可能是遵循了某一法律原则。）它是以“解释”为装饰的一种言说技术，通过这种技术，已经选择出来的判决方案在法律上被正当化了。① 对司法解释的性质和过程如此深刻的认识和剖析，彻底掀开了高尚的法治女神头上那神密的面纱。法官们对此显然是讳莫如深。但从个别法官的论断中所反映出的只言片语，也可推论法官们对这样的推论是完全接受的。原因如方家所言：人们可以为任何一个结论给出一个合乎逻辑的形式，“在合乎逻辑形式的背后，存在着对于相互竞争的立法根据的相对价值和重要性的判断，……这是真实存在的，而且还正是整个判决过程的根基和核心”。②而个别心智敏锐、开诚布公的外国法官（离任后）则说得更加直白：“精明的法官，在已有定论后，劳其筋骨，苦其心智，不仅为了向自己证明直觉是合理的，而且还要使之经得起批评。因而，他检视所有的规则、原则、法律范畴和概念，从中直接或类比地选出可用于法庭意见者，以证明他所期望的结果是正当合理的。”③

第二，法律解释方法和法律解释结果的选择，与法官个人的“前见”密切相关，只有提高法官的法学素养和道德素养，才能真正保证解释方法的恰当选择和解释结果的正确。

正如海德格尔所说：“把某某东西作为某某东西加以解释，这在本质上是通过先有、先见、先知来起作用的，解释从来都不是对先行给定的东西的无前提的把握。”④ 由于执法者的价值取向存在于前见、前理解中，它决定了不可能存在绝对正确或错误的法律意见和裁决，只有通过解释者与立法者的充分对话，在探究性、创造性的解释中，才能获得一个合理的、可接受的、合意的结论。⑤ 传统的方法论解释学苛求解释者排除一切私念，以克服一切前见和前理解为解释目标，是过于理想化的奢求。心理学研究告诉我

---

① 陈金钊等：《法律解释学》，中国政法大学出版社2006年版，第333页。

② 转引自陈林林：《古典法律解释的合理性取向》，载《中外法学》2009年第4期，第636页。

③ ［美］博西格诺等：《法律之门》第八版，邓子滨译，华夏出版社2007年版，第42页。

④ ［德］海德格尔：《存在与时间》，陈嘉映等译，三联书店1987年版，第184页。

⑤ 孙健波：《税法解释研究——以利益衡量为中心》，法律出版社2007年版，第40页。

们，判断的过程很少是从前提出发随后得出结论的；与此相反，判断始于一个粗略形成的结论。法律推理也是如此（如警察在第一现场对凶杀案属情杀、仇杀还是劫杀的判断），人们可能同时存在着数个可能的结论，并同时努力去通过证据和逻辑推理证成每一个结论；当他意识到其中的结论缺乏足够的支撑时，除非他是一个武断而固执己见的人，他将迅速地转向其他的结论和其他的论证推理。在这一过程中，经验比逻辑更为重要。法官法律解释过程中从肯定到否定再到肯定的过程，实际上并不是法官的恣意，而是又一次的二次验证过程和“试错”的过程，一旦推理过程出了问题，一个正常的法官只能是重新改弦更张，提供另一个法律解释方案。

法官的前见虽然有缺陷，但它也为法律解释提供了一个初步的范围，避免了解释中的“天马行空”；而法官的前见和前理解中的缺陷，则只能通过完善法官自身素质来确定。法官作为说话的法律，在对他的培训和选择中，应当强调做一位熟悉法律、掌握正义与社会经验的智者，并能博采众长。在解释法律时，特别是在疑难案件中解释法律时，他应当秉承公正、效率与秩序等基本价值理念，既追求实体正义又体现程序正义，既体现公益，又实现私益，进而实现个案正义。法官自己也应始终保持清醒的头脑，统筹考虑各种因素，力戒一孔之见，综合运用语义解释法、体系解释法、历史解释法、立法意图解释法和法理解释法来不断验证即将得出的结论，预防法律解释中的偏见。

第三，语义解释、体系解释、历史解释、立法意图解释和法理解释的选择并不是随意的，而应存在一定的适用次序，以避免法律解释的不一致。

通常，语义解释使用范围最广泛，最具有决定性，也是应当优先被选择的解释方法。因为法官解释法律时，通常只能按照立法者所确定的含义去执行。只有在语义解释导致荒谬或者明显不公正的结果或者解释结果的合理性存在重大疑虑时，才能进而考虑适用体系解释方法。如果体系解释方法解决不了法律文本的自洽性，或者仍然导致一个不合常理的结果或者可能明显存在疑问时，我们才会求助于历史解释方法。而如果我们仍然无法确定一个用语含混的法条的确切含义，那么就应当继而从立法意图方面进行解释。而法理解释方法应当是最终才能被使用的，只有在成文法法条的确无法解决公平和公正问题时，我们才能求助于自然法，通过解释“落后的”或者存有漏洞的法律使之符合客观规律，符合自然理性，保证成文法与社会普遍的价值观念、道德观念相一致，防止出现法律解释结果与公意和正义的背离，保证人性、理性、正义、自由、平等、秩序等法律终极价值目标的实现。

在选择运用各种解释方法时，应当多关注相对客观的语义解释、体系解释、历史解释，因为它们在发生分歧时，较易通过语义辨析、逻辑推理、查阅资料等方式来解决分歧。但由于立法意图解释和法理解释较为主观，应当防止被滥用和误用，以免影响法律的稳定性和统一性。一方面，正如丹宁勋爵所言："法官不要按照语言的字面意思或句子的语法结构去理解和执行法律，他们应该本着法律语言词句背后的立法者的构思和意图去行事。当他们碰到一种在他们看来符合立法精神而不是法律词句的情况时，他们就要靠寻求立法机构所要取得的效果的方法来解决这个问题，然后他们再解释法规，以便产生这种预期的效果。这意味着他们要填补空白，要理直气壮地、毫不踌躇地去填补空白。"但另一方面，法官也要防止"政治的、经济的和道德的偏见。"① 如何在以上两方面保持平衡，防止法官在解释法律时可能出现的恣意和傲慢，则需要依靠一系列的制约制度来对法律解释进行监督。法官也应主动在判决书中公开选择某种法律解释的理由，公开心证和法律推理的过程，以接受法律职业群体和社会大众的批评与检验。

第四，法官在解释法律时具有高度的能动性，但应注意司法能动与司法谦抑的界限，要慎对"法官造法"。要想法律解释被普遍认可和接受，法官应当遵循宪政架构和国情，妥善处理好其与立法者、社会大众之间的关系。

从某种程度上而言，司法的过程是一个高度技术性和高度复杂的法律推理过程，法官存有高度的裁量权，并享有高度的自由心证的权力，法官无疑是审判舞台的核心。特别是在解释法律这样一个环节，法官具有高度的能动性。与所有的制度制衡相比，法官的良知才是正义的最佳保障。法官解释法律应当自我设限，坚持司法克制与谦抑，并充分注意解释的界限。对法律的忠诚是法官最基本的职业道德之一，其解释出来的法律不应当是随意的。否则法官就可能成为司法问题上的独裁者。成文法是人民意志的集中体现，离开法律文本的解释是十分危险的；结果的正义性和合目的性，只能是在具备两种解释结果的时候才能适用。如果法律的意义是如此明确，文字意义是简明清楚的，毫无扩张或限缩解释的余地，法官只能按照文义的解释去裁决。法官超越法律的解释，最终将可能导致失去他们应有的权威，"因为法官的权威在于人民相信法院确实是在'根据法律'而决策。"如我国《土地管理法》所确立的土地征收补偿制度显然存在重大的合理性问题，但如不能通

① 一般认为，西方的法官"教育、种族、阶层"、"经济、政治和社会的影响"一并"构成了一个复杂的环境"，法官虽未完全意识到这一环境，但它通过影响法官对"公共政策、社会优势"的看法，通过影响他们的"经济和社会观点"或者"他们有关公平游戏或善与恶的观念"来最终影响法官的判决。

过个案的调解等手段实现个案正义，法官则不宜逾越法条的规定，而只能将不合理的立法交由立法机关去解决，留待人民去决定。

特别是在司法权较为弱小且司法服从于立法、法院服从于人大的背景下，法院在解释法律时要尽可能在法律文本的范围内予以解释，防止解释与法律文本之间存在巨大的反差。当法官解释法条时明显可能出现对法条含义的严重背离或者法律规范明显存有漏洞，通过普通的解释方法已经难以自圆其说，难以探求法律的“应有之义”和立法意图时，法官应当遵循特定程序，将“法律、法令条文本身需要进一步明确界限或作补充规定的”，逐级提交全国人民代表大会常务委员会进行解释或用法令加以规定。

法官在解释法律时，还必须注意利益衡量，并考虑社会的接受程度。法律解释的结果还要放在普通人的视角加以检视，防止出现违背正常的伦理、善良风俗，避免出现恶的解释结果。而为了保证法律解释结果始终与大众的期待基本一致，法官就应当懂得法律的“日常生活”含义，“王道不外乎人情，法律不出乎人生”。“法官不但要满腹经纶和有丰富的理论知识，还要深知世界的运作方式”（美国总统奥巴马提名最高人民法院大法官时语）。因此，在初步确定了法律解释后果后，法官还要注意解释方法与解释结果间的自洽，解释结果与整个法律条文、法律体系的自洽，并考虑公众舆论、社会价值观和社会效果，让解释能够既维护法制的统一性、稳定性，又能保持法制的与时俱进，在时代需要和法制统一之间达致平衡。

司法管理篇

成都法院案件质效[①]评估体系运行实证分析及改进路径

胡建萍[*] 吴红艳[**] 冯 燕[***]

人民法院作为国家的审判机关，其职能的发挥主要是通过案件的审判，案件审判的效果怎样，是否发挥了化解社会矛盾、维护社会稳定、促进社会和谐和发展的作用，必须作出评价，以促进法院加强管理和改进工作，更好地发挥职能作用和实现法院工作的科学发展。最高人民法院强调："不强化审判管理，司法公正与效率的主题很难实现。"[②] 而加强管理，也必须建立在对审判工作全面正确的评价和分析的基础之上。建立案件质效评估体系，则为这种评价和分析提供了基础性材料和科学依据。长期以来法院以结案率为基本效率指标，以案件改判发回率为基本质量指标评估审判工作，对于调动法官办案的积极性，提高审判效率发挥了积极作用。但这种评价体系过于单一，导致了法官片面追求结案数、结案率，而不考虑审理周期；有的甚至以年底不收案使结案率表面上得到提高，忽视裁判的实质意义和社会效果。这样的评价方式不适应实体公正与程序公正并重的司法理念，也不符合法律效果与社会效果统一的要求。[③] 从理论层面分析，任何工作成果都是能够评估的，越科学的评估体系所评估的结论就越接近事实，因此，运用系统化、规范化的评估体系实现宏观管理已经成为当今世界公共管理发展的潮流与趋势。法院工作，也莫不如此。

---

* 四川省成都市中级人民法院副院长。

** 四川省成都市中级人民法院审管办主任。

*** 四川省成都市中级人民法院法官。

① 为了与现行审判质效评估对应，本文中的案件质效与审判质效为同一含义。

② 尹忠显：《法院工作规律研究》，人民法院出版社2003年版，第466～467页。

③ 参见《建立科学评价体系　提高审判质量效率》，载《人民法院报》2006年1月9日。

一、制度构建

2002年，成都中院参加四川省高级人民法院承担的最高人民法院关于构建案件质量评估体系的课题研究，在完成课题研究的同时，于2004年底形成成都中院制度性的研究成果——《审判质量与效率综合评估实施办法》，构建了成都法院对案件质量与效率的指标体系、合成方法以及评估模型。2005年进一步研究并开发为软件系统，于2005年底在成都两级法院正式运行。通过两年的实际运行后，2008年1月最高人民法院《关于开展案件质量评估工作的指导意见（试行）》（以下简称"指导意见"）印发，成都中院根据指导意见和评估体系实际运行中反映出的需求，对评估体系进行深度研究和修改，基本实现了案件质效评估体系的客观、科学，较好地发挥了评估体系对提高案件质效的引导和促进作用。

（一）理念

任何制度都要建立在良好的理念和深入研究之上，成都中院审判质效综合评估体系的构建遵循了以下理念：构建的视角是兼具法院内外。在评估制度的构建中，不仅考虑法院工作内部的需求，同时考虑法院工作的外部效果以及领导机关和社会对法院工作的需求；构建的基础价值是公正与效率。公正与效率是人民法院工作永恒的主题，制度设计必须满足实现公正与效率的基础价值；构建的原则是评估和引导。评估制度既要客观、公正和科学地评估审判质效，又要引导审判质效的提升；构建的内容是实现五个统筹兼顾：一是要兼顾公正与效率，二是要兼顾实体与程序，三是要兼顾遵循审判规律与审判成本，四是要兼顾规范管理与方便操作，五是要兼顾管理案件与管理法官。

（二）内容

1. 指标

评估体系主要包括评估工具、被评估对象和评估过程三个方面。其中评估工具主要指评估指标体系，评估指标是评估内容的载体，也是评估内容的外在表现，评估指标的构建是评估结果客观公正的基础。成都中院《审判质量与效率综合评估实施办法》设计了评估案件质效的40个指标体系，其中23个三级指标为案件质量与效率的考核指标，包括审判质量指标13个：如反映一审案件接受社会监督与司法民主程度的一审陪审率；反映化解社会矛盾的调解率；反映接受法院裁判的一审服判息诉率；反映未能化解纠纷的上诉率、申诉率、信访投诉率、重复投诉率；反映上诉、申诉案件结果的二审维持率、生效案件维持率；反映执行案件中止、终结情况的执行中止终结率；反映案件被实际执行的实际执行率；反映执行标的到位情况的执行标的到位率；反映原裁判或执行错误的法院司法赔偿率。审判效率指标10个：如反映简易程序适用状况的一审简易程序适用率；反映案件审判均衡的结案均衡度；反映法官工作效率的法官年人均结案率、正常审限内结案率、正常期限内执结率、平均审理时间指数、平均执行时间指数、当庭裁判率、长期超审限未结指数、长期超执行期限未执结指数。17个三级指标为审判质量与效率分析指标：包括审判质量与效率分析指标11个，即再审开庭率、再审调解率、执行和解率、申诉复查听证率、向上级法院投诉率、总结案数、平均审理天数、平均执行天数、18个月以上未结案件数、30个月以上未结案件数、年人均结案数；审判质量与效率变化趋势指标6个，即总结案数变化率、一审民事调解结案率变化率、二审维持率变化率、再审维持率变化率、正常审限内结案变化率、正常期限内执结率变化率。指标体系基本涵盖了评估审判质效的主要内容。

2. 架构

我们根据40个三级指标，按照各指标对审判质量与效率的影响程度赋予不同的权数，将指标架构为三个层级，第三个层级是三级指标，反映审判质效指标的实际状况；第二个层级是二级指标，由审判质量指标和审判效率指标构成，审判质量指标和审判效率指标均由其项下的三级指标合成；第一个层级是一级指标即审判质效总评估值，由二级指标审判质量指标和审判效率指标合成，其中审判质量占60%的权数，审判效率占40%的权数。在三个层级的指标架构下，我们按照市中院和基层法院的特点、各类审判业务工作的特点，设置了反映市中院及各审判业务庭和各法官、各基层法院及刑事、民事、商事、行政、审监和执行六大类评估指标体系，实现了对整体审判质效、各类审判质效、市中院和基层法院审判质效的评估。同时为了分析、预测审判工作，更好地服务于审判和决策，我们还将40个三级指标的功能分别定位为考核指标23个，主要用于评估审判质效；分析指标17个，主要用于分析审判工作的态势和变化趋势。

3. 方法

我们充分运用信息化技术，依托案件信息卡片和其他相关的管理信息，自主研发审判质量与效率评估体系的软件开发方案，通过与技术公司合作研发为软件系统，通过系统自动生成市中院各审判业务庭及各审判人员和辖区内各基层法院40项三级指标情况、合成的审判质量和审判效率的分值以及再合成的审判质量与效率总评估值。

4. 评价

不难看出，我们构建的评估体系是由多个单项指标组成的有机综合评价指标体系。各个单项指标从不同角度反映了审判工作的不同方面、不同环节，既有其独立意义，也与其他指标之间存在着关联性和互补性，同时又能合成审判质量、审判效率的评估值以及审判质效的总评估值。通过指标体系在一定程度上可以调节案件质效，如通过一审陪审率、调解率、二审维持率、生效案件维持率、上诉率、申诉率、信访投诉率等引导法官重视裁判法律效果与社会效果的统一和案结事了；通过结案均衡度、法官年人均结案数、正常审限内结案率和正常期限内的执结率引导法官重视效率。更为重要的是通过公开、便捷的案件质效宏观评估体系，客观反映法院和法官的裁判业绩，为他们了解自身工作成效、反思及改进提供重要平台；也为管理者调整管理方式提供依据。

二、运行状况

为分析评估体系的运行情况，我们选择了近三年1~9月间，样本数量较多，且样本间具有可比性的基层法院评估体系作为分析对象，对审判质量与效率综合指数、审判质量和审判效率指标以及各三级指标的运行情况进行分析。

（一）审判质量与效率综合评估指数整体上升

审判质量与效率综合评估指数即一级指标，是评估体系计算的最后分值，由审判质量和审判效率两个二级指标，分别以60%和40%的权数比例由加权算术平均合成。2008年，20个基层法院一级指标平均评估值84.13分，比2007年同期上升0.67分，比2006年同期上升1.09分。20个法院中最高分86.42分，比2007同期最高分增加0.72分，比2006年同期最高分增加0.73分；最低分81.85分，比2007年同期最低分增加1.62分，比2006年同期最低分增加2.46分。一级指标值均呈上升趋势，反映了全市法院在采用评估体系后，审判质效整体得到提升。（见图1）

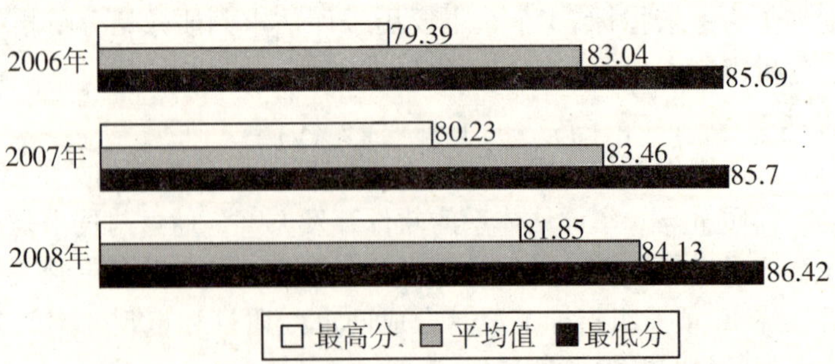

图1 2006~2008年审判质量与效率综合评估指数对比图（分）

1. 最高分与最低分的差距呈缩小趋势

2008 年 1 ~9 月，最高分与最低分差距在缩小，由 2006 年同期的相差 6. 3 分、2007 年同期的相差 5. 47 分，缩减到相差 4. 57 分，差值分别缩小了 0. 9 分和 1. 73 分。最高分与最低分的差距呈缩小趋势，反映了审判质效高的法院与审判质效相对较低的法院之间差距在缩小，审判质效的提高处于良性发展状态，审判质效高的法院在提升，审判质效相对低的法院也在较快提升。

2. 高分段法院增多，低分段法院减少

2006 年 1 ~9 月第一次生成评估体系数据时，85 分以上高分段法院仅有 3 个，82 分以下低分段法院有 6 个；2007 年 1 ~9 月，85 分以上法院虽只有 1 个，但低分段法院缩减到 4 个；到 2008 年 1 ~9 月，85 分以上的法院增加到 6 个，同比均成倍增加，82 分以下法院缩减到 1 个。反映了绝大多数基层法院的审判质效提升幅度较大，审判质效相对较低的法院越来越少。

3. 各圈层法院高、中、低分值段均有分布

根据经济发展水平和状况，将成都的 20 个区（市）县分列在一、二、三圈层中，相应成都的 20 个基层法院也分处在一圈层、二圈层和三圈层。其中，一圈层法院为处于经济发展水平较高的 6 个城区法院，二圈层法院为处于经济发展水平居中的 7 个近郊法院，三圈层法院为处于经济发展水平相对较缓的 7 个远郊法院。一圈层法院虽然只有 6 个，但每年案件总量却比二圈层法院、三圈层法院案件总量多出在 35% 和 110% 左右，二圈层法院的案件总量又比三圈层法院的案件量多出在 55% 左右。虽然审理案件量悬殊相差较大，但在评估体系中，高、中、低分值段，一、二、三圈层法院均有分布。以 2008 年为例，85 分以上高分值段有 6 个法院，一圈层法院占 50%，二圈层法院占 17%，三圈层法院占 33%；83 至 84 分中分值段有 10 个法院，一圈层法院占 20%，二圈层法院占 40%，三圈层法院占 40%；83 分以下低分值段有 4 个法院，一圈层法院占 25%，二圈层法院占 50%，三圈层法院占 25%。反映了评估体系能够评估经济发展水平和案件受理量不同法院的审判质效，并且经济发展水平和案件受理数量与审判质效没有必然的正相关或负相关的关联。

（二）审判质量指标和审判效率指标一升一降

审判质量指标和审判效率指标为评估体系的二级指标，分别由 13 个三级指标和 10 个三级指标按照权数比例，同时采用加权算术平均和加权几何平均生成。

1. 审判质量指标最低分、最高分、平均分均有上升

2008 年，审判质量指标平均评估值 82. 35 分，比 2007 年同期上升 2. 4 分，比 2006 年同期上升 2. 84 分。20 个法院最高分 84. 46 分，比 2007 同期最高分增加 1. 79 分，比 2006 年同期最高分增加 2. 36 分；最低分 79. 87 分，比 2007 年同期最低分增加 2. 91 分，比 2006 年同期最低分增加 3. 33 分。审判质量指标值逐年递增（见图 2），反映了各基层法院的审判质量不断提高。

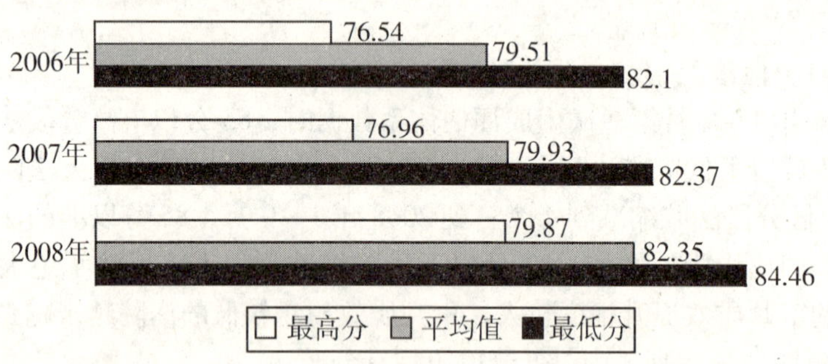

图 2　2006 ~ 2008 年审判质量指标值对比图（分）

2. 审判效率指标最低分上升、最高分下降、平均分下降

2008 年，审判效率指标平均评估值 86. 79 分，比 2007 年同期下降 1. 96 分，比 2006 年同期下降 1. 56 分。20 个法院最高分 90. 81 分，比 2007 同期最高分下降 0. 97 分，比 2006 年同期最高分下降 1. 83 分；最低分 83. 96 分，比 2007 年同期最低分增加 1. 15 分，比 2006 年同期最低分增加 1. 56 分。审判效率指标值最低分上升，最高分下降，平均分下降（见图 3），反映了过去效率较低的法院审判效率在逐步提升，过去效率较好和效率居中的法院审判效率呈下降态势。

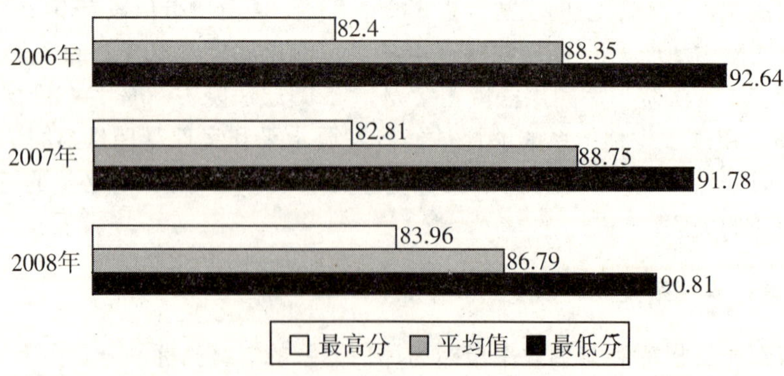

图 3　2006 ~ 2008 年审判效率指标值对比图（分）

（三）三级指标的基本情况

三级指标通过权数和数学模型生成二级指标、合成一级指标，具体反映审判质效的态势。

1. 一审陪审率促进司法民主程度的提高

反映司法民主状况的一审陪审率指标，在三个分析期间中有较明显的变化，2006 年 1 ~ 9 月，一审陪审率 42. 83%，2007 年 1 ~ 9 月，上升到 50. 28%，到 2008 年 1 ~ 9 月时，一审陪审率猛升至 74. 27%。2008 年期间，由于案件数量猛增[①]，一审陪审率起到了鼓励法院采用陪审员参与审理案件的效果，在一定程度上反映了一审案件的司法民主程度在不断增强。

2. 调解率[②]促进法院更加重视化解社会矛盾，注重案结事了

在评估体系的审判质量指标项下，调解率被赋予了 13% 的最高权数，在高权数的倡导下，法官会更加积极的调解结案，化解社会矛盾。从调解率的递增趋势中，有比较明显的反映：2008 年 1 ~ 9 月，调解率 41. 17%，比 2007 年同期上升 4. 33 个百分点，比 2006 年同期上升 6. 35 个百分点，调解率平均递增达 3. 18 个百分点。

3. 二审维持率[③]促进一审案件质量提升

2008 年 1 ~ 9 月，虽然上诉率较上年同期有近 3 个百分点的上升，但二审维持率上升了 8. 8 个百分点，反映了一审案件质量正逐步提高。

4. 实际执行率、执行标的到位率促进法院更加注重保护胜诉当事人的权益

2008 年 1 ~ 9 月实际执行率 72. 50%，比 2007 年同期高 7. 25 个百分点，比 2006 年同期高 8. 9 个百分点；执行标的到位率 22. 86%，比 2007 年同期高 7. 03 个百分点，比 2006 年同期高 5. 02 个百分点。实际执行率和执行标的到位率的提高，反映了法院对胜诉当事人权益的保障在逐步提高。

5. 正常审限内结案率、正常期限内执结率促进法院控制法官运用法律事由调整审限

2008 年 1 ~ 9 月正常审限内结案率 90. 78%，比 2007 年同期提高 0. 27 个百分点；正常期限内执结率 88%，比 2007 年同期提高 4. 47 个百分点，比

---

① 2008 年 1 ~ 9 月，成都基层法院结案数同比增加 17. 47%。

② “调解率”不包含撤诉结案数。

③ “二审维持率”仅包含二审以“维持”方式结案的案件，不包括二审撤诉、驳回和其他方式结案的案件。

2006年同期提高5.26个百分点。反映了法院依据法定事由调整审限，使审限的绝对值合法超过法定审限的比例在逐步减小，对当事人程序权利的保障在逐步增强。

（四）各级指标间的影响关系

二级和三级指标通过一定的权数比例和数学模型生成一级指标，各级指标间相互相承，互为联系，二级、三级指标的变化均会影响上一级指标的分值。

1. 审判质量指标对审判质量与效率综合指数的影响较大

审判质量与效率综合指数是通过审判质量指标和审判效率指标加权算术平均后生成。从权数比例看，审判质量指标对一级指标的影响作用大于审判效率指标，所以，虽然三年来审判效率指标值有所下降，但审判质量指标值的上升，仍使审判质量与效率综合指数上升。

2. 三级指标大幅度变化，二级指标小幅度反映

三级指标通过同时采用加权算术平均和加权几何平均生成二级指标。在对三级指标进行平均数计算时，首先对每一个三级指标进行了无量纲化计算。无量纲化的主要作用，通俗地说就是对不同计量单位、不同类型的指标折算为相同的尺度“计分”。无量纲化模型，采用的是最高人民法院评估体系的模型计算后，每个三级指标的无量纲化分值均在60～100分之间。由于对每个三级指标的都进行了无量纲化计算和赋予了不同权数，加上各三级指标间有上升有下降的变化，因此，三级指标的大幅变化，也只能引起二级指标较小的变化。例如，以上升较为明显的“一审陪审率”指标为例，2008年一审陪审率为74.27%，比2007年的50.28%高出23.99个百分点，无量纲化后2008年分值为86.38，2007年分值为75.28，分值只缩小了11.1；赋予的权数为5%，在假设其他指标都不变化的情况下，经过加权算术平均和加权几何平均后，2008年的审判质量指标分值，将仅比2007年上升0.62分。因此，即使二级指标值和一级指标值只有小数点后的变化，也会有部分三级指标有较为明显的变化。

（五）各指标值的变化原因

评估体系的主要作用是反映审判工作的实际状况，所提供的法院与法院间横向对比和法院自己纵向的对比信息，使得评估结果又为司法决策提供服务。因此，在运行期间，各法院对审判质效和评估体系的重视程度是决定评估值变化的主要原因。

1. 各法院对审判质效和评估体系的重视，是评估值上升的主要原因

重视审判质效的提升是评估值上升的关键，保证评估体系的数据来源和正常运行是评估值客观真实的基础。2006 年评估体系正式运行初期，市中院虽然对全市法院进行了逐级分类培训，但仍有部分法院对评估体系仅仅处于“知道”阶段，对评估体系的功能、指标的构建、权数的设置、数据的提取以及案件信息卡片部分内容的填写仍然处于“模糊”状态，没有能认识到审判质效的提升是评估体系指标提升的关键，案件信息卡片的同步填写是评估体系数据来源的基础，信息化的办案平台是评估体系运行的条件，有效地审判管理是评估体系发展的保障。评估体系在当时还未真正发挥其反映审判质效、服务司法决策的应有作用，直到 2007 年，经过 2006 年一年数据的运行，在市中院的强力推动下，由中院对各法院的评估值进行通报分析，各法院才开始逐步研究评估体系，分析评估体系各指标值，细化分解评估指标，建立自己的纵向、横向对比座标，找问题、找差距，推进审判质效的提升，推动评估体系的发展。部分法院在强调案件信息卡片重要性的同时还建立了案件信息卡片检查制度，以保证评估体系数据的准确、真实性。在各法院对审判质效和评估体系的高度重视下，评估体系的导向性作用愈加明显。

2. 三级指标的设置和变化对评估值的影响较大

三级指标是整个评估体系的基础指标，审判质量和效率指标以及最后的审判质量与效率综合指数均是由三级指标直接或间接生成。因此，三级指标的设置和变化，对于一级指标和二级指标的变化有较大影响，特别是对于由三级指标直接生成的二级指标。例如，在分析 2008 年审判效率指标值下降的原因时发现，指标的设置和变化对审判效率指标值下降起了决定性因素。2006 年和 2007 年，审判效率指标中设置的是“法官人均结案数”这一指标，由于对“法官人均结案数”中“办案法官”人数的采集范围争议较大，2008 年，“法官人均结案数”修改为“审判部门人均结案数”，修改后，使得指标数值骤然下降，在同一满意值和不允许值下，通过无量纲化后，三级指标得分每个法院均下降，审判效率指标值受到影响，分值下降。

三、发展完善

通过评估体系在成都中院三年的运行，基本确立了案件质效评估的量化标准，有效服务于审判管理和决策，对全市法院及中院各业务庭、各审判人员审判质量与效率宏观评估、年度考核、日常管理发挥着积极的作用。随着评估体系在成都两级法院的深入推进，法院工作以及审判实践对评估体系提出了更多、更新、更科学的要求。同时最高人民法院于 2008 年 1 月下发

《关于开展案件质量评估工作的指导意见（试行）》规定了评估体系的指标构建、权数设置和相关计算公式。为此，成都中院以严格遵循最高人民法院评估体系的构成及计算方法为原则，以成都两级法院审判工作实际情况为基础，以评估体系运行中反映出的问题为着眼点，对现行评估体系从指标设计、权数设置、计算方法等方面进行了分析和完善。

（一）现行评估体系的不足分析

1. 指标设置有遗漏

一是立案部分工作无评估指标。立案是审判的首要环节，法院启动审判（执行）程序，首先要求对当事人的起诉（申请）依法进行审查，对符合法律规定条件的起诉没有立案，不应当立案而错误立案，以及审理不属于自己管辖的案件，或者在规定的期限内没有立案，都说明立案工作存有瑕疵，都会影响到当事人权益的保障，应当对立案部分增加评估指标。二是未设置撤诉率评估指标。评价法院调解案件的情况，仅有调解率指标是不全面的，在实际审判工作中，很多撤诉案件是经过审判法官做调解工作后，当事人选择撤诉的，应当增加撤诉率指标评估法官化解纠纷的情况。三是刑事附带民事案件对民事部分欠缺评估指标。随着保障被害人权益理念的深入和刑事附带民事案件的增多，刑事附带民事诉讼民事部分调解工作量和涉及标的越来越大，当事人也越来越关注。在刑事附带民事案件的审理中，应当增加对民事部分调解和撤诉指标，引导对民事部分的调解、和解工作，化解社会矛盾，减少当事人之间的对抗。四是对裁判文书没有评估指标。裁判文书是人民法院审判工作的载体，体现了法律权威性，裁判文书的质量代表着法院办案水平，直接关系到法院的司法形象，应增加裁判文书评分指标。

2. 个别指标的内涵与通常理解不吻合

现行评估体系中，“二审维持率”、“生效案件维持率”的指标取值范围与法官通常的理解有偏差。评估体系中，“维持”案件数仅包含二审或再审案件中裁判维持的案件数，对在二审或再审程序中以撤诉、调解等结案方式结案的案件均不计入，这与日常审判工作法官对二审或再审“维持”的理解就存在偏差，法官通常认为案件在二审和再审程序中，只要没有被改判和发回重审的，就应该是维持案件。因此需要对指标进行完善。

3. 个别指标的评估结论与特殊情况下的审判工作实际情况不一致

即生效案件维持率。生效案件维持率的计算公式是“再审维持数/生效案件数”，对于再审案件少或没有再审案件的法院，会得出客观情况与评估结论截然相反的评估结果。当一法院没有再审案件或没有再审结案时，分子为0，生效案件维持率为0，显然不能客观反映原生效判决的质量。采用与生效案件维持率方向相反的“生效案件再审改判、发回重审率”指标评估就能有效克服这一矛盾。

4. 个别指标权数设置不能客观反映审判工作

评估体系中指标权数是根据指标在评估体系中的地位和重要性，按照一定的方法赋予或计算的，不仅体现了评估者对评估指标体系中单项指标重要性程度的认识，也体现了评估指标体系中单项指标的评估能力。因此，指标权数的设置对于评估结果有重要影响。从成都法院评估体系运行情况分析，个别指标的权数设置存有不尽客观，如“结案均衡度”、“正常审限内结案率”等指标。“结案均衡度”是描述每个月的结案率与统计期间内月平均结案率之间的离散程度的指标，月结案率与月平均结案率相差越小，结案均衡度越好。在收案数与结案数都达到一定数量时，结案均衡度反映情况较客观和准确，但在案件来源即收案不均衡、收结案数较少特别时一年只有几件案件的情况下，结案均衡度几乎不能真实反映效率的客观情况，如部分基层法院的审判监督案件和行政案件；“正常审限内结案率”指标排除了有法定扣除审限事由和批准延长审限的案件，但对于必须进行审计、鉴定、评估的案件或者确实需要时间来换取纠纷彻底解决的案件中，用于评估审判效率时，就不能较全面反映审判工作的实际情况。因此，对于这些指标就不能赋予过高的权数且应设置其他指标补充其评估的不全面性。

5. 与最高人民法院的差异

成都中院现行评估体系与最高人民法院评估体系的主要内容和方法基本一致，在以下方面存在差异：一是二级指标的设置不同。成都中院现行的二级指标为审判质量和审判效率两个指标，最高人民法院的二级指标为审判公正、审判效率、审判效果三个指标构成。最高人民法院审判公正和审判效果两个二级指标所包含的三级指标，与成都中院二级指标“审判质量”指标所含的三级指标一致，最高人民法院这部分指标的权重比成都中院高10%。二是最高人民法院在审判效果指标中设置了“公众满意度”指标。对“公众满意度”指标的来源，最高人民法院在指导意见中明确，可以由法院根据需要组织或者委托民间调查机构对人大代表、政协委员、廉政（形象）监督员和当事人及其代理（辩护）律师、社会公众进行问卷调查收集。三是个别指标的名称或计算方式不一致。如最高人民法院的“平均审理时间与审限比”，在成都中院为“平均审理时间指数”，且计算公式不同；最高人民法院的“违法审判率”和“违法执行率”，在成都中院为“法院司法赔偿率”。最高人民法院的执行中止终结率的计算公式与成都中院有所不同。

（二）现行评估体系的完善方案

1. 实现与最高人民法院评估体系的对接

按照最高人民法院评估体系的指导意见对现行评估体系进行调整和完善，将二级指标划分为审判公正指标、审判效率指标和审判效果指标，权数分别占总评估值的40%、30%和30%，同时按照指导意见调整指标名称、取值范围和计算公式，实现与最高人民法院评估体系的对接。

2. 完善三级指标

（1）在审判公正指标中增加“立案变更率”指标，以反映立案的质量。该指标为逆向指标，其计算公式如下：

$$立案变更率=\frac{立案变更数}{立案数}$$

下列案件属于立案变更的案件：①一审裁定移送的案件，该类案件不属于本院管辖；②二审撤销一审不予受理裁定的案件。对不予受理的裁定当事人可以上诉，如果二审撤销一审不予受理的裁定，说明一审应当立案而未予立案；③二审撤销一审管辖异议裁定的案件。对管辖异议的裁定当事人可以上诉，如果二审撤销一审管辖异议的裁定，说明一审不应当立案而立了案。

“立案数”和“立案变更数”的数据来源：①立案数包括刑事自诉一审案件收案数，民事、行政一审案件收案数；②立案变更数为民事、行政一审裁定移送的案件数，上诉后被二审裁定撤销一审不予受理和管辖异议的案件数；上诉后被二审撤销一审不予受理或管辖异议的案件数，通过分解二审法院的二审案件取得数据。

（2）在审判质量指标中增加“撤诉率”指标，以反映撤诉案件情况。该指标为正向指标，其计算公式如下：

$$撤诉率=\frac{撤诉结案数}{结案数}$$

（3）修改“二审维持率”为“二审案件改判、发回重审率”，以统一专业管理部门与法官对指标内涵的理解。该指标为逆向指标，二审案件改判、发回重审率的计算公式为：

$$二审案件改判、发回重审率=\frac{二审（改判+发回重审）结案数}{二审结案数}$$

（4）修改“生效案件维持率”为“生效案件再审改判、发回重审率”，以客观反映生效案件的质量，该指标为逆向指标，生效案件再审改判、发回重审率的计算公式如下：

$$生效案件再审改判、发回重审率=\frac{再审案件改判、发回重审数}{生效案件总数}$$

（5）在审判公正指标中增加“刑附民调解率”、“刑附民撤诉率”指标。“刑附民调解率、刑附民撤诉率”即为“刑事附带民事案件调解率”、“刑事附带民事案件撤诉率”指标，以反映刑事附带民事诉讼调解和撤诉情况，该指标为正向指标，其计算公式如下：

$$刑附民调解率=\frac{刑事附带民事案件调解数}{刑事附带民事案件结案数}$$

$$刑附民撤诉率=\frac{刑事附带民事案件撤诉数}{刑事附带民事案件结案数}$$

（6）在审判公正指标中增加“裁判文书评分”指标。以反映裁判文书的质量。该指标为正向指标，其计算公式如下：

$$裁判文书评分=\frac{评查裁判文书评分总和}{评查的的裁判文书总数}$$

裁判文书评分实行百分制，中院各业务庭的裁判文书评查由中院审管办负责，裁判文书评查的标准、评查次数和文书份数，按照中院《案件质量检查评价办法》进行。基层法院裁判文书的评查，由中院对口业务庭负责。为了不加重对口业务庭的工作量，对基层法院裁判文书的评查以上诉案件文书为主，其他文书为辅，以便合议庭在审理上诉案件时一并对一审裁判文书计分，减少工作环节。裁判文书计分根据工作安排进行，每年至少应进行一次。

（7）审判效率指标中增加“法定期限内立案率”指标。以反映立案的效率。该指标为正向指标，其计算公式如下：

$$法定期限内立案率=\frac{法定期限内立案件数}{立案总数}$$

法定期限内立案件数是指按照最高人民法院《严格执行案件审理期限制度的若干规定》中规定的立案时限内立案的案件数；立案总数既包括审查立案的案件数，又包括登记立案的案件数，即各类案件立案的总数。数据来源是从案件管理信息卡片中提取各类案件立案信息，系统自动生成法定期限内和法定期限外立案数。

（8）在审判效率指标中增加“法院人均结案数”指标。以反映法院办案效率情况，该指标为正向指标，其计算公式如下：

$$法院人均结案数=\frac{结案总数}{法院行政（事业）编制人数}$$

3. 指标权数及部分指标计算公式的修改

（1）适当降低“结案均衡度”指标权数，用“结案率”指标补充评估。为了弥补结案均衡度在收案不均衡和收案结案达不到评估所需要数量导致评估结论不完全客观这一缺陷，补充“结案率”指标评估，“结案率”指标虽有较大的不足性，但在权数较小的状态下，对审判工作的导向很小。该指标为正向指标，其计算公式如下：

$$\text{结案率} = \frac{\text{结案数}}{\text{旧存数} + \text{收案数}}$$

（2）对“执行中止终结率”指标的计算公式重新修订。现行评估体系中，“执行中止终结率”指标的计算公式为：

$$\text{执行中止终结率} = \frac{\text{执行中止案件数} + \text{执行（终结} + \text{其他）结案数}}{\text{执结案件数} + \text{未执结案件数}}$$

从评估体系的运行情况看，在中止终结率中把“其他”结案数加入（“其他”结案方式主要为委托、移送等结案方式），不能很好地反映这一指标所要评价的内容，且把分别属于未结案的“中止”和属于结案的“终结”两个数据简单相加，不能全面和客观地反映执行工作的实际情况，因此将“执行中止终结率”的计算公式修改为：

$$\text{执行中止终结率} = \frac{0.3}{n} \times \sum_{i=1}^{m_2} \frac{i\text{ 月中止执行数}}{i\text{ 月执行未结数}} + 0.7 \times \frac{\text{终结执行数}}{\text{执行结案数}}$$

上式中：m_1 为评估开始月，m_2 为评估结束月，m 为评估月份数，$m = {}_2 - m_1$。

（3）修改“长期超审限未结指数”、“长期超执行期限未执结指数”为“平均未审结持续时间与审限比”和“平均未执结持续时间与执行期限比”。现行评估体系中“长期超审限未结指数”、“长期超执行期限未执结指数”两个逆向指标的计算公式为：

$$\text{长期超审限未结指数} = \frac{1}{m} \sum_{i=m_1}^{m_2} \frac{i\text{ 月（}n1 + n2 \times 2 + n3 \times 4}{i\text{ 月未结数}}$$

$$\text{长期超执行期限未执结指数} = \frac{1}{m} \sum_{i=m_1}^{m_2} \frac{i\text{ 月（}n1 + n2 \times 2 + n3 \times 4}{i\text{ 月未结数}}$$

在上面两个公式中，对超不同审限的未结案件进行了不同的计算，超审限时间越长，数据反映越大，将呈倍数递增，如在 1 年以上的未结案件将会乘上 4 倍，且每个月都会计算一次，最后所得数值，即使超审限未结案件很少，但是时间长，数值仍然很大。通过三年的运行发现，这一计算公式对于未结案件少，且有一部分案件是因为非承办人、非法院的原因导致案件迟迟不能审结的法院，几乎不能正确评估其未结案件超审限的真实情况，因此将其计算公式修改为：

$$平均未审结持续时间与审限比 = \frac{1}{n}\sum_{i=n}^{n}\frac{案件\ i\ 审理持续天数}{案件\ i\ 法定审限}$$

$$平均未执结持续时间与执行期限比 = \frac{1}{n}\sum_{i=n}^{n}\frac{案件\ ir\ 执行持续天数}{案件\ i\ 法定执行期限}$$

上式中，n 为未结数。

（4）对“满意值”和“不允许”值取值进行修订。将指标的满意值设置为同期最好值（正向指标为最高值，逆向指标为最低值），不允许值为同期最差值（正向指标为最低值，逆向指标为最高值）。以更精确地反映在同一区域内各法院各个指标的可比性。

4. 评估数据统计周期及数据发布方式的修改

现行评估体系数据统计周期最少为3个月，主要以年度评估为主，季度、半年、1至9月评估为补充，跨度周期较长，不能满足对评估体系运用的需求。因此对评估体系数据统计周期进行修改，修改为以年度评估为主，以月份评估及任意时间段的评估为补充。

成都法院的评估体系及运行机制是按照人民法院司法目的、功能、特点和公共责任，设计若干反映司法质量、效率、效果方面情况的评估指标，运用数量研究方法，对全市法院司法过程、结果、效果进行总体性、数量化的估计和判定，具有宏观性、确定性、精确性、主观性、复杂性和综合性的特征。这种评估方法确立人民法院案件质效的量化标准，建立了人民法院动态的全新监督和管理机制，是法院管理工作逐渐走向成熟的标志。当然也存在局限性，一是仅是对案件质效的评估，没有包括司法成本、参与法院审判工作的其他人员的评价；二是根据指标体系对自己的评估，数量和评估模型来源于自己，与外界对接不充分；三是法院内外对评估结果的认同度不尽一致，这些都需要在评估体系的发展中逐步解决。通过数据量化对案件质效进行评估虽然不是全面的，但通过“量”的内容可以体现出“质”来，通过设置指标进行量化，明了、直观和客观地反映案件质效，至少不是凭主观感觉判断案件质效，因此也是科学的和进步的。①

① 毛煜焕、金宁：《法院司法统计与绩效管理》，载《法律适用》2008年第10期，第22页。

司法如何应对现代网络传媒的挑战

田成有*

当今世界，互联网的快速成长超出了人们的预期，短短十年间中国网民的人数已超3亿多人，位居世界第一。

在这个空间里，交流没有障碍，一个联机或点击，就使得交往可以随时展开或蔓延，在这种没有门牌号码、没有科层结构、没有章程规范的松散社群中，网民有小区、无单位，有意见、无领袖，有集结、无纪律，暴风骤雨说来就来，厚重乌云说散就散。

在这个空间里，我们既可以轻易跨越领域边界，又能在瞬间聚集起群情激愤的议事广场；既可以冷静理性地表达我们对某个问题的见解，又能快速促成现实世界中的集体行动。人们面对的是一个复杂、多样的开放世界，人们突破了传统“把关人”的审查，无论在家里、办公桌、网吧等处，都可以自由随意地公开喊话或发起进攻。置身于网络舆论场所，传统的道德标准和参照框架，已经脆弱不堪和无人理睬。

愈来愈多的事实证明，在互联网通达的地方，一个普通人也能做到‘一呼百万应’”，一件“小事”也可能在瞬间就被放大，一个“小地方”的一点“小动静”，也可能立即被世界瞩目而成为一个公共性事件，如“南京天价烟房产局长事件”、“张家港官太太团出国事件”、“贫困县县委书记戴52万元名表事件”、“云南躲猫猫事件”，等等。

胡锦涛总书记在去年2008年6月20日讲话中特别指出：互联网已成为思想文化信息的集散地和社会舆论的放大器。新的发展形势，我们要认识到，以互联网为代表的现代网络技术已经彻底颠覆了旧有的传播范式，已经对人类社会、政治、经济、文化、生活方式各方面产生严重冲击，影响程度，范围之广、力度之强前所未见。互联网无可争辩地成为信息传播和舆情

* 云南省高级人民法院副院长。

汇集的主流媒体。我们要深刻意识到互联网的发展正在对中国社会的方方面面产生巨大的、深远而复杂的影响。

一、司法怎样面对网络的挑战

现在的网络，党组织“进不去”，思想政治工作“进不去”，公安、武警等国家强制力“进不去”。网络高倍的“放大器”、快速的“传播器”，使人们的一言一行都在“聚光灯”下。

有人认为网络仅是百姓闲暇之余的聊天，认为网络都是进行无聊的“炒作”，不足为信；有人认为，网络是洪水猛兽，小问题会引发大热点，我们惹不起，躲得起，于是便出现了对网民回应得不及时、不充分，不知道怎么去应对现代网络媒体的尴尬与无奈。

发达的网络传媒有利于司法公开，并把司法公开推进到了极点。

舆论是社会发展的动力之一，它不只是消极地反映社会，反映公众集体意识的倾向，而且每时每刻都在影响社会，反作用于人们的思维活动与行为方式。近些年来，从“孙志刚案”、“黄静案”再到“彭宇案”和“许霆案”，这些案件通过网络舆论的影响，不同程度地对司法产生了影响，特别是这些案件在司法过程中有可能受到一些不公正对待时，新闻媒体作为观察者的披露、声援和呼吁，对法官的裁判进行着有力的警示和督促，正是由于有了媒体的监督，司法审判才能冷静地在“少数”与“多数”之间寻求与实现真正的正义。

司法必须独立进行，但这并不意味着我们可以对新闻报道视而不见、充耳不闻。面对来自新闻媒体的不同意见，我们既不能闭目塞听，也不能盲目地跟着舆论走，改变自己独立对法律负责的判断。司法机关在审理案件的时候，应当欢迎监督，应当以坦荡的、开放的心态对待监督，要把监督作为公正审判的外在动力，时刻注意民众的意见。

对于那些可能引起社会强烈反响的案件，我们应该更加注意用证据和事实说话，应该更加慎重和用心，应该尽最大可能通过我们细心、扎实有效的工作说服新闻媒体和民众接受自己的意见，应当给予正面和积极的回应，在判决书中详细阐明令人信服的观点。我们要主动做好必要的沟通工作，而不是一味地回避躲让，要通过公开、开明的方式，详细解释司法机关判决所依据的证据材料和适用的法律，做好释疑解惑工作。司法机关只要依法办事，就是在尊重民意，就是最好地满足了公众的知情权。如果在法律之外，没有原则地跟着舆论跑，就会在“法律”与“民意”之间产生紧张关系，就会掉入两败俱伤、互不满意的陷阱之中。尊重新闻，满足民意，都离不开一个重要的基础和前提，就是严格适用法律。

法院的一切工作都与人民的利益息息相关，法院的一举一动都受到社会的密切关注，舆论能够形成“另一个法庭——社会舆论的法庭”（马克思语），社会对法院的监督是全天候的，全时空的。我们常说法院是媒体出新闻的“富矿”，但同时，法院也是舆论监督的“重地”，一个公正、开明的法院，不仅是被动地接受民众监督，更要学会敏锐地把握驾驭舆论应对的主动权，在及时、坦诚而彻底地信息公开中主动向民众传递司法的透明与公正，进而寻求舆论对审判的可接受性，培养民众对司法权威的认同感。

我们要积极促进网络环境下司法公开，合理引导网络舆论，促进网络舆论良性的监督。

在我国整体的法律教育水平不高的情况下，媒体监督，由于其自身所特有的开放性与广泛性，为我国的监督体系注入了新的活力，媒体已经成为权力正确实施的监督者，成为社会公众与法院、法官之间的沟通桥梁，在促进司法公正、遏制司法腐败方面发挥着不可估量的积极作用。媒体的参与和报道，不仅符合审判公开的宗旨，而且通过舆论监督可以在更大范围内进行普法宣传，消除民众因对法律、法官的不理解而对法院产生不满。

在新形势下，如何正确处理新闻舆论监督和司法公正的关系，考量着各级法院领导干部和各位新闻发言人的政治智慧和司法能力。

在媒体监督日益深入的今天，政务信息公开是打造阳光政府的重要措施之一，各级法院领导要充分认识，调整思路，摆正位置，充分尊重群众的知情权和媒体的采访权；各级法院的领导干部要提高对现代传媒重要性的认识，掌握同传媒打交道的技能，在实践上尊重新闻传播的特点、规律和独立性，探索新闻传播与法院宣传工作相结合的方式、方法，通过建立新闻发言人制度和实施“走出去”的方式，把法院的宣传意图巧妙地融入新闻和信息的产生、加工、传播过程中。

二、努力提高应对新闻突发事件的本领

1. 真诚和真实是最好的催化剂

真诚面对现实、面对媒体、面对公众。诚实是最好的催化剂，有些问题可以不说，但所说的，必须是真实的。失去诚信，就意味着失去公众的信任，使部门形象受到损害。危机一旦爆发，我们能做的就是要清楚地告诉媒体记者我们的观点、事实的真相和处理的立场，而不是对记者采取躲躲闪闪，更不是表现出你的不耐烦或者厌恶，更不能用一个假象掩盖另一个假象，用一个错误代替另一个错误。

2. 第一时间、主动抢占先机是最好的法宝

在传播上有一个规律，任何声音当第一时间占据了人的脑海后，想再用新的声音去覆盖就变得非常困难，在媒体公关的危机处理中，一旦有突发事件发生，遵循的理念就是：以我为主，争取主动，抢占话语权，抢占道德制高点，主动设置话题。

主动意味着有关领导和部门必须在第一时间到达现场，亲临第一线做工作，“靠前掌控”。及时公布真实信息；速报事实，慎报原因；知道多少，就公布多少。首先要查找自身原因，检查工作中的缺失，公开坦承失误和不足，其次要迅速启动问责程序，罢免失职、渎职官员。法院要在媒体和公众面前塑造一个“高效”和“负责任”的形象，要在“第一时间”在媒体上说话。

“第一时间”表明了我们积极主动的姿态，表明我们已经对媒体关注的问题作出反应，对问题的处理和解决方案已经提上了日程，“第一时间”说明我们已经满足了媒体对信息的需要，已经和媒体确立了相对融洽的互动，为最终问题的解决打下了基础；“第一时间”还意味着我们有效地切断了各种可能的谣言。

3. 冷静和理智是化解危机的最好策略

新闻发言人是靠“说话”来展示其能力的，面对媒体，要会“发言”，而发言的关键是要知道“说什么”和“说多少”。

理性面对，处乱不惊，沉着应对是我们应对危机的上策。

我们要保持必要的冷静，控制好自己的情绪，炼就火眼金睛的敏锐和娴熟高超的应对本领，以不变应万变、以万变对不变，始终充满自信，不卑不亢，心态平和。一个好的新闻发言人要思路清晰、善于表达，要善于找到政府关心点、百姓关注点和记者兴趣点的结合点，使发布内容为记者和公众百姓喜闻乐见。作为新闻发言人来说，代表的是单位的形象和声音，切忌不懂装懂、撒谎，或者用一种说法以不变应万变，要实事求是，做到“言之有物，言之有理，言之以情，言之有彩”，通过自己的冷静、理智和自信努力维护和打造起你所代表的单位受尊重、负责任的良好公众形象。

4. 尊重和理解是应对危机的最好办法

我们和媒体的关系应当是一种友善的、合作的关系，而不是控制与反控制的较量，在台前，我们要善于把握媒体记者的接受期待，善于把握媒体的微妙反应；在台后，要尽可能与媒体记者广泛交流、深度沟通，建立一个平等友好的关系，才能有利于工作的开展。只有心里有数、知己知彼，才能把握沟通的主动权。

在媒体危机问题出现之后，应尽早地和有影响力的媒体沟通，要抢占主流媒体，注重发挥主流媒体的作用。随着现代社会传媒资源途径、形式越来越多，主流媒体的空间越来越被都市类、生活类、休闲类媒体挤占，从我省法院以及全国其他法院所面临的媒体危机看，恰恰是一些生活类，都市类媒体，更容易较快获取法院的有关信息。在今后的工作中，要多注意和这些媒体保持沟通。我们要清楚给记者提供帮助也是在帮助自己，妨碍记者也就是在妨碍自己。沟通的目的是要学会借力、借道，借媒体的光，实现双赢。

5. 自信和熟练是化险为夷的最好药剂

作为新闻发言人，他既是消息的权威人士，同时也是驾驭舆论的引领人，是专家，也是战士。省高院要求我省县级法院的新闻发言人一定要是法院的主要领导，只有这样才能确保新闻发布的权威性，保证公众对信息的确认和信任度。我们的新闻发言人既要熟悉法院的审判业务，掌握法院的全面建设，又能熟悉媒体的运作和报道特点，了解公众需求。我们要在实践中不断培养自己的逻辑性、准确性和严谨性，要具有外交家的开放意识、交往能力和广泛见识，做到掌握信息的全面性、发布内容的准确性、解疑释惑的可信性、阐述观点的原则性和回答提问的技巧性。

作为新闻发言人不仅要同地方有关部门、各级组织保持联系，积极加强与上级法院的沟通，了解社会各领域发生的事件，还要学会与媒体打交道，经常同媒体保持联系，与记者建立良好关系，对所辖区域的媒体特点要心中有数，每天养成阅读各类媒体、新闻报道的良好习惯，媒体和公众的关注点和法院工作的重点可能不一致，只有平时多关注媒体的动态，尽早设定切入的角度，当突发事件来临，面临媒体危机时，才能以自己适度、得体的表现让媒体与公众理解法院并接受法院的意见。

三、对规范网络媒体的几点建议

信息时代，互联网络的虚拟性，无限放大了少数人的意见，权利滥用、恶意诽谤、挖人隐私的网络暴力行为不断发生，一些人利用互联网的特性，试图调动和影响舆论，制造社会情绪，或动辄掀起声势浩大的“人肉搜索”，侵犯他人隐私，构成了对公民合法权利的威胁。同时，也严重违反了新闻操作中所要求的真实性、客观性原则，为媒体舆论监督带来了较高的风险。不良网络信息的传播及网络侵权事件的发生，也使网络成为谣言的滋生地。

我们欢迎新闻媒介对审判机关进行舆论监督，这是一种特殊的、新颖的民主监督形式。但监督与暴力之间常常只有一步之遥，对某些事件或现象舆论监督的“越位”的做法并不可取。比如，选择性的使用司法机关或政府部门提供的材料；在报道法制案件时，以情绪代替理性和法律；未经司法审判先对当事人进行舆论定罪；极力放大个案，把个案当成一种普遍现象来报道等等，均不利于人们正确认识和理性分析社会现实。

司法是高度专业化的工作，任何主观感情因素的添加都有可能带来天平的倾斜，进而影响司法公正。为了进一步厘清司法与传媒之间的关系，有必要明确新闻媒体及其工作人员的权利和义务，为新闻记者采访报道法律案件提供具体的、可操作的行为指南。

首先，媒体要从大局出发，传递真相，传达正见，应忠实于新闻事实的本来面目，坚持用中性语言来达到传播目的。坚守报道的客观性原则，避免添加报道者的主观色彩，注重舆论的宣传效果。

其次，媒体要加强对相关法律、法规的学习，增强对司法规律的特殊性了解，加强对案件报道合法性、准确性、有效性的把握。案件报道严守司法程序，在案件判决前，报道不应对实体问题进行任何评论性、暗示性的报道，不做定罪、定性的分析，不得先入为主，发表任何倾向性意见，更不得对案件的处理定调子、下结论，抢先作出有罪或无罪、胜诉或败诉等方面的预测、推断甚至结论，防止人为炒作。

对待报道的当事人，应该坚持全面、平衡、客观的立场，不掺杂任何意见或偏见，不带任何主观倾向。采访报道以公开采访和采访双方当事人为主，充分尊重采访对象的意愿，避免道听途说，偏听偏信。

再次，在报道的方法上，应以事实为基准，有理有据，注意与“评论”分开，判决前不宜发表质疑和评论，评论用语合法、理性、善意，警惕煽情化、娱乐化的描写，不得使用讥讽、贬损的词汇和语言，避免主观推断或用语不当，应严守中立和真实。不宜对犯罪行为、作案手段做过多细节性描写，不宜披露政法机关的办案细节、侦查手段、审讯方略和技巧，不能有意渲染凶杀、色情、恐怖等情节和场景，更不能使用带有煽动性的语言，激起社会大众对案件的非正常关注，挑起公众对政法机关的不信任。

最后，网络媒体要明确自己的定位，明确服务大众、引导大众舆论的社会责任，要树立较强的职业责任感。

在一个复杂、忙碌的现代商业社会，人们获取的绝大部分信息都是来自新闻媒体的传播和勾画。也就是说，在我们获取某个事件的真相之前，新闻媒体的记者、编辑已经是在以自身经验、态度对事实真相做了某种“理解”、想象和选择。命运和结局都已经在媒体的“笔下”和精心安排策划之中。为此，媒体的责任意识和大局意识很关键。

新闻媒介发出每一篇稿件都要考虑到它的社会影响和作用，要有高度的社会责任感。要使新闻宣传真正起到鼓舞人民、教育人民的作用。

进行新闻舆论引导的总方针是“团结、稳定、鼓劲、正面宣传为主”，要扶持、弘扬正确健康的舆论，坚决消除、制止消极有害的舆论。新闻记者应该多一点辩证法，少一点片面性。要用发展的辩证眼光去看问题，以全局观念去分析改革中出现的矛盾和困难。在无数的新闻事实中，要把适合传播的新闻信息筛选出来，及时向社会和人民群众发布。要注意在利用网络媒体进行监督和报导时，用正确的舆论引导人。同时，要努力倡导全社会提高个人素质和理性精神，网民既要明确自身权利，又要谨记自身义务和社会责任。

审判管理改革若干问题研究

何　鸣[*]　李显先[**]

《人民法院第三个五年改革纲要（2009—2013）》第8条规定："改革和完善审判管理制度。健全权责明确、相互配合、高效运转的审判管理工作机制。研究制定符合审判工作规律的案件质量评查标准和适用于全国同一级法院的统一的审判流程管理办法。规范审判管理部门的职能和工作程序。"如何进一步改革和完善审判管理制度是人民法院第三个五年改革的任务之一。当前，对审判管理基础理论的研究比较薄弱，本文拟对审判管理改革若干问题进行分析，并对制度设计等方面提出建议。

一、审判管理内涵之界定

管理，是指在一定的环境下，管理主体为了达到一定的目的，运用一定的职能和方法，对管理客体施加影响和进行控制的过程。① 而关于审判管理的定义有多种观点：其一审判管理是指为保障法院审判工作依法有序进行而对审判工作中的各个环节进行计划、组织、协调和监督的综合性工作。② 其二审判管理是指紧紧围绕案件审判而开展对审判工作实施的全方位、立体化的管理，旨在提高审判质量效率的一系列基础性管理工作。③ 其三审判管理是指审判活动的重要内容，也是法院管理工作的重要组成部分。从内涵上讲它是指法院对直接围绕审判活动所进行的审判程序及辅助工作的管理；从外

* 福建省高级人民法院副院长。

** 福建省高级人民法院法官。

① 李兴山：《现代管理学》，中共中央党校出版社2002年版，第6页。

② 张绳祖：《人民法院立案庭的审判管理职能》，载《法律适用》2004年第12期，第71页。

③ 江苏省高级人民法院审判管理办公室：《不断增创江苏审判管理改革发展新优势——关于江苏审判管理改革经验总结的探索与实践》，载《总结与创新：人民法院总结审判经验论坛论文集》（2009年6月扬州）第40页。

延上讲它包括立案、送达、财产保全、调查取证、排定案件（排定法官及书记员、开庭时间、审判法庭）、案件记录、庭前准备、审限监督、案卷归档等管理活动。[①] 由此可以看出，我国司法实务界关于审判管理的定义，其内涵与外延如何界定均未形成共识。

笔者认为，审判管理有广义和狭义的区别。广义的审判管理的对象应包括以下内容：（1）审判权的运行过程。此种管理对象是审判权运行行为。从审判权运行空间来看，包括立案、审理和执行三个阶段。从审判权运行时间来看，则包括从案件立案起到案件归档。（2）审判权运行过程中产生的产品。产品包括审判权运行过程中产生的各类司法文书、案件卷宗。此种管理对象是审判权运行行为过程中产生的物化的产物。因此，笔者认为广义的审判管理是指人民法院的审判管理组织或具有管理权的法官对审判权的运行过程及运行中产生的产品进行监督、评价等过程。据此，对审判权安排所做的制度设计，如“立审分立、审执分立、审监分立”三个分立的制度安排也应属于广义的审判管理。

当然，从实践来看，不是所有审判管理都应集中于审判管理部门。狭义的审判管理仅指审判管理部门履行对审判工作进行监督、评价等过程。

二、我国审判管理制度的演进及评价

对我国审判管理情况进行回顾与总结，我们可以看出我国审判管理大致经历了三个阶段：

1. 行政手段型审判管理阶段

最高人民法院1999年颁布《人民法院五年改革纲要》以前，全国法院系统审判管理主要是采取控权的行政管理模式。在这种模式下，案件一般需经过层层把关，由院、庭长审批案件和签发法律文书，呈现分权与集权的特征。这一阶段的审判管理主要依靠行政手段，这种模式是以权力为中心，凭借制度约束、纪律监督、奖惩规则等手段进行管理的，其强调的是组织权威和权力服从，在制度实施上讲求不折不扣的落实，本质上是一种以物为本的管理模式。[②] 此种模式正如《人民法院五年改革纲要》所说：“审判工作的行政管理模式，不适应审判工作的特点和规律，严重影响人民法院职能作用的充分发挥。”

① 董皞：《审判管理改革问题再认识》，载《法律适用》2008年第8期，第11页。

② 罗志明：《转变管理模式，促进审判质效——基层法院全面提升司法管理能力的理论与实践》，载《法庭》2007年第12期，第77页。

2. 监督评查型审判管理阶段

自《人民法院五年改革纲要》颁布以来，各地法院以该纲要第 8 条为指导，建立了科学的案件审理流程管理制度。[①] 所谓审判流程管理是指人民法院为保障程序公正，提高审判质量和效率，通过对案件审判流程中的立案、送达、排期、开庭、结案、归档等环节进行组织、协调、管理和全程跟踪，实现审判工作公开、公正、有序、高效运行之目的的程序性管理机制。该模式属于事中监督型，由立案庭着重于审限跟踪，经实践证明，该管理模式在很大程度上减少了超审限现象。此种模式由于使裁决权与审判管理权相分离，初步转变了行政型管理模式。

在审判流程管理的同时，还进行案件质量评查。通过赋予审判监督庭新的职责，来转变审判监督庭的定位。审判监督庭由过去的主要审理再审案件以及中院以上审理减刑假释案件的审判业务庭转变成兼有审理案件和管理案件的部门，其主要管理职责为进行案件质量评查。

3. 混合综合型审判管理阶段

最高人民法院制定的《人民法院第二个五年改革纲要（2004—2008）》第 29 条、第 30 条和第 41 条都涉及审判管理。近几年，审判管理已朝着综合与宏观方面发展。一是管理手段从单一向多元发展，混合型审判管理日益成为主流。现阶段主要是以案件质量评查与流程管理为主要内容的管理模式，综合了审判流程管理和监督管理。该模式强调对个案质量进行监督和对程序的管理。当然，这种模式经过变异，产生了其他相类似的亚模式，如北京市海淀区人民法院成立了审判事务管理办公室。二是管理方式呈现从微观到宏观的变化，由个案管理到整体管理。如江苏、上海、四川、北京、湖南、福建等高院建立起了审判质量效率评估体系，此体系着力于从宏观上对审判工作进行管理。如江苏法院的审判管理模式，是一个以审判质量效率评估指标体系为导向，以案件审判流程管理、法官审判业绩考评和岗位目标管理、案件质量监督评查、违法审判责任督查为管理手段的全方位、立体化的综合性审判管理机制，是一个包括审判质量效率信息处理、审判宏观决策、审判程序控制、审判质量控制、法官行为激励在内的综合性审判管理

---

① 据有关资料，大立案审判流程管理模式最先于 1998 年在山东寿光市人民法院开始试行。转引自姚蔚薇：《刍议设立专门化审判管理机构及相关配套机制建设》，载《上海审判实践》2009 年第 6 期，第 18 页。

模式。①

从多年的运行情况来看，传统审判管理模式存在局限性，具体表现为：

1. 审判管理分散于不同部门，无法形成有力的监督机制

除了为数不多的法院设置单独的审判管理部门外，大多数法院审判管理权分散在好几个部门，各自为政，没能统一起来，无法形成有效管理的合力。各部门彼此之间不能互通信息，审判信息流转渠道不畅，信息无法共享，无法从相关信息中分析情况，难以促进审判工作。因缺少独立的专门机构，在一定程度上影响了审判管理职能的发挥。

2. 审判管理部门与被管理部门属同一层级，无法形成管理权威

被赋予管理权的部门与被管理的部门处于同一阶位，在原本并不存在着管理与被管理关系的部门之间进行管理，无法形成权威性。如立案庭负责审判流程管理，但它自身一些工作内容也要接受管理，因此在管理其他庭时，难以形成权威性。缺乏统一管理机构，审判管理只是审判业务庭的一种附属任务。即使有单独的审判管理部门，但是该审判管理部门与被管理的审判部门之间是平级关系，管理权威无法得到有效落实。

3. 审判管理部门与审判部门相混合在一起，无法形成有效制约机制

被赋予管理权的部门同时具有审判权，两者之间未形成有效分离。有的部门既是管理者，又是被管理者，审判权与管理权交叉重叠，缺乏有效的制约机制。立案庭的审判管理职能是较典型的例子，又如由审判监督庭负责案件质量评查，审判监督庭自身案件也需要评查，由何部门来评查呢？

4. 未将整个审判行为纳入监督范围

未对整个审判行为进行监督，如未对开庭是否准时，庭审过程是否规范化，合议庭运作是否规范化方面实施管理等等，而这些方面又是司法行为的重要组成部分，很有必要进行管理。

5. 指标简单，无法准确地反映审判的真实情况

指标设置过于简单，所采集的数据信息不能全面地反映审判工作的质量、效率和效果的实际情况。传统质量评估体系指标过于简单化，相关指标未设权重，考评结果不能完全准确地反映各个法院审判工作的真实情况。

6. 相配套措施不够，难以为领导决策提供高质量服务

一方面，没有普遍、系统、严格地建立相配套的审判工作态势分析制

---

① 刘坤、王绪凡：《论审判管理协调机制的构建——以江苏法院审判管理改革为视角》，载公丕祥主编：《思考与探索：我们走过的路——江苏法院优秀学术论文选（上）》，中国法制出版社2008年版，第300页注释①。

度、审判质量监督制度以及法官业绩考评制度，导致难以为领导决策提供更科学、更有效的服务；另一方面，与审判管理相关的软件开发有待进一步加强。审判管理有关数据的采集无法完全实现自动化，许多数据还是采用人工做法，无法确保所采集的数据真实性，从而影响了审判管理决策的科学性。

总之，产生上述缺陷的根源在于对审判权的性质及运行过程缺乏一个客观的认识，以及管理过程中未遵循现代管理学的一些规律。因此，要实现“管理出公正，管理出效率”的目标，就必须创新审判管理机制。

三、审判管理模式的选择——以审判权的性质为视角

进行审判管理，必须遵从审判活动的本质和规律。因此，必须对审判权的性质有个正确的理解。

（一）审判权的性质

审判权是指针对申请者向其提交的诉讼案件，按照事先颁布的法律规则和原则，作出一项具有法律约束力的裁判结论，从而以权威的方式解决各方业已发生的权益争执的国家权力。[①] 简单地说，就是对纠纷的裁断权。审判权的性质如下：第一，审判权是一种权力。审判权是国家权力的重要组成部分，是国家权力分工的结果。在我国行政权、审判权和检察权分工，并向其共同的权力机关——人民代表大会及其常务委员会负责。第二，审判权是一种裁断权。审判权是用国家强制力作保障的，以维护国家统治秩序。审判权具有独立性、终结性、被动性、公开性、亲历性和集中性等特征。[②]

（二）审判管理权与审判权之分离

审判管理权是对审判人员和审判组织的产品质量和行为正当性的控制权以及审判活动的整体协调权。其主要构成部分有三个：一是审判环节协调权；二是审判质量控制权；三是审判行为监督权。[③] 那么审判管理权为什么有必要从审判权中分离出来？审判管理权的性质是什么？

1. 审判管理权与审判权适度分离之必要性

传统审判管理模式下，审判权与审判管理权交织在一起，法院的审判委

---

① 刘学在、胡振玲：《论司法权与行政权的十大区别》，载最高人民法院“司法改革研究项目”课题组：《法院管理制度改革比较研讨会资料选编》，2004 年 2 月。

② 陈瑞华：《司法权的性质——以刑事司法为范例的分析》，载《法学研究》2000 年第 5 期。

③ 李玉杰：《审判管理学》，法律出版社 2003 年版，第 111 页。

员会、院领导、庭长和合议庭的审判长既享有审判权，又享有审判管理权。在这种模式下，审判委员会、院领导、庭长和合议庭的审判长等牵扯过多的精力于繁杂的管理中。审判管理权与审判权的适度分离有利于办案法官集中精力办案，有利于公正高效地行使审判权。

2. 审判管理权的性质

有种观点认为，审判管理权在主体、客体、价值追求、功能、启动程序、依据等方面，与审判权完全不同，具有行政权的特点，属于带有司法特性的准行政权。① 笔者赞同上述观点，审判管理权是法院行政管理权的一种，是行政性职权。

（三）影响审判管理模式的主要本土因素

1. 构建社会主义和谐社会的战略任务对创新审判管理模式的影响

党的十六届六中全会从中国特色社会主义事业总体布局和全面建设小康社会全局出发，提出构建社会主义和谐社会的重大战略任务。这一重大战略任务离不开人民法院履行宪法和法律赋予的职责。人民法院职责的履行必须促进社会和谐，必须实现案结事了人和。从这一角度来看，审判管理模式的选择必须充分考虑到这一重大战略任务，特别是质量评估指标中要设计出体现社会效果的指标。

2. 建设公正高效权威的社会主义司法制度的目标对创新审判管理模式的影响

党的十七大从“全面落实依法治国基本方略，加快建设社会主义法治国家”的战略高度，明确要建设公正高效权威的社会主义司法制度的目标。要实现这一目标，对人民法院审判权的行使提出更高的要求。无疑审判管理模式的构建要充分体现出公正、高效、权威的因素。

3. 人民法院审判队伍的现状对创新审判管理模式的影响

由于历史的原因，法官来源的多样化造成了人民法院队伍素质参差不齐的现状。这一因素在很大程度上影响着办案质量，再加上社会上种种诱惑也会影响着案件质量。因此，现阶段对案件质量进行管理是十分必要的，也是十分迫切的。同时，这一因素还影响着案件分配方式、法律文书审核签发等审判管理中具体的内容。在一段时期，不少法院实行案件随机分配制度，这一制度具有防止办关系案、人情案的积极作用。但是这一制度是建立在法官办案能力没有太大差异的假设上的。这一制度在实践中出现能力差些的法官

---

① 牛敏：《审判权管理模式构建研究》，载《人民司法·应用》2009 年第 7 期，第 37 页。

难以办理难度较大的案件的困境。因此，这一因素在一定程度上影响着我国审判管理模式。

（四）审判管理模式的选择

1. 对审判权有必要进行监督

一方面，既然审判权是一种国家权力，那么就必须遵循“权力必须接受制约”的一般规律；另一方面，当前由于法官的素质、法官的自我约束能力以及来自法院外的监督等因素无法使法官的审判权的行使达到一种让人放心的理想状态。总之，对审判权的监督是必要的。

2. 审判管理内容应包括程序和实体两方面内容

审判权的运行包括审判权的运行过程和审判权的运行结果，因此，新的审判管理模式不但要对程序性问题进行管理，而且还要对实体性问题进行管理。程序性问题包括审判效率、庭审规范化和合议庭工作的规范化。庭审活动若不规范化不但对程序公正有影响，而且还影响了法院的形象，甚至还会造成司法权威下降。合议庭若不按照有关法律和司法解释来运作，对程序公正和实体公正都会有所影响。如果合议庭“形合实独”，那么这种不规范的合议势必会对实体公正有所影响。为此，有必要对合议庭进行管理。管理实体性问题就是案件的质量管理。

3. 新的审判管理模式应是一种程序性的管理模式

以程序来制约审判权整个运行过程。法官行使审判权的整个过程要按照有关程序方面的法律和司法解释来进行，以达到程序公正。而那种试图通过行政性的控权管理模式则有悖审判权的独立性特征。

4. 新的审判管理模式对案件质量问题的管理应是一种事后管理模式

基于审判权具有独立性、终局性的特征，新的审判管理模式只能是对审判权运行结束后的有关质量方面进行管理，而不能对正在行使的审判权进行干预。案件质量方面的管理对象是已生效的案件，内容包括裁判文书质量以及对业已被改判、发回重审的案件进行评价和处罚等等。

四、新的审判管理模式之制度设计

（一）应遵循的基本原则

审判管理是现代管理的重要组成部分，同样要遵循管理学中的一般规律。结合现代管理学基本原理，笔者认为，新的审判管理模式应遵循以下基本管理原则：

1. 异体监督原则

所谓异体监督，是指对行为主体的监督，是由行为主体以外的他体所实施的监督，监督者与被监督者不同体。[①] 也就是说行使审判权的主体与管理审判权的主体必须是不同的主体，不能既是权力的行使者，又是权力的监督者。

2. 经济原则

实施审判管理过程中，管理所支出的费用应小于监督活动所能带来的利益。倘若要耗费大量的财力与人力来实施审判管理，就不经济了。这一原则要求应将原有分散的审判管理权集中起来，以发挥最大的功效。

3. 分权制约原则

既然审判权是一种国家权力，就有可能被滥用。波斯纳认为："如果司法独立仅仅意味着法官听凭自己的喜好来决定案件，不受其他官员的压力，那么，这样一个独立的司法机构显然并不会以公共利益为重；人民也许只是换了一拨子暴君而已。"[②] 所以，对审判权必须监督。用管理权来制约审判权，以防止审判权被滥用。

4. 民主决策原则

所谓民主决策原则，是指按照事先规定的原则，由相应的人员在相应的范围内进行投票，以少数服从多数的原则，决定重大事项。表决前，必须经过充分的讨论，然后进行投票。在审判管理过程中，要对审判内容进行表决，就必须执行民主决策原则。如管理机构对违反规定者进行相应的处罚前，要召开有关人员的会议，在听取不同的意见后，按照少数服从多数的原则来表决如何处罚。

（二）改革和完善审判管理制度的设想

1. 按照以人为本的要求，创新审判管理模式

经过学习实践科学发展观后，我们越来越感到审判管理模式要实现进一步的转变，其发展方向是按照以人为本的要求建立起新的管理模式。这种管理模式是一种柔性管理，是以人为中心，依据组织的共同价值观和文化、精神氛围进行的人格化管理，其强调全体工作人员共同的价值取向及在此基础上形成的凝聚力、向心力，主张依靠人的价值实现、决策参与，激发人的创

① 李兴山主编：《现代管理学》，中共中央学校出版社 2002 年版，第 264 页。

② ［美］理查德·A 波斯纳：《法理学问题》，苏力译，中国政法大学出版社 1994 年版，第 8 ~9 页。

造性。①

笔者认为，以人为本的管理模式要求在创新审判管理模式时，应考虑以下几个问题：一是必须明确创新审判管理模式的最终目的是什么，也就是说必须明确审判管理的最终目的是为谁？从一定意义上讲，审判管理的最终目的与审判是为了谁是一致的，也就是司法的人民性问题。审判管理最终目的就是要通过对审判活动的管理来实现好、维护好、发展好最广大人民的根本利益。二是以人为本的管理模式需要与队伍建设相结合，尤其是要与建立激励机制相结合，营造出“有为者才有位”的良好氛围。以人为本的审判管理模式对内，则需要强调人的价值，充分尊重人，让人民法院法官等人员的主动性、积极性得到充分发挥。

2. 依据管理学原理，建立审判管理组织

长期以来，法院内部的人员管理机构是政治人事纪检部门，对财物的管理机构是机关行政装备部门，对业务的管理则没有设立独立专门的机构，审判管理职能主要由政治部、研究室、立案庭、审监庭等承担。全国法院系统内，已经有一些法院对集中审判管理进行探索。主要有以下几种模式：一是成立审判管理办公室。如江苏在全省三级法院统一成立单列的审判管理办公室，负责统筹规划协调各项审判管理工作。到目前为止，江苏全省125个法院均已成立单列的审判管理办公室，并全部获地方编委批准。二是成立审判委员会办公室这一常设机构，负责审判管理，如广东省高级人民法院采取这一做法。三是设置审判委员会专职委员行使审判管理职能。

我们认为，建立健全审判管理的组织机构，是审判管理工作整体推进的组织保证，也是深化审判管理改革的关键所在。在成立审判管理组织时，需要注意以下几个问题：一是成立审判管理组织是十分必要的，同时必须明确管理的范围和职责。它不仅应承担管理规范职能，包括审判管理规范文件的起草、审判流程管理、案件质量评查、案件质量与效率评估、审判运行态势分析等审判事务管理职能，还应承担组织协调职能，即负责组织协调涉及不同审判、执行部门的审判管理事务，以及上下级法院之间的审判管理工作等。二是坚持精简效能的原则。有效的管理应当是以尽可能低的管理成本和组织成本达到尽可能好的管理效果。要做到这一点，管理机构的设置就必须坚持精简效能的原则。所谓精简就是机构人员做到少而精；所谓效能，就是要尽量有利于发挥每个人的积极性，有利于提高每个部门和人员的办事效

① 罗志明：《转变管理模式，促进审判质效——基层法院全面提升司法管理能力的理论与实践》，载《法庭》2007年第12期，第77页。

率。因此，在成立审判管理组织时，要充分考虑案多人少的特点，不宜配备太多的人员，而应当整合有效资源，充分发挥信息科技的作用，提高管理效率。

3. 遵循审判工作的规律和特点，健全质量评估体系

审判工作是一门适用法律的科学，有不同于其他科学的特有规律。因此，建立案件质量与效率评估管理体系，必须注意到审判工作自身的特点和规律。

审判权的行使是审判工作的重要内容。我们对审判权的性质、本质、来源等方面要有一个准确把握，当前，尤其还要把握好司法的人民性问题。在评估管理体系指标设立中，必须注意到审判权这些特点。2008 年，最高人民法院印发《关于开展案件质量评估工作的指导意见（试行）的通知》，该案件质量评估指标体系分为审判公正、审判效率、审判效果 3 个二级指标，二级指标由 33 个三级指标组成。审判公正指标 11 个，由立案变更率，一审陪审率，一审上诉改判率，一审上诉发回重审率，生效案件改判率，生效案件发回重审率，二审开庭率，执行中止终结率，违法审判率，违法执行率，裁判文书质量指标组成。审判效率指标 11 个，由法定期限内立案率，法院年人均结案数，法官年人均结案数，结案率，结案均衡度，一审简易程序适用率，当庭裁判率，平均审理时间与审限比，平均执行时间与执行期限比，平均未审结持续时间与审限比，平均未执结持续时间与执行期限比指标组成。审判效果指标 11 个，由上诉率，申诉率，调解率，撤诉率，信访投诉率，重复信访率，实际执行率，执行标的到位率，裁判主动履行率，一审裁判息诉率，公众满意度指标组成。这些指标根据其重要性程度设计了权数。最高人民法院还规定各级法院还可以根据实际情况增减指标。总之，该质量评估体系比较科学，在对 33 个指标进行分析评价的基础上，能为司法决策提供较为科学的依据。

在评估管理过程中，必须统筹兼顾好以下几个方面的关系：一是统筹评估管理与独立行使审判权。既要坚持宪法确立的依法独立行使审判权，在管理过程中，在任何情况下都不能影响和损害审判权的依法独立公正地行使，又要为了确保司法公正而加强管理。二是统筹案件质量与效率评估管理、案件流程管理、案件质量评查三者的关系。在开展案件质量与效率评估管理的同时，还必须做好案件流程管理和案件质量评查工作。根据管理学原理，实行过程控制是提高质量和效率的有效途径。加强案件流程管理，确保案件从立案、排期、开庭到送达、结案、执行、归档等全程得到动态管理。要充分发挥案件质量评查的评价功能。三是统筹案件质量与效率评估管理与法官业

绩评价。案件质量与效率评估管理体系是综合评估技术在审判领域的应用，是对法院整体案件进行客观、公正、科学评估的价值体系。法官业绩评价是对法官考评的最重要内容，案件质量与效率评估管理体系有一些指标可以直接用来衡量法官业绩，案件质量与效率评估结果还可以为法官业绩评定提供重要的参照。

4. 按照权责明确、相互配合、高效运转的要求，健全审判管理工作机制

要实现权责明确、相互配合、高效运转的要求，就必须制订一整套审判管理规范性文件，建立、健全和完善相应的工作机制。一是要建立健全审判管理协调工作机制。审判管理协调机制，是法院整个管理体系的重要组成部分，是促进法院各职能部门、各项工作密切配合、良性互动的工作机制。[①] 既要建立起内部协调机制，又要建立起外部协调机制。二是要建立院庭长监督管理工作机制。前面已论述案件分配制度不宜随机分配，从现阶段的国情来看，案件分配权力应赋予院庭长来行使。赋予院庭长审判管理权是现实的需要，院庭长在审判管理中应扮演着不可或缺的角色，认真履行组织、指导、协调和监督等职责。三是要建立督促、纠正、惩戒和利用等考评管理工作机制。审判管理的目的是促进公正高效权威的社会主义司法制度的建立，因此，对审判管理过程中发现的问题要及时进行督促、纠正，甚至还必须进行惩戒。同时，对审判管理的数据要予以充分利用。

结　语

随着法官职业化的进一步推进，以及再审制度的改革，笔者认为，审判管理将会有新的变化：对个案的质量评查将逐渐消失，对审判活动的宏观评估将逐渐增加，对法官个人的绩效评估将逐渐加重。

---

① 刘坤，王绪凡：《论审判管理协调机制的构建——以江苏审判管理改革为视角》，载公丕祥主编：《思考与探索：我们走过的路——江苏法院优秀学术论文选（上）》，中国法制出版社2008年版，第301页。

从自发到自觉：对审判管理制度的思考

张 健[*] 白 清[**]

谋求在对抗与冲突下的均衡，和谐司法已经成为司法权的应然本性。[①]和谐司法离不开对审判工作的科学、有效管理。审判质量作为审判工作的核心，被誉为法院工作的生命和灵魂。加强审判质量管理，确保公正与效率，不仅是一个理论问题，更是一个实践问题。最高人民法院发布的《人民法院第三个五年改革纲要》强调："健全权责明确、相互配合、高效运转的审判管理工作机制。研究制定符合审判工作规律的案件质量评查标准和适用于全国同一级法院的统一的审判流程管理办法。规范审判管理部门的职能和工作程序。"审判管理改革已经走到人民法院司法管理改革的前台。积极探索审判管理，突出审判管理在司法管理体系中的核心地位，对实现和谐司法具有积极的理论和现实意义。本文以近年来法院审判管理改革为视角，对审判管理相关问题进行探讨，一方面固化已被实践证明行之有效的改革成果；另一方面结合审判管理改革的实际状况，提出相关意见和建议，使人民法院审判管理制度不断走向精细化、科学化。

一、自发与自觉：审判管理的路径选择

（一）审判管理制度在实践中的自发生成

改革开放之前，囿于对法院性质和功能的传统认识，人民法院未能建立和形成独立的审判管理制度，甚至根本没有严格区分审判与管理的界限，审判工作与审判管理工作往往混为一体，两者的职能由同一部门行使。因为按

* 天津市大港区人民法院院长。

** 天津市大港区人民法院副院长。

① 汪习根：《在冲突和和谐之间——对司法权本性的追问》，载《法学评论》2005年第5期，第20页。

照当时的观念，对案件进行审判的过程就是对审判工作进行管理的过程。如果说存在所谓的审判管理，也不过是采取与行政机关基本相同的管理方式，行政化色彩异常浓厚。因此，在我国人民法院发展史上，反映司法制度特点的法院审判管理制度在很长一段时间实际上处于缺失状态。[①]

1988年7月召开的第十四次全国法院工作会议标志着法院改革的全面正式启动。当时最高人民法院院长任建新在会议主题报告中提出，法院改革一项主要内容是改进合议庭的工作。从内容上看，审判方式改革的主要基调是“简政放权”，将过去由法院行政领导和审判委员会对案件的决定权下放给合议庭和办案法官。如此一来，原来那种由法院行政领导对审判活动进行直接管理的体制就无法适应审判方式改革的需要，必须建立一套专门的审判管理制度，一方面保障合议庭和办案法官在案件审理上能够充分地行使权力，另一方面又能保证放权后的法官在审理案件时切实做到公正高效。在这种情况下，人民法院自发地在审判管理体制上进行了不少新的探索，如20世纪90年代初，上海市杨浦区人民法院、山东省青岛市中级人民法院在全国较早推行主审法官制；1997年以来，山东省各级法院全面推行寿光法院推出的以审判流程管理为核心的“大立案”改革，受到最高人民法院肯定。[②] 从而使地方法院自发产生的审判流程改革开启了人民法院审判管理制度的先河。

（二）审判管理制度改革对司法实践的自觉回应

在科学总结各地法院审判管理制度改革成功经验的基础上，最高人民法院制定的《人民法院五年改革纲要》明确将“建立符合审判工作特点和规律的审判管理机制”，作为自1999年起至2003年人民法院改革的基本任务和必须实现的具体目标，改革的基本内容是建立科学的案件审理流程管理制度。为了顺利推进审判管理制度改革，为建立科学的审判管理制度提供物质技术基础，《纲要》要求各级人民法院应当加强法院办公现代化建设。要求在2000年底之前，最高人民法院完成对各类案件的司法统计指标体系的改革工作。进一步探索建立符合人民法院审判工作需要的，具有快速反应和宏观分析能力的现代司法统计动作和管理体系。

最高人民法院在规范性文件中旗帜鲜明地提出审判管理制度改革任务，

---

① 胡夏冰：《审判管理制度改革：回顾与展望》，载《法律适用》2008年第10期，第11页。

② 谢开军：《基层法院审判管理运行机制的反思与重构》，http://hndafy.chinacourt.org/public/detail.php? id=7，2009年6月5日访问。

具有重要的里程碑意义。由此，全国范围内的审判管理制度改革在各级法院全面展开，各地法院纷纷从自身工作需要出发，先后制定颁布繁简不一、内容各异的审判管理制度的规范性文件。不过从这一时期各级法院审判管理制度的具体内容来看，基本上表现为案件审理流程制度改革，以及与之相适应的法院计算机网络建设。① 审判流程制度改革是这一时期人民法院审判管理改革的最重要成果。

在这一时期，为了从制度上保证不断涌入法院的大量案件得到公正审理，进一步满足人民群众对司法公正的强烈期待，一些法院总结国外经验，突破对法院审判管理制度仅限于审判流程管理的固有观念，将政府绩效管理这种新的管理理念和方法运用于法院司法审判工作，② 在2004年前后，江苏、湖南、上海等地法院开始建立审判质量效率评估体系，出台有关审判质量监督评查制度、法官审判业绩考评制度，进一步加强和完善人民法院审判管理工作。从这个方面看，审判管理制度的每一步改革都是对法院审判工作发展要求的积极回应，是法院管理体制变革和演绎的制度逻辑。③

为积极回应现实需要，2005年最高人民法院正式印发的《人民法院第二个五年改革纲要（2004—2008）》（“二五纲要”）将改革和完善审判管理制度作为一项独立的任务提出，改革的视角更为开阔，立意更为深远。按照“二五纲要”的设计，法院审判管理制度改革和完善的内容包括三个方面：一是建立健全审判管理组织制度；二是健全和完善科学的审判流程管理制度；三是改革司法统计制度。“二五纲要”明确将审判管理制度与法院其他管理制度的界限明确划分开来。根据“二五纲要”的精神，各地法院开始在总结前一阶段审判管理制度改革经验的基础上，对改革的内容和具体措施进行调整和完善，除进一步改进审判流程管理规定之外，还制定了一系列有关案件质量评查的具体规则。从实际内容来看，这一时期法院审判管理制度改革的重心已经由原来的案件流程管理制度改革，向强化案件质量管理方向转变，初步确立了以统一指标体系为导向，案件审判流程管理、审判质量管理、司法绩效评估“三位一体”的审判管理工作格局。

弃旧可以图新，思变催生进步。④ 为了实现人民群众对法院工作的新要求、新期待，《人民法院第三个五年改革纲要》要求，“健全权责明确、相

① 胡夏冰：《审判管理制度改革：回顾与展望》，载《法律适用》2008年第10期，第12页。
② 姚正陆、吴春峰：《论法院绩效管理》，载《人民司法》2006年第7期，第48～50页。
③ 胡夏冰：《审判管理制度改革：回顾与展望》，载《法律适用》2008年第10期，第13页。
④ 人民法院报社编辑部：《向这不平凡的时代献礼》，载《人民法院报》2009年2月18日。

互配合、高效运转的审判管理工作机制。研究制定符合审判工作规律的案件质量评查标准和适用于全国同一级法院的统一的审判流程管理办法”。最高人民法院对法院的审判管理制度改革从遵照审判规律和优化资源配置的角度和高度指明了新的方向，人民法院审判管理改革势必又将进入一个新的时期。

二、规范与监督：审判管理制度的理论和现实支撑

考察古今中外司法管理文献，其中论述审判管理方面可资借鉴的资料微乎其微。而且在我国法学界和司法界甚至还存在这样的认识：要保证法院和法官依法判案，有必要在提高法官素质的基础上逐步放松法院系统的内部管理，赋予法官以真正的独立人格，而必须看到的是，法院管理体制本身就是法官塑造独立人格的障碍，因而今后改革的大方向必然是赋予法官在判案过程中享有更大的独立性和自由度，而不是相反；① 对法院工作特别是审判工作进行量化管理，即对法官进行量化考核是违背现代司法理念的。因为现代司法理念的核心之一就是法官独立审判，除非法律（包括法官职业纪律）规定，法官是不能受到其他方面约束的。② 我们认为，上述错误认识一方面片面理解了所谓的现代司法理念中“法官独立”的含义和前提；另一方面没有看到我国社会主义司法体制的人民性本质以及人民对司法的现实要求。在我国法院系统，进行审判管理制度的改革和推进具有深厚的理论支撑和现实依据。

（一）审判管理制度的理论支撑

1. 法学基础：权责一致原则

孟德斯鸠说过：“一切有权力的人都容易滥用权力，这是万古不易的一条经验。”司法权的终局性特点决定了没有责任约束的司法权将产生更大的破坏性。因此，必须对法官的审判权加以合理配置和控制，做到有权必有责，权与责相一致。

科学的审判管理制度，在充分保障法官裁判权的同时，加强对法官行使职权的程序性制约，以确保公正审判，防止审判权的腐败。权责一致原则有两层基本含义：一是法官的法定职权得到充分的尊重，属于法官的审判权，

---

① 张千帆：《自律还是监督？司法改革的路径之争》，载《南方都市报》2008 年 11 月 2 日。

② 康宝奇、孙海龙、高伟：《法院审判工作量化管理研究》，载《人民司法》2006 年第 2 期，第 37 页。

审判管理部门或管理者不得限制或变相剥夺；二是审判管理的职权范围和行使方式要予以确认和明晰，赋予管理者具有合法性的审判管理权，确保管理到位。既要对案件从流程、结果进行管理，又不能以审判管理权干预法官审判职权。

2. 管理学基础：行政管理权与审判管理权相分离原则

在管理学中，与集权管理相对应的一个概念是分权管理。在法院内部，审判工作和行政事务都存在，但两种工作具有各自的特点和适用范围，对审判工作的管理与对行政事务的管理应该采取不同的运行机制。行政事务宜采取集权管理，而审判工作是一种经常化的判断和裁判活动，需要及时地就每个个案作出决策，适宜采用分权管理。构建科学的审判管理，使审判管理摈弃行政管理模式，代之以符合审判工作规律和特点的新模式，符合司法的本质要求。

3. 司法规律要求：革除行政管理模式弊端

司法权是一种判断权，决定了审判是一种个性化的活动。中立性和独立性是判断权正确行使的基本要求，法官是审判活动的主体，只能依赖法官的独立判断，公正才可能实现。以往审判程序的启动、运行与终结等环节，均是以行政命令一以贯之，或者说是行政模式的翻版。构建以法官为中心的审判管理制度，尊重法官的主体性人格、培育法官的公正司法理念和职业意识，激励法官的自主性、能动性和创造性，真正保障法律赋予法官的审判权，改变“审者不判，判者不审”的行政管理机制，严格依据审判规律，按审判流程管理各行其责，确保审判的公正和高效，这是符合司法规律的。

（二）审判管理制度的现实依据

1. 和谐司法呼唤科学的审判管理

和谐司法是人民法院构建和谐社会的必然要求。就人民法院内部而言，它是一个相对独立的组织系统，是一个以审判为职能、以法官为主体、组织机构完整的、有机的社会实体。简单地说，和谐司法就是实现人民法院内部这一“小社会”的和谐，即审判工作公正高效，各项司法管理规范有序，协作到位、保障有力。① 在司法审判领域不断扩展、案件数量居高不下、新类型案件越来越多、案件审理难度越来越大，而现有审判资源相对不足、法官素质有待提高，特别是司法外部供给（包括司法制度、人力物力财力等）

① 刘坤、王绪凡：《论审判管理协调机制的构建》，载公丕祥主编：《思考与探索：我们走过的路》，中国法制出版社，第300页。

不能甚至也不可能满足形势发展需要的前提下，要实现和谐司法这一司法应然本性，人民法院就必须将着力点放在加强自身管理上，向管理要质量，向管理要效率。“如果不强化审判管理，司法公正与效率的主题就很难实现。”①

2. 人民法院为满足人民群众的新要求需要强化审判管理

司法公正是现代司法理念的第一要素。法官独立审判的要旨在于避免不正当的干扰以追求审判公正。② 将司法放在社会历史环境中考察，司法公正的理念与司法定分止争之功能又是互动的。换言之，站在法院和法官之外特别是当事人乃至社会民众角度来看司法理念及功能，并进而看待司法管理特别是法官管理问题，则应是提高司法公信力即社会民众对司法的信赖感和满意度为标准。③ 在现有司法制度和物质保障条件下，如何最大限度增强司法能力，适应社会民众对司法公正的强烈要求，是我国法院系统普遍面临而且必须解决的重大课题。“公正与效率的实现程度，取决于四大因素：一是国家司法体制，二是国家法制文化，三是审判人员素质，四是审判管理水平。在这四大因素中，司法体制、法制文化对公正与效率的作用是间接的，审判人员素质和审判管理水平对公正与效率主题的实现，起着直接的决定作用。”④

3. 法官司法能力的增强离不开审判管理制度

考察增强司法能力的关键因素，从法院内部来说，主要体现在审判和管理两个方面，不仅法官素质和审判管理水平直接决定着实现“公正与效率”的水平和能力，而且审判管理水平也直接影响着法官素质的提高。⑤ 虽然我国对法官的选拔和任命方面在改革中赋予了更加严格的要求和程序，对法官的素质提出了较高的要求，但我国法官大众化的历史原因使法官的整体素质和司法能力尚不能适应新形势对人民法院审判工作的要求，而法官素质的提高需要一个培训——实践——经验积累——再培训——再实践——再积累的循环往复的过程。因此在相当长的时期内，法院应当通过加强审判管理来提高司法公正的水平。即通过充分运用现代管理手段，探索符合审判规律的审

---

① 李玉杰：《审判管理学》，法律出版社 2003 年版，第 12 页。

② 苏力：《司法独立并不是说要法官的权力更大，而是说要尽量减少那些可能影响司法公正的因素对法官办案的影响》，载《社会变迁中的法理学问题》，http://article. chinalawinfo. com。

③ 王平：《提高公信力是司法改革的关键》，载《中国改革》2005 年第 6 期，第 44 页。

④ 李玉杰：《审判管理学》，法律出版社 2003 年版，第 1 页。

⑤ 康宝奇、孙海龙、高伟：《法院审判工作量化管理研究》，载《人民司法》2006 年第 2 期，第 37 页。

判管理机制，期望以最小的司法成本获取较大的司法效益——司法公正与效率的最大化实现。

三、管理与服务：审判管理制度的理念定位和实施原则

审判管理是基于对司法规律的认识和把握，对作为审判主体的法官、审判活动以及与审判权执行权公正高效运行直接相关的行为和事项进行组织、调控、评价与引导，以实现审判管理的目标追求。[①] 良好的制度设计离不开先进的理论支撑，对于审判管理制度的探讨当然首先应当确定设计理念。我们认为，理想的审判管理制度模式应当是由审判管理部门为主要管理主体、以积极介入与有效限制为管理尺度、以规范审判权力运作为管理重点、以实现公正与效率为管理目标的审判管理制度，这样的管理模式要遵循以下设计理念和实施原则。

（一）审判管理设计理念

1. 程序管理与实体监督相结合

审判管理改革的核心内容，就是要革除不符合司法活动性质与规律的行政管理积弊，从审判工作机制上确保法官居中审判，独立裁断。对于审判活动的管理，应重在程序的管理；对于涉及审判组织裁判权的行使，无论程序性问题，还是实体权利义务裁断，除了依照法定制定规范性指引以外，管理者都不应介入或干预，只能依法定程序进行监督，实现审判权与审判管理权的分离。

2. 案件监督与司法能力提高相结合

“执法办案是法院第一要务”，案件裁判情况是评价司法能力的着眼点和落脚点。因此，从加强案件监督入手，是实现司法公正的直截措施。但如果只盯住案件管理，忽视司法能力提高，则不免急功近利，使审判工作缺乏后劲和潜力。案件能否依法公正处理，司法能力高低是根本性的制约因素，司法能力的培养是司法后续发展、持续发展、良性发展的根本保证。一手抓案件监督，一手抓司法能力提高，并以司法能力的提高，促进案件裁决水平的提升，以本治标，标本兼治，才能保证司法公正并非“昙花一现”。

3. 审判管理与法官考评相结合

审判管理在于管理、督促、指导审判执行活动严格依照法定程序和法定内容推进，而审判执行活动是由法官从事和进行的，“事”在“人”为，以

---

① 孙英：《审判管理理念重塑》，载《人民法院报》2009 年 4 月 22 日。

“其事”为目的来监督和管理“其人”，人、事结合，管理才能收到实效。审判管理语境下的法官管理，要立足于审判职责的正确履行，注重激励和惩戒相结合，诱致性与强制性相结合。可主要以审判业绩为指挥棒，让法官“各就其位”、“各得其所”，吸引法官自觉自发地努力追求司法公正，并借此消减行政化对司法活动的消极影响。同时，对于违背职业道德以及违法违纪行为，严厉追究纪律责任直至刑事责任，激励和惩戒双管齐下，以管理“其人”，谋求成就“其事”。

（二）审判管理实施原则

1. 刚柔相济，实现审判管理工作的刚性化和柔性化的结合

刚性管理和柔性管理原本是现代企业管理中的一对概念。所谓刚性管理，就是指“以规章制度为中心”，凭借制度约束、纪律监督、奖惩规则等手段进行管理的模式，强调组织权威和专业分工，本质上是一种以物为本的管理模式。所谓柔性管理，就是指“以人为中心”，依据组织的共同价值观和文化、精神氛围进行的人格化管理，它在研究人的心理和行为规律的基础上，采用非强制性方式，在员工心目中产生一种潜在说服力，从而把组织意志变为个人的自觉行动，究其本质是一种以人为本的管理模式。两种管理模式中，前者具有方便量化考核、维持组织正常工作秩序的优点，而后者具有激发工作潜能、培养协作精神的优点。由于审判管理的理论研究和实践经验远不如现代企业管理先进，因此，法院在实施审判管理改革、选择审判管理模式时，可以借鉴现代企业管理的先进经验。在尊重审判工作规律的基础上，合理移植现代企业管理模式，坚持刚柔相济，实现审判管理刚性化和柔性化的有机统一。①

加强审判管理工作，首先要注重审判管理的制度建设，明确审判各关键节点的目标、任务以及程序，要用制度规范审判、引导审判，实现制度管理。但由于制度本身的滞后性和局限性，仅以制度管理往往不能涵盖审判管理全部，势必存在制度管理的盲区和漏洞。因此，与之对应的柔性管理对于提升审判管理质量、扩大审判管理效能起着不可替代的作用。缺乏一定的柔性管理，刚性管理也难以深入。人既是管理的主体，又是管理的客体。在凭借制度约束、纪律监督等手段对人实施刚性管理的同时，更要注重以激励、感召、启发等方法实施柔性管理，突出人在管理中的地位。以法官的需求为

---

① 沙长河：《基层法院审判管理模式的设计理念》，载中国法院网 http://www.chinacourt.org/html/article/200605/10/204116.shtml，2009 年 6 月 5 日访问。

着眼点，建立相应的动力机制和压力机制，激发其创造性，实现工作人员个人目标与集体目标、个人价值与集体价值的融合，从而保证审判管理目标的实现。

2. 协作配合，实现审判管理主体专门化和多元化的统一

审判管理主体的无序多元化和管理主体意识的缺失，不利于管理职能的发挥。因此，成立或指定审判管理部门并有效发挥其效能是加强审判管理的必由之路。审判管理部门虚设或者仅作为一个协调机构、临时机构存在，一是不利于审判管理长效机制的建立；二是协调难度较大。但审判管理涉及范围广泛和法院内部的必要分工，审判管理部门不可能囊括所有的审判管理职能，相当一部分审判管理职能仍分散在相关职能部门中，如审监庭的复查申诉职能、研究室的审判调研指导职能、审委会的业务指导职能。因此，在审判管理主体上必然存在专门化和多元化并存的工作格局。为实现审判管理专门化的优势最大化，应加强各职能部门与审判管理部门的衔接工作，做到审判管理工作“分块实施、对口管理”。有些法院建立的审委会、审监庭、研究室三位一体的审判监督模式就是协作配合原则的充分体现。

3. 管控有度，实现审判管理对审判工作介入与限制的协调

在审判管理中，审判管理权与法官审判权是一对具有逻辑关系的权能和职责，尽管两者的目标和价值追求即公正与效率是统一的，但二者也可能成为一对矛盾：前者有着介入和干预后者的要求，而后者也有着对抗前者不当干预的本能。在处理两者关系上，既要防止审判管理权的无界化倾向，又要防止法官审判权的过度自由化倾向。也就是要把握好审判管理的“度”，解决管理介入审判的程度问题或管理行为的规制问题。我们认为，应坚持“积极介入、有效限制”的原则，开展审判管理工作，应处理好管理和服务的关系，既要“挑刺”，更要“栽花”。“管理就是设计和保持一种良好环境，使人在群体里高效率地完成既定目标”①。强调审判管理介入的全面性，突出审判管理主动性。审判管理的全面性体现在多方面：对于个案它应当贯穿于审判程序始终；流程管理涉及各个审理环节的效率指标；宏观上，审判管理有责任提供审判资源配置的各项依据以及审判工作重心的调度；它可以提供对法官个人进行评价的结论与依据，也可以对法官群体提出有益的建议。因此，审判管理以善意的帮助、监督为基调，以提供正确预警启示和良性操作导向为手段，注重发挥审判服务性管理职能，全方位地介入审判工

① ［美］哈德罗·孔茨，海因茨·韦里克：《管理学》，马春光译，经济科学出版社1995年版，第2页。

作，对审判活动、审判人员直接或间接施加影响。

四、经验与科学：审判管理制度的实践构建

审判管理的实践将是最好的理论总结者。只有在管理实践中审判管理模式设计的理念才能不断发展、不断完善，反过来推动审判管理活动的更好开展。经过十年来的改革和发展，各地法院在总结经验，并吸取国外先进的绩效管理理论的基础上，基本上形成了结构合理、配置科学、程序严密、制约有效的审判权和执行权运行机制。

1. 审判流程管理制度

审判流程管理，是指在审判过程的不同环节中，运用计算机网络系统，对案件的立案、排期开庭、送达、审理、审限跟踪、执行、归档、移送上诉等不同诉讼阶段进行跟踪检查和监督的管理活动。[①] 审判流程管理的实质是将审判权和流程控制权实行相对分离。以往这两种权力集中在办案法官手中，审判流程管理打破了原来高度集中的权力格局，将案件的实体裁判权交给办案法官，而案件流程的控制权掌握在审判管理部门手中，从而实现在案件审理上的权力制约。从实践效果来看，审判流程管理的实施使案件审理环节的责任日趋明晰，审判功能得到强化；缩短了案件审理周期，保证了公开审判的落实，增强了审判工作的透明度，初步形成了对整个审判过程的管理，规范了诉讼程序，形成对审判权力的分权制衡，强化了法院内部监督制约机制。[②]

2. 案件质量评查制度

审判管理制度的根本目的是为了提升案件审判质量和效率。因此，建立科学的案件质量评查制度是各级法院进行审判管理制度改革的一项重要举措。案件质量监督评查是通过对本院生效的案件进行规范化的考评检查，发现及纠正案件的疏漏差错，遴选优秀案件和优秀裁判文书，从而强化案件的内部质量监督，实现对案件的长效管理。[③]

在建立案件质量评查制度方面，各地法院的一般做法如下：（1）建立案件质量评查机构并明确其职责。基层法院一般成立以审监庭为中心，各部

---

① 胡夏冰：《审判管理制度改革：回顾与展望》，载《法律适用》2008年第10期，第13页。

② 云南省高级人民法院：《立、审分立与审判流程管理情况的调查与研究》，载沈德咏主编：《立案工作指导与参考》（总第4卷），人民法院出版社2003年版，第173页。

③ 江苏省高级人民法院审判监督庭：《江苏省法院案件质量监督评查理论与实践研讨会综述》，载沈德咏主编：《审判监督指导》（总第16辑），人民法院出版社2005年版，第208～214页。

门协调联动的审判管理机构从事案件评查工作，[①] 评查档案，准确、完整地记载案件质量评查情况。（2）采取逐案评查、重点评查、专项评查和随机评查等形式进行案件质量评查。基层法院案件质量监督评查一般是通过对发回重审、二审改判、当事人反映强烈的违法执行、迟延执行以及“本院裁判文书”的评查，总结审判实践中规律性问题对法官司法行为进行规范。（3）规范案件质量评查程序。如初查、审判管理部门讨论、业务庭异议、审委会研究决定等。（4）设置严格的案件质量评查标准。将案件质量划分为案件认定事实、证据采信、案件定性、适用法律、裁判结果、诉讼程序、审理期限、裁判文书、装卷归档等不同方面，按照一定的标准进行评分。（5）确认过错责任并进行相应的处理。一般明确规定进行案件过错责任分析的具体情形（如改判和发回重审案件、评查被确定为不合格的案件等）；同时规定了过程责任分担的具体内容。从运行的情况看，各地法院实行的案件质量评查制度对于切实纠正少数错误裁判起到了积极的作用，是在现有法律框架之外设置的又一种保障司法公正的相对常规化机制。[②]

3. 司法绩效评估制度

长期以来，人民法院对司法绩效缺乏一套科学的评价标准和评价体系，简单地以“改判率和发回重审率”为主要指标来评判审判质量，[③] 以“结案率”为主要指标来考核审判效率。法院和法官工作绩效的好坏，没有一个客观评价标准，缺乏明确的评价尺度。在这种情况下，人民法院迫切需要建立科学的司法绩效评估制度，以便全面、客观、公正地反映人民法院的审判质量与效率状况；同时为社会公众评价人民法院审判工作提供客观、真实、公正的依据。构建完善的司法绩效评估制度，是人民法院审判管理工作走上科学化、规范化的体现，是人民法院审判管理工作不断走向成熟的标志。如果说案件质量评查制度是对案件的实体和程序问题进行单一的评价，那么，司法绩效评估制度则是对案件质量和效率进行综合性、系统性的评价。司法绩效评估制度是在安静质量评查制度基础上建立起来的更加全面、准确反映法院和司法人员工作业绩的审判管理制度。

实践中，司法绩效评估体系主要由反映实体裁判公正率、程序合法率、审判效率、审判效果、诉讼文书、卷宗合格率等若干方面的多个量化指标组

① 李振洪：《基层法院审判质量监督管理》，载《公民与法治》2008年第12期。

② 胡夏冰：《审判管理制度改革：回顾与展望》，载《法律适用》2008年第10期，第13页。

③ 王建宏：《透视发改率——以社会主义司法制度的公正价值为视角》，载万鄂湘主编：《建设公正高效权威的社会主义司法制度研究》，人民法院出版社2008年版，第52页。

成，并通过一系列指标及指标所反映的数据来对案件进行综合量化考评。其意图是建立一个结构合理、内容全面、数据真实、结果权威的规则范畴。通过定性分析和定量分析结合的方法，合理评价法官的司法工作。

五、丰富与完善：审判管理制度的方向选择

实践证明，科学化的审判管理制度是保障司法走向公正与高效的必由之路；审判管理现代化是促进法院制度和司法体制现代化的重要基石。我国法院审判管理制度经过各级法院的艰苦探索，已经取得了骄人的成绩。

建立科学完备的审判管理制度，是我们在司法改革中无法回避而必须认真作出回答的问题。但实事求是地说，我国审判管理制度建设目前仍然处于初始阶段，与司法制度现代化的要求和人民群众对公正司法的期待还存在一定的差距。在建立健全符合司法运行规律和有特色社会主义中国司法实际的高度发达、高度完备的审判管理制度方面，我们还有相当长的路要走。进一步丰富和完善我国审判管理制度依然是摆在我们面前的艰巨任务。

（一）对案件进行审判管理时应注意司法资源的合理配置

任何管理都需要花费成本，管理与经济和时间的投入是成正比的，管理越多，成本越高。审判管理也是如此。审判管理的一些制度虽然可以降低案件的审理成本，[①] 但从其自身来看，审判管理制度越复杂，需要的司法投入（人力物力财力）越多。在这方面，西方发达国家的经验值得我们借鉴。在法治发达的西方国家，审判流程管理只适用于正规程序审理的案件，尤其是复杂的、有争议的案件。它们在审理非常简单的日常纠纷（如交通罚款、社区邻里矛盾等）时，常常只是经过简易的程序，仅仅填写表格式的裁判结论，甚至根本不制作裁判文书，更不会适用审判流程管理和案件质量评查制度。[②] 这对我们是有启发意义的。我们基层法院80%的案件都是适用简易程序的，其中又有很大一部分经过速裁解决。[③] 如果对这些案件仍然不加区分地适用复杂的审判流程管理和质量评查制度，势必造成司法资源的无端浪费。因此，我们在建立审判管理制度时，必须考虑司法的便捷化和司法的经济性，注意司法资源的合理配置。如有的法院只对普通程序审理的案件判决

① 关于影响案件审理成本因素的考察，参见江西省宜春市中级人民法院课题组：《案件审理成本研究模式及实证调查》，载《人民司法》2006年第9期，第48~53页。

② 胡夏冰：《审判管理制度改革：回顾与展望》，载《法律适用》2008年第10期，第15页。

③ 以笔者所在的法院为例，民商事案件的40%左右都以速裁审理结案。

书（不包括裁定、调解）进行日常评查，或者对判决书进行抽查等。

（二）扩大审判管理的功能，实现与当事人的互动

我国审判管理制度从其历史发生和实践运行都可以看出，其主要目的就是通过对审判或执行过程的控制和管理，达到提高法院审判工作质量和效率的目标。从具体内容看，审判管理制度的重心通常被有意无意的放置在制约和监督法官的诉讼行为上。

我们说，虽然这样的制度设计在当下中国司法条件下有其合理性和现实性，但如果我们将思考问题的视角放的更宽一些，就会发现，这种对审判管理制度的认识显得有些过于单薄，在很大程度上影响了审判管理制度功能的充分发挥。

从西方发达国家审判管理的实践来看，作为制度化的审判管理，其更主要的功能是促使到法院的社会纠纷尽早解决，以最大限度地缓解法院的审判压力。通过审判管理达到纠纷的快速处理，是这些国家设置审判管理制度的主要目的。如美国、加拿大等国家，通常采取召开案件管理会议、排定开庭日期等方法，促使当事人达成解决问题的协议，早日解决纠纷。① 与此相比，我国的审判管理制度功能显得单一。这显然是与我国长期以来形成的高度集中的管理模式分不开的。为了有效地发挥审判管理制度的功能，必须从这种传统的思维误区中走出来，重新定位审判管理制度的性质和功能，使其由单一的案件管理功能向审判管理与纠纷解决功能并重转化，从而实现审判管理制度性质和功能的结构性转变。

使审判管理具有纠纷解决的功能，就要增加当事人在审判管理中的权利，让审判管理制度能够更多体现当事人的意志和愿望，这也符合法院内部评价体系应当强化群众参与的理念。②

（三）充分尊重审判规律，避免出现“真实的错误统计”

审判管理必须尊重审判规律，在推进审判管理改革的过程中，一些法院就出现了为追求数据指标形式上的最优化，采取一些极端行为。为提高“调解率”而违法调解、强迫调解；为降低“平均审理天数”而不愿做过细的调解工作；对短时间难以审结的案件，人为设置审限的中止、中断、延长

---

① 参见刘小飞、李振国：《加拿大法院案件管理的规则、实践与启示》，载《法律适用》第2008年第11期。

② 王胜俊2008年6月22日在全国高级法院院长会议上的讲话。

事由，造成大量案件隐性超审限；为追求“当庭宣判率”不顾宣判时机的社会效果草率下判；为提高“执结率”，采取执行备案制，不结不立，搞体外循环；等等。[①] 实践告诉我们，针对司法绩效评估制度，应注意把握以下几点：一是要正确处理好评估指标体系与单项指标数据之间的辩证关系。系统地、科学地运用各项指标全面分析评估审判工作状况，避免盲目地追求单个指标排名，导致审判管理工作的片面性。二是要处理好评估指标体系与业绩考核的关系。绩效评估体系所设定的指标，其主要的功能是评估分析。实践中，一些法院不加选择、不加区别地将一些评估指标简单“移植”，直接作为审判业绩考评指标，如将收结案比、案件平均审理天数直接用于考评部门和法官个人，有的对调撤率高达标考评，所有这些都对审判工作和法官的积极性带来伤害。因此，评估指标在转化为考评指标方面要注意科学取舍、有机衔接。三是对绩效评估的反馈。在一项研究中发现，专家们相信至少有50%的绩效问题是由于缺乏反馈造成的。[②] 反馈是绩效管理发生实效的基础，审判管理的效果在很大程度上依赖于信息的反馈和运用。法院绩效管理制度要求在各层次建立信息反馈与运用制度，通过“下行沟通、上行沟通和评价分析式下行沟通”[③] 等多种途径实现良好的信息反馈。被评估者得到及时、真实的反馈信息，才可能进行针对性的学习与调整，从而实现绩效评估制度的管理功能。

（四）强化监督考评绩效结果的运用

从机制设计理论我们知道，评价一个制度的效率时往往从激励和信息两个方面来衡量。前者要求制度应能使个人在追求自我效益的同时，有动力实现制度设计者所希望达到的对整体有利的目标，而后者则要求制度运作所需知识的复杂程度不会超出整体知识水平以上。[④] 我们认为，在现代的审判管理体制中不论采取什么方式，均应当在考评机制中注意对法官的激励。管理心理学中的激励理论被称为是“最伟大的管理理论”。[⑤]

---

① 江苏省高级人民法院审判管理办公室：《关于审判管理改革的认识和探索》，载《法律适用》2008年第10期，第19页。

② ［美］Robert B. Maddux：《有效地绩效评估》，王哲、张君译，中山大学出版社2001年版，第50页。

③ 姚正陆、刘云：《审判管理若干问题构想》，载《人民司法》2005年第12期。

④ 丁利：《新制度理论简说：政治学法学理论的新发展》，载《北大法律评论》第3卷第2辑，法律出版社，第297~298页。

⑤ 转引自《广东省法官协会“法官司法保障论坛”综述》，载http://www.gdcourts.gov.cn/dyzd/dcyj.t20051212-10189.htm。

强化审判质量监督结果的运用，是规范指引审判行为，提高法官司法能力，预防审判质量差错的根本目的。为使审判质量监督机制发挥最大作用，应开展经常性的审判质量态势分析，实行月通报、季讲评、年总结，将阶段性检查出的审判质量问题进行汇总，及时总结审判实践中的经验和教训，提升法官司法能力。将审判质量监督结果与法官的审判业绩、司法能力考评结合起来，作为各庭及审判人员评先、晋升的重要依据，形成“想干事有机会、干成事有待遇、能干事有位子”的良好机制和氛围。

队伍建设篇

浅谈在“以人为本”的语境下法官错案责任终身负责制之重构

田　耘*

当前，不少法院存在的法官“案结事不了”现象已成为人民群众反映十分强烈的问题，由此引发的涉诉信访既影响社会和谐稳定又消减了法院司法公信力。作为回应，错案责任追究制问题再一次回到了人民法院关注的视野。在深入开展学习实践科学发展观活动之际，运用社会主义法治理念和“三个至上”指导思想，对最高人民法院1998年制定的《审判人员违法审判责任追究办法》（试行）进行积极改造和完善，以适应新形势发展的需要，满足人民群众的新要求、新期待，也显得非常必要。为此，本文力图从科学发展观的视角来分析以往错案责任追究制的不足之处，按照“以人为本”司法观的要求重新构建既便于操作，又容易被涉诉群众所接受的法官错案责任终身负责制，以期达到预防和减少涉诉信访之功效。

一、“以人为本”司法观的提出

以科学发展观统领人民法院各项工作，要抓住“以人为本”这个核心，树立起“以人为本”司法观，这也是开展深入学习实践科学发展观活动的内在要求。那么，在司法活动领域里，审判人员应当怎样理解和认识以人为本?

1. “以人为本”司法观的含义界定

从司法活动的角度看，以人为本中的“人”和“本”都有其特定的指向，被打上了诉讼的烙印。以人为本中的“人”，在司法活动中不是抽象的概念，具体指诉讼当事人，其实法院的工作主要是做当事人的工作，如果离

* 新疆维吾尔自治区高级人民法院研究室主任。

开了诉讼当事人，审判、执行工作就失去了对象。以人为本中的“本”，在司法活动中其目标层面上的含义是指诉讼当事人的利益诉求，法院的工作都是围绕着当事人的诉求展开的，如果离开了诉讼当事人的利益诉求，审判、执行工作也就失去了针对性；其目的层面上的含义是指维护并实现了涉诉当事人的合法权益，否定并排斥了诉讼当事人的不正当利益诉求。概括起来说，“以人为本”司法观就是以满足诉讼当事人合法合理诉求为目的，进而实现诉讼当事人权利最大化的司法观念，是指导法院审判人员开展审判、执行工作的思想基础。法院审判人员的司法活动如果不能坚持“以人为本”司法观，在具体的审判、执行工作中不能公正地满足诉讼当事人的合法诉求，就会破坏党群、干群关系，降低党和政府在人民群众心目中的地位，最终损害人民群众的根本利益，这种利益在新疆突出体现为国家安全、社会稳定，经济发展，社会和谐，人民安居乐业。

本文提出“以人为本”司法观是为建立法官错案责任终身负责制奠定立论前提，尚不属于本文的论述重点，如果要进一步深入探讨，还需要另文专题论述。强调坚持“以人为本”的目的就是提倡法院审判人员牢固树立全心全意为人民服务的宗旨意识，耐心细致地做好涉诉当事人的工作，在审判、执行每一起案件中，自觉做到最大限度地增加和谐因素，最大限度地减少不和谐因素，努力践行人民法院“为大局服务，为人民司法”工作主题。

2. “以法为本”司法观的变异和扭曲

与“以人为本”司法观相对应的是法院审判人员在多年司法活动中形成的“以法为本”司法观，它突出强调依法办事，严肃执法，是依法治国理念的内在要求。从建设社会主义法治国家的角度看，“以法为本”与“以人为本”这两种司法观本是精神一致、内在统一的，并不矛盾，也不应当有冲突。但“以法为本”司法观在实践层面上出现了变异和扭曲，其最基本的表现是，在操作层面上，一些审判人员机械司法、就案办案，注重案结不管事了；在认识层面上，一些审判人员只服从法律规定，绝不对法律条文本身的正当性、合理性提出追问和质疑，就算法律条文的规定不符合实际，不能解决问题，也要坚决贯彻执行。在这里，“以法为本”司法观是特指变异的司法观，是孤立、片面、静止地理解和执行法律而忽略执法效果的司法观念。

“以法为本”司法观在现实中的极端表现就是片面强调法律至上，以至于有些法院干警分不清司法者与人民群众的关系和地位，分不清审判、执行工作的处理对象和服务对象，处理不好党的领导与依法独立审判的关系，处理不好严格执法与服务大局的关系。一些审判人员面对群众对法院工作的不满，往往是以法律规定如何或法律没有规定作为托辞，很少检讨在执行法律过程中自己是否尽心尽责、不折不扣地体现了法律服务人民的精神，是否服从了大局的需要，是否实现了案结事了的目标。

“以法为本”司法观之所以发生变异，存在以下原因：一是认为司法权只是判断权，只要严格按照法律规定分清了谁是谁非，司法也就完成了自己的使命，忽略了司法具有化解矛盾纠纷、维护社会秩序、实现公平正义的功能。二是强调法院是处理社会问题的最后环节，按照西方所谓“由于是最终的因而也是正确的”法谚，忽略了法院在服务大局中的积极主动性。三是认为法律在制定时就已经充分考虑到司法的效果，只要认真执行了法律，就可以自然而然地达到预期的效果，忽略了执法者基于不同的解释而可能造成的立法目标的偏离。四是强调程序的独立价值，只要诉讼当事人在程序上对司法行为不提异议，司法就是公正的，任何诉讼结果都是有输有赢，败诉一方的不满是十分正常的，忽略了败诉当事人在评价司法公信力方面的辐射效应。

3. “以人为本”与“以法为本”两种司法观的比较

完整意义上的“以法为本”司法观与“以人为本”司法观的相同之处是：思想基础一致，都是以中国特色社会主义理论为指导；实践基础一致，都是执行中国特色社会主义的法律；服务对象一致，都是为人民服务；服务目标一致，都是为了建设中国特色社会主义的小康社会。但由于“以法为本”司法观的变异，使得其与“以人为本”司法观产生了区别：（1）前者以满足法律规定为出发点，后者以满足群众利益诉求为出发点；（2）前者以“案结”为落脚点，后者以“事了”为落脚点；（3）前者以完成诉讼程序为着力点，后者以做好群众工作为着力点。可见，“以人为本”司法观更能够适应新形势的需要，更能够满足人民群众新期待，是在“以法为本”司法观基础上的进一步升华。

强调纠正“以法为本”司法观的变异问题而提倡“以人为本”司法观，就是希望法院审判人员把观念从“以法为本”提升到“以人为本”，实现两者的有机统一，在审判和执行工作中更加关注人民群众的利益需求，维护好、实现好、发展好人民群众根本利益，以人民满意与否作为衡量法院工作好坏的标准，不断增进与群众的感情，不断提高做群众工作的本领，最终减少涉诉信访。但是也要防止“以人为本”司法观在实践层面发生变异，甚至走向法律虚化的极端，影响建设社会主义法治国家的进程。社会主义法治理念最首要的是坚持依法治国，人民法院的审判人员在任何时候都要理直气壮地坚持依法办事，关键要正确理解和把握法律规定的精神，把严格公正文明司法作为服务人民群众的神圣职责，把社会主义司法的人民性真正落到实处。

二、“以人为本”语境下的错案责任追究制

错案责任追究制在我国法律界是一个备受争议的话题，尽管在1998年最高人民法院制定《审判人员违法审判责任追究办法（试行）》，对这场争论叫了暂停，但肯定论、废除论、可有可无论依然不绝于耳。如今，开展深入学习实践科学发展观活动为重新审视以往的错案责任追究制创造了契机，科学发展观为诠释新的错案责任追究制提供了立场、观点和方法。

1. “以人为本”的错案责任追究制的基本特征

以科学发展观的视角，站在以人为本立场上重新理解和诠释的错案责任追究制，可以被称为“以人为本”的错案责任追究制。相对于以往的错案责任追究制（可以被称为“以法为本”的错案责任追究制）而言，“以人为本”的错案责任追究制不关注审判人员的主观过错，不以司法行为和司法过程是否合法为标准，只强调案结事了。换句话说，只要诉讼当事人对审判人员的司法行为、裁判结果、工作作风等不满意就是错。这看上去很武断，实际上很实在，表面上对错案的界定标准十分模糊，其实却是把复杂问题简单化，可以使争论不休的问题真正划上句号。

法院以往在制定各种形式的错案责任追究制中，无论是强调结果还是突出行为以及注重责任划分，基本上没有摆脱“以法为本”司法观的影响，几乎所有的法院在案件质量评查标准方面都是按照实体法、程序法的规定罗列出故意办错案、过失办错案的各种情形，界定错案的依据都是法律规定，承担责任的主体既有审判人员又有审判组织。而“以人为本”的错案责任追究制与“以法为本”的错案责任追究制有很大区别，一是评价错案的主体不同，“以人为本”的错案评价主体是群众，“以法为本”的错案评价主体是法官自己；二是评价标准不同，“以人为本”的错案评价标准是群众满意不满意，“以法为本”的错案评价标准是有无违反法律规定或者虽然不违法但行为不当；三是追求的效果不同，“以人为本”的错案责任制追求的效果是事了，“以法为本”的错案责任制追求的效果是案结；四是承担错案责任的形式不同，“以人为本”的错案责任是让责任人去做上访群众的息诉罢访工作，“以法为本”的错案责任承担形式是使责任人受到纪律处分，甚至追究刑事责任；五是制度设计侧重点不同，“以人为本”的错案责任制侧重于事前预防，“以法为本”的错案责任制侧重于事后惩戒。

2. “以人为本”的错案责任追究制实现了机制创新

“以人为本”的错案责任追究制是与法院现行的违法审判责任追究制完

全不同的概念，是建立在科学发展观基础上的全新机制，这种错案责任追究制已经脱胎换骨，面貌一新。

从价值取向上看，建立在“以人为本”司法观基础上的错案责任追究制，其价值追求是增强司法公信力。司法是否具有公信力，这是一个评价的范畴，往往因为评价的主体不同而得出不同的结论。多年以来，法院系统坚持不懈地开展主题教育活动，建立了许多工作机制来严格规范干警的司法行为，但人民群众对法院的评价还是不太好，司法公信力不高。法院系统的自我评价与社会评价差距之大的原因，在观念层面上是把提高司法公信力的重心设定在规范干警行为上，缺乏对群众认可度的关注；在机制层面上是把提高司法公信力的重心设定在对违法审判责任人的处罚上，缺乏对造成损害群众利益的不利后果的补救。概括说就是没有很好地统筹兼顾法院的自我努力与实现群众合法利益的关系，没有区别责任与处罚的关系，没有抓住提高司法公信力的关键。既然司法不公的评价来自于社会，那么法院要扭转不良评价的重心也要转向社会。什么时候群众对法院工作满意了，什么时候司法公信力也就树立起来了。按照“以人为本”司法观的要求，我们的审判人员更要多考虑群众疾苦，更多一些责任心，更要多做好群众工作，群众满意度就会相应地不断提升，司法公信力自然也就会不断提高。

从方法论的角度看，“以人为本”的错案责任追究制相比“以法为本”的错案责任追究制更加科学合理，能够回答和解决法院现行的违法审判责任追究制难以逾越的问题。受“以法为本”司法观影响，法院错案责任追究制的设计者们有意回避了错案这个概念，只使用了违法审判这个概念。在实践中，至少有两个问题难以解决：一是法官不违法但造成严重后果的要不要追究责任以及追究什么责任；二是法官违法并受到了惩戒后其违法审判的负面影响是否能够消除。假如某个法官办结的案件令当事人不满而导致涉诉信访，经过法院组织的案件评查，如果没有发现有违法审判的情形，该如何追究法官责任呢？如果经过评查发现有违法审判的情形，那么对责任人给予相应的纪律处分，当事人是否就满意而且不再上访了呢？这两个问题在“以人为本”的错案责任追究制看来，都不是问题，因为错与不错不是法院或法官自己依据法律来评价，而是由诉讼当事人来评价，也就是群众满意不满意。群众关心的是自己的诉求是否得到满足，而不是刻意追求对法官的处理。如果我们的法官在办案过程中，有浓厚的群众感情，有高度的责任心，有良好的作风，真心实意地为涉诉当事人解难事，涉诉上访的群众就可以逐渐减少。“以人为本”的错案责任追究制强调是案结事了，只要不迫使当事人上访，只要能使上访群众息诉罢访，责任人也就摆脱了责任，否则就终身不能免责。法官可以不承认办错案，但法官没有做到案结事了，引发了涉诉上访，就应当承担相应的责任。

从责任承担的形式上看，“以法为本”的错案责任追究制往往把二审、再审改判、发回作为获取错案线索的主要途径，容易影响审判人员独立判断，挫伤了审判人员的工作积极性。而在“以人为本”的错案责任追究制框架下，诉讼当事人对法院裁判结果不服而提起的上诉、申诉、申请再审等都属于正常现象，不属于群众不满意范畴，毕竟法律规定了二审、再审程序可以救济。而且二审、再审改判或发回的案件都不是错案，即便是审判人员具有典型的故意徇私枉法作出明显不公正裁判的，那也是适用《法官法》予以惩戒的行为，而不是“以人为本”的错案责任追究制调整的范围。但当事人穷尽了各种程序依然不服而形成了有理上访，作为承办法官不能说没有责任，至少是案结事未了。换句话，法官承担错案责任的基础事实是引发了涉诉上访，法官承担错案责任的形式就是要负责到底，做到案结事了。这种责任形式不是纪律处分，不具有惩戒性质，也不是因故意或过失违法审判应当承担的责任，一句话，与过去所谓的违法审判责任完全不同。

3. “以法为本”的错案责任追究制的误区

近些年来，为充分发挥审判人员违法审判责任追究制的功效，不少法院从不同的角度和层面进行积极改造和完善，先后提出了差错案件责任追究制、不当司法行为问责制、办案质量终身负责制等，但无一例外都没有摆脱“以法为本”司法观的影响。表现在制定类似错案责任追究制中，就是单纯以法院内部评查案件质量好坏的标准来界定错案，始终徘徊在法院的自我评价中。这也就是为什么有些被本系统评为优秀的法院和优秀的法官，却并不为当地群众认可的原因。前些年，有些法院排斥当地政府组织的行风评议，主张依照法律规定、适应司法特点来制定法院自己的绩效考核标准，结果在每年的人大会议上得票率明显低于政府。所以，现阶段法院要按照“以人为本”司法观的思路，跳出自弹自唱的误区，走群众路线，把监督落实错案责任追究制的主动权交给群众，相信群众，依靠群众，运用全新的思路来实现机制创新。

三、重构法官错案责任终身负责制

运用科学发展观的立场、观点和方法对以往的错案责任追究制实行改造，建立起能够有效预防和减少涉诉信访的法官错案责任终身负责制，是本文提出“以人为本”司法观的落脚点。

法官错案责任终身负责制是在“以人为本”司法观基础上建立起的全

新工作机制，特指审判人员因自己的“案结事不了”行为引发涉诉信访而承担的实现息诉罢访责任。在这里，错案含义是群众对法官没有满足其利益诉求而不满意，规范对象是涉诉信访案件，责任主体是引发涉诉信访的案件承办人，责任方式是做好息诉罢访工作，责任后果具有终结性，也意味着什么时候群众工作做好了，责任人才能摆脱责任。在制度设计中要充分体现“以人为本”司法观的特征，克服以往错案责任追究制的不足，还需要理清和明确以下几个基本理论和政策问题。

1. 适用范围

最高人民法院《审判人员违法审判责任追究办法（试行）》在新的形势下依然有其发挥作用的舞台。毕竟在法院系统还存在贪赃枉法、徇私舞弊等严重损害群众利益的现象，有些“案结事不了”的问题就与法官违法办案有直接的关系。建立法官错案责任终身负责制并非要取代审判人员违法审判责任追究制，这两种责任制在司法活动领域可以并行不悖，还可以优势互补，共同发挥约束法官自由裁量权，促进司法公正廉洁，实现公平正义的功效。

2. 归责原则

到各级党委、人大、政府进行涉诉信访是群众借助司法以外的途径表达对法官不作为或乱作为不满的极端形式，信访与否的主动权在群众。法官错案责任终身负责制是以外在的标准即群众满意不满意来界定错案的，对法院的审判人员来说，强调故意还是过失引发涉诉信访已没有什么实质意义，所以，错案责任归责实行是无过错责任原则。

3. 正当性理由

实行法官错案责任终身负责制主要基于以下四个方面的考虑：一是确立群众满意标准的需要。法院的服务对象是诉讼当事人，评价法院服务质量好坏的也是当事人，涉诉信访是当事人对法院工作不满意的集中体现，赢得当事人对法院工作的满意是错案责任终身负责制的出发点。二是实现案结事了目标的需要。群众之所以通过涉诉信访的形式寻求司法以外的救济途径，归根结底是其利益诉求在法院没有实现，对司法失去了信赖，让群众恢复对法院化解矛盾纠纷能力的信赖也是错案责任终身负责制的落脚点。三是增强群众工作能力的需要。多数涉诉信访都是可以预防和避免的，就看审判人员的责任心和对群众的感情如何，促使审判人员自觉地做好群众工作是错案责任终身负责制的着力点。四是解决涉诉信访问题的需要。既然是法院审判人员工作不当引发的涉诉信访，理所当然应当由法院采取相应有效的措施去做好息诉罢访工作，积极预防和减少涉诉信访是错案责任终身负责制的切入点。以上四点也是制定和实行法官错案责任终身负责制的基本原则。

4. 责任主体

违法审判责任追究制规定审判人员和审判组织为责任主体，导致一些法院在执行过程中出现“难追究”和“滥追究”现象。本文设计的错案责任终身负责制确定的责任主体仅为引发涉诉信访的案件承办人，不涉及审判组织，也不实行株连。这样既可以保障案件承办人的独立判断、自主决断地位，增强工作责任心和原则性，也可以防止案件承办人转嫁风险和矛盾上交。

5. 责任性质

责任人承担做好息诉罢访工作的责任，虽然不具有惩戒的性质，但也不能给予肯定评价。责任人因为自己的行为引发了涉诉上访，法院责令其做息诉罢访工作，目的是为了挽回所造成的不利影响，具有事后补救性质，其后果是为自己前期没有尽心尽责付出一定的代价。做息诉罢访工作需要相应的司法成本，如果一律由责任人所在单位“买单”，于情于理都说不过去，只好由责任人“自理”。

6. 免责情形

如果说“以人为本”司法观中的“人”专指诉讼当事人，那么“以人为本”的错案责任追究制中的“人”则专指法院审判人员，因为承担责任的主体是引发涉诉信访的案件承办人，在设计法官错案责任终身负责制时也要充分考虑法院审判人员的认可度和承受度，也应当以人为本。比如，遇到案件承办人因工作需要调离法院或已经退休或因其他原因已无法承担责任的情形，也不能机械地强调终身负责。否则，制度设计的预期目标就会落空。不加区分的责任追究还可能导致法官“罢工”，使错案责任追究制陷入极为尴尬的境地。因此，还应当制定《法院息诉罢访工作细则》，作为规范审判人员在息诉罢访工作中的准则，使息诉罢访工作有章可循。具体来讲，免责条款必须符合以下条件：一是不属于法院主管范围的案件可以免责；二是不属于受理法院管辖的案件可以免责；三是根据公平原则，无理缠访、闹访的案件可以免责；四是根据司法成本效益的经济学观点，确以穷尽各种手段，按尽职负责的法官办案标准，仍无法解决的案件可以免责。

涉诉信访是社会转型时期的特定现象，恐怕在今后相当长一个时期都难以根除。但是引发涉诉信访的主要原因是法院审判人员没有完全尽责，那么通过法官错案责任终身负责制来促使其努力做到案结事了，赢得群众对法院和法官的信赖，无疑是抓住了关键点，开具了一剂良方。当然，涉诉信访是由许多因素造成的，同样，解决涉诉信访问题的措施也有很多，仅靠错案责任追究制还不够，但坚持“以人为本”司法观来重构错案责任终身负责制对于预防和减少涉诉信访具有十分重要的价值。

人民法官品格及自我塑造漫议

丁坚群*

2002 年年初，北京零点公司在北京、上海、广州等 11 个城市，对 5673 位 18 岁以上的城市居民进行调查得出一个结论：约有四成的人对法官有不好的印象。调查中，有 63.5% 的人对法官的评价是威严、公正、精通法律、正直等，而 36.5% 的人的评价是负面的，如有法不依、执法不严、官官相护、道貌岸然，等等①。7 年后的今天，社会对法官的评价又是怎样呢？2009 年 4 月 29 日，最高人民法院院长王胜俊同志在全国人民法院队伍建设工作会议上的讲话中指出："近年来，全国两会反映最集中、最突出的是法院干部队伍问题，反映队伍存在司法理念不正、司法不公不廉、司法作风不端、司法能力不强、司法公信力不高等问题。"② 由此可见，社会公众对法官的评价还是不容乐观，法官队伍仍然面临着巨大的信任危机。宪法将审判权赋予人民法院，作为社会正义的最后一道防线，人民法院在社会建设中的地位是举足轻重的。胡锦涛总书记对政法队伍的使命提出高要求，他指出："政法战线的全体同志，既是中国特色社会主义事业的建设者，又是中国特色社会主义事业的捍卫者，责任重大，使命光荣。"而人民法官队伍现状与"建设者"、"捍卫者"的角色定位是否相符是每一个有使命感的法官所应当思量的。

"队伍建设是人民法院永恒的主题"③，法官队伍建设被提到越来越重要的位置，法官管理体制、制度建设无疑是重要和必要的，但法官个体品格及其塑造也应是队伍建设中应重视的课题。在现实生活中，许多人讳言个人品格，认为属于私人生活范畴，"很虚，没有可操作性"。但从法院系统生出

---

* 广东省广州市天河区人民法院法官。

① 王滢：《现代法官的风采》，天涯法律网首页论文集粹。

② 王胜俊：《始终坚持人民法官为人民，努力建设一支高素质人民法院队伍》。

③ 同上。

的贪腐事件和当事人对法官办案的投诉情况分析，背后大多是因为法官个人品行出现了问题。谚云："骄傲在败坏以先，狂心在跌倒之前。"① 品格，按《辞海》的释义就是"品性风格"。品格直接与人性相关，近代英国哲学家休谟在《人性论》中指出："一切科学与人性总是或多或少地有些关系，任何学科不论似乎与人性离多远，他们总是会通过这样或那样的途径回到人性。"② 古往今来，取得大成就者皆有卓绝出众的品格。徐世昌说过："凡建立功业，以立品德为始基。从来有学问而能担当大事业者，无不先从品行上立定脚跟。"我国自古以来对人才的鉴别和遴选标准坚持"仁德与才智并重，平淡与聪明兼备"③，我国现行对干部"德才兼备、以德为先"的用人标准与之是一脉相承的，可见，品格始终是人材的第一标准，也应该是法官遴选的基础。从英美等域外法官管理制度看，法官的每一个选任标准都与品格有关，且被视为前提条件④。我国正处于社会的转型期，人民法院面临"形势任务不断发展变化，新情况新问题层出不穷"⑤ 的审判态势，人民法院要在和谐社会构建中扮演应份的角色和发挥更积极的作用，从法官遴选而言，应更加重视法官的品格，同时营造有利于法官优秀品格塑造的制度环境，夯实人民法院的事业基础；从法官自身而言，应有坚定正确的信仰，更加注重"内求于己"，在执法办案中润物无声留下公平正义的影响。

一、人民法官应具备的品格及良好品格的作用

（一）人民法官应该具备的品格

美国著名的恩格尔法官在他的就职誓词中就是这样保证的："我祈祷，当我的法官生涯结束时，无论是在明天早晨还是三十年以后，别人都会说我的工作是完美的，为人是诚实的，我为美国的司法体制增了光；我希望，对自己的法律知识永远不感到满足和懈怠；我希望能够有效、有序地主持法庭，使其成为一个能够做出公正判决的法庭，同时也让所有出庭的人感到公正和客观；我将不在法庭上进行讽刺和挖苦，因为我知道法官的一言一行，无论对治愈创伤还是造成创伤都将有深远的影响；我希望最重要的案件就是

① 所罗门箴言书。

② ［英］休谟：《人性论》（上），关运文等译，商务印书馆1980年版，第6页。

③ （魏）刘邵：《人物志》，红旗出版社1996年版，第4页。

④ 邹川宁：《论法官职业道德建设》，载《法官职业化建设指导与研究》2003年第2辑，人民法院出版社2003年版。

⑤ 王胜俊：《始终坚持人民法官为人民，努力建设一支高素质人民法院队伍》。

现在正在审理的案件。”① 从这份法官的誓词中，我们可以看到一位具有优秀品格法官的形象，他期待以无瑕的品行和有所作为来度过他的法官职业生涯。最高人民法院政治部2009年2月编印的《法院干警思想政治建设读本》中记载了我国17位模范法官的事迹，从他（她）们的事迹中，我们可以看出共同的品格，这些品格有爱心、正直、知足、谦和、诚实、忠诚、勤勉、刚强、节制，等等。以上良善的品格对法律事业、法院审判、法官执法和法官个人生活、家庭均有莫大的益处，是人民法官应该孜孜追求的品格。当这些品格被行为彰显出来，就会带来公义、平安、和谐。下面分而述之。

仁爱。爱是连接社会关系的纽带，“爱是不作害羞的事，不求自己的益处”、“己所不欲，勿施于人”、“爱人如己”等名言道出仁爱的本质就是“给予”。法律本身的就是恢复、修复被破坏的社会关系，是一种带着爱的关注，人民法官面对的是陷在案件和纷争中的当事人，需要法官注入爱心、带着热忱。

正直。法官在裁判中遵循正义原则不言而喻。坚持正直，需要摒弃狂妄、憎恨邪恶。西南政法大学教授高一飞将法官正直这一品格表述为“不可收买”，认为这应该是法官内在的品格之一。

知足。法官需要谨慎自守，免去一切的贪心。在现阶段，我国法官的待遇决不会使法官生活陷入困顿。如果追求经济的富足，拥有专业技能的法官可以从事律师等提供法律服务的职业，收入肯定比法官更好。但一旦选择了法官职业，就应该不在乎家道丰富，拒绝不义之财，如孔子所云：“不义而富且贵，于我如浮云。”②

谦和。司法公信力并非只来于威严。谦虚忍耐往往产生一种内心的力量，处在纠纷漩涡中的当事人需要法官谦下和蔼的作风。北京海淀区人民法院知识产权审判庭法官马秀荣在宋鱼水同志先进事迹报告团发言说：“宋鱼水和我办过一起出版合同纠纷，一位老作家和出版社因为稿酬问题诉到法院。老作家对法律的了解不多，庭审中一直不能很准确地讲出法律上争议的焦点。他反复十来遍就同一个问题进行论述，旁听席开始有人打起瞌睡，我的心里也开始烦躁。但担任审判长的宋鱼水却一直没有打断老作家的陈述。她神情专注，不时轻轻点头，目光一直没有离开正在发言的当事人。直到中午12点多，庭审辩论结束后，宋鱼水才向他们耐心讲解出版合同方面的法律规定，指出双方在合同履行中的不当之处。老作家突然出人意料地说：

① 田成有：《法官的品格和学识为何重要》，北大法律信息网．法律在线。

② 《论语·述而》。

‘法官，我接受对方的方案。这事发生以后，您是第一个完完整整听完我讲话的人，您对我的尊重让我信任您。我尊重法庭的意见。’双方当场达成调解。让当事人把话讲完，这是宋鱼水开庭时一个朴素的观点。……耐心和尊重不再是某个人的性格，已经成为法官的职业品格。”① 这个庭审中的小小情节，足见法官谦和品格的力量。

诚实。台湾塑料大王王永庆说他一生成功的秘诀就是遵循一句话：“是就说是，不是就说不是。除此之外，不再多言。”这就是诚实。法官审判以事实为依据，以法律为准绳，没有诚实的品行无法达成这一基本的裁判标准。

忠诚。忠诚意味着可靠，意味着说话算数。事关信任，再小的事也要当大事对待。法官对宪法、法律的忠诚是通过一件一件具体案件办理来体现的。在每一个案件上的忠诚，收获每一个当事人的信任，法院公信力就是这样点点滴滴形成的。忠诚要求法官是具有独立见解的人，同时在法院的团队内，他又是服从领导的，保证团队的紧凑与高效运转。②

勤勉。懒惰的法官显然不适应审判工作，不说案件日增，就是具体每一个案，都涉及事实认定、法律适用，牵涉当事人的切身利益，需要法官尽勤勉关注义务，勤于工作，乐于奉献。

刚强。司法需要温度，法官需要温和，但并不意味着法官就是弱不禁风的，容易受伤害的，法官在办案执法中必须讲原则，遇事不慌不忙，彰显法律的刚性和权威。

节制。自制是法官必须具备的品格，法官需要在庭审、执行现场、业外生活中自我控制，不任性，不暴躁，不争竞，能约束自己的心，管理自己的情绪和时间，保证工作按计划有次序开展。

法官需要具备的品格中最重要最核心的品格是仁爱。正如一篇诗歌《爱的真谛》所写的：“爱是恒久忍耐，有恩慈；爱是不嫉妒，爱是不自夸，不张狂；不做害羞的事，不求自己的益处；不轻易发怒，不计算人的恶，不喜欢不义，只喜欢真理；凡事包容，凡事相信，凡事盼望，凡事忍耐。爱是永不止息。”法官心中有了真正仁爱的品格，才能做到正直、知足、谦和、诚实、忠诚、勤勉、刚强、节制。爱是品格的总归。温家宝总理在2009年“六一”儿童节对孩子们说：“你们记住今天我讲的话，有爱，才有教育，

① 宋鱼水同志先进事迹报告团发言材料。

② 姜培永：《法官品格刍议》，载2007年青岛市市南区人民法院年报。

才有道德，才有一切。”① 说出了爱心的重要。最高人民法院院长王胜俊也指出：“对人民法官来说，群众感情是做好一切工作的原动力。”② 这个原动力就是要有爱人民群众之心。

（二）法官良善品格的意义

法官品格塑造的并非用于法官个人或法院形象的炫耀，而是作为法律正义功能实现的屏障。庞德指出：“法律专业集团对社会整体化以及法制观念和司法方式的培养，始终扮演着一名举足轻重的角色。”这一举足轻重的角色发挥得如何与法官的品格水平有着内在的关联。美国著名法学家卡多佐甚至说：“法官的品格是正义的唯一保障。”不论是英美法系还是成文法传统的法院系统，作为实际运用和适用法律的法官，品格均为第一要求。史尚宽尝言：虽有完美的保障审判独立之制度，有彻底的法学之研究，然若受外界之引诱，物欲之蒙蔽，舞文弄墨，徇私枉法，则反而以其法学知识为其作奸犯科之工具，有如为虎附翼，助纣为虐，是以法学修养虽为切要，而品格修养尤为重要。③

法官品格之于法律目的实现具有基础性意义。良善品格对法官社会生活也有难以估量的作用，这一点容易为人所忽视。良善品格引导法官过正义的生活，表面上，法官摒弃了虚荣、浮夸的生活似乎导致了某些损失，但正义生活带来的心灵的舒适和满足，产生的社会关系和谐的价值是难以估量的。

二、妨碍法官品格塑造的原因及法官负面品行的危害

理论上的“应然”，并不意味着现实的“实然”。意识到是一回事，行出来是另一回事。法官品格塑造并非易事，法官良善品格塑造也面临层层坚固“壁垒”。

（一）对人性弱点抵制不足使法官品格“短桩”

1. 蕴涵在人性当中的贪婪、淡漠、骄傲、不节制等弱点时刻腐蚀着法官良善品格的建造

正如妒忌、情欲、恼怒、仇恨、纷争、不宽容等影响人的正常情绪、生

---

① 《有爱才有一切——温家宝总理和各族儿童在中南海共度“六一”儿童节侧记》，载《人民日报》2009 年 6 月 2 日，第一版。

② 王胜俊：《始终坚持人民法官为人民，努力建设一支高素质人民法院队伍》。

③ 江国华：《论法官伦理——从最高人民法院的“五个严禁”说开去》，载《人民法院报》2009 年版，理论与实践专版。

活和社会关系一样，对法官品格塑造施行破坏的人性弱点主要有贪婪、淡漠、骄傲、不节制等。首先是贪婪。连年来法院系统出现的法官贪腐事件令人扼腕叹息，在就职法官时向国徽宣誓忠于法律、忠于正义的人，为什么屡屡让社会公众大跌眼镜呢？难道当初的铮铮誓言是假的吗？其实他们宣誓时的心志是真的，但后来的败坏也是真的。人性本身善恶俱在，关键在于善能否胜过恶。从这些事例中，无法胜过的欲望首先是贪婪。贪婪的实质是内心非分欲望的膨胀，攫取、占有自己并不需要的物质享受。这是一种亘古以来都困扰人性的弱点，它使人误以为人靠着物欲的享受就可以满足。从普希金《渔夫和金鱼》的寓言中，可以看到，任由贪婪的欲望扩张，得到的却是更大的空虚。许多人并未能认识到这一点。例如，有一位法官在办理一个案件中收受了当事人100万元的现金，一直放在床底下，直到案发时原封不动交了出来。这笔钱并非是他和家庭生活所需要，而是心中的贪念让他觉得不能舍手。他未能察觉到控制他的实际是欲望本身。法官行使裁判权肯定涉及对当事人权利归属和份额的划分，在利益面前，每个法官对贪婪的本质特性要有警醒的认识，它挑动人心，诱惑人心，捆绑人心，最后它又来控告人心。其次是冷漠，就是心中缺乏爱，对服务的对象缺乏热忱，表现为接待当事人“冷、横、硬、推”。徒法不能自行，法律本身的公义和温度是靠法官执法体现的，但冷漠的法官使法律条文僵硬冰冷，直接导致社会大众对法律的寒心。再次是骄傲，就是缺乏敬畏和谦卑，表现为以骄横态度待人，在执法办案中缺乏谦和忍耐。不节制、不检点也是影响法官形象的情形之一，恣意放纵，滥用权柄，不爱护人民法院和法官形象，甚至在消费场所翘起二郎腿与当事人就“好处费”讨价还价[①]，在那一刻，法官的尊荣和颜面已荡然无存。

2. 环境也影响法官良善品格的形成

改革开放30年来，经济腾飞背后我们看到人们对市场经济扭曲的理解。重利轻义，重感官享受轻心灵休憩，重文化快餐轻精神信仰。孔子厌恶地说，他不谈论怪、（暴）力、乱、偶像崇拜[②]，但现今社会，此四者却充斥坊间。法官并非圣哲，身处这样社会大环境同样会困惑彷徨，容易对秉持的信念产生怀疑，甚至动摇。另外，法官自身的生活经历、社会交往等也不同程度影响其对法官角色的认知，从而影响法官品格的形成。

① 广东省纪委下发的《广东省机关作风建设专题片（之一）》中拍摄的事件情节。

② 《论语·述而》第二十一章。

（二）负面品格的危害

当法官无法抵制贪婪、淡漠、骄傲、不节制等负面品行所产生的后果，首当其冲是司法权威和公信力受损，党和国家的形象受损。最高人民法院院长王胜俊同志在全国人民法院队伍建设工作会议上的讲话中对此种情形有准确的描述："在司法理念方面，有的政治意识、大局意识、为民意识、国情意识不强，影响了中国特色社会主义司法制度优越性和司法职能的有效发挥；在司法能力方面，有的不善于做群众工作，不善于从根本上化解矛盾，有的甚至激化矛盾，引发上访或群体性事件；在司法作风方面，有的对群众的诉求麻木不仁，对群众的利益漠不关心，对群众的要求推诿扯皮，引起群众的不满；在司法廉洁方面，有的对自己要求不严，与当事人或律师拉拉扯扯，吃请受礼，极个别的把审判权、执行权当作谋取私利的工具，搞权钱、权色交易，办人情案、关系案、金钱案等等。"[①]

其中贪婪的危害更大，对法官更应警惕。贪婪就是起非分之想，图不义之财。"义""利"之辩历代聚讼不休，但利益追逐超过正义的边界，追逐者要自食其果却是不变的定律。关于"义"、"利"之间的权衡和选择，早在2000多年前《老子》一书中就已经有答案了，就是"名声与生命，哪一样与你更密切呢？生命与财富，哪一样对你更重要呢？得世界与丧生命，哪一样是病态呢？贪得无厌的人必有大损害，囤积财富的人必有大失丧。所以，知道满足便不受困辱，知道停止方能免除危险，这样就可以得享长久了"。[②] 只是在急功近利的心境下，人们往往难以听得进铮铮之言罢了。

三、法官良善品格的自我塑造

一个人的品德要看独处时与在众人面前是否一致。所以，古人均称"慎独"是高深的修养，即一个人面对自己时，心要谨慎，言要谨慎，行要谨慎，因为在暗处的心怀意念和言行代表一个人真实的道德品行。衡量法官品格的标尺，同样不是光看做了什么，更要看没有做什么。因此，法官品格塑造除了抵制影响情绪、生活的妒忌、情欲、恼怒、仇恨、纷争等之外，更要抵制贪婪、淡漠、骄傲、不节制等直接影响裁判公正的负面品行。法官品格塑造是言者敦敦、听者藐藐、行来更难的话题，正是因为不容易，更需要

---

① 王胜俊：《始终坚持人民法官为人民，努力建设一支高素质人民法院队伍》。

② 《老子》第四十四章："名与身孰亲。身与货孰多。得与亡孰病。是故甚爱必大费。多藏必厚亡。知足不辱。知止不殆。可以长久。知止不殆，可以长久。"

求索。下面笔者从法官信仰的重要性和注重行为两方面浅议法官品格自我塑造的途径。

（一）法官信仰：一个历久弥新的话题

品格塑造属于道德范畴，而道德在利益面前常常是软弱无力的。而真正的信仰能够产生惊人的力量，引领人们追寻更大的价值。康德有一句名言："有两种东西，我们愈是时常愈加反覆地思索，它们就愈是给人的心灵灌注了时时翻新，有加无已的赞叹和敬畏——头顶的星空和心中的道德法则。"2007年5月14日，温家宝在同济大学建筑城规学院钟厅向师生们作了一个即席演讲，其中讲到：一个民族有一些关注天空的人，他们才有希望；一个民族只是关心脚下的事情，那是没有未来的。他在诗作《仰望星空》中写道："我仰望星空，它是那样寥廓而深邃，那无穷的真理，让我苦苦地求索、追随；我仰望星空，它是那样庄严而圣洁，那凛然的正义，让我充满热爱、感到敬畏；我仰望星空，它是那样自由而宁静，那博大的胸怀，让我的心灵栖息、依偎；我仰望星空，它是那样壮丽而光辉，那永恒的炽热，让我心中燃起希望的烈焰、响起春雷。"仰望星空，就是关怀终极，关注未来，关注子孙后代。人民法官同样要有这样的信仰，着眼长远，遵循心中的道德法则，胸怀庄严和凛然的正义，殷勤工作无私奉献。信仰的内容除了要有仁爱，还要有信心和希望。有人说过，人什么都可以放弃，唯一不能放弃的就是"信心"和"盼望"。2009年4月18日，温家宝总理在博鳌亚洲论坛2009年年会开幕式上的演讲中说到"我曾经说过，信心比黄金和货币更重要。今天，我还要讲一句话，希望像一盏永不熄灭的明灯，给各国、各企业和世界人民照明方向。"人民法官的信仰内容中，同样需要信心，相信正义永远胜过邪恶，这份信心比黄金和货币更重要。再者需要希望，莎士比亚说："希望在人和任何时候都是支撑生命的安全力量。"爱迪生说："如果你希望成功，当以恒心为良友，以经验为参谋，以小心为弟兄，以希望为哨兵。"希望与人生有密不可分的关系。希望同样是法官职业的不灭明灯，法官需要胸怀热切的希望，正义的梦想方能达成，才能有动力成为社会公义的守望者。

（二）一个设喻："盐的品行"、"光的风格"

任何美好事物都要付出代价去追求，优秀品格也是同样。事实上，优秀品格是需要努力塑造的，在美国的历史上，很少有人像本杰明·富兰克林那般赢得如此多的肯定与赞赏。1728年，也就是富兰克林22岁时，他为自己制定了13项自己要塑造成功的品格，同时在每一个品格后面加了一条格言，这13项品格是：（1）自制：自我克制，不放纵自己；（2）慎言：要说造就人的话，不说无益的废话，要留心自己与人沟通的方式；（3）秩序：充分利用时间，每一事物都要安排好时间；（4）坚定：该做的事必须去做，既然要做的事就一定要做好；（5）节俭：花钱要对人对己有利，不可浪费；（6）勤勉：不浪费时间，做有用的事情，力戒无益的行动；（7）诚实：不以骗术待人，思想要存有良知，说话亦如此；（8）公正：不做损害别人的事，要做对人有益的事，这是一项义务；（9）宽容：以德报怨，别人冒犯你时要善于容忍；（10）整洁：不允许身体、衣物不清洁，注重个人形象；（11）平静：不为小事或寻常之事或不可避免之事而惊慌失措；（12）忠贞：对家庭、妻子保持忠实，对朋友保持忠心；（13）谦虚：仿效耶稣和苏格拉底。富兰克林自己设计了一个本子，每一页都有13项品格的项目，而另一边则是以周为单位的记载，每周专注于一种品格塑造，尽量不要在该品格上犯错，而如果有其他的失误，就进行注记。富兰克林一生始终不渝地坚持塑造自身品格，也因此成就了他伟大辉煌的一生。富兰克林一直是激励世人的好榜样，对于法官品格塑造同样富有启迪。

另外，笔者从盐和光的品质特性上，发现与法官品格有许多相通之处。一是盐的品性。盐调和百味，防腐，有洁净的功能；盐在调味时溶化自己，隐藏自己；盐能自洁，在提炼时将杂质剔除出来。这样的品行值得法官效法。法官职业的司法被动性与盐的隐藏自我相类，法官居中裁判，调和矛盾，通过定分止争，净化社会。品格塑造也是法官自我提升的过程，法官要学会自洁，时时警醒，抵制影响品行的杂质。二是光的风格。光的特点也值得法官效仿。法官应在按法定程序开展审判活动，不论原告、被告，其诉讼权益同样依法保护，通过裁判活动为社会带来正义之光。当法官们成为社会的“光”和“盐”的时候，人民的审判事业会更有光彩，人民法院的公信力也就“桃李不言，下自成蹊”不期而至了。

“人民陪审员”正名论

——从“陪审”到“参审”

李海昕*

全国人大常委会《关于完善人民陪审员制度的决定》实施以来，人民陪审员制度的规范化运作已积累了不少经验，取得了不少成果，同时还存在一些问题，有待进一步改革完善。中央关于司法体制和工作机制改革的有关政策文件、《人民法院第三个五年改革纲要（2009—2013）》都将进一步完善人民陪审员制度作为司法体制和工作机制改革的重要组成部分。作为司法领域发扬人民民主的重要体现，人民陪审员制度在实践中存在的问题之一，便是这项制度并没有得到社会各界的全面、充分理解，无论是人民群众对它的认知，还是各地法院的对它的实践，与其应有之义相比尚存有偏差和问题。对于这种偏差和问题存在的原因及完善路径，学界和实务界从不同角度已进行过不少探讨。但是，“人民陪审员”这项制度“名不副实”的问题，却被理论界与实务界有意无意地忽略了，或者虽然已经意识到，却并未引起足够的重视。

语言并非是纯粹的表达符号，对语言的理解并非是思维主体的意志可以随意控制的过程。尤其在政治和法律领域，如何正确命名的问题并非咬文嚼字或是文字游戏，相反，命名的准确恰当是一项制度得以正确理解乃至正确实施的重要前提与保障。“人民陪审员”制度的命名不科学、不准确的问题，决不是小问题。改革和完善人民陪审员制度，“正名”势在必行。

一、人民陪审员制度：命名与内涵的落差

我国的人民陪审员制度虽然在命名上称为“陪审”，但与英美法系国家

* 四川省高级人民法院法官。

的陪审制（狭义）有很大差异，其在形式上与大陆法系国家的参审制是极为相似的。因此，有学者指出，我们所说的陪审，实际上是指参审①。本文首先就英美法系陪审制与大陆法系参审制的特点作一简单梳理。

英美法系陪审制有以下几个特点（以美国为例）：第一，在选任上，并不预先设定陪审员资格，而是根据案件审理的需要，从当地符合一定条件的选民中间临时抽取；第二，在任期上，由于是临时抽取，不存在任期问题；第三，在审判组织构成上，审判由一名法官和12名陪审员组成的陪审团参加，陪审员与法官并不组成合议庭；第四，在审判职能分工上，陪审团与法官在审判职能分工上相对独立，陪审团负责认定事实，法官负责适用法律。

大陆法系的参审制有以下几个特点（以德国为例）：第一，在选任上，需预先制作参审员候补者名簿，然后由法院设置的参审员选任委员会从上述名簿中确定参审员；第二，在任期上，参审员任期为4年，可连任；第三，在审判组织构成上，参审员与职业法官共同组成合议庭，与法官享有同等权利；第四，在审判职能分工上，参审员既负责认定事实，又负责适用法律。②

根据《关于完善人民陪审员制度的决定》第1条、第8条、第9条、第11条的规定，我国人民陪审员依法参加人民法院的审判活动，除不得担任审判长外，同法官享有同等权利；人民陪审员按照法定程序予以任命，任期5年；人民陪审员参加合议庭审判案件，对事实认定、法律适用独立行使表决权。由此可见，我国人民陪审员无论在选任程序、审判组织构成、在审判中所发挥的作用来看，都与大陆法系的参审制十分近似，而与英美法系的陪审制相去甚远，我国“人民陪审员”制度的实际内涵与其名称是不相符的，从学理上看，“人民陪审员”命名是不够科学的，“人民参审员”的称谓才符合其理论定位。

人民陪审员的命名，不仅从学理上看不合适，而且从现有的法律政策规定的用语来看，也是不够恰当的。《关于完善人民陪审员制度的决定》开宗明义地规定：“为了完善人民陪审员制度，保障公民依法参加审判活动，促进司法公正，特作如下决定……”；人民法院“三五”改革纲要也指出：“进一步完善人民陪审员制度，扩大人民陪审员的选任范围和参与审判活动的范围……”。从正式的法律与政策文件当中可以看出，我国的人民陪审员

---

① 王利明：《我国陪审制度研究》，载《浙江社会科学》2000年第1期。

② 王利明：《我国陪审制度研究》，载《浙江社会科学》2000年第1期；冯涛：《日本裁判员制度及对我国陪审制度的借鉴意义》，载《郑州大学学报（哲学社会科学版）》2008年第5期。

是“参加”或者“参与”审判活动的人，那么其名称也应当叫做“人民参审员”才更符合有关法律和政策文件的表述。为何不是“参审”而是“陪审”？这必须从法律语言学的角度探寻“陪审”一语的起源。

二、为何是“陪审”：法律语言学的初步分析

在我国古代，封建集权专制统治下的司法制度和思想舆论环境不可能产生“陪审”有关的制度和思想基础，断案是官府的专利，而人民群众是被审判的对象，也就不可能出现“陪审”一词。“陪审”一词出现在汉语中，应归功于清朝末年变法修律，被派往欧美日的朝廷官员引进、翻译、介绍西方司法制度，使“陪审”制度开始为国人所知。1906 年完成的《刑事、民事诉讼法草案》在“刑事民事通用规则”一章中专节规定了“陪审员”①。虽然这是“陪审”引入中国的开始，但是“陪审”这一固定的汉字搭配，更早地出现在日本。据学者考证，约 19 世纪 60 ~ 70 年代，日本多位学者已开始将英语“jury”翻译为日语汉字词，如“断士”、“立会”、“陪坐听审”、“陪审（たちあひ）”等，从法国法学家波伊索纳德在日本刑法草案和治罪法草案中使用了“陪审”一词开始，“陪审（ばいしん）”的汉字组合在日语中被固定下来②。可见，“陪审”这一汉语词组最早是由日本学者翻译而来，清末变法修律时予以直接引进。

无论是波伊索纳德为日本起草的法律，还是我国清末变法修律所起草的法律草案，基本框架都来源于大陆法系。其关于普通民众参与案件审判的法律制度都应当叫做“参审”制。法国所施行的民众参与审判的制度虽然名为“jury”，实为参审制，参加案件审理的参审员与法官共同组成合议庭，具有相同的权利。波伊索纳德作为一名法国法学家，为日本起草引进的法律草案几乎都以法国法律为蓝本。我国清末起草的众多法律草案也主要借鉴于大陆法系的法律制度。那么为何日本和我国清末在引进西方法律，将普通民众参与案件审判的制度翻译为“陪审”？这个词组背后的深意颇值得回味。

西方列强用坚船利炮敲开中国和日本的大门之后，两国的有识之士开始学习引进西方的先进文化和制度，但这种认识和学习极难脱离本民族固有的历史、文化环境，不可避免地用本民族固有的思维方式和政治意识来描述西方的某些事物，这必然反映到某些西方术语的翻译上。典型的例子是对美国

---

① 朱勇：《中国法制史》，法律出版社 1999 年版，第 491 页。

② ［日］丸田隆：《陪审裁判を考える：法庭にみる日米文化比较》，中央公论新社 2007 年版，第 127 ~ 129 页。转引自维基百科网站关于“陪审制”词条（http://zh.wikipedia.org/）。

的某些政治术语的翻译：美国是联邦制国家，组成整个联邦的基本单位是“state”，本义为“邦”，却被翻译为“州”。州与中央朝廷的关系是上下级的行政服从隶属关系，而邦与联邦之间的关系显然不是如此；美国总统的官邸是“White House”，本义为“白屋”，毫无封建皇权色彩，却被翻译为“白宫”，给人第一印象便是美国“皇帝”的宫殿。这些例子充分说明，一个长期处于封建专制统治下的国家，其所特有的历史文化环境给人们造成了巨大的思维惯性，以至于对外国新事物的理解偏差从翻译之初就已经渗入词语之中。

“陪审”这个术语的翻译显然也受到了这种思维惯性的影响。“陪审”译名产生的这个时期，日本虽然已开始维新运动，变法图强，走上资本主义道路，但是以天皇制为核心的政治制度不仅没有废除，反而加强了，封建势力十分强大；清末的中国，仍处于封建帝制统治之下。在这种时代背景下，当时两国的官员、学者受制于特定的历史文化环境，面对这种普通百姓与代表官方的法官共同参加司法审判，甚至可以共同组成法庭，享有同等权利的这种司法民主化的新制度，显然是似懂非懂，没有进行全面深入的理解，其理解必然受到强烈的封建专制思想残余的影响，以至于直接影响了对其概念的准确翻译。在他们的理解下产生的译名——“陪审”，所暗示的是：民众参加审判，实际处于“陪太子读书”的地位，是“陪”判官审案。其中暗藏着根深蒂固的官本位思想，传达的是官民不平等的信息。“陪审”词语暗含的这些信息在外语词如 jury（英、法）、Schoffe（德）的含义中是没有的。“陪审”这一译名从一出现其实就已经偏离了“陪审”制的本来意义。

西方古典哲学解释学的代表施莱尔马赫认为，由于解释者与文本作者存在着文化与时间上的距离，作者当时的用语、词义都有着它的特定历史与时代背景，而这种背景随着时空而变化，两者就会对同一文本出现不同的理解，误解由此自然产生。西方现代哲学解释学家伽达默尔进一步提出，解释的历史性是无法消除的，解释者超越与他阅读的本文之间的文化上和时间上的距离几乎不可能[①]。哲学解释学的这一理论能够充分解释，为什么一个世纪前的中日学者在移译西方概念时，难以摆脱长期以来形成的封建文化背景和语言背景，从而产生了这些译名；同时也可以充分解释，随着时间的推移和法制建设的推进，这些带有鲜明历史语境特征的译名，越来越显得不准确，难免后人对其所本应表征的概念发生理解偏差，进而影响到对这些概念的使用。这样的例子不胜枚举，我国法学界至今仍受到一些法学基本概念译

① 王元明：《哲学解释学之我见》，载《天津师大学报》1999 年第 1 期。

名问题的困扰，如权利、民事法律行为的译名问题①。学术界尚且如此，在普通大众间，不准确的概念译名传播而产生的理解偏差程度就更严重了。

三、实证分析："陪审"的错觉与误导

孔子认为，治国理政应当首先"正名"。他曾精辟地论述了"必也正名乎"的理由："名不正，则言不顺；言不顺，则事不成；事不成，则礼乐不兴；礼乐不兴，则刑罚不中；刑罚不中，则民无错手足。故君子名之必可言也，言之必可行也。君子于其言，无所苟而已矣。②"如果仅仅是一个学术概念，那么命名不准的问题影响的仅仅是学术研究，造成的只是学理上的混乱而已。如果是一个实践中的政治或者法律术语，命名不准确就可能导致"刑罚不中，民无错手足"的后果了。问题恰恰在于，"陪审"制"首先是一项政治制度，其次是一项司法制度"③，它是人民主权理论在司法领域的产物，并非是只存在于书斋中的学术概念，是需要依靠国家决策者、学者准确理解，社会舆论全面认识和解读，人民群众积极参与才能充分发挥其应有作用的一项制度。我国"人民陪审员"制度命名的失当已经直接影响了社会各方面对其的正确全面理解，在实践中，其负面效应不可低估。

（一）社会对我国人民陪审员制度性质存在错觉

作为正式的法律用语，"陪审员"与陪审团、陪审团成员在词语构成上的差异很小，因此极易在公众中引起对我国陪审员制度性质的误解，特别是将我国的陪审员制度与英美陪审团制度发生混淆或者相提并论。无论是在一些网站上关于陪审员制度的网友评论中，还是在少数学术论文中，都有对英美陪审团制度与我国人民陪审员制度十分粗浅的比较和评论，有的甚至以英美陪审团制度为"正宗"样板，来批判我国的人民陪审员制度。实际上，两者的制度安排的起点有很大区别，不能混淆，更不能以其中一种制度为绝对"正宗"而指责另一种制度。

① 《为权利而斗争》一书的译者，一直面临着"为'什么'而斗争"的问题，参见［德］鲁道夫·冯·耶林：《为权利而斗争》，郑永流译，法律出版社2007年版，第89页；"民事法律行为"概念命名不准的问题也受到学者批判，参见米健：《论"民事法律行为"命名的谬误》，载《人民法院报》2003年版。

② 《论语·子路》。

③ 托克维尔语。见施鹏鹏：《陪审制研究》，中国人民大学出版社2008年版，第73页。

（二）社会对我国人民陪审员制度价值理解存在偏差

体现人民民主，防范司法专横，厘清案情事实，宣传民主法制，人民陪审员制度的这几项应然价值已无多大争议。但是，就目前实践而言，人们对陪审员制度的价值理解出现了部分偏差，并没有充分地理解人民陪审员在司法审判过程中的主体地位。表现在以下几个方面：

1. 将人民陪审员制度理解为缓解法院“案多人少”的一种办法

这是一种将人民陪审员“编外法官化”的看法，有不少社会舆论对人民陪审员的解读就是如此[①]，也有相当一部分法院工作人员对人民陪审员制度抱如此的看法，如成都市武侯区法院通过对法院工作人员的问卷调查发现，有20.1%的法院工作人员认为我国设立人民陪审员制度的主要目的是“缓解法院人力不足”[②]。实践中，这种认识偏差造成了一些违背人民陪审员制度初衷的结果，一些法院人民陪审员“专职化”情况突出，少数法院将人民陪审员的管理机关化，陪审员同法官一样在法院机关坐班，同时上下班。一些参审案件数量较多的人民陪审员办案数量甚至已接近该法院法官（见表1）。

表1　部分基层法院审理案件数量最多的人民陪审员参与审理的案件数[③]

基层法院	成都市武侯区法院	成都市青羊区法院	成都市新都区法院	乐山市峨边县法院	凉山州西昌市法院
办理案件最多的人民陪审员参审案件数	1156	828	490	366	112

这种理解和做法看似让人民陪审员与法官地位同等，实则扭曲了陪审制的初衷，将陪审制作为变通规则凑人数的办法，使“陪审”变成一种变相的“陪衬”。

---

① 在《关于完善人民陪审员制度的决定》正式实施的当天，有媒体以《北京首批人民陪审员宣誓就职“编外法官”上岗》为题报道了北京市首批90名新任命的人民陪审员宣誓就职一事。之后，将以“编外法官”为题的类似报道也不时出现。参见崔世海：《人民陪审员制度路向何方》，载《民主与法制时报》2006年6月5日，第A01版。

② 张永和，于嘉川等：《武侯陪审——透过法社会学与法人类学的观察》，法律出版社2009年版，第164页。

③ 表格中的案件数是指该陪审员自《关于完善人民陪审员制度的决定》实施后任职以来，截至2009年5月参与审理的案件总数。

2. 将人民陪审员制度的局外监督功能作为主要价值定位

成都市武侯区法院对数百名普通群众进行了问卷调查，通过“您觉得人民陪审员是干什么的”这一问题的回答发现，有55.50%的群众认为是“监督法官审案”，只有26.40%的群众认为是“和法官一起审案”①。由此可见，绝大多数的群众对人民陪审员主要功能的认识是“监督司法”。尽管陪审制度本身具有一定的监督司法的功能，但非其最直接，最主要的功能。监督者通常应置身于被监督者之外，而人民陪审员也是合议庭的一部分，也是审判组织的重要组成部分，过分强调人民陪审员的监督司法的职能实际上暗示了其“庭外人”角色。由此可见，多数公众并没有真正从心底将人民陪审员作为参加审判的主体之一来看待，而是作为一个陪衬或者监视审判活动的局外人来看待。

3. 将人民陪审员的参审活动视作为法院工作

一些有固定工作的陪审员反映，本单位领导对陪审员参加审判活动不理解，有抵触情绪，认为陪审员参与审判活动是在为法院做事。一些陪审员参审的次数多了，请假就难了。实际上，无论是陪审团制还是参审制，被指定参加审判的公民参与司法的光荣职责，是一种参与公益的活动，决不是“陪”法院或者法官审判。

（三）社会对我国人民陪审员制度实际作用存在偏见

虽然人民陪审员制度还存在一些不足，但在实践当中，人民陪审员参与案件审理对司法审判还是产生了积极的作用，并且受到法院、法官的认可，这是不可否认的。遗憾的是，由于缺乏直观的接触和感受，这种实际作用很少为法院以外的社会公众所知晓。

从成都市武侯区法院的抽样调查结果来看，有50%的法院工作人员的认为人民陪审员的庭审、合议发言对承办案件的影响大，只有8.3%认为没有影响；但同样的问题对法院以外的法律人士进行调查，结果分别为16.1%和24.7%。有约43%的法院工作人员认为人民陪审员参加审理的总体效果很好，仅3%认为没效果，同样的问题对法院以外的法律人士进行调查，结果分别为7.5%和25.8%②。这种巨大的认识反差说明，法院以外的法律专业人士由于对陪审工作缺乏亲身了解，从主观上放大了“陪而不审”

① 张永和，于嘉川等：《武侯陪审——透过法社会学与法人类学的观察》，法律出版社2009年版，第202页。

② 同上，第198～200页。

的印象，产生了人民陪审员制度没有发挥实际作用的偏见。笔者以为，语言的力量是强大的，在第一手信息匮乏的情况下，“陪审”这一名不副实的词语所传达的信息对这一偏见的产生，起了不小的作用。

四、建议：向“人民参审员”更正

通过以上的论述，可以看到，“陪审”这一译名肇始于特定历史时空下，是对被引进的西方制度带有历史局限性的理解。在当时的封建专制残余势力仍然强大的社会背景下，无论是日本还是中国，“陪审”制不仅没有广泛实施的国情基础，甚至连准确、全面地理解“陪审”制的思想文化基础也没有。时至今日，这一译名所依的历史时空已不存在。日本在废除《陪审法》[①] 60余年之后，于2004年公布了《关于裁判员参加刑事审判的法律》，并于2009年施行。如此一来，在诞生了“陪审”这一译名的国度里，“陪审”制度在复兴中变革为“裁判员”制度，“陪审”一词已不再是正式的法律用语，而永远地成为了历史名词。这一变革不仅仅是简单地称谓变化问题，而是法律文化进步的一种体现。[②]

在我国，如果从上世纪30年代革命根据地时期开始算起，民众参与审判的司法制度在摸索中前行已有70余年的历史。经过多年的实践，至少在我国当下，“人民陪审员”制度还没有充分承担起防控司法权滥用，沟通民众与司法的应然功能。名称就是名分，有名分才有实质。恰恰是名称不准，名分不正的“人民陪审员”用语本身就没有首先承载起这项制度的应然内涵与价值。以伽达默尔为代表的哲学解释学家在批判传统哲学“天真的客观主义”时告诉我们：“事实上，当我们获得关于世界的知识时，我们早已被自己的语言所包围。”“语言构造了世界的存在……不是说语言，而是语言在说。”[③] 当我们把一项制度命名为“陪审”之时，其实不是我们在“说”陪审，而是陪审在“说”我们。由此，人们（无论是群众还是法院，甚至还包括部分专家）将这项制度理解为“陪而不审”，把“陪审员”理解为法官的“陪衬”，甚至在实践中有意无意地按照这种理解来执行这项制度便是不可避免的了。

对于具有中国特色的人民群众参与审判的制度实践而言，“陪审”一语

---

① 该法主要借鉴英美陪审制，于1923年公布，1928年施行，1943年废止。

② 孙长永教授的评价，见施鹏鹏：《陪审制研究》，中国人民大学出版社2008年版，序。

③ 金延，高常营：《理解与语言：存在论生存论分析的意义与困难——哲学解释学语言观反思》，载《兰州大学学报（社会科学版）》，第32卷，第3期（2004年5月）。

已完全不符合“名副其实”的要求，其命名不科学、不准确，在实践中带来了显著的不良影响。作为当前司法改革的一项重要内容，完善“人民陪审员”制度，使其充分发挥其应有的作用，必当首先“正名”，在国家正式的法律文件当中给予其准确、恰当的称谓。考虑到日本的“裁判员”一语并不充分符合汉语习惯，容易引起新的误认，结合我国人民陪审员制度与大陆法系参审员制度十分相似的实际，将“人民陪审员”一语更名为“人民参审员”更符合实际，更容易被理解。这一名称突出的是人民群众“参与”而非“陪衬”的地位，不仅有利于法院和社会舆论重新理解和认识它的内涵和价值，而且有利于调动人民群众参与审判活动的积极性和责任感。改“陪”为“参”，一字之变，摆脱的是来自一百多年前的封建残余束缚，变出的是全新的认识与进步的理念，必将使这项制度焕发崭新的活力。

结 语

人类生活在自己语言的包围之中，却常常忽略了语言的力量。回顾历史，观察当今，我们才发现，语言作为历史文化的重要载体，其力量之强大令人惊叹。正是因为语言有如此强大的力量，所以一项政治制度与司法制度的命名问题，决不是平常人所理解的如文字游戏般的雕虫小技，而是涉及制度能否得以正确推行的根本性问题。面对当今我国人民陪审员制度运行的诸多缺憾和不足，笔者显然不能保证，将“人民陪审员”更名为“人民参审员”之后，这些问题可以立竿见影地解决。但是，正如1996年《刑事诉讼法》将“人犯”更名为“犯罪嫌疑人”所产生的积极社会效果一样，从“陪审”到“参审”的正名，是这项制度翻开崭新一页、回归其应有轨道的良好开始。